제 3 판

피해자학

노성호 • 권창국 • 김연수 • 박종승 공저

도서출판 그린

제3판 서문

현대 사회에서 범죄 피해는 더 이상 개인적 불행으로만 치부될 수 없는 중요한 사회적 이슈로 자리 잡았다. 범죄의 양상이 다변화되고 복잡해지면서, 피해자의 경험과 회복 과정에 대한 체계적이고 과학적인 접근의 필요성이 그 어느 때보다 절실해졌다. 이러한 시대적 요구에 부응하여 『피해자학』 제3판을 발간하게 되었다.

이 책의 출간은 2012년으로 거슬러 올라간다. 당시 노성호, 권창국, 김연수 3인은 학과 신입생 오리엔테이션 행사에 참여해 담소를 나누는 과정에서 함께 진행할 수 있는 의미 있는 학술 작업에 대해 논의하게 되었다. 범죄학, 법학, 경찰학 등 각자의 학문적 배경과 관심사가 자연스럽게 만날 수 있는 영역으로 피해자학이 적합하다는 공감대를 형성하였다. 그해 봄학기부터 여름방학까지 세 저자가 상당한 열정과 노력을 기울인 결과 초판 『피해자학』을 완성할 수 있었으며, 개정판부터는 박종승 교수가 새롭게 합류하여 현재의 저자진을 구성하게 되었다.

각 저자의 전문성과 관심 분야에 따른 체계적인 역할 분담은 이 책의 중요한 특징이다. 권창국 교수는 1장과 13장을 맡아 피해자학의 전반적인 소개와 피해자보호·지원제도를 다루었고, 노성호 교수는 2장 피해자학 연구방법론, 4장과 5장의 범죄피해이론, 그리고 12장 회복적 정의 부분을 담당하였다. 김연수 교수는 3장 한국의 범죄피해 실태, 6장 피해자책임과 피해자 비난, 7장 범죄에 대한 두려움을 집필하였으며, 초판에서 김연수 교수가 담당했던 8장 가정폭력, 9장 성폭력, 10장 아동학대, 11장 노인학대 부분은 개정판부터 박종승 교수가 새롭게 맡게 되었다.

이처럼 이 책의 큰 특징 중 하나는 다학제적 접근을 시도한 것에 있다. 사회학, 법학, 범죄학, 경찰학 등 다양한 전공 분야의 저자들이 각자의 전문성을 바탕으로 협력하여 집필에 참여하였다. 이러한 학제 간 융합을 통해 피해자 현상을 보다 입체적이고 포괄적으로 이해할 수 있는 관점을 제시하고자 하였으며, 단일 학문 분야의 한계를 극복하여 피해자학의 학문적 지평을 확장하는 데 기여하고자 하였다.

제3판은 급변하는 범죄 환경과 피해자학 분야의 동향을 반영하고자 노력하였다. 최근 개정된 관련 법률과 정책 변화를 소개하였으며, 초판과 개정판 발간 이후 축적된 국내외 연구 성과와 실제 사례들을 추가하여 이론과 실무 사이의 간극을 좁히고자 하였다. 또한 경찰청, 법무부, 여성가족부 등 관련 기관의 최신 데이터를 반영하여 우리나라 범죄 피해의 현황과 특성을 제시하였으며, 이를 바탕으로 한국적 맥락에서의 피해자학적 접근 방안을 모색하였다. 다만 빠르게 변화하는 범죄 환경에서 새롭게 부각되는 일부 범죄 유형들에 대해서는 별도의 장을 마련하지 못한 아쉬움이 있어, 이는 추후 보완이 필요한 영역으로 남겨두었다는 점을 솔직히 밝힌다.

무엇보다 이 책은 한국의 사회문화적 맥락과 현실을 반영하는 데 중점을 두었다. 서구의 이론과 모델을 무비판적으로 수용하기보다는, 우리나라의 고유한 사회 구조와 문화적 특성을 고려한 한국형 피해자학의 정립을 지향하였다. 국내 판례와 사례, 언론 보도 등을 적극 활용하여 독자들이 일상생활에서 접할 수 있는 친숙한 소재들을 통해 피해자학의 개념과 원리를 이해할 수 있도록 노력하였다.

피해자학은 단순히 피해 현상을 기술하고 분석하는 데 그치지 않고, 피해자의 회복과 사회복귀를 위한 실천적 방안을 모색하는 실무 지향적 학문이다. 이 책이 피해자학을 전공하는 학생들과 관련 실무자들에게 유용한 지침서가 되기를 기대하며, 나아가 우리 사회의 피해자 지원 체계 발전에 미력이나마 기여할 수 있기를 희망한다.

끝으로 저자의 게으름으로 제3판 출간이 무려 7년이나 걸린 점에 대해 심심한 사과의 말씀을 드린다. 더불어, 자료수집과 오탈자 교정에 도움을 준 동국대학교 김도선 연구원, 노희주·김남규 조교의 노고에 감사를 전한다.

2025년 7월

노성호 · 권창국 · 김연수 · 박종승

제2판 서문

피해자학은 범죄피해자에 대한 관심, 피해자들이 범죄피해를 입게 된 원인에 대한 분석, 범죄피해로부터 겪고 있는 신체·정신·경제적 어려움을 해결하기 위한 정책적 대안 제시라는 과정을 통해서 더욱 발전해 나갈 수 있다.

2012년 피해자학 초판을 발간할 당시만 하더라도 우리사회에서 범죄피해자에 대한 관심은 그렇게 높지 않았다. 하지만 6년이 지난 지금 많은 면에서 변화가 이루어졌다. 먼저, 경찰에서는 그 동안 범죄의 예방, 진압, 수사에만 초점을 맞추던 것에서 벗어나 '범죄피해자 보호'를 경찰의 임무로 명시하였다. 또한 피해자들의 2차 피해를 막기 위한 각종 제도적 장치들을 형사사법기관은 물론, 언론 등에서도 마련하였다. 그리고 초판에서 개선이 필요한 사항들로 제시했던 상당 수 문제들이 법률 개정을 통해 이루어졌다.

이번 개정판은 지난 6년간의 범죄피해자에 대한 사회·문화적인 변화의 움직임을 중점적으로 담았다. 성폭력범죄의 객체를 '부녀'로 한정하던 것을 '사람'으로 확대하여 처벌받지 않던 가해자를 처벌하고 보호받지 못하던 피해자를 보호할 수 있게 된 형법 개정 내용을 비롯한 가장 최근까지의 법률 제·개정 내용을 포함하였다. 또한 미투운동, 리벤지포르노 등 사회적으로 이슈가 된 범죄피해와 관련된 내용과 판례, 언론기사들을 포함시켜, 이론적인 설명과 함께 현실적인 이해를 높일 수 있도록 교과서를 구성하였다.

저자들은 이번 개정판을 통해 범죄피해자에 대한 관심이 보다 높아지기를 기대하며, 관련 학과에서 학습하는 대학생들 이외에도 많은 사람들이 피해자학에 대해 이해하고 같이 고민하는 기회를 가지기를 희망한다. 이런 움직임들이 결국 더 발전하는 피해자학을 위한 초석이 될 수 있을 것이기 때문이다.

끝으로 개정판 출판이 지연되어 강의와 학업에 어려움이 있었을 독자들에게 사과의 말씀을 드리며, 개정판 작업에 지속적인 관심과 노력을 기울여주신 그린 출판사에 감사의 말씀을 드린다. 더불어 이 교과서가 나오기까지 오탈자 교정 등 많은 도움을 준 전주대학교 경찰학과의 이나연 조교에게도 깊은 감사의 말을 전한다.

2018년 7월

노성호 · 권창국 · 김연수 · 박종승

머리말

일찍이 Edwin H. Sutherland(1883-1950)는 그의 역작 「Criminology(1924)」에서 "The Victims of Crime(범죄의 피해자)"이라는 장을 통해 범죄학의 영역에 범죄피해자의 중요성을 역설했다. 그의 통찰력은 이후 피해자의 유형, 범죄피해의 원인, 그리고 범죄과정에서 가해자와 피해자의 상호작용과 역할에 대해 깊이 있는 논의의 단초를 제공했다. 이어서 유럽에서는 1937년 피해자학의 아버지로 불리는 Benjamin Mendelsohn(1900-1998)이 "피해자학(Victimology)"이라는 용어를 창시하여 피해자학 역사의 장을 열었고, 살인범죄 피해자를 연구했던 Hans von Hentig(1887-1974)는 1948년 「The Criminal and His Victim(범죄자와 그 피해자)」이라는 저서에서 범죄피해자의 유형을 정리함으로써 피해자학 연구를 본격화했다.

이후 1960년대 활발한 시민운동에 기반하여 영미권 국가들에서는 피해자관련 법제도가 마련되었고, 1970년대에는 유럽 각국에서도 범죄피해자보상제도 등이 갖춰짐으로써 제도적으로도 범죄피해자에 대한 관심이 반영되었다. 이러한 시대적 흐름은 피해자학의 학문적 발전의 원동력이 되었다.

우리나라의 경우 1970년대 이후 피해자학이 소개되었으나 학문적으로 자리매김하게 된 것은 1992년 한국피해자학회가 설립된 이후라고 할 수 있다. 그러나 특이한 것은 1987년 「범죄피해자구조법」이 제정됨으로써 범죄피해자에 대한 사회적 관심이나 학문적 관심보다 법제도적 접근이 먼저 시작되었다는 점이다. 이런 점에서 피해자학의 연구 역시 법학 내지 규범학적 접근이 더 강하게 나타난 것은 어쩌면 당연한 것이라고 할 수 있다.

이상과 같은 국내외적 피해자학의 학문적 발전은 2000년 이후 피해자학 교재의 등장을 유도했고, 각 대학의 경찰행정학과 내지 법학과에서 피해자학을 체계적으로 소개할 수 있는 계기가 되었다. 하지만, 대부분의 교재들이 규범학을 전공한 학자들에 의한 것이라는 점에서 사실학적 시각이 반영된 피해자학 교재는 매우 드물었다.

다행스럽게도 최근의 피해자학 교재는 범죄학을 전공한 학자들이 사실학의 관점에서 피해자학의 이론, 피해자화의 이해, 범죄피해자의 이해, 피해자화의 영향 등 보다 사회과학적 시각을 반영한 내용들을 소개하고 있다.

그럼에도 이들 피해자학 교재 역시 국내의 현실을 반영하는 데는 다소 아쉬움이 있다. 이미 국내에서도 피해자학의 실증적 연구가 다양하게 시도되어 일정부분 축적된 연구 성과를 찾을 수 있고, 범죄피해자 관련 법제도 역시 2010년 이후 크게 변화하였으나 이를 반영한 교재는 발견하기 어려웠다.

이에 저자들은 우연한 기회에 이러한 문제인식을 공감하고, 각자의 전공영역인 범죄학, 형사법, 경찰학의 관점에서 피해자학을 조망하고 정리한 교재를 만들어보자는 데 의견을 모았다. "규범학으로서의 피해자학과 사실학으로서의 피해자학을 우리나라의 사정에 맞게 소개하자"는 목표를 세운 것이다. 저자들의 전공이 서로 다르기 때문에 기존의 교재와는 차별화된 교재개발이 가능할 것이라고 보았다. 더불어 어느 한 쪽으로 치우치지 않는 균형 잡힌 시각의 교재가 탄생할 수 있으리라 예상했다. 그런 점에서 이 교재가 갖고 있는 장점은 사실학적 시각과 규범학적 시각의 조화를 이루면서도 국내의 연구와 법제도 소개했다는 것이다.

본서는 한 학기 강의가 이루어질 수 있도록 하기 위해 총 13개의 장으로 구성하였다. 제1장에서는 피해자학의 범위와 역사적 발전과정, 그리고 학문적 의의를 다루었고, 제2장에서는 피해자학 연구방법론으로 공식통계, 범죄피해조사 및 범죄피해자조사 등을 소개하고 있으며, 제3장은 우리나라의 공식통계와 범죄피해조사에서 나타난 범죄피해 실태를 제시했다.

제4장과 제5장은 범죄피해를 설명하는 이론에 관한 부분인데, 4장은 기회를 중심으로 범죄피해를 설명하는 미시적, 거시적 설명을 다루었고, 5장에서는 폭력범죄의 과정과 결과에 있어서 가해자와 피해자의 상호작용의 중요성과 흉기의 의미에 대해서 소개하였다. 6장에서는 범죄피해에 있어서 피해자의 역할과 책임에 대해서 살펴보았고, 7장에서는 범죄의 두려움에 대한 다양한 논의와 이론을 소개하였다.

제8장부터 제11장까지는 범죄피해의 특수한 유형으로 가정폭력, 성폭력, 아동학대, 노인학대에 대해 각각 학술적 개념정의, 실태, 관련이론, 제도적 대응을 설명했다. 제12장은 최근 형사사법에서 중요한 패러다임으로 등장한 회복적 사법의 원리와 프로그램에 대해 소개했고, 마지막으로 제13장에서는 범죄피해자에 대한 보호와 지원에 대해 소개하였다.

원고를 정리하고 나니 많은 곳에서 부족한 점, 아쉬운 점이 보인다. 하지만, 국내 피해자학의 발전에 작은 보탬이 되고자 시작한 작업은 이것이 끝이 아니라 시작이라는 생각으로 한 매듭을 짓고자 한다. 또, 현재 부족한 점들은 앞으로 시간을 가지고 점차 보완할 것을 약속한다.

끝으로 그린 출판사의 지속적인 관심과 독려가 아니었더라면 이 작업은 용두사미의 좋은 예로 사라질 수 있었음을 고백하지 않을 수 없다. 그런 점에서 도서출판 그린 임직원 여러분의 노고에 깊은 감사를 드린다. 더불어 본서가 나오기까지 오탈자 교정 등 많은 도움을 준 동국대학교 경찰행정학과의 박종승 조교, 라광현 조교에게 깊은 감사의 말을 전한다.

2012년 전주대 평화관 연구실에서

노성호 · 권창국 · 김연수

차례

제11장

노인학대

제12장

제13장

제1장

피해자학(被害者學, Victimology)이란?

피해자학의 연구대상 01

피해자학의 의의와 역사적 발전과정 02

학문으로서 피해자학에 대한 이해 03

학습목표

- ○ 피해자학의 연구대상으로서 범죄피해 및 피해자의 의의를 이해한다.
- ○ 형사사법절차에 있어서 범죄피해자의 지위와 역할 등을 살펴보도록 한다.
- ○ 피해자학과 범죄학, 형사법학 등 여타 인접 학문과의 관계를 이해하고, 그 생성 및 발전과정을 살펴보도록 한다.

핵심키워드

범죄피해 및 피해자, 형사사법절차와 피해자, 범죄행위와 범죄피해, 피해자학의 의의, 피해자학의 역사

01 피해자학(被害者學, Victimology)이란?

제1절 피해자학의 연구대상

1. 피해자학에 있어서 피해, 피해자

피해자학을 학습하기에 앞서 학습대상인 피해(被害, damage or loss, harm) 내지 '피해자(被害者, victim)'의 의미를 먼저 살펴볼 필요가 있다. 사전적 의미로 피해자는 자신의 생명이나 신체, 재산, 명예 따위에 침해 또는 위협을 받은 사람으로 정의될 수 있다. 즉, 법적 또는 도의적 견지에서 보호가치 있는 이익과 관련하여 명확한 외부적 침해가 있고, 이로 인하여 손실과 사회적 관심을 받게 되는 주체를 피해자로 정의할 수 있다(Kennedy & Sacco, 1998: 4-5). 피해주체를 기준으로 한 이러한 시각에서는 손실 내지 피해의 발생과 이에 따른 공포감(fear) 등 피해경험을 주축으로 피해자를 정의하게 되고, 범죄적 피해는 물론 지진해일과 같은 자연재해나 원자력발전소 사고 등 인위적 재해, 사회 내 빈부격차나 불균형적 분배구조 등에 기인한 사회구조적 피해 등 다양한 비 범죄적 피해까지 피해의 근원을 망라할 수 있다.

복지사회와 국가기능의 확대를 지향하는 현대적 국가관에 근거하면 피해의 근원을 구분하지 않는 위의 시각은 충분히 설득력과 함께 필요성을 인정할 수 있다. 또한 범죄행위와 비 범죄행위지만 유해한 행위의 구별이 인위적 내지 자위적이며, 비 범죄적 피해도 범죄적 피해와 질적 차이가 크지 않은 점, 피해자학이 기존 범죄학의 외연을 넘어서 광범위한 영역에서 인권의 가치와 보호의 필요성을 음미할 수 있는 새로운 학문적 속성을 획득할 수 있다는 장점을 고려한다면 그 설득력은 배가 될 수 있다(이윤호, 2007: 9-10). 그러나 피해와 피해자의 범위를 극단적으로 확대할 수 있는 위의 시각에 의하면 피해자학은 사회복지학 등 여타 분야와 중첩됨으로써 학문적 정체성이나 독자성을 상실하게 되고, 범죄피해 특유의 속성에 적합한 대응책을 모색하는 것이 불가능해진다는 지적이 가능하다(김용세, 2003: 31). 이러한 의미에서 피해자학의 연구대상으로 피해와 피해자는 범죄로 인한 경우로 한정하는 것이 보다 타당하다.

가. 범죄피해

1) 범죄로 인한 손실(1차적 범죄피해)

2017년에 실시된 한국의 범죄피해에 관한 조사연구에 의하면(최수형 · 조영오, 2017: 111 이하), 조사대상 표본가구 총 6,100가구(만 14세 이상 총 13,257명 대상)에 대하여 진행된 조사결과(범죄피해 유형은 크게 폭력범죄와 재산범죄로 구분하고, 폭력범죄에는 강도, 성폭력, 폭행, 괴롭힘이, 재산범죄에는 절도, 사시, 손기, 기타 항목으로 단순주거침입 포함)에 의하면, 2017년 기준 전체가구 19,187,307가구 가운데 380,458가구가 범죄피해를 경험하여 피해가구 발생율은 1.98%로 100가구 당 약 2가구가 범죄피해를 경험한 것으로 추정되고, 이를 인원으로 살펴보면, 만 14세 이상 인구 총 46,702,347명 가운데, 1,617,001명이 피해경험을 갖는 것으로 범죄피해자 발생율은 3.46%로 추정되는 것으로 보고한 바 있다. 위 조사연구 이전에도 1991년부터 시작하여 다수의 범죄피해자에 대한 실증조사연구가 실시되었는데, 모두 조사대상인 가구 내지 개인이 경험한 범죄피해건수와 연령, 직업, 소득 등 관련 사회인구학적 통계자료의 확보에 집중하였을 뿐 범죄피해의 형태나 내용 등에 대해서는 충분한 언급이 없었다.

그러나 범죄행위는 법익에 대한 침해나 위험야기를 본질로 하는 점에서 법익주체인 피해자에게 일정한 손해 또는 손실 발생은 필수적인 요소로 볼 수 있다(물론, 피해자 없는 범죄 내지 피해자 유형과 관련하여 범죄자 자신이 피해자이거나 유책한 피해자와 관련한 사례에서는 이해의 각도를 달리한 필요도 있다). 예를 들어, 미국의 경우, 매년 범죄행위로 인하여 4,500억 달러의 비용손실이 발생하는 것으로 파악되는데, 이는 범죄피해 회복을 위한 의료지원에 따른 비용이나 재산상 손해를 포함한 다양한 경제적 손실로 1,500억 달러에 달하는 피해비용 외에 피해자가 겪게 되는 정신적 고통이나 삶의 질 저하 등으로 인한 손실도 포함한다(Miller, Cohen & Wieserma, 1996 : 17).

범죄피해는 가령 절도, 강도, 손괴와 같은 재산범죄로 인하여 경제적 손실이나 폭행,

상해 등 폭력범죄에 기인한 치료비, 보험비용, 기타 소송비용 또는 실업 등에 기인한 경제적 손실과 같은 명시적이고 직접적 형태(tangible direct costs)도 있지만 범죄피해 경험으로 인한 장기간의 심리적 내지 정신적 충격이나 불안, 고통 등과 같이 계량적 평가가 어려운 간접적 형태(intangible indirect costs)도 있다. 한편, 범죄피해의 발생이 피해자에게 국한하는 것은 아님에 유의할 필요가 있다. 범죄문제의 해결을 위한 방대한 규모의 형사사법시스템의 운영 등에서 알 수 있듯이 범죄문제는 상당 규모의 사회적 비용(social costs) 소모를 강요하게 된다(Siegel, 2000: 85-86).

2) 피해자화(Victimization)

범죄피해는 단순히 피해자 등에 대한 손실발생에 국한하는 것은 아니다. 즉, 범죄행위로 인한 직간접적인 손실발생은 물론이고, 이를 계기로 피해자는 매스미디어, 지역사회, 형사사법기관 등과의 접촉을 통해 보다 강력한 손실을 얻게 된다. 이처럼 범죄사건이 종료된 이후에도 피해자가 겪게 되는 일련의 현상을 피해자화(victimization)로 지칭한다. 가령, 성폭력 피해아동이 언론보도나 수사절차에서 수사기관의 조사과정이나 공판절차에서 피고인이나 그 변호인의 반대신문권에 노출되면서 사생활의 침해나 심리적 충격을 겪는 경우를 생각할 수 있다. 물론, 이러한 피해자화 현상은 사생활 침해나 심리적 충격과 같은 무형적 형태에 국한하는 것은 아니다. 수사나 공판절차의 지연 등에 따라 피해품의 반환 등 경제적 회복이 지연될 수도 있고, 근로능력의 상실로 인한 실업 등으로 심각한 경제적 손실을 경험할 수도 있다. 흔히 범죄행위로 인한 직간접적 손실과 대비하여 이를 2차적 범죄피해 또는 2차적 피해자화라 하고, 경우에 따라서는 범죄행위로 인한 직간접적 손실보다 더 심각한 결과를 야기하기도 한다.

[그림 1-1] 범죄피해의 종류 및 과정

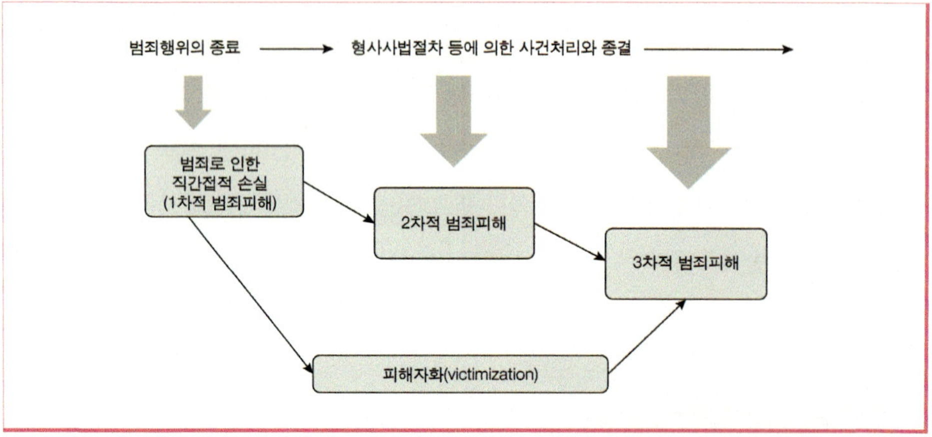

한편 범죄피해는 범죄행위의 종료 및 형사사법절차에 의한 공식적 사건종결 이후에도 피해자 등에게 상당 기간 지속적인 영향을 끼칠 수 있다. 직간접적 손실로부터 회복하고 공식적인 사건종결에 따라 형사사법기관과의 접촉에 기인한 피로나 긴장감에서 벗어난 이후라도 스트레스, 우울증(일종의 외상성장애증후군(PTSD, post traumatic stress disorder)으로 볼 수 있다)은 물론, 학교폭력에 지속적으로 노출된 피해학생이 자살을 시도하는 등 극단적 결과로 이어질 수 있다. 이를 3차적 피해자화라 하기도 한다(守山正·西村春夫, 2000: 163-164). 가령, 아동기에 성폭력에 노출된 여성의 경우, 그렇지 않은 경우에 비하여 성인기에 자살을 시도할 가능성이 높다는 연구결과 등은 범죄피해가 일반적으로 생각하는 것보다는 극히 장기간에 걸쳐 피해자 등에게 영향을 미칠 수 있음을 시사한다(Wiederman, Sansone & Sansone, 1998; Bryant & Range, 1995).

이러한 피해자화 현상은 지역사회 구성원 상호 간의 불신과 혐오를 야기하고 형사사법기관 등 국가기관에 대한 불신감을 초래함으로써 범죄피해 신고를 감소시키는 등으로 범죄에 대한 형사사법기관의 대응능력을 약화시키는 요인이 될 수 있다.

이러한 '피해자화'는 1967년 미국의 대통령위원회보고서인 '자유사회에 있어서 범죄의 도전'에서 처음 사용되었고, 그 후 미연방 법무성에 설치된 '법집행과 사법행정에 관한 위원회'에 의하여 실시되었던 피해자화 실태 조사를 통해 일반화되었다. 특히, W. Kielf와 S. Lamnek은 '피해자의 사회학'이라는 저서를 통해 피해자화를 위와 같이 3단계로 나누어 설명하였다. 과거 범죄피해라고 하면 일반적으로 1차적 범죄피해로서 범죄행위로 인한 직간접적 손실에 한정하여 파악하고, 2차 또는 3차 범죄피해는 표면화되지 않았는데, 이는 피해자가 범죄로 인한 타격을 혼자 감내하였기 때문이다. 그러나 매스미디어의 발달, 친족이나 지역사회 구성원 등 피해자를 둘러싼 인적 지지기반의 약화 등으로 인해 피해자 만에 의한 범죄피해의 감내가 점차 어려워졌다.

2차 또는 3차 범죄피해에 대한 인식과 관심은, 성폭력범죄피해자에 대한 참고인조사 과정에서 영상조사결과물의 증거능력에 관한 특칙(성폭력범죄의 처벌 등에 관한 특례법 제30조 6항)이나 비디오 등 중계장치에 의한 증인신문(동법 제40조 및 형사소송법 제165조의2), 피해자에 대한 증인신문 시, 신뢰관계 있는 자의 동석(동법 제34조 및 형사소송법 제163조의2), 피해자에 대한 참고인조사 시, 신뢰관계 있는 자의 동석(형사소송법 제221조 제3항), 아동이나 신체적, 정신적 장애로 의사소통이나 표현에 어려움이 있는 증인에 대한 진술조력인 제도(동법 제35~38조 참조) 등 특히 수사 및 공판절차를 중심으로, 형사사법절차에 있어서 피해자에 대한 배려와 보호를 강조하는 입법 등을 통해 실무적 반영이 이루어지고 있다.

3) 범죄에 대한 공포 또는 두려움(Fear)

범죄피해를 경험한 피해자에게 이후 범죄에 대한 공포감 또는 두려움을 강화시키는 경향이 지적된다. 범죄피해를 경험하기 이전에는 범죄피해를 경험한다는 것은 일상생활에 있어서 대단히 드문 일로, 결코 자신에게는 발생하지 않는 뉴스거리에 지나지 않는다고 생각하다가 자신이 실제 이를 경험하게 됨으로써 누구라도 경험할 수 있는 일상적 사건으로 범죄를 인식하게 되고 범죄에 대한 공포감은 극대화된다. 또한 특정 범죄행위의 경험에 근거한 공포감은 이후 피해자 자신이 경험하지 못한 여타 범죄에 대한 공포감으로 변화하기도 한다(Rountree, 1998).

물론, 직접적인 범죄경험과 범죄에 대한 두려움의 상관성에 의문을 제기하는 견해도 있다. 그러나 범죄에 대한 두려움으로 인하여 상당수 피해자들에게 자신의 주위 환경을 항시 의심하거나 안전하지 못한 곳으로 인식하는 등 일상적 생활패턴에 부정적 변화가 발생함으로써 현실적 범죄피해에 버금가는 효과를 야기할 수 있고, 궁극적으로 지역사회의 통합을 저해하는 것은 분명하다. 한편, 범죄에 대한 두려움은 직접 범죄피해를 경험한 피해자 외에 매스미디어 등을 통해 간접적으로 경험될 수도 있다.

이와 관련하여, 2107년에 발표된 형사정책연구원의 범죄피해자 조사결과에 따르면(최수형・조영오, 2017: 232 이하), 모든 종류의 범죄유형에 대한 두려움과 관련하여 성별, 연령, 학력, 혼인관계, 직업이나 수입 등 경제적 능력, 범죄피해경험 등 인구사회학적 요수와 관련하여 유의성이 확인된 바 있다. 가령, 남성보다는 여성이, 10~20대 연령대, 미혼, 초등학교 졸업 이하 학력, 월 평균수입이 많을수록 범죄피해에 대한 두려움이 큰 것으로 나타났다. 또한 범죄피해경험이 있거나 물리적 또는 사회적 무질서 수준이 높은 경우에도 범죄피해에 대한 두려움이 높았다. 반면, 지역사회 문제해결을 위한 이웃참여가 증가할수록 범죄에 대한 일반적이 두려움이 감소하고, 경찰활동 및 자기통제수준이 증가할수록 역시 범죄 관련 두려움이 감소하는 것으로 나타났다.

나. 범죄피해자

1) 형사법적 의미의 피해자

형사법적으로 피해자는 고소권자나 재정신청권자로 기능하거나, 수사 및 공판절차에서 중요 참고인이나 증인으로, 참고인조사나 증인신문대상이 되기도 한다(민사법적으로는 불법행위에 대한 손해배상을 청구할 수 있는 자로 기능한다). 즉 형사법적 의미의 피해자란 각 범죄행위로 인하여 침해된 보호법익의 주체를 지칭한다(직접적 피해자). 반면, 직접 보호법익의 주체는 아니지만 당해 범죄행위로 사실상 피해를 입은 자를 간접적 피해자라고 하여 구분한다. 단순히 구성요건적 행위의 대상이 되고 있는 행위객체와도 구별된다.

이처럼 보호법익의 주체로서 피해자를 정의하면, 국가적 법익 또는 사회적 법익에 대한 범죄행위에서는 피해자를 명확히 확정하기 곤란한 경우도 있다. 기존의 피해자학 교과서에서는 불특정피해자에 대한 범죄, 잠재적 피해자에 대한 범죄, 피해자 없는 범죄로 지칭하여 주로 개인적 법익에 관한 범죄로 법익주체로서 피해자를 명확히 확정할 수 있는 범죄와 구별하는 것도 형사법적 의미에서 피해자를 포착할 때 도출될 수 있는 결론이다.

2) 피해자의 분류(피해자 유형학)

기존 범죄학에서 논의되었던 중요 테마 중의 하나로 범죄인 분류가 있다. 고전적 범죄학과 달리 실증주의적 범죄학은 개별 범죄자 특유의 범죄원인이 있고, 이에 대한 개별적 처우의 필요성을 강조하게 됨으로써, 그 논리적 전제로 범죄자의 유형분류는 매우 중요한 논제가 된다. 또한 재범문제의 해결과 상습적 재범자에 대한 처우가 범죄학과 형사실무의 중요한 논제가 된 것도 범죄인 분류의 중요성이 강조된 또 다른 측면으로 지적할 수 있다.

종래 피해자학에서도 이와 유사하게 피해자 분류 또는 피해자 유형이 중요한 논제로 지적되어 왔다. 특히 피해자학의 발전과정 중 초기단계에서는 피해자의 권리나 피해자 보호 보다는 피해자의 유책성이 강조되었다. 이는 범죄사건의 발생과정에서 단순히 피해자가 수동적 대상으로 기능하는 것이 아니라, 보다 적극적인 기능을 수행하고 더 나아가 가해자인 범죄자와 더불어 일정 부분은 책임을 부담할 수도 있다는 시각에서 피해자 분류는 자연스럽게 피해자학의 중요 과제로 인식되었다.

참고 1. 형사재판과 피해자의 유책성

① 백화점 사기세일사건

백화점 매장에서 종전에 출하된 적이 없는 신제품을 판매하면서, 마치 종전부터 판매하던 제품을 세일기간에 할인하여 판매하는 것처럼 정상가격과 할인가격을 함께 표시하여 판매하는 행위가 사기죄의 요건인 '기망행위'에 해당하는지가 쟁점이 된 사건이다. 결론적으로 판례는 기망행위성을 인정하여 피고인들에게 사기죄를 인정하였으나, 판결이유에서 지적되듯이 이른바 유명제품을 조금이라도 저렴한 가격에 구입하고 싶은 피해자들의 구매충동을 자극하는 판매기법으로 그 변칙성(상식적으로 허용될 수 있는 상술에 해당하는지 여부)을 검토하면서, 피해자들의 그릇된 소비심리가 게재된 점을 고려하여 이들이 백화점에 대해서 갖고 있는 신뢰가 보호할 만한 가치가 있는 것인지가 쟁점이 되고 있다.

대법원 1992. 9. 14. 선고 91도2994 판결, 「이 사건 변칙세일은 대형백화점의 난립 및 상호매출경쟁, 각 입점업체들의 난립 및 과당경쟁, 소비자들의 할인판매 제품에 대한 선호심리 등으로 인하여 세일이 그 본래의 취지나 기능을 상실한 채 각 백화점이나 입점업체들이 상품에 대한 판매전략 내지 판매기술의 하나로 채택되어 하이패션 계통의 여성의류를 선두로 하여 제품의 첫 출하시부터 세일로 들어가는 업체가 생겨나게 되고, 나아가 일년 내내 세일을 하는 연중세일의 형태로까지 세일이 변칙적으로 이용됨에 따라 판매기법의 하나로 확대되기에 이르렀다고 하면서, 이 사건 변칙세일에 있어서 구체적인 판매방법은, 입점업체에서 당초 신상품을 제조하여 출하함에 있어 당해상품의 가격표에 당해업체에서 일응 정상가격이라고 표시한 가격표를 붙여 매장에 진열하고 매장 안의 광고대에 위 두 가지 가격을 표시한 할인율을 표시해 두어 당해상품이 종전에 높은 가격에 판매된 사실이 없음에도 종전에는 높은 가격으로 판매되던 것을 특정한 할인판매기간에 한하여 특별히 할인된 가격으로 싸게 판매하는 것처럼 광고 등을 통하여 허위선전함으로써 소비자들을 유인한 후 판매고를 높이려 하는 방법이고, 따라서 위와 같은 변칙세일의 유래, 그 확산과정과 내용, 그밖에 소비자들은 각자 상품의 가치와 판매가격을 사전에 충분히 교량하여 구매여부를 결정하고 있고 이 사건 변칙세일로 인하여 소비자들이 사회상규 상 용인될 수 없는 손해를 입었다고 인정할 수 있는 객관적인 자료가 없는 점 등을 감안하면, 위와 같은 변칙세일이 백화점에 요구되는 거래상의 신의와 성실의 의무에 위배된 것으로서 사기죄의 기망행위에 해당될 정도의 행위라고는 볼 수 없다고 판시하고 있다.

살피건대 사기죄의 요건으로서의 기망은 널리 재산상의 거래관계에 있어서 서로 지켜야할 신의와 성실의 의무를 저버리는 모든 적극적 및 소극적 행위로서 사람으로 하여금 착오를 일으키게 하는 것을 말하며 사기죄의 본질은 기망에 의한 재물이나 재산상 이익의 취득에 있고, 상대방에게 현실적으로 재산상 손해가 발생함을 그 요건으로 하지 아니하는 바(당원 1983.2.22. 선고 82도3139 판결; 1985.11.26. 선고 85도490 판결; 1988.6.28. 선고 88도740

판결 각 참조), 일반적으로 상품의 선전, 광고에 있어 다소의 과장, 허위가 수반되는 것은 그것이 일반상거래의 관행과 신의칙에 비추어 시인될 수 있는 한 기망성이 결여된다고 하겠으나 거래에 있어서 중요한 사항에 관하여 구체적 사실을 거래상의 신의성실의 의무에 비추어 비난받을 정도의 방법으로 허위로 고지한 경우에는 과장, 허위광고의 한계를 넘어 사기죄의 기망행위에 해당한다고 할 것이다. 한편 현대 산업화 사회에 있어 소비자가 갖는 상품의 품질, 가격에 대한 정보는 대부분 생산자 및 유통업자의 광고에 의존할 수밖에 없고 이 사건 백화점들과 같은 대형유통업체에 대한 소비자들의 신뢰(정당한 품질, 정당한 가격)는 백화점들 스스로의 대대적인 광고에 의하여 창출된 것으로서 이에 대한 소비자들의 신뢰와 기대는 보호되어야 한다고 할 것인바, 이 사건에 문제가 되고 있는 위와 같은 변칙세일은 진실규명이 가능한 구체적 사실인 가격조건에 관하여 기망이 이루어진 경우로서 그 사술의 정도가 사회적으로 용인될 수 있는 상술의 정도를 넘은 것이어서 사기죄의 기망행위를 구성한다고 하지 않을 수 없으며, 위와 같은 변칙세일이 소비자들의 그릇된 소비심리에 편승한 것이라거나 소비자들도 나름대로 가격을 교량하여 물품을 구매하였을 것이라는 점은 기망행위의 성립에 아무런 영향이 없다.」

② 성범죄사건에서 피해자의 성적 취향, 기호 등의 노출금지

강간 등 성범죄 사건에서 제기될 수 있는 쟁점 중에 폭행이나 협박 등에 기인한 강제적 성행위가 있었는가 아니면, 가해자와 (주로 여성인) 피해자의 자유로운 의사에 근거한 합의 하의 성행위였는가가 쟁점이 되는 예가 많다. 이 과정에서 피고인 측이 피해자의 과거 성적 기호나 취향 등을 쟁점화하면서 강제적 성행위여부를 부인하는 방어활동을 전개할 수 있다. 이러한 피고인의 방어활동은 성범죄 피해자의 프라이버시 침해 등으로 이른바 제2차 피해를 야기할 수 있다. 이러한 피고인의 방어활동을 제한하기 위한 것이 바로 'rape shield law'로, 피고인이 피해자의 성적취향이나 피고인 외 다른 사람과의 성 교섭이력 등을 증거로 사용하는 것을 금지하는 것을 주된 내용으로 한다. 미국연방증거규칙(Federal Rules of Evidence) 제412조, 국제형사재판소 증거규칙 제70조 등에 반영되어 있다.

가령, Hans von Hentig는 생래적 피해자라는 유전학적 시각에 근거한 피해자 분류에 찬성하지 않고, 범죄자와 피해자는 범죄의 당사자로 상호 교착관계에 있고, 범행과정에서 역할이 역전하는 경우도 있음을 지적하고, 범죄피해를 경험하기 쉬운 유형이라는 관점에서 13가지의 유형을 거론한 바 있다. 또한 Benjamin Mendelsohn도 어떠한 유책성도 부정되는 피해자(이상적인 피해자), 부분적인 유책성이 인정되는 피해자(무지에 의한 피해자), 가해자와 동일한 유책성이 인정되는 피해자(자발적 피해자), 가해자보다 유책한 피해자(도발적 또는 부주의로 인한 피해자), 가장 유책한 피해자(공격적 피해자)로, 유책성의 척도에 따라 5가지 단계로 구분하기도 하였다(Walklate, 1989: 1-3).

피해자 분류는 이후 분류기준을 보다 세분하여 발전하게 된다(이윤호, 2007: 123-130). 가령, 문화적 유형에 따라 가장 보편적이고 평균적 의미의 피해자를 말하는 이상적 피해자(ideal victims), 강간범죄의 피해자를 부녀 즉 여성에 한정하는 과거 판례태도와 같이 특정한 피해대상이 고착화 된 정당화된 피해자(legitimate victims), 부부강간이나 교사의 체벌행위와 같이 문화적 규범 등에 의해 특정 집단이나 대상에 대한 가해행위를 범죄행위로 포착하지 않는 경우의 피해자를 지칭하는 적절한 피해자(appropriate victims)로 구분할 수 있다. 특히 적절한 피해자는 다시 비인격적, 불특정, 무형의 피해자를 대상으로 하는 범죄행위와 관련한 비인격적 피해자(impersonal victims), 범죄행위 과정에서 희생된 범죄자와 같이 버릴 수 있거나 확대될 수 있는 피해자(disposable or expendable victims), 매춘부나 마약중독자 등과 같이 사회적 일탈자로 범죄의 피해자가 된 경우인 가치 없는 피해자(worthless victims), 피해자 자신의 위법행위로 인하여 자신도 피해를 입게 된, 당해도 마땅한 피해자(deserving victims)로 세분할 수 있다.

이 외에 구조적 유형에 따른 피해자 분류로, 사회적 계층 등에 따라 범죄에 노출되거나 범죄피해를 경험할 가능성과 그 형태에 따라, 권력이 적은 피해자, 약한 피해자, 무기력한 또는 무방비한 피해자, 가지지 못한 피해자, 상이한 피해자, 일탈적 피해자로 분류할 수도 있다. 또한 범죄행위 과정에서 피해자의 행위유형 내지 기능에 따라 범죄를 유발, 촉진하는 피해자(provoking, precipitating victims), 동의하거나 자발적 또는 유혹적, 간청하거나 참여하는 피해자(consenting, willing, inviting, soliciting and participating victims), 태만, 부주의, 조심성 없는 또는 주의하지 않는 피해자(negligent, careless, imprudent and reckless victims)로 구분하기도 한다. 한편 범죄학적 유형에 따라, 일회성 피해자(one time victims), 간헐적 피해자(occasional victims), 반복적 피해자(recidivist victims), 습관적 피해자(chronic victims)로 구분하기도 한다.

이러한 피해자의 분류는 형사재판에서 양형이나 교정분야에서 범죄자 처우기준을 결정하기 위한 요소로 활용될 수 있고, 범죄자가 특정 피해자나 피해대상을 선별하는 매커니즘을 규명함으로써, 범죄예방론적 측면에서 충분히 유용성이 긍정될 수 있다. 또한 범죄행위는 가해행위자로서 범죄자와 행위객체 내지 침해되는 보호법익의 주체로서 피해자는 물론, 다양한 요소가 개제하여 작용하는 일련의 과정으로 설명될 수 있다. 따라서 범죄행위에 관한 명확한 이해는 피해자에 대한 인식을 필연적으로 요구할 수밖에 없고 피해자의 유형분류는 이 과정에서 산출된 결과물로 볼 수 있다.

그러나 초기 피해자학에서 강조된 피해자 유형분류와 관련하여, 성적 또는 인종적 차별론에 근거한 시각과 함께 범죄문제를 가해자와 피해자의 사회적 관계라는 지나치게 미시적 관점에서 관찰함으로써 사회구조적 측면과 같은 거시적 관점을 도외시한 점, 1980년대 이후 진행된 피해자조사를 통해 범죄발생의 매커니즘을 설명함에 있어서 피해자가 일정한 역할 내지 기능적 분담을 하였다는 이론적 전제와 실증적 근거가 부족한 점 등의 비판이 제기되었다. 또한 권리주체로서 피해자에 대한 인식과 피해자에 대한 배려와 보호라는 피해자학의 또 다른 중요한 기능을 위축시키는 요인이 될 수 있음이 지적되고 있다.

제2절 피해자학의 의의와 역사적 발전과정

1. 피해자학의 의의

기존의 범죄학 교과서에서 언급되는 주된 내용은 범죄현상, 범죄원인론 및 대책론을 중심으로 그 포커스는 범죄자에게 맞추어져 있다. 범죄자에 대한 객관적, 과학적 관찰과 분석을 통해 범죄행위의 원인을 검토하고, 이를 토대로 개별 또는 각 범죄자 유형별로 적절한 대책과 처우를 통해 재범을 예방함으로써, 범죄문제를 통제할 수 있다는 사고에 기초한 것이다. 반면 범죄행위는 필연적으로 범죄피해 및 피해자를 유발하지만, 이에 관한 문제는 기존 범죄학의 관심 범위 밖에 있었고, 이러한 경향은 형사사법 실무에서도 동일하였다.

그러나 제2차 세계대전을 전후로 서구권 국가를 중심으로 범죄문제의 또 다른 측면인 범죄피해 및 피해자에 관한 학문적 관심이 증대되었고, 피해자에 대한 인도주의적 인식에 기초하여 피해자에 대한 배려와 보호, 나아가 현재는 피해자의 권리주체성을 인식하는 등 보다 적극적으로 형사사법절차에서 피해자의 참여를 강조하고, 이를 실무적으로 반영하기에 이르렀다. 이처럼 피해자에 대한 관심과 피해자학의 출발 및 정착은 근대 이후 추구되어 왔던 적법절차적 형사사법모델과 범죄자 처우를 중심으로 한 복지적 형사사법모델의 한계와 실패를 이면의 배경으로 한다.

가. 피해자학의 개념

피해자학이란 피해자화(victimization)와 관련된 사회현상 및 인과관계를 설명하는 자료 등을 연구하는 과학적 학문 분야이다. 여기에는 피해자화를 유발시키는 사건, 피해자의 경험, 피해자화와 관련하여 사회의 사후적 반응과 활동 등이 포함된다. 따라서 피해자학은 피해자화와 관련이 있는 선행 연구자, 피해자의 취약성, 범죄피해 사건과 피해자 등에 대한 영향과 회복, 타인의 반응, 피해자지원 조직 및 문화 등에 관한 연구를 포함한다.

언어학적으로 피해자학은 피해자(victim)와 학(-ology)의 조합으로 구성된다. 피해자(victim)라는 단어는 종교적 의식에서 희생되는 사람 또는 동물을 의미하는 라틴어 'victima'에서 온 것이다. 또 학문(-ology)은 신성한 지혜, 논리, 학설, 이론 또는 과학과 관련이 있는 연설, 논쟁 또는 논리(speech, word, or reason)를 의미하는 그리스어 logos에서 파생된 것이다. 오늘날 피해자학(victimology)은 모든 피해자 가운데 특히 범죄피해자를 대상으로 한 과학적 학문분야로 정의된다. 여기에는 피해자화(victimization)와 관련된 모든 측면이 포함된다. 즉, 피해자의 행동성향, 피해자화 과정 및 그 이후 피해자의 반응과 태도, 피해자를 지원하기 위한 각종 법률, 정책, 심리학적 개입 및 프로그램들, 피해자의 신체적, 정신의학적, 사회적, 경제적, 법률적 손상으로부터의 회복과 이를 위한 정부의 제도 등이 연구대상이 된다. 피해자학이 피해자라는 단어에서 출발하고 있기 때문에, 논리적으로 피해자학은 피해자화의 원인이 되는 다양한 외부 영향보다는 피해자 자체에 보다 관심이 집중되어야 한다. 따라서 피해자학 연구의 정수는 피해자의 지위, 상태, 처지 등이라고 할 수 있다(Wilson, 2009: 299).

나. 형사사법절차에서 피해자의 지위회복

형사사법절차에서 피해자의 지위가 어떻게 파악되어 왔는지에 대하여, S. Schafer는 서구의 형사사법제도의 역사적 발전과정을 3단계로 구분하여, 다음과 같이 각 시기별 특징을 설명하고 있다(守山正·西村春夫, 2000: 152-154).

1) 제1기(피해자의 황금시대)

중세 이전, 아직 국가사법이 확고히 자리 잡지 못하던 시기로, 형사사법절차 내에서 가해자와 피해자는 상호 대립적 시각에서 직접 연결된다(소위 직접사법의 시대). 피해자나 그 유족, 일족이 범죄자에게 책임을 직접 묻고, 보복이나 손해배상을 구한다. 탈리오 원칙(talio rule)으로 알려진 '눈에는 눈, 이에는 이'라는 동해보복사상(同害報復思想)에 근거하여, 피해자는 가해자에게 범죄행위로 인한 손해와 관련하여 물적 또는 인적 회복을 요구하는 것이다. 가해자에 대한 피해자의 보복(처벌)과 배상을 통해, 범죄의 해악성과 용서할 수 없다는 의식이 사람들 사이에 생성되고, 이를 통해 사회 내의 무질서와 범죄는 억제될 수 있었던 것이다. 피해자가 주도권을 갖고 주체적으로 행동할 수 있었던 시기로 볼 수도 있지만, 국가에 의한 피해자의 보호나 배려라는 사고나 제도적 기초가 없고, 피해자에 의한 사적 구제가 강조됨으로써 형사사법절차에서 피해자의 주도적 역할은 당연한 것으로 평가할 수 있다.

2) 제2기(피해자의 쇠퇴기)

중세에서 근대로 이어지는 이 시기에 현대적 형사사법제도의 기초가 형성된다. 형벌권과 형사사법제도는 신분제 사회의 정점인 국왕이나 귀족으로 대표되는 지배계층(국가)에 귀속되고, 범죄로 인하여 피해자에게 인정되었던 배상금의 청구 등 피해회복권은 지배계급이 대표하는 국가로 귀속된다. 범죄는 실질적으로 지배계급에 의한 통치질서를 침해하는 행위로 인식되게 되었다. 따라서 범죄자는 국가권력에 의한 소추를 받고, 피해자의 존재는 형사사법의 영역으로부터 소멸되었다.

프랑스 혁명과 절대왕정의 붕괴 이후 등장한 근대 시민국가에서도 형사사법제도에 내재된 위 구도에 본질적 변화는 없었다. 혈연을 중심으로 하는 공동체적, 신분제적 사회에서 산업혁명 이후 계약 및 이익사회로 사회구조가 변질되면서, 범죄는 통치 질서에 대한 위협이 아닌 사회구조나 체계에 대한 위협으로 이해되고, 단순히 범죄자에 대한 처벌 이외에 개별화된 처우로 관심이 이동하였다.

이 시기에는 피해자가 형사사법절차에서 가해자와 직접 대면하는 것은 허용되지 않고, 입증 도구로만 기능할 뿐, 국가의 형사사법제도에 의한 처리에 의존하는 지위로 고착되었다.

3) 제3기(피해자의 부활기)

기존 범죄자 중심의 형사사법제도에서 탈피하여, 피해자에게로 관심이 전환된 시기에 해당한다(피해자사법의 도래). 초기단계에서는 피해자의 유책성(有責性) 개념의 도입으로, 피해자로의 전락이나 그 경솔함에 보다 주목하고, 피해자의 권리와 피해회복은 도외시되었다. 그러나 이후, 피해자보상제도, 잠재적 피해자 조사의 실시, 피해자학 관련 국제학회 발족, 피해자 및 증인보호법의 제정, 피해자 인권선언 등 피해자의 법적 지위 향상에 관한 학문적, 실무적 논의가 이루어지면서 점차 권리주체로서 형사사법절차에서의 피해자의 지위가 인식되기 시작하였다.

나아가 피해자의 고통을 다루는 매스미디어, 피해예방을 위한 민간경비 산업의 발전, 피해자의 제 권리를 옹호하는 다양한 사회활동의 활성화 등 변화도 있었다. 결론적으로 이 시기에 들어서면서 금전적 보상을 포함한 피해자에 대한 물적 지원은 물론, 전문적인 정신적 지원과 함께 형사사법절차에 있어서 피해자에 대한 정당하고 합리적 취급이 실현되고 있다.

다. 가해자와 피해자의 관계로서 범죄행위와 피해자학

범죄행위를 구조적 측면에서 살펴본다면, 범죄가 성립하기 위해서는 필연적으로 가해자와 행위대상 내지 피해법익 주체로서 피해자가 요구된다. 즉, 가해자의 상대방으로서 피해자가 존재하지 않는 한 범죄는 성립하지 않는다. 즉, 형사법과 같이 규범학적 의미에서 범죄는 이른바 구성요건, 위법성, 책임으로 표현되는 범죄성립요소가 갖추어진 행위로 설명된다. 그러나 위와 같이 범죄학 등 사실학적 의미에서는 '가해자와 피해자의 관계'를 필수적인 요건으로 하게 된다. 다만, 종래 범죄학은 범죄행위를 가해자 중심의 행위로 포착하여 가해자에게서 그 원인을 설명하고 행위에 대한 일정한 책임을 구하였던 것이다.

그러나 범죄행위 역시 가해자와 피해자의 관계라는 일종의 인간관계를 핵심요소로 하는데, 양자의 협력적 행위가 아닌 대립적 구도에서 발생하는 행위로 반드시 가해자의 의도와 행위의 결과가 대응하지 않는다는 점에서 통상의 협력적 행위와 차이가 있다. 가령, 가해자가 살해의 의도로 행위를 하였지만, 피해자에게 현실적으로 어떠한 피해 발생도 없었거나 반대로 가해자는 단순히 피해자를 겁주기 위해 협박할 생각으로 행위하였으나, 피해자가 사망하는 등의 의도하지 않은 결과가 발생할 수도 있다(또는 학교에서 '왕따' 피해를 당한 학생이 가해 학생에게 보복적 폭행을 가하는 사례와 같이 '가해자와 피해자의 관계가 역전되는 현상'도 관찰할 수 있다). 따라서 범죄행위를 가해자 중심으로만 파악하는 것은 결코 올바른 접근방법이라 할 수 없으며, 가해자와 피해자의 양자 관계 속에서 관찰되어야만 한다. 피해자학이 갖는 가장 중요한 학문적 또는 실무적 의의도 여기서 찾아볼 수 있다.

결론적으로 피해자학은 범죄학과 더불어 범죄행위를 과학적으로 설명하려는 학문적 시도로서 유사한 성격을 갖고 있지만, 가해자 중심의 범죄학과 달리 피해자로 관심을 이동시켜, 마치 범죄학의 주요 내용인 범죄원인론과 대책론과 유사하게 원인론적 측면에서 어떠한 사람이 왜 범죄피해를 경험하게 되는지, 범죄피해를 경험한 피해자에게 어떠한 변화가 발생하는지 등의 의문을 과학적이고 체계적인 방법으로 설명하고, 이에 기초하여 대책론적 측면에서 형사사법절차에 있어서 피해자의 역할과 권리보호, 피해자에 대한 배려와 지원에 관한 탐구를 과제로 하는 학문으로 정의될 수 있다.

더 나아가 최근 범죄피해는 단순히 피해자에 대한 인적, 물적 피해에 국한하는 것이 아니라, 가해자와 피해자 간의 관계 나아가 이들은 물론, 지역사회 또는 지역사회 구성원의 연대성을 해체시키는 등 보다 궁극적이고 광범위한 범위에 미치는 것에 주목하여, 단순히 가해자의 응보적 처벌과 침해된 피해자의 법익회복이 아닌, 가해자 및 피해자, 지역사회 간의 관계회복을 통해 범죄문제를 해결하는 회복적 사법(回復的 司法, restorative justice)이 등장하여 주목받고 있다. 회복적 사법에 관한 제 논의는 피해자의 지위회복을 위한 피해자학을 넘어서, 기존 형사사법체계에 대한 새로운 대안의 제시로까지 피해자학의 기능과 영역을 확대시키는 계기가 되고 있다.

2. 피해자학의 발전과정

가. 피해자학의 기원

피해자학의 최초 기원에 대한 학계의 통일된 의견은 없다. 다만, 일부 통찰력이 있는 저술에서 그 기원을 다양하게 찾아볼 수 있다. 예를 들어 1920년에 오스트리아 소설가 프랜츠 베르펠(Franz Werfel)의 소설에 등장하는 살인범죄의 피해자, 1924년 서덜랜드(Edwin Sutherland)의 범죄학 교과서에서 하나의 챕터로 정리된 범죄피해자, 1929년 호세 피게로아 등(Jose R. Figueroa, Diego. Tejera, and F. Plá)이 저술한 범죄피해자 보호에 관한 쿠바 교과서, 1948년 헨티히(Hans von Hentig)의 범죄학 교과서에서 피해자에 관한 챕터, 1948년 미국 정신의학자인 프레드릭 워담(Fredric Wertham)의 폭력에 관한 저서에 기술된 '피해자학의 과학'에 대한 필요성에 관한 언급, 1958년 루마니아에서 멘델존(Beniamin Mendelsohn)이 했던 피해자학에 관한 연설 등이 피해자학의 기원을 이루고 있다. 이후 1960년 헝가리의 범죄학자인 샤퍼(Stephen Schafer)가 영문으로 피해자 보상에 관한 저술을 발표했는데 이것이 최초의 완전한 형태의 피해자 관련 저서라고 하겠다. 또한 1965년에는 미야자와 고이치(宮澤浩一)가 일본어로 피해자학에 관한 박사학위논문을 발표했고, 1968년 샤퍼(Stephen Schafer)는 최초의 피해자학 교과서를 출간했다(Wilson, 2009: 299-300).

〈표 1-1〉 피해자학 분야의 주요 저술

년도	저 자	저 서
1924	Edwin Sutherland	*Criminology*
1940	Beniamin Mendelsohn	*Rape in Criminology*
1948	Hans von Hentig	*The Criminal and His Victim*
1957	Margery Fry	*Justice for Victims*
1958	Marvin Wolfgang	*Patterns in Criminal Homicide*
1965	宮澤浩一	*被害者學の基礎理論*
1968	Stephen Schafer	*The Victim and His Criminal*
1971	Menachem Amir	*Patterns in Forcible Rape*
1975	Frank Carrington	*The Victims*
1978	Hindelang, Gottfredson, and Garofalo	*Victims of Personal Crimes*
1979	Cohen and Felson	*Social Changes and Crime Rate Trends*
1981	Galaway and Hudson	*Perspectives on Crime Victims*
1983	Robert Elias	*Victims of the System*
1984	Andrew Karmen	*Crime Victims*
1993	Mawby and Walklate	*Critical Victimology*

출처: Jerin, Robert A. and Moriarty, Laura J. (2010), The Victims of Crime, Upper Saddle River, New Jersey : Prentice Hall, p. 9.

나. 피해자학의 학문적 발전과정

앞서 언급한 것처럼 피해자학에 대한 학문적 관심이 시작된 것은 대체로 1940년대를 전후로 한 시점으로, 피해자학이란 용어 역시 1956년 이스라엘의 변호사 Beniamin

Mendelsohn이 그의 논문 '생물, 심리, 사회학의 새로운 분야: 피해자학(Une Nouvelle Branche de la Science Bio-psycho-sociale: Victimologie)'에서 처음 'Victimologie'란 용어를 사용하고, 피해자학의 학문적 기초토대를 제공하였는데, 1958년 동경의과치과대학 中田修교수가 번역, 소개한 것에서 비롯된 것으로 알려져 있다(김용세, 1999: 45-46). 물론, 1938년 Resner에 의한 살인의 연구 등에서 확인할 수 있듯이, 범죄피해나 피해자를 언급한 논문 등의 연구사례는 그 이전에도 있었는데, 피해자학적인 학술문헌이 나타난 시기에 대해서는 학자들 사이에 견해가 일치하지 않는다. 그러나 대체로 1941년에 발표된 Hans von Hentig의 '행위자와 피해자의 상호작용에 관한 연구' 및 1948년에 출간된 동인의 저서인 '범죄자와 그 피해자(The Criminal and His Victim)'를 본격적인 기원으로 보고 있다.

1970년대에 이르기까지의 초기 피해자학의 관심대상은 피해자 특성 또는 피해자로의 전락(피해를 받기 쉬움 또는 경솔함, 유책성)과 앞서 언급한 피해자 유형분류 등의 문제에 관심이 집중되었고, 현대 피해자학의 주요 테마인 피해자 보호와 회복의 문제는 포함되어 있지 않았다. 즉, '범죄는 가해자와 피해자의 공동작품'이라는 점에 관점을 두고, 범죄발생에 있어서 가해자로서 범죄자만이 아니라, 피해자가 가담 내지 기여한 부분과 메커니즘을 분석함으로써 범죄에 쉽게 노출될 수 있는 피해자 유형을 도출하고, 피해자적 특성을 가진 사람들에 대한 변화를 통해 범죄가 예방될 수 있다는 논리에 주안을 두고 있었다. 가령, 사기에 걸려들기 쉬운 사람은 금전적으로 욕구가 강하다거나, 살인사건의 피해자는 일상생활에서 타인으로부터 분노를 사기 쉬운 언동을 하거나, 강간 피해자는 어떤 형태로라도 성적으로 다소 문란한 생활을 하였다는 등으로 설명하는데, 마치 범죄학에서 범죄유발원인에 따라 범죄자 유형을 분류하고, 각 유형에 따른 과학적이고 개별화된 처우를 통해 보다 효과적인 범죄예방이 가능할 것이라는 사고방식과 유사하다(守山正·西村春夫, 2000: 154-155). 한편 초기 피해자학의 발전과정에서 국제피해자학심포지움(The World Society of Victimology)이 조직되는 등 피해자학에 대한 국제적 논의가 본격화되었다.

그러나 1980년대에 들어서면서 초기 피해자학에 내재된 이론적 난점에 대한 비판,

즉, 범죄행위를 피해자의 역할(피해자 촉진)에 지나치게 의존하여 설명하려고 시도한 점, 가해자와 피해자의 사회적 관계라는 지나치게 미시적인 설명구도 등에 대한 비판과 대규모의 피해자 조사결과 및 피해자화 현상 및 피해자에 대한 보호, 배려, 형사사법절차에서의 적극적 역할과 기능의 인식 등에 근거하여, 피해자의 유책성이나 촉진 등이 아닌 피해자의 생활양식 등에 근거하여 범죄행위와 피해를 설명하는 생활양식노출이론(lifestyle exposure theory), 일상활동이론(routine activity theory) 등 또는 피해자 측이 제공하는 범죄기회 외에 가해자의 선택과정을 함께 고려함으로써 범죄행위를 보다 동태적 시각에서 이해하는 구조적 선택이론(structural choice theory) 등으로 이론적 발전이 이루어지고 있다(최석윤, 1999: 38-43; Walklate, 1989: 6-13). 아울러 범죄로 인한 피해회복과 가해자, 피해자 나아가 지역사회의 재통합을 강조하는 회복적 사법을 통해 형사사법제도의 재편을 시도하기에 이르렀다.

〈표 1-2〉 피해자학 관련 주요 연대사

미, 영 등	일본
1941년 Hentig 피해자학 논문간행 **1947년** Mendelshon 피해자학이란 표현을 제안 **1957년** 영국 Fry 피해배상의 입법제안 **1965년** 미국 캘리포니아주 최초의 피해자배상제도	
1966년 미국, 제1회 전국적범죄조사(NCS)실시. 후에 범죄피해조사로 개칭	**1966년** 宮澤浩一, 피해자학의 기초이론
1968년 피해자학 교과서	**1970~79년** 범죄와 피해자 1,3권 간행
1974년 초기의 피해자-범죄자 화해프로그램 개시 **1975년** 전미 피해자원조기관(NOVA) 설립	
1981년 미 대통령, 피해자권리주간의 선언 **1984년** 미연방 범죄피해자법 제정	**1981년** 범죄피해자보상제도 실시 (범죄피해자등급부금지급법)
1985년 UN, 피해자인권선언 채택(범죄피해자에 관한 사법의 기본원칙)	**1983년** 동경강간지원센터 설립 **1989년** 범죄피해의 국제조사에 참가
1988년 오스트레일리아, 화해프로그램 개시 **1989년** 뉴질랜드, 가족집단원탁담의(FGC) 개시 **1990, 1996년** 영국 피해자헌장 제정	**1990년** 일본피해자학회 설립

1998년 UN범죄방지·형사사법위원회 피해자를 위한 사법핸드북	**1992~94년** 범죄피해자의 3개년 연구
1999년 UN 및 미 범죄피해자국에 의한 범죄 및 학대 피해자를 위한 사법적 기본원칙에 관한 UN선언과 관련한 정책가이드라인 발표	**1993년** 범죄피해자상담실(동경의과치과대)
2002년 International Criminal Court의 설치, 운영에 관한 로마협약 발효와 동 법원에 피해자 및 증인담당기구의 설치	**1996년** 범죄피해자의 연구, 간행 피해자대책요강 제정 및 실시 경찰청, 피해자연락제도 실시 경찰청 및 道都府県 경찰에서 범죄피해자 대책실 운영
2004년 국제피해자 심포지움(The World Society of Victimology)에서 UN선언에 대한 새로운 전략 채용	**2003년** 국제피해자학기구(Tokiwa International Victimology Institue) 설치 **2005년** UN선언과 관련한 입법적 조치를 취함(범죄피해자등 기본법)

참고 2.

① **Benjamin Mendelsohn**

유대인 변호사. 청년시기에 루마니아에서 이스라엘로 이주. 피해자학의 아버지로도 불리 운다. 스스로는 1939년에 쓴 논문을 피해자학의 기원으로 하는데, 1956년 '피해자학: 생물심리학의 신 분야'가 대표작이다. 동 저서에서 피해자의 유책성의 6단계(예는 5개 밖에 없다)를 지적하고 있다. 즉, 완전하게 책임이 없는 피해자, 유책성이 적은 피해자, 가해자와 동일정도로 유책한 피해자, 가해자보다도 유책한 피해자, 가장 유책한 피해자이다. 또한 그는 환자를 취급하는 의학과 동일하게, 피해자학도 범죄피해자 외에 자연재해 등 모든 유형의 피해자를 취급하여야 한다고 하였다.

② **국제피해자 심포지움(The World Society of Victimology)**

1973년에 창설된 국제적 학회. 3년마다 개최되고, 1983년에는 일본에서도 개최되었다. 당초 전통적 범죄의 피해자가 중심적 테마였지만, 그 후에 범죄 이외의 피해로 그 대상을 확대하고 있다. 근년의 테마로 차별, 편견, 국가권력의 남용, 국제적 분쟁 등의 피해자도 포함하고 있다(http://www.worldsocietyofvicti mology.org). 2012년 5월 제14회 심포지움이 '피해자를 위한 사법(Justice for Victims: Cross-cultural perspectives on conflict, trauma and reconciliation)'이라는 주제로, 네덜란드 헤이그에서 개최될 예정이다. 한편, 일본의 일본피해자학회가 1990년에 창설되었고, 한국도 비슷한 시기인 1992년 한국피해자학회가 창설되었다.

③ 우리나라의 피해자학 역사

한국에서 피해자학에 관한 문헌이 최초로 등장한 것은 1970년대 초반이지만, 피해자학에 대한 본격적인 연구가 시작된 것은 1990년을 전후로 한 시점으로, 1988년 현행 헌법을 통해 형사재판에서의 범죄피해자진술권(헌법 제27조 제5항)과 범죄피해자의 국가구조청구권(동 제30조)이 헌법 상 기본권으로 규정되면서, 형사소송법 및 범죄피해자구조법(2010년 5월 14일 부로 폐지되고 현재는 범죄피해자보호법으로 대체됨) 등의 입법적 조치가 이루어지고, 1990년 국책 연구기관이 한국형사정책연구원과 1992년 한국피해자학회의 설립과 학회지인 피해자학연구의 발간으로 부터이다(김성돈, 1999: 87-92).

피해자학의 도입 초기, 한국에서도 피해자의 유책성 내지 유형론, 피해자 특성에 논의의 초점을 맞춘 논문 등이 소개되었으나, 형사제재와 관련한 원상회복, 양형에 있어서 피해자의 고려문제, 가정폭력이나 성폭력, 학교폭력 등에 있어서 피해자문제, 피해자화 현상과 관련하여 2차 피해자화 등으로 논의주제가 다양하게 확대되었다. 또한, 단순히 이론적 논의에 그치는 것이 아니라, 피해자학과 관련한 실증연구를 위한 기초작업으로 피해자조사 역시 실시되었는데, 1991년 서울시민을 대상으로 최초의 피해자조사가 이루어지게 되었다(1994년 제2차 범죄피해자조사부터는 전국규모로 조사범위를 확대하여 2017년까지 총 12차에 걸친 피해자조사가 이루어졌다). 피해자학과 관련한 이러한 발전은 형사사법 실무에도 반영되었는데, 특히 참여정부시기인 2003년부터 시작된 사법개혁 논의과정에서, 형사사법절차에서 피해자의 보다 적극적인 역할과 권리보호가 강조되고, 개정 형사소송법 등에 다양한 형태와 내용으로 제도적 반영이 이루어졌고 최근에는 사회적 이슈가 된 아동학대, 성폭력사건 등과 함께 제도적 변화가 가속되고 있다.

제3절 학문으로서 피해자학에 대한 이해

1. 범죄학과 피해자학

피해자학의 학문적 성격과 관련하여 종래 범죄학과의 관계에 대해서 논란이 지속되어 왔다. 먼저 피해자학을 범죄학의 일부분으로 이해하려는 견해가 있다. 즉, 기존 범죄학의 범죄원인론이 가해자인 범죄자에게만 초점을 맞춤으로써 피해자 측면이 결여되어 있음을 지적하면서, 피해자 문제를 범죄학의 테두리에서 파악하려고 한 것이다. 반면, 범죄학과 분리하여 피해자학의 독자성을 강조하는 견해가 있는데, 이에 의하면 피해자는 단순히 범죄피해자에 한정하지 않고, 자연재해 등 다양한 원인에 의한 피해 및 피해자를 포괄하여 피해자학은 범죄학의 부분이 아닌 피해자 일반의 인권에 관한 학문으로 성격을 갖게 된다(宮澤浩一(장규원 역), 1999: 35-36).

가해자와의 관계에서 피해자가 갖는 유책성의 검토 또는 피해자가 갖고 있는 다양한 취약성을 검토함으로써 왜 특정한 피해자가 범죄피해를 경험하는지를 설명하는 피해자학의 이론적 논의에서 본다면, 확실히 피해자학을 범죄학과 격리시켜 이해하는 것은 적절치 못하다. 그러나 또 한편에서는 범죄학이 재범억제를 위한 범죄자의 처우에 관심을 갖는 반면, 피해자학은 범죄피해로부터의 보호와 회복에 주안을 두고 접근하는 점에서 범죄학과 분명한 시점 차이도 지적할 수 있다(이윤호, 2007: 20).

2. 피해자학의 이해를 위한 틀

형법학에서 말하는 결과반가치론 또는 행위반가치론 또는 형사소송법학에서 소송구조론과 관련하여 직권주의나 당사자주의와 유사하게 개별 피해자학 이론의 구조화에 대한 시도가 있다. 범죄학에서라면 범죄원인론과 관련하여 제 이론을 고전주의이론 또는 실증주의이론으로 구분하거나, 범죄사회학에서 언급되는 제 이론을 거시이론(사회구조이론)이나 미시이론(사회과정이론)으로 구분하는 경우를 예로 들 수 있다.

Andrew Karmen은 피해자학의 제 이론적 흐름을 연구대상과 사상적 기초의 차이에 근거하여 보수주의(conservative victimology), 자유주의(liberal victimology) 또는 급진적, 비판주의적 피해자학(radical-critical victimology)으로 구분하여 설명한 바 있다(Karmen, 1984: 9-12). 먼저 보수주의적 피해자학은 주로 노상범죄(street crime)를 연구대상으로 하면서, 응보주의적 형사사법모델(justice model)에 근거하여 형사사법시스템은 범죄자의 처벌에 초점을 둘 뿐 범죄피해로부터의 보호와 피해자의 권리는 피해자 자신의 책임에 기초하여야 한다는 사고방식에 기초한다. 즉, 범죄피해자의 보호와 권리회복은 국가적 과제가 아닌 피해자 자신의 책임에 기초한 과제라는 것이다. 반면 자유주의적 피해자학은 법에 의한 평등한 보호(equal protection under the law)와 보편적 복지를 사상적 기초로, 연구대상을 노상범죄에 한정하지 않고 모든 유형의 범죄로 확대하고, 단순히 범죄자의 처벌을 지향하는 응보적 모델이 아닌 피해자의 회복에 주안을 둔 형사사법모델을 구상하게 된다. 따라서 형벌 외에 원상회복이나 배상, 화재나 조정을 통한 문제해결도 적극적으로 고려할 수 있다. 마지막으로 급진적, 비판주의적 피해자학은 연구대상을 반드시 범죄피해에 한정하지 않고, 국가권력이나 사회구조적 문제로 인한 피해로까지 확대하게 된다. 이러한 시각에 의하면 형사사법시스템은 피해문제를 해결하기 위한 장치가 아니라, 기득권자의 이익을 보호하기 위한 장치라는 점에서 기득권의 분배과정에서 소외된 피해자의 입장에서는 역시 해결해야 할 문제 대상일 뿐으로 이해된다.

참고 3. 피해자학의 최근 연구 동향

피해자학은 학문적으로 발전되기 시작한 이래, 다양한 분야로 연구되고 있다. 국내의 경우, 피해자학 연구는 크게 경험적 연구와 법/정책 연구로 나뉘어 연구되고 있다(노성호, 2023). 경험적 연구는 '범죄피해'와 '범죄두려움'을 중점적으로 이론과 가설, 설명모형을 검증하는 것이 주를 이루며, 법/정책 연구는 피해자 보호·지원을 위한 정책 수립, 관련 법률 제·개정, 피해자 지원을 위한 단체/기관/프로그램 등에 관한 연구가 주로 이루어지고 있다. 이와 관련하여 국내 〈피해자학연구〉 학술지에 게재된 논문을 살펴보면, '범죄피해', '범죄 두려움/예방', '피해자 보호/지원', '피해유형(성폭력, 가정폭력, 학대)', '회복적 사법/형사조정'이 국내의 주된 피해자학 연구 주제로 다루어지고 있다.

국외의 피해자학 연구 또한 국내와 유사한 양상을 보인다. 국외 피해자학에 관한 경험적 연구는 실증주의적 패러다임과 반실증주의적 패러다임(페미니즘, 좌파현실주의, 비판피해자학 등)이라는 두 가지 패러다임을 축으로 이루어지고 있으며, 최근에는 이들을 모두 아우르는 통합적 패러다임에 관한 논의도 등장하고 있다(Ikeyi, 2023).

오늘날의 피해자학은 기존의 이론적 논의에서 벗어나 새로운 영역으로 연구 범위가 넓어지는 추세이다. 대표적으로 사이버범죄 피해는 21세기 피해자학의 하위 학문 분야로 등장하여 활발하게 연구되고 있으며, 보복성 포르노, 스미싱 등 시대의 흐름에 따른 새로운 피해 유형과 주제들이 연구의 대상이 되고 있다(Jaishankar, 2020). 이 밖에도 향후 국제 피해자학의 주요 현안으로 다뤄질 분야들은 다음과 같다(Groenhuijsen, 2012); ① 회복적 사법과 화해 조정, ② 테러리즘, ③ 국제형사법원 및 특별재판소, ④ 문화적 다양성과 형사사법, ⑤ 피해자학의 범위

요점정리

(1) 피해자학의 발전 초기에는 범죄학, 형사정책학 등의 일 분야로 이해하기도 하였으나, 최근에는 독립적 학문 영역으로 인정받는 것은 물론 형사사법절차에 피해자의 지위나 역할에 대한 재인식과 함께 실무적 의의도 커지고 있다.

(2) 피해자학의 연구대상으로 피해 및 피해자의 개념과 관련하여 각종 재난, 재해를 포함한 비 범죄피해나 피해자도 함께 포괄하고자 하는 견해도 나름의 설득력을 갖고 있으나 사회복지 등 여타 학문과 구별되는 피해자학의 학문적 독립성이나 형사사법 관련 실무적 의의를 고려할 때, 그 연구대상은 범죄피해 및 피해자로 한정함이 일반적이다.

(3) 한국에서도 피해자학에 대한 학문적 관심의 증가, 범죄통계자료의 정비 등과 함께 형사사법절차에서 피해자가 차지하는 비중과 역할이 새롭게 인식되기 시작하면서 1991년부터 2017년 현재까지 범죄피해자조사가 지속적으로 이루어지고 있다.

(4) 흔히 피해자학의 이론적 틀을 기존 가해자 중심의 응보적 사법모델에 기초한 보수주의, 피해자의 보호와 피해회복 등에 초점을 맞춘 자유주의, 피해자학의 연구대상의 전통적인 범죄피해 및 피해자에 국한하지 않고 국가나 사회구조, 제도적 갈등과 모순에 따른 피해 및 피해자로까지 확대하려는 비판주의적 피해자로 구분하기도 한다.

복습문제

1. 피해자화에 대한 설명으로 잘못된 것은?

① 범죄행위가 종료된 이후, 피해자가 겪게 되는 일련의 현상을 지칭한다.
② 절도 등 재산범죄로 인한 경제적 손실은 2차 피해의 전형적 예다.
③ 형사사법절차에 의한 공식적인 범죄사건의 종결 이후에도 피해는 지속될 수 있다.
④ 피해자화 현상은 범죄에 대한 형사사법기관의 대응능력을 약화시킬 수도 있다.

2. 범죄피해에 관한 설명으로 옳지 않은 것은?

① 범죄피해의 발생은 피해자에게 국한하지 않는다.
② 범죄피해에는 계량적 평가가 어려운 간접적인 형태도 포함된다.
③ 직접적인 범죄피해만이 범죄에 대한 두려움을 유발할 수 있다.
④ 범죄피해는 범죄에 대한 두려움을 강화시킨다.

3. 피해자의 유형분류와 관련한 비판점으로 옳지 않은 것은?

① 성, 인종 등 다양한 차별론적 근거에서 출발하였다.
② 범죄문제를 가해자와 피해자의 사회적 관계라는 지나치게 미시적 관점에서 파악하게 된다.
③ 피해자의 보호나 권리주체로서의 성격을 강화하는 계기가 되었다.
④ 범죄예방론적 측면에서의 유용성이 인정될 수 있다.

4. 자유주의적 피해자학에 대한 설명으로 옳지 않은 것은?

① 국가, 사회구조적 모순이나 갈등으로 인한 피해에도 관심을 갖는다.
② 피해회복에 주안을 둔 형사사법모델의 구축을 지향한다.
③ 법에 의한 평등한 보호와 보편적 복지론에 기초한다.
④ 형벌 외에 원상회복, 화해, 조정 등을 통한 문제해결에 적극적이다.

정답 1. ②, 2. ③, 3. ③, 4. ①

제2장

피해자학 연구방법론

학습목표

○ 공식통계의 특성을 살펴보고 범죄피해 연구를 위한 공식통계 활용에 대해서 학습한다.

○ 범죄피해조사의 특성에 대해서 살펴보고, 범죄피해조사의 방법에 대해서 학습한다.

○ 범죄피해자조사의 의의에 대해서 살펴보고, 구체적인 내용에 대해서 학습한다.

핵심키워드

공식통계, 범죄분석, 범죄백서, 범죄피해조사, 청소년범죄피해조사, 범죄피해자조사

02 피해자학 연구방법론

피해자학이 범죄학과 구분되는 독립적인 학문 영역인가에 대한 논란이 있듯이 피해자학의 연구방법론 역시 범죄학 연구방법론과 구분되는 피해자학의 독립적인 연구방법론이 존재하는가에 대한 논란이 있을 수 있다. 실제로 본장에서 소개되는 연구방법론의 내용도 상당 부분이 범죄학 연구방법과 중복되고 있다. 따라서 피해자학의 연구를 위한 독립적인 방법론이 존재한다고 보는 것보다는 유사한 연구방법을 사용하지만 범죄피해자에 초점을 맞추어 다양한 경험적 자료를 수집하고 분석하기 때문에 다른 연구영역과는 다른 독특한 측면이 있다고 보는 것이 더 적절할 것이다.

제1절 공식통계

일반적으로 범죄의 실태를 파악하기 위해서 가장 널리 사용되는 것이 범죄에 관련된 공식통계이다. 공식통계는 형사사법기관에 의해서 인지되고 기록된 범죄에 대한 집합적 통계이다. Sellin(1953:163)은 "범죄통계는 ① 숫자로 표시된 범죄건수 또는 범죄자수에 관한 통일된 자료, ② 공식기관(경찰, 검찰, 법원, 행형기관 등)의 기록에서 나온 것, ③ 도표화된 항목들 간의 관계를 확립하기 위해 분류되고 도표화되고 분석된 것, ④ 매년 또는 정기적으로 통일된 양식으로 출판된 것"이라고 정의하였다.

공식통계는 국가 차원에서 범죄에 대한 정보를 수집하여 제공하기 때문에 방대한 자료를 손쉽게 얻을 수 있으며, 범죄의 실태와 경향을 쉽게 파악하는 것을 가능하게 하는 등 여러 가지 장점을 가지고 있어서 많은 범죄학자들이 활용하고 있다. 공식통계의 이러한 장점으로 범죄학자들은 공식통계를 경험적 연구의 출발점과 준거로 삼고 있다.

이처럼 공식통계가 범죄의 연구에서 유용하게 사용되지만 범죄 연구에 있어서 공식통계가 가지는 한계점도 분명히 존재한다. 가장 큰 한계는 공식통계가 숨은 범죄나 숨은 비행을 집계할 수 없다는 점이다. 공식통계에 기록된 범죄는 실제로 발생한 범죄의 일부분에 불과하며, 밝혀지지 않은 숨은 범죄가 얼마나 되는지는 파악할 방법이 없다. 이와 같은 숨은 범죄의 존재는 범죄의 연구에 공식통계를 사용하는 것을 제한할 수 있다.

공식통계를 사용하여 범죄의 실태와 동향을 파악하는 것이 적합하다고 인정받기 위해서는 두 가지의 조건이 충족되어야 한다. 하나는 신고되어 이미 알려진 범죄와 신고되지 않은 범죄 간의 비율이 해마다 일정하게 유지되어야 한다는 점이며, 다른 하나는 해마다 이미 알려진 범죄의 분포가 신고되지 않은 범죄의 분포와 동일해야 한다는 점이다. 이러한 가정이 충족되어야만 공식통계자료를 이용해서 전체범죄의 발생과 분포를 살펴보는 것이 의미를 가질 수 있다. 그렇지만 실제적으로 이러한 조건이 충족되는지 여부를 검증할 수 있는 방법이 없으며, 논리적으로도 불가능하다. 발생하는 모든 범죄가 신고되는 것이 아니며 신고율도 범죄유형이나 인구학적 집단에 따라서 상이하기 때문이다. 신고가 된다고 해도 신고된 모든 사건이 공식통계에 집계되는 것이 아니며, 집계되는 과정에서 여러 가지 누락이 발생하게 된다. 신고율의 변동은 공식통계의 신뢰성에 가장 큰 영향을 미치는데 전체적인 범죄의 양에 변동이 없어도 특정한 이유로 신고율이 증가하게 되면 공식통계상의 범죄율은 증가하는 것으로 나타난다. 이러한 문제는 공식통계만으로 전체범죄의 발생과 동향을 파악하는 것은 한계가 있음을 보여준다. 따라서 이러한 한계를 극복하기 위해서 범죄피해조사의 필요성이 부각되었다.

한편 공식통계는 원래 범죄발생을 중심으로 기록되는 것이기 때문에 기본적으로 가해자를 중심으로 통계가 제공된다는 점은 공식통계를 사용하여 범죄피해를 연구하는데 제약이 존재한다. 공식통계를 통해서 범죄행동이나 가해자에 대한 정보는 다양하게 수집할 수 있다. 그렇지만 범죄피해나 피해자에 대한 정보는 공식통계에 상세하게 제시되어 있지 않으며, 피해자에 관한 부분을 부분적으로만 찾아볼 수 있다.

우리나라의 대표적인 공식통계로는 대검찰청에서 발간하는 범죄분석과 이를 적절하게 분석하여 일반인들이 접근하기 용이하게 발간한 법무연수원의 범죄백서가 있다.

1. 범죄분석

범죄분석은 매년 전국의 각급 수사기관(검찰, 경찰, 특별사법경찰)에서 범죄사건을 수사하면서 작성·전산입력한 각 범죄통계원표(발생통계원표, 검거통계원표, 피의자통계원표)를 토대로 범죄현상을 분석한 것이다. 기본적인 단위는 건수와 인원으로 되어 있다.

기본적으로 범죄의 발생과 검거상황 및 범죄자에 관련된 항목을 중심으로 통계가 제공되고 있지만 부분적으로 범죄피해와 관련된 내용이 소개된다. 범죄분석의 4장 피해자 특성 및 피해결과에 제시한 항목들이 여기에 해당한다. 해당 항목들은 다음과 같다. 아래 항목들은 범죄유형별로 구분하여 제시되고 있다.

〈표 2-1〉 범죄분석에 제시된 범죄피해관련 항목

항 목	상세 내용	
피해자 성별 연령	피해자의 성별에 따른 연령별 피해분포, 불상	
피해자 피해 시 상황	취침중, 일하는 중, 부재중, 담화중, 혼잡중, 보행중, 딴 데 정신 잃어서, 속아서, 기타, 미상	
범죄자와 피해자와의 관계	국가, 공무원, 고용자, 피고용자, 직장동료, 친구, 애인, 동거친족, 기타친족, 거래상대방, 이웃, 지인, 타인, 기타, 미상	
재산피해 정도	피해 없음, 1만원이하, 10만원이하, 100만원이하, 1,000만원이하, 1억원이하, 10억원이하, 10억원초과, 미상	
재산피해 및 회수 상황	재산피해항목	피해건수, 피해금액별 분포, 피해항목은 화폐, 자동차, 유가증권, 귀금속, 전기·전자제품, 오토바이·자전거, 가구류, 의류, 기계류, 농·임산물, 축산물, 수산물, 잡화, 기타
	회수 상황	회수 건수와 회수금액 및 회수 정도별 분포, 전부회수, 1/2이상 회수, 1/2미만 회수, 미회수
신체피해 상황	상해, 사망	
신체 피해(상해) 정도	전치2주이하, 전치1개월이하, 전치2개월이하, 전치4개월이하, 전치6개월이하, 전치6개월초과	
범죄피해자 미신고 이유	피해근소, 부정물자, 명예보호, 보복우려, 범인이 친족친우, 피해품회수 기대난, 범인검거 기대난, 유실로 착각, 절차복잡, 신고지 원거리, 피해사실 모름, 기타	

이처럼 범죄피해에 대한 부분은 항목이 적을 뿐만 아니라 실제적으로 항목이 있다 하더라도 제시되는 건수는 극히 일부분에 불과하다. 일단 피해자에 관련된 사항이 형사사법기관에 보고되어야 집계가 가능하기 때문에 피해자에 관한 내용이 파악되지 않은 경우에는 기록이 불가능하다. 또한 제시되는 건수들도 정확한 내용의 파악이 어렵기 때문에 대부분은 기타항목이나 미상에 포함되는 경우가 많다. 이는 공식통계를 통해서 피해자에 관련된 내용을 파악하는 것은 한계가 있음을 보여준다.

2. 범죄백서

범죄백서는 범죄분석의 자료를 기초로 다양한 범죄의 발생상황을 제공하고 있으며, 더불어 다른 자료들을 참고해서 범죄자의 처리과정 등에 대해서 소개하고 있다. 범죄백서에서는 제1편 제4장에 범죄피해자 현황 및 정책동향에 대해서 소개하고 있다. 피해자에 관한 내용은 아래 표와 같다.

〈표 2-2〉 범죄백서에 제시된 범죄피해관련 항목

항목	상세내용
형법범죄 피해자의 현황	성별 현황, 연령층별 현황, 피해자와 범죄자의 관계
강력범죄(흉악) 피해자의 현황	성별 현황, 연령층별 현황, 피해자와 범죄자의 관계, 신체피해 상황
강력범죄(폭력) 피해자의 현황	성별 현황, 연령층별 현황, 피해자와 범죄자의 관계, 신체피해 상황
재산범죄 피해자의 현황	성별 현황, 연령층별 현황, 피해액수
13세 미만 아동 피해자의 현황	약취·유인범죄 피해자 현황, 성폭력범죄 피해자 연령별 현황
형사절차상 권리 보고	불기소처분에 대한 불복제도, 배상명령제도, 피해자 국선변호사제도
손실복구지원	범죄피해 구조금 지급, 자동차손해배상 보장법에 의한 보상, 스마일센터의 운영, 치료비 지원
형사조정제도	형사조정위원 수 현황, 형사조정의뢰건수 현황, 형사조정실적 현황
민간에 의한 범죄피해자 지원	범죄피해자지원센터 활동실적
국민의 국외 범죄피해	국민의 국외 범죄유형별 피해현황, 국민의 외국에서의 국가별 범죄피해현황, 국민의 외국에서의 피살현황

제2절 범죄피해조사

1. 범죄피해조사란?

범죄피해조사란 특정 사회에 범죄가 어느 정도 발생하는지 파악하기 위해서 대표성이 있는 표본을 추출해서, 일정 기간 동안 이들이 경험한 범죄피해를 설문지를 통하여 조사하는 방법을 말한다. 즉 범죄피해조사는 일반 국민을 대상으로 범죄피해경험 여부와 피해양상 및 범죄 관련 인식 등을 조사함으로써 범죄피해율을 파악하고 범죄의 취약성 요인을 밝히며 범죄현상에 대한 인식과 태도를 이해하고자 하는 것이다.

범죄피해조사의 필요성은 범죄연구에 사용되는 공식통계가 한계점을 지니고 있다는 점에서 부각되었다. 일반적으로 범죄피해조사의 목적은 세 가지로 볼 수 있다(심영희 외, 1990). 첫째는 정확한 범죄(피해)율의 파악이다. 공식통계자료의 가장 큰 한계인 숨은 범죄를 포함시키지 못한다는 문제점을 보완하여 범죄발생에 대한 좀 더 정확한 기초자료를 확보하는 것이다. 공식통계는 범죄의 실태와 동향을 파악함에 있어서 적절한 지표로서의 한계를 지니고 있고 이를 극복하기 위해서 범죄피해조사를 사용하게 되었지만, 범죄피해조사 역시 표본조사이고, 범죄피해에 대한 응답이 응답자의 회상에 의존하는 등의 한계가 있기에 범죄발생의 추정에 있어서 범죄피해조사는 공식통계와 보완적으로 사용되는 경우가 많다. 범죄피해조사 자료가 공식통계를 보완하는 방식은 세 가지 측면에서 살펴볼 수 있다. ① 공식통계에서 나타나는 범죄실태나 범죄의 동향을 확인하는 자료로 활용될 수 있다. 즉 범죄피해조사 자료에 대한 분석을 통해서 실제 공식통계의 정확도에 대한 어느 정도의 검증이 가능하다. ② 공식통계가 미비한 점을 알려줌으로써 개선할 수 있게 한다. 통계수집의 적절성이나 변화의 필요성을 파악할 수 있게 해준다. ③ 공식통계는 주로 가해자와 가해자에 대한 형사사법기관의 처분을 다루고 있는 반면, 범죄피해조사는 피해자의 경험과 태도를 중점적으로 조사하기 때문에 두 자료가 서로 보완적으로 사용되어야 범죄현상에 대한 제대로 된 설명이 가능하다.

둘째는 피해양상과 피해자의 특성 등을 파악하여 범죄피해예방을 위한 대책을 제시하는 것이다. 범죄피해자에 관련된 사회인구학적 특성, 생활양식 등과 관련된 정보를 수집하며, 범죄가 발생하는 구체적 상황을 파악하여 예방대책의 수립에 기여한다. 더불어 사회경제적 배경이나 생활양식 등의 요인을 범죄피해를 당하기 쉬운 사람들에 대해 설명함으로써 피해이론의 발전을 위한 자료를 제공한다.

셋째는 범죄에 대한 일반인들의 인식과 태도, 경찰 및 형사사법기관에 대한 일반인의 인식, 법집행 활동의 효율성에 대한 평가, 친근감에 대한 정도, 범죄행위에 대한 심각성의 인식 등을 조사하고, 이러한 요인들이 범죄행위의 발생, 신고 등의 처리과정과 가지는 관련성을 조사한다.

범죄피해조사를 통해서 세 가지의 목적이 모두 충족되는 것이 가장 이상적이겠지만, 한정된 예산과 여건 하에서 모든 목적을 충족시키기는 상당히 어렵다. 첫 번째의 목적을 달성하기 위해서는 상당히 엄격한 조사설계가 필요하다. 기본적으로 범죄피해조사는 표본조사의 성격을 지니고 있기 때문에 모집단의 추정을 위해서는 설문지의 적절한 구성과 정확한 표본추출방법의 적용 등 엄격한 조사가 필요하다. 그렇지만 두 번째와 세 번째 목적만을 달성하기 위해서라면 여건에 따라서 상대적으로 그 기준이 완화되는 것도 허용될 수 있다.

2. 범죄피해조사의 연혁

가. 외국의 범죄피해조사

공식통계의 한계를 보완하기 위한 범죄피해조사는 1970년대부터 미국과 유럽을 중심으로 활발하게 이루어졌다. 이 가운데 대표적인 것이 미국의 범죄피해조사(NCVS: National Crime Victimization Survey)와 유럽의 국제범죄피해조사(ICVS: International Crime Victimization Survey)이다.

1) 미국의 범죄피해조사

미국의 본격적인 범죄피해조사는 1972년에 처음 시행되었으며, 전국 가구범죄피해조사로 시행하다가 전미범죄조사(National Crime Survey)로 명명했다. 이 조사는 두 가지의 목적으로 시작되었는데, 첫째는 범죄피해에 관한 시계열적인 정보를 만들어내고, 둘째는 특정한 범죄문제의 해결책을 제시하는데 필요한 경험적 정보들을 수집하기 위한 것이었다(심영희 외, 1990).

전미범죄조사는 다단계집락표집설계를 통하여 조사대상이 될 가구를 선정하였는데, 미국전역을 모집단으로 하여 15,000주거집락에서 약 60,000가구의 표본이 표집되었다. 60,000가구의 표본은 10,000가구씩 6개의 하위표본으로 나뉘어 1달에 하나씩 하위표본단위로 조사가 순차적으로 진행되었다. 가구를 방문하여 대면면접으로 조사를 진행하였으며, 접촉하지 못한 사람들에 대해서 전화면접을 실시하였다. 매 가구는 6개월의 간격을 두고 7번씩 조사했다.

전미범죄조사는 그 속성상 많은 유형의 범죄가 제외되고, 타당도에 대한 문제가 있으며, 설문조사방법에서 나타나는 개념측정방법과 관련된 오류와 단점을 가지고 있었다. 따라서 조사결과의 정확성과 유용성과 신뢰성을 높이기 위한 연구와 노력이 진행되었고 이를 기반으로 1993년에 새로운 개선방안으로 완전히 개편되었으며, 명칭도 바꾸어서 미국범죄피해조사(National Crime Victimization Survey)로 칭하고 있다[1].

〈표 2-3〉 미국범죄피해조사의 범죄유형

대인폭력범죄	
강간	폭력적인 힘이나 위협을 가함으로써 육체를 범하는 것. 여기에는 강간미수도 포함되며, 법률에 명시된 미성년자의 강간은 제외된다.
강도	폭력이나 폭력의 위협을 사용하여 개인으로부터 폭력적으로 재산, 현금 등을 빼앗는 것. 여기에는 무기사용여부는 문제되지 않는다.
심한 폭행	무기를 사용하여 사람을 다치게 하는 것. 무기를 사용한 경우에는 피해자가 상해를 입은 것만을 이 범주로 분류한다. 무기를 지닌 경우에는 미수도 포함된다.
단순폭행	무기를 사용하지 않고 어떤 개인에게 가벼운 상해를 입히는 것. 이 때 미수도 포함된다.

1) 개선된 조사방법론에 대해서는 범죄피해조사 방법 부분에서 좀 더 자세하게 소개한다.

대인절도범죄	
접촉이 있는 대인절도	무력이나 상해의 위협을 주지 않고, 피해자가 알지 못하는 사이에 지갑, 현금 등을 훔치는 것. 여기에는 미수도 포함된다.
접촉이 없는 대인절도	피해자의 집이나 그 인근을 제외한 모든 장소에서 현금이나 소유물을 훔치는 것. 여기에는 미수도 포함된다.
대가구절도범죄	
침입절도	절도를 목적으로 불법적으로 다른 사람의 주거에 침입하는 행위. 폭력이 사용된 경우도 포함되며, 미수도 이에 포함된다.
가구절도	불법적으로 침입한 것은 아니라고 하더라도, 다른 사람의 주거나 주거의 인근에서 현금이나 재산을 훔치는 행위. 여기에는 미수도 포함된다.
자동차절도	다른 사람의 자동차 및 그 밖의 탈 것을 훔치거나 주인의 허락 없이 가져가는 행위. 여기에는 미수도 포함된다.

출처 : 이순래(2002), "범죄피해조사 개선방안에 관한 연구 : 조사표문항구성을 중심으로," 피해자학연구 10(2): 55

2) 국제범죄피해조사

국제범죄피해조사는 UN이 관장하는 국제조사로 1989년 제1차 조사를 시작으로 매 3-4년마다 한 번씩 실시하며, 2000년 제4차 국제범죄피해조사에는 우리나라도 참여하여 조사를 실시하였다(장준오, 2000).

1987년 바르셀로나에서 열린 유럽협의회의 지역정부회의에서 표준화된 국제범죄피해조사를 제안하였고 이를 위한 실행위원회를 구성하여 본격적인 작업에 들어갔다. 20여 개 국가에 초청장을 발송한 결과 15개국이 참여하기로 결정하였고, 그밖에 부분적으로 참여한 국가도 있다(심영희 외, 1990).

제1차 국제범죄피해조사는 다음과 같은 구체적인 목적을 가지고 있었다. 첫째, 각 조사 참가국들의 범죄피해율을 비교한다. 둘째, 각국의 범죄피해율과 공식통계에 나타난 범죄율을 비교한다. 셋째, 범죄피해 경험이 사회적으로 차별화되어 있는 모습을 확인한다. 넷째, 어떤 사람들이 더 높은 범죄피해위험에 처해 있는지를 설명한다. 다섯째, 각 국민들이 범죄 및 범죄와 관련된 사항(경찰, 형량, 범죄예방방법 등)에 대하여 어떠한 의견과 태도를 지니고 있는지를 파악하고 이를 국가 간에 비교한다.

표본의 크기는 조사비용과 조사에 소요되는 시간을 고려하여 각국에 2,000명의 표본을 조사할 것을 추천하였다. 모든 나라의 조사는 1989년 1월에 시작하였고, 조사기간은 6-7주 가량 소요되었다. 1월로 잡은 것은 '지난 5년간' 또는 '지난 1년간'의 범죄피해 경험을 질문할 때 응답자들이 조사준거기간을 쉽게 이해하여 응답할 수 있도록 하기 위해서이다[2].

면접방법으로는 컴퓨터를 이용한 전화면접조사(Computer Assisted Telephone Interview: CATI)의 방법을 채택하였다. 이 조사방법은 설문지를 사용하는 기존의 방식대신에 조사대상자에게 묻고자하는 문항들의 내용과 질문순서 등을 컴퓨터 프로그램화하여 두고, 컴퓨터와 전화를 연결하여, 모니터에 나타나는 질문을 전화로 묻고 응답자의 응답을 바로 컴퓨터의 자료파일(data file) 안에 입력할 수 있도록 개발된 면접방식이다[3]. 조사의 대상을 선정하기 위해서 사용한 표집틀은 국가마다 약간의 차이가 있지만, 전화번호의 추출을 위해서는 거의 대부분의 나라에서 무작위 선택 및 자동 다이얼링 기법을 사용하였다.

〈표 2-4〉 국제범죄피해조사 설문문항의 구성

I. 범죄피해 유무질문(Screening Questions)
1. 대가구재산범죄
1) 자동차절도
2) 자동차 부품과 장치물 절도
3) 자동차 파손
4) 오토바이, 스쿠터 절도
5) 자전거 절도
6) 침입절도
7) 침입절도 미수
2. 대인범죄
1) 강도
2) 개인소유물의 절도, 소매치기, 접촉없이 당한 절도
3) 성적 범죄피해 : 성폭행, 그밖의 성적인 공격적 행위
4) 폭행/위협 : 폭력사용 폭행, 단순위협

2) 범죄피해조사를 할 때 통상적으로 '지난 1년간'의 범죄피해에 대해서 질문한다. 이 때 응답자들이 분명하게 기억할 수 있는 기간을 제시하거나 사건을 제시함으로써 기간을 정확하게 회상할 수 있도록 도움을 주는 것이 조사의 정확성을 높이는데 많은 도움이 된다.

3) 이 조사방법은 면접조사자들이 일일이 설문지를 넘겨가면서 조사하지 않아도 되며 동시에 응답자들이 선행질문에 어떻게 응답하는지에 따라서 논리적으로 이어져야 할 질문이 자동적으로 화면에 나타나기 때문에 조사가 훨씬 간편하고 정확하다는 장점을 가진다. 그러나 이러한 면접은 전화조사라는 한계 때문에 잘못된 응답을 그 자리에서 확인하여 바로잡을 수가 없으며, 질문내용이나 선택지의 의미에 관하여 응답자에게 보충설명을 할 수 없다는 점 등에서 약점이 있다.

II. 각 범죄피해에 관한 세부사항질문
1. 피해발생시간, 장소 2. 물질적 손실의 정도 3. 경찰에의 신고여부와 신고하지 않은 이유 경찰의 조치에 대한 만족도 4. 범죄피해를 같이 당한 사람이 있는지에 관한 문항 5. 피해자부조기관의 도움, 서비스 혜택을 받은 경험 여부
III. 배경변수/생활양식/의식 및 태도에 관한 질문
1. 응답자의 사회인구학적 사항과 생활양식 2. 범죄에 대한 두려움의 정도 3. 지역 경찰활동에 관한 만족도 4. 범죄방지 행위에 관한 의견 5. 21세의 남자인 상습침입절도범에 적정한 선고형량 제안

출처 : 심영희 외(1990), 범죄피해조사란 무엇인가? p123

나. 우리나라의 범죄피해조사

숨은 범죄를 찾아내고자 하는 범죄피해조사의 목적상 신뢰도의 확보를 위해서 상당한 예산과 인력이 필요하기 때문에 개인이 범죄피해조사를 수행하는 것은 쉬운 일이 아니다. 이에 우리나라의 범죄피해조사는 한국형사·법무정책연구원을 중심으로 시행되어 왔으며 그 내용은 <표 2-5>와 같다. 한국형사·법무정책연구원에서는 1991년에 첫 번째 범죄피해조사를 수행하였다. 그렇지만 1991년의 범죄피해조사는 서울지역만을 대상으로 실시하였기 때문에 지역조사라는 한계를 지니고 있다. 따라서 전국규모의 본격적인 범죄피해조사는 1994년에 수행된 범죄피해조사라고 할 수 있다. 이후 3년을 주기로 정기적으로 조사를 수행하였으며, 2000년에 국제범죄피해조사방식에 따라 수행된 조사[4]를 제외하고 2006년까지 수행된 나머지 4번의 조사는 유사한 표집방법과 설문지, 조사규모로 수행되었다.

2009년도에 이루어진 2008년 범죄피해조사는 여러 측면에서 이전의 범죄피해조사와 차이를 보인다. 기존에 수행되었던 범죄피해조사의 한계를 극복하기 위해서 이전에

4) 2000년에 수행된 조사는 세계 70여개 국가가 참여하는 국제범죄피해조사에 참여하여 수행한 것으로 국가 간의 비교를 가능하게 하기 위해서 국제범죄피해조사에서 사용하는 설문지를 사용하였고 따라서 다른 범죄피해조사와 표집방식이나 범죄유형에서 차이가 있어서 비교가 불가능하다(장준오, 2000).

문제점으로 지적되었던 점들을 개편하고자 시도하였으며 여기에서 미국의 NCVS 방식을 참고하여 표본규모 확대 및 조사표 항목 수정 등 조사방법의 전면적인 개편 작업이 이루어졌다. 더불어 국가승인통계로서의 위상을 정립하기 위해서 통계청과의 승인작업을 진행한 결과, [전국범죄피해조사]라는 국가승인통계명칭과 승인번호 '제40301호'를 획득하였으며 현재 2년마다 전국 대규모 표본조사의 형태로 진행되고 있다.

〈표 2-5〉 한국의 범죄피해조사의 연혁

수행연도	명칭	조사대상	조사방법	비고
1991년	1990년 서울시민 범죄피해에 관한 조사	서울시민 2,000명	전화조사	최초의 범죄피해조사
1994년	1993년 전국 범죄피해에 관한 조사	제주도 제외 전국의 14세 이상 성인 2,000명	면접조사	
1997년	1996년 한국의 범죄피해에 관한 조사	제주도 제외 전국의 15세 이상 성인 2,000명	면접조사	
1999년	1998 한국의 범죄피해에 관한 조사	제주도 제외 전국의 15세 이상 성인 2,000명	면접조사	
2000년	2000년 국제범죄피해자조사 -한국편	제주도 제외 전국의 16세 이상 남녀 2,043명	면접조사	국제범죄피해조사방식 사용
2003년	2002년 한국의 범죄피해에 관한 조사	제주도 제외 전국의 15세 이상 성인 2,048명	면접조사	
2006년	2005년 한국의 범죄피해에 관한 조사	제주도 제외 전국의 15세 이상 성인 2,050명	면접조사	
2009년	2008년 한국의 범죄피해에 관한 조사연구	전국 14세 이상 성인. 4,710가구의 10,671명 조사	가구방문 면접조사	기존의 조사방식 전면 개편 국가승인통계 명칭획득
2011년	전국범죄피해조사 2010	전국 14세 이상 성인. 7,550가구의 16,557명 조사	면접조사/자기기입조사 병행	
2013년	전국범죄피해조사 2012	전국 14세 이상 성인. 6,300가구의 13,317명 조사	면접조사/자기기입조사 병행	국민생활안전실태조사로 조사명칭변경
2015년	전국범죄피해조사 2014	전국 14세 이상 성인. 6,960가구의 14,976명 조사	면접조사/자기기입조사 병행	

2017년	전국범죄피해조사 2016	전국 14세 이상 성인. 6,100가구의 13,257명 조사	면접조사/자기 기입조사 병행	특별주제로 '난폭/보복 운전피해' 측정
2019년	전국범죄피해조사 2018	전국 14세 이상 성인. 6,704가구의 13,136명 조사	면접조사/자기 기입조사 병행	특별주제로 '보이스피싱 경험' 측정
2021년	전국범죄피해조사 2020	전국 14세 이상 성인. 6,728가구의 13,801명 조사	면접조사/자기 기입조사 병행	TAPI(Tablet-pc Assisted Personal Interview) 방법 도입
2023년	전국범죄피해조사 2022	전국 14세 이상 성인. 7,122가구의 15,326명 조사	면접조사/자기 기입조사 병행	특별주제로 '1인 가구의 범죄피해 실태' 측정

우리 사회에서 범죄피해조사의 필요성에 대해서는 일반적인 동의가 이루어지고 있는 것으로 보인다. 그러나 사회의 현실적인 상황을 고려하여 범죄피해조사의 방향과 전략을 어떻게 설명해야하는지 고려할 필요가 있다(최인섭 · 박순진 · 기광도, 2002). 외국의 범죄피해조사의 큰 흐름은 미국의 '범죄피해조사'와 유럽 중심의 '국제범죄피해조사'가 있다. 미국의 범죄피해조사는 미국 내의 범죄지표의 구성을 통하여 범죄발생의 시간 및 공간적 차이의 비교, 공식통계자료의 보완 등을 주된 목적으로 하는 반면, 유럽 중심의 피해조사는 국가간 범죄현상의 비교에 초점을 두고 있다. 우리나라의 범죄피해조사는 2000년도의 범죄피해조사만 국제범죄피해조사 방식을 사용하였고, 그 외의 나머지 조사는 미국식의 방식을 취하고자 하였지만 예산상의 제약으로 인해 범죄발생률 추정을 통한 공식통계의 보완보다는 피해상황 등에 초점을 맞춘 조사가 이루어졌고, 공식통계의 한계를 보완하기 위해 범죄율의 추정을 위한 목적의 본격적인 미국식의 범죄피해조사는 2009년도의 범죄피해조사에서 이루어지기 시작했다고 볼 수 있다. 이와 같이 우리나라의 범죄피해조사는 크게 세 가지의 형태로 이루어져왔음을 알 수 있다.

1) **2000년의 범죄피해조사를 제외한 1994년부터 2006년까지의 5차에 걸친 범죄피해조사** : 기존 미국의 범죄피해조사 방식을 사용하여 조사
2) **2009년 이후의 범죄피해조사** : 미국의 새로운 NCVS설문지 방식을 이용한 조사
3) **2000년의 범죄피해조사** : 국제범죄피해조사 방식을 사용해서 조사

3. 범죄피해조사 방법

가. 2009년에 변화된 조사방법

현재 우리나라에서 수행되는 범죄피해조사 방법은 2009년에 새롭게 개정하여 도입한 것이다. 여기에서는 새로운 방법을 중심으로 살펴본다.

〈표 2-6〉 2009년 재설계된 조사표의 새로운 구성 원칙

기존 조사표의 문제점	개선방안
• **조사대상 범죄유형의 한계** : 사기범죄나 스토킹 등 오늘날 문제가 되거나 심각하다고 인식하는 대표적인 범죄피해를 적절하게 반영하지 못함	• 사기, 범죄적 괴롭힘(스토킹)을 추가 • 2008년 특별 주제로, 보이스피싱 및 신용도용 측정
• **회상의 한계와 기억의 오류** : 응답자의 기억능력과 관련된 오차를 줄이기 위한 스크리닝 질문의 재편이 요구됨	• NCVS방식으로 스크리닝 질문을 강화 • 면접과 자기기입식의 병합
• **행위중심이 아닌 사건성격을 중심으로 한 범죄측정** : 기존 조사표에서는 형법적 용어를 그대로 사용하면서, 응답자로 하여금 자신의 피해유형에 대한 법률적 형식을 판단하도록 하고 있음. • 일반적으로 법률적 개념과 사회적 통념(인식)간에는 상당한 용례의 차이가 있을 뿐 아니라, 응답자의 해석정도 또한 상이하기 때문에, 범죄측정방법(척도)은 우연적·비체계적 요소에 의해 영향을 받고 있음.	• "이것(특정범죄)가 발생하였는가"로부터 "무엇이 발생하였는가" 행위 중심으로 질문방식의 재편 • 일반인들이 쉽게 이해할 수 있는 설문방식과 용어 사용 • 피해유형 측정에 있어서 법률적 범죄개념을 사용하지 않음
• **경합범죄 또는 결합범죄 보고의 한계** : 기존 조사표는 절도, 강도, 폭행, 강간 등 개별 범죄유형을 단위로 사건을 파악하고 있기 때문에, 강도강간, 특수절도, 특수강도 등 구체적인 실체파악, 나아가 결합범죄 및 경합범죄 보고가 불가능함.	• 범죄수법(침입방법, 공격방법, 장소・일시, 목적, 대상 등) + 피해양상(신체/재산/정신) 등 행위양상을 종합하여 사건의 범죄유형 결정 • 기본형 범죄 : 주거침입, 절도, 강도, 손괴, 폭행(상해), 성폭력, 사기, 범죄적 괴롭힘(협박, 스토킹 등)
• 범죄의 기수와 미수, 연속범죄(상습피해) 등에 대한 측정 지표 결여	• 사건유형별 기수/미수의 측정 • 연속범죄(상습피해) 측정
• **범죄별 사건조사의 한계** : 가장 최근사건만을 중심으로 범죄 발생 양상 및 피해결과를 파악	• 피해사건 단위별로 사건조사 • 연속범죄(2회 이상 유사성) 경우엔 최근 범죄사건으로 조사
• **조사단위의 일원화** : 개인표본과 가구표본을 동일하게 접근하여 자료해석	• 가구주조사(가구+개인관련) • 가구원조사(개인관련)로 이원화

범죄피해조사에서 개선한 내용은 다음과 같다(김은경 외, 2009).

1) **조사대상 범죄유형의 변화** : 강도, 절도, 주거침입, 폭행·상해, 성폭력 등 기존의 주요한 지표범죄와 더불어 사기범죄와 협박·괴롭힘을 추가한다. 자동차절도 및 자동차부품절도 등은 기본형 범죄유형에서 제외하여, 절도범죄의 피해품 유형으로서 다룬다.
2) **특별조사이슈를 선정 및 조사** : 급속한 사회변화에 따라 새롭게 주목받는 범죄유형에 대해 조사를 실시한다. 2008년 조사의 특별주제는 "피싱 및 신용도용"의 발생실태이다.
3) **기초조사표와 사건조사의 구분 조사** : 응답기피 및 과소보고의 문제를 감소시키기 위하여, 범죄피해여부에 대한 선별질문 및 피해건수를 측정하는 양식 등을 담은 기초조사표와 사건조사표 2종으로 나누어 구성한다. 기초조사표를 통해서 범죄피해가 있다고 응답한 경우, 그 해당 수만큼 사건조사표를 추가로 작성한다.
4) **연속(연쇄)범죄라는 개념을 도입** : 범죄 실태를 좀 더 실제에 가깝게 측정하고, 조사상의 편이성을 높이기 위하여 도입한다. 연속(연쇄)범죄는 "동일 가해자로부터 일정한 기간 동안 비슷한 행위패턴으로 반복적으로 피해를 5회 이상 당한 경우"로 규정하며, 이는 특별히 가정폭력이나 학교폭력, 스토킹 등과 같은 범죄 실태를 포착하는 데 중요하다.
5) **기수와 미수항목 구분** : 사건의 실제를 보다 정확하게 이해하기 위하여 항목을 추가한다.
6) **선별질문지(Screening Questionnaire)의 혁신적 변화** : 회상의 한계 및 기억오류 문제를 감소시키기 위하여 미국의 NCVS 방식처럼 변화시킨다. 선별질문방식은 형법적 용어와 개념을 모두 삭제하고, 사용된 흉기종류나 범죄자 및 행위양상과 같은 "특정 단서"들을 더 많이 제공하고, 가해자와 피해자의 관계를 나타내는 준거들과 응답자들이 연루될 수 있는 활동이나 범죄 장소에 대한 준거들을 제시하는 등 응답자들이 더 넓은 범주의 사건들을 회상할 수 있도록 한다.
7) **범죄피해유형은 사건성격을 중심으로 측정** : 설문문항의 구성에서 법률용어를 배제

하고 일반인들이 이해하고 답하는데 논리적으로 어려움이 없는 방식으로 설계한다.

8) **범죄유형결정 방식 변화 :** 이전의 범죄피해조사와는 달리 기초조사표의 범죄피해 선별질문방식에서 직접적으로 범죄유형이 결정되지 않는다. 선별질문들은 사건 자체를 보다 정확하게 회상하도록 자극하는 방식으로 설계되며, 범죄피해가 있는 경우, 발생된 사건 수를 파악하게 된다.

9) **범죄유형의 판별 :** 각 사건조사표를 통하여 범죄수법 및 피해양상 등 사건의 구성요건들을 종합하여 판별한다. 기본적 범죄유형은 가구대상 범죄의 경우 ① 주거침입절도, ② 주거침입강도, ③ 주거침입손괴, ④ 단순주거침입, ⑤ 단순손괴 사건 등이고, 개인대상 범죄의 경우 ⑥ 절도, ⑦ 강도, ⑧ 상해, ⑨ 단순폭행, ⑩ 강간, ⑪ 강제추행, ⑫ 지속적 괴롭힘(스토킹), ⑬ 단순협박, ⑭ 사기 등 총 14가지 유형이다.

10) **가구주조사표와 가구원조사표의 구분 :** 가구주조사표는 가구 내 19세 이상 성인이 가구 전체를 대표하여 가구범죄에 대한 상황을 보고하며, 이후 가구원조사표와 동일하게 개인관련 피해상황을 보고하도록 구성한다.

나. 피해조사의 조사방식

1) 조사표의 구성

범죄피해조사의 조사표는 크게 두 파트로 구분된다. 하나는 전체 조사대상자들을 대상으로 범죄피해를 당했는지 여부와 기타 배경요인이나 공통적인 사항에 대하여 질문하는 부분으로써 이 부분이 포함된 설문지를 기초조사표라고 한다. 기초조사표를 통해서 해당하는 범죄피해의 경험이 있다고 응답한 사람들만 사건조사표를 기록한다. 사건조사표에는 피해경험에 관련된 자세한 문항들이 기록되어 있다.

2) 자료수집방법

① **전화면접 :** 미국 NCVS나 국제범죄피해조사에서는 전화면접의 방법을 많이 사용

한다. 전화면접을 사용하는 이유는 조사의 용이성과 조사에 필요한 예산의 제약 때문이다. 그렇지만 전화면접은 표본조사의 안정성, 응답결과의 정확성 측면 등에서 단점이 있다. 즉 전화조사의 단점은 응답자 리스트가 준비되어 있지만, 일반적으로 10~15명에게 전화를 걸어야 1명의 응답자를 찾을 수 있기 때문에 응답자의 거절이 높을 경우에는 훨씬 많은 대체 리스트가 필요하고, 전화로 조사가 진행되기에 응답자의 집중력이 다소 떨어져 짧은 양의 질문을 할 수 밖에 없다(5~10분 정도)는 것이다. 면접시간이 길어질 경우 응답자들이 전화를 끊는 경우가 많으며, 주관식 문항에 대한 깊이 있는 응답이나 회상을 요하는 문항의 응답을 받기가 어렵다. 따라서 범죄피해조사와 같이 몇 가지 범죄유형에 대한 범죄피해경험 유무를 묻고 범죄피해경험이 있는 경우 구체적인 범죄피해양상을 묻는 추가질문, 그리고 범죄예방활동과 범죄에 대한 인식 및 두려움을 조사하는 비교적인 긴 면접시간을 요하는 범죄피해조사에서 전화면접 조사는 한계를 가지게 된다.

② **CATI** : 전화면접의 단점을 보완하기 위해서 최근에는 컴퓨터의 도움을 받아서 전화면접을 실시하는 CATI(computer assisted telephone interview)의 사용이 확대되고 있다. 컴퓨터를 이용한 전화조사의 장점은 첫째, 자료수집과 동시에 날짜별 유효표본 확보상황을 실시간으로 확인할 수 있고, 조사진행 상황을 면접원별로 확인할 수 있다. 둘째, 설문지를 미리 컴퓨터에 프로그램화함으로써 면접원에 의한 실수 등 비표집 오차를 최소화할 수 있다. 셋째 조사종료와 동시에 데이터로 활용할 수 있다. 넷째, 전문감청원을 통해 조사결과를 실시간으로 검증함으로써 사후 별도의 검증절차나 보완조사가 필요하지 않다. 이런 장점이 있지만 CATI도 전화면접이 가지는 근본적인 단점을 벗어날 수는 없다.

③ **가구방문 대면면접 방법** : 전화조사가 장점이 있는 반면 위와 같은 단점을 지니고 있기 때문에 많은 국가에서는 비용이 많이 들더라도 가구를 방문하여 실시하는 대면 면접조사를 고수하고 있으며, 대면 면접조사에 대한 보완방법(가구방문시 조사자가 부재중인 경우 등)으로 전화조사를 부수적으로 활용하고 있다.

4. 범죄피해조사 내용

아래에서 기초조사표라고 기록된 내용은 표본으로 추출된 조사대상자 모두에게 조사하는 내용이며, 사건조사표라고 기록된 부분은 피해여부 선별질문에서 범죄피해의 경험이 있는 응답자들에 대해서 해당 범죄피해에 대해서 자세한 내용을 조사하는 것이다.

가. 피해여부 선별질문 : 기초조사표

주요 범죄의 피해 경험 여부를 판단하기 위한 질문이다. 사기, 절도, 폭행(상해), 강도(협박), 괴롭힘(스토킹), 성폭력, 주거침입과 가구에 대한 손괴범죄 등 주요 지표범죄(Index Crime) 피해를 겪었는지, 몇 번의 범죄피해가 있었는지 질문한다. 일반적으로 기간을 정해서 그 기간 동안의 범죄피해 경험을 질문하는데, 지난 6개월 또는 지난 1년 동안을 사용하는 것이 일반적이다.

> 주요 범죄의 피해 경험 여부를 판단하기 위한 질문이다. 폭력범죄(강도, 폭행, 성폭력, 괴롭힘, 스토킹), 재산범죄(사기, 절도, 손괴, 기타), 가구 대상 범죄(단순 주거침입, 주거침입 강도/절도/손괴, 자동차(부품) 절도/손괴) 등 주요 지표범죄(Index Crime) 피해를 겪었는지, 몇 번의 범죄피해가 있었는지 질문한다. 일반적으로 기간을 정해서 그 기간 동안의 범죄피해 경험을 질문하는데, 지난 6개월 또는 지난 1년 동안을 사용하는 것이 일반적이다.

나. 범죄피해에 관한 세부사항 : 사건조사표

범죄피해가 있는 경우에 사건조사표를 중심으로 피해의 자세한 사항을 조사한다. 그 내용은 ① 피해발생시간, 장소, 범행수법, ② 물질적 손실의 정도, ③ 신체적 피해정도, 정신적 피해정도와 회복비용, ④ 경찰신고처리현황, ⑤ 피해자대응 및 반응, ⑥ 가해자 특성, ⑦ 일상생활에 미친 영향, 사건이후 두려움/행동/정서변화 등이다.

다. 배경변수 : 기초조사표

조사대상자의 가구 특성(주택유형, 거주기간, 가구원수, 가구소득, 주택소유여부)과 응답자 특성(성별, 연령, 교육수준, 혼인상태, 직업, 소득, 가구 내 지위)에 관한 정보를 질문한다.

라. 집합효율성 및 범죄예방활동 : 기초조사표

범죄발생의 상황적·환경적 요인과의 관련성을 파악하기 위한 것으로서, 범죄피해에 영향을 미치는 요인에 대한 분석을 목적으로 범죄피해와 관련된 지역사회의 상황을 조사하는 것이다. 그 내용으로는 주변환경 관련해서 동네·이웃과의 관계, 이웃과의 접촉 교제정도, 동네환경과 무질서가 있고, 집합효율성과 관련해서 동네의 범죄예방활동, 동네 경찰활동에 대한 신뢰도가 있으며, 그 밖에 가구의 방범조치 및 범죄예방활동 등을 조사한다.

마. 범죄에 대한 인식과 범죄의 두려움 : 기초조사표

국민의 삶의 질과 사회적 건강성을 측정하는 지표로서 ① 범죄발생추세 예측, ② 범죄피해에 대한 두려움(정서적, 인지적, 행태적 측면), ③ 범죄피해 가능성에 대한 두려움(이타적 관점) 정도, ④ 9가지 범죄유형별(절도, 강도, 폭행(상해), 성폭력, 손괴, 주거침입, 괴롭힘(스토킹), 신용도용) 두려움을 측정한다.

> 국민의 삶의 질과 사회적 건강성을 측정하는 지표로서 ① 범죄발생추세 예측, ② 범죄피해에 대한 두려움(정서적, 인지적, 행태적 측면), ③ 범죄피해 가능성에 대한 두려움(이타적 관점) 정도, ④ 범죄유형별(재산범죄(절도, 사기, 손괴), 폭력범죄(주거침입, 강도, 폭행, 스토킹, 괴롭힘), 성폭력범죄(성추행, 성폭행, 디지털성범죄)) 두려움을 측정한다.

바. 일상활동 및 생활양식 : 기초조사표

일상활동이론 및 생활양식/노출이론 등에 의거하여 범죄에 대한 노출 또는 범죄대상으로서의 유인력 또는 취약성을 측정하는 문항을 포함한다. 가구의 측면에서는 평소 1일 평균 집이 비어있는 시간, 주택의 방범설비 등 범죄예방조치나 활동 정도를 개인의 측면에서는 외출 시 주로 사용하는 교통수단, 늦은 귀가횟수, 인터넷을 통한 일상 활동 및 사용빈도, 일상생활 중 법 준수 정도 등으로 측정한다.

5. 청소년범죄피해조사

가. 청소년범죄피해조사의 필요성

학교폭력, 청소년 비행이나 범죄의 문제가 지속적으로 사회문제가 되고 있는 현실에서 청소년의 비행실태를 파악하기 위한 방법의 하나로 청소년들을 대상으로 한 범죄피해조사를 실시한다.

공식통계상의 청소년의 범죄피해율도 상당히 높은 수준이지만 낮은 신고율 등에 의해서 알려지지 않은 숨은 범죄까지 고려하면 청소년의 범죄피해율은 상당히 높을 것으로 예상할 수 있다. 청소년의 범죄피해, 특히 학교폭력의 경우 성인의 범죄피해와 달리 피해가 잘 드러나지 않고 지속적으로 피해를 당하는 경우가 많고, 범죄피해가 개인에게 미치는 영향도 성인에 비해서 심각하다. 또한 아동기나 청소년기에 범죄피해를 당한 청소년들이 조기에 상담 및 심리치료 등을 통해 범죄피해의 영향에서 벗어나지 못한다면 장래에 또 다시 범죄의 피해자가 되거나 범죄의 가해자가 될 가능성이 높아진다. 이러한 사실은 청소년의 범죄피해조사를 통해 피해실태를 파악하고 피해자들을 지원하는 체계를 마련하는 것이 필요함을 보여준다.

앞서 언급한 범죄피해조사는 조사대상이 15세 이상이기는 하지만 모든 연령대를 대상으로 조사하고 있어 청소년들만의 범죄피해를 파악하는데 한계가 있다. 따라서 이들의 범죄피해실태의 구체적인 파악을 위해서 한국형사·법무정책연구원에서 1990년부터 반복적으로 청소년들을 대상으로 범죄피해조사를 수행하였다.

나. 조사내용

조사대상이 청소년이기 때문에 성인과 다른 청소년들의 특징적인 면들을 알 수 있다. 일단 피해경험을 조사하는 범죄유형은 성인과 비슷하지만 청소년들에게 문제되는 학교폭력 등의 실태에 대해서 파악할 수 있다는 점에서 의미를 가진다.

일반적으로 범죄피해유형은 폭력범죄피해(금품갈취, 폭행, 협박), 재산범죄피해(절도, 소매치기, 사기), 성적인 피해(성적 희롱, 가벼운 추행, 심한 추행, 강간)로 구분하여 조사하지만, 이에 추가하여 학교폭력, 가정학대 및 범죄상황의 목격에 의한 간접피해를 조사하기도 한다. 범죄피해의 상황과 관련해서 범죄피해 경험여부와 정도뿐만 아니라 범죄피해 발생 시간, 장소 등 구체적인 상황, 가해자와 피해자의 특성, 생활양식에 따른 범죄피해여부, 가해와 피해의 중첩성, 범죄신고 후 경찰의 조치에 대한 만족도, 경찰신고 미신고 이유 및 범죄피해의 두려움 등을 측정한다. 그밖에 조사에 따라서 청소년들의 정신건강, 생활만족도 등을 측정함으로써 범죄피해가 청소년에게 미치는 영향을 분석하기도 한다.

다. 조사방법

청소년범죄피해조사는 설문지를 사용하여 조사를 수행하는데, 개별 청소년을 대상으로 면접하는 방법과 학교를 선정해서 학급을 단위로 집단적으로 조사하는 방법이 사용된다. 집단면접은 적은 예산으로 많은 수의 청소년을 조사할 수 있다는 점에서 청소년의 조사에서 많이 사용되지만, 집단을 조사함으로써 가지게 되는 표집의 대표성이나 집단의 구조적 영향 등의 문제들이 내포되어 있다[5]. 개별면접은 표집의 대표성을 확보할 수 있다는 장점이 있지만 많은 예산이 소요되기 때문에 청소년 대상의 조사에서 많이 사용되지 않는다.

5) 학급과 같은 집단을 선정하여 조사하는 경우 많은 사례수를 확보하는 것은 쉽지만 추출된 표본이 집단이기 때문에 학교나 학급의 영향을 받을 가능성이 높다. 또한 청소년범죄피해조사에서 집단면접의 방법을 사용할 경우에 유의해야할 점은 집단면접을 하는 경우 소수의 가해자에 의해서 학급 전체가 범죄피해의 영향을 받을 가능성을 배제하기 어렵고, 이로 인한 범죄피해율의 과대평가 가능성의 존재를 염두에 둘 필요가 있다는 점이다. 즉 학급에서 한 학생이 폭력적인 행동을 빈번하게 보인다면 그 학급의 학생들은 폭력범죄의 피해를 당할 가능성이 높아진다. 이처럼 집단면접에서는 소수 가해자에 의한 피해가 과다하게 반영될 수 있다.

라. 우리나라의 청소년범죄피해조사

(1) 1990년 조사 : 청소년 범죄피해에 대한 연구 (김준호 · 노성호 · 오수정 · 장은숙)

서울 소재 남녀 중고등학교에 재학하는 학생을 모집단으로 하였다. 지역과 성별을 고려하여 중학교 66개교와 고등학교 55개교를 선정하고, 2학년 중 한반을 무작위로 선정해서 설문지를 사용한 집단면접의 방법을 사용하였다. 최종적으로 남학생이 3,039명, 여학생 2,548명으로 총 5,587명을 조사하였다.

(2) 1999년 조사 : 청소년 범죄피해에 대한 조사연구(II) (노성호 · 김성언 · 이동원 · 김지선)

1990년 조사의 연속선상에서 이루어졌으며, 피해결과의 비교를 위해서 동일한 설문지를 사용하였고, 좀 더 정확한 비교를 위해서 90년도에 조사한 학교 중 절반을 표집한 후에 학급을 무작위로 선정하여 집단면접의 방법을 사용하여 조사하였다. 56개교를 대상으로 2,224명을 조사하였다.

(3) 2008년 조사 : 2008년 청소년 대상 범죄피해 조사연구 (홍영오)

제주도를 포함한 전국의 13세에서 18세의 청소년 중 2,500명을 표본 추출하여 개별면접 방법으로 설문조사를 실시하였다. 조사 대상에는 중·고등학생 뿐만 아니라 학교에 다니지 않는 청소년들도 포함되었다. 이 연구는 이전의 두 조사가 서울의 중고등학생만을 대상으로 하였으며 설문지를 사용한 집단면접의 형태를 사용하였다는 점을 극복하고자 하였다는 점에서 차별화된다.

(4) 2014년 조사 : 청소년 대상 범죄피해조사 (홍영오 · 연성진)

전국의 청소년 중에서 중 · 고등학생 7,109명을 표본 추출하여 설문조사를 실시하였다. 개인을 단위로 표집한 2008년 조사와 달리 학급을 대상으로 표집을 수행하였으며, 1990년과 1999년도의 조사와 달리 구조화된 설문지를 사용하여 온라인으로 조사하였다. 조사대상자는 중학생은 2, 3학년, 고등학생은 1, 2학년이다.

(5) 2018년 조사 : 아동 · 청소년 범죄피해조사 2017 (전영실 · 유진 · 노성훈)

전국의 청소년 중에서 자기보고식 조사가 가능한 초등학교 4학년부터 고등학교 2학년까지의 아동·청소년을 대상으로 설문조사를 실시하였다. 기존의 설문조사와는 달리, 학교 재학생과 학교밖 청소년으로 구분하여 조사를 진행했다는 점에서 특징적이다. 학교 청소년 조사는 학급을 대상으로 표집을 수행하였고, 학교밖 청소년 조사는 아동·청소년을 접촉할 수 있는 기관을 중심으로 한 거점표집방식으로 표집을 수행하였다. 조사 대상자는 학교 재학생 10,338명이며, 학교밖 청소년 440명이다.

(6) 2022년 조사 : 아동 · 청소년 범죄피해조사 2021(박성훈 · 윤정숙 · 성유리 · 박영옥)

2018년 조사의 연속선상에서 이루어졌으며, 기존과 동일한 방식으로 학교 재학생 조사와 학교밖 청소년 조사가 진행되었다. 조사대상자는 학교 재학생 10,383명, 학교밖 청소년 446명이다. 2022년 조사의 경우, 정량 조사에 더불어 정성 조사가 추가적으로 이루어졌다. 정성 조사는 피해 아동·청소년 대상 개별심층면접(IDI)과 범죄 피해 지원 상담사 대상 집단심층면접(FGI)의 방법으로 수행되었으며, 청소년 5명, 상담전문가 8명이 참여하였다.

6. 범죄피해조사의 장점과 한계(심영희 외, 1990)

가. 범죄피해조사의 유용성

1) 신뢰성 있는 범죄지표의 마련

범죄피해조사의 첫 번째 목적이 공식통계의 한계점을 보완하는 것이라는 점에서도 알 수 있듯이 범죄피해조사에서는 응답자들의 응답을 통하여 계산된 범죄피해의 양을 토대로 범죄피해율을 계산하고 이를 범죄의 발생정도를 보여주는 사회적 지표로 사용할 수 있다. 이러한 지표는 범죄피해의 정도, 신고율, 공식범죄통계와 비교하여 통계기록률까지 보여줌으로써 앞서 언급한 공식통계의 단점을 보완하고 더 정확한 범죄의 양에 대한 지표를 제공해 줄 수 있다.

2) 범죄학적 연구를 위한 자료제공

범죄피해조사의 결과는 범죄학 이론을 구성하는데 사용된다. 범죄(피해)율은 종속변수로서 핵심적인 역할을 하기에 범죄(피해)율을 제공하는 것 자체가 범죄학 연구를 위해서 중요한 의미를 지닌다. 더불어 피해자에 대한 정보를 제공함으로써 피해위험이 균등하게 분포되어 있지 않고, 피해위험성에 영향을 미치는 요인들을 분석할 수 있게 함으로 범죄학 연구에 도움을 준다.

3) 범죄문제에 대한 관심의 제고

범죄피해조사 결과로 산출되는 범죄피해율을 일반에게 알림으로써 시민들이 범죄문제를 구조적 문제로 인식할 수 있게 하는데 기여한다.

4) 범죄비용의 산출

범죄피해로 인한 손실, 즉 범죄로 인한 직접적 경제적 손실과 신체적·정신적 피해로 인한 손실 등에 대한 자료를 제공한다. 범죄피해조사는 범죄로 인해서 발생하는 피해액을 추정하는 자료를 제공할 수 있다. 이러한 자료의 제공은 범죄로 인한 사회적 손실의 정도를 알려줌으로써 범죄문제의 심각성을 깨닫게 하고, 형사정책입안자들에게 구체적인 정보를 제공함으로써 보다 효과적인 범죄정책을 수립할 수 있게 함으로써 범죄발생의 감소에 기여할 수 있다.

5) 범죄에 대한 일반인들의 인식에 대한 자료 제공

범죄피해에 대한 가능성, 범죄피해에 대한 두려움과 이러한 두려움으로 인한 행동제약의 정도 등에 대한 자료를 제공함으로써 범죄예방정책을 수립하는데 기초적인 자료를 제공할 수 있다. 일반인들이 느끼는 범죄에 대한 두려움은 실질적 범죄피해 못지않게 사회적 행위에 영향을 미치기 때문에 형사정책의 수립은 이러한 영역까지 포괄하는 것이 필요하다.

6) 형사사법제도에 대한 평가

피해자조사를 통해서 현재 경찰, 검찰, 법원 등 형사사법기관에 대한 일반인들의 인식과 만족도 등을 조사할 수 있다. 더불어 일반인들이 범죄를 감소시키기 위한 여러 가지 활동에 얼마나 자발적으로 참여하는가의 정도도 알아낼 수 있다. 이러한 정보제공은 형사정책기관에게 일반인들이 원하는 것이 무엇인지 알려주고, 이들 기관의 방향을 제공할 수 있다.

나. 범죄피해조사의 한계 및 문제점

① 범죄피해사실이 실제보다 덜 응답되고 있다. 공식통계보다는 많은 범죄가 보고되지만 여전히 실제 발생한 범죄의 정도를 과소평가한다는 비판을 받는다. 그 이유는 응답자의 회상능력에 의존하고 있다는 사실 때문이다. 회상실패, 시기회상오차, 연속범죄피해자 등의 문제는 모두 응답자들의 회상능력에 한계가 있기 때문에 나타나는 것이다. 피해의 심각성이 낮다고 생각되는 범죄피해는 더욱 쉽게 망각되는 경향이 있다. 또한 가해자의 연령에 관한 정보는 피해자가 가해자의 연령에 대해 추측한 것에 불과하기 때문에 피해자가 부정확한 정보를 제공할 가능성이 있으며, 피해를 과장해서 보고하거나 의도적으로 감출 수도 있다는 점에서 정보의 신뢰도에도 문제를 제기할 수 있다.

② 범죄피해응답의 과소평가는 조사방법상의 문제에서도 기인한다. 설문지를 설계하고 면접방법을 결정함에 있어서 가장 효과적인 방법이 무엇인지 아직 확정되지 못하였다. 보통 피해조사에서는 스크리닝 질문을 먼저 하고 그 후 피해를 보고한 사람들에게 자세한 상황을 질문하도록 하는데 이러한 배열이 보편적으로 사용되고 있지만 이런 설계는 응답자들로 하여금 피로를 느끼게 하여 일부러 응답을 기피하도록 만드는 경향이 있다. 그 밖에 대면면접, 전화면접, 우편조사 등이 편리성과 비용, 조사기간 등의 조건에 따라 다양하게 선택되는데, 각 방법의 효과성도 분명하게 검증되지 못하였고, 서로 다른 방법의 사용으로 인해서 범죄피해조사간의 비교에도 어려움이 있다.

③ 피해자 없는 범죄에 대해서는 범죄피해의 정도를 파악할 수 없다. 즉 범죄피해

조사는 피해자들을 대상으로 하기 때문에 장물수수, 마약소지 및 판매, 예비음모, 자동차법규위반 등의 피해자가 없는 범죄들에 대해서는 전혀 파악할 수 없게 된다.

④ 법규정이 명확하지 않은 범죄나 법규정이 명확하더라도 실질적인 집행이 이루어지지 않은 범죄 등은 조사될 수 없다.

⑤ 범죄피해조사에서는 기업과 공공기관에 관련된 범죄를 거의 측정할 수가 없다. 화이트칼라범죄와 환경범죄, 탈세, 뇌물수수 등 기업과 기업가, 공무원들에 의해서 자행되는 범죄의 대부분이 조사되지 않는다. (즉 쌍방간에 의도적으로 합의한 형태의 범죄에 대해서는 피해자조사로 밝혀낼 수 있는 방법이 없다.) 이렇게 범죄피해조사는 주로 사회하층에서 많이 발생하는 전통적인 범죄에 초점을 맞출 뿐, 중산층이나 상층의 범죄에 한계가 있기 때문에 계층편향적 특성을 지닌다고 볼 수 있다.

⑥ 기본적으로 모집단에 대한 전수조사가 아니라 표본조사이기 때문에 추정치만 가능하며, 매년 전국적인 규모로 하기에는 예산, 시간 등의 부담이 가중되어 현실적으로는 거의 불가능하다.

제3절 범죄피해자조사

1. 범죄피해자조사란?

앞서 살펴본 범죄피해조사(victimization survey)는 범죄발생실태를 파악함에 있어 공식통계를 보완하기 위한 목적에서 시작되었으며, 조사를 통해서 범죄피해의 구체적인 상황과 피해를 당하는 사람들의 경험에 대해서 파악할 수 있는 장점이 있지만, 피해상황이나 피해자에 대해서 얻을 수 있는 구체적 정보는 제한적일 수밖에 없다. 최근 범죄피해자에 대한 관심이 높아지고 피해자의 보호와 지원을 위한 각종 정책들이 시행됨에 따라서 실제 범죄피해자들이 겪고 있는 피해경험이나 피해자의 욕구 등에 관한 정보의 필요성이 제기되었고, 이를 조사하기 위한 방법의 하나로 시행되는 것이 범죄피해자조사(victim survey)이다.

범죄피해자조사에서는 범죄의 피해자들을 대상으로 그들이 겪은 피해의 내용과 그로 인한 다양한 경험과 감정, 그들의 의식, 피해자지원제도에 대한 인지도, 피해지원서비스 등에 대한 욕구 등을 조사한다.

2. 조사방법

범죄피해조사가 일반시민들을 대상으로 무작위로 표본을 추출하여 범죄피해여부를 조사하는 반면 범죄피해자조사는 직접적으로 또는 간접적으로 범죄피해를 당한 경험이 있는 사람만을 대상으로 조사한다. 범죄피해자들을 대상으로 조사를 수행하는 것이 용이하지 않기 때문에 범죄피해자조사를 수행하는 데는 어려움이 있다. 범죄피해자의 범위를 정하는 것도 용이하지 않으며, 범죄피해자의 경우 실질적으로 표본을 추출하여 조사를 실시하는 것도 어렵다. 피해자 관련정보를 수집하기 위해서는 범죄사건에 관한 수사기록을 찾아야 하는데, 범죄사건의 수사서류로부터 범죄피해자의 명단을 구하는 것도 쉽지 않은 일이며, 명단을 구해서 확률표집에 의해서 조사대상자를 선정하였다고 해도 피해당사자가 조사에 협조하지 않으면 대표성이 있는 조사가 어렵다는 문제가 있다[6]. 원만한 조사를 위해서는 형사사법기관과 피해자지원센터 등의 기관의 협조가 필수적이라고 할 수 있다.

3. 조사내용

가. 1차 범죄피해자화

1차 범죄피해자화란 사건 직후 피해자가 경험한 것을 말하는데, 사건 직후 피해자의 감정상태, 사건 직후 피해자의 가해자 인식, 사건 직후 범죄피해의 심각성, 사건 직후

6) 범죄피해자들은 본의 아니게 부정적인 충격을 경험한 사람들이며, 자신의 심리적 안정과 피해회복을 위해서 과거의 경험을 기억하고 싶어 하지 않을 수 있다. 따라서 무리하게 조사에 참여하도록 독려하는 것을 조심해야 한다.

피해자의 욕구 등의 내용을 조사한다.

나. 2차 범죄피해자화

2차 범죄피해자화란 범죄피해를 당한 사람이 그 피해로 인해서 형사사법기관이나 주위사람들로부터 또 다른 피해를 겪는 것을 말한다. 여기에서는 대상자들에게 2차 범죄피해를 경험했는지 여부, 현재 범죄피해자의 감정상태, 현재 범죄피해자의 가해자에 대한 인식, 현재 느끼는 범죄피해의 심각성, 현재 생각하고 있는 범죄피해자의 욕구 등을 조사한다.

다. 범죄피해자 지원 대책에 대한 인식과 경험

최근 범죄피해자를 위한 다양한 지원과 보호대책들이 시행되고 있는데, 이러한 것들을 얼마나 잘 알고 있으며(인지도), 어느 정도 경험했는지(활용도), 경험하였을 때의 만족감 등을 조사한다. 더불어 필요하다고 생각되는 다양한 대책들 간의 상대적 중요도 또는 필요성에 대해서 조사하기도 한다.

라. 형사사법기관의 사건처리에 대한 평가

형사사법기관, 즉 경찰, 검찰, 법원, 보호관찰소 등이 피해자에게 취한 조치에 대한 만족도를 평가하고 더불어 피해자가 원하는 사법기관의 조치는 어떤 것들이 있는지 조사한다.

4. 우리나라에서 시행된 범죄피해자조사

기존에는 성폭력이나 가정폭력 등 특정범죄에 대한 범죄피해자의 피해인식이나 경험 등의 실태를 연구한 경우는 있지만, 일반 범죄피해자들을 대상으로 한 범죄피해자 조사는 2006년에 한국형사·법무정책연구원에서 수행한 "범죄피해자 실태 조사연구(최인섭·이순래·조균석)"가 처음이다. 이 연구는 492명의 범죄피해자들을 대상으로 조사하여, 1차와 2차 범죄피해자화의 정도, 피해자지원서비스의 경험정도, 형사사법처리과정에 대한 만족도 등을 조사하였다.

두 번째 대표적인 연구는 역시 형사정책연구원에서 2009년에 수행한 것으로서 "강력범죄 피해자와 피해자 가족의 피해실태 사례연구(김지영 · 박영민)"이다. 이 연구는 전국 57개 범죄피해센터와 연결하여 강력범죄피해자에 대한 조사를 수행하여 최종적으로 178명을 분석하였으며, 범죄피해실태를 좀 더 구체적으로 파악하기 위해서 11명의 강력범죄피해자들을 대상으로 심층면접을 수행하였다. 피해실태에 관한 부분은 강력범죄로 인한 신체적, 심리적, 경제적 피해의 내용을 포함하며, 피해자 지원에 관한 내용은 조사대상자들이 이용한 피해자 지원기관과 지원방안, 지원서비스에 관한 부분과 각 지원방안 및 지원서비스의 중요성, 필요성, 가장 도움이 되었던 지원방안을 포함하고 있다.

다음은 역시 한국형사·법무정책연구원에서 2010년에 시행한 조사로서 "범죄피해자들의 피해실태 및 피해지원욕구조사(황지태 · 노성호)"이다. 이 조사는 이전 조사에 비해서 조사대상기관을 확대하고 표본의 수를 늘림으로써 좀 더 심층적인 연구를 시도하였다. 피해자지원센터, 검찰 피해자지원실, 경찰서의 피해자민원실, 가정폭력상담소, 성폭력상담소, 원스톱지원센터 등 다양한 기관에서 조사를 수행하였으며, 최종적으로 1,158명을 조사하였다. 조사된 내용은 기존 조사와 유사하지만, 범죄유형별 그리고 기관별 응답의 차이를 비교분석하고, 피해자들의 피해지원욕구 부분을 강조하여 조사하였다는 것이 특징이다.

2014년에 한국형사·법무정책연구원에서는 전국범죄피해조사의 일환으로 "2014년 범죄피해자 생활실태 및 사회적 지원현황 조사"를 수행하였는데, 범죄피해자 620명과 기관종사자 214명에 대해 조사연구가 진행되었다. 이 연구가 기존의 범죄피해자 연구와 구별되는 것은 범죄피해자에 대해 조사를 수행하는 것뿐만 아니라, 범죄피해자지원기관에 종사하는 사람들을 대상으로 양적, 질적 연구를 진행함으로써 범죄피해자의 생활양상 뿐만 아니라 범죄피해자를 위한 사회적 지원의 경험 내용 및 인식을 경험적 자료를 중심으로 제시하였다는 점이다.

요점정리

(1) 범죄 공식통계는 국가형사사법당국에 의해서 인지되고 기록된 범죄에 대한 집합적 통계이다. 국가가 범죄에 대한 정보를 수집하여 제공하기 때문에 방대한 자료를 손쉽게 얻을 수 있으며, 범죄의 실태와 경향을 쉽게 파악할 수 있다는 장점이 있지만, 숨은 범죄를 집계할 수 없기 때문에 범죄의 실태를 정확하게 파악하는데 한계가 있다.

(2) 우리나라에서는 다양한 공식통계가 제공되고 있지만, 가장 대표적인 공식통계는 범죄분석, 범죄백서이다.

(3) 범죄피해조사란 범죄가 발생하는 정도를 파악하기 위해서 대표성이 있는 표본을 추출해서, 일정 기간 동안 응답자들이 경험한 범죄피해를 설문지를 통하여 조사하는 방법을 말한다.

(4) 우리나라의 범죄피해조사는 한국형사·법무정책연구원에서 수행하고 있으며, 현재 2년마다 전국규모의 대규모 표본조사의 형태로 진행되고 있다.

(5) 범죄피해자조사에서는 범죄의 피해자들을 대상으로 그들이 겪은 피해의 내용과 그로 인한 다양한 경험과 감정, 그들의 의식, 피해자지원제도에 대한 인지도, 피해지원서비스 등에 대한 욕구 등을 조사한다.

복습문제

1. 다음 중 범죄에 대한 공식통계가 가지는 단점에 해당하는 것은?

① 방대한 자료를 손쉽게 얻을 수 있다.
② 범죄의 실태와 경향을 쉽게 파악할 수 있다.
③ 경험적 연구의 출발점과 준거가 된다.
④ 숨은 범죄가 포함되어 있지 않다.

2. 우리나라에서 발간되는 범죄에 대한 공식통계 중에서 대표적인 것 2가지의 명칭은?

3. 일반 국민을 대상으로 범죄피해경험 여부와 피해양상 및 범죄 관련 인식 등을 조사함으로써 범죄피해율을 파악하고 범죄의 취약성 요인을 밝히며 범죄현상에 대한 인식과 태도를 이해하고자 하는 조사방법의 명칭은?

4. 범죄의 피해자들을 대상으로 그들이 겪은 피해의 내용과 그로 인한 다양한 경험과 감정, 그들의 의식, 피해자지원제도에 대한 인지도, 피해지원서비스 등에 대한 욕구 등을 조사하는 연구방법의 명칭은?

5. 다음 중에서 범죄피해조사의 장점에 해당하지 않은 것은?

① 신뢰성 있는 범죄지표를 마련할 수 있다.
② 범죄피해로 인한 손실 등과 같은 범죄비용을 산출할 수 있게 한다.
③ 응답자의 회상능력에 의존하여 조사를 수행한다.
④ 형사사법제도에 대한 평가할 수 있다.

6. 다음 중에서 범죄피해자조사에서 조사하는 내용으로 적절하지 않는 것은?

① 범죄에 대한 노출 또는 범죄대상으로서의 유인력 또는 취약성
② 범죄피해로 인해서 형사사법기관이나 주위 사람들로부터 겪는 또 다른 피해
③ 범죄피해자 지원 대책에 대한 인식과 경험
④ 형사사법기관의 사건처리에 대한 평가

정답 1. ④, 2. 범죄분석, 범죄백서, 3. 범죄피해조사, 4. 범죄피해자조사, 5. ③, 6. ①

제3장

한국의 범죄피해실태

학습목표

- ○ 한국의 범죄피해실태에 대해 공식범죄통계와 범죄피해조사 자료를 통해 이해한다.
- ○ 폭력범죄와 재산범죄 피해의 실태 및 추세와 특징을 학습한다.
- ○ 공식범죄통계와 범죄피해조사의 장단점에 대해 비교한다.
- ○ 공식범죄통계와 범죄피해조사 자료의 차이를 확인하고 그 차이의 원인에 대해 학습한다.

핵심키워드

범죄시계, 범죄분석, 전국범죄피해조사, 범죄피해율, 범죄추세, CRAVED, 암수범죄

03 한국의 범죄피해실태

제1절 개관

미국에서는 범죄 및 범죄피해실태를 알려주는 중요한 통계자료는 연방범죄수사국(FBI: Federal Bureau of Investigation)의 통일범죄보고서(UCR: Uniform Crime Report)와 사법통계국(BJS: Bureau of Justice Statistics)의 범죄피해자조사(NCVS: National Crime Victimization Survey)가 대표적이다. 다만, 2021년부터 FBI는 국가 공식범죄통계를 국가 사건기반 보고 시스템(NIBRS: National Incident-Based Reporting System)을 통해 집계하고 있다.[7)]

[그림 3-1] 미국의 2022년 범죄시계

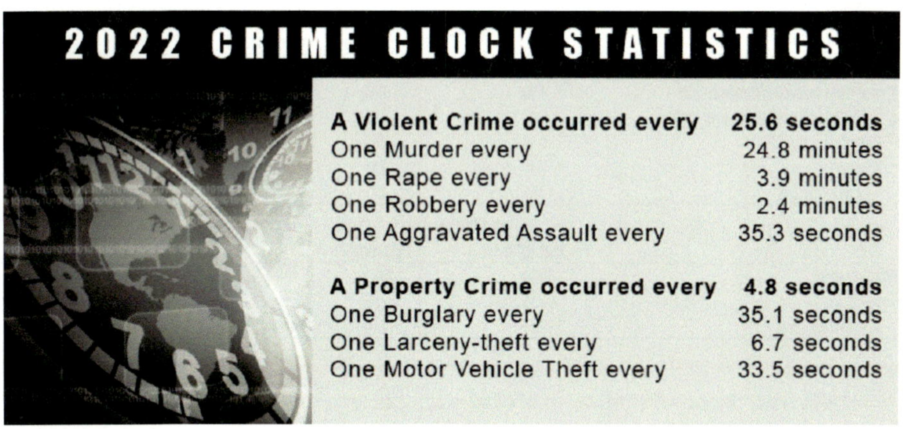

출처: 미 법무부, Federal Bureau of Investigation(www.ucr.fbi.gov/ 2024.1.23. 검색).

먼저, FBI의 공식범죄통계는 범죄시계의 형태로도 발표가 된다. 범죄시계(Crime

7) 기존 UCR의 경우 하나의 범죄 사건에 하나 이상의 범죄가 보고되는 것을 금지하는 규칙을 요구하는 전통적인 SRS(Summary Reporting System) 방식을 따르는 반면, NIBRS는 사건의 위치, 시간, 해결 여부와 같은 범죄에 대한 배경정보는 물론, 피해자, 범죄자, 양자의 관계 등 개별 범죄에 대한 세부 정보도 제공한다.

Clock)는 범죄실태에 대한 일반시민의 이해를 돕기 위한 것으로 범죄발생 내지 범죄피해실태를 시각적이면서도 입체적으로 묘사해준다. 여기서 범죄시계는 실제 범죄피해의 발생 간격을 제시한 것이라기보다 연간 범죄율을 시간단위로 환산하여 표현한 것이다.

FBI의 발표에 따르면 2022년 현재 미국에서는 살인사건이 24분 48초, 강간은 3분 54초, 강도는 2분 24초, 폭행은 35.3초마다 일어나고 있고, 이들을 포함한 전체 폭력범죄는 25.6초에 한 건씩 발생하는 것으로 보고되고 있다. 또한, 침입절도의 경우 35.1초, 단순절도는 6.7초, 차량절도는 33.5초에 한 건씩 발생하는 것으로 나타났으며, 전체 재산범죄는 4.0초마다 발생하는 것으로 나타났다.

범죄시계가 단년의 범죄피해실태를 설명해주는 자료라면, 수년간 수집된 데이터를 토대로 범죄피해추세를 파악해보는 것은 또 다른 통찰력을 제시해 준다. 미국의 경우 매년 수집되는 FBI의 국가 사건기반 보고 시스템(NIBRS)의 공식범죄통계와 BJS의 범죄피해조사(NCVS) 결과는 범죄피해추세를 비교하는데 유용하게 활용된다.

[그림 3-2] 미국의 공식범죄통계와 피해자조사 결과 비교

Type of crime	Rate per 1,000 persons			
	2021 NIBRS[a]	2022 NIBRS[a*]	2021 NCVS	2022 NCVS*
Violent crime excluding simple assault	4.00	3.98	2.91 †	4.70
Murder and nonnegligent manslaughter	0.07	0.06	~	~
Rape/sexual assault[b]	0.46 †	0.42	0.25 ‡	0.40
Robbery	0.61	0.65	1.00 †	1.58
Aggravated assault	2.85	2.85	1.66 †	2.72
	Rate per 1,000 persons		Rate per 1,000 households	
	2021 NIBRS[a]	2022 NIBRS[a*]	2021 NCVS	2022 NCVS*
Property crime	19.44	20.65	27.82 †	32.44
Burglary[c]	2.73	2.75	3.66	4.53
Motor vehicle theft	2.73	2.96	3.32 †	4.42

출처: 미 법무부, https://bjs.ojp.gov/library/publications/national-crime-victimization-survey-and-national-incident-based-reporting-0, 2025.3.21. 검색).

[그림 3-2]에서 제시된 바와 같이 2022년 미국의 폭행범죄는 NIBRS 기준 인구 1,000명당 3.98건인 반면, NCVS 기준 4.70명이었다. 강간의 경우 NIBRS 기준 0.42건, NCVS 기준 0.40명으로 거의 동일했다. 강도는 NIBRS 기준 0.65건인 반면 NCVS 기준 1.58명으로 2배 이상 차이가 있었다. 두 통계 사이의 간격은 죄종에 따라 크게는 약

2배 이상의 차이를 보였다.

한편, 재산범죄의 경우 공식범죄통계와 범죄피해조사의 차이는 폭력범죄보다 크지 않았다. 2022년 미국의 재산범죄는 NIBRS기준 1,000명당 20.65건이었으나, NCVS는 1,000명당 32.44건으로 약 1.5배 이상 차이가 있음이 확인되었다. 위의 그래프에서는 생략되었으나 구체적으로 확인하였을 때, 주거침입절도는 NIBRS 기준 2.75건, NCVS 기준 4.53건으로 약 2배 가까이 차이가 나고 있고, 차량절도 역시 NIBRS 기준 2.96건, NCVS 기준 4.42건으로 2배가량 차이가 있는 것으로 나타났다.

이처럼 공식범죄통계와 범죄피해조사 결과에 상당한 차이가 있음을 확인했다. 이러한 차이는 한 국가의 범죄현황 내지 범죄피해실태를 정확하게 파악하는 것은 현실적으로 불가능함을 의미한다. 전수조사가 아닌 표본추출에 의한 조사라는 점에서 범죄피해조사의 한계가 있고, 암수범죄 및 숨은범죄의 문제로 인해 공식범죄통계에도 한계가 있기 때문이다. 따라서, 공식범죄통계와 범죄피해조사를 함께 검토할 때 양자의 단점을 상호보완하면서 보다 정확한 범죄피해실태를 파악할 필요가 있다.

그동안 국가기관은 물론 학계에서는 최소한의 범죄피해실태라도 가늠하기 위한 노력을 경주해왔다. 범죄피해실태는 정해진 시간과 공간에서 발생하고 있는 범죄현상의 추세와 특징 파악은 물론, 특정 유형의 범죄피해자가 갖고 있는 특징을 알려줌으로써 국가 전반의 형사정책을 평가하고 적절한 정책수립에 도움을 줄 것이다.

우리는 이미 제2장에서 피해자학의 연구방법론을 통해 범죄피해실태를 파악하기 위한 다양한 방법들에 대해 살펴보았다. 이 장에서는 대표적인 공식범죄통계인 대검찰청의 「범죄분석」과 한국형사정책연구원에서 수행한 「한국의 범죄피해에 관한 조사연구」를 통해 나타난 우리나라의 범죄피해실태를 살펴보고자 한다.

제2절 공식범죄통계를 통한 실태분석

「범죄분석」은 1963년부터 발간되어 온 우리나라의 대표적인 공식범죄통계자료이다. 「범죄분석」은 전국 각급 수사기관(경찰, 특별사법경찰, 검찰)에서 범죄사건을 수사하면서 작성·전산입력한 각 범죄통계원표(발생통계원표, 검거통계원표, 피의자통계원표)를 토대로 범죄현상을 분석한 공식통계자료이다(대검찰청, 2023). 본 절에서는 2023년에 대검찰청에서 발간한 「2023 범죄분석」을 포함하여 각 년도 「범죄분석」 자료를 바탕으로 우리나라의 범죄피해현황을 논의하였다.

1. 전체범죄 발생추세

「2024 범죄분석」은 2023년에 발생한 전체 1,613,754건의 범죄사건을 분석한 것이다. 「2024 범죄분석」은 2023년도의 범죄개요를 비롯하여 각종 범죄의 발생 및 검거현황, 그리고 피의자 및 피해자에 대한 정보를 다루고 있다.

〈표 3-1〉 연도별 전체범죄 발생건수 및 발생비 추세 [단위 : 건, 발생비, %]

연도	전체범죄			교통범죄를 제외한 전체범죄		
	발생건수	발생비	증감률	발생건수	발생비	증감률
2014	1,933,835	3,767.6	-	1,359,632	2,648.9	-
2015	2,020,731	3,921.5	4.1	1,423,258	2,762.0	4.3
2016	2,008,290	3,884.8	3.1	1,407,320	2,722.3	2.8
2017	1,824,876	3,524.4	-6.5	1,294,926	2,500.9	-5.6
2018	1,738,190	3,353.9	-11.0	1,304,840	2,517.7	-5.0
2019	1,767,684	3,409.2	-9.5	1,361,661	2,626.2	-0.9
2020	1,714,579	3,308.1	-12.2	1,337,162	2,579.9	-2.6
2021	1,531,705	2,966.2	-12.3	1,191,228	2,306.8	-12.9
2022	1,575,007	3,061.9	-18.7	1,301,262	2,529.7	-4.5
2023	1,613,754	3,144.2	-16.5	1,351,063	2,632.4	-0.6

출처: 대검찰청, 「범죄분석」, 2024.

〈표 3-1〉에서 보는 바와 같이 2014년부터 2023년까지 10년간 우리나라의 범죄추세는 점차 감소하고 있다. 2014년 이후 2015년까지 완만하게 증가하다가 2016년부터 점차 감소하다가 2023년에 다시 증가하는 모습을 보여주고 있다. 범죄발생비는 인구 10만명당 범죄발생건수로서 2023년에는 인구 10만명을 기준으로 3,144.2건의 범죄가 발생

한 것으로 나타났다. 100명 중 발생하는 범죄피해는 약 3.1건이라고 해석할 수 있을 것이다.

2. 연도별 범죄피해자의 성별 · 연령별 추세

범죄현상을 설명할 때 가장 많이 고려하는 것이 범죄자의 성과 연령이듯, 범죄피해를 설명할 때 우선적으로 살펴보는 것도 바로 피해자의 성과 연령이다. 또, 범죄피해 예측의 가장 대표적인 개인적 특성이 바로 성과 연령이라는 것이 공통된 의견이다.

가. 성별 추세

일반적으로 남성은 여성에 비하여 범죄를 저지를 가능성이 상대적으로 더 높다. 마찬가지로 남성은 여성보다 더 범죄피해를 입을 가능성도 높다. 미국의 경우 남성과 여성의 범죄피해율의 격차는 점차 줄어들고 있다고 한다(Brown et al., 황의갑 외 공역, 2011: 149).

우리나라의 경우 지난 10년간 발생한 범죄피해자의 성별을 살펴보면 평균적으로 남성이 62.9%, 여성이 37.1%에 해당한다(〈표 3-2〉 참조). 이 내용만 본다면 대체로 범죄피해자가 될 가능성은 여성보다는 남성이 2배 정도 높다고 말할 수 있다.

〈표 3-2〉 연도별 범죄피해자 성별 추세 [단위 : 명(%)]

년도	전체	남	여
2014년	1,313,125 (100.0)	869,618 (66.2)	443,507 (33.8)
2015년	1,368,419 (100.0)	893,668 (65.3)	474,751 (34.7)
2016년	1,282,091 (100.0)	827,898 (64.6)	454,193 (35.4)
2017년	1,179,064 (100.0)	751,781 (63.8)	427,283 (36.2)
2018년	1,170,981 (100.0)	736,048 (62.9)	434,933 (37.1)
2019년	1,211,789 (100.0)	749,056 (61.8)	462,733 (38.2)
2020년	1,212,404 (100.0)	750,046 (61.9)	462,358 (38.1)
2021년	1,034,421 (100.0)	624,106 (60.3)	410,315 (39.7)
2022년	1,087,484 (100.0)	655,260 (60.3)	432,224 (39.7)

2023년	1,112,633 (100.0)	668,313 (60.1)	444,320 (39.9)
계	11,972,411 (100.0)	7,525,794 (62.9)	4,446,617 (37.1)

출처: 대검찰청, 「범죄분석」, 2015-2024. 성별 불상은 제외.

나. 연령별 추세

〈표 3-3〉은 2014년부터 2023년까지 연령별 범죄피해자의 추세를 보여주고 있다.

먼저, 우리나라에서 범죄피해자의 전체적인 연령별 분포를 보면 40대(20.8%), 50대(19.8%), 30대(19.0%), 20대(18.3%), 60대 이상(13.5%), 10대 이하(7.0%), 아동(1.2%)의 순으로 나타나고 있다. 이와 같은 연령별 분포는 제4장에서 설명하고 있는 범죄기회이론 등을 통해 일정부분 설명이 가능하다. 즉, 왕성한 사회활동을 하는 연령대가 범죄에 노출될 가능성도 높다는 것이다.

한편, 일반적인 상식과 달리 20세 이하 아동청소년이나 61세 이상 고령자의 경우 신체적 범죄취약성에도 불구하고 다른 연령대에 비해 범죄피해 가능성이 낮다. 이것은 범죄피해자의 성별에서도 여성이 남성보다 낮은 비율을 차지하는 것과 유사하다. 이 역시 범죄피해자의 일상활동이나 생활양식과 관련된 내용이다.

다음으로 지난 10년간의 추세를 보면, 2014년과 2023년의 연령대별 피해자 분포에 큰 차이가 있음을 확인할 수 있다. 즉, 2014년의 경우 피해자의 연령대는 40대(23.7%), 30대(20.9%), 50대(20.8%), 20대(16.1%), 60대 이상(10.6%), 10대(6.9%), 아동(0.9%)의 순으로 나타난 반면, 2023년에는 20대(20.1%), 40대(18.9%), 30대(18.2%), 50대(17.7%), 60대(16.2%), 10대(7.2%), 아동(1.6%)의 순으로 큰 변화가 나타났다. 전체 범죄피해자 가운데 20대의 범죄피해자 비율이 40대와 50대의 범죄피해자 비율을 앞지른 것이다.

또, 60대 이상 고령자의 범죄피해자 비율은 2014년 138,056명(10.6%)에서 2023년 170,861명(16.2%)으로 계속해서 증가하고 있다. 고령 범죄피해자의 수뿐 아니라 그 비율도 증가하고 있는 것이다. 이러한 특징은 우리 사회가 급격한 고령화 사회로 접어들면서 노인들의 인구비중이 늘어난 것과 가장 큰 관련이 있을 것이다. 또, 의료기술의 발달로 과거와 달리 노인의 건강상태가 양호해짐에 따라 외부활동이 늘어난 것도 추론해볼 수 있다. 노인의 신체적 건강개선은 노인 상호간의 범죄 가해와 피해로 연결되기도 한다. 이 부분에 대해서는 제11장 노인학대에서 보다 자세히 설명하고 있다.

〈표 3-3〉 연도별 범죄피해자 연령별 추세 [단위 : 명(%)]

년도	합계	12세이하 (아동)	20세이하 (10대)	30세이하 (20대)	40세이하 (30대)	50세이하 (40대)	60세이하 (50대)	61세이상 (60대이상)
2014년	1,306,416 (100.0)	12,357 (0.9)	90,568 (6.9)	210,412 (16.1)	273,590 (20.9)	310,239 (23.7)	271,194 (20.8)	138,056 (10.6)
2015년	1,357,567 (100.0)	13,136 (1.0)	94,650 (7.0)	227,034 (16.7)	279,604 (20.6)	316,703 (23.3)	278,186 (20.5)	148,254 (10.9)
2016년	1,270,758 (100.0)	13,320 (1.0)	90,087 (7.1)	220,609 (17.4)	253,390 (19.9)	281,841 (22.2)	260,739 (20.5)	150,772 (11.9)
2017년	1,179,064 (100.0)	13,570 (1.2)	86,353 (7.3)	213,064 (18.1)	223,633 (19.0)	247,186 (21.0)	235,770 (20.0)	146,950 (12.5)
2018년	1,170,981 (100.0)	13,219 (1.1)	82,489 (7.0)	214,284 (18.3)	213,188 (18.2)	240,113 (20.5)	234,514 (20.0)	158,657 (13.5)
2019년	1,211,789 (100.0)	14,402 (1.2)	83,145 (6.9)	222,115 (18.3)	217,890 (18.0)	240,040 (19.8)	244,132 (20.1)	176,633 (14.6)
2020년	1,212,404 (100.0)	12,730 (1.0)	81,775 (6.7)	234,377 (19.3)	221,491 (18.3)	233,781 (19.3)	239,316 (19.7)	177,912 (14.7)
2021년	1,034,421 (100.0)	15,766 (1.5)	69,458 (6.7)	197,996 (19.1)	184,479 (17.8)	195,641 (18.9)	199,429 (19.3)	161,662 (15.6)
2022년	1,087,484 (100.0)	15,622 (1.4)	76,299 (7.0)	219,535 (20.2)	193,929 (17.8)	201,571 (18.5)	200,122 (18.4)	173,056 (15.9)
2023년	1,054,196 (100.0)	17,140 (1.6)	75,917 (7.2)	212,212 (20.1)	191,720 (18.2)	199,458 (18.9)	186,888 (17.7)	170,861 (16.2)
합계	11,885,080 (100.0)	141,262 (1.2)	830,741 (7.0)	2,171,638 (18.3)	2,252,914 (19.0)	2,466,573 (20.8)	2,350,290 (19.8)	1,602,813 (13.5)

출처: 대검찰청, 「범죄분석」, 2015-2024. 연령 불상은 제외.

3. 주요 범죄의 발생추세

「범죄분석」에서는 크게 형법범죄과 특별법범죄로 구분하고 있다. 형법범죄는 다시 재산범죄와 강력범죄, 위조범죄, 공무원범죄, 풍속범죄로 구분한다.

재산범죄는 절도, 장물, 사기, 횡령, 배임, 손괴로 세분되며, 강력범죄는 '흉악'과 '폭력'으로 구분된다. 다시 '흉악' 강력범죄는 살인, 강도, 방화, 강간을 포함하고 있고, '폭력' 강력범죄는 폭행, 상해, 협박, 공갈, 약취와 유인, 체포와 감금, 폭력행위 등(단체 등의 구성·활동), 폭력행위 등의 처벌에 관한 법률위반 등을 포함하고 있다.

여기에서는 이 가운데 대표적인 범죄유형으로서 살인, 성폭력, 폭력, 절도, 사기, 강도만을 다루고자 한다. 살인, 성폭력, 폭력은 폭력범죄의 대표적 유형으로, 절도, 사기, 강도는 재산범죄의 대표적인 유형으로 볼 수 있다.[8)]

〈표 3-4〉와 [그림 3-3], 그리고 [그림 3-4]는 우리나라의 연도별 주요범죄 발생추세를 표와 그래프로 나타낸 것이다.

〈표 3-4〉 연도별 주요범죄 발생추세 [단위 : 건(발생비)]

구분	형법범죄	살인	성폭력	폭력	절도	사기	강도
2014년	1,016,209 (1,979.8)	938 (1.8)	29,863 (58.2)	214,605 (418.1)	266,784 (519.8)	244,008 (475.4)	1,618 (3.2)
2015년	1,047,761 (2,033.3)	958 (1.9)	31,063 (60.3)	226,543 (439.6)	246,424 (478.2)	257,620 (499.9)	1,472 (2.9)
2016년	1,005,689 (1,945.4)	948 (1.8)	29,357 (56.8)	228,710 (442.4)	203,573 (393.8)	250,600 (484.8)	1,181 (2.3)
2017년	958,865 (1,851.9)	858 (1.7)	32,824 (63.4)	215,717 (416.6)	184,355 (356.0)	241,642 (466.7)	990 (1.9)
2018년	988,398 (1,907.1)	849 (1.6)	32,104 (61.9)	208,935 (403.1)	177,458 (342.4)	177,458 (342.4)	841 (1.6)
2019년	1,041,395 (2,008.5)	847 (1.6)	32,029 (61.8)	203,074 (391.7)	187,629 (361.9)	187,629 (361.9)	845 (1.6)
2020년	1,044,438 (2,015.2)	805 (1.6)	30,105 (58.1)	180,604 (348.5)	173,650 (335.0)	173,650 (335.0)	692 (1.3)
2021년	917,787 (1,777.3)	692 (1.3)	32,898 (63.7)	151,586 (293.6)	166,782 (323.0)	166,782 (323.0)	511 (1.0)
2022년	1,003,883 (1,951.6)	738 (1.4)	41,433 (80.5)	159,741 (310.5)	182,720 (355.2)	182,720 (355.2)	532 (1.0)
2023년	1,026,799 (2,000.6)	801 (1.6)	38,698 (75.4)	149,380 (291.0)	189,942 (370.1)	354,055 (689.8)	599 (1.2)

출처: 대검찰청, 「범죄분석」, 2015-2024. 각년도 재구성.
· 괄호 안의 수치(발생비)는 인구 10만명당 발생건수
· 성폭력은 형법상 강간, 성폭력범죄의 처벌 등에 관한 특례법, 청소년성보호에 관한 법률 위반 건수를 합산한 것임.
· 폭력은 형법상 폭행, 상해와 폭력행위 등 처벌에 관한 법률(이하 폭처법) 위반 건수를 합산한 것임.

8) 물론 학자에 따라 강도를 폭력범죄의 범주로 포함시키는 경우도 있다. 또, 우리나라의 「범죄분석」에서도 흉악범죄로 살인, 강간, 방화와 함께 강도를 같은 범주로 다루고 있다. 하지만 강도범죄는 재물편취를 목적으로 한다는 점에서 재산범죄로 분류하기로 한다.

가. 폭력범죄피해의 발생추세

광의의 폭력범죄는 형법상 규정된 범죄유형이 아니라 물리적, 심리적 폭력이 수반되는 다양한 유형의 범죄를 통칭하는 개념이다(박형민 외, 2010: 25). 따라서 광의의 폭력범죄는 극단적인 형태의 폭력이라고 할 수 있는 살인을 포함하여, 성폭력, 방화, 폭행, 상해, 공갈, 협박, 약취와 유인, 체포와 감금 등이 포함된다. 여기에서는 살인과 성폭력 그리고 협의의 폭력(폭행 · 상해 · 폭처법위반 범죄)을 중심으로 추세를 살펴보고자 한다.[9]

[그림 3-3] 연도별 살인 · 성폭력 · 폭력범죄 발생비 추세 [단위 : 건]

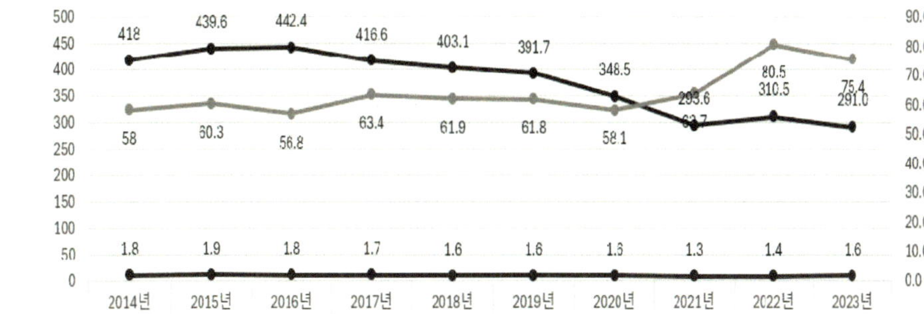

	2014년	2015년	2016년	2017년	2018년	2019년	2020년	2021년	2022년	2023년
폭력	418	439.6	442.4	416.6	403.1	391.7	348.5	293.6	310.5	291.0
살인	1.8	1.9	1.8	1.7	1.6	1.6	1.6	1.3	1.4	1.6
성폭력	58	60.3	56.8	63.4	61.9	61.8	58.1	63.7	80.5	75.4

폭력 살인 성폭력

출처: 대검찰청, 「범죄분석」, 2015-2024. 각년도 재구성. 발생비는 인구 10만명당 발생건수

9) 성폭력은 형법상 강간범죄와 성폭력범죄의 처벌 등에 관한 특례법, 청소년성보호에 관한 법률 위반 건수를 합산한 것이다. 또 협의의 폭력은 형법상 폭행과 상해, 그리고 폭처법위반 범죄를 의미하는 것으로 재구성하였다. 과거 폭처법위반죄를 폭행 및 상해와 구별되는 별도의 범죄유형으로 보기도 했지만, 2006년 폭처법의 개정으로 다수의 폭력범죄가 형법의 폭행죄와 상해죄로 처벌받게 되어, 이 세 가지 범죄를 하나로 구성하는 것이 타당하다고 본다(자세한 내용은 김지선 외, 2009, "한국의 범죄현상과 형사정책(2009)"의 내용 중 '주요지표범죄의 발생 추세 및 특성'을 참고). 다만, 폭처법위반 범죄 가운데 단체 등의 구성 및 활동은 제외되어 있다.

1) 살인범죄 피해 추세

살인범죄는 인구 10만명당 발생비가 최고 1.9건에서 최저 1.3건으로 증감추세를 보인다. 다른 범죄유형에 비하면 미미한 변화라고도 볼 수 있지만, 극단적인 폭력행위라는 점에서 살인범죄피해의 발생비, 즉 피해가능성 보다는 한 건의 살인이더라도 그것이 갖고 있는 사회적 파장이 크다는 점에서 다른 범죄와 다른 의미를 지닌다.

표와 그래프로 제시되지는 않았지만 2023년의 살인범죄 피해자의 성별은 남성 443명(55.3%), 여성 328명(40.9%)으로 남성이 더 큰 비중을 보였다. 또, 피해자와 가해자의 관계를 살펴보면 가해자 835명 가운데 전체의 22.1%가 타인이었고, 77.9%는 지인관계인 것으로 나타났다. 친구·애인·동거친족·기타친족 등 '친밀한 관계'에 의한 살인의 피해자가 45.4%로 가장 많았고, 고용 및 피고용관계, 직장동료, 거래상대방, 이웃, 지인 등 '아는 사람'에 의한 살인의 피해자는 29.4%로 나타났다. 전혀 모르는 사람에 의한 살인보다 친밀한 관계에 있거나 면식 관계에 있는 아는 사람 사이에 발생하는 살인이 3.4배 이상 많음을 알 수 있다.

2) 성폭력범죄 피해 추세

성폭력은 지난 2014년과 비교해 보았을 때 가장 급격한 증가추세를 보여주는 범죄유형이다. 인구 10만명당 성폭력 발생비가 2014년에는 58.2건에 불과했지만, 2023년에는 75.4건으로 약 1.3배 가까이 증가한 것을 확인할 수 있다. 2015년 이후 전체범죄의 발생건수 및 발생비가 점차 감소한 것과 달리 성폭력범죄는 22.2건의 발생비를 보였던 2001년 이후 급격히 증가하고 있는 것이 특이한 점이라고 할 수 있다. 더구나 이상에서 제시하고 있는 발생비는 전체 인구를 기준으로 한 것이기 때문에 성폭력 피해자의 90% 이상이 여성인 점을 감안하면 성폭력범죄의 심각성은 더욱 커진다.

한편, 범죄분석에 제시된 2023년 성폭력 범죄 38,698건의 발생장소는 기타를 제외하고 주거지(21.8%)가 가장 많았고, 노상(9.5), 유흥접객업소(8.9%), 교통수단(7.8%), 숙박업소/목욕탕(4.7%) 등의 순으로 나타났다. 피해자는 20대가 41.8%로 가장 많았고, 16~20세(16.0%), 31~40세(15.6%), 41~50세(8.1%), 13~15세(6.8%), 51~60세(5.0%)

등의 순이었다. 범죄자와 피해자의 관계는 타인이 67.4%로 높은 비율을 차지했다. 성폭력 범죄의 2/3가량이 전혀 모르는 낯선 사람에 의해 발생하지만, 아는 사람이나 친밀한 관계에 있는 사람도 32.6%에 이르는 것으로 나타나 면식관계에 있는 사람에 의한 성폭력도 상당수 발생하고 있음을 알 수 있다.

3) 폭행/상해범죄 피해 추세

폭행/상해범죄 발생비의 추세를 보면 2014년 418.1건에서 2016년 442.4건으로 완만하게 증가하였다. 이후 2017년 416.6건으로 감소한 이후 2023년 291.0건까지 꾸준히 감소 추세를 보였다. 2023년의 폭행/상해범죄 발생비는 10년 전에 비해 30% 이상 감소한 것으로 보이며 급격한 감소 추세가 나타나고 있다고 할 수 있다.

한편, 폭행/상해범죄의 유형과 특성을 분석한 박형민 등의 연구(2010)에 의하면, 폭행/상해범죄는 여름철에 많이 발생하고 겨울에는 상대적으로 적게 발생한다는 점, 폭행/상해범죄가 빈발하는 공간은 길거리나 업무지구라는 점, 우발적으로 발생하는 경우가 많은 점 등을 지적하고 있다. 또 피해자의 특징으로 20대 내지 40대 남성이 많으며, 최근 모르는 사람에 의한 폭행/상해피해가 증가하고 있음을 보고하고 있다. 하지만, 공식통계가 실제 폭행/상해범죄의 극히 일부만을 반영하고 있다는 점을 언급함으로써 공식통계만으로 폭행/상해범죄의 특성을 파악하는 데에는 한계가 있음을 밝히고 있다.

범죄분석에 보고된 2023년 폭행/상해범죄 147,953건의 피해자의 62.3%가 남성이었고, 37.7%가 여성이었다. 발생장소는 기타를 제외하고 노상(33.2%)에서 발생하는 것이 가장 많았고, 주거지(25.9%), 유흥접객업소(11.1%) 등의 순으로 나타났다. 또, 폭력범죄의 49.8%가 타인관계에서 발생했고, 나머지 47%는 아는 관계에서 발생하였다. 아는 관계의 경우 친족이 40.8%, 직장동료/친구 41.6%, 이웃/지인 24.7%의 순이었다. 이처럼 폭행/상해범죄는 절반이 모르는 사람 사이에서 발생하지만, 아는 사람이나 친밀한 관계에 있는 사람에 의한 폭행/상해도 상당부분 발생하는 것으로 나타났다. 김지선 등(2009)의 연구에 의하면 1999년 이후 2008년까지 폭행/상해범죄의 피해자와 가해자의 관계를 검토한 결과 '아는 사람'에 의한 폭행/상해피해는 감소하고 있으나 '신원 미상'인 사람에 의한 폭행/상해피해는 상대적으로 증가하고 있음을 지적하고 있다. '묻지마 폭력' 등과 같은 증오범죄가 점차 우리 사회에서 중요한 문제로 부각되고 있음을 알려준다.

나. 재산범죄피해의 발생추세

대표적인 재산범죄는 절도와 강도, 그리고 사기를 꼽을 수 있다. 이들 재산범죄가 주목을 받는 것은 강·절도 및 사기범죄가 민생치안의 심각한 문제 중 하나라는 점, 발생빈도가 매우 높다는 점, 피해자에게 미치는 영향이 경미한 경우도 있지만 심각한 수준의 피해를 가져오기도 한다는 점 등을 들 수 있다. 이들 재산범죄의 유형은 각각 재물을 편취하기 위한 수단에서 가장 큰 차이가 있다. 즉, 절도는 소유주의 동의 없이 기회에 편승하여 재물을 편취하는 반면, 강도는 폭력 또는 위협을 사용하여 타인의 재물을 강취하고, 사기는 상대방을 기망하는 수법을 사용한다는 것이다. [그림 3-4]는 2013년부터 2022년까지 절도, 사기, 강도범죄의 발생비 추세를 그래프로 나타낸 것이다.

1) 절도범죄 피해 추세

절도범죄는 가장 전통적인 유형의 범죄일 뿐 아니라 일반적으로 그 발생량이 많고, 범죄암수(dark figure of crime)도 많은 범죄이다. 절도범죄의 암수가 많은 이유는 피해액이 비교적 경미하거나 증거확보가 어려운 경우 적극적으로 신고되지 않는 경향이 강하기 때문이다. 따라서 공식범죄통계를 통해 절도범죄추세를 파악하고자 할 때 살인이나 강도 같은 범죄보다 상대적 신뢰도가 떨어질 수 있다(김지선 외, 2009: 65).

「범죄분석」에 나타난 절도범죄 발생비는 2014년(인구 10만명당 519.8건)부터 꾸준히 감소하여 2018년 342.4건에 이른 후 증감을 반복하고 있다. 이러한 추세는 전국적으로 CCTV설치가 보편화되어 절도의 기회는 감소하고, 범행발각의 위험은 증가한 데 따른 것으로 해석할 수도 있다. 그러나 보다 구체적인 추가분석이 필요한 부분이다.

2023년 전체 절도사건의 81.8%가 100만원 이하의 재산피해를 입은 것으로 나타났고, 범행수법은 기타절도(86.7%), 침입절도(6.1%), 소매치기·날치기·들치기(6.1%), 속임수절도(0.6%) 등의 순으로 나타났다.[10)]

10) 절도범죄의 수법으로 기타로 분류되는 비율이 상당히 높다는 것을 볼 수 있다(84.3%). 이것은 기타사기 49.5%, 기타강도 46.8% 등과 함께 현재 집계되는 공식통계방식의 개선이 필요함을 보여주는 내용들이다. 따라서 현대사회에서 범죄기법이 급속도로 발전함에 따라 이것을 정확하게 파악하기 위한 노력도 추가되어야 할 것이다.

[그림 3-4] 연도별 절도·사기·강도범죄 발생비 추세 [단위 : 건]

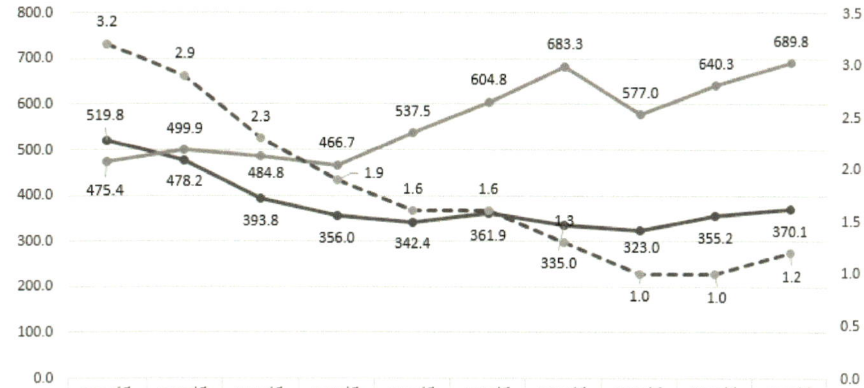

	2014년	2015년	2016년	2017년	2018년	2019년	2020년	2021년	2022년	2023년
절도	519.8	478.2	393.8	356.0	342.4	361.9	335.0	323.0	355.2	370.1
사기	475.4	499.9	484.8	466.7	537.5	604.8	683.3	577.0	640.3	689.8
강도	3.2	2.9	2.3	1.9	1.6	1.6	1.3	1.0	1.0	1.2

절도 사기 강도

출처: 대검찰청, 「범죄분석」, 2015-2024, 각년도 재구성. 발생비는 인구 10만명당 발생건수

2) 사기범죄 피해 추세

사기범죄는 [그림 3-4]에서 보는 바와 같이 2013년 이후 증감을 반복하고 있으나 대체로 증가하는 것으로 나타났다. 2017년 최저치를 보인 후 2018년부터 급격한 증가추세를 나타냈으며, 2021년 다시 감소하였다가 2022년에 증가하였다. 2023년의 사기범죄의 발생비(689.8건)는 2014년(475.4건)보다 45.1% 증가하였다.

2023년 「범죄분석」에 보고된 사기범죄의 수법은 유형구분을 할 수 없는 기타수법이 57.8%로 가장 많았고, 매매가장(20.8%), 가짜속임(9.9%), 차용사기(6.5%), 모집사기(2.3%), 부동산사기(2.1%), 알선사기(0.7%) 등의 순으로 나타났다. 또, 피해금액을 살펴보면 10만원 초과 100만원 이하가 32.2%로 가장 많았고, 1,000만원 이하(23.8%), 1억 이하(23.5%), 10만원 이하(11.2%) 등의 순이었고, 1억원 초과도 7.4%에 이르렀다. 이러한 양상은 절도나 강도에 비해 사기범죄로 인한 피해수준이 상당히 높음을 보여준다.

3) 강도범죄 피해 추세

강도범죄는 직접 범행대상과 맞닥뜨려 신속하게 수익을 얻을 수 있고 절취한 재물을 처분할 필요가 없다는 점에서 절도범죄보다 용이한 범죄유형이다(Brown et al., 2011: 528). 또 경우에 따라 피해자와 대면접촉을 원하지 않았던 절도범이 사후 검거의 두려움이나 피해자의 저항에 대응하는 과정에서 강도가 되는 경우도 있다. 과정이 어떠하건 강도범죄는 폭행과 협박을 수단으로 하여 재물을 강취한다는 점에서 사회적 파장을 가져올 가능성이 높은 범죄라고 할 수 있다.

「범죄분석」에 나타난 강도범죄의 발생비는 2014년부터 매년 감소하는 추세다. 특히, 2017년 1.9건 이후 꾸준히 발생비가 1건 대로 감소하고 있고, 2021년 이후에는 1.0건을 유지하고 있다가 2023년에 다시 1.2건으로 증가하였다. 전통적인 재물강취 수법에서 사기와 같은 보다 지능적인 형태의 재물편취 방법으로 수법이 진화한 것으로 해석할 여지도 있으나, 이 역시 추가적인 분석과 검토가 필요한 부분이다.

2023년도에 발생한 강도범죄의 발생장소는 기타를 제외하고 노상(23.7%)이 가장 많았고, 주거지(21.7%), 상점(12.2%), 유흥접객업소(7.0%), 숙박업소/목욕탕(5.7%) 등의 순으로 나타났다. 또 그 수법을 개략적으로 살펴보면 기타 45.9%, 침입강도 28.2%, 노상강도 6.7%의 순으로 나타나고 있다. 또, 강도로 인해 발생한 피해액을 살펴보면 10만원~100만원이 29.7%로 가장 많았고, 100만원~1,000만원(27.6%), 1만원~10만원(13.3%) 등의 순이었다.

제3절 범죄피해조사를 통한 실태분석

1. 범죄피해조사 개관 및 범죄피해추세

가. 범죄피해조사 개관

이 절에서는 한국형사정책연구원의 전국범죄피해조사(Korean Crime Victim

Survey: KCVS) 결과를 토대로, 우리나라에서 발생한 주요 범죄의 피해발생률과 피해 양상을 살펴보았다.

범죄피해조사는 주요 지표범죄(절도, 강도, 폭행(상해), 성폭력, 사기, 협박(괴롭힘), 손괴 등)의 숨은 범죄(hidden crime) 발생률을 파악하고, 범죄 피해의 취약성 요인을 밝히며, 범죄에 대한 일반인들의 인식과 태도 등 우리나라 국민들의 범죄피해경험과 관련 정보를 시계열 자료형태로 구축하는 것을 일차적인 목적으로 하고 있다. 이러한 조사 결과는 추후 범죄예방 정책 및 범죄피해자 보호와 지원정책 수립의 기초자료로 활용될 수 있다(심영희 · 김준호 · 조정희, 1991; 김은경 · 황지태 · 황의갑 · 노성훈, 2013; 최수형 · 조영오, 2017: 15 재인용).

우리나라는 통계법 제17조 제1항에 의해 승인된 통계 제40301호(2009.08.19.)에 범죄피해조사의 법적근거를 갖고 있다. 2009년 개편 1차 「2008년 기준 전국범죄피해조사」 이후 2023년 8차 「2022년 기준 국민생활안전실태조사」가 실시되었다.[11]

2023년 실시된 「2022년 기준 국민생활안전실태조사」는 대한민국 영토 중 행정권이 미치는 지역 내에 거주하는 일반가구 및 만 14세 이상 가구원을 모집단으로 하고 있다. 표집은 7개 특별시 · 광역시와 9개 도 지역으로 층화했고, 이를 다시 동부와 읍 · 면부로 세부층화했으며, 2010년 11월 이후 신축아파트에 대해서는 시도구분에 따라 17개의 층을 구성하였다. 표본은 확률비례추출방법에 의해 표본조사구를 추출하고 추출된 조사구내에서 계통표집을 통해 총 7,000가구(700개 조사구 당 10가구), 15,640명을 조사하였다. 자료수집은 가구방문을 통해 일대일 면접조사(face to face interview) 및 자기기입식조사(self-reported survey)를 병행하는 방법이 사용되었다.

조사내용은 기초조사표와 사건조사표로 구성되어 있다. 기초조사항목으로는 가구구성, 동네와 이웃환경, 일상생활 및 범죄예방활동, 범죄피해경험에 대한 스크리닝 질문, 가구월평균수입, 학력 등의 배경문항이 구성되어 있다. 한편, 사건조사항목에는 사건발생일시와 장소, 범행수법, 신체피해, 피해자의 대응, 경찰신고 여부 등을 포함하고 있

11) 전국범죄피해조사의 명칭은 2012년부터 "국민생활안전실태조사"라는 이름으로 개칭되었으나, 조사의 내용과 형식은 2009년 개편된 「2008년 기준 전국범죄피해조사」와 큰 틀에서 유지되고 있다. 또, 2017년 실시된 「2016년 기준 국민생활안전실태조사」는 2013년 실시된 「2012년 기준 국민생활안전실태조사」의 기준 조사표 및 조사방법을 유지하고 있어 일련의 추세확인이 가능하도록 하고 있다.

다. 이 내용들은 2023년 6월 19일부터 8월 4일간 조사되었으며, 2022년 한 해 동안 경험한 범죄피해경험에 대해 응답하도록 하였다.

이 절에서는 1994년부터 전국단위로 수행되었던 범죄피해조사를 통해 보고된 가구 범죄피해와 개인범죄피해의 전반적인 실태를 살펴보고, 2019년과 2021년, 그리고 2021년에 수행된 범죄피해조사를 중심으로 범죄유형별 피해자의 특징 등을 정리했다.

나. 전반적 범죄피해 추세

〈표 3-5〉는 1994년부터 2022년의 범죄피해조사를 통해 파악된 범죄피해율을 가구범죄와 개인범죄로 구분하여 정리한 것이다. 2022년 범죄피해조사 결과, 전체 추정 범죄피해건수는 286만 여건으로 추정된다. 이는 인구 10만명당 6,439건의 범죄피해가 발생하는 수치이다. 또, 가구대상 추정 범죄피해 건수는 436,738건으로 10만가구당 2,006건의 범죄피해가 발생하는 것으로 추정되었다.

전반적인 추세를 살펴보면, 개인범죄피해율의 경우에는 2005년까지 지속적으로 감소하다가 2008년에는 일시적으로 증가한 이후 증감을 반복하다가 2012년 다시 감소하는 추세를 보여주었다. 그러나 2018년부터 다시 급격히 증가한 후 2022년에 급격히 감소하였다. 전반적으로 1993년 이래 우리나라의 가구범죄피해율은 감소를 지속하고 있다.

구체적인 추세를 살펴보면, 2016년 이후 전체범죄피해건수는 증가하는 추세를 보이고 있다. 인구 10만 명당 전체 범죄피해추정건수가 2016년 3,556건, 2018년 3,678건, 2020년 3,806건, 2022년 6,439건 등으로 증가하고 있고, 인구 10만 명당 폭력범죄피해는 2016년 388건에서 2018년 566건, 2020년 878건, 2022년 1,041건으로 지속적으로 증가하였다. 다만, 인구 10만 명당 재산범죄피해는 2016건 3,168건, 2018년 3,112건, 2020년 2,928건, 2022년 5,397건으로 감소 추세를 보이고 있다. 한편, 10만 가구당 범죄피해 추정건수는 2016년 2,087건, 2018년 2,147건, 2020년 2,834건으로 증가하다가 2022년 2,006건으로 큰 폭으로 감소하였다. 10만 가구당 주거침입 관련범죄 역시 2016년 1,325건, 2018년 1,527건으로 증가하다가 2020년 1,180건, 2022년 623건으로 대폭 감소하는 추세가 나타났다.

〈표 3-5〉 범죄피해조사를 통한 범죄피해율 추세 [단위 : 명, 건 / *는 가중치 적용]

년도	개인범죄 피해율				가구범죄 피해율			
	유효 사례	피해자	발생률	피해 건수	유효 사례	피해 가구	발생률	피해 건수
1993년	2,013	320	15.9%	594	2,013	260	12.9%	431
1996년	2,040	247	12.1%	432	2,040	254	12.5%	412
1998년	2,100	240	11.4%	369	2,100	250	11.9%	396
2002년	2,044	71	3.5%	109	2,044	170	8.3%	245
2005년	2,050	49	2.4%	69	2,050	126	6.1%	161
2008년	10,671	621	6.2%*	1,237	4,710	213	4.7%*	360
2010년	16,557	549	3.5%*	774	7,550	395	5.1%*	536

년도	추정피해건수 (인구10만명 당 피해건수)			가구대상범죄 추정피해건수 (10만가구당 피해건수)		
	전체범죄	폭력범죄	재산범죄	전체 가구대상	주거침입 관련	기타 가구대상
2012년	197,515,546 (4,600.2건)	329,819 (768건)	1,645,336 (3,832건)	745,875 (4,126건)	436,284 (2,413건)	309,591 (1,713건)
2014년	1,648,170 (3,742.5건)	163,696 (372건)	1,449,005 (3,290건)	592,125 (3,166건)	309,259 (1,653건)	282,866 (1,512건)
2016년	1,660,589 (3,555.7건)	181,115 (388건)	1,479,474 (3,168건)	491,545 (2,562건)	275,888 (1,438건)	215,657 (1,124건)
2018년	1,675,662 (3,678건)	257,954 (566건)	1,417,708 (3,112)	439,784 (2,147건)	312,686 (1,527건)	127,097 (621건)
2020년	1,751,184 (3,806건)	404,034 (878건)	1,347,149 (2,928건)	608,311 (2,834건)	253,291 (1,180건)	355,020 (1,654)
2022년	2,864,698 (6,439건)	463,347 (1,041건)	2,401,351 (5,397건)	436,738 (2,006건)	135,670 (623건)	301,068 (1,383)

출처: 최인섭 외, 2002, "한국의 범죄피해조사: 추세분석", 김은경 외, 2009, "2008년 한국의 범죄피해에 관한 조사연구", 김지선, 2011, "2010년 한국의 범죄피해에 관한 조사연구", 김은경 외, 2014, "전국범죄피해조사 2012", 최수형 외, 2015, "전국범죄피해조사 2014", " 최수형 · 조영오, 2017, "전국범죄피해조사 2016", 김민영 외, 2019, "전국범죄피해조사 2018", 박형민 외, 20211 "전국범죄피해조사 2020", 조제성 외, 2023, "전국범죄피해조사 2022" 의 내용을 재구성.

이하에서는 2018년과 2020년, 그리고 2022년의 범죄피해실태에 대해 폭력범죄와 재산범죄 피해실태로 구분하여 살펴보았다.

2. 폭력범죄 피해실태와 특성

가. 폭력범죄 피해실태

〈표 3-6〉에서는 폭력범죄를 강도, 폭행, 성폭력, 괴롭힘 등으로 구분하여 제시하고 있다. 먼저, 인구 10만 명당 피해건수를 기준으로 살펴보면, 강도는 2012년 65.7건에서 2014년 60.6건으로 감소하였다. 이후 2016년부터 다시 증가하다가 2020년 41건으로 급감하였고, 2022년 72건으로 다시 증가하는 등 증감을 반복하고 있었다. 폭행의 경우 2012년 515.3건에서 급격하게 감소한 이후 그 수준이 유지되다가 2020년 355건으로 큰 폭으로 증가하였으나, 2022년 258건으로 다시 감소한 것을 확인할 수 있다. 성폭력 범죄 역시 2012년 이후 꾸준히 감소하다가 2018년 161건으로 증가한 이후 2020년 369건, 2022년 478건으로 급격한 증가추세를 나타내고 있다. 괴롭힘은 2012년 13.6건에서 2018년 120건까지 빠르게 증가하는 추세를 보이다가 2020년 113건으로 소폭 감소한 후 2022년 150건으로 다시 증가하는 등 증감을 반복하고 있는 것을 확인할 수 있다. 스토킹은 2022년 기준 조사부터 괴롭힘과 구분하여 조사하였는데, 2022년 인구 10만 명당 스토킹범죄 피해건수는 83건이다.

범죄피해조사를 통한 폭력범죄의 추세를 파악하는 것에는 일정부분 한계가 있음을 인정해야 할 것이다. 즉, 조제성과 동료들의 보고서에서도 언급한 바와 같이 강도, 성폭력, 괴롭힘의 피해추정률을 파악하기에 안정적인 사례수가 확보되지 못한 것이다(조제성 외, 2023: 114). 그럼에도 성폭력의 경우 지속적인 증가 추세를 보이는 것으로 확인되었다. 타 범죄유형과 달리 2016년부터 2022년까지 피해율이 확연하게 증가하고 있음을 보여주고 있다. 폭행은 2012년 이후 급격히 감소했다가 이후 지속적으로 증가하는 추세로 나타났다. 특히 2020년의 피해율이 2018년에 비해 두 배 이상 증가하였으나, 2022년에 다시 감소하였다. 강도와 괴롭힘의 경우 증가 추세를 보이다 2020년 소폭 감소한 후, 2022년에 다시 증가한 것을 확인할 수 있었다.

〈표 3-6〉 폭력범죄피해 유형별 피해건수와 인구10만 명당 피해건수 [단위 : 명, 건]

구분	강도*	폭행	성폭력*	괴롭힘*	스토킹[12)]
2012년	28,221 (65.7)	221,256 (515.3)	74,482 (173.5)	5,860 (13.6)	-
2014년	26,700 (60.6)	68,248 (154.9)	56,890 (129.2)	11,857 (16.9)	-
2016년	30,568 (65.5)	75,051 (160.7)	35,489 (76.0)	40,007 (85.7)	-
2018년	56,933 (125)	73,222 (161)	73,196 (161)	54,603 (120)	-
2020년	19,070 (41)	163,490 (355)	169,686 (369)	51,788 (113)	-
2022년	32,082 (72)	114,704 (258)	212,745 (478)	66,943 (150)	36,873 (83)

출처: 최수형 · 조영오, 2017, "전국범죄피해조사 2016", 조제성 외, 2023, "전국범죄피해조사 2022"의 내용을 재구성.
* 는 공표기준을 만족하지 않으므로 해석 시 주의요함

한편, 폭력범죄의 피해율에서 범죄피해조사와 공식범죄통계가 불일치하는 부분이 발견된다. 강도범죄의 공식통계에 따르면, 2013년에서 2021년까지 발생률이 완만하게 감소한 이후 2022년에 약간 증가하였으나, 범죄피해조사에서는 2014년도부터 점차 증가하다가 2020년 급격하게 감소하였고 이후 2022년에 다시 증가하였음을 보여주고 있다. 또한 공식범죄통계의 폭행범죄 발생률은 지속적으로 감소추세를 보이다 2022년에 다시 증가한 것으로 나타났지만, 범죄피해조사에서는 폭행범죄 발생률이 증감을 보이다 2020년에 급격히 증가 후 2022년에 다시 감소하는 것으로 조사되었다. 성폭력의 경우 공식범죄통계나 범죄피해조사 모두에서 증감을 반복하다가 2012년 이후 빠르게 증가하는 추세를 보여주고 있다. 이와 같은 공식범죄통계와 범죄피해조사의 상반된 결과 내지 격차는 추가적인 설명이 필요한 부분이다.

12) 2022년 기준 조사부터 괴롭힘과 스토킹을 구분함

나. 폭력범죄 피해의 특징

〈표 3-7〉에서는 2012년부터 2022년도 폭력범죄피해자의 인구사회학적 특성을 제시하고 있다. 먼저, 성별분포를 보면 여성의 비중이 남성보다 많음을 확인할 수 있다. 2012년 57.8%, 2014년 59.4%, 2016년 59.1% 2018년 67.0%, 2020년 67.3%, 2022년 74.6%로 상당히 큰 비중을 차지하고 있다.

〈표 3-7〉 2022년도 폭력범죄 피해자의 인구사회학적 특성 [단위 : %]

구분		2012년	2014년	2016년	2018년	2020년	2022년
성별	남	42.1	42.2	40.4	33.0	32.7	25.4
	여	57.9	57.8	59.6	67.0	67.3	74.6
연령	10대(14-19)	14.5	21.8	15.2	5.6	14.2	10.0
	20대(20-29)	24.4	38.5	13.0	22.9	31.8	20.8
	30대(30-39)	17.2	10.5	17.7	26.5	16.3	22.3
	40대(40-49)	23.7	11.8	15.4	18.8	17.0	25.1
	50대(50-59)	13.9	5.9	17.4	17.4	12.7	12.5
	60대(60-69)	4.1	7.9	11.2	5.2	6.2	6.6
	70대 이상	2.3	3.6	10.1	3.8	1.9	2.7
혼인상태	미혼	42.7	61.3	42.9	39.5	60.2	52.0
	기혼	51.6	29.9	43.7	48.4	24.7	40.7
	사별/이혼	5.7	8.8	13.4	12.2	15.1	7.4

출처: 최수형 · 조영오, 2017, "전국범죄피해조사 2016", 조제성 외, 2023, "전국범죄피해조사 2022"의 내용을 재구성.

다음으로 연령대별 폭력범죄 피해자 분포는 2012년에 30대(26.7%), 40대(20.5%), 50대(18.9%)의 순으로 나타난 반면, 2014년에는 40대(23.4%), 50대(22.6%), 30대(19.0%)의 순으로 확인되었다. 2016년의 경우 50대(27.6%), 30대(21.3%), 40대(20.1%)의 순으로 나타났다. 2018년에 30대(26.51%), 20대(22.9%), 50대(17.4%)의 순이었고, 2020년에는 20대(31.8%), 40대(17.0%), 30대(16.3%)의 순으로 확인되었다. 2022년은 40대(25.1%), 30대(22.3%), 20대(20.8%)의 순으로 나타났다. 2020년까지의 범죄피해

조사에서는 20대 이하 피해자가 전체 범죄피해자의 절반 가까이 차지하였으나, 2022년 조사에서는 전 연령대에 고른 분포를 보이고 있는 것이 특징이다.

끝으로 혼인상태를 보면, 피해자 가운데 기혼자의 비중은 2012년 62.8%, 2018년 48.4%로 기혼 피해자가 미혼 피해자보다 큰 비중을 차지했으나, 2014년 61.3%, 2020년 60.2%, 2022년 52.0%로 미혼 피해자가 기혼 피해자보다 큰 비중을 차지한 것으로 확인되었다. 그러나 2016년 조사의 경우 미혼 피해자(42.90%)와 기혼 피해자(43.72%)가 유사한 비중을 차지했다.

한편, 여기서 별도의 표로 제시하지는 않았으나, 2022년 범죄피해조사결과 폭력범죄의 사건발생 계절과 시간대 및 피해상황, 그리고 피해자와 가해자의 관계 등을 정리하면 다음과 같다.

먼저, 사건발생 계절을 보면 폭력범죄는 봄(3~5월)에 발생한 비율이 28.3%로 가장 높았다. 이어서 겨울(12~2월, 25.9%), 가을(9~11월, 25.3%), 여름(6~8월, 20.5%)의 순으로 발생율이 높았다. 또, 사건발생 시간대의 경우 저녁부터 밤사이(18~24시)에 발생한 폭력범죄피해가 전체의 44.1%로 가장 높았고, 밤에 발생했지만 시간 모름이 19.1, 낮에 발생했지만 시간 모름 14.0%, 한낮부터 오후사이(12~18시)의 폭력범죄피해가 12.6%의 분포를 나타냈다. 폭력범죄의 성격상 가해자와 피해자의 물리적 접촉이 이루어지는 범죄유형이라는 점에서 양 당사자의 일상활동이 중요한 영향을 미친다. 즉, 일상활동을 하기에 용이한 봄철이 범죄피해 가능성을 높이는 측면이 있고, 직장이나 학교와 같은 고정된 시간보다는 음주활동 등이 가능한 저녁과 밤사이 시간대에서 폭력범죄의 발생가능성은 높아진다는 것을 확인할 수 있었다. 물론 성폭력의 경우 일반적인 폭력범죄와 동일한 논리로 설명하는 것에는 한계가 있다.

둘째, 폭력범죄 피해발생 당시 피해자와 가해자의 음주여부에 관한 것이다. 2022년 전체 폭력범죄의 피해자 가운데 음주상태인 경우(28.3%)보다 술을 마시지 않은 상태에서 폭력피해를 입은 경우(64.1%)가 월등히 많았다. 그러나 가해자의 경우 음주상태인 경우(42.3%)가 그렇지 않은 경우(33.7%)보다 조금 많았다. 피해자가 음주상황에서 가해자로부터 폭력피해를 입는다기보다 음주로 폭력성이 고양된 가해자가 피해자에게 폭력을 행사하는 경우가 더 많이 나타나는 것을 확인할 수 있다.

셋째, 피해당시 피해자의 대응에 관한 것이다. 2022년 폭력범죄 피해자 가운데 66.6%는 사건당시 자기보호 노력을 하였다고 응답하고 있다. 이는 2018년(41.6%)의 수치보다 약 25% 이상 높은 수치이다. 그러나 2020년(73.3%)보다는 다소 낮아졌다. 이들 피해자의 구체적인 자기보호 대응행동은 '소리지르기, 경찰을 부르겠다는 위협이나 경고'(51.5%), '탈출이나 도망을 하거나 시도함'(22.7%), '주먹으로 때리거나 발로 차는 등 방법으로 가해자에게 대항'(20.9%), '경찰, 경비원에게 도움 요청'(15.0%) 등의 순이었다. 이러한 피해자의 자기보호노력에 대해 45.7%의 피해자가 더 큰 상처나 피해를 막는데 도움이 되었다고 응답하였고, 탈출하거나 도피하는 데 도움이 되었거나(29.2%), 모르겠거나(18.0%), 가해자를 붙잡는 데 도움이 된(17.0) 경우보다 많았다. 즉, 피해자의 적극적인 대응과 자기보호노력이 더 큰 피해를 막았다고 보고하고 있다.[13)]

끝으로 피해자와 가해자의 관계를 살펴보면, 친인척을 포함한 아는 사람 사이에서 발생한 폭력범죄가 53%로 절반 이상 차지하고 있었고, 모르는 사람 사이의 폭력범죄는 47.7%로 확인되었다. 피해자와 가해자의 관계가 가족이나 친인척 이외에 면식관계의 경우, 얼굴만 아는 사람(33.1%), 직장 상사(15.3%), 직장동료(14.5%), 학교 선후배(13.3%), 잘 아는 이웃(10.6%), 거래하던 사람(8.0%), 친구(7.9%), 연인(4.4%) 등의 순으로 나타났다. 그런데 이러한 결과는 공식범죄통계와 다소 차이를 보이고 있다. 즉, 대검찰청의 「범죄분석」 에 의하면 2022년 우리나라에서 발생한 폭력 가운데 모르는 사람에 의한 폭력이 50.7%, 아는 사람·가족·친척 등에 의한 폭력이 44.1%라고 하는데, 범죄피해조사에서는 공식통계보다 면식관계에 있거나 친밀한 관계에 있는 사람에 의한 폭력을 더 높게 보고하고 있음을 알 수 있다. 이러한 결과는 많은 경우 폭력범죄가 면식관계에서 발생하지만, 공식적인 형사사법절차를 거치지 않는 특성이 나타난 결과라고 볼 여지도 있다.[14)]

---

13) 이에 대해서는 제5장 폭력범죄의 과정을 설명하는 이론을 통해 자세히 기술하고 있다.

14) 실제 박형민 등의 연구(2010)에서는 참여관찰 조사기법으로 폭력범죄의 발생 및 처리과정에 대한 분석을 진행했는데, 실제 폭력범죄 실태가 공식통계와 일정부분 괴리를 보일 수 있음을 밝히고 있다. 즉, 경찰에 신고된 폭력사건이 가족이나 친인척 사이 또는 친구나 직장동료 사이에서 발생한 경우 대부분 현장에서 종결 처리되거나 지구대, 파출소에서 경찰의 중재 등으로 공식처리 되지 않고 훈방조치 등으로 끝나는 경우를 확인할 수 있었다. 특히, ① 도시지역의 광역지구대보다 농촌지역의 지구대나 파출소인 경우, ② 서로 잘 아는 사람 사이에서 발생한 폭력사건인 경우, ③ 피해자의 피해정도가 경미할수록, ④

3. 재산범죄 피해실태와 특성

가. 재산범죄 피해실태

<표 3-8>은 재산범죄 피해실태를 제시한 것이다. 재산범죄의 유형으로는 대표적 유형인 절도와 사기는 물론 손괴의 피해실태에 대해서도 정리했다. 먼저, 인구 10만 명당 절도범죄 피해건수는 2012년 2,302건에서 2014년 1,604건, 2016년 1,440건으로 지속적으로 감소하다가 2018년 1,571건으로 약간 증가한 후 2020년에 다시 667건으로 급감하였다가 2022년 1,407건으로 증가하는 등 증감추세를 보였다. 또, 손괴의 피해건수도 2012년 727건에서 2014년 665건, 2016년 524건 2018년 369건, 2020년 160건으로 감소추세를 꾸준히 유지하다가 2022년 632건으로 급격히 증가하였는데, 이는 이전 조사시기인 2020년보다 약 4배 가까이 증가한 수준이다.

〈표 3-8〉 재산범죄피해 유형별 피해건수와 인구10만 명당 피해건수 [단위 : 명, 건]

구분	절도	사기	손괴*	기타*
2012년	872,302 (2,301.6)	349,068 (813.0)	312,216 (727.2)	111,750 (260.3)
2014년	706,163 (1,604)	411,078 (933)	293,051 (665)	38,714 (88)
2016년	672,332 (1,440)	538,181 (1,152)	244,637 (524)	24,323 (52)
2018년	715,624 (1,571)	460,838 (1,012)	168,178 (369)	73,069 (160)
2020년	307,098 (667)	966,276 (2,100)	73,776 (160)	-
2022년	626,095 (1,407)	1,481,199 (3,329)	281,211 (632)	12,846 (29)

출처: 최수형 · 조영오, 2017, "전국범죄피해조사 2016", 조제성 외, 2023, "전국범죄피해조사 2022"의 내용을 재구성.
* 는 공표기준을 만족하지 않으므로 해석 시 주의요함

경찰관서에 처리해야 할 사건이 많지 않은 시간대에 발생하는 사건일수록, ⑤ 가해자와 피해자가 명확할수록, ⑥ 피해자의 처벌의사가 불분명한 경우에 공식사건으로 처리되기보다 비사건화되는 것으로 보인다.

반면, 사기범죄 피해건수는 2012년 813건에서 2014년 933건, 2016년 1,152건으로 점차 증가하다가 2018년 1,012건으로 소폭 감소한 후 2020년 2,100건, 2022년 3,329건으로 빠르게 증가하고 있다. 이러한 증가추세에 대해 오늘날 전통적 재산범죄보다 신종 사기수법의 발달이 다양한 형태의 사기피해율 증가로 이어졌을 것이라는 최수형과 조영오(2016)의 추론은 일면 타당하다고 본다. 또, 「범죄분석」에 제시된 공식범죄통계에 따르면 인구 10만 명당 사기범죄피해는 500건을 중심으로 증감하는 경향을 보이고 있는 반면, 범죄피해조사에서의 증가세는 매우 가파르다는 차이가 발견된다. 이 역시 오늘날 사기범죄가 갖고 있는 특수성이 반영된 결과로 볼 여지도 있다. 즉, 사기범죄의 경우 범죄입증의 어려움이나 경찰신고 후 피해회복 기대의 어려움, 소액사기 등 피해의 경미함 등으로 공식 형사사법기관에 신고하지 않는 문제도 상정해볼 수 있을 것이다. 이와 같은 공식통계와 범죄피해조사의 차이에 대해서는 제4절에서 부가적인 설명을 하고 있다.

나. 재산범죄 피해의 특징

〈표 3-9〉는 2012년부터 2022년도 재산범죄피해자의 인구사회학적 특성을 제시하고 있다. 먼저, 성별분포를 보면 여성이 남성보다 많은데, 2012년 51.0%, 2014년 59.4%, 2016년 59.1%, 2018년 58.4%, 2020년 54.9%, 2022년 64.5%가 여성이었다. 폭력범죄 피해의 경우도 여성이 남성보다 높은 비중을 차지했는데, 2022년 기준으로 여성의 폭력범죄피해율이 74.6%로 재산범죄보다 많은 비중을 차지하고 있다.

다음으로 연령대별 재산범죄 피해자 분포는 2012년에 30대(26.7%), 40대(20.5%), 50대(18.9%)의 순으로 나타난 반면, 2014년에는 40대(23.4%), 50대(22.6%), 30대(19.0%)의 순으로 확인되었다. 2016년의 경우 50대(27.6%), 30대(21.3%), 40대(20.1%)의 순이었다. 2018년에는 30대(21.2%), 40대(18.8%), 20대(18.5%)의 순으로 나타났으나, 2020년은 50대(24.4%), 40대(21.5%), 60대(15.9%)의 순으로 확인되었다. 2022년의 경우 40대(23.2%), 50대(22.1%), 60대(21.4%)의 순으로 나타났다. 이와같이 연5대별 피해자 분포를 살펴보았을 때, 범죄 피해자의 주 연령대가 40~60대였고, 특히 40대피해자의 연령층이 지속적으로 증가하고 있었다. 폭력범죄와 재산범죄 모두 30대 피해자가 상당히 많은 비중을 차지하고 있었으나, 재산범죄에서는 폭력범죄보다 40대 이상의 피해자가 차지하는 비율이 더 큰 것이 특징이다.

끝으로 혼인상태를 보면, 피해자 가운데 기혼자가 전체 피해자의 절반 이상을 차지하고 있음이 나타났다. 구체적으로 살펴보자면, 기혼자의 비중은 2012년 62.8%, 2014년 64.7%, 2016년 69.1%, 2018년 61.4%, 2020년 51.5%, 2022년 61.4%로 증감추세를 보이고 있다. 미혼 피해자 역시 2012년 26.6%, 2014년 22.0%, 2016년 19.6%, 2018년 27.6%, 2020년 33.7%, 2022년 20.0%로 기혼자와 마찬가지로 증감추세를 나타내고 있다.

〈표 3-9〉 2022년도 재산범죄 피해자의 인구사회학적 특성 [단위 : %]

구분		2012년	2014년	2016년	2018년	2020년	2022년
성별	남	48.96	48.96	40.56	40.87	45.1	35.5
	여	51.04	51.04	59.44	59.13	54.9	64.5
연령	10대(14-19)	8.40	8.40	3.61	3.31	5.0	2.0
	20대(20-29)	12.34	12.34	15.29	8.25	13.7	9.0
	30대(30-39)	26.68	26.68	18.96	21.25	14.7	14.9
	40대(40-49)	20.47	20.47	23.36	20.12	21.5	23.2
	50대(50-59)	18.87	18.87	22.59	27.64	24.4	22.1
	60대(60-69)	9.00	9.00	9.11	11.44	15.9	21.4
	70대 이상	4.25	4.25	7.08	7.98	4.9	7.4
혼인상태	미혼	26.63	26.63	21.97	19.58	33.7	20.0
	기혼	62.82	62.82	64.71	69.08	51.5	61.4
	사별/이혼	10.55	10.55	13.32	11.35	14.8	18.7

출처: 최수형 · 조영오, 2017, "전국범죄피해조사 2016", 조제성 외, 2023, "전국범죄피해조사 2022" 의 내용을 재구성.

2022년 범죄피해조사결과 재산범죄의 피해발생 계절과 시간대, 구체적 피해상황 등을 정리하면 다음과 같다.

첫째, 2022년 기준 재산범죄 발생은 봄(3~5월) 의 발생 비율이 30.0%로 가장 많았고, 여름(6~8월) 26.4%, 가을(9~11월) 23.6%, 겨울(12~2월) 19.9%의 순으로 나타났다. 이는 폭력범죄의 발생계절 비율과 유사한 형태였다. 또, 재산범죄 발생시간대는 한낮부터 오후 사이(12~18시)가 31.2%로 가장 많았고, 낮에 발생했으나 시간 모름 24.7%, 저녁에서 밤사이(18~24시)의 재산범죄피해도 18.5%가 발생하는 것으로 조사되었다. 폭력범죄피해가 저녁에서 밤사이 발생하는 비율이 가장 높은 것과 달리 재산범죄피해는 주간에 더 많이 발생하는 것에 차이가 있었다.

둘째, 구체적인 절도범죄 피해상황과 관련하여 피해물품으로는 지갑 및 핸드백이나 가방이 22.8%로 가장 높았고, 현금(수표, 상품권 포함) 20.1%, 자전거 및 그 부속품 17.0%, 휴대폰, 노트북 등 15.8% 등의 순으로 조사되었다. 이처럼 절도범죄 피해물품은 은닉이 용이하고(Concealable), 휴대가 간편하고(Removable), 절취가 용이하고(Available), 가치가 크고(Valuable), 범죄자에게 즐거움을 주며(Enjoyable), 처분이 가능한(Disposable) 경우에 절도의 대상이 되기 쉽다는 Clarke(1999)의 CRAVED 모델의 설명과 일치한다. 한편, 2022년 평균 절도 피해액은 64만원 가량이었고, 피해자의 93.6%가 절도 피해물품을 미회수한 것으로 조사되었다.

셋째, 사기범죄의 피해내용은 '누군가 돈을 갚을 의사나 능력이 없으면서 갚겠다고 속여 돈을 빌려간 경우'가 42.3%로 가장 많았고, '중고거래사이트나 인터넷쇼핑몰에서 송금 또는 결제를 하였으나 물건을 받지 못한 경우'가 18.8%, '공짜, 할인, 경품 당첨 등을 미끼로 상품을 구메하게 하는 경우' 9.9%, '우체국, 전화국, 은행, 신용카드회사, 국세청, 수사기관, 가족 등 사칭'이 9.8% 등의 순으로 확인되었다. 사기범죄 수법은 '그럴듯한 말솜씨'가 60.9%로 가장 큰 비중을 차지했고, '인터넷 쇼핑사이트' 16.2%, '보이스피싱' 11.3% 등의 순으로 조사되었다. 한편, 사기범죄 평균 피해액은 536만원으로 절도범죄의 평균 피해액보다는 8배 이상 높은 것으로 나타났다.

끝으로, 일반적으로 재산범죄는 다른 범죄유형보다 암수범죄율이 높은 것으로 알려져 있는데, 2022년 범죄피해조사 결과 미신고 피해자(79.3%)는 신고를 한 피해자

(20.7%)보다 3.8배 가량 많았다. 신고를 하지 않은 피해자의 미신고 이유로는 '피해가 심각하지 않아서'라는 응답이 53.7%로 가장 높았고, '증거가 없기 때문에' 11.3%, '다른 방식이나 개인적으로 처리, 해결해서' 8.2% 등의 순으로 나타났다.

제4절 공식범죄통계와 범죄피해조사 사이 간극의 원인

범죄피해조사의 목적 중 하나는 공식통계의 한계를 보완하는 것이다. 하지만 더 나아가서는 숨겨진 범죄에 대한 실태를 파악하는 것, 즉 정확한 범죄발생현황을 알고자 하는 것도 중요한 목적이라고 볼 수 있다.

실제 앞서 살펴본 바와 같이 공식범죄통계와 범죄피해조사 사이에 상이한 결과를 나타내는 경우가 적지 않다. 실제 2016년 범죄피해조사 결과 전체범죄 가운데 폭력범죄피해의 미신고 비율은 72.56%였고, 재산범죄피해의 미신고비율이 78.47%였다는 점은 공식범죄통계로 범죄피해실태를 파악하는데 한계가 있을 수밖에 없음을 보여준다. 이러한 차이에 대해 공식범죄통계와 범죄피해조사의 한계를 중심으로 검토해보고, 그 원인에 대해 살펴보고자 한다.

1. 공식범죄통계의 한계

공식통계와 피해조사 간 발생하는 차이는 우선 공식통계의 한계로부터 발생할 수 있다. 즉, 공식통계는 현실에서 발생하는 모든 범죄행위를 반영하지 못하고 있다. 암수범죄의 존재는 이러한 공식통계의 한계를 일부 설명해줄 수 있다. 암수범죄란 실제로는 발생한 범죄가 여러 가지 원인으로 인하여 공식통계상에 반영되지 못한 것을 의미한다. 암수범죄의 발생원인은 크게 네 가지 정도로 정리할 수 있다.

첫째, 피해자 혹은 수사기관이 범죄사실을 인지하지 못한 경우가 있다. 이러한 경우로는 피해자가 특정되어 있지 않거나 간접적 피해자만 존재하는 경우에 발생 가능하다. 즉, 탈세범죄, 환경범죄, 낙태범죄 그리고 마약소지 등의 경우와 같이 피해자 없는 범죄

혹은 불특정 다수가 피해자가 되는 범죄의 경우, 누구도 범죄행위를 인지하지 못할 수 있다(배종대, 2011: 66-67).

둘째, 피해자가 범죄피해를 경험했고 이것을 인지했지만 신고를 하지 않는 경우가 있을 수 있다(황지태, 2009: 287-289). 즉, 수사기관에 대한 불신, 2차 피해자화에 대한 우려, 경미한 피해 등으로 인하여 피해자는 신고를 하지 않을 수 있다.

셋째, 범죄는 인지했으나 범죄자를 체포하지 못한 경우가 있다. 범죄분석의 경우 발생통계원표, 검거통계원표, 그리고 피의자 통계원표를 통해 공식범죄통계가 작성되는데, 수사기관이 범죄자를 검거하지 못하는 경우 범죄통계원표에 전산입력이 되지 않아 암수범죄가 발생할 수 있는 것이다.

넷째, 형사사법기관의 편향된 가치관으로 인한 체계적 낙인과정이 암수범죄를 발생시킬 수 있다. 즉, 형사사법기관은 블루칼라 범죄보다 화이트칼라 범죄를 관대하게 다룰 수 있으며, 이러한 차별적인 법집행은 화이트칼라 범죄의 상당수를 공식적인 형사사법절차 상에서 누락시키게 되어 결국 암수범죄를 발생시키게 된다(송병호, 2009: 58).

2. 범죄피해조사의 한계

공식범죄통계와 범죄피해조사 사이의 상이한 결과는 범죄피해조사의 한계로부터 발생할 수도 있다. 범죄피해조사의 목적 중 하나는 공식통계의 한계를 보완하는 것이지만, 범죄피해조사도 완벽하게 범죄에 대해 설명하지는 못한다. 예컨대 공식통계의 한계로 제시했던 첫 번째 근거인 피해자 없는 범죄나 불특정 다수를 대상으로 한 범죄의 경우 피해자 조사에서도 밝혀낼 수 없다는 것이다(황지태, 2010: 10). 이러한 범죄피해조사의 한계 혹은 문제점으로는 다음의 내용을 들 수 있다.

우선, 공식통계는 엄격한 법률적 정의를 바탕으로 작성되지만 범죄피해조사는 일반인들이 받아들이는 일반적인 정의를 바탕으로 작성된다(황지태, 2010: 12). 즉, 범죄피해조사의 방식은 체계적일 수 있지만, 응답자가 갖고 있는 범죄에 대한 이해와 개념에 따라 응답이 달라질 수 있다는 한계를 갖는다.

둘째, 범죄피해조사 응답자에서 기인하는 문제들이 있다. 범죄피해조사는 일반적으로 '지난 6개월 혹은 지난 1년간의 범죄피해경험'을 묻거나, 특정 기간 예를 들어 '지난 2011년 한 해 동안'의 범죄피해경험을 묻는데, 이것에 대한 응답은 전적으로 피해자의 기억에 의존한다. 따라서 피해자의 잘못된 기억으로 인하여 연구기간 밖의 피해를 응답하기도 하며, 반대로 연구기간 내의 범죄피해를 보고하지 않는 경우가 발생하기도 한다. 또, 응답자가 거짓으로 응답할 가능성이 있다. 응답자가 경험한 범죄피해가 너무나 수치스러울 경우 범죄피해를 축소하거나 누락할 수 있으며, 때로는 거짓으로 범죄피해경험을 꾸며낼 수도 있다.

셋째, 범죄율과 범죄피해율이 의미하는 바가 다르다는 점이다. 보통 범죄율과 피해율을 동일시 하지만 엄밀하게 따지면 두 개념은 다르다(황지태, 2010: 11). 결정적인 예로 한 사람의 가해자가 저지른 한 가지의 범죄에 의해 여러 명의 피해자가 발생한 경우 범죄율과 범죄피해율은 상당한 차이가 발생한다.[15)]

이밖에도 조사표본수의 문제나 부적절한 표집방법 등의 문제를 생각할 수 있다(황지태, 2010: 14). 조사표본수는 가급적 많으면 많을수록 좋고, 표집방법은 정교하고 정확할수록 좋다. 2008년 이전의 국내 피해조사의 평균적 표본수는 대략 2,000명 내외로 일반적인 의식조사 연구와 비교해 적은 표본수가 아니었으나, 범죄피해경험을 찾아내기에는 지나치게 작은 표본이었다. 또, 표집방법에서도 표본이 모집단을 제대로 반영하지 못할 경우 피해율은 과대 혹은 과소 산정될 확률이 높아지게 된다.

이와 같이 공식범죄통계와 범죄피해조사 모두 각각의 한계를 갖고 있으나, 이러한 자료들을 상호보완적으로 활용함으로써 우리 사회에서 발생하고 있는 전체 범죄의 모습을 보다 정확하게 분석하고 이해할 수 있을 것이다.

3. 공식범죄통계와 범죄피해조사의 범죄추세 차이에 대한 이해

〈표 3-10〉에서 보는 바와 같이 대표적인 공식범죄통계인 대검찰청의 범죄분석 결과

15) 은행강도사건에서 은행직원과 고객을 합친 수가 10명인 경우, 공식통계상 범죄발생은 1건이지만, 피해조사의 피해자는 10명까지 나올 수 있다는 점에서 범죄암수추정에 심각한 오류를 가져올 수 있다.

와 전국범죄피해조사의 범죄피해율은 다소 차이가 나타나고 있음을 알 수 있다. 두 통계 자료를 1 : 1로 비교하는 것에 다소 무리가 있겠으나, 대강의 실태 내지 추세는 파악해볼 수 있다고 본다. 전체범죄와 성폭력의 경우 공식통계와 범죄피해조사의 격차가 2012년부터 지속적으로 줄어들다가 2018년을 기준으로 그 격차가 크게 벌어지고 있음을 알 수 있다. 또, 재산범죄의 경우 암수범죄율이 높게 나타나는데, 2022년 기준 강도의 98.6%, 사기의 83.9%, 절도의 79.8%가 경찰 등 형사사법기관에 신고되지 않는 것으로 확인된다. 사기범죄의 경우 미신고 비율이 증가추세를 보이고 있고, 강도의 경우 심각한 수준에서 암수율이 높은 것으로 나타났다.

〈표 3-10〉 공식범죄통계와 피해자조사의 범죄피해율 비교 [단위 : 인구10만 명당 건수]

구분		2012년	2014년	2016년	2018년	2020년	2022년	2022년 추정 암수율
전체범죄	범죄분석	2,728.7	2,648.9	2,722.3	2,517.7	2,579.9	2,529.7	60.7%
	전국범죄피해조사	4,600.2	3,742.5	3,555.7	3,678	3,806	6,439	
폭행	범죄분석	452.7	418.1	442.4	403.1	348.5	310.5	−20.3
	전국범죄피해조사	515.3	154.9	160.7	161	355	258	
성폭력	범죄분석	45.9	58.2	56.8	61.9	58.1	80.5	83.2%
	전국범죄피해조사	173.5	129.2	76.0	161	369	478	
절도	범죄분석	571.3	519.8	393.8	342.4	335.0	355.2	74.8%
	전국범죄피해조사	2,031.6	1,603.5	1,439.6	1,571	667	1,407	
사기	범죄분석	470.5	475.4	484.8	537.5	683.3	640.3	80.8%
	전국범죄피해조사	813.0	933.4	1,152.4	1,012	2,100	3,329	
강도	범죄분석	5.2	3.2	2.3	1.6	1.3	1.0	98.6%
	전국범죄피해조사	65.7	60.6	65.5	125	41	72	

출처: 대검찰청, 2023, 「2022 범죄분석」 및 최수형 · 조영오, 2017, "전국범죄피해조사 2016", 조제성 외, 2023, "전국범죄피해조사 2022" 의 내용을 재구성.

범죄분석의 전체범죄 피해율(발생비)은 교통범죄를 제외한 것임.

특히, 폭행의 경우 일반적인 범죄의 암수현상과 상반되는 결과를 보여주고 있는 점도 주목할 만하다. 즉, 범죄피해조사 결과에서 나타나는 범죄피해율보다 공식통계 상 집계되는 범죄피해율이 더 높은 것이다. 추론컨대, 공식통계의 경우 '폭행/상해범죄'를 항목으로 하여 형법범죄 중 폭행과 상해범죄 이외에도 「폭력행위 등 처벌에 관한 법률」 위반범죄를 포함하고 있는 반면(단체 등의 구성 및 활동은 제외), 범죄피해조사의 경우 전체 폭력범죄를 강도, 폭행, 성폭력, 괴롭힘으로 구분하기 때문에 폭력범죄에 대한 포괄성이 다소 부족한데서 발생한 문제일 수도 있다. 또, 범죄피해조사의 표집과정에서 우연한 기회로 폭행 피해자가 과소표집 되었거나, 응답자의 의도적인 응답회피 가능성도 고려해볼 수 있겠다.

이와 관련하여 「전국범죄피해조사 2014」에서는 의미 있는 추론 몇 가지를 더 제시하고 있다. 즉, 가중치 계산에서의 문제 가능성, 공식통계상의 폭행/상해는 주로 쌍방고소가 많아서 실제 피해보다 많이 보고되는 것처럼 보일 가능성, 피해조사에서는 쌍방폭행의 경우 피해로 인식하지 못했을 가능성 등이 원인이 되었을 수 있다는 설명이다(최수형 · 김지영 · 황지태 · 박희정, 2015: 92). 그럼에도 불구하고 2022년 동일한 결과가 나타난 것에 대해서는 보다 심층적인 연구와 논의가 필요하다고 본다.

이외에도 공식범죄통계와 범죄피해조사를 통해 우리나라의 범죄 현황을 검토하는 과정에서 몇 가지 의문점이 발견되었다. 그중 대표적인 것으로 범죄추세의 상반된 결과와 관련된 것이다. 공식범죄통계상으로는 성폭력범죄가 지속적으로 완만하게 증가하는 추세를 보이고 있으나, 범죄피해조사에서는 2016년까지 지속적 감소 후 2018년부터 급격히 증가한 것으로 나타났다. 또, 공식통계에서의 사기범죄는 2020년 683.3건에서 2022년 640.3건으로 감소하였으나, 범죄피해조사에서는 2,100건에서 3,329건으로 증가했다. 강도범죄 역시 공식범죄통계에서는 2022년의 발생률은 2020년보다 0.3건 감소한 것으로 나타나고 있지만, 범죄피해조사에서는 강도범죄피해 발생률이 2020년 41건에서 2022년 72건로 증가했다. 물론, 공식통계에서 집계한 성폭력, 사기 및 강도범죄와 피해자조사에서 측정한 성폭력, 사기 및 강도범죄피해가 완벽하게 일치하는 개념은 아니지만, 그 추세에 확연한 차이가 나타나고 있다는 점은 부인할 수 없는 내용이다. 이에 대해 2009년 황지태는 "공식통계와 범죄피해조사의 상반된 결과에 대한 설명"이라는 논문을 통해 이러한 괴리현상에 대한 이해를 시도했다. 이하에서는 이 논문의 일부를 발췌하여 소개한다.[16)]

16) 공식범죄통계와 범죄피해조사의 결과 차이에 대한 보다 자세한 내용은 황지태, 2010, "범죄피해율과 공식범죄발생률간의 비교분석: 2008년도 주요범죄 암수추정", 형사정책연구 21(3): 7-51의 내용을 참조하라.

두 가지 상반된 추세에 대한 기존의 설명과 그 한계

이른바 길거리 범죄(street crime)에 국한된 현상일 수 있다는 전제가 있기는 하지만 어쨌든 그에 한정한다고 하더라도 어떤 특정한 범죄가 공식통계상으로는 계속 늘어나고 있는 동안에 범죄피해조사 결과에서는 계속 줄어들고 있었다는 사실은 그 자체만으로도 놀라운 것이다. (중략)

이와 같은 괴리현상을 설명하는 주요 변인은 범죄 신고율이었다. 이는 범죄피해 추세분석이 처음 시작된 1999년 범죄피해조사보고서에서 두 자료의 괴리에 대한 설명으로 처음 언급되는데, 이 보고서에서는 1993년부터 1996년, 그리고 1998년도까지 범죄피해 신고율이 증가하는 추세임을 지적하면서 범죄피해조사상 범죄피해가 감소하는 추세가 포착되었음에도 불구하고 공식통계상으로는 범죄가 늘어난 현상에 대한 설명을 시도하였다. 즉 공식통계상 늘어난 범죄는 실제 범죄가 증가한 것을 반영한 것이라기보다는 형사사법기관에 신고되는 범죄가 증가한 것을 반영한 결과라는 설명이 그것이다(박순진 · 최영신, 1999: 72-73). 이와 같은 설명은 공식통계가 범죄의 실태를 나타내는 지표의 하나이기는 하지만 어디까지나 형사사법기관에 의해 인지되어 처리된 사건에 대한 정보만을 제공하고 있다는 사실(Sanders, 2001: 43-48)에 근거하는 것이며, 형사사법기관의 범죄 인지에 영향을 많이 미칠 수 있는 요인으로서의 고소 및 고발을 포함한 신고여부를 특히 중요시한 결과라고 할 수 있다. (중략)

〈표 1〉 실제 범죄가 줄어도 신고율의 증가로 공식통계상 범죄가 느는 경우

모집단이 천명이라 가정	A시점	B시점	C시점
실제 범죄	100건	80건	50건
신고율	10%	20%	40%
공식통계상의 범죄	10건	16건	25건

〈표 1〉에 대한 설명과 관련해, 우선 모집단이 1,000명으로 한정되어 있고, A, B, C 세 시점에서 그 인원의 변동이 없으며 한 시점에서 범죄피해를 당한 사람은 오로지 한 건의 범죄피해만을 경험함과 동시에 사법기관은 오로지 신고에 의해서만 범죄를 인식할 수 있다는 가정을 해보기로 하겠다. A시점에서 실제 100건의 범죄가 발생하였고 신고율이 10%였다면, 이 때 공식통계상 범죄는 10건이 될 것이다. B시점에서는 80건으로 실제 범죄가 감소하였지만 신고율이 20%로 증가하였다. 이 경우 B시점의 실제 범죄 발생률은 A시점보다 줄었지만, 신고율 증가의 영향으로 공식통계상의 범죄는 16건으로 증가하게 된다. C시점에서는 실제 범죄가 50건으로 더 줄었지만, 신고율이 40%가 되면서 결과적으로 공식통계상의 범죄는 25건으로 더욱 증가한다. A시점과 C시점을 비교하면, 실제 범죄는 절반으로 줄어들었지만, 공식통계상

의 범죄는 두 배 이상 늘어난 것이다. (중략)

최인섭과 황지태는 2003년도 범죄피해조사에서 이전의 상반된 두 추세가 지속되고 있다는 사실을 확인한 뒤 [그림 1]과 같은 도식을 그려내면서 공식통계에서의 범죄증가 추세와 범죄피해조사의 결과에서 나타난 범죄피해 감소현상에 대한 추가적인 설명을 시도하기도 하였다(최인섭 · 황지태, 2004: 12).

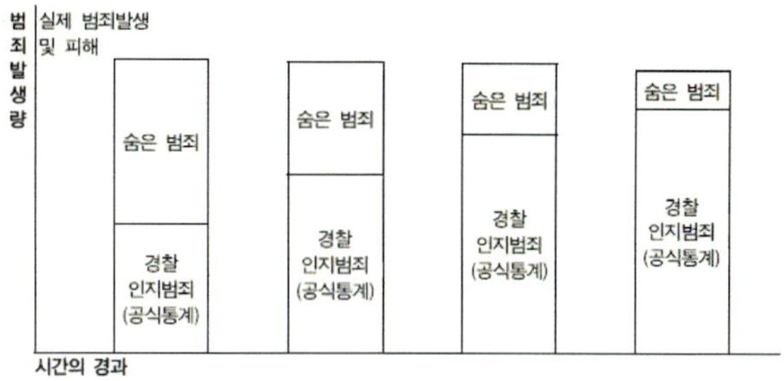

[그림 1] 공식통계와 범죄피해조사의 추세적 상반성 설명

(최인섭 · 황지태, 2004: 12)

그런데, 범죄피해 신고율과 관련된 이와 같은 논의들은 범죄피해조사의 결과가 같은 기간 공식적인 범죄발생통계와 추세적으로 상반된 결과를 나타내고 있다는 사실에 대한 설명의 한 축일 뿐이다. 두 자료의 괴리를 신고율 증가와 관련해 설명하는 것은 범죄피해조사 결과에서 범죄피해가 감소함에도 불구하고 '공식통계상 범죄가 증가하는 현상에 대한 설명'에 국한될 수밖에 없다. 신고율의 증가로 공식적인 범죄 발생 통계가 증가하는 현상은 아무리 잘 설명해도 숨은 범죄를 포함한 실제 범죄가 왜 줄어들었는지에 대한 설명은 되지 않는다. [그림 2]에서 보는 바와 같이 신고율이 계속 증가하면서 숨은 범죄(hidden crime)의 영역이 꾸준히 좁혀져 나간다고 하더라도 공식통계와 실제 범죄가 모두 계속해서 증가할 수 있는 개연성은 언제나 있다.

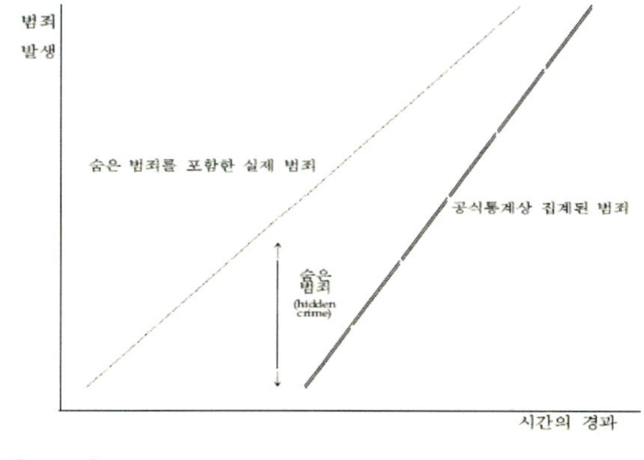

[그림 2] 공식통계와 실제 범죄가 모두 증가할 수 있는 가능성

출처: 황지태(2010: 287-292)의 내용 중 일부 발췌.

요점정리

(1) 「범죄분석」은 전국 각급 수사기관에서 범죄사건을 수사하면서 작성・전산입력한 각 범죄통계원표(발생통계원표, 검거통계원표, 피의자통계원표)를 토대로 범죄현상을 분석한 공식통계자료이다.

(2) “범죄피해조사”는 주요 지표범죄의 숨은범죄 발생률 파악, 범죄피해의 취약성요인 확인, 범죄에 대한 일반인들의 인식과 태도 및 범죄피해경험 관련정보의 시계열 자료 구축을 일차적 목적으로 한다. 더불어 조사결과는 범죄피해실태의 정확한 파악, 범죄피해 취약성 요인규명, 범죄현상에 대한 일반인의 인식과 태도파악, 그리고 이를 통한 범죄예방 정책 및 범죄피해자 보호와 지원정책 수립의 기초자료로 활용된다.

(3) 공식범죄통계 상 전체 범죄피해 발생비는 2016년까지 경미하게 증가하다가 이후 증감추세를 보이고 있으며, 피해자는 2022년 기준 인구학적으로 남성이 여성보다 1.5배 이상 많고, 20대 피해자가 가장 많았으나 30대부터 50대의 피해자 수와 유사한 수준으로 나타나 범죄피해자 수가 전 연령대에 고르게 나타나고 있었다. 범죄유형별로는 성폭력의 증가추세가 지속되고 있고, 절도와 강도는 2013년부터 감소추세를 보이고 있는 것이 특징적이다.

(4) 범죄피해조사 결과 전체 범죄피해 발생비는 2012년부터 감소추세를 보이다 2018년도부터 증가추세로 변동되었고, 폭행과 성폭력의 발생비의 증가추세가 지속되고 있다. 폭력범죄의 경우 2022년 기준 여성이 남성보다 피해비율이 높았고, 연령대의 경우도 30대와 40대의 비율이 증가했다. 특히, 폭력범죄 상황에서 피해자의 적극적인 대응과 자기보호노력이 더 큰 피해를 막는 것으로 보고되었다. 한편, 재산범죄의 경우 2012년 이후 절도는 감소하고 있으나, 사기는 증가추세를 유지

하고 있다. 2022년 기준 재산범죄 피해자는 여성이 남성보다 많았고, 연령대는 2012년 이후 50대와 60대 장년층의 피해율이 증가하고 있다.

(5) 공식범죄통계와 범죄피해조사의 범죄피해 발생비에 차이가 나타나는 이유는 양자가 갖고 있는 한계에서 비롯된다. 공식범죄통계는 ① 피해자 혹은 수사기관의 범죄사실 인지 실패, ② 피해자의 미신고, ③ 범죄자의 체포 실패, ④ 형사사법기관의 편향된 가치관에 따른 체계적 낙인과정 등이 암수범죄를 발생시킨다는 비판을 받고 있다. 반면, 범죄피해조사는 ① 응답자가 갖고 있는 범죄에 대한 이해와 개념의 불일치, ② 응답자의 잘못된 기억이나 거짓응답, ③ 범죄율과 범죄피해율의 개념 차이, ④ 조사표본수 및 표집방법의 부적절성 등이 원인이 되어 정확한 범죄실태 파악을 어렵게 한다는 비판을 받는다.

복습문제

1. 「범죄분석」을 기준으로 2023년 우리나라의 주요범죄(살인, 성폭력, 폭력, 절도, 사기, 강도) 범죄시계를 만들어보시오.

2. 다음 중 우리나라의 2023년 기준 공식범죄통계와 2022년 기준 범죄피해조사 결과에 대한 설명으로 옳지 않은 설명은?

① 「범죄분석」은 남성이, 범죄피해조사는 여성이 더 피해율이 높은 것으로 보고하고 있다.
② 「범죄분석」에 따르면 지난 10년간 성폭력은 지속적으로 증가하고 있으나, 범죄피해조사 결과 2012년 이후 성폭력 피해는 감소하는 것으로 나타났다.
③ 「범죄분석」에 따르면 절도와 강도는 전반적으로 감소하는 추세이지만, 사기는 전반적으로 증가하는 것으로 나타났다.
④ 범죄피해조사에서는 강도가 증감을 반복하는 추세로 나타나고 있다.

3.「범죄분석」에서 '흉악' 강력범죄가 아닌 것은?

① 살인
② 강도
③ 방화
④ 상해

4. 절도범죄 피해물품의 특징으로 Clarke 교수가 1999년 제안한 모델은?

① CPTED
② CRAVED
③ Broken Window
④ SARA

5. 공식범죄통계에서 암수범죄가 발생하는 원인에 대한 설명으로 옳지 않은 것은?

① 피해자 혹은 수사기관이 범죄사실을 인지하지 못한 경우
② 피해자가 범죄피해를 경험하고 인지했으나 이를 신고하지 않은 경우
③ 피해자의 잘못된 기억이나 거짓으로 응답하는 경우
④ 형사사법기관의 편향된 가치관으로 인한 체계적 낙인과정이 있는 경우

정답 1. 살인(10시간 56분 당 한건), 성폭력(13분 35초 당 한건), 폭력(3분 31초 당 한건), 절도(2분 46초 당 한건), 사기(1분 29초 당 한건), 강도(14시간 37분 당 한건), 2. ② 3. ④. 4. ②, 5. ③

제4장

범죄피해이론(1) : 범죄기회이론

개인적 차원의 범죄피해이론 01

지역적 차원의 범죄피해이론 02

학습목표

○ 일상적인 생활양식 이론에 대해서 살펴보고, 구체적으로 생활양식/노출 이론, 일상활동이론, 구조-선택이론 등에 대해서 학습한다.
○ 비행적 생활양식과 범죄피해의 관계에 대해서 살펴보고, 구체적으로 가해-피해 중첩, 일탈적 생활양식 등에 대해서 학습한다.
○ 지역적 차원의 범죄피해이론에 대해서 살펴보고, 구체적으로 사회해체이론, 집합효율성이론, 깨진 창 이론, 범죄피해의 설명에 있어서 지역적 특성이론의 적용 등에 대해서 학습한다.

핵심키워드

생활양식/노출 이론, 일상활동이론, 구조-선택이론, 비행적 생활양식, 가해-피해 중첩, 일탈적 생활양식, 사회해체이론, 집합효율성이론, 깨진 창 이론

04 범죄피해이론(1) : 범죄기회이론

[그림 4-1] 범죄기회이론의 개념체계도

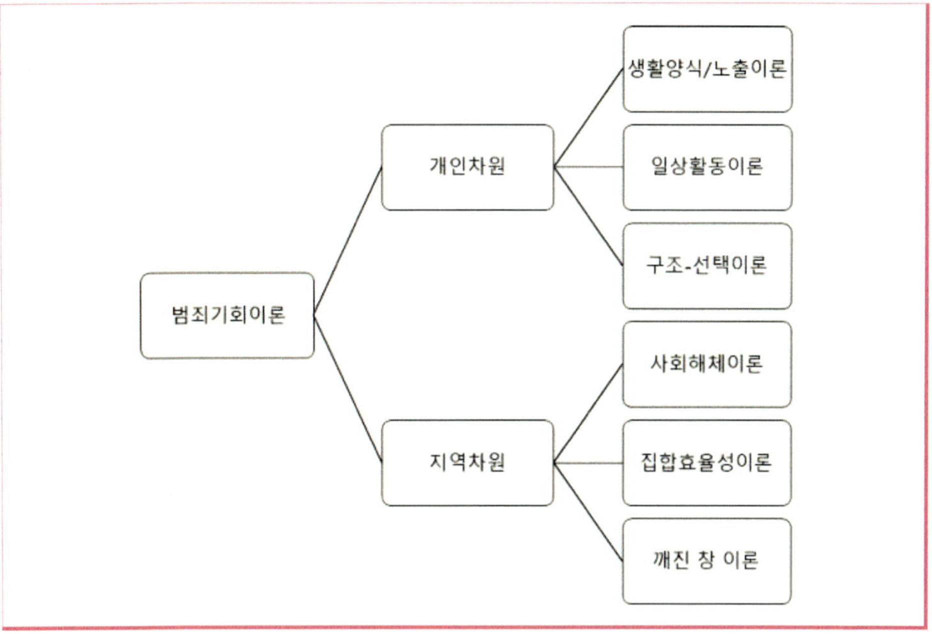

범죄피해를 설명하려는 노력은 크게 두 가지 형태로 구분할 수 있다. 첫 번째 이론적 노력은 범죄피해 분포의 불균형성을 설명함에 있어서 특정 사람들이 다른 사람들에 비해서 범죄피해를 당할 가능성이 높다는 현상을 설명하는데 관심을 가진다. 여기에서는 '기회'라는 개념에 초점을 맞추어 개인이나 사회환경적 측면에서 범죄피해의 가능성을 증가시키는 요인을 찾아내고 그것으로 범죄피해를 설명한다. 이를 본서에서는 범죄기회이론이라고 명명하고 본장에서 다룬다. 두 번째 이론적 노력은 범죄가 발생하여 진행되는 과정에서 가해자와 피해자간에 발생하는 상호작용을 중심으로 범죄피해를 설명한다. 피해자와 가해자가 상호작용을 주고받는 과정에 피해자가 범죄피해에서 어떤 역할을 하는지 사회적 교환의 맥락에서 설명하고자 하는 것이다. 이 부분은 다음의 제5장에서 다루기로 한다.

범죄기회를 중심으로 범죄피해를 설명하는 이론은 다시 두 가지로 구분할 수 있다. 첫째는 개인에 초점을 맞추어 각 개인의 특성이 범죄피해와 연관되는 방식에 관심을 가지는 것으로, 생활양식(lifestyle) 이론과 일상활동(routine activity)이론이 대표적이다. 이러한 이론들은 개인의 인구학적 특성과 그에 따른 생활양식 혹은 일상활동의 차이에 따라서 범죄피해를 당할 가능성이 달라진다고 본다. 둘째는 개인을 둘러싸고 있는 주위환경에 초점을 맞추어 사회적 환경의 변화와 피해를 당할 확률간의 연관성에 관심을 가지는 입장이다. Shaw와 McKay로 대표되는 Chicago학파의 초기의 사회해체이론(social disorganization theory)을 범죄피해에 적용시켜 개인을 둘러싼 사회가 해체 혹은 붕괴될 때 그 사회의 구성원은 범죄의 피해를 당할 확률이 높아진다는 점을 설명한다.

제1절 개인적 차원의 범죄피해이론

개인적 차원에서의 범죄기회이론은 피해를 설명하는 생활양식의 특성에 따라 다시 둘로 구분할 수 있다. 하나는 사람들의 일상적인 생활양식을 중심으로 범죄피해를 설명하는 것으로써 사람들의 일반적인 생활과 관련된 기회구조에 따라서 범죄피해의 가능성이 달라지는 방식을 설명한다. 다른 하나는 비행적, 일탈적 생활양식과 범죄피해의 관계를 설명하는 것으로, 일탈적인 생활습관이나 범죄가해행동이 범죄피해의 가능성에 미치는 영향을 설명한다.

1. 일상적 생활양식이론

생활양식이론은 범죄를 설명함에 있어서 범죄 가해자의 특성보다는 범죄가 발생하는 상황에 관심을 가진다. 따라서 범죄피해 연구에 있어서 범죄가 발생하는 상황을 파악하는데 초점을 맞춘다. 범죄가 발생하기 위해서는 범죄자의 범행의도와 범죄의 기회가 일치하여야 한다. 따라서 범죄자의 범행동기 또는 의도에 대한 설명뿐만 아니라 범행동기를 실행하기 위한 기회를 증가시키거나 감소시키는 요인들에 대한 설명이 필요하다.

모든 사람들은 범죄피해를 당할 가능성이 있기 때문에 잠재적인 범죄피해자라고 할 수 있다. 그렇지만 범죄는 무작위로 발생하거나 우연적으로 발생하는 것이 아니며 구조적 요인이나 환경에 의해서 영향을 받는다. 따라서 특정 개인이 범죄 피해자가 될 가능성도 무작위로 분포되는 것이 아니라 개인 활동의 시·공간적 조직에 의해서 영향을 받는다.

이에 생활양식이론가들은 범죄발생이나 범죄피해가 피해자의 일상생활과 밀접한 관련이 있다고 본다. 이러한 이론은 크게 세 가지 형태로 정리할 수 있다.

가. 생활양식/노출 이론

사람들의 생활양식이 범죄피해에 영향을 미친다고 보며, 기본적으로 피해의 위험성이 높은 생활양식을 가지고 있는 사람들이 범죄피해를 당할 가능성이 높다고 보는 입장이다. 즉, 피해자의 생활양식이 피해자로 하여금 범죄피해의 위험에 노출시킨다고 본다. 예를 들어 여가활동과 재미를 추구하는 10대 청소년이나 심야에 공공장소에 돌아다니는 행동 등은 범죄피해의 가능성을 높이는 생활양식으로 볼 수 있다.

생활양식(lifestyle)이라는 개념과 범죄피해를 연관시켜서 처음으로 이론화한 학자들은 Hindelang, Gottfredson, Garofalo(1978)다. 생활양식을 "직업적 활동(직장, 학교, 가정생활 등)과 여가활동 등을 포함한 매일의 일상적 활동"이라고 정의하고 개인적인 생활양식에 관심을 기울였다. 즉, 그들이 어디에 가고, 언제 가며, 누구와 접촉하며, 어디에서 살고, 어디에서 일하는가 하는 것과 같은 사람들의 매일의 일상적인 활동에 따라 그들이 범죄피해를 당할 기회가 어떻게 변화하게 되는가에 관심을 가졌다.

이들은 사람의 연령, 성별, 결혼여부, 수입 등의 인구학적 요인에 따라서 피해율과 피해유형에 차이가 존재한다는 사실을 설명하면서 이러한 현상이 사람들이 삶을 구조화하는 주요 영역, 즉, 생활양식과 피해위험에의 노출이 인구학적 변수에 따라서 달라진다는 데서 기인한 결과라고 본다. 예를 들어 남자들은 전통적으로 여자들보다 집 밖에서 직장을 가지는 경우가 많은데, 이로 인해서 함께 일하는 사람들이나 타인들로부터 피해를 당할 위험에 더 많이 노출된다. 반면에 여성들은 범죄의 피해를 당할 경우 그들이 아는 사람에 의해서 피해를 당하는 경우가 남자들보다 더 많다.

이들이 설명하는 모델은 다음의 그림과 같다. 이 모델은 범죄피해가 공간과 시간에 따라서 일정하게 분포되어 있지 않으며, 범죄피해의 위험성이 높은 지역과 위험성이 높은 시간대가 있으며, 유사하게 범죄의 위험성이 높은 사람이 존재한다는 가정에 기초해서 구성되어 있다.

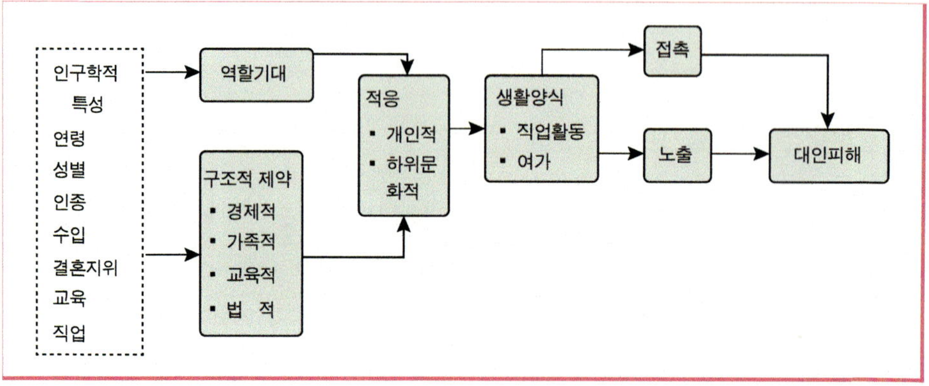

직업적 활동과 여가활동을 의미하는 생활양식은 다양한 요인에 의하여 영향을 받는다. 생활양식에 영향을 미치는 요인들로는 특정 지위를 가진 개인의 행동에 영향을 미치는 역할기대, 사람들의 행동을 제약하는 구조적 제약들, 즉, 경제적 지위, 교육, 가족에 대한 의무, 그리고 이러한 역할기대와 구조적 제약에 대한 개인적인 또는 하위문화적 적응 등을 들 수 있다. 이러한 요인들은 개인의 생활양식에 영향을 미치고, 생활양식은 피해위험에 차이가 있는 시간과 장소에 대한 노출의 정도에 영향을 미치고 또한 범죄를 저지를 가능성이 높은 사람들과의 접촉빈도에 영향을 미침으로써 개인의 범죄피해를 결정하게 된다.

이러한 모델을 통해서 생활양식과 범죄피해 가능성의 관계를 다음과 같은 8개의 명제로 정리하였다.

① 공공장소에서 많은 시간을 보낼수록(특히 저녁시간에) 범죄피해를 당할 가능성이 높다.

② 특정 생활양식에 따르는 개인은 공공장소에 더 자주 간다.

③ 다른 사람들과 상호관계를 유지하는 사람은 그들과 생활양식을 공유하는 경향이 있다.

④ 피해자와 가해자가 같은 인구학적 범주에 속할수록 범죄피해를 입을 가능성이 높다.

⑤ 가족구성원이 아닌 타인이 많은 장소에서 시간을 보내는 정도는 생활양식에 따라 다양하게 결정된다.

⑥ 범죄피해를 당할 기회는 가족구성원이 아닌 타인과 함께 보내는 시간에 비례하여 증가한다.

⑦ 생활양식의 차이는 가해자와 자신을 구분하는 능력과 관련이 있다.

⑧ 생활양식의 다양성은 개인의 범죄피해 가능성에 영향을 미친다.

그들은 이와 같은 모델에 대한 경험적 검증을 거친 후에 미국에서 대인범죄의 피해를 당할 수 있는 기회는 다양한 일상적 활동과 관계되는 사회적 그리고 인구학적 특성에 따라서 크게 차이가 난다고 보고하였다. 주로 남성, 젊은층, 하층, 흑인, 미혼자가 상대적으로 범죄의 위험이 높은 특정한 장소와 시간에 더 많이 노출되기 때문에 범죄피해를 더 많이 경험하게 된다고 보았다.

나. 일상활동이론

일상활동이론(Routine activity theory)은 기존의 범죄학이론들이 범죄의 공간적 분포에 대해서만 관심을 가지고 피해자에 대한 연구를 소홀하게 하였다는 점을 비판하고, 범죄자와 피해자가 함께 시간과 공간에 걸쳐 분포되는 양식과 그들의 일상활동을 고려하여 범죄피해를 설명하는데 관심을 가진다.

1) Cohen과 Felson의 주장

가) 관심의 대상

일상활동이론의 대표적인 학자인 Cohen과 Felson(1979)은 직접적 접촉에 의해서 피해를 당하는 약탈적 폭력범죄에 초점을 맞추고 시대의 변화에 따라서 범죄율이 어떻게 변화하는지 설명하기 위해서 일상활동에서의 변화라는 개념을 사용하였다. 생활양식/노출 이론이 개인적 차원에서 범죄피해의 가능성을 높이는 요인을 고려하였다면, 일상활동이론은 거시적 측면에서 범죄발생이 지속적으로 증가하는 원인에 관심을 가지고 범죄피해의 가능성을 높이는 사람들의 일상적인 활동의 변화를 고려한 것이다. 결론적으로 제2차 세계대전 이후 미국에서의 직업, 교육, 여가에 있어서 일상활동의 변화에 주목하고 범죄율의 변화는 바로 그러한 일상활동의 변화에서 유래한다고 주장하였다.

나) 범죄발생의 조건

범죄가 발생하기 위해서는 아래의 세 가지 기본요소가 시간적으로 동시에 공간적으로 일치하는 것이 전제가 되어야 한다. 이 가운데 하나라도 빠지면 범죄가 발생할 수 없다.

① **동기화된 가해자의 존재** : 범죄를 하려는 의지를 가지고 실행할 수 있는 범죄자의 존재

② **적합한 대상의 존재** : 대상의 적합성에 영향을 미치는 요인은 잠재적 대상의 가치, 물리적 가시성, 접근용이성, 피해자의 저항 능력 등이다.

③ **범죄발생을 저지하는 유능한 보호자의 부재** : 특정 개인이 범죄자의 표적을 실제적으로 또는 잠재적으로 방어할 수 있는 다양한 조건의 부재. 방어를 목적으로 계획된 공식기관부터 사람 또는 재산의 주위에 단순히 개인이 존재하는 것까지 매우 다양한 범위를 포괄한다.

$$f(Crime) = (Motivated\ Offender) \times (Suitable\ Target) \times (Abscence\ of\ Suveillance)$$

다른 범죄학 이론과의 차이점은 일반적으로 범죄학 이론에서 가장 관심을 가지는 첫 번째 조건인 가해자의 동기를 주어진 것으로 가정하고, 두 번째와 세 번째 조건을 중요

한 요인으로 간주했다는 점이다. 동기화된 범죄자가 존재할 때, 범죄피해의 가능성은 적합한 대상과 보호간의 상호작용으로 결정된다. 특정한 시간과 공간 속에서 대면 약탈 범죄가 발생할 가능성은 범죄자와 적합한 대상이 아무런 보호가 없는 상황에서 만나게 될 가능성의 함수로 볼 수 있다. 그러나 이러한 조건이 일치했다고 해서 어떤 개인이 반드시 피해를 당한다고 볼 수는 없다. 왜냐하면 이러한 조건의 일치는 단지 필요조건에 불과하기 때문이다. 이와 같이 범죄피해는 어떠한 조건이 이루어졌을 때 자동적으로 발생하는 결정론적인 과정은 아니며, 대면적인 접촉범죄의 세 가지 구성요소간의 동시적 상호작용을 가능케 하는 인간 활동의 시·공간적 조직에 의존하는 확률론적 과정으로 볼 수 있다.

다) 일상활동의 개념

이처럼 범죄피해의 가능성은 개인의 일상적인 활동양식과 관련되어 있다. 불법행동은 잠재적 피해자인 일반인의 일상활동과 연계되어 일어나기 때문에 불법행동의 형태와 정도, 장소 등이 결정되는데 있어서 일상적인 합법적 활동의 시간적, 공간적 구조가 중요한 역할을 한다. 따라서 일상활동이론은 개인이 어떤 일상적 활동을 많이 할 때 피해당하기에 적절한 대상이 될 가능성이 높은가에 관심을 가진다.

여기에서 일상활동이란 사람들의 기본적인 욕구를 충족시켜 주는 다양한 종류의 반복적이고 일반적인 활동으로서, 기본적인 식생활, 주거, 여가, 사회적 상호작용, 학습, 자녀양육뿐만 아니라 공식적인 직업활동도 포함하는 것이라고 정의하며, 통근이나 통학, 여가활동 등과 같은 일상활동이 범죄의 발생과 밀접한 관련이 있는 것으로 본다.

라) 일상활동의 변화의 범죄피해

그들은 범죄율의 변화를 설명하면서 일상활동을 가정 내에서 일어나는 일상활동과 가정 밖에서 일어나는 일상활동으로 구분하고 사회의 변화는 이러한 두 가지 일상활동에서 빈도의 변화를 가져온다고 본다. 즉, 미국사회의 변화과정에서 가정 외부에서의 일상활동이 증가하게 되고, 이러한 일상활동의 증가는 동기화된 범죄자와 잠재적인 피해자가 범죄 발생을 억제하는 보호가 부재한 상태에서 시간적 공간적으로 수렴될 가능성을 변화시킴으로써 범죄증가 추세와 연결된다.

구체적으로 Cohen과 Felson은 대학 진학률의 증가, 여성 노동참가율의 증가, 도시화와 근교 도시화, 여가활동과 각종 생활 편의시설의 확대 등이 가정 밖에서 일어나는 활동을 증가시킴으로써 피해자와 범죄자가 시간적, 공간적으로 수렴할 수 있는 가능성을 증대시키고 결과적으로 더 많은 범죄피해가 초래되었다고 주장하였다.

2) Cohen, Klugel, Land(1981)의 주장

이들은 그동안의 기회이론, 즉, 생활양식/노출이론과 일상활동이론을 종합하여 범죄피해이론을 구성하였다. 범죄피해를 당할 위험성은 잠재적으로 범죄를 방지할 수 있는 감시(자)의 부재상태에서 높아지며, 그러한 위험은 잠재적인 범죄자와 피해대상간의 직접적인 접촉을 초래하는 생활양식과 일상활동에 달려있다.

그러한 위험을 설명하기 위해서 중개역할을 하는 4개의 요인을 제시하였는데, 이는 노출(Exposure), 근접성(Proximity), 대상의 유인성(Target attractiveness), 보호·감시(Guardianship)이다. 노출과 근접성은 앞서 살펴본 생활양식/노출이론에서도 사용된 개념인데, Cohen과 동료들이 이것만으로 충분하지 않다고 판단하고 보호·감시와 대상의 유인성이라는 요소를 추가한 것이다. 이는 Cohen과 Felson이 주장한 '적절한 대상'과 감시의 부재라는 개념을 보다 확대한 것이라고 볼 수 있는데, 적절한 대상의 개념을 설명하기 위해서 생활양식이론의 개념을 도입해서 노출, 근접성, 유인성으로 세분화한 것으로 그 내용은 다음과 같다.

① **노출** : 잠재적인 범죄자에게 범죄대상이 시간적 및 공간적으로 얼마나 노출되어 있는가를 말하는 것으로서 물리적 가시성 혹은 접근가능성의 정도를 말한다. 범죄의 발생은 범죄자와 피해자의 접촉에 의해서 결정되는데, 잠재적 피해자의 노출의 정도가 그 접촉의 정도에 영향을 미친다. 예컨대, 밤중에 공공장소에서 많은 시간을 소비하는 사람은 대인범죄에의 노출 정도가 크며, 침입통로(문과 창)가 많으며 외진 곳에 놓인 집의 경우 주거침입절도에 대한 노출 정도가 크다. 노출이 증가할수록 범죄피해를 당할 위험성은 높아진다.

② **근접성 :** 범죄피해자의 활동공간과 잠재적 범죄자의 활동공간 간의 물리적 거리로 파악된다. 잠재적인 범죄대상이 존재하는 곳과 잠재적인 범죄자와의 물리적 거리이다. 범죄가 발생할 가능성이 높은 지역에 살고 있을수록 잠재적 범죄자를 접촉할 가능성은 증가하며, 따라서 범죄피해의 위험도 높아지게 된다. 공간적 근접성이 클 경우에 잠재적 범죄자가 대상의 노출의 정도를 더 잘 파악할 수 있기 때문에 범죄위험성이 커진다. 우범지역에 거주하거나, 주변에 유흥업소가 많은 지역에 거주하는 것 등은 근접성의 예라 할 수 있다.

③ **대상의 유인성 :** 범죄대상으로서의 매력을 의미하는 것으로서 잠재적인 범죄자가 범죄대상에 대해서 가질 수 있는 물질적 혹은 상징적 욕구에 부합되는 정도를 말하는 것으로, 잠재적 피해자가 범죄자가 원하는 속성을 가지고 있는 정도를 의미한다. 어떤 대상은 범죄자에게 상징적, 물질적 가치가 있다고 여겨지기 때문에 범죄대상으로 선택된다. 이러한 가치는 사회적 맥락 안에서 형성된다. 고가의 물건이 많은 집이나 상점, 외출시 화려한 옷차림을 하고 다니는 것, 현금을 많이 소지하거나 고급 물건을 사용하는 것들이 유인성의 예가 될 수 있다. 다른 조건이 동등하다면 잠재적 범죄대상의 유인성이 클수록 범죄피해의 위험성은 커진다.

④ **보호(감시) :** 사람(경비원), 장치, 설비의 효과로 인하여 범죄발생을 방지하는 정도, 즉, 감시(보호)활동과 기구와 장치의 존재 등을 의미한다. 일반적으로 경찰이나 공식적인 감시를 생각하기 쉽지만, 종류가 무엇이든 관계없이 범죄의 발생을 억제할 수 있는 것을 의미하며, 때로는 주변에 사람이 존재하는 것이나 다른 사람들의 시선 자체가 보호가 될 수도 있다. 감시는 사회적·물리적 영역으로 구분된다. 사회적 수준에는 가구원의 수, 이웃에서의 친구의 밀도, 주민감시체계로 사람들 간의 관계를 통한 감시가 포함되고, 물리적 감시는 범죄대상방어활동(가정의 자물쇠, 비상벨 등), 가로등, CCTV 등의 물리적 범죄예방장치 등이 포함된다. 이러한 감시는 범죄자의 비용을 증가시킴으로써 범죄피해의 기회를 감소시키는 역할을 한다.

한편, 위의 네 가지 요인의 효과는 범죄 유형에 따라 달라질 수 있다. 예를 들어, Cohen과 그의 동료들(1981)은 노출, 근접성, 대상의 유인성, 보호와 같은 요인은 표현적 동기(폭행 등)보다 도구적 동기(절도 등)에 의한 범죄와 관련성이 더 높을 수 있다고 보았는데, 이는 기회의 구조가 범죄 유형에 따라 현실적으로 다를 수 있기 때문이라고 설명한다. 이처럼 오늘날 범죄 유형은 범죄 피해의 기회를 설명하는 데에 중요한 요인이 되고 있으며, 범죄의 특성에 따라 피해에 영향을 미치는 기회 요인이 다를 수 있다는 점이 다양한 선행연구를 통해 경험적 지지를 받고 있다.

최근 생활양식/노출이론과 일상활동이론을 종합적으로 고려한 연구는 그 범위가 확장되어 다양한 유형의 범죄를 설명하는 데에 활용되고 있다. 다양한 범죄 유형 중에서도 가장 일반적으로 연구되고 있는 유형은 성범죄 피해이다. Hayes와 Maher(2024)는 다양한 선행연구를 종합하여 생활양식/노출이론과 일상활동이론을 기반으로 성폭력 피해 경험에 영향을 미치는 요인을 4가지 차원으로 나누어 살펴보았다. 첫 번째로, '노출' 요인으로는 알코올/약물 사용, 파트너 존재 여부, 운동팀 혹은 사교클럽 가입 여부, 낯선 사람과 보내는 시간, 비행 친구, 비행 등이 성범죄 피해와 관련성을 가졌다. 두 번째로, '근접성' 요인으로는 알코올/약물 사용, 파트너 존재 여부, 학교에서 보내는 시간(특히 대학생의 경우), 지인/동료와의 친밀성, 비행 등이 있다. 세 번째로, '대상의 유인성' 요인으로는 알코올/약물 사용, 파트너 존재 여부, 성적 지향, 학교 관련 요인, 낯선 사람과 보내는 시간, 행동 건강 문제, 인구통계학적 특성(연령, 성별 등) 등이 있다. 네 번째로, '보호' 요인은 사회적 보호 요인(1인 가구 여부, 사회적 유대의 정도 등)와 물리적 보호 요인(보호장치 구비 여부, 범죄 예방 프로그램 참여 여부 등)이 있다.

다. 구조-선택이론

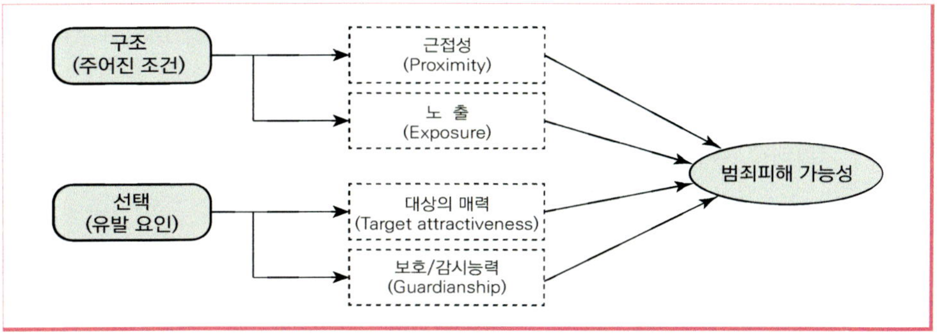

구조-선택이론은 Miethe와 Meier(1994)가 기회이론의 의미를 더 심화시킨 이론이라 할 수 있다. 일상활동이론에서 이야기하는 4가지 요인을 사용하여 범죄피해를 설명하지만 요인 간의 차원을 달리하여 설명하고 있다. 이에 대해 그들은 두 개의 명제를 사용해서 설명한다. 첫째, 일상생활은 잠재적 가해자와 피해자 사이의 접촉을 만들어내는 기회구조를 창출한다. 일상활동의 패턴은 어떤 사람이나 재산을 더 큰 위험에 노출시키게 되는데, 4개의 요인 중에서 근접성과 노출이 사람과 재산을 서로 다른 정도의 위험에 처하게 하므로 '구조적 요인'들로 고려되어야 한다.

둘째, 특정 범행목표의 선정은 그 목표를 선정함으로써 얻게 되는 보수와 그에 따르는 위험(또는 비용)에 대한 합리적인 판단에 따라서 결정되는데, 범죄피해대상에 대한 주관적 평가와 보호장치와 감시의 수준이 최종적인 범죄피해대상의 선택을 결정한다. 목표의 매력성과 대상이 사용할 수 있는 보호력은 일정한 수준의 위험을 갖는 상황 속에서 가해자가 어떤 목표를 선정할 것인지를 결정하는데 영향을 주기 때문에 '선택적 사항'들로서 이해될 수 있다. 즉, 유인성과 보호(감시)는 범죄자의 주관적 평가에 따른 선택이다.

이들의 주장에 따르면 개인의 일상생활에 따라서 개인의 노출이나 근접성 정도가 달라지는데 이들에 의해서 범죄가 발생할 가능성이 높은 구조적 기회가 만들어지고, 그러한 구조적 기회의 맥락 속에서 최종적인 범죄피해자로의 선택은 잠재적인 피해대상의 유인성과 보호수준에 따라서 결정된다고 보는 것이다. 이러한 맥락에서 그들의 이론은 구조-선택이론이라 명명한다.

라. 소결

지금까지의 논의에서 볼 때 생활양식 이론가들은 기존의 전통적인 범죄학자들과는 달리 가해자의 동기보다는 범죄가 발생할 수 있는 상황적인 여건에 관심을 기울이고 있다. 범죄피해를 피해자를 위험에 처하게 하는 피해자의 일상적 활동 또는 생활양식의 함수로서 설명한다. 따라서 동기화된 범죄자가 있을 경우 ① 그의 주관적 기준에 의해 적합한 대상이라고 판단되는 잠재적 피해자가 있어야 하며, ② 그러한 피해자는 보호되지 않은 상태에 있어야 한다. 이 두 가지 요인은 다른 선행요인에 의해 영향을 받는다. 즉, 범죄의 발생이 소위 우범지역에서 많이 발생한다고 볼 때, ③ 가해자가 존재할 가능성이 높은 지역에 있을 확률, 즉, 가해자와의 근접성에 영향을 받으며, ④ 가해자의 근접성은 피해자의 비행적 생활양식과 연관이 있는 것으로 요약할 수 있다(Jensen & Brownfield, 1986). ⑤ 개인이 얼마나 집 혹은 기타 범죄로부터 상대적으로 보호받을 수 있는 공간에서 벗어나 있는가, 즉, 노출되어 있는가(Balkin, 1979) 등의 요인을 포함시킬 수 있다.

2. 비행적 생활양식과 범죄피해

지금까지 살펴본 기회이론은 사람들의 일상적인 생활양식이나 활동이 범죄피해가능성에 미치는 영향에 관한 것이다. 그렇지만 사회의 규범을 지키는 일상활동 뿐만 아니라 규범위반적인 생활양식도 범죄피해의 가능성에 영향을 미친다. 생활양식/노출이론과 일상활동이론에서는 피해자와 범죄자 간의 인구 및 사회경제적 유사성이 높게 나타나는 현상에 대하여 가해자와 피해자의 근접성 또는 집단의 동일성으로 설명하기도 하며, 피해자의 일탈적 생활양식으로 설명하기도 한다.

가. 가해와 피해의 중첩현상

가해와 피해의 중첩현상은 범죄의 가해자와 피해자가 서로 구분된 다른 특성을 지닌 집단이 아니라 유사한 특성을 가지고 있으며, 때로 동일집단일 수 있다는 현상과 관련된다. 범죄자와 피해자간의 인구학적 유사성에 대한 입장은 몇 가지로 나누어져 있다(기광도, 2004; 박순진, 2005).

1) 중첩성의 원인과 유형에 대한 설명

첫째는 피해자와 범죄자 간의 일상활동이 유사하기 때문이라는 주장이다. 동류교배(homogamy)의 원리라고도 하는데, 일반적으로 비슷한 사람끼리 어울리려는 경향을 말한다. 범죄자와 동질적인 특성을 지니는 잠재적 범죄피해자는 범죄자와 빈번한 상호작용을 할 가능성이 높으며, 이는 범죄에 대한 노출을 증가시킨다. 즉, 유사한 생활양식이 서로 간의 접촉가능성을 높인다. 또한 범죄자에게 피해자의 행위양상에 대한 정보를 더 많이 제공하게 된다. 따라서 사회인구학적 특성이 유사한 사람 간에 가해와 피해가 나타날 가능성이 높다는 것이다.

둘째는 범죄자와 피해자는 공간적으로 접근되어 있기 때문이라는 주장이다. 여기에는 사회 불평등에 따른 주거분리의 원칙이 적용된다. 일반적으로 사람들은 인종, 소득, 연령 등에서 동질적인 영역에서 살고자 한다. 이는 잠재적 범죄지역에 대한 접근성과 연관되며, 불평등체계에서 하층에 속하는 경우 잠재적 범죄자가 많이 거주하는 지역에 살 가능성이 높다는 것이다. 여기에는 '근접성 가설'과 '일탈지역 가설'이 있다.

근접성 가설에 따르면 범죄피해의 가능성은 어떻게 사느냐보다 어디에 사느냐에 더 좌우된다. 즉, 범죄피해는 생활양식이나 일상활동보다는 거주 지역에 따라 결정된다는 것이다. 어떤 사람이 범죄피해자가 되는 것은 범죄자 근처에 살기 때문이며, 그들이 유사한 배경 조건이나 환경을 가지고 있기 때문이다. 이 경우 피해자가 범죄를 저지르는 경우는 드물고 피해를 당하게 된 것은 안 좋은 시간에 운 나쁘게 특정 장소에 있었기 때문이다. 따라서 사람들이 거주하는 지역의 범죄발생 수준이 중요하며, 범죄가 많이 발생하는 지역에 거주하는 사람은 생활양식이나 행동과 무관하게 범죄피해를 당할 가능성이 높다. 이런 설명에 따르자면 가해자와 피해자 사이에 발견되는 유사성은 형식적, 외형적 유사성에 불과하다.

일탈지역 가설은 범죄가 많이 일어나는 지역과 장소가 존재하며 이런 지역이나 장소에 거주하는 경우에는 거주자가 취하는 예방조치와 관계없이 범죄가 빈발한다고 본다.

이런 지역에 거주하게 되는 것은 거주자의 생활양식과 관련되는데, 생활양식 상의 특징에 따라 이런 지역에 거주하게 되는 사람은 범죄피해를 당할 가능성이 크다. 범죄가 빈발하는 지역은 빈곤, 높은 인구밀도, 높은 이동성 등으로 특징지어지는 지역이다. 중산층은 이런 지역을 벗어나서 거주할 수 있는 반면 저소득층 등은 이런 지역에 거주할 수밖에 없고 따라서 범죄의 피해자가 되는 경우가 많다.

셋째는 두 집단이 동일한 집단이기 때문이라는 주장이다. 가해자와 피해자가 동일집단이며, 한 사건에서 피해자가 되었다가 다른 사건에서는 가해자가 되는 상호의존적 연쇄를 가진다. 폭력을 행사하는 사람은 동시에 피해자가 되는 경우가 빈번하다. 이러한 가설은 '동일집단 가설'이라고 한다. 이에 따르면 범죄피해조사의 분석 결과 범죄자와 피해자의 특성이 거의 동일하게 나타난 것은 이들이 실제로는 동일한 집단이기 때문이다. 범죄를 하게 만드는 조건이 동시에 피해를 초래하는 상황이 된다는 것을 나타낸다. 따라서 범죄자와 피해자는 유사한 생활양식을 공유하고 있으며 거주지역도 비슷하다.

이 밖에도 가해와 피해 중첩성의 원인을 설명하는 다양한 시도가 존재한다. 먼저, 생물학적 특징, 심리적 기질 등 개인 차원의 특성이 주된 원인이라는 주장이 있으며, 대표적으로 '낮은 자기통제력'은 중첩성을 효과적으로 예측하는 요인으로 다뤄지고 있다. 또한, 상황적 맥락을 고려하여 갈등을 유발 혹은 확대하는 메커니즘을 이해해야 한다는 주장도 있다(Berg & Mulford, 2020). 후자의 주장과 관련하여, Berg와 Felson(2016)은 갈등을 유발하는 요인뿐만 아니라 갈등을 증폭되는 과정을 이해하는 것이 중요하다고 말하며, 특히 갈등 상황에서의 제3자의 존재, 알코올의 영향, 우월한 체격과 같은 적대적 특성 등이 중요한 고려 대상이라고 본다.

2) 중첩성에 대한 이론적 설명

범죄의 가해와 피해간의 중첩성이 나타나는 이유에 대해서는 세 가지 이론으로 설명할 수 있다. 첫째는 폭력 하위문화이론이다. 특정 지역 또는 집단의 특성으로서 폭력을 선호하는 문화적 가치가 존재하며, 가해자와 피해자는 같은 폭력 하위문화의 영향 하에서 살아가고 있다고 본다. 즉, 특정 지역 또는 집단의 폭력 하위문화 아래서 범죄자와 피해자가 함께 살아가면서 어떤 때에는 범죄를 저지르기도 하고 다른 때에는 범죄의 피해자가 되기도 한다는 것이다.

둘째는 일상활동이론으로 설명할 수 있는데, 근접성, 노출, 유인성 등으로 범죄와 피해의 중첩성을 설명한다. 이에 따르면 범죄자와 피해자 간의 주거공간, 생활공간, 문화공간 등의 일치로 인하여 서로가 범죄자와 피해자가 되는 것이다. 이른바 불법이 만연한 생활공동체에서의 일상활동이라고 할 수 있다.

셋째로 합리적 선택이론에서 주장하는 가해자에 의한 피해자 선택으로 설명할 수 있다. 일반적으로 범죄자는 자신의 범죄목표를 달성하는데 적절한 이상적 대상을 선택하려고 한다. 이 때 범죄자는 경찰에 신고하지 못하도록 하기 위해서 과거에 또는 현재 범죄를 저지르는 사람들을 대상으로 선택하여 범죄를 저지를 수 있다.

3) 중첩성에 대한 경험적 연구결과

외국뿐만 아니라 우리나라에서도 가해와 피해의 중첩에 대한 다양한 연구결과가 있다(김준호 등, 1991; 김준호 등, 1997; 노성호 등, 1999; 김준호・황지태, 2002; 기광도, 2004; 박순진, 2005; 홍영오, 2008). 기존의 경험적인 결과들은 일관성 있게 범죄자와 피해자간에는 밀접한 관계가 있음을 보고한다. 즉, 범죄를 저지른 경험이 있는 사람들이 범죄피해를 당하는 경우가 많다는 것이다.

노성호 등(1999)의 연구에 따르면 금품갈취, 폭행, 협박 등의 폭력비행에서 가해와 피해간의 중첩성이 존재하며, 이러한 중첩성은 폭력비행 뿐만 아니라 절도, 사기, 소매치기 등의 재산범죄에 있어서도 나타나고 있다는 점을 발견하였다. 이러한 현상은 2008년에 시행한 세 번째 청소년 범죄피해조사에서도 동일하게 나타나고 있다. 홍영오의 연구(2008)에 따르면 위의 6개 항목뿐만 아니라 또래간의 집단따돌림, 욕설, 괴롭힘 등에서도 가해와 피해의 중첩현상이 나타났다.

박순진(2005)은 청소년패널자료를 분석하여 청소년 폭력비행에 있어서의 가해와 피해의 연계에 대해서 분석하였다. 그는 2회에 걸친 분석에서 폭력비행에 있어서 가해와 피해의 중첩이 존재함을 확인하였다. 가해경험과 피해경험의 유무에 따라서 청소년집단을 넷으로 구분하였을 때 그 집단 간에 서로 구분되는 특성을 가지고 있음도 발견하였다. 청소년의 폭력비행에 있어서 가해자와 피해자는 유사한 생활양식이나 근접성 등의 이론적인 이유로 인해서 관련을 가질 뿐만 아니라 더 나아가 경우에 따라서는 동일집단이기도 하다는 점을 경험적으로 확인하였다. 즉, 가해자와 피해자는 사회경제적, 인구학적 특성에서 유사성을 가지기도 하지만 이들 집단은 부분적으로 실제 동일집단이기도 하다. 더불어 피해경험은 가해행동을 설명하는데 있어 그 자체로 중요한 설명요인이 된다. 연구를 마무리하면서 그는 가해와 피해라는 외형적으로 구별되는 것처럼 보이는 현상이 실제로는 상당부분 함께 가는 현상으로 접근해야함을 강조하였다.

기광도(2004)는 연구결과 범죄와 피해의 경험이 모두 없는 일반집단과 피해경험만 있는 집단이 매우 동질적인 특성이 보이며, 범죄-피해의 중첩집단은 범죄를 저지른 집단과 동질적인 특성을 나타낸다는 결과를 얻었다. 이러한 결과는 범죄의 피해를 당하는 청소년들도 두 가지의 부류가 있으며 이들을 구분할 필요가 있음을 보여준다.

나. 일탈적 생활양식과 범죄피해

가해와 피해의 중첩에 대한 관심은 더 나아가 일탈적 생활양식과 범죄피해의 관계에 대한 설명으로 발전될 수 있다. 일탈적 생활양식에 대한 설명은 주로 청소년에 초점이 맞추어져 있다. 일탈적 생활양식이란 범죄행동을 저지르거나, 금지된 약물을 남용하거나, 음주, 흡연, 무단결석, 가출 등과 같이 청소년들에게 금지되어진 부정적 생활습관을 가진 것이라고 할 수 있다. 이러한 일탈적 생활양식을 가진 청소년들은 비슷한 사람들끼리 가해와 피해를 주고받는다는 생활양식이론에 따라 범죄피해를 당할 가능성이 높다고 볼 수 있다. Sampson과 Lauritsen(1990)에 따르면 일탈적 생활양식을 통제하면 일상적 생활양식의 범죄피해에 대한 유의미한 영향력이 사라질 정도로 일탈적 생활양식은 범죄피해에 큰 영향을 미친다.

범죄 및 비행 생활양식은 범죄행위 자체의 속성 때문에 범죄피해를 직접적으로 증가시킨다고 보기도 한다. Jensen과 Brownfield(1986: 87)에 의하면 "범죄활동은 그 활동에 참여한 사람들의 동기, 약점, 유죄사실 등 때문에 범죄피해의 위험을 증가시키는 생활양식의 특성 또는 일상생활의 한 유형으로 생각된다." 따라서 폭력을 수반하는 생활양식을 지닌 사람은 자신의 범죄행위 및 범죄자와의 접촉 때문에 범죄피해를 당할 위험이 상당히 크다고 할 수 있다. 예를 들어 갱에 속해 있는 청소년들은 갱구성원들 간의 폭력 또는 라이벌 갱과의 싸움에 더 많이 노출되어 있다. 대부분의 청소년 비행은 집단으로 저질러지며, 특히 폭행은 보복의 가능성이 높은 상황에서 자주 발생한다. 범죄행동의 피해자는 자신의 피해에 대한 분노로 인해 가해자에게 보복할 가능성이 높아진다.

실제적 폭력을 수반하지 않는 과도한 음주, 약물남용 등과 같은 일탈적 생활양식도 사람들로 하여금 범죄피해를 당하게 할 위험성을 증가시킨다. 재미를 쫓는 수많은 오락적, 사회적 활동들이 범죄피해의 위험을 증가시킨다. 예를 들어, 과음을 하는 사람들은 술집 등에서 있는 시간이 많기 때문에 노출의 증가로 피해자가 될 가능성이 높으며, 또한 과음이 자신을 보호할 수 있는 능력을 저하시키기 때문에 폭행뿐만 아니라 강도와 같은 다른 대인범죄의 피해위험을 증가시킨다.

비행친구도 범죄피해와 연관된다고 볼 수 있다. 폭력범죄에서 가해자와 피해자가 낯선 사람인 경우가 그리 많지 않기 때문이다. 생활양식이론이나 일상활동이론은 가장 손쉽고 눈에 띄기 쉬우며 접근하기 쉬운 범죄의 대상은 바로 그들과 함께 시간을 보내는 사람들이라는 점을 암시한다. 친구들이 가진 귀중품을 더 잘 알 수 있고, 그들의 일상활동과 취약성에 대해서도 잘 알고 있기 때문이다. 이러한 점에서 범죄자들이 자기가 알고 있는 사람들에게 피해를 주는 경향이 있다는 것은 합리적인 추론이다.

제2절 지역적 차원의 범죄피해이론

범죄기회이론이 생활양식/노출이론이나 일상활동이론과 같이 개인적 특성을 중심으로 범죄피해를 설명하는데 초점을 맞추면서 개인적인 수준의 설명을 좀 더 거시적인 관점에서 보완하고자 하는 노력이 나타났으며, 그러한 노력 중의 하나가 구조선택이론이다. 이러한 노력은 범죄피해에 영향을 미치는 개인적 요인의 특성과 함께 지역적 특성의 효과를 설명하고자 한다. 이처럼 범죄피해는 지역적, 구조적 특성에 의해서도 영향을 받을 수 있으며, 이는 지역적 차원에서 범죄의 발생을 설명하는 이론을 통해서 범죄피해를 설명할 수 있다는 가능성을 보여준다.

1. 사회해체이론의 전통

가. Shaw와 McKay의 사회해체이론

사회해체이론은 도시사회학을 연구하는 시카고학파에서 출발되었다. 범죄율이 지역마다 차이가 나는 현상을 각 지역이 지닌 특성과 연관시켜 설명하고자 하였다. Shaw와 McKay(1931; 1942)는 1920년대 시카고 시에서 다른 지역과 달리 전이지역에서 오랜 시간 동안 그 지역 거주민의 특성이 계속 변화함에도 불구하고 범죄율이 계속 높은 이유에 대해서 관심을 가졌다. 범죄율이 높은 전이지역은 가난하고, 인구의 이동이 잦고, 여러 인종이 함께 거주하는 특성을 보였으며, 이러한 지역이 가진 특성을 '사회해체'(social disorganization)라고 불렀다. 즉, 지역마다 범죄율에 차이를 보이는 것은 거주민의 개인적 특성 때문이 아니라 그 지역의 생태적 특성에서 기인하는 것으로 보았으며, 범죄의 발생을 높이는 지역적 특성을 사회해체라고 본 것이다.

사회해체가 범죄와 관련되는 메커니즘에 대한 설명은 초기와 후기에 약간 달라진다. 초기에는 문화전달이론적 시각이 강하다. 전이지역에는 외부에서 이민자들이 많이 몰려들어 기존 거주자들과 문화적으로 충돌과 갈등을 일으킴으로 인해서 지역이 통합되지 못하고 해체되며, 범죄를 용인하는 이민자들의 문화적 가치가 전달되어 범죄발생 가능성이 높다고 보았다. 그렇지만 후기에는 통제이론적 시각이 좀 더 강해지는데, 가치의 전달보다는 지역의 결속력이나 유대의 약화를 범죄의 원인으로 보게 되었다. 인구이동이 많고 다양한 인종이 모여 살며 결손가정이 많은 도심의 빈곤지역은 문화갈등의 소지가 많고 사회가 통합되지 못함으로 인해서 지역의 결속력과 유대가 약해져서 범죄율이 높아진다고 보았다. 이 지역의 구성원들은 서로간의 관계에 있어서 일시적이고 익명적이며, 결속력이 약할 뿐만 아니라 공통된 가치가 결여됨으로 인해서 지역사회의 문제들을 해결할 수 있는 규제나 통제력을 가지지 못함으로써 범죄율이 높아진다.

결국 사회해체란 ① 지역사회의 전통적인 기관들이 주민들의 행동을 규제하지 못하고, ② 주민들에게 일관된 가치를 제공하지 못하고, ③ 지역사회가 겪는 문제를 자체적으로 해결할 수 있는 능력을 상실한 상태라고 규정된다.

Shaw와 McKay가 주장한 사회해체이론은 논리적·방법론적 한계를 가지고 있었지만 후학들에게 많은 통찰력을 제공하였고, 사회해체이론을 세련되게 수정하고자 하는 노력이 진행되었다.

나. 수정된 사회해체이론

수정된 사회해체이론은 통제에 초점을 맞추어 지역의 특성과 범죄의 관계를 설명하고자 하는데, 지역의 구조적 특성이 범죄의 발생에 영향을 미치는 사회적 과정 가운데 매개요인으로써 지역의 통합정도에 따른 사회통제를 중요하게 보았다. 대표적 이론가인 Bursik과 Grasmick(1993)은 지역의 사회통제는 다양한 사회제도(가족, 학교, 종교단체, 정치집단)와 관계되어 있는데, 지역 간의 사회통제의 수준은 지역 구성원들 간의 사회적 결속력(비공식 사회통제)과 외부의 자원을 끌어와 지역의 통제력으로 활용하는 지역리더의 역량(정책 이슈화)에 따라서 차이가 난다고 주장하였다.

지역의 구조적 특성(가난, 이질적인 인종구성, 잦은 인구이동 등)은 지역주민들의 관계적 연결망에 영향을 미치고, 지역의 관계적 연결망이 다양한 종류의 사회통제에 영향을 끼쳐 그 지역의 범죄수준을 결정한다. 여기에서 지역의 사회통제는 세 가지 수준에서 설명할 수 있다. 첫째는 가장 기본적인 통제인 개인적 통제로서 가족, 친구, 친지 등 친밀한 집단을 근간으로 하는 통제이다. 소집단 내에서 사회통제는 사회적 지지의 경험, 자존감 증진, 우울감 탈피 등에 효과적이다. 둘째는 지역사회적(parochial) 통제로 친밀한 집단을 벗어나 좀 더 확대된 대인관계와 학교, 교회, 자발적 조직 등 지역의 사회제도에 의한 통제이다. 이러한 통제는 비공식 통제로서 지역의 범죄발생을 억제하는 중요한 기능을 담당하며, 사회해체이론에서 관심을 가지는 통제는 바로 이 영역에서 이루어지는 통제 기능이다. 셋째는 공식적(public) 통제로 지역사회가 범죄를 억제하기 위해서 지방자치단체나 경찰 등 공식조직과 협력하여 이루어지는 통제이다.

이와 같이 수정된 사회해체이론에서는 지역주민들 간의 관계적 연결망, 즉, 지역의 유대를 매우 중요시하였으며, 지역의 유대가 강한 경우 사회통제가 높아지고 범죄를 억제하게 된다고 보았다. 그렇지만 사회해체이론의 주장과는 반대로 사회유대가 항상 범죄를 억제하는 것은 아니며, 오히려 높은 사회유대로 인해 범죄 집단과 잦은 접촉을 하는 것이 범죄나 비행을 조장할 수도 있다는 주장이 제기된다. 사회유대의 내용이나 사회적 맥락에 따라서 강한 사회유대가 사회통제의 수준을 높여 범죄를 억제하는 것이 아니라 오히려 범죄의 발생을 조장하는 역할을 할 수 있다는 것이다. 차별접촉이론(Sutherland, 1939)에 나타나는 법위반에 대한 우호적 태도가 높은 지역에서는 강한 사회연결망이 오히려 일탈이나 반규범적 문화는 전수하고 확산시킬 수 있다는 것이다.

이러한 반론은 사회해체이론의 시각에서 사회해체(또는 사회적 결속)와 범죄 간의 관계에 대한 새로운 설명의 필요성을 제기하였고, 대안으로 제시된 것이 '집합효율성이론'이다.

2. 집합효율성이론

집합효율성이론(Sampson, Raudenbush and Earls, 1997; Sampson, 2004; 2006)에서는 사회해체이론에서 제기된 문제를 해결하기 위해서 사회유대가 아닌 다른 개념을 사용하였는데, 이는 문제해결을 위한 능력과 그에 대한 주민들의 믿음과 신뢰를 의미하는 집합효율성이라는 개념이다. 지역의 특성과 범죄 간의 관계는 세 가지 형태의 매개과정을 가진다고 보았다. 첫 번째 형태는 사회해체이론에서 강조하는 사회적 유대 혹은 상호작용으로 이웃들 간의 유대정도와 상호작용의 빈도이다. 두 번째는 두 번째는 사회유대와 구별되는 집합효율성으로 이웃 간 상호신뢰, 비공식적 통제나 사회적 결속에 대한 지역주민의 기대를 말한다. 세 번째는 제도적 자원으로 지역 내 치안유지를 위한 사법기관의 공식통제다.

이 세 가지 가운데 범죄를 통제함에 있어서 중요한 요인으로 집합효율성을 강조하였는데, 이는 지역에서 발생하는 범죄나 문제상황을 주민 스스로 해결할 수 있는 능력을 나타내는 지표이며, 특정 지역이 문제상황을 해결하기 위해서 주민들이 직접 행동하게 할 수 있는 역량을 가지고 있다는 사실에 대한 지역 구성원들이 공유하고 있는 믿음을 강조하는 개념이다. 즉, 집합효율성이란 지역구성원 간의 상호신뢰를 바탕으로 지역에서 문제가 발생했을 때 자발적으로 해결하려고 하는 집단적 의향으로서, 사회적 연결망 혹은 유대를 지역에 대한 통제력으로 바꾸어 낼 수 있는 능력을 의미한다.

이 이론에 따르면 경제적 취약이나 빈번한 인구이동 등 사회해체의 특성을 보이는 지역일수록 집합효율성이 낮으며, 범죄발생율이 높다. 사회가 해체된 지역은 비공식적 통제력(지역주민들에 의한 적절한 감시·감독)이 낮기 때문에 지역주민이나 외부인들에 의해서 쉽게 범죄가 이루어질 수 있어 범죄율이 높다. 사회유대가 높거나 조직화가 잘 되어 있는 지역의 주민들은 서로 잘 알고 있기 때문에 범죄를 할 경우 이웃에게 쉽게 알려질 수 있으므로 자기가 살고 있는 지역에서 범죄를 하지 않으려 한다. 또, 외부인이 그 지역에 들어와서 문제행동을 하더라도 지역주민들의 협력과 적극적 대응으로 그런 행동이 제재받고 제대로 완수하지 못할 가능성이 높으므로 범죄가 적절히 통제되고 쉽게 일어나지 않게 된다.

유사한 관점에서 Skogan(1990)도 지역사회의 무질서 개념을 확장하여 지역쇠퇴의 과정을 설명하였다. 무질서는 지역주민들의 결속력과 조직력을 저해함으로써 지역사회의 통제력을 약화시키고 더 심각한 범죄의 발생을 야기할 수 있다. 특정 지역 내에서 사회적 무질서(공공장소에서 음주행위, 10대 청소년들의 어슬렁거림, 마약하는 장면이나 성희롱을 쉽게 목격하는 것)나 물리적 무질서(훼손되거나 버려진 건물, 아무 곳에나 널려 있는 쓰레기)가 쉽게 눈에 띌 때, 지역주민들은 자신이 살고 있는 동네에 대해 분노하며, 관심을 가지지 않고 서로 간에 도움을 주려 하지도 않게 된다. 즉, 열악한 사회구조적 특성이 무질서를 유발하고, 무질서는 범죄에 대한 두려움을 높이는 동시에 주민들의 자율적 통제와 만족도를 악화시키며, 이는 다시 주민들의 이탈 및 부동산 가격의 하락으로 이어진다. 이 때 값싼 부동산 가격, 만연한 무질서, 비공식적 통제의 부재는 지역에 대한 애착이 없는 외부인과 잠재적 범죄자들이 그 지역으로 이주해 오게 만들고, 결과적으로 심각한 범죄가 증가하게 된다. 이러한 순환연쇄로 인해 지역사회의 유대는 깨지고 사회경제적 상황은 더욱 악화됨으로써 그 결과는 지역사회의 쇠퇴로 나타나게 된다.

3. 깨진 창 이론

지역의 특성과 범죄의 관계를 설명하는 또 다른 이론은 깨진 창 이론[17)]이라 불린다. 이 이론은 범죄의 두려움에 관한 연구에서 비롯되었으며, 특정 지역의 무질서와 범죄발생의 관계를 설명하는 데 초점을 두고 있다. 깨진 창 이론은 Wilson과 Kelling(1982)이 본격적으로 주장하였는데, 그들은 무질서와 범죄는 서로 상승작용을 일으키면서 발전한다고 주장하면서 무질서가 범죄발생 증가의 가장 직접적 원인이라고 하였다. 여기에서 무질서란 공통의 기준과 가치를 파괴하는 무례한 행위라고 규정하며, 불량스러운 10대 청소년들이 몰려다니며 무분별하게 행동하거나 훼손되고 버려진 건물이 많은 지역, 술집·오락시설이 밀집한 유흥가나 외국인이 많은 거리, 마약과 폭력이 횡행하는 지역의 모습을 무질서라고 보았다.

무질서를 깨진 창에 비유하여 설명하면서, 건물 내의 유리창 하나가 깨지고 그대로 방치하게 되면 시간이 지남에 따라 건물 내의 다른 유리창도 모두 깨지게 되며 건물 자체가 황폐화되고 결국 일탈적인 청소년들이 몰려들어 약물남용이나 폭력행위 등과 같은 문제행동을 하는 범죄의 소굴이 된다. 이로 인하여 지역사회의 주민은 불안감을 느끼게 되고 지역사회의 삶의 질을 저하시킨다는 것이다.

Wilson과 Kelling은 이러한 비유를 사용하여 물리적 무질서가 지역사회의 범죄율을 높이는 과정을 시간의 흐름에 따라 여러 단계로 나누어 설명하였다. 특정 지역의 무질서한 행위(구걸, 매춘, 고성방가)와 더러운 환경(쓰레기, 낙서, 버려진 집이나 자동차)이 그대로 방치되면 주민들은 공공장소를 회피하게 되고, 범죄에 대한 두려움이 증가되며, 잠재적 범죄자와 비행소년의 일탈 욕구를 자극하여 무질서가 더 심해지고 그 지역의 비공식적 사회통제가 더 약화된다. 그 결과, 다른 지역의 범죄자들이 그 지역으로 이동하여 절도, 강도, 폭력 등의 심각한 범죄가 증가한다. 즉, 무질서의 증가, 범죄에 대한 두려움 증가, 비공식적 사회통제의 부재, 심각한 범죄의 발생이라는 순차적 연결고리로

17) 깨진 창 이론은 심리학자인 Zimbardo(1969)의 실험에서 입증된 이론이다. 그 실험은 번호판이 없고 유리창이 깨진 차를 뉴욕의 거리에 세워두고, 온전한 차를 캘리포니아의 팔로알토시에 각각 세워두었을 때 유리창이 깨진 차에서는 집중적인 파손과 손상이 발생하였고 온전한 차에는 일주일 이상 아무런 파손이 없었다는 결과를 얻었다. 이러한 결과를 토대로 Zimbardo는 무질서한 요소가 범죄를 유발한다는 명제를 제시한다.

진행되는데, 그 출발점이 무질서라고 본다.

따라서 범죄를 억제하기 위해서는 무질서에 대한 엄격한 대응, 즉, '무관용' 정책이 가장 효과적이라고 보았다. 무질서한 행동이나 환경을 개선하지 않고 그냥 두면 주민들의 불안감이 커지고, 더 심각한 범죄의 기회를 제공하게 되기 때문이다. 실제로 무관용 정책은 뉴욕시의 치안대책에 활용된 바 있으며, 심각한 범죄의 발생을 감소시키는 효과가 있는 것으로 나타났다.

깨진 창 이론에서 무질서를 심각한 범죄발생의 원인으로 보는 것과 달리 Sampson과 Raudenbush(1999)는 지역의 무질서와 범죄는 겉으로 드러나는 모습이나 심각성에서 차이가 있을 뿐 동일한 원인에 의해서 파생한 유사한 결과로 보았고, 그 원인으로 집합효율성의 부재를 들었다. 무질서로 간주되는 것, 즉, 쓰레기가 방치되거나 낙서로 가득한 벽, 술 취한 사람, 불량배들의 배회 등은 심각성의 정도가 낮을 뿐이지 범죄와 마찬가지로 공공질서를 위반하는 행위로 볼 수 있고, 무질서와 범죄 모두 결국 지역사회의 또 다른 공통된 특성인 집합효율성에서 기인하는 것으로 볼 수 있다. 결국 지역 내 범죄발생은 지역주민들에 의한 비공식적 통제(또는 집합효율성)에 의해서 설명될 수 있으며, 지역의 무질서는 범죄의 원인이 아니라 비공식적 통제력의 부족으로 인해서 범죄와 함께 동시에 나타나는 현상이라고 본다. 특정 지역의 집합효율성이 높아질 때 무질서와 폭력범죄가 함께 감소하게 되는 것이다.

4. 범죄피해를 설명함에 있어서 지역적 특성이론의 적용

개인의 범죄피해를 다루는 연구, 특히 경험적 검증을 위한 조사연구에서는 개인의 생활양식이나 인구학적 특성 외에 범죄피해자가 거주하고 있는 지역적 특성에 의해서 범죄피해가 설명될 수 있다는 점에 관심을 가졌다. 이러한 관심은 범죄피해의 설명에서 지역적 특성에 관련된 다양한 요인을 포함시키도록 했으며 이는 범죄피해를 설명하는 지역적 특성이 갖는 효과를 검증 가능하게 하였다.

Law of Crime Concentration

상황적 요인에 대한 고려는 범죄 피해에 관한 실증적 연구에 많은 영향을 미쳤다. 그리고 이는 범죄 발생의 '장소'에 초점을 맞춘 새로운 연구 분야의 발전에 기여하였다. 오늘날 범죄가 특정 지역에 집중되어 발생한다는 주장이 활발히 연구되고 있다(Wilcox & Cullen, 2018). Weisburd(2015)는 이처럼 범죄의 집중 현상이 지역에 관계없이 나타나는 규칙적인 현상으로 보았으며, 이를 "Law of Crime Concentration"으로 명명하였다.

전통적으로 범죄는 '사람'을 단위로 실증적인 분석이 이루어졌다. 그러나 1980년대 후반부터 범죄가 일부 지역을 중심으로 집중되어 나타난다는 경험적 증거가 밝혀짐에 따라 '장소'를 단위로 하는 범죄학 연구가 활성화되기 시작하였다. 그 결과, 1990년대 초반까지만 해도 전체 범죄학 연구의 약 2.6%만이 장소를 단위로 실증 분석을 진행하였으나, 2010~2014년 사이에는 이후에는 6% 이상으로 증가하였다.

범죄가 특정 장소에 집중되어있다는 주장은 다양한 연구를 통해 입증되고 있다. Weisburd(2015)는 미국의 도시 중 4개의 지역을 연구 대상으로 설정하여, 경찰 신고 건수를 기준으로 범죄의 집중도를 측정하였다. 그 결과, 조사 대상이 된 도시의 특성이 다양함에도 불구하고 범죄가 매우 좁은 지역 범위에 집중되어있는 것을 확인하였다. 또한, 이러한 특성은 대도시보다 소도시에서 더욱 두드러지게 나타났다. 예를 들어, 아래의 그림에서 '대도시'를 기준으로 캘리포니아주(CA)의 Sacramento 지역의 경우, 전체 범죄의 25%는 전체 지역의 0.8%에 집중되어있으며, 전체 범죄의 50%는 4.2%에 집중되어있다. 반면, '소도시'를 기준으로 캘리포니아주(CA)의 Redlands 지역의 경우, 전체 범죄의 25%는 전체 지역의 0.4%에 집중되어있으며, 전체 범죄의 50%는 2.1%에 집중되어있는 것으로 나타났다.

Figure 3. The Law of Crime Concentration in Large Cities

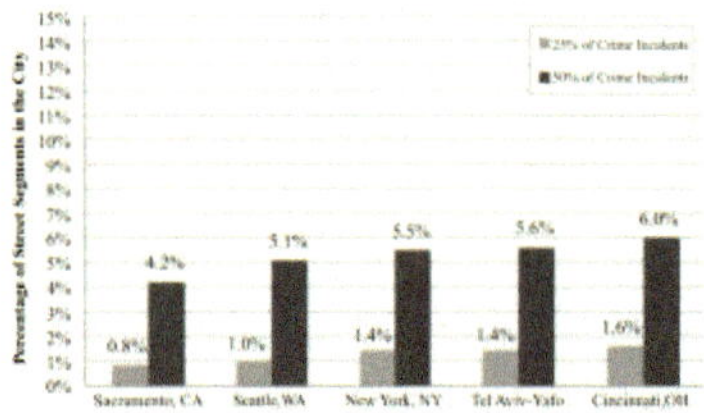

Figure 4. The Law of Crime Concentration in Small Cities

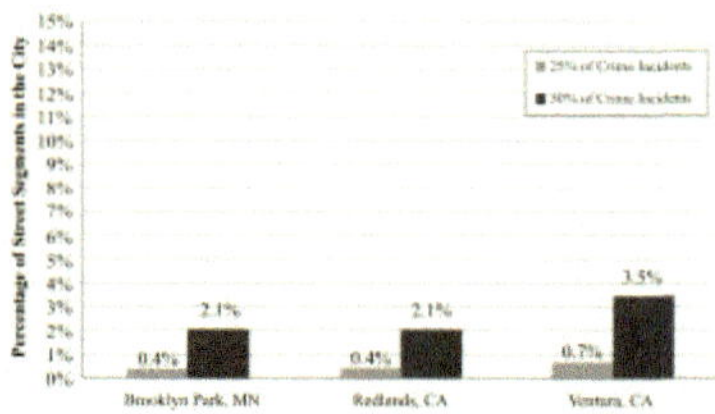

또한, Lee와 그의 동료들(2017)은 1970년부터 2015년까지 특정 지역의 범죄 집중 현상을 탐구한 연구를 분석하였다. 그 결과, 일반적으로 상당수의 범죄가 소수의 지역에 집중되어 발생하는 것으로 나타났다. 다만, 분석 단위, 데이터의 유형, 조사의 대상이 되는 범죄 유형에 따라 결과의 차이가 존재할 수 있기 때문에 일반화에는 한계가 있다고 보았다.

이러한 경험적 연구는 두 가지의 방식으로 이루어진다. 첫째, 생활양식이나 일상활동과 관련된 개인적 요인들에 추가해서 지역적 특성에 관련된 변수를 분석모델에 포함시키는 것이다. 즉, 범죄피해에 미치는 지역의 특성을 보기 위해서 가산적인 형태로 지역특성변수를 추가함으로써 지역적 특성의 효과를 검증하는 것이다. 둘째는 개인적 특성과 지역적 특성간의 상호작용효과를 검증하는 것이다. 상호작용효과를 검증한다는 것은 지역의 특성이 달라짐에 따라서 개인적 요인과 범죄피해간의 관계가 변화하는가를 검증한다는 것을 의미한다. 예를 들어 지역적 특성의 하나인 지역의 무질서 수준이 높은 경우와 낮은 경우에 개인의 생활양식변수가 범죄피해에 미치는 영향이 달라질 수 있다고 보고, 구체적으로 그 관계를 분석하는 것이다.

가. 가산적 형태의 지역효과 분석

범죄피해조사 자료를 사용한 Sampson과 Grove(1989)의 연구는 사회해체이론을 검증한 대표적인 연구다. 기존의 사회해체이론의 검증은 주로 공식적인 통계자료를 사용하였기 때문에 지역의 유대와 결속력 등과 같은 지표를 검증하는 것이 불가능하였지만, 범죄피해조사 자료를 이용함으로써 이러한 한계를 극복하고, 지역사회의 특성과 범죄의 관계를 분석할 수 있었다. 이들은 독립변수로 지역의 경제수준, 인종의 다양성, 인구이동율, 결손가정율, 도시화의 정도를 포함시키고, 매개변수로 지역의 유대망, 지역 구성원들의 지역조직 활동 참여도, 지역 청소년들에 대한 통제력을 포함시킨 모델을 구성하였다. 분석결과, 지역별 특성이 범죄율과 밀접한 관계가 있으며, 특히 지역의 결속력과 통제력을 나타내는 매개요인의 영향력이 크다는 점을 밝힘으로써 사회해체이론이 지지받고 있음을 검증하였다.

사회해체이론은 개인의 범죄피해를 설명하기 위해서도 유용하게 사용할 수 있는 이론이다. 도심에 위치하고, 인구이동율과 결손가정율이 높아 결속력과 유대가 약한 사회해체지역에 거주하는 사람들은 그만큼 개인이 범죄피해를 당할 가능성도 높기 때문이다. 몇몇 연구에서 개인의 범죄피해를 설명하기 위해서 미시적 요인(개인적 특성)와 거시적 요인(지역적 특성)을 연결하려는 시도가 이루어졌다(Bursik and Grasmick, 1992; 1993; Sampson, 1985; 1986; 1987; 1991; Sampson and Wooldredge, 1987; Smith and Jarjoura, 1989 등). 이 연구들은 생활양식이나 일상활동이론에서 제시하는 피해자의 개인적 특성과는 독립적으로 지역적 특성들이 개인의 범죄피해에 중요한 영향을 미치는 요인임을 주장한다.

Sampson과 Wooldredge(1987)는 영국범죄피해조사(BCS) 자료를 이용하여 가구범죄피해를 분석한 결과 매력성, 보호능력, 노출 등 개인수준의 일상활동 변수를 통제했음에도 불구하고 지역수준의 변수(가족해체 비율, 사회적 응집도, 실업률, 빈집 비율, VCR소유 비율)의 영향력이 있음을 보여주었다. Smith와 Jarjoura(1989)도 미국 57개 지역의 가구범죄피해에 관한 연구에서 지역의 인종의 다양성, 인구이동성, 지역 경제수준이 개인의 범죄피해를 설명하는 주요 요인이라는 결과를 보였다. 특히 경제수준과 범죄피해의 관계에 있어서 지역을 단위로 했을 때는 수입이 많은 지역이 가구범죄피해가 낮은 반면, 가구를 단위로 할 경우에는 수입이 많은 가구의 범죄피해가 많다는 사실을 발견하였는데, 이는 부유한 지역이 범죄피해를 덜 당하지만, 개인적 차원에서 잘사는 집은 절도범의 목표가 될 가능성이 높음을 보여준다. 즉, 지역적 특성은 개인적 특성과는 다른 차원에서 범죄피해에 영향을 미칠 수 있음을 보여주었다.

이러한 연구들은 개인의 범죄피해를 설명함에 있어서 지역적 특성이 미치는 효과를 검증하고 보여주었다는 점에서 의의가 있지만, 지역적 특성이 가지는 맥락적 효과나 조절효과 등을 검증하지는 못하였다는 한계가 있다.

나. 상호작용적 효과의 분석

상호작용효과(조절효과, 맥락효과)란 지역의 맥락적 조건에 따라 개인의 인구학적 특성 혹은 일상활동이 범죄피해에 미치는 영향에 어떤 차이가 있는가 분석하는 것으로, 개인요인이 범죄피해에 미치는 영향이 지역요인에 따라 어떻게 달라지는가를 의미한다. 개인적 특성과 지역적 특성의 상호작용효과를 살펴보는 것은 지역적 특성만을 강조하는 사회해체이론과 개인적 특성만을 강조하는 범죄기회이론의 단점을 극복하고, 개인적 지위에 따른 역할이나 행위습관에 따른 결과를 지역적 특성에 따라 다르게 설명할 수 있다는 장점을 가지게 된다.

상호작용효과에 대한 논의는 Miethe와 McDowell(1993)[18]로부터 시작되었는데, 이들은 로짓분석을 적용하여 지역에 따라 개인요인이 범죄에 미치는 영향이 어떻게 달라지는가를 분석하였다. 분석 결과, 첫째로 개인의 일상활동이나 생활습관에 관계없이 사회경제적 수준이 더 열악한 지역, 인구이동이 심한 지역에 사는 사람의 범죄피해 가능성이 높은 것으로 나타나 지역적 특성의 효과가 있음을 보여주었다. 둘째로 이러한 지역요인의 독립적인 효과는 통계적으로 유의미할 뿐 아니라, 지역변수를 통제할 경우 개인요인의 효과(저소득, 1인가구)가 사라질 정도로 강하였다. 셋째로 지역의 특성에 따른 개인요인의 영향력이 유의미하게 나타났으나 예상처럼 그 차이가 크지는 않았다.

Miethe와 McDowell(1993)의 자료를 위계적 로짓모형을 적용하여 재분석한 연구결과(Wilcox, Land and Miethe, 1994)는 개인범죄피해 및 가구범죄피해가 지역마다 다르며, 개인요인이 미치는 영향도 지역에 따라 차이가 있음을 보여주었다. 예를 들어, 흑인이 백인에 비해 폭력범죄피해를 많이 당하는데 그러한 효과는 흑인이 밀집한 지역일수록 더 크게 나타났다. 즉, 인종의 효과는 그 지역이 얼마나 인종적으로 동질적인가에 따라 달라진다는 것이다. 위계적 모형은 다른 통계기법을 사용했을 때보다 지역수준에서 범죄피해의 차이는 물론 개인요인과의 상호작용도 좀 더 분명하게 보여주는 것으로 평가되었으며, 이후 개인과 지역적 특성을 분석할 때 위계적 모형이 빈번하게 사용되었다.

박성훈(2011)은 개인적 특성과 지역적 특성 간에 상호작용이 존재함을 밝히는 것도 중요하지만 그 내용을 밝히는 것이 중요함을 강조하면서 기존 연구를 검토한 결과 상호작용의 내용에 대해 다소 상반된 것으로 보이는 두 가지 설명방식이 있다고 주장하였다.

첫째는 범죄피해에 영향을 미치는 개인요인의 영향력은 안정된 지역보다는 열악한 지역에서 더 의미가 있다고 보는 입장이다. 안정된 지역에서 개인적 요인의 차이는 범죄피해가능성에 별로 영향을 미치지 않지만, 열악한 지역에서는 개인요인의 차이가 피해

18) 다단계표집방법에 따라 조사를 설계하고 전화조사방법을 이용하여 시애틀 지역의 5,098명을 조사하였다. 4개의 구역(blocks)을 한 단위로 묶어 구역의 특성에 대한 개별응답을 집합자료(aggregated data)로 사용하였다.

가능성에 미치는 영향이 크다는 것이다. 이는 지역요인의 중요성을 상대적으로 더 강조한 입장으로 개인의 일상활동과 상관없이 잠재적 범죄자에 대한 노출이나 근접성이 클수록 범죄피해가능성은 높아진다는 주장이다. 이 입장에서는 경제적으로 풍요롭고 사회통제도 높은 지역은 그만큼 안전하기 때문에 개인의 생활습관이나 일상활동(늦은 귀가, 화려한 장식품, 잦은 여가활동)이 범죄피해에 영향을 미치지 않는 반면, 빈곤하고 무질서하며 불안정한 지역에서는 개인적 생활습관이나 범죄예방활동이 어느 정도 효과를 보일 것으로 가정한다. 이러한 입장은 범죄기회이론보다는 사회해체이론의 전통에 가까우며, 동기화된 범죄자의 입장보다는 잠재적 피해자의 입장에 좀 더 초점을 맞춘다고 보았다.

둘째는 동기화된 범죄자의 합리성을 강조하면서 열악한 지역조건보다는 안정된 지역일수록 개인요인의 영향력이 더 중요하다고 보는 입장이다. 사회경제적으로 열악한 지역에서 개인의 일상활동이나 생활습관은 그리 중요하지 않은데 열악한 지역에 산다는 것 자체가 이미 범죄에 대한 취약성을 증가시키기 때문이다. 반면, 안정된 지역의 경우 지역수준의 유대와 통제력이 강하기 때문에 범죄를 저지르기 위해 그 지역에 침입한 범죄자는 좀 더 합리적으로 범죄대상을 선택할 것이다. 즉, 사회적 통합의 정도가 높은 지역일수록 오히려 개인요인에 따른 범죄피해가능성이 달라진다는 주장이다(Mieth and McDowell, 1993). 분석결과에서도 열악한 지역에서 방범장치를 설치하는 것과 같은 개인적 노력은 범죄예방에 큰 효과가 없는 것으로 나타났다. 이 입장은 경제적으로 빈곤하고 사회적 유대도 약하며 불안정한 지역일수록 개인요인을 압도하고도 남을 만큼 지역의 사회구조적 영향력이 크기 때문에 개인의 생활양식이나 범죄예방활동이 범죄피해를 줄이지 못하는 반면, 상대적으로 안정된 지역의 경우에는 범죄대상으로서의 매력은 높지만 그만큼 감시나 보호능력이 크기 때문에 범죄자에게 제공되는 범죄기회가 더 중요하다고 본다. 이러한 입장은 잠재적 피해자보다는 동기화된 범죄자에 초점이 맞추어져 있으며, 범죄자의 합리성을 강조한다.

요점정리

(1) 개인적 차원의 범죄피해이론에서는 개인의 일반적인 생활과 관련된 기회구조에 따라서 범죄피해의 가능성이 달라지는 것을 설명한다. 범죄의 발생은 우연적인 것이 아니라 구조적 요인이나 환경에 의해서 영향을 받기 때문에, 개인이 범죄피해자가 될 가능성도 무작위로 분포되는 것이 아니라 개인 활동의 시·공간적 조직에 의해서 영향을 받는다.

(2) 생활양식/노출이론은 사람들의 생활양식이 범죄피해에 영향을 미친다고 보며, 기본적으로 피해의 위험성이 높은 생활양식을 가지고 있는 사람들이 범죄피해를 당할 가능성이 높다고 본다.

(3) 일상활동이론은 제2차 세계대전 이후 미국에서 직업, 교육, 여가에서 일상활동의 변화가 범죄율을 높이는 결과를 가져왔다고 본다. 범죄가 발생하는 조건은 동기화된 가해자의 존재, 적합한 대상의 존재, 범죄발생을 저지하는 유능한 보호자의 부재이다.

(4) 구조선택이론은 노출, 근접성, 대상의 유인성, 보호(감시)를 사용하여 범죄피해를 설명한다. 개인의 일상생활에 따라서 개인의 노출이나 근접성에 차이가 있으며 이는 범죄가 발생할 가능성을 결정하는 구조적 기회를 형성한다. 구조적 기회의 맥락 속에서 최종적인 범죄피해자가 되는 것은 잠재적인 피해대상의 유인성과 보호수준에 따라서 결정된다.

(5) 가해와 피해의 중첩 현상은 피해자와 범죄자의 일상활동의 유사성, 공간적 근접성, 범죄자와 피해자의 동일집단 주장에 의해서 설명할 수 있다. 범죄행동을 저지르거나, 금지된 약물을 남용하거나, 음주, 흡연, 무단결석, 가출 등과 같이 청소

년들에게 금지되어진 부정적 생활습관을 의미하는 일탈적 생활양식은 범죄피해 가능성을 높인다.

(6) 사회해체이론은 지역이 가지고 있는 특성이 그 지역의 범죄율에 영향을 미친다고 본다. 지역의 구조적 특성(가난, 이질적인 인종구성, 잦은 인구이동 등)이 주민들의 관계적 연결망에 영향을 미치고, 관계적 연결망이 다양한 종류의 사회통제에 영향을 미쳐 그 지역의 범죄수준을 결정한다.

(7) 집합효율성이란 지역 구성원 간의 상호신뢰를 바탕으로 지역에서 문제가 발생했을 때 자발적으로 해결하려고 하는 집단적 의향으로서, 사회적 연결망을 지역에 대한 통제력으로 바꾸어낼 수 있는 능력을 의미한다.

(8) 깨진 창 이론은 무질서와 범죄는 서로 상승작용을 일으키면서 발전하며, 무질서가 범죄발생의 가장 직접적 원인이라고 본다. 범죄의 억제에는 무질서에 대해 엄격하게 대응하는 '무관용' 정책이 가장 효과적이라고 본다.

복습문제

1. 직업적 활동(직장, 학교, 가정생활 등)과 여가활동 등을 포함한 매일의 일상적 활동을 의미하며, 개인이 범죄피해를 당할 가능성에 영향을 미치는 개념은?

2. 다음 중에서 일상활동이론에서 적합한 대상의 존재에 해당하는 것이 않는 것은?

   ① 잠재적 대상의 가치 ② 물리적 가시성
   ③ 접근용이성 ④ 잠재적 범죄자의 존재

3. 범죄피해를 설명할 수 있는 4개의 중개요인과 그에 대한 설명이 적절하게 이루어진 것은?

   ① 노출 : 잠재적인 범죄자가 범죄대상에 대해서 가질 수 있는 물질적 혹은 상징적 욕구에 부합되는 정도
   ② 근접성 : 범죄피해자의 활동공간과 잠재적 범죄자의 활동공간 간의 물리적 거리
   ③ 대상의 유인성 : 감시(보호)활동과 기구와 장치의 존재
   ④ 보호와 감시 : 물리적 가시성 혹은 접근가능성의 정도

4. 지역사회의 전통적인 기관들이 주민들의 행동을 규제하지 못하고, 주민들에게 일관된 가치를 제공하지 못하고, 지역사회가 겪는 문제를 자체적으로 해결할 수 있는 능력을 상실한 상태라고 규정되는 개념은?

5. 지역 구성원 간의 상호신뢰를 바탕으로 지역에서 문제가 발생했을 때 자발적으로 해결하려고 하는 집단적 의향으로서, 사회적 연결망 혹은 유대를 지역에 대한 통제력으로 바꾸어낼 수 있는 능력을 의미하는 개념은?

6. 특정 지역의 무질서와 범죄발생의 관계를 설명하는데 초점을 맞춘다. 무질서와 범죄는 서로 상승작용을 일으키면서 발전하며, 무질서가 범죄발생 증가의 가장 직접적 원인이라고 보는 이론은?

정답 1. 생활양식, 2. ④, 3. ②, 4. 사회해체, 5. 집합효율성, 6. 깨진 창 이론

제5장

범죄피해이론(2) : 폭력범죄의 과정을 설명하는 이론

피해자-가해자 상호작용이론 01

흉기의 사용과 범죄피해의 결과 02

가해자의 범행의도 03

학습목표

○ 폭력범죄의 진행과정을 설명하는 피해자–가해자 상호작용이론에 대해서 학습한다.

○ 폭력범죄에서 흉기가 가지는 의미와 흉기가 범죄피해에 미치는 영향에 대해서 학습한다.

○ 폭력범죄에서 가해자의 범행의도가 가지는 의미와 그 결과에 대해서 학습한다.

핵심키워드

피해자–가해자 상호작용, 피해자촉발, 상황적 전이, 폭력의 위계, 인상관리, 피해자의 대응, 흉기(총기)의 도구성, 범행의도, 살해의도

05

범죄피해이론(2) : 폭력범죄의 과정을 설명하는 이론

일반적으로 폭력범죄에서는 가해자의 범행 의도와 범행 결과가 일치하지 않는 경우를 많이 볼 수 있다. 이는 범죄자가 의도했던 것과 다르게 범행이 진행되도록 만드는 요인이 있음을 의미한다. 범행이 진행되는 과정은 그 과정에 영향을 미치는 요인들에 의해 다양한 양상으로 진행될 수 있는데, 이러한 요인은 가해자와 피해자의 상호작용을 비롯하여 다양하게 존재한다. 즉, 범죄의 과정에는 행위자, 행위의 의미, 해석과 반응, 행위에 대한 정당화, 상승과 하강, 행위의 결과 등이 포함되어 있는 것으로 바라보아야 한다. 그렇지만 대부분의 범죄학이론은 범죄자의 특성, 범죄의 발생조건, 범죄발생의 결과 등에 논의의 초점을 맞추며 행위자로서의 범죄자와 피해자, 범죄사건이 진행되는 역동적인 과정 등에 대해 상대적으로 관심이 적은 것이 사실이다.

따라서 범죄행동을 하나의 사건으로 보는 것과 달리 일련의 전개과정 또는 역동적인 상호작용의 과정으로 이해하는 것이 필요하다. 따라서 본 장에서는 범죄행동의 과정에 영향을 미치는 다양한 요인들에 대해서 살펴본다. 먼저 피해자와 가해자간의 상호작용이 범죄에 미치는 영향을 설명하는 다양한 이론이나 학자들의 주장을 살펴보고, 다음으로 폭력범죄의 결과에 가장 큰 영향을 미치는 것으로 알려진 흉기가 가진 의미를 살펴본 후에, 가해자의 의도가 범행에 미치는 영향에 대해서 살펴보도록 한다.[19)]

제1절 피해자 - 가해자 상호작용이론

범죄를 이해함에 있어서 범죄피해자를 범죄과정에서 일정한 역할을 담당하는 행위자로 바라보고 피해자의 행동이나 반응 등이 범죄의 진행과정에 미치는 영향을 고려하여

19) 본 장의 내용은 박순진(1998), "범죄자와 피해자의 상호작용에 관한 연구"를 중심으로 기술하고 보완한 것이다

범죄의 발전과정을 설명하는 이론적 관점을 피해자–가해자 상호작용이론이라 한다. 이 이론은 피해자와 가해자의 상호작용 및 상호관계를 중심으로 범죄피해를 분석한다.

1. 피해자촉발이론

범죄의 피해자가 때로는 범죄과정에 있어서 적극적이고 주도적인 행위자인 경우도 있는데, 이러한 사례는 피해자촉발에 의한 살인에서 가장 명백하게 나타난다. 피해자촉발 범죄의 개념은 Wolfgang(1958)이 처음 사용하였다. 그는 1948년부터 1952년 사이에 필라델피아 지역에서 발생한 588건의 살인사건 가운데 26%에 해당하는 150건이 피해자의 촉발에 의한 것이라고 주장하였다. 피해자촉발은 피해자가 먼저 범죄자에 대하여 물리적인 힘을 사용함으로써 그 살인사건의 직접적이고 적극적인 촉진자가 되는 경우를 말한다. 피해자촉발에서는 흉기의 사용이 중요한 판단요인이 된다. 즉, 피해자촉발은 피해자가 먼저 치명적인 흉기를 사용한 것을 말한다.

이러한 논의는 살인과 같은 강력 범죄에서 가해자보다는 피해자가 그 사건을 촉발시키는 첫 번째 당사자일 수 있다는 것을 강조한다. 살인사건의 경우에 피해자가 먼저 무기를 휘두름으로써 가해자로 하여금 폭력을 사용하도록 유발하고 결국은 살인을 하게끔 유도한다는 것이다. 이러한 시각에 의하면, 살인은 가해자가 피해자를 죽이려는 의도를 가지고 그것을 실행함에서 나타나는 단순한 결과가 아니다. 오히려 피해자가 먼저 무기를 사용하는 것과 같은 공격적 행위를 하고 이에 과격히 반응하는 피해자와 가해자 사이의 상황적 역학구조에 의해서 일어나는 것이다. 따라서 이 경우 살인사건의 전적인 책임은 가해자에게 있으며 피해자는 전적으로 결백하다는 종전의 주장은 받아들이기 힘들다고 본다.

Wolfgang에 의하면 피해자촉발은 많은 경우 가해자와 피해자가 사전에 관계가 있고, 과거에 싸운 경험이 있는 경우가 많으며, 부정 또는 배신한 부부나 내연관계, 빚을 제대로 갚지 못하는 사람, 취중의 다툼, 모욕을 받았을 때, 도발적인 언사 등과 관련이 깊다고 한다.

우리나라의 401건의 살인사건에 대한 기록을 분석한 결과(박형민, 2003)도 피해자촉발이론을 지지하는 경험적 증거를 보여준다. 살인사건을 유발시킨 촉발폭력의 주도자 중에 적지 않은 수가 피해자였다. 물론 수사기록의 특성상 가해자의 진술에 의존하고 있다는 점을 고려해야 하겠지만, 피해자 측의 촉발요인이 상대적으로 많은 것으로 해석할 수 있다. 폭력의 촉발요인으로는 '모욕·비하' 등이 가장 많았는데, 주로 상대방을 모욕하여 격분하게 함으로써 살인사건이 발생한 경우가 많았다. 사건 진행 과정 중에 먼저 공격한 사람도 피해자와 가해자가 절반 정도씩 차지하고 있었다. 이를 통해 일반적인 살인범죄의 경우 어느 일방의 책임이라기보다는 피해자와 가해자의 상호작용 속에서 발생하고 있다는 것을 발견할 수 있다.

피해자촉발이론은 살인뿐만 아니라 폭행과 강도 혹은 강간에도 적용할 수 있다. 이러한 주장은 피해자의 유책성과 관련하여 기존의 범죄학에 상당한 논쟁을 불러왔다. 600건의 강간사건을 분석한 Amir(1971)는 강간사건 중에서 20%는 피해자촉발이론으로 설명할 수 있다고 결론 내렸다. 사건을 분석함에 있어서 피해자촉발로 간주되는 강간이란 피해자가 성관계에 동의하였지만 실제 관계 직전에 취소하는 경우나 가해자가 성관계를 제시하였을 때 강하게 대응하지 않은 경우라고 규정하였다.

Amir는 이러한 발견을 통해서 여성들이 순종을 통해서 그들의 피해에 일정부분 기여한다고 결론지었다. 그는 피해자가 성관계를 환영하는 것처럼 가해자가 생각하도록 만드는 인상을 준다는 점에서 피해자가 비난받을 수 있다고 보았고, 강간을 하도록 만드는 것은 성관계가 끝까지 가도록 하는 것을 거절하는 것이라고 생각했다. 이와 같은 Amir의 촉발 개념은 많은 논란의 여지가 있으며, 촉발 개념의 유용성 또는 유해성의 범위에 대한 심각한 의문을 제기한다. 그의 주장은 많은 범죄학자들로 하여금 피해자촉발의 개념을 사용함에 있어서 존재하는 왜곡의 문제에 관심을 가지게 했다.

Black(1983)도 다른 형태의 피해자촉발 개념을 제시하였다. 그는 피해라고 불리는 여러 행동들이 사실상 사회통제의 한 형태라고 보았다. 폭력 피해를 당하거나 절도를 당하는 사건이 있을 때, 가해자들은 자신의 행동을 형사사법기관과는 상당히 다른 각도에서 보는 경우가 많다. 즉, 자신의 위반행동을 도덕적이거나 정의를 추구하는 행동으로 본다. 그러한 행동을 갈등해결, 즉, 일종의 개인적 처벌 또는 사적인 형벌이라고 본다는 것이다.

폭력범죄의 상당수는 피해자와 가해자가 서로를 알고 있으며, 살인이나 폭행을 저지른 사람들은 자신의 가해행동을 피해자가 자기에게 행한 행동에 대한 반응으로 이해한다. 예를 들어, 수년 동안 학대를 당한 끝에 남편을 살해한 여성은 자신의 행동을 범죄로 보는 것이 아니라 위험하고 무기력한 상황을 바로잡으려는 시도로 생각한다. 그렇지만 형사사법기관에 의해서 범죄사건으로 사법절차가 진행되면 이러한 의미부여는 극적으로 변화된다. 가해자와 피해자의 규정이 뒤바뀌게 되는 것이다. 즉, 사법기관에서 범죄라고 규정하는 것이 가해자 본인에게는 사회통제로 보여질 수 있다. 범죄행동을 저지르는 것은 다른 사람(피해자)이 일탈적으로 행동하는 것에 대한 규정과 반응의 과정이라고 생각될 수 있다는 것이다. Black의 이러한 시각은 가해자의 범죄행동을 피해자의 잘못된 행동에 대한 반응에서 기인하는 것으로 봄으로써 피해자촉발이론과 일맥상통한 모습을 보여주고 있다.

최근 피해자촉발이론은 조직 과학적 측면, 특히 '직장 내 괴롭힘' 과정을 설명하는 데에 활발히 이용되고 있다. 직장 내 괴롭힘에 관한 연구는 주로 피해자의 성격적 측면에 초점을 맞추고 있으나, 비교적 최근 연구에서는 상황적 요인에 대한 고려도 이루어지고 있다. Dhanani와 동료들(2020)은 피해자촉발이론에 근거하여 직장 내 괴롭힘에 영향을 미치는 요인을 피해자의 성격적 요인과 상황적 요인으로 나누어 살펴보았다. 먼저, 성격적 요인은 부정적 정서성(Trait negative affectivity), 신경증적 성향(Victim neuroticism), 친화성(Victim agreeableness), 성실성(Victim conscientiousness), 외향성(Victim extraversion), 개방성(Victim openness)이라는 6개의 특성으로 구성하였다. 다음으로, 상황적 요인은 선행연구에 기반하여 직장 내 괴롭힘에 영향을 미치는 것으로 밝혀진 '학대 유발적 환경(Mistreatment climate)'과 '역할 스트레스(Role stressors)'로 설정하였다. Dhanani와 동료들(2020)의 연구 결과에 따르면, 피해자의 성격적 요인 중 부정적 정서성, 신경증적 성향, 그리고 친화성이 직장 내 괴롭힘과 연관이 있으며, 이중 부정적 정서성이 가장 큰 연관성을 갖는 것으로 나타났다. 또한, 성격적 요인과 상황적 요인 간의 설명력을 비교한 결과, 상황적 요인이 더 큰 설명력을 가진 것으로 나타나기도 하였다.

피해자촉발이론은 범죄사건, 특히 폭력범죄를 분석함에 있어서 가해자만을 중심으로 접근하는 시각에 한계가 있음을 분명하게 보여주었다. 어떤 의미에서 피해자촉발 사건에서 가해자는 살인으로 사건이 급격하게 마무리되기 이전 단계까지는 사건의 실제적인 피해자라고 볼 수도 있다. 이처럼 촉발사건에서는 사건 당사자 간의 갈등이 전개되는 과정에서 피해자와 가해자의 역할이 순간적으로 뒤바뀌어 급속한 파국에 이르는 것을 관찰할 수 있다. 즉, 피해자가 사건의 발생과 진행에 주도적인 역할을 수행하지만 종국에 역전되어 사건개시자가 결과적으로 피해자가 되는 것이다. 이런 경우 가해자보다는 오히려 피해자가 범죄사건의 개시와 전개에 중요한 역할을 수행하는 것으로 판단할 수 있다. 사건에 따라서는 피해자가 그 정도의 역할까지는 아니더라도 가해자 중심의 사건 진행에 결정적인 장애 또는 사건 진행의 종결을 가져오는 요인으로 작용하는 경우도 발견된다. 이에 대한 정확한 이해를 위해서는 피해자와 가해자의 역할을 세밀하게 분석해야할 필요성이 있으며, 이러한 관점은 상황적 전이이론 등과 같이 범죄과정에 있어서 피해자와 가해자의 상호작용에 초점을 맞추는 다양한 이론과 연구로 발전되었다.

2. 상황적 전이이론(situated transaction theory)

Kleck과 동료들(1991)은 개인 간의 관계에 있어서 적대적이거나 위협적인 상황이 진전되어 폭력의 행사, 살인에까지 이르게 되는 정도를 파악하고 이를 '폭력의 위계(hierarchy of violence)'라 불렀다. 이들은 전미범죄조사와 FBI의 살인통계원표를 분석하여 위협 또는 협박의 상황에서 실제로 공격이 일어나는 경우는 전체의 49.5%이고, 실제로 공격이 일어난 경우 중에서 신체적 피해가 발생하는 경우는 52.2%이며, 신체적 피해가 발생한 가운데 피해자가 사망하는 경우는 1.4%라는 것을 발견하였다. 이러한 결과는 '위협상황'이라 해도 항상 직접적인 공격으로 나아가는 것은 아니며, 실제로 공격이 발생한다고 하더라도 항상 실제적인 신체적 피해를 수반하는 것은 아니라는 사실을 보여준다. 이러한 결과는 범죄상황에 있어서 항상 가해자의 의도대로 행위의 결과가 나타나는 것은 아니며, 범죄의 착수 이후 전개되는 상황은 가해자와 피해자의 상호작용을 비롯한 여러 가지 요인에 따라 다양한 모습으로 발전될 수 있다는 것을 보여준다.

범죄의 진행과정을 살펴본 연구결과들은 살인을 포함한 폭행, 상해 등의 대인범죄에 전형적인 사건 전개의 단계가 있다는 것을 보여주었다. 가장 대표적인 것은 Luckenbill (1977)의 주장인데, 그는 캘리포니아에서 발생한 70건의 살인사건을 분석하면서 상황적 전이라는 개념을 적용하였다. 그는 다른 학자들과 유사하게 살인이 비공식적 상황에서 발생하며, 서로 알고 있는 사람들 사이에서 발생하는 것으로 보았다. 그의 분석의 특이한 점은 살인범죄에 있어서 가해자와 피해자 사이의 상호작용 과정을 '캐릭터 경쟁'이라는 개념을 중심으로 분석하였다는 것이다. 캐릭터 경쟁이란 갈등의 당사자 가운데 한 사람 이상이 자신의 체면을 세우거나 지켜야 하는 상황에 직면하는 것을 의미하는 것으로, 결국 갈등하고 있는 사람들 사이에서 폭력과 살인이 발생하는 것은 자신의 체면을 지키기 위해서라고 보았다. 다른 사람의 모욕이나 공격으로부터 체면을 지키기 위한 노력에서 기인하는 갈등이 죽음을 불러오는 싸움으로 진전된다는 것이다.

폭력상황에서 사망의 결과가 초래된 범죄에 있어서 가해자, 피해자 및 제3자 사이의 역동적인 상호작용은 특징적인 6단계를 거친다고 보았다.

① 첫 번째 단계에서 최종적인 피해자가 어떤 행동을 취하고 이 행동은 최종적인 가해자에게 체면을 손상시키는 것으로 인식된다. 예를 들어, "꺼져버려"라는 말(언어적 표현)이 이에 해당할 수 있다. 이러한 말은 가해자에게 체면을 손상시키는 것으로 인식될 수 있다.

② 두 번째 단계에서 가해자가 이러한 말이나 제스처를 도발적이고 모욕적인 것으로 해석한다.

③ 세 번째 단계에서 가해자는 자신의 손상된 체면이나 명예를 지키기 위하여 구체적인 행동을 개시한다. 이러한 행동에는 인식된 모욕에 대한 언어적 그리고 물리적 보복이 포함된다. 즉, 가해자는 피해자에 대하여 상황을 해결하기 위해 폭력을 사용할 것 같은 분위기를 형성한다.

④ 네 번째 단계에서 문제 상황에 직면한 피해자는 공격적으로 행동하며, 제3자에게 이 상황이 폭력을 사용해야만 해결될 수 있다는 표식을 보낸다. 이 단계에서 구경

꾼은 응원이나 야유를 통해서 피해자의 공격적인 반응을 고무시킬 수 있다. 또한 이들은 그 가해자와 피해자가 그 상황에서 벗어나는 것을 물리적으로 봉쇄함으로써 폭력적인 대결에서 물러서거나 피하는 것을 어렵게 할 수 있다.

⑤ 다섯 번째 단계에서 가해자와 피해자는 물리적인 폭력을 주고받는데, 이러한 행동은 대부분 짧고 정확하다.

⑥ 여섯 번째 단계에서 피해자의 구체적인 피해가 발생하며 가해자는 도망가거나 구경꾼들에 의해 붙잡힌다.

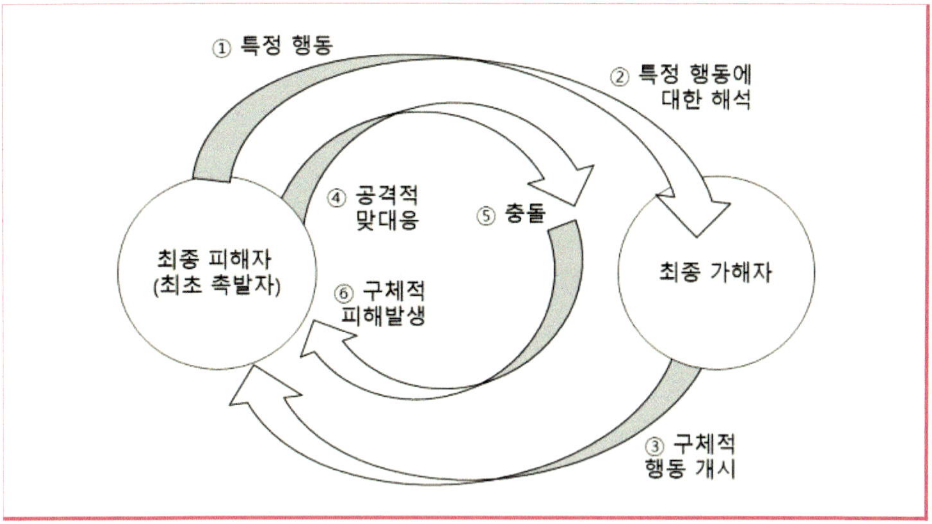

Luckenbill은 강력한 살해 의도를 가지고 체포를 피하기 위해서 치밀하게 계획한 살인과는 달리 일상적인 이유로 충동적으로 폭력을 행사하게 되는 대부분의 살인이 이러한 단계를 통해 발생한다고 주장하였다. 다시 말해 대부분의 살인의 경우와 같이 일상적인 상호작용에 있어서 치명적인 폭력을 야기하는 방아쇠의 역할을 하는 것은 모욕 등과 같이 단순하고 사소한 것이라고 보았다.

3. 청소년 살인의 3단계 이론

Lempp(1977)는 청소년의 살인을 설명하면서 3단계로 구분되는 상호작용 유형을 제시하였다. 첫 번째 단계는 사전 상황(pre-scene)으로, 피해자가 가해자를 무시하거나 모욕을 줌으로써 가해자의 충동적 행위를 자극하는 위험한 상황이 전개된다. 두 번째 단계는 사전행위(pre-act)로, 가해자가 상황에 대한 적절한 대응능력을 가지고 있지 못함으로써 충동적이고 공격적인 행동을 한다. 그렇지만 공격적인 행동이 살해의도를 가지지는 않는다. 세 번째 단계는 명백한 살해행위(definitive homicidal act)로, 피해자의 반격 등으로 가해자가 이전에 비해 더욱 심한 위협에 직면하게 되고, 피해에 노출되어 있다는 느낌을 받거나 또는 판단하면서 공격적 분노가 분명해진다. 이 상황에서 가해자는 충동적으로나 계획적으로 살인을 함으로써 심리적인 혼란을 벗어나고자 한다. 그는 실제 폭력사건에서 첫 번째나 두 번째 단계까지는 빈번하게 관찰되지만 세 번째 단계에 이르는 빈도는 낮다고 하였다.

4. 폭력범죄의 3단계 이론

Felson과 Steadman(1983)은 Luckenbill의 논의가 행위적 측면과 인지적 측면을 구별하지 못하였다는 점을 지적하고, 특히 가해자와 피해자가 싸움을 하는 것이 불가피하다는 인식을 공유하게 될 것이라는 점에 의문을 제기하였다. 이들은 1977년부터 1978년 사이에 뉴욕 주의 교정기관에 수용되어 있던 남성 범죄자 159명을 분석하면서 사건과 직결된 단위행위를 8가지로 분류하고 사건이 일어난 시간적 순서에 따라 행위자(가해자, 피해자, 제3자), 행위내용, 행위의 대상에 대한 자료를 입력하여 분석한 결과 살인과 상해(폭행)사건을 포함한 포괄적인 폭력범죄는 3단계의 일정한 진행패턴이 있다고 보았다.

첫 번째 단계는 언어적 갈등이 중심이 되는데, 정체성을 손상시키거나 상대방을 방해하려는 시도가 진행된다. 두 번째 단계는 위협행위나 회피행위가 중심이 된다. 이 때 가해자와 피해자가 상황을 중재하려는 노력을 하기도 한다. 세 번째 단계에서는 물리적인 공격이나 충돌이 발생한다. Felson과 Steadman은 행동의 전개과정을 행위자보다는 행동의 내용을 중심으로 분석하였으며, 피해자의 공격적 행동과 가해자의 공격적 행동이 함께 발생하면서 상호보복적 행동이 갈등을 상승시키는 것을 핵심적인 요인으로 파악하였다.

사건의 진행단계에 대한 연구에서 주목할 점은 피해자가 가해자와 마찬가지로 중요한 행위자의 하나로 설정되고 있다는 점과 사건의 진행과정이 당사자의 행동에 의해서 형성되고 변화하는 것으로 보고 있다는 점이다. Luckenbill과 Lempp에 의하면 피해자는 사건의 전개에 있어서 최초의 행위자로 파악되기도 한다. 이들에게 있어서 범죄자의 최종적인 가해행동은 피해자의 행동과 관계없이 일어나는 것으로 볼 수 없으며, 피해자와 행동을 교환하는 과정에서 변화하는 것이다. 사건의 시작은 범죄자만이 아니라 피해자에 의해서 이루어질 수 있으며, 범죄자의 행동은 피해자의 행동에 의해 달라질 수 있다고 한다.

사건의 진행단계를 구분하는 이런 연구들은 범죄사건에서 행위자들의 행위형태가 어떻게 달라지는지를 잘 나타내고 있는데, 중요한 점은 범죄자와 피해자의 행위지향의 변화가 상대방의 행동과 상황에 대한 판단에 따른다는 것이다. 즉, 공격적 행동을 유발하는 결정적인 요인은 다른 사람으로부터 공격을 받았다는 사실의 인식이다. 이것을 Felson은 Goffman이 사용했던 사회학적 개념인 인상관리(impression management)라는 개념으로 표현하였다. Felson과 Steadman은 인상관리의 하나로서 체면의 유지를 중요하게 보았고, '체면유지'와 '전략적 이유'를 구분하여 논의하였다. 강도와 같이 다른 사람들의 금품을 강제로 빼앗는 약탈적 폭력범죄에서 폭력은 경제적인 목표를 이루기 위한 수단으로 사용되며 폭력행위 자체가 목적이 아니기 때문에 약탈적 폭력범죄에서는 전략적 이유로 폭력을 사용한다. 그렇지만 일반적인 폭력에서는 체면유지·체면보호·이미지보호(face-saving)가 중요한 역할을 한다. 인상관리이론에서는 사람들이 자신의 인상이 다른 사람의 모욕으로 인해서 크게 위협을 받게 될 때 자신의 인상을 회복하고 자아를 보존하려고 한다고 보았는데 그 상황을 종결시키고 손상된 자아와 자존심을 회복하고자 폭력을 사용한다고 보았다. 즉, 일반적 폭력범죄에서 범죄자의 행동은 자신의 아이덴티티를 손상하거나 부정적 아이덴티티를 부과하려는 피해자의 언사 및 행동에 대한 보복으로 설명할 수 있으며, 폭력은 육체적이든 상징적이든 행위자가 받은 위협이나 모욕에 대한 반응으로 행사되는 것이다.

5. 폭력범죄 가해자와 피해자의 상호작용 이론

Felson과 Steadman(1983)이 폭력범죄의 진행단계를 일반화해서 설명한 것과 달리 Sengstock과 Liang(1982)은 폭력범죄의 진행이 하나의 정해진 단계를 따라가는 것이 아니라 논리적으로 여러 방향으로 진행될 수 있다고 보았다. 폭력범죄는 다양한 양태를 지니고 있으며, 상호작용의 진행방향도 다양할 수 있다는 것이다. 이처럼 범죄자와 피해자의 행동이 다양한 형태를 취할 수 있기 때문에 행동의 특성을 기준으로 논리적인 측면에서 유형을 3가지 모형으로 구분하였다.

모형을 구분함에 앞서 먼저 범죄자와 피해자의 행동을 비의도적인 유발행동(unconsciously precipitating act), 의도적 도발행위(deliberately provocative act), 가해행동(criminal offense)으로 구분하고 범죄의 상호작용과정에서 어떤 행동들을 주고받는가에 따라서 모형을 구분하였다.

첫째는 단순 피해자 모형(available victim model)으로 피해자가 자신도 의식하지 못한 상태에서 범죄자를 고무시킴으로써 피해를 당하는 경우이다. 이 경우 피해자는 가해자에게 비의도적 유발행동을 하게 되고, 가해자가 피해자에게 가해행동을 하는 형태를 보인다. 둘째는 피해자 촉발모형(victim precipitation model)으로 피해자가 고의적으로 가해자를 자극하는 도발행위를 함으로써 짧은 시간에 범죄가 발생하는 경우이다. 이 경우 피해자는 가해자에게 의도적인 도발행동을 하게 되고, 가해자가 피해자에게 가해행동을 하는 형태를 보인다. 셋째는 갈등모형(conflict model)으로 가해자와 피해자가 긴 시간동안 상호작용을 하면서 피해자와 가해자가 명확하게 구분되지 않는 상호작용의 형태를 말한다. 이 모형에서는 피해자와 가해자의 역할이 뒤바뀌게 되는데, 최초의 피해자가 최후에는 가해자가 되고, 최초의 가해자가 최후의 피해자가 되는 사회적 상호작용 모형이다. 처음에는 최초의 피해자가 최초의 가해자에게 의도적인 도발행위를 하면, 가해자가 피해자에게 가해행동(폭력)을 한다. 즉, 피해자의 자극이 있은 후에 최초의 가해자가 최초의 피해자에게 폭력이나 기타 모욕이나 자극적인 말이나 행동을 하게 된다. 이 단계에서 가해자와 피해자가 바뀌게 되는데 최초의 피해자는 최후의 가해자가 되어 최후의 피해자에게 가해행동(살인)을 함으로써 상호작용이 종료된다.

이러한 3가지 유형은 폭력범죄의 유형에 따라서 달리 적용될 수 있다는 점도 이들의 모형이 가진 장점이 될 수 있다. 강도나 강간 등과 같이 일회적 성격이 강한 범죄는 당사자 간의 지속적인 상호작용에 의해서 사건이 발생되는 경우가 적다는 측면에서 갈등모형과는 거리가 멀다. 보통의 폭력범죄는 우발적으로 발생하는 경우도 있을 수 있지만 강간이나 강도에 비해서 갈등모형, 즉, 지속적인 상호작용의 결과로 나타날 가능성이 높다. 폭력범죄 중에서도 가정폭력범죄는 갈등모형에 의한 설명이 가장 적합한 범죄 중 하나라고 할 수 있다. 주도권 다툼에서 진 피해자가 이를 장악한 상대방(범죄자)에 의해서 피해를 당하게 되는 것이다. 특히 지속적인 남편의 폭력과 학대를 견디다 못해서 남편을 살해한 여성에 의한 남성배우자 살해사건은 갈등모형으로 적절하게 설명할 수 있는 전형적인 사례라 할 수 있다.

이들은 범죄사건을 범죄자와 피해자의 행동을 중심으로 범죄사건 진행의 유형을 구분함으로써 범죄의 발생과 진행이 단일한 형태로 이해하기에는 다소 복잡한 유형적 특성을 가지고 있다고 지적한 점에서 의의가 크다. 또한 범죄과정에서 발생하는 상호작용의 형태에 따라서 범죄사건을 구분하고 그에 적절한 다양한 설명을 가능하게 하였다는 점에서 의미가 있다.

이들의 모형은 Felson과 Steadman이 사건의 전형적인 과정을 탐구함으로써 놓치고 있는 점을 보완해줄 수 있다. 이들 모형에서 단순피해자 모형은 Felson과 Steadman이 말하는 범죄사건의 전형적인 과정을 가지고 있다고 볼 수 없다. 이 모형에는 피해자에 의한 의도적 모욕이나 자극이 없기 때문이다.

6. 우리나라의 상호작용 분석연구

박순진(2000)은 앞서 논의한 이론들이 가지고 있는 한계를 3가지로 지적하고 그것들을 보완하기 위해서 우리나라의 폭력사건들을 분석하고 연구하였다.[20] 첫 번째 한계는 기존의 논의가 범죄자와 피해자의 상호작용을 다루면서도 상호작용과 관련하여 중요한

20) 1995년부터 1997년까지 발생한 살인사건 240건, 상해사건 261건 등 모두 501건의 기록을 분석하였다.

변수인 범죄자와 피해자의 관계에 대한 논의를 생략하고 있다는 점이다. 일반적으로 상호작용의 강도와 지속성 등은 행위자 사이의 관계가 원초적인가 또는 이차적인가에 따라서 달라질 수밖에 없기 때문에 중요한 요인임에도 기존 연구에서는 빠져있다는 것이다. 두 번째로 Luckenbill 및 Felson과 Steadman의 논의에 대해서 폭력범죄가 다양한 유형으로 구분될 수 있다는 점을 간과하고 있다고 보았다. 세 번째로 폭력범죄의 진행과정을 단계적인 상승과정으로만 특징짓고 있다는 점을 지적하였다. Luckenbill과 Felson과 Steadman은 폭력범죄를 상승적인 과정으로 특징지을 수 있으며 이 과정에서 중요한 요인이 보복적 동기라고 보았다. 그렇지만 앞서 살펴본 '폭력의 위계'에서도 나타난 바와 같이 적대적이고 위협적인 상황이 실제적 폭력으로 발전하고 치명적인 결과를 초래하는 비율이 높지 않다는 점을 감안할 때 폭력범죄를 상승과정이라고만 규정하는 것은 적절하지 않다고 보고 폭력이 상승적으로 되는 조건을 밝히고자 하였다.

그는 폭력범죄에서 가해자와 피해자간에 교환되는 행동, 특히 피해자의 행동을 중심으로 3개의 행동교환 유형을 구분하였다. 첫째는 공격-피해 유형으로 가해자의 손발이나 도구를 사용하는 공격행동에 대해서 피해자가 공격적인 행동으로 대응하지 않은 경우이다. 즉, 피해자가 물리적인 공격은 물론이고 언어적 형태의 공격도 하지 않은 경우이다. 둘째, 공격-반응 모형은 가해자의 손발이나 도구를 사용하는 행동에 대하여 피해자가 말로써 대항하거나 공격하는 경우이다. 즉, 피해자가 물리적인 공격은 하지 않지만 언어적 공격을 하는 경우이다. 셋째, 공격-공격 모형은 가해자의 손발이나 도구를 사용하는 행동에 대하여 피해자 역시 손발이나 도구를 사용하여 대항하거나 공격하는 경우이다. 이 모형에는 피해자가 범죄자에 대하여 직접적인 물리적 공격을 먼저 시도하는 형태인 피해자촉발에 의한 사건을 포함한다.

공격-피해 유형은 일방적인 가해의 형태인데 비하여 공격-공격 유형은 범죄자와 피해자의 행동이 충돌하는 형태라는 점에서 차이가 있다. 공격-피해 유형은 사건이 진행되는 과정이 범죄자의 행동에 의해서 일방적으로 이루어지는 형태인데 비하여 공격-공격 유형은 사건이 진행되는 과정에서 범죄자와 피해자가 공격적 행동을 주고받는 형태이다. 세 가지의 행동교환 유형 가운데 Luckenbill(1977), Felson과 Steadman(1983)

등이 제시한 폭력범죄의 진행과정에 부합할 수 있는 형식적 조건을 갖추고 있는 사건은 공격-공격 유형의 일부분에 불과하다.

이들의 조사결과로 발견된 것들은 다음과 같다.

① 피해자도 사건의 진행과정에서 다양한 행동을 하는 행위자로 볼 수 있다. 폭력범죄의 피해자는 한편으로 피해만 당하는 경우부터 다른 한편으로 적극적인 폭력을 행사하는 경우에 이르기까지 다양한 역할을 수행한다. 실제로 사건 진행과정에서 피해자가 단순히 피해자로만 머물고 있는 경우는 1/3에 미치지 못한다.

② 범죄자의 직접적 가해의 동기는 피해자의 행동에 의하여 변화하거나 형성되기도 한다. 사건이 진행되는 과정에서 피해자가 공격적인 반응을 보일 경우에 범죄자가 흉기나 도구를 사용하는 비율이 높아지며 피해자가 사망하는 치명적인 결과가 초래될 가능성이 높아진다.

③ 폭력범죄는 피해자와 가해자의 행동이 상호 교환되는 과정으로 이루어져 있으며 교환되는 행동의 내용은 당사자들 사이에 존재하는 관계의 성격을 반영한다. 사건의 모습은 범죄자와 피해자의 관계에 따라 차이가 있는데, 원초적인 관계인가 이차적인 관계인가에 의해 영향을 받는다. 원초적 관계는 이차적 관계에 비하여 상호작용의 강도와 지속성에 차이가 있는데 개인의 아이덴티티나 의미관계 등은 원초적 관계에서 큰 의미를 가진다. 이러한 차이는 범죄자와 피해자가 행동의 대상에 대해 부여하는 의미가 다르기 때문에 나타난다. 원초적 관계에서 갈등이 발생할 경우에 당사자의 행동이 더욱 격렬한 모습을 가지는 경향이 있다. 모르고 지내는 사이보다 알고 지낸 사이에서 범죄자와 피해자의 행동교환이 더욱 빈번하게 일어나는 것은 이러한 맥락에서 해석할 수 있다.

④ 행동교환 유형에 따라서 사건의 진행과정이 다르고 결과에서도 차이가 있다. 상승적인 형태라고 할 수 있는 공격-공격 유형이 나타나는 것은 범죄의 발생 상황보다는 범죄자와 피해자의 관계 형태, 갈등의 내용, 관계의 성격에 의존한다. 이러한 유형은 모르는 사이보다는 알고 있는 사이에서, 그리고 사건 발생이전의 관계에서 주도권이 불분명한 경우에 높은 빈도를 보인다. 이는 폭력범죄의 진행과정이

범죄자와 피해자의 상호작용이라는 관점에서 파악할 때 가장 분명하게 이해될 수 있다는 것을 보여준다. 지속적으로 상호작용을 해오던 사람들 사이에서 분쟁이나 갈등이 발생할 경우에 사건의 당사자들이 보이는 행동의 형태는 과거부터 지속된 상호작용의 방식에서 직접적으로 영향을 받는다. 이와 같이 범죄자와 피해자가 사건 이전부터 맺고 있던 상호작용의 성격에 따라서 사건 진행과정에서 당사자가 드러내는 행동과 능동성에 차이가 있다.

⑤ 갈등이 폭력화되는 과정과 폭력의 치명적 결과를 구분하여 논의할 필요가 있다. 갈등이 폭력화될 가능성은 관계의 친밀성과 부(−)적인 상관관계를 가진다. 즉, 친밀한 관계에서는 갈등의 소지가 높지만 갈등이 폭력화될 가능성은 상대적으로 낮다. 이것은 관계의 친밀성 자체가 갈등이 폭력화되는 것에 대한 버팀목으로 작용하기 때문이다. 그러나 이러한 버팀목은 갈등이 폭력화될 경우에 치명적인 결과가 발생할 가능성을 낮춘다는 것을 의미하지는 않는다. 폭력범죄에서 단적으로 드러나듯이 폭력화된 갈등이 치명적인 결과를 초래할 가능성은 친밀한 사이일수록 더욱 큰 것으로 평가된다. 이러한 현상은 상호작용론의 입장에서 볼 때 이해할 수 있다. 친밀한 사이의 관계는 개인의 자아정체성을 형성하는데 중요한 역할을 한다. 따라서 사람들은 중요한 관계에 상처를 입는 것을 꺼리게 되며, 이것은 결과적으로 갈등이 폭력화되는 것을 억제하는 역할을 한다. 그러나 이런 관계에서 발생한 갈등이 폭력화될 경우에 관계의 친밀성 자체가 관련 당사자들의 정체성을 더 많이 훼손하기 때문에 오히려 상대방에 대한 공격이 더 심각한 형태로 발전할 가능성이 높다.

7. 범죄피해자의 대응과 피해의 결과

폭력범죄의 진행과정에 범죄자와 피해자의 상호작용이 중요한 영향을 미치며, 범죄의 결과가 가해자의 의도와 차이가 있다는 연구결과들은 폭력범죄의 피해자의 반응이 피해결과에 어떤 영향을 미치는가에도 관심을 가지게 한다.

탁종연(2009)은 범죄피해자의 대응이 범죄의 결과에 어떤 영향을 미치는가에 관심을 가지고 성범죄를 대상으로 그 효과를 연구하였다. 범죄피해자의 대응효과에 대해서는 두 가지의 상반된 견해가 대립한다고 본다. 일부 범죄학자들은 피해자 저항, 특히 강력한 물리적 저항은 가해자를 더 화나게 만들기 때문에 피해를 막기보다 오히려 위험을 증대시킨다고 보고하는 반면, 다른 학자들은 피해자 행동이 일반적으로 범죄에 대응하는데 효과적이라고 보고하고 있다.

피해자의 대응효과에 대한 연구의 대부분은 성범죄에 관련된 것인데, 대부분은 저항이 강간피해를 저지하는데 효과적이라는 결과를 보이고 있다고 한다. 단지 피해자의 물리적 저항이 강간 외에 다른 손해를 초래하는지 여부가 관심의 대상이다. 즉, 피해자의 물리적 저항이 가해자를 화나게 만들어 피해자를 공격하게 함으로 강간은 막을 수 있지만 다른 신체적 위험을 증대시킨다고 보고하는 학자들이 있다. 이에 대해서 탁종연은 연구결과의 비일관성이 표집방법의 차이 때문이라고 해석하고 있다. 이 주제에 대한 많은 연구가 경찰서나 성범죄 관련 기관의 기록에 의존하는데 작은 규모의 편의적 표본은 연구결과를 왜곡할 가능성이 높다는 것이다. 피해자들은 자신들이 아무런 피해를 입지 않거나 또는 아주 가벼운 피해를 입은 경우에는 경찰이나 학교당국 등에 잘 신고하지 않는 경향이 있기 때문에, 이들 기관의 기록에 의존할 경우 성공적으로 범죄피해를 예방한 사례는 체계적으로 배제되어 피해자 행동의 효과는 부정적으로 왜곡된다고 본다.

기존 연구들이 가지고 있는 한계를 파악하고 분석한 결과, 다른 조건이 같다고 볼 때 피해자의 모든 능동적인 대응들, 즉, '가해자를 말로 위협하거나', '타인의 도움을 요청하거나', '도망을 시도하든가' 또는 '기타의 방법으로 대응'하는 것이 소극적으로 '그냥 당하고만 있는 것'에 비해서 피해를 입게 하지 않거나 피해를 다소 덜 입게 하는데 효과적이라는 것이 밝혀졌다.

이처럼 피해자의 능동적인 저항은 범죄의 결과, 즉, 피해를 줄여주는 역할을 한다는 탁종연의 연구결과는 얼핏 보기에 피해자가 공격적인 반응을 보일 때 가해자가 흉기를 사용하는 비율이 높고 치명적인 결과를 불러올 가능성이 높다는 이전에 상호작용적 연구결과와 충돌하는 것으로 보일 수 있다. 이에 대한 설명은 피해자의 공격적인 반응이 어떤 내용을 가지는가와 연관시켜서 살펴보는 것이 적절할 것 같다. 폭력범죄의 발생요인에서 인상관리나 체면의 유지를 중요하게 생각한 Luckenbill 및 Felson과 Steadman의 논의를 고려할 때 피해자가 적극적으로 저항하되, 가해자의 체면을 손상시키거나 모욕하거나 자극하는 것을 피한다면 더 치명적인 결과가 발생하는 것을 방지할 수 있을 것이다.

최근에는 피해자의 저항 행위를 유형에 따라 분류하고, 상대적인 영향력을 살펴본 연구도 있다. Tark와 Kleck(2014)는 강간 피해자의 저항 행위에 따라 강간 피해와 추가적인 신체적 부상을 방지할 수 있는지를 검증하는 연구를 수행하였다. 이들이 분류한 저항 행위는 총 16개의 행위로 구성되며, 가해자를 공격하거나 총으로 위협하는 등의 행위부터 주위에 도움을 요청하거나 비명을 지르는 등의 비강제적인 행위까지 다양하였다. 연구 결과에 따르면, 피해자가 가해자에 대하여 저항하는 경우, 특히 무기를 사용하지 않고 가해자를 공격, 몸부림치기, 도망치거나 숨기, 주의를 끌거나 도움을 요청하기의 행위를 하는 경우는 저항하지 않은 경우에 비해 가해자가 강간 행위를 제대로 완료하지 못할 확률이 높았다. 또한, 피해자가 무기를 사용하여 저항하는 경우, 가해자의 범행 수행을 방지하고 추가적인 신체적 부상을 줄이는 것으로 나타났다. 이러한 결과는 가해자–피해자 간의 관계, 음주 여부, 범행 장소, 범행 시간과 같은 조건을 달리 설정하였을 때도 일정하게 나타났다. Tark와 Kleck의 연구 결과는 특히 강간 피해에 있어 피해자의 특정한 저항 행위를 피해를 방지하는 데에 효과가 있음을 시사한다. 다만, 구체적으로 어떤 상황에서 피해자가 어떠한 저항 행위를 하는 것이 효과적인지에 관한 연구는 추가적으로 수행되어야 할 것이다.

제2절 흉기의 사용과 범죄피해의 결과

사람의 신체에 위해를 가하는 범죄에서 흉기의 사용이 행위결과를 결정하는데 중요한 요인이라는 점은 논쟁의 여지가 없으나, 폭력범죄에서 흉기의 사용은 가해자의 행위의도의 표출, 폭력의 진행과정, 행위의 결과와 피해의 심각성에 관련해서 다양한 의미를 가진다. 즉, 흉기의 중요성에 대해서는 동의하지만 흉기가 중요한 의미를 가지는 이유에 대해서는 서로 다른 견해가 존재한다.

흉기가 중요한 이유에 대한 논쟁은 주로 흉기가 다른 요인과 독립적으로 범죄피해의 크기를 결정하는데 영향을 미치는 정도에 대한 것이다. 이러한 논쟁은 흉기 자체의 중요성을 강조하는 입장과 흉기보다는 범행의도를 강조하는 입장으로 나누어진다.

1. 흉기 자체의 중요성을 강조하는 입장 : 흉기의 도구성 효과

흉기 자체의 중요성을 강조하는 입장에서는 범죄사건에서 사용되는 흉기의 종류와 같은 가시적인 물리력의 차이가 피해의 양상과 정도를 결정하는데 결정적이라고 본다. 그 증거로 피해자를 살해하거나 무력화하고자 하는 명확한 의도를 가진 범죄자는 사실상 드물며, 따라서 범죄자의 의도를 넘어서 발생하는 피해를 설명하는 요인으로서 흉기 자체가 매우 중요하다고 주장한다. 살인사건에 대한 연구결과를 보면 살해할 의도를 가지고 있었다는 비율이 상당히 낮은 것을 볼 수 있는데, 이처럼 살해할 의도가 없었음에도 살인이라는 결과가 나타나는 것은 결국 흉기의 효과로 볼 수 있다는 것이다.

이들은 흉기는 다른 요인과 상관없이 독립적으로 범죄피해의 크기를 결정짓는다는 입장을 취하고 있다. 흉기의 종류가 피해의 양상과 크기를 결정하는 핵심요인이라는 흉기의 도구성 효과를 주장하는 것이다. 이러한 흉기의 도구성 효과는 미국에서 총기사용 규제와 관련된 논쟁의 핵심에 있다.[21)]

Zimring(1968)은 시카고지역에서 칼이나 총기 등의 흉기를 사용한 폭행 및 살인사건을 조사한 결과, ① 살인사건의 대부분은 반드시 상대방을 죽이겠다는 일관된 의도에 의해서 나타난 것이 아니며, ② 피해자가 사망한 사건과 사망하지 않은 사건에서 범죄의 동기나 의도, 위험성의 측면에서 뚜렷한 차이가 나타나지 않았다. 실제 사건의 내용을 보면 살인과 다른 폭력사건에서 구별되는 차이점보다 중첩되는 유사점이 오히려 더 많이 발견된다. ③ 다른 요인과는 독립적으로 흉기의 위험성이 공격으로 인한 사망의 확률

21) 우리나라의 경우 살인에서 가장 많이 사용되는 흉기는 도검류이다. 그렇지만 미국에서 가장 상징적인 흉기는 총기류이다. 총기류와 도검류는 범행에 있어서의 효과라는 측면에서 비교할 수 없는 차이를 보인다고 할 수 있다. 흉기의 효과에 대한 논쟁은 주로 미국사회에서 총기에 초점을 맞추어 진행된 것으로 이 부분을 감안하는 것이 이해에 도움이 된다.

에 결정적인 영향을 미친다는 점을 발견하였다. 그는 만약 사건에서 사용되는 흉기를 총기 대신 칼이나 몽둥이 등으로 바꾼다면 피해자가 사망에 이르는 극단적 결과는 크게 줄어들 것이라고 주장하였다.

다른 연구에서 Zimring(1972)은 자신의 논지를 확대하여 범죄에 사용하는 흉기의 종류뿐만 아니라 사용된 총기의 구경도 피해자의 신체적 피해의 양상과 크기를 결정하는데 있어 다른 요인과는 독립된 효과를 가지고 있다고 주장하였다. 즉, 사용된 총기의 구경에 따라 피해자가 사망한 비율에 차이가 있는데 구경이 큰 총기를 사용한 범죄에서 사망의 확률이 높게 나타났다.

이러한 것들이 흉기의 도구성의 근거가 되며, 흉기 자체가 범죄자의 의도와는 별개로 피해자의 사망여부에 영향을 미치는 중요한 요인이라고 주장하였다.

Cook(1991)은 총기 사용의 규제를 둘러싼 논쟁들을 전반적으로 검토한 후에 폭력사건에서 공격을 받은 피해자가 사망에 이르는 비율이 비교적 낮은 것이 일반적이지만, 가해자의 공격으로 인하여 피해자가 사망할 확률은 다른 어떤 요인보다 흉기의 치명성에 따라 큰 차이를 보이는데, 총기가 아닌 다른 도구를 사용하는 경우 피해자가 사망할 가능성은 크게 줄어든다고 보았다. 이처럼 흉기의 사용과 종류가 피해의 크기를 결정짓는 요인이라는 흉기의 도구성 효과를 인정하면서, 다른 한편으로 흉기가 범죄의 성공여부에도 중요한 영향을 미친다는 점을 인정하였다. Cook은 강도사건을 분석한 결과 강도 시에 총기로 위협하는 것과 같은 강력한 위협은 피해자의 순응을 끌어내기가 쉽기 때문에 총기를 직접적으로 사용하지 않아도 위협만으로 범죄의 성공이라는 목적을 달성할 가능성을 높인다고 보았다. 범죄자에 의한 총기의 소지와 위협은 피해자의 순응을 이끌어내 총기가 실제로 사용될 가능성을 줄인다는 점에 동의하면서 동시에 총기가 사용되는 경우에는 피해자에게 치명적인 신체적 피해의 발생에 결정적인 영향을 미친다고 보았다.

이와 같은 흉기의 사용과 종류가 피해의 크기를 결정한다는 흉기의 도구성에 대한 설명은 충동적인 살인 등과 같은 유형의 범죄를 설명하는데 적합한 것으로 보인다.[22)]

22) 흉기의 도구성에 대한 논쟁은 미국의 범죄학자간의 논쟁이다. 따라서 이를 검토할 때 살인범죄에 대한 규정이 우리나라와 미국이 다르다는 점도 고려하는 것이 이해를 도울 수 있을 것으로 생각한다. 우리나라의 경우 사망사건에서 가해자가 살해의도를 가진 경우에만 살인으로 간주되고, 기타의 경우에는 다른 범죄로 분류된다. 예를 들어 죽이려는 의도가 없이 폭행을 가했는데 피해자가 사망한 경우 살인이 아니라 폭행치사로 분류된다. 그렇지만, 미국의 경우 가해자의 의도와 관계없이 피해자가

즉, 처음부터 죽일 의도를 가진 것은 아니지만, 1절에서 논의한대로 가해자와 피해자의 상호작용 과정에서 결국 첫 의도와는 달리 피해자가 사망하는 결과를 가져온 살인사건에서 살인을 불러온 요인으로 흉기사용을 지적하는 것은 적절한 것으로 볼 수 있다.

2. 범행의도를 강조하는 입장 : 흉기사용은 범행의도를 반영한다는 입장

이 입장에서는 흉기의 사용을 선택하는 것도 범죄자의 범행의도를 실현하는데 있어서 필요한 도구에 불과할 뿐이라고 보기 때문에 결국 중요한 것은 범죄자의 행위의도라고 주장한다. 범죄가 성립하기 위해서는 행위결과의 발생뿐만 아니라 범죄자의 의도가 존재해야 한다. 흉기는 그 자체로 범죄피해라는 결과를 가져오는 것이 아니며 행위자의 주관적 의도와 결합해야 범죄피해라는 결과를 가져온다. 이들은 흉기의 사용이 범죄자의 의도적인 선택뿐만 아니라 그 자체로서 복잡한 의미를 가지고 있다고 본다. 흉기 사용은 그 자체가 피해를 유발하거나 피해의 결과를 더 심각하게 만드는 것이 아니다. 흉기의 사용은 상황에 따라서 피해자의 동조와 순응을 쉽게 이끌어 냄으로써 오히려 신체적 피해를 줄이기도 하며, 힘의 불균형 자체가 충분히 클 경우에는 범행을 위해서 흉기의 사용 자체가 불필요하게 될 수도 있다.

Wright와 동료들(1983)은 총기의 사용여부에 따라 신체적 피해결과에 차이가 있는 것은 사실이지만, 흉기(총기)를 선택한 행위 자체가 이미 범죄자의 의도를 반영하고 있는 것이라고 보면서 Zimring의 주장은 그 부분을 도외시한 평면적인 논리라고 반박하였다. 몽둥이나 칼이 아닌 총기의 사용을 선택하거나 총기 가운데 구경이 큰 총기를 사용하는 범죄자는 그렇지 않은 범죄자와 범죄의도에 있어서 차이가 있다는 것이다.[23)]

더불어 흉기의 도구성 효과에 대한 결정적인 반론으로 흉기의 소지와 사용이 반드시

사망에 이르면 살인사건으로 간주된다. 즉, 이 논쟁에서 사용되는 범죄의도라는 개념이 우리나라와 미국의 경우 달리 해석될 여지가 있다는 점을 염두에 두는 것이 필요하다.

23) 범죄자의 의도 또는 고의는 행위자가 행위할 당시의 심리적 상태 또는 인식의 상태를 나타내는 것으로 경험적 자료를 통해 확인하는 것이 어렵다. 따라서 사용되는 흉기의 종류와 범죄자의 의도 사이의 관련성 여부는 논란의 여지가 남아 있다. 또한 흉기의 선택이 범죄자의 의도에 포함되어 있다는 주장은 범죄자가 사전에 어떤 것을 선택할 것인지 의도에 따라서 미리 결정할 수 있다는 것이 전제가 되어야 하기 때문에 그런 범죄의 설명에는 적합하지만 그렇지 않은 경우에는 설명력이 떨어진다고 볼 수 있다.

피해자의 신체에 치명적인 피해를 초래하는 것이 아니며 경우에 따라서는 범죄자가 흉기를 소지하는 것이 피해자의 순응을 쉽게 이끌어 냄으로써 흉기(또는 현장흉기)를 직접 사용할 가능성을 줄이며 결과적으로 피해자의 신체적 피해를 줄인다는 연구결과를 들고 있다.

Kleck와 McElrath(1991)는 흉기의 소지 및 사용이 피해자의 상해 또는 사망의 가능성을 증가시킬 것이라는 Zimring의 주장은 흉기의 의미를 지나치게 협소하게 파악한 것이라고 비판하였다. 흉기의 소지 또는 사용이 사람들 간의 갈등상황에서 힘의 원천이 되기 때문에 흉기 또는 총기를 소지하거나 사용하는 것은 범죄현장에서 다양한 의미와 중요성을 가진다. 범죄상황에서 흉기의 소지가 반드시 유형력의 행사로 연결되어 피해자의 신체적 피해를 초래하는 것은 아니며 흉기가 실제로 사용되는 경우에도 사건 진행 과정 및 결과에 있어서 다양하고 복잡한 양상이 나타난다. 이런 입장에서 보면 흉기의 소지와 사용이 피해자의 상해 및 사망의 확률을 증대시킬 뿐이라는 Zimring의 주장의 타당성은 제한적일 수밖에 없다.

사람들 간의 갈등상황에서 흉기를 소지하는 것은 힘을 가지게 함으로써 상대방을 자신의 요구에 순응하게 하여 원하는 목적을 달성할 수 있기 때문에 흉기는 원하는 목적을 달성하기 위한 간접적 도구로 사용되는 것이다. 폭력범죄의 궁극적 목적은 상대방의 신체를 손상시키거나 죽이는 것보다는 돈, 성적 만족, 경고, 또는 피해자에 대한 모욕과 지배 등을 획득하기 위해서인 경우가 더 많다. 흉기를 이용한 위협만으로 원하는 목적을 충분히 달성할 수 있다면 굳이 신체적 공격을 할 필요가 없으며 오히려 후자보다는 전자가 효과적이다. 이런 논리에 따르면 폭력범죄에서 신체를 공격하는 행동이 나타났다면 그것은 선호되는 방식으로 목적을 달성하는 것이 실패하였다는 것을 의미한다. 미국과 같이 쉽게 총기를 접할 수 있는 사회에서는 정서적 만족이나 물질적 욕구의 충족이라는 목적의 달성을 위해서 상대방을 위협하거나 순응을 이끌어 내고자 총기가 사용되는 경우가 흔하며 이런 목적은 대부분 상대방에게 직접적인 총격을 가하지 않고도 달성할 수 있다. 이와 같은 관점에서 총기의 사용은 상대방에게 신체적 피해를 가하는 수단이라기보다는 오히려 직접적인 신체적 가해를 대체하는 기능을 한다고 볼 수 있다.

이는 결국 흉기(총기)가 공격의 수단으로 사용될 경우에는 신체적 피해를 크게 할 수 있다는 점에 동의하고 있으나, 흉기의 소지 또는 위협이 곧바로 피해자의 신체적 피해(크기)로 연결되지 않는다는 점을 강조한 것이다. 흉기의 도구성 효과를 주장하는 사람들은 흉기를 소지하는 것이 적대적인 상황에서 피해자에 대한 직접적 공격을 유발하고 피해자의 신체적 피해를 심화시킨다는 단순한 주장을 펴지만, Kleck과 McElrath는 흉기를 직접 사용해서 공격하는 것과 단순히 소지해서 위협하는 간접적 사용을 구분하고, 공격상황에서 흉기의 의미와 효과는 더 다양하게 나타난다고 보았다. 그들은 공격상황과 관련해서 흉기(총기)는 네 가지 효과를 가질 수 있다고 보았다.

첫째, 흉기는 공격을 더욱 용이하게 한다. 흉기는 소지자로 하여금 상대방을 공격할 수 있는 힘을 부여한다. 이는 여성이나 노인처럼 물리적 힘이 약한 자들이 건장한 남성과 같은 강한 사람을 공격하려 할 때 큰 의미를 가진다. 흉기가 없다면 불가능했을 공격을 가능하게 해주기 때문이다. 특히 총기의 경우에는 피해자에게 접근하기 곤란하거나 물리적인 거리가 떨어져 있을 경우에도 공격이 가능하게 한다.

둘째, 흉기는 공격을 촉발하는 공격의 방아쇠 역할을 제공한다. 극도로 흥분한 사람이 흉기를 볼 경우 흉기의 존재 자체가 흉기가 없었다면 나타나지 않았을 공격성을 유발할 수 있다. 즉, 흉기는 흥분한 사람으로부터 공격을 촉발하는 역할을 할 수 있다.

셋째, 흉기는 공격을 방지하는 역할을 수행하기도 한다. 폭력 가해자의 경우 상대방을 살해의도를 가지고 있지 않는 것이 대부분일 뿐만 아니라 나아가 피해자를 살해하는 것을 회피하려는 의도를 가진 경우도 많다. 가해자는 총기와 같은 치명적인 흉기의 소지가 자신들이 원하는 정도 이상의 과도한 살상력을 부여하여 총기의 사용이 극단적인 결과를 초래할 수 있다는 것을 인식하고 있다. 총기나 치명적인 흉기에 대한 이러한 인식은 경우에 따라서 공격행위 자체를 방지 또는 회피하게 하는 효과를 나타내기도 한다.

넷째, 흉기는 힘의 과잉을 가져다줌으로써 물리적인 공격 자체를 불필요하게 만들 수도 있다. 흉기의 소지로 인하여 힘의 불균형이 분명하게 드러남으로써 가해자가 피해자를 직접 공격하지 않아도 상대방의 순응을 쉽게 이끌어 냄으로써 원하는 목적을 달성할 수 있게 된다. 흉기에 의해 월등한 힘을 소지하게 된 가해자는 피해자를 직접 공격할 가능성이 낮다. 예를 들면 강도의 경우 범죄자가 총기를 사용하지 않을 경우 피해자로부터 반격당할 가능성이 있지만, 총기를 사용한다면 피해자는 생명의 위협을 강하게 느끼기 때문에 쉽게 요구하는 바에 순응할 가능성이 커지고 그만큼 범죄자에 의한 총기의 직접적인 사용 가능성은 줄어든다고 볼 수 있다. 피해자의 입장에서 볼 때도 범죄자의 흉기 소지로 인한 힘의 명백한 불균형은 자신이 당한 모욕이나 공격에 대해 제대로 대항하지 못한 부분을 사회적으로 변명할 수 있는 여지를 남겨줄 수 있다. 총기를 소지한 범죄자에게 대항하는 것은 어리석은 일이므로 이런 상황에서 범죄자의 의도를 따르는 것이 사회적으로 보다 쉽게 용인될 수 있다. 따라서 힘의 불균형이 명백할 경우에 그러한 상황에서 피해자의 순응에 대한 사회적 용인이 이루어질 수 있고 이는 피해자의 무리한 대항을 최소화하게 되며 결과적으로 사건이 더 심한 폭력의 행사로 진행되는 폭력의 상승과정이 벌어지는 것을 방지하기도 한다.

3. 두 입장에 대한 정리

이상에서 폭력범죄에서 흉기가 가지는 효과에 대한 논쟁의 두 입장에 대해서 살펴보았다. 그런데 흉기의 도구성을 강조하는 입장이나 범행의도를 강조하는 입장 간에 나타나는 주장의 차이는 주장하는 내용이 상반되는데 있다기보다는 다양한 양태를 보이는 폭력범죄에서 서로 다른 부분에 초점을 맞추고 설명하는 것에서 기인하는 것으로 보인다. 따라서 어느 하나가 맞고 다른 하나가 틀린다고 보기보다는 서로 설명하지 못하는 부분을 보완하는 역할을 한다고 보는 것이 적절할 것 같다. 흉기의 도구성 효과를 강조하는 입장은 앞서 논의한 바와 같이 살인사건, 그것도 처음부터 죽이려는 의도를 가지고 있지 않았던 살인사건을 설명하는데 효과적이다. 반면에 범행의도를 강조하는 입장은 살인이외의 다른 분명한 목적(예를 들어 돈을 빼앗는 것 등)을 가진 범죄를 설명하는데 적절한 것으로 보인다.

이는 Kleck과 McElrath가 분류한 흉기의 4가지 효과에 대한 설명에서도 찾아볼 수 있다. 이들은 어떤 경우에는 흉기가 공격을 촉발하는 역할을 하기도 하지만 다른 상황에서는 흉기가 공격을 방지하는 역할을 한다는 다소 상반된 것으로 보이는 효과를 제시하고 있다. 그런데 이러한 서로 상반되는 결과 역시 흉기를 소지한 원래 가해자의 의도가 무엇이었는가에 의존한다고 볼 수 있다. 성적 목적이나 금품갈취를 목적으로 한 범행이라면 흉기로 인하여 직접적 공격의 가능성이 줄어들 수 있지만, 피해자에 대한 공격 자체가 목적이었다면 흉기로 인한 힘의 불균형이 공격가능성을 높인다고 볼 수 있는 것이다.

제3절 가해자의 범행의도

제2절에서도 살펴본 바와 같이 폭력범죄의 진행과정에 있어서 가해자의 행위의도에 대한 정확한 파악은 사건의 이해를 위해서 꼭 필요하다. 특히 피해자의 사망 등은 결국 가해자의 행위선택 결과로 발생한 것이기 때문에 가해자의 살해의도가 매우 중요하다.

Felson과 Messner(1996)는 살해의도가 어떻게 형성되는지, 그리고 왜 폭행에 그치지 않고 살인까지 하게 되는지에 대해 관심을 가지고 연구하였다. 살해의도는 공격개시 시점 또는 그 이전에는 존재하지 않을 수도 있다는 점을 인정하며, 살해의도가 공격행동의 과정에서 형성되기도 한다고 주장하였다.

폭력행동에는 의도적 행위가 포함되어 있으며, 의도는 기대와 가치를 포괄한다. 상대방을 가해하고자 하는 자는 가해행동의 결과로써 상대방의 신체적 손상을 기대하고 있을 뿐만 아니라 그러한 손상 자체를 의미 있는 것이라고 가치를 부여한다. 모든 폭력행동에는 어떤 식으로든 행위자의 결정, 즉, 의도가 개입되어 있다고 보는 것이 적절하다. 물론 폭력범죄에 따라서 범행의도의 정도에서 큰 차이를 보일 수 있다. 충동적이고 별 의도가 없이 저지른 것처럼 보이는 폭력행동의 경우 신중한 생각의 결과로 나온 것으로 볼 수는 없더라도 일시적인 가해자의 의도가 개입되어 있다고 볼 수 있다. 결국 폭력행동은 단순히 우발적·충동적 행위로만 볼 수 없으며, 의도적인 행위의 하나이며, 구체적인 폭력의 사용은 영향력의 행사나 통제하려는 의도 또는 목적을 표현한 것으로 볼 수 있다.

폭력을 행사하는 사람은 자신이 행사하는 폭력에 다양한 의미를 부여한다. 상대방의 순응에 가치를 부여하기도 하고, 상대방에게 상해를 입히는 것 자체에 가치를 부여하기도 한다. 경우에 따라서 가해자는 폭력을 사용함으로써 정의를 구현한다고 생각하기도 하고, 긍정적인 자기상의 구축이라는 직접적인 목적을 달성하고자 하기도 하며, 금전적 이유 또는 신체적 안전 등과 같은 간접적인 목적을 달성하기도 하는 등 다양하게 폭력의 행사에 의미를 부여한다. 물론 폭력으로 인하여 발생한 모든 결과에 대하여 동일한 의미를 부여하는 것은 아니다. 강도의 경우에는 신체적 피해를 입히는 것보다는 상대방의 순응이나 경제적 이익을 얻는 것을 선호한다. 반면에 상대방과의 분쟁에서 격정적인 감정에 이른 사람은 상해를 입히는 것 자체에 중요한 의미를 부여할 것이다. 이러한 맥락에서 가해자는 상황에 대한 나름대로의 평가와 함께 자신이 행사하는 폭력에 대하여 나름대로 '합리적인 의미'를 부여한다고 볼 수 있다.[24)]

Felson과 Messner(1996)는 범죄자가 폭력을 행사하려는 의사결정을 할 때, 폭력사용에 따르는 비용을 중요하게 고려한다는 점을 지적하였다. 즉, 가해자는 폭력을 사용할 것인지 여부를 결정함에 있어 상대방 또는 제3자로부터 부과될 수 있는 비용을 고려한다. 상대방으로부터 부과될 수 있는 비용이란 가해자가 폭력을 시작한 후에 상대방이 가해자에 대해 위협이나 실제적인 폭력을 가함으로써 서로의 입장을 뒤바꿀 수 있는 상대방의 물리력을 의미한다. 육체적 힘의 차이나 흉기의 소지여부, 주위로부터의 도움 등이 당사자 사이의 물리력의 변화를 가져올 수 있다. 제3자로부터 부과될 수 있는 비용이란 형사사법기관에 의한 처벌이나 비공식적인 사회통제 및 처벌의 두려움 등을 의미하는데 이러한 비용의 고려는 가해자로 하여금 폭력의 사용을 자제하게 하거나 폭력을 사용하는 경우에도 그 정도를 제한하도록 하는 효과를 가지고 있다. 즉, 폭력을 행사하는 의사결정과정에서 가해자는 폭력사용에 따른 비용 때문에 폭력사용을 자제하거나 폭력의 정도를 제한하게 된다.

그럼에도 불구하고 가해자가 피해자를 살해하는 극단적인 결정을 하는 이유에 대해서 Felson과 Messner(1996)는 4가지로 설명한다. 앞에서도 언급한 바와 같이 살해의도는 사전에 미리 계획될 수도 있고, 폭력적인 상호작용과정에서 형성되기도 한다.

---

24) 그렇지만 합리적인 의미를 부여한다고 해서 범죄자가 생각할 수 있는 모든 경우의 가능성을 고려해서 결정을 내린다는 의미로 보기는 어렵다. 여기에서는 최소 합리성의 기준을 적용하는 것이 적절하다.

첫째, 피해자를 살해하고자 하는 욕구는 정의의 실현이나 자신의 아이덴티티를 확립하고자 하는 의도를 반영할 수 있다. 가해자가 극도로 흥분하거나 피해자에 대해서 배신감을 느끼는 경우에 가해자는 피해자를 살해하려는 결정을 할 수 있다. 이때 가해자는 피해자는 죽어 마땅한 짓을 했다고 생각하거나, 자신에게 심한 모욕을 주었다고 인식하는 경우에 상대방을 죽이는 것이 자신의 자존심을 지키고 무능함에서 벗어나는 것이라고 생각할 수 있다.

둘째, 범죄자는 피해자를 실질적인 이유로 살해할 수 있다. 폭력집단 간 경쟁과정에서 경쟁자를 살해하기도 하고, 보험금이나 상속 등을 노리고 가족을 살해하기도 하고, 애정관계에서 삼각관계에 빠지면 상대방을 독점하기 위해서 상대방을 살해하기도 한다.

셋째, 범죄자는 피해자로부터 자신에게 부과되는 비용을 회피하기 위해서 살인을 하기도 한다. 상대방의 즉각적인 반격이나 앞으로 당할 수 있는 보복 가능성을 피하기 위해서 피해자를 살해할 수 있다. 살해당한 피해자가 가해자보다 육체적으로 우월한 힘을 가지고 있을 경우에 가해자는 보복에 대한 두려움을 강하게 가질 수 있고 극단적으로 피해자를 죽이지 않으면 자신이 살해당할 것이라고 판단해서 피해자를 살해할 수도 있다. 즉, 보복의 두려움으로 피해자를 살해함으로써 자신이 살해당할 가능성을 없애는 것이다.

넷째, 제3자로부터 자신에게 부과되는 비용을 회피하기 위해서 피해자를 죽이기도 한다. 피해자를 살해함으로써 신고를 하지 못하도록 하거나 피해자가 사법절차에서 증인이 되는 것을 방지함으로써 처벌의 확실성을 제거하고자 할 수 있다. 물론 살해했을 때 그것이 밝혀지면 더 심한 처벌을 받을 수 있지만, 피해자를 살해함으로써 처벌의 가능성을 줄이고자 하는 것이다. 성폭행이나 강도를 저지른 후에 살인을 저지르는 것이 여기에 해당한다고 할 수 있다.

요점정리

(1) 피해자촉발은 피해자가 먼저 범죄자에 대하여 물리적인 힘을 사용함으로써 살인사건의 직접적이고 적극적인 촉진자가 되는 경우를 말한다. 피해자촉발에서는 흉기의 사용이 중요한 판단요인이 되며, 피해자가 먼저 치명적인 흉기를 사용한 것이 이에 해당한다. 살인사건의 1/4 정도는 피해자촉발에 의한 것이다.

(2) 폭력의 위계란 개인 간의 관계에서 적대적이거나 위협적인 상황이 진전되어 폭력의 행사, 살인에까지 이르게 되는 단계를 의미한다. '위협상황'이 항상 직접적인 공격으로 나아가는 것은 아니며, 공격이 발생한다고 해도 항상 신체적 피해를 수반하는 것은 아니다.

(3) 폭력상황에서 가해자와 피해자의 상호작용은 6개의 단계를 거친다. ① 최종적인 피해자가 특정 행동을 취한다. ② 가해자가 이런 행동을 도발적이고 모욕적인 것으로 해석한다. ③ 가해자는 손상된 체면이나 명예를 지키기 위하여 행동을 개시한다. ④ 문제 상황에 직면한 피해자는 공격적으로 행동한다. ⑤ 가해자와 피해자는 물리적인 폭력을 주고받으며, 이러한 행동은 대부분 짧고 정확하다. ⑥ 피해자의 구체적인 피해가 발생하며 가해자는 도망가거나 구경꾼들에 의해 붙잡힌다.

(4) 범죄자와 피해자 사이에서 공격적 행동을 유발하는 요인 중의 하나는 다른 사람으로부터 공격을 받았다는 사실의 인식이며, '체면유지'와 '전략적 이유'가 공격행동의 중요 원인이다.

(5) Sengstock과 Liang의 가해자와 피해자의 행동을 설명하는 3모형 : 단순 피해자모형, 피해자유발 모형, 갈등모형. 이러한 3가지 유형은 폭력범죄의 유형에 따라서 달리 적용될 수 있다.

(6) 흉기 자체의 중요성을 강조하는 입장 : 범죄사건에서 사용되는 흉기의 종류와 같은 가시적인 물리력의 차이가 피해의 양상과 정도를 결정하는데 결정적이다. 흉기는 다른 요인과 상관없이 독립적으로 범죄피해의 크기를 결정짓는다. 흉기의 종류가 피해의 양상과 크기를 결정하는 핵심요인이다.

(7) 범행의도를 중요하게 보는 입장 : 흉기의 사용을 선택하는 것도 범죄자의 범행의도를 실현하는데 있어서 필요한 도구에 불과하며, 중요한 것은 범죄자의 행위의도이다. 흉기는 그 자체로 범죄피해라는 결과를 가져오는 것이 아니며 행위자의 주관적 의도와 결합해야 범죄피해라는 결과를 가져온다. 흉기의 사용은 상황에 따라서 피해자의 동조와 순응을 쉽게 이끌어 냄으로서 신체적 피해를 줄이기도 한다.

(8) 폭력행동은 단순히 우발적 충동적 행위로만 볼 수 없으며, 의도적인 행위의 하나이며, 구체적인 폭력의 사용은 영향력의 행사나 통제하려는 의도 또는 목적을 표현한 것으로 볼 수 있다.

복습문제

1. 피해자가 먼저 범죄자에 대하여 물리적인 힘을 사용함으로써 그 살인사건의 직접적이고 적극적인 촉진자가 되는 경우를 지칭하는 개념은?

2. 개인 간의 관계에 있어서 적대적이거나 위협적인 상황이 진전되어 폭력의 행사, 살인에까지 이르게 되는 단계를 의미하는 개념은?

3. Luckenbill에 따르면 폭력상황에서 가해자와 피해자의 상호작용은 일반적으로 6개의 단계를 거친다. 빈칸에 해당하는 것을 〈보기〉에서 골라 순서대로 올바로 제시하면?

〈보기〉
(첫째, 최종적인 피해자가 어떤 행동을 취하고 이 행동은 최종적인 가해자에게 체면을 손상시키는 것으로 인식된다.) – (둘째,) – (셋째,) – (넷째,) – (다섯째,) – (여섯째, 피해자의 구체적인 피해가 발생하며 가해자는 도망가거나 구경꾼들에 의해 붙잡힌다.)

① 가해자는 자신의 손상된 체면이나 명예를 지키기 위하여 구체적인 행동을 개시한다.
② 가해자가 이러한 말이나 제스처를 도발적이고 모욕적인 것으로 해석한다.
③ 가해자와 피해자는 물리적인 폭력을 주고받는데, 이러한 행동은 대부분 짧고 정확하다.
④ 문제 상황에 직면한 피해자는 공격적으로 행동하며, 제3자에게 이 상황이 폭력을 사용해야만 해결될 수 있다는 표식을 보낸다.

4. 범죄자와 피해자의 행위지향의 변화가 상대방의 행동과 상황에 대한 판단에 따르며, 공격적 행동을 유발하는 결정적인 요인은 다른 사람으로부터 공격을 받았다는 사실의 인식하는 것이라고 주장하면서 Felson이 이를 설명하기 위해서 사용한 사회학적 개념은?

5. 흉기는 다른 요인과 상관없이 독립적으로 범죄피해의 크기를 결정짓는다고 보는 입장에서 흉기의 종류가 피해의 양상과 크기를 결정하는 핵심요인이라고 보는 흉기의 효과를 지칭하는 개념은?

6. 다음 중 공격상황에서 흉기(총기)의 효과에 해당하지 않는 것은?

① 흉기는 공격을 더욱 용이하게 한다.
② 흉기는 공격을 촉발하는 공격의 방아쇠 역할을 한다.
③ 흉기는 공격을 방지하는 역할을 수행하기도 한다.
④ 흉기는 힘의 과잉을 가져다 줌으로써 직접적인 물리적 공격의 발생가능성을 높인다.

7. 가해자의 범행의도에 대한 설명으로 적절하지 않은 것은?

① 살해의도는 공격개시 시점 또는 그 이전에는 존재하지 않을 수도 있다.
② 폭력행동의 의도적인 행위의 하나이며, 영향력의 행사나 통제하려는 의도 또는 목적을 표현한 것이다.
③ 강도의 경우 상대에게 상해를 입히는 것에 중요한 의미를 부여할 것이다.
④ 폭력으로 인하여 발생한 모든 결과에 대하여 동일한 의미가 부여되는 것은 아니다.

정답 1. 피해자촉발, 2. 폭력의 위계, 3. ②-①-④-③, 4. 인상관리
5. 흉기의 도구성 효과, 6. ④, 7. ③

제6장

피해자의 역할과 책임, 그리고 피해자 비난

학습목표

○ 피해자의 유형을 구분하고 각 유형별 피해자의 책임공유를 학습한다.
○ 피해자 유인과 피해자 촉진, 그리고 피해자 촉발의 개념을 구분한다.
○ 피해자 비난의 원인을 학습하고, 그 결과에 대해 이해한다.
○ 피해자 비난론과 피해자 옹호론의 논쟁을 이해하고, 실천적 응용방안에 대해 살펴본다.

핵심키워드

피해자 유형분류, 범죄의 이중구조, 책임공유, 피해자 유책성, 형벌의 쌍, 기능적 책임성, 정렬의 열기, 피해자 유인, 피해자 촉진, 피해자 촉발, 피해자 옹호론, 공정사회가설, 귀인오류, 불사신 이론

06 피해자의 역할과 책임, 그리고 피해자 비난

다음의 상황을 가정해보자. 대학생 A는 혼잡한 지하철 내에서 휴대폰을 보는데 집중하다 지갑을 소매치기 당했다. 또 다른 대학생 B는 대학가 원룸에 사는데 하루는 문을 잠그는 것을 깜빡하여 책상위에 있던 노트북을 도난당하였다. 한편, 복학생 C는 예비군 훈련을 받고 돌아와서 친구들과 군복무 시절을 회상하며 신나게 술을 마셨는데, 그만 술에 만취하여 길에서 잠을 자다 지갑을 아리랑치기 당했다. 이 세 사람은 모두 절도를 당했다는 점에서 동일한 범죄피해의 결과를 얻게 되었다. 그런데 범죄피해가 발생하는 데 있어서 각각의 피해자는 어떤 역할을 했는가? 이 세 사람 모두에게 동일한 책임을 물을 수 있을까? 아마 그렇지는 않을 것이다. 즉, 각자가 처한 상황으로 인해 우리 사회는 이 세 사람에게 각기 다른 정도의 비난 내지 책임을 묻게 될 것이다. 주의집중을 하지 못하여 소매치기를 당한 A나 문단속에 소홀하여 주거침입절도를 당한 B, 그리고 술에 취해 아리랑치기의 기회를 제공한 C 모두 일정부분 피해의 책임이 있다. 다만, 각자의 절도피해에 대한 피해자의 역할에 따라 그 비난의 정도가 달라질 것이다.

앞서 살펴본 바와 같이 범죄피해를 설명하는 이론으로 피해자촉발이론이나 상황적 전이이론은 물론 생활양식이론이나 일상활동이론에 이르기까지 범죄발생은 피해자의 역할을 무시하고는 설명이 불가능하다. 가해자에 상응하는 피해자의 역할이 존재한다는 것이다. 이러한 관심은 피해자학의 발전과 그 궤를 함께 한다. 초기의 피해자학은 피해자의 역할 및 책임에 대한 논의와 함께 피해자의 분류가 중요한 연구주제로 다루어졌다. 이 장에서는 범죄발생에 있어서 피해자의 역할과 책임을 중심으로 피해자의 유형분류를 살펴보고, 피해자의 책임공유(shared responsibility) 및 피해자 비난론(victim blaming)에 대해 알아보겠다.

제1절 피해자의 유형분류

초기의 피해자학은 피해자의 유형화에 초점을 맞추어 논의가 진행되어왔다. 여기서 피해자의 유형은 범죄발생에서 피해자가 취하는 역할을 중심으로 분류되는 것이 보편적이다. 이 같은 피해자의 유형화는 가해자 중심의 형사사법에 있어서 피해자의 유형에 따라 가해자의 적정한 책임을 가늠할 수 있다는 점에서 그 중요성이 있었다. 따라서 피해자 유형분류는 피해자 행동의 특징·반응·가해자의 공격에 대응한 피해자의 기여형태 등을 중심으로 그 특성을 유형화하는 것에 관심을 갖는다. 또한, 가해자와 피해자의 관계, 양자의 책임관계를 명확히 하기 위한 단서를 모색하고자 하는 목적에서 피해자의 유형분류가 시작되었다고 볼 수 있다.

1. Von Hentig의 유형분류

Hans von Hentig는 자신의 저서 "범죄자와 그의 피해자(The Criminal and His Victim)"에서 "범죄의 이중구조(Duet Frame of Crime)"라는 말을 통해 피해자들이 범죄의 원인제공자로서의 역할을 함을 역설했다. 그는 피해자와 범죄자의 지위가 양자의 상호작용 내지 상황에 따라 뒤바뀌는 경우가 있다는 점에 주목했다. 범죄피해의 상황이나 그 원인을 무시하고 결과만 놓고 보면 가해자와 피해자가 명확한 것처럼 보인다. 하지만, 그 이면에 사건의 역학관계를 살펴보면 피해자는 가해자를 지속적으로 괴롭혀오던 사람이었거나, 피해자의 공격에 가해자가 순간적인 자기방어로서 취한 행동의 결과 가해자와 피해자의 지위가 뒤바뀐 경우를 종종 발견할 수 있다. Von Hentig는 이를 눈여겨 본 것이다.

Von Hentig의 분류는 심리학적, 사회적, 생물학적 요인을 기초로 했다. 그는 크게 세가지의 피해자 유형을 구분하고, 일반적 피해자집단, 심리학적 피해자집단, 활성화된 피해자집단 등으로 구분했다. 이 분류는 범죄피해에 있어서 다양한 위험요인들을 고려한 것으로 구체적인 내용은 〈표 6-1〉에서 설명하고 있다. 먼저, 아동, 여성, 노인, 정신이상자, 이민자/소수자/우둔한 자 등은 일반적 피해자집단으로 범죄피해를 입기 쉬운 사회인구학적 특징을 갖고 있는 피해자 유형이다. 한편, 의기소침자, 탐욕자, 호색한, 외톨이 내지 실연자, 학대자, 고립자/면제자/투사 등은 심리학적 피해자집단으로 정서상 문제 내지 심리적 특징이 있어 범죄피해에 노출되기 쉬운 피해자 유형에 해당한다. 끝으로 활성화된 피해자집단은 그 자체로 독특한 양상을 나타내는 피해자로서 평소 공격적인 성향을 갖고 있는 가해자가 피해자로 전환되는 유형의 피해자를 검토한 것이다.

〈표 6-1〉 Von Hentig의 피해자 분류

분류		내용
일반적 피해자집단	아동	공격 피해가능성이 가장 높고, 일생 중 가장 위험한 시기이다.
	여성	여성은 법적으로 인정된 허약함의 또 다른 형태로, 많은 법률이 약자(여성)와 강자(남성)의 법적의제를 구체화한다.
	노인	노령층은 축적된 부와 경제력을 갖고 있는 동시에 신체적·정신적 취약성을 특징으로 한다.
	정신이상자	정신박약, 정신이상, 약물 및 알코올 중독자 등은 피해자의 한 부류를 형성하고 있다.
	이민자/소수자/우둔한 자	이민으로 인한 급격한 변화는 생전에 필요한 인간관계에 무력감을 가져오고, 미숙련자, 빈곤자, 우둔한 자 등은 사기꾼들의 쉬운 먹잇감이 된다.
심리학적 피해자집단	의기소침자	이들은 자기보호본능의 불안으로 고통 받는다. 이런 본능이 없다면 개인은 위험 등으로부터 쉽게 압도당할 것이다.
	탐욕자	이들은 빼어난 피해자가 된다. 이익을 향한 과도한 욕망은 지적능력, 경제경험, 내부 장애 등을 무시한다.
	호색한	바람둥이 기질이 있는 사람들은 다른 요인들을 동반하여 활성화된다. 즉, 외로움, 알코올, 특정 국면 등이 이러한 피해 유형의 가속장치가 된다.
	외톨이 내지 실연자	외로움이나 실연은 정신기능 약화의 심각한 원인이 되고 범죄자의 쉬운 먹잇감이 된다.
	학대자	싸이코틱한 아버지가 아내와 아이들을 지속적으로 학대하다, 아이들이 장성하여 그 아버지를 살해하는 것이 전형적이다.
	고립자/면제자/투사	고립된 피해자는 방어가 불가능한 상황에 놓인 사람들이다. 가해자의 관점에서 볼 때 스스로 무기력한 상태로 빠져들어 피해자로서 이상적이다.
활성화된 피해자		이 유형은 가해자가 피해자로 전환된 경우에 해당된다. 여기에는 특정 성향, 연령, 알코올, 자기신뢰 결여 등과 같은 요인들이 기폭제로 작용한다.

Von Hentig, H. 1948, The Criminal and His Victim: Studies in ti Sociobiology of Crime, New Haven, CT: Yale University Press, pp. 404-438.

Von Hentig의 피해자 유형분류는 초기의 피해자 연구로서 어떤 특징을 갖고 있는 사람들이 범죄피해자가 되는가를 중심으로 검토한 것이다. 피해자가 범죄피해를 입을 수밖에 없는 요인들을 탐색한 것이라는 점에서 의의가 있다. 더불어, "활성화된 피해자"를 제안하여 피해자가 범죄피해에 책임을 공유할 수 있는 여지가 있음을 지적하고 있는데, 이것은 차후 피해자 비난론(victim blaming)이나 피해자의 책임공유(shared responsibility) 등과 관련한 논쟁의 시초가 되기도 했다.

하지만, 피해자 개인의 특징이나 행동 등이 범죄피해의 원인이 되는 것으로 파악한 Von Hentig의 주장은 이후 많은 연구들에 의해 비판을 받았다. 특히, Von Hentig의 피해자 분류가 피해자의 능동적인 역할보다는 수동적인 역할을 중심으로 하고 있다는 점에서 범죄피해에 있어서 피해자의 역할을 충분히 설명하는 것에는 한계가 있다고 지적받고 있다.

2. Mendelsohn의 분류

Mendelsohn은 범죄상황에서 피해자의 역할로서 유책성(有責性)의 개념을 제시했다. 범죄는 상호투쟁적인 것이기 때문에 가해자와 피해자는 "형벌의 쌍(Penal Couple)"이라고 불리며, 상호 분리될 수 없는 관계로 보았다. 그는 범죄발생에 있어서 피해자가 일정부분 책임을 갖고 있으며, 그 수준을 기준으로 피해자의 유형을 분류할 수 있다고 보았다. Mendelsohn은 피해자학(Victimology)이라는 용어를 처음 만들어낸 피해자학의 아버지이기 이전에 변호사이자 법률가로서 활동을 했었다. 따라서 재판과정에서 다양한 사건을 통해 범죄발생에 가해자 뿐 아니라 피해자도 일정부분 역할을 하는 것에 관심을 갖게 되었다. 그의 관심은 피해자가 갖고 있는 유책성을 기준으로 〈표 6-2〉와 같은 피해자 분류로 이어졌다. Mendelsohn은 피해자의 역할 정도, 즉 유책성의 수준에 따라 여섯 가지의 피해자 유형을 분류했다. 이하에서는 피해를 입지 않았음에도 피해를 입은 것처럼 행동하는 "상상 피해자"를 제외하고 피해자의 유책성을 중심으로 5가지 유형의 피해자를 살펴보았다.

〈표 6-2〉 Mendelsohn의 분류

분류	내용
유책성이 전혀 없는 피해자	피해자가 범죄행위를 유발하는 자극을 전혀 하지 않은 경우
유책성이 조금 있는 피해자	피해자가 의심을 받을만한 상황에 가해자를 무심코 끌어들인 경우
가해자와 동일한 유책성이 있는 피해자	피해자가 부도덕한 범죄에 가담하여 피해를 입은 경우 : 자살 피해자
가해자보다 더 유책성이 있는 피해자	피해자가 가해자의 우발적인 행동을 촉발하거나 부추긴 경우
유책성이 가장 큰 피해자	범죄를 저지르다가 피해를 입은 경우

Mendelsohn, B. 1956. The Victimology. Etudes Internationale de Psycho-Sociologie Criminelle, July, 23-26.

① **완전히 무책한 피해자:** 이 유형은 범죄 또는 범죄피해의 책임을 논할 때 가해자 일방에게만 책임이 있고 피해자에게는 전혀 책임이 없는 경우가 해당된다. 이들은 범죄피해를 예상하거나 예방하는 것이 전혀 불가능한 결점이 없는 피해자이다.

- 성적학대, 신체적 학대, 또는 방임을 당한 아동
- 전혀 모르는 낯선 사람에 의한 예측되지 않고 피해자가 촉발하지 않은 강간이나 살인범죄의 피해자
- 심각한 정신병 내지 정신장애를 갖고 있는 성인에 대한 착취와 폭행
- 무의식 상태에서 범죄피해를 당한 경우
- 버지니아공대에서 발생한 조승희 총기난사사건의 희생자
- 대구지하철 방화사건의 희생자

② **유책성이 조금 있는 피해자:** 이 유형에는 범죄피해에 대하여 피해자가 일정부분 정보를 갖고 있어서 위험을 사전에 인지, 지각, 의식, 예상할 수 있어 피해를 회피하거나 최소화할 수 있었음에도 그렇게 하지 않아 피해자가 된 경우가 해당된다. 그들은 범죄피해를 입기 전에 피해를 예방하기 위한 뭔가를 더 했어야 했거나 할 수 있었던 사람들이다.

- 도움을 받을 수 있는 시설이 있음에도 반복적인 가정폭력을 참고 당하는 피해자(여기서 가정폭력은 일정한 패턴이 형성되어 충분히 반복피해가 예견되는 상황)
- 몇 차례의 경험으로 패턴이 형성된 부부강간의 피해자
- 폭행을 예견할 수 있는 시간과 장소에 감으로써 범죄피해를 자초한 피해자
- 낙태를 희망하는 산모가 의사의 진료 없이 민간요법으로 낙태를 시술하다가 산모가 사망에 이른 경우(무지에 의한 피해자라고도 함)

③ **피해자와 가해자의 유책성이 동등한 자발적인 피해자:** 이 유형에는 범죄피해의 결과에 대해 가해자와 동등한 정도의 책임을 공유하고 있는 피해자가 해당된다. 이들은 범죄 상황에 대해 자각하고 있음에도 범죄발생에 있어 일정부분 역할을 한다. 그들은 범죄피해 상황을 놀라워하지 않을뿐더러 상식적으로 범죄로 인한 손실을 예상할 수 있는 사람들이다.

- 마약중독자와 마약판매자 사이의 관계
- 매춘으로 인해 성병에 걸리게 된 남성
- 가해자를 찾아서 도전하고, 괴롭히며, 때로는 자극하는 피해자(친구와 심한 장난을 주고받다 싸움을 하게 된 경우)
- 치킨게임(chicken game)[25], 권총결투(gun duel)[26], 또는 동반자살 등의 피해자

④ **가해자보다 더 유책성이 큰 피해자:** 이 경우 범죄피해가 충분히 예견되는 상황에서 적극적으로 가해자와의 상호작용에 가담하는 피해자가 포함된다. 이하에서 설명

25) 치킨게임(Chicken Game)은 두 명의 경쟁자가 한 밤중에 도로의 양쪽에서 서로의 차를 향해 돌진하다가 충돌 직전에 핸들을 먼저 꺾는 사람이 지는 경기로, 1950년대 미국 젊은이들 사이에서 유행했던 게임이다. Chicken은 '겁쟁이'라는 뜻을 가진 단어로, 핸들을 꺾은 사람을 Chicken(겁쟁이)으로 취급하는 경기였다.

26) 대표적인 사례는 1804년 7월 11일 오전 7시 미국 뉴저지 주 외곽의 허드슨 강변에서 있었던 미국 초대 재무장관 알렉산더 해밀턴(Alexander Hamilton)과 당시 부통령(3대) 애런 버(Aaron Burr)의 권총결투였다. 버가 결투를 신청한 이유는 "해밀턴이 버에 대해 더 야비한 의견(more despicable opinion)을 피력했다"는 신문 기사 때문이었다. 버는 해명을 요구했지만 평소 공사석에서 오랜 정적(政敵) 버의 인간성을 비난해 온 해밀턴으로선 답변을 할 수 없었고, 결국 결투에 응하여, 사망에 이른다. 당시 결투는 '명예 사건(affair of honor)'이라고 불렸고 엄격한 규칙이 정해져 있었다. 모욕을 당한 중세 기사들은 상대의 뺨을 장갑으로 때리거나 그 앞에 장갑을 떨어뜨려 결투를 신청했고, 이를 받아들이지 않는 것은 불명예로 간주됐다. 결투는 사전에 장소, 무기, 방식을 철저히 합의한 뒤 이뤄졌다. 그 한계도 ▲처음 피를 볼 때까지, ▲중상을 입을 때까지, ▲죽을 때까지 등 다양하게 정해졌다. 권총결투의 경우 동시에 한 발씩 쏘는 게 일반적이었고 둘 사이의 거리는 모욕이 클수록 가까웠다(동아일보, 2006.7.11. "1804년 해밀턴-버 권총 결투", http://news.donga.com/ 2012.1. 15. 검색)

하는 유책성을 독점하는 피해자와 달리, 피해자는 가해자를 자극하여 피해를 유발하는 반면, 가해자는 그 상황을 쉽게 회피할 수 있는 경우이다. 또, 피해자와 가해자의 유책성이 동등한 경우와의 차이점은 범죄피해에 대하여 가해자가 피해자보다 그 유책성이 덜 하다는 점이다.

- 매 맞는 아내로부터 살해당한 가학적 남편(근본적으로 남편의 책임이 더 크지만, 남편의 학대 역시 일종의 상호작용이라는 점에서 범죄피해의 책임은 쌍방이 공유)
- 술에 취하지 않은 주변 사람을 괴롭히다 폭행당한 주취자
- 오대양 집단자살사건[27], 영생교 집단소사사건[28] 등 사이비 종교에 자발적으로 가입하여 세뇌당하고 살인·폭력 등의 피해자가 되는 경우

⑤ **유책성이 가장 큰 피해자:** 이 유형에는 상해와 같은 피해를 유발할 수 있는 행동을 먼저 시작한 피해자가 포함된다. 유책성을 독점하는 피해자의 경우 가해자의 행위는 법률적으로 범죄를 구성하지 않으며, 순전한 자기방어이거나 가해자의 입장에서 충분히 예견할 수 있는 행동이라는 점이 특징이다.

- 피해자의 정당방위로 살해당한 강간범
- 살해하려고 한 상대방으로부터 살해당한 청부살인업자
- 지나친 흡연으로 폐암에 걸린 환자
- 정신적으로 건강한 사람의 자살(합리적 판단의 결과 계획적인 자살을 선택)

이상과 같이 피해자에 대한 비난가능성 또는 유책성을 기준으로 한 Mendelsohn의 피해자 분류방식은 피해자의 상대적 유책성을 파악하는데 상당히 유용하다는 장점을 갖고 있다.

27) 1987년 8월 29일 경기도 용인군(현 용인시 처인구)의 오대양 공예품 공장에서 발생한 집단 자살 사건이다. 공장 내 식당 천장에서 오대양 대표 박순자(朴順子)와 가족, 종업원 등 추종자 32명이 집단 자살한 시체로 발견되었다. 사이비 종교에서 운영하던 회사에서 발생한 사건이다(위키백과, http://ko.wikipedia.org/ 2012.1.15. 검색).

28) 1998년 10월 5일 강원도 양양군 낙산대교 건설 현장 부근에서 승합차에 타고 있던 사이비종교 신도 7명이 분신자살한 사건이다. 이들은 종교적인 이유로 자살한 것으로 드러났으며, 이 사건으로 인하여 사이비종교의 반사회성이 또다시 부각되었다(서울신문, 1998.10.7. "목사·신도 등 7명 자살/양양서 승합차 불질러", http://www.seoul.co.kr/ 2012.1.15. 검색).

〈멘델존의 역할〉

하나의 정형적인 학문분야로서의 피해자학 구성은 루마니아 변호사였던 멘델존(Benjamin Mendelsohn)에 의해서였다. 멘델존은 피의자를 변호하는 과정에서 피해자와 가해자 사이의 관계에 관심을 갖게 되었다. 그는 가해자의 책임정도를 판단할 때 피해자와 가해자의 상호작용에 대한 이해의 중요성을 깨달았다. 실제 많은 경우 재판에서 피해자의 입장은 무시되었고, 심지어 사법시스템에 의해 피해자가 모욕을 당하는 경우도 경험하였다. 멘델존은 피해자 지원 의료기구, 국제기구, 특별 연구기관 등의 설립을 제안함으로써 피해자를 보호하고 지원할 수 있는 방법을 모색했다. 그의 초기 저술, 피해자 권리보호를 위한 캠페인, 피해자학에 관한 다양한 저술활동 등은 멘델존에게 "피해자학의 아버지(The Father of Victimology)"라는 별칭을 얻게 하였다(Wilson, 2009: 300).

〈연구영역〉

멘델존의 초기 연구는 대부분 범죄피해자와 가해자와의 관계에 관한 것이었지만, 그 시작은 피해자에게 보다 관심이 집중되어 있었다. 이러한 경향은 피해자학이 논리적으로 모든 종류의 피해(예를 들면, 범죄를 포함한, 자동차사고, 자연재난 등의 피해)에 대해 관심을 가져야 하는 것으로 귀결되었다. 멘델존은 이처럼 광범위한 피해자학 유형을 일반피해자학(General Victimology)이라고 명명했다. 오늘날 피해자학의 유형은 범죄피해자에 한정한 피해자학(최협의), 피해자의 인권으로 그 범위를 확장한 피해자학(협의), 원인을 구분하지 않고 모든 형태의 피해자를 아우르는 피해자학(광의)으로 구분하는 것이 일반적이다. 또한 최근의 피해자학은 다학제적 접근을 통해 법률, 범죄학, 심리학, 사회학, 인류학, 정치학 등과 함께 연구되어 그 영역을 확장하는 추세이다(Wilson, 2009: 300).

3. Schafer의 분류

1968년에는 Stephen Schafer가 Von Hentig의 접근방식을 활용하여 피해자의 역할에 대한 또 다른 분류를 제시했다. Mendelsohn과 Von Hentig의 뒤를 이어 그는 "피해자와 그의 가해자(The Victim and His Criminal)"라는 저술을 통해 위험요소 대신 유책성을 기초로 피해자를 분류하고자 했다. 즉, Schafer는 피해자–가해자 사이의 관계에 초점을 맞추어 기능적 책임성(functional responsibility)이라는 개념을 통해 피해자를 분류하고자 했다.

Schafer는 "형사사법 절차에서 피해자의 역할은 범죄사건의 단순한 원인이나 결과로서의 존재가 아니며, 따라서 범죄자–피해자관계 연구는 형사사법제도의 목적은 물론 범죄문제의 기능적 해결에 중요한 역할을 한다"고 언급했다(Schafer, 1968: 5). 즉, 그는 범죄자–피해자관계 연구가 형사사법 연구에서 범죄의 역동성을 고려하고 가해자와 피해자를 함께 다루어야 한다는 인식제고에 기여한다고 확신했다.

Schafer는 피해자의 기능적 책임성의 중요성을 강조했는데, 여기서 기능적 책임성이란 사회 내에서 고립된 요소가 아니고, 오히려 모든 사회가 스스로를 유지하기 위해 언제나 사용되는 사회적 통제 수단이라고 보았다. 즉, Schafer는 범죄문제에 있어서 피해자와 가해자의 기능적 책임성이 중요한 요소라고 보았다. 이 관점은 범죄가 개인의 행동일 뿐 아니라 사회적 현상이며, 모든 범죄는 단순히 "저질러지는 것"이 아니고 피해자의 무관심(acts of negligence), 촉진(precipitative actions) 내지 촉발(provocation) 등이 범죄발생에 일종의 기여를 한다고 본다. 피해자는 가해자의 공격을 유발하면서도 그러한 공격에 적극적으로 회피하지 않는 점에서 범죄에 있어서 피해자의 기능적 역할, 이른바 기능적 책임성이 중요한 요인이 된다는 것이다.

Schafer는 이와 같이 피해자의 책임을 기반으로 유형론을 제시했고, 피해자들의 다양한 위험요소를 중심으로 한 Von Hentig의 분류방식과 약간의 차이가 있다. 즉, Schafer는 피해자의 유책성을 명확하게 제시하여 Von Hentig의 "활성화된 피해자"를 범죄책임과 무관한 피해자, 자극적 피해자, 범죄촉발 피해자, 자기 피해자 등으로 구체화시켰다. 이것은 〈표 6–3〉에서 보는 바와 같다.

〈표 6-3〉 Schafer의 분류

분류	내용	피해자의 책임
1. 범죄책임과 무관한 피해자	피해자가 단순히 불행하게 범죄표적이 된 경우	피해자 책임 없음
2. 자극적 피해자	범죄자가 피해자의 어떤 행동에 반응한 경우	범죄피해 책임 공유
3. 범죄촉발 피해자	피해자가 위험한 장소나 시간에 부적절한 행동, 말을 통해 자신을 범죄피해로 내몬 경우	일정부분 피해자 책임
4. 생물학적 취약성 가진 피해자	노인, 아동, 병자 등 신체적 조건으로 인해 범죄자의 표적이 된 경우	피해자 책임 없음
5. 사회적 취약성 가진 피해자	이주민, 소수민족 등 사회에 통합되기에 적합하지 못한 조건을 갖고 있어 범죄표적이 된 경우	피해자 책임 없음
6. 자기 피해자	약물중독, 매춘, 도박 등과 같은 행위를 하여 스스로 피해자이면서 가해자가 된 경우	완전한 피해자 책임
7. 정치적 피해자	권력에 반대하거나 복종적인 사회 지위를 갖고 있기 때문에 피해를 당한 경우	피해자 책임 없음

Schafer, S. 1968. Doerner & Lab(2011), Victimology에서 재인용.

4. 宮澤浩一의 분류

미야자와 고이치(宮澤浩一)는 젊은 시절 독일 유학 중 피해자학의 선구자인 Mendelsohn을 만나 그의 이론에 공감하고 평생을 피해자학 연구에 몰두했다. 따라서 피해자의 범죄에의 기여수준을 토대로 한 미야자와 고이치의 피해자 유형분류는 범죄상황에서 피해자의 역할을 분류한 Mehdelson의 분류와 그 맥을 같이 한다고 볼 수 있다.

구체적으로 미야자와 고이치는 피해자의 유형을 평균적(전형적) 피해자, 동정 받는 피해자 vs. 동정 받지 못하는 피해자, 투쟁하는 피해자 vs. 침묵하는 피해자로 구분하고 있다(宮澤浩一, 1999: 113-124).

① **평균적(전형적) 피해자:** 평균적 피해자는 누가 보더라도 불쌍한 피해자, 전형적 피

해자, 의심할 여지가 없는 피해자 등으로 이해할 수 있다. 사회 여론은 이들 피해자의 가해자에게 분노와 증오를 느끼지만, 반대로 피해자와 그 가족에게는 동정심을 보내고 공감대를 형성한다.

이상적 피해자(the Ideal Victim)로도 불리는 평균적 피해자는 범죄에 직면했을 때 가장 쉽게 피해자가 될 완전하고 정당한 지위에 있는 사람으로 설명된다. 이는 스스로 자신이 가장 피해자라고 인식하는 것도 아니고, 가장 많이 피해를 당하거나 피해자가 될 위험성이 가장 많은 사람을 뜻하는 것도 아니다(이윤호, 2007: 124). 예를 들어 양손에 무거운 짐을 들고 한낮에 길을 가던 할머니가 젊고 덩치가 큰 남성에게 강도를 당했다면, 피해를 당한 할머니는 여기서 말하는 이상적 피해자에 해당된다. 즉, 할머니는 신체적으로 노쇠한 상황이고, 양손은 무거운 짐을 들고 있어 쓸 수 없으며, 한낮에 길을 걷고 있기 때문에 비난받을 일도 없고, 건장한 가해자는 범행의도를 명백히 갖고 있고, 피해자와 가해자는 사전에 아무런 관계를 갖고 있지 않다는 점에서 이상적 피해자라고 말하는 것이다.

② **동정 받는 피해자 vs. 동정 받지 못하는 피해자:** 가해자와 피해자의 인간관계, 사건의 전개과정, 행위상황 등을 고려한 피해자 유형분류이다. 피해자의 유책성을 중심으로 한 분류라고 할 수 있다.

동정 받는 피해자는 피해자의 책임보다는 가해자의 유책성이 더 크다고 판단될 때 인정되는 피해자 유형이다. Mendelsohn의 분류 가운데 완전히 책임 없는 피해자, 유책성이 적은 피해자 등이 동정 받는 피해자의 유형에 속한다. 여기에 미야자와 고이치는 '우발적 피해자'를 포함했다. 범인이 갖고 싶어 하는 물건을 갖고 있었기 때문에 빼앗긴 경우, 범인이 좋아하는 타입이어서 접근한 경우, 범인의 성욕이 높아져 있어서 상대가 누구라도 상관없이 강간하는 경우 등의 피해자가 여기에 해당한다.

그런데, 동정 받는 피해자의 사례 중에도 피해자의 태도, 복장, 언동이 도발적이고 자극적인 경우 그 한도가 넘으면 '도발적 피해자'로서 동정 받지 못하는 피해자로 분류될 수 있다. 즉, 피해자의 특성과 유책성 측면에서 '가해자가 다른 사람이 아닌 그 피해자를 선택한 이유가 무엇인가'라는 지명성(指名性)을 분석함으로써 동정 받는 피해자와 동정 받지 못하는 피해자는 구분이 된다고 본다.

③ **투쟁하는 피해자 vs. 침묵하는 피해자:** 이 분류는 범죄자의 공격에 대하여 피해자가 취하는 태도를 기준으로 구분한다. 피해자의 태도는 피해자의 연령, 소속계층, 가해자와의 관계, 피해자가 받은 피해(손해)의 정도, 가해자에 대한 개인적 감정 등 여러 요소에 의해 차이가 있을 수 있다.

투쟁하는 피해자의 가장 비극적인 경우는 성적(性的) 공격으로부터 자신을 지키려고 저항하다가 목숨을 빼앗긴 경우일 것이다. 예를 들어, 여성의 정조를 중시하는 유교사상이 뿌리 깊은 아시아 지역에서의 강간을 생각해보자. 아시아 지역은 강간을 피하기 위해 적극적으로 저항하고 투쟁하도록 사회분위기가 형성되어 있기 때문에 강간범과 만난 여성은 "투쟁하는 피해자"가 될 가능성이 높다. 하지만 동시에 범죄에 저항하거나 투쟁할 수 없는 상황의 피해자는 강간피해 이외에도 주변의 시선과 소문으로부터 2차 피해자화를 두려워하여 "침묵하는 피해자"가 될 수도 있다.

미야자와 고이치는 침묵하는 피해자의 유형에 명예훼손 피해자와 결혼사기 피해자 사례를 제시하고 있다. 명예훼손 피해자는 범죄피해가 매스컴에 알려질 때 오히려 과장된 보도로 피해가 확대될 것을 두려워하여 침묵하게 된다. 즉, 악성 유언비어로 시달리는 유명 정치인이나 연예인이 유언비어에 대응하지 않는 경우가 여기에 해당한다. 한편, 결혼사기의 경우 경솔하게 성관계를 맺고 그 약점을 잡혀 협박을 당하고 금품을 빼앗긴 피해자는 자신의 부주의로 발생한 피해라는 것을 알기 때문에 되도록 범죄피해에 대해 침묵하고자 한다.

이밖에도 침묵하는 피해자에는 고급빌라에 사는 부유층만을 대상으로 한 빈집전문절도범이 잡혔는데도 떳떳하지 못한 재물이 외부로 알려지는 것이 두려워 침묵하는 경우가 포함될 수 있다. 또, 비록 2009년 헌법재판소에서 위헌이 결정되었지만, 형법상 혼인빙자간음죄의 피해자 가운데 많은 경우 그 피해사실을 밝히는 것을 꺼려한 사례가 많았다. 이상에서 설명한 투쟁하는 피해자와 침묵하는 피해자의 가장 큰 차이는 피해자가 스스로 인식하는 범죄피해의 책임 정도에 있다고 볼 수 있다. 피해자가 범죄피해의 책임이 전무하거나 경미하여 피해자 비난의 문제가 없는 경우 강력하게 투쟁하려고 할 것이다. 하지만 피해자의 책임이 가해자보다 크거나 피해자 비난의 가능성이 확실한 경우에는 침묵하는 피해자가 될 가능성이 높다. 또, 가해자와 피해자의 상호관계에서 피해자가 가해자에게 완벽하게 제압당하는 경우 침묵하는 피해자가 될 가능성이 높지만, 피해자의 입장에서 저항의 성공가능성이 높다고 판단할 경우 투쟁하는 피해자로 분류될 것이다.

5. Curtis의 분류

Curtis(1974)는 1960-70년대 피해자 비난론과 피해자 옹호론의 치열한 논쟁에서 다소 주춤했던 피해자 유발 관념을 보다 정밀하게 개념화시켰다. 〈표 6-4〉에서 보는 바와 같이 Curtis는 완전한 피해자의 책임에서부터 완전한 가해자의 책임까지 다섯 단계로 피해자와 가해자의 책임수준을 구분하고 있다. 이러한 개념화는 피해자 유책성과 가해자의 범죄의도를 통합시켰다는 점에서 의의가 있다. 범죄사건을 단순히 결과로서만 보기 보다는 그 과정에 관심을 갖고 가해자와 피해자의 상호작용을 세밀하게 살펴보고자 했다는 점에서 기존의 피해자 유형분류와는 구분된다. 또한 이 분류는 피해자가 명백히 피해를 유발한 경우라도 가해자의 범행의도 수준에 따라 가해자 일방 또는 피해자 일방에게만 책임을 묻지는 않는다는 점 역시 중요한 시사점을 제공한다. 피해자의 유발이 범죄발생에 하나의 요소로 작용할 뿐 그것이 유일한 원인이 되는 경우는 거의 없다는 것을 설명하기 때문이다.

〈표 6-4〉 피해자 유책성 수준에 따른 피해자와 가해자의 상대적 책임성

<table>
<tr><td rowspan="2">가해자 범의(犯意) 수준</td><td colspan="7">피해자 유책성 수준</td></tr>
<tr><td colspan="2">명백한 유책</td><td colspan="3">일정 부분 유책</td><td colspan="2">거의 무책</td></tr>
<tr><td>계획된 범행의도</td><td colspan="2">피해자 = 가해자</td><td colspan="3">피해자 < 가해자</td><td colspan="2">완전한 가해자 책임</td></tr>
<tr><td>일정부분 범행의도</td><td colspan="2">피해자 > 가해자</td><td colspan="3">피해자 = 가해자</td><td colspan="2">피해자 < 가해자</td></tr>
<tr><td>범행의도 거의 없음</td><td colspan="2">완전한 피해자 유책</td><td colspan="3">피해자 > 가해자</td><td colspan="2">피해자 = 가해자</td></tr>
<tr><td>상대적 책임성 기준 5단계 유형구분</td><td>완전한 피해자 책임</td><td colspan="2">피해자책임 > 가해자책임</td><td>피해자 책임 = 가해자 책임</td><td colspan="2">피해자 책임 < 가해자 책임</td><td>완전한 가해자 책임</td></tr>
</table>

출처: Curtis, L.A., 1974. Criminal Violence: National Patterns and Behavior, Jossey-Bass Inc., Publishers. 재구성

6. 피해자 유형분류의 실익

피해자 유형분류는 그 분류목적과 기준에 따라 다양하게 유형화된다. 물론 피해자의 유형분류가 복잡한 배경을 갖는 현실을 지나치게 단순화했다는 비판을 받기도 하지만, 다양한 형태로 나타나는 피해현상을 계통적으로 설명할 수 있다는 점에서 피해자화(victimization)의 학문적 분석에도 충분히 도움이 된다(宮澤浩一, 1999: 113). 그리고 그러한 유형의 분류는 형사사법에 많은 시사점을 줄 뿐 아니라 다각적인 형사정책을 도출할 수 있게 해준다.

첫째, 범죄피해에 취약한 피해자의 유형은 피해자의 입장에서 범죄대책을 고려할 수 있게 해준다. 지금까지 가해자의 처벌 내지 처우를 중심으로 한 형사정책에서 범죄에 취약한 계층을 중심으로 효율적인 범죄예방 전략을 수립할 수 있다는 것이다. 이것은 범죄예방(crime prevention)의 개념에서 범죄피해 예방(victim prevention)으로 발전할 수 있는 길을 열어주었다.

둘째, 피해자의 행위를 기준으로 일반적 유형과 심리적 유형으로 구분함으로써 피해자가 범죄피해 상황에서 어떠한 역할을 할 수 있는지 가늠케 한다. 이것은 범죄사건에서 피해자의 역할을 고려함으로써 단지 범죄피해의 결과만을 기준으로 가해자와 피해자를 구분하고 기계적으로 유무죄 여부와 양형을 판단하던 것에서 보다 입체적인 상황고려를

통해 사건에 대한 정확한 이해를 도모할 수 있다.

셋째, 피해자와 가해자가 범죄발생의 과정에서 차지하고 있는 책임의 정도를 기준으로 한 분류는 형사재판에 있어서 범죄사건의 결과와 가해자만을 중심으로 판단하기보다 피해자와 범죄상황을 복합적으로 고려할 수 있는 시각을 제공한다. 특히 법원의 양형에 있어서 피해자의 역할과 관련한 피해자의 분류는 범죄자의 행동에 대한 명확한 책임을 판단하기 위한 중요한 기준을 제공한다. 따라서 범죄행위 시 피해자의 범죄기여형태 혹은 피해자의 유책성을 기준으로 한 피해자의 분류를 통해 피해자는 더 이상 재판정에서 "잊혀진 존재(Forgotten Being)"가 아니다.

끝으로, 피해자의 유책성을 기준으로 한 피해자 유형분류는 양형의 조건으로 피해자를 고려함으로써 가해자의 불법의 양적·질적 판단과 비난의 정도를 정함에 있어서 유용한 판단의 근거를 제시할 수 있다(김재희, 2010). 일반적으로 사람들은 범죄피해자를 동정한다. 상식적으로 가해자는 욕심 많은 악한 사람이고, 피해자는 선량한 약자의 모습으로 연상된다. 이러한 이미지는 피해자가 자신의 무책에도 불구하고 가해자로 인하여 범죄의 고통을 받는다는 생각을 하게 한다. 그러나 지속적인 가정폭력 끝에 자기방어적 행위로 행한 존속살해 혹은 존속폭행치사 등과 같이 피해자의 유책성이 심대한 사례는 쉽게 찾아볼 수 있다. 이와 같이 피해자의 유책성은 가해자의 불법성에 대한 판단과 비난의 정도를 설정하기도 한다.

제2절 피해자의 책임공유

1. 피해자의 책임공유에 대한 논의

Wolfgang(1959)은 살인에 관한 연구를 수행하면서 피해자가 종종 살인사건에 있어서 중요한 기여자(contributor)가 된다는 점을 언급했고, Amir(1971)는 강간에 관한 연구를 통해 '정숙한' 강간피해자가 언제나 잘못이 없고 수동적인 역할만을 하는 것은 아니라는 점을 지적했다. 한편, 절도범죄를 연구한 Jeffrey(1971)는 피해자가 범죄가 발생할 수 있는 기회를 제공했다는 측면에서 범죄의 원인제공자라고 보았고, Waller와 Okihiro(1978)는 침입절도에 관한 연구에서 피해자가 범죄자의 침입에 기여하거나 촉진시키는데 어떤 역할을 하는가를 중심으로 연구를 수행하기도 했다(Karmen, 2007: 99).

이상과 같은 연구들에서 나타나듯이 가해자와 피해자는 범죄발생에 일정부분 책임을 공유하고 있다는 측면에서 Karmen은 피해자에게 물을 수 있는 책임의 정도, 즉 책임공유(shared responsibility)에 대해 주목했다. 책임공유란 피해자가 범죄발생에 있어서 위험한 사람 내지 위험한 상황에 노출되는 것을 스스로 주의하지 않았거나 범죄피해를 면하기 위한 모든 노력을 다하지 않은 경우 가해자와 함께 일정부분 그 책임을 나누어져야 한다는 것을 말한다. 이 경우 피해자에게 전적인 책임이 있다면 그 비난을 면하기 어려울 것이다. 피해자와 가해자의 책임공유에 대한 논의는 피해자 비난(victim blame)에 관한 논쟁으로 이어진다(피해자 비난은 본장의 제3절에서 자세히 논의하기로 한다). 여기에서는 피해자와 가해자의 책임공유를 중심으로 Andrew Karmen이 구분하고 있는 피해자 유인(victim facilitation), 피해자 촉진(victim precipitation), 피해자 촉발(victim provocation) 등의 개념을 살펴보고 이 개념들 사이의 차이를 검토하겠다(Karmen, 2007: 100-103).

2. 피해자 유인과 피해자 촉진, 그리고 피해자 촉발

가. 피해자 유인(Victim Facilitation)

피해자 유인이란 피해자가 주의의무를 다하지 않아, 자신도 모르는 사이 범죄자의 범행을 더 용이하게 하는 상황을 일컫는다. 이 경우 범행을 유인하게 된 피해자는 자신의 의도와 달리 가해자의 조력자 내지 방관자가 되고 결과적으로 범죄피해의 책임을 일부분 공유하게 된다. 물론 이미 범행을 결의한 범죄자가 범행대상을 물색하고 있는 상황에서의 피해자라면 피해자 유인이 범죄피해의 본질적인 원인이라고 할 수는 없을 것이다.

비록 피해자학의 영역에서 피해자 촉진이나 피해자 촉발 개념보다 더 많이 언급되지는 않지만, 피해자 유인은 침입절도, 차량절도, 최근에는 ID도용과 같은 재산범죄에 관한 연구에서 주로 사용되는 개념이다. 대표적인 예로, 보험사로부터 후원을 받은 자동차절도에 관한 연구에서 자주 찾아볼 수 있는데, 자동차 절도는 차량 주인이 차 안에 열쇠를 꽂아두고 내린다거나 차문을 잠그지 않는 등의 피해자 부주의로 피해를 사전에 예방하지 못했다는 식으로 설명하곤 한다. 또, ID절도의 경우 피해자가 평소 카드명세서 등을 생각 없이 버리거나 온라인 신용카드 결제 시 보안이 안 된 사이트를 이용하면서 개인정보를 적절히 보호하지 못한 까닭에 범죄피해를 용이하게 한 것으로 지적받기도 한다. 이들 연구결과는 부주의하고 경솔한 피해자가 범죄자로 하여금 재물의 편취가 가능하도록 한다는 점을 내포하고 있다. 사실 범죄예방 캠페인은 사람들에게 범죄를 피할 수 있는 방법을 강조함으로써 부주의 또는 실수로 범죄피해를 유인하는 피해자를 비난한다(Wilson, 2009: 87).

한편, 하굣길의 중학생이 대로변을 두고 으슥한 골목길(지름길)을 선택했다면, 공간적 측면에서 보았을 때 상대적으로 대로변보다 갈취·폭력으로부터 위험한 장소를 선택한 것으로 볼 수 있다. 여기서 범행대상을 물색하는 가해자는 언제 어느 곳에서나 존재하는 것으로 가정한다. 이 경우 피해자 유인은 특정한 '공간적 구성요소', '시간적 구성요소', 그리고 '인간 상호간의 구성요소(동기화된 범죄자와 적절한 피해자)'라는 세 가지 범죄발생 요건이 충족될 때 이들 요건들 사이의 상호작용이 개시될 수 있도록 기능한다. 즉, 피해자의 부주의가 범죄피해를 유인하기도 하지만, 피해자 스스로 범죄에 취약한 환경에 처함으로써 일정부분 범죄피해의 책임을 분담하기도 한다는 것이다.

나. 피해자 촉진(Victim Precipitation)

피해자는 범죄를 유인함으로써 범행에 일정부분 역할을 하게 되는 능동적 가해자가 될 수 있고, 정도에 비례하여 범죄에 책임이 발생한다. Wolfgang은 피해자 촉발범죄의 예로 피해자가 먼저 치명적인 흉기를 내어 보이거나 논쟁 중 먼저 주먹을 휘두르는 것과 같이 피해자가 먼저 물리적 폭력을 시도하는 경우를 들고 있지만 이는 법적으로 명백히 구분할 수 있는 범행 촉발행위의 예시에 불과하고 그러한 유도는 범죄의 기회를 감지하는 것에서부터 격앙된 감정이나 분노의 표출에 이르기까지 매우 광범위한 것이다.

피해자 촉진이론에 따르면 피해자화는 피해자의 행동, 생활양식의 상호작용, 비행이나 범죄가 만연한 환경에서의 친구교제 등과 같은 수많은 피해 촉진요인으로 발생한다. 피해자 촉진은 피해자의 역할이나 행동에 따라 능동적인 피해자 촉진과 수동적인 피해자 촉진으로 구분할 수 있다(Wilson, 2009: 202-203).

먼저, 능동적 피해자 촉진(active precipitation)은 피해자가 의도적으로 폭력이나 싸움이 자주 일어나는 장소에 감으로써 겪게 되는 범죄피해 형태를 말한다. 범죄가 끊임없이 발생하고 비행의 소굴이라고 여겨지는 장소에 자주 가는 사람은 보다 안전한 장소에 있는 사람보다 범죄피해 가능성이 더 높은 것은 당연하다. 예를 들어 A라는 조직폭력집단의 행동대장이 상대조직의 활동구역에 들어가 활보하다가 경쟁 폭력집단의 조직원 B로부터 보복살인을 당했다면 이 피해자는 능동적 피해 촉진자라고 볼 수 있다.

다음으로 수동적 피해자 촉진(passive precipitation)은 피해자 개인의 성적 취향이나 인종적 배경 또는 특별한 상황 등에 기인하여 범죄피해를 입게 되는 경우를 의미한다. 예를 들어 사회적으로 지탄을 받고 있는 사이비 종교의 신자임을 공공연히 밝히거나, 성적 소수자임을 밝힌 상태에서 그에 반대하는 신념을 갖고 있는 사람들로부터 공격을 받은 경우 수동적 피해 촉진자라고 할 수 있다. 또 유부녀인줄 모르고 그 여성과 사랑에 빠진 남성이 그녀의 남편으로부터 폭행을 당했다면 이 역시 수동적 피해 촉진자라고 볼 여지가 있다.[29)]

다. 피해자 촉발(Victim Provocation)

피해자 촉발은 가해자가 피해자에 비하여 적극적인 범행의사가 없는 상황에서 피해자가 먼저 흉기를 가지고 위협하거나 먼저 폭행하는 등의 적극적으로 범죄를 유발한 후 그 범죄의 피해자가 되는 경우를 말한다. 따라서 피해자 촉발의 피해자는 상황에 따

29) 물론 수동적 피해자 촉진의 경우 범죄발생에 대한 피해자의 의도가 전혀 개입되어 있지 않는 경우도 있기 때문에 전적으로 무책한 피해자로 볼 여지도 있다. 즉 피해자 촉진의 요소가 거의 없다는 점이다. 그럼에도 이러한 유형분류를 하는 것은 피해자 촉진의 개념을 구체화하고 유형화하여 이해를 돕기 위한 까닭에 다소 논쟁의 여지가 있는 사례를 제시하였음을 밝히는 바이다.

라 가해자가 될 가능성이 무척 높다. 피해자 촉발은 범죄의 발생에 피해자의 역할이 피해자 촉진보다 적극적이라는 점에서 차이가 있다.

한편, 피해자 촉발은 가해자에 대한 비난이나 처벌의 수위를 감소시키는 요인으로 볼 수 있다. 즉, 가해자의 입장에서 피해자의 촉발로 불가피하게 범죄행위를 선택할 수밖에 없었다고 주장할 수 있기 때문이다. 영국의 보통법(Common Law)에 따르면 가해자의 부분적 방어를 인정하기 위해서는 ① 모욕감을 주는 불법행위(the wrongfulness of the instigating insult), ② 정렬의 열기(the heat of passion), ③ 살해의 시점(the timing of the killing)이라고 하는 세 가지 요소를 충족해야 한다. 미국의 모범 형법전(Model Penal Code)에 의하면 "법률적으로 적절한 피해자 촉발(legally adequate provocation)"의 결과로서 즉각적인 "정렬의 열기(the heat of passion)" 하에 빚어진 고의살인은 폭행치사로 경감할 수 있다고 명시하고 있다.[30] 우리나라에서도 대법원 양형위원회가 살인범죄의 양형기준으로 피해자의 유발을 감경요소로 보고 있다.

한편, 피해자 촉발은 가해자의 보복적 반응을 유발시킬 수 있는 피해자의 공격적인 행동이 선행돼야 한다. 또, 가해자가 피해자 촉발을 이유로 감경을 받기 위해서는 엄격한 기준이 적용된다. 즉, 선행하는 피해자의 행동은 이성적인 사람이 자제력을 잃을 정도의 폭력적 감정을 유발시켜야 하고, 후행하는 가해자는 그 감정의 냉각기간이 없이 즉각적인 정렬의 열기(heat of passion) 상태에서 범행을 해야만 한다. 이러한 가해자의 방어는 문화적으로 뿌리 깊은 남성의 명예 내지 양 당사자의 결투라고 이해할 수도 있다(Wilson, 2009: 209).

책임공유의 개념으로부터 영감을 받은 많은 피해자학자들은 범죄발생에서 작용하는 피해자의 역할에 대해 연구했다. 많은 경우 범죄와 관련된 복잡한 인과관계로 인해 가해자와 피해자를 헷갈리기도 한다. Hans Von Hentig는 사건을 자세히 들여다보면 그 사

30) 여기서 Heat of Passion이란 부정한 아내의 예를 통해 잘 설명될 수 있다. 어느 날 갑자기 출장이 취소되어 집에 일찍 귀가하게 된 남편이 아름다운 아내를 깜짝 놀라게 해주려고 연락 없이 집에 돌아왔다가 놀라운 장면을 목격하게 된다. 바로 자신의 침대에서 자신의 아내와 자신의 직장동료가 함께 사랑을 나누고 있는 것을 보게 된 것이다. 순간 눈이 뒤집힌 남편은 침대 옆 서랍에서 권총을 꺼내들어 그 남자를 쏴 죽인다. 이 경우 소위 '눈이 뒤집힌' 상태를 heat of passion이라고 인정할 수 있는 것이다. 이처럼 heat of passion의 상태에서 저질러진 살인, 즉 적절한 촉발(adequate provocation)이 있다고 인정할 수 있는 경우, 살인의 고의를 인정하지 말자는 것이 미국형법의 입장이다(류영욱, 2009.12.11. "류변의 미국법 이야기(11) [형법] 아내의 불륜 목격시 즉각 총을 쏴야만 감경사유", 법률저널 로스쿨, http://www.lsq.co.kr/ 2012.1.15. 검색).

건의 피해자가 없었다면 애초 일어나지 않았을 범죄라는 점에서 피해자는 범죄를 촉발시키는 사람일 수 있음을 간파했다(Von Hentig, 1940).

라. 피해자 유인, 피해자 촉진, 피해자 촉발의 차이

피해자 유인과 피해자 촉진, 그리고 피해자 촉발을 명확히 구분하는 것은 쉽지 않다. 하지만, 그 개념이 갖고 있는 성격이나 등장하게 된 배경을 고려한다면 어느 정도 구분은 가능하다.

먼저, 피해자 촉진은 피해자 유인에 비하여 보다 적극적인 개념이나 피해자 촉발과는 그 적극성에서 차이가 있다. 범죄발생에 있어서 피해자 촉진은 피해자가 범죄발생의 진행속도를 가속화시키기 위하여 피해자 스스로가 화학작용에서의 촉매역할을 함으로써 상호작용을 촉진시키는 개념으로 이해할 수 있다. 즉, 피해자 유인이 범죄피해의 발생이 개시될 수 있는 조건을 유도하는 개념이라면, 피해자 촉진은 범죄피해의 과정을 가속화시키는 개념이라는 점에서 차이가 있는 것이다.

다음으로, 피해자 촉진과 피해자 촉발의 구분이다. 앞서 언급한 것처럼 피해자 촉발이 피해자 촉진보다 범죄발생에 있어서 보다 적극적인 개념인 것은 사실이다. 하지만 이 두 개념의 구분이 등장한 것은 법률적 필요에 의해서였다. 즉, 양자의 개념 구분이 필요하게 된 것은 일종의 가해자의 피해자에 대한 책임전가 내지 유책성과 비난의 전가를 위한 목적이 숨어 있었던 것이다. 즉, 피해자 촉진(precipitation)이 범죄발생상황에서 피해자가 어떠한 역할을 하는지에 대해 설명(explanation)하고자 하는 행위적 개념(behavioral concept)이라면, 피해자 촉발(provocation)은 피해자의 촉발적 행위로 인해 발생한 범죄피해의 결과에서 가해자의 무죄 해명(exculpation)을 밝히고자 하는 법률적 개념(legal concept)이라는 점에서 차이가 있는 것이다(Fattah, 1991: 290).

제3절 피해자 비난론

1. 피해자 비난론의 의의

피해자학에 있어서 가장 논쟁의 여지가 많은 영역에 소위 피해자 비난(victim blaming) 내지 피해자 책임(victim responsibility)이 포함될 것이다. 피해자 비난은 범죄피해가 발생할 당시 피해자가 취한 행동의 전부 또는 일부에 대해 책임이 있음을 이유로 피해자를 비난하는 것을 말한다. 피해자 비난은 범죄피해자에 대한 언론과 가족 구성원 및 기타 주변인들은 물론 법률, 의료, 정신건강 전문가들에 의한 부정적인 사회 반응이라고 할 수 있다(Coates, Richardson, & Wade, 2006).

일부 범죄피해자는 다른 피해자들에 비해 사회로부터 보다 많은 동정을 받기도 하지만 오히려 지탄을 받거나 비난을 받기도 한다. 범죄피해자에 대한 이러한 반응은 타인의 오해에서 비롯된 것들이 종종 있다. 사람들의 피해자에 대한 편견이나 오해는 피해자에게 벌어진 범죄피해가 발생할만한 것이었다고 믿게 하거나 피해자가 폭력에 친숙한 낮은 자존감을 갖고 있는 사람이라고 여기게 한다. 무고한 피해자들은 자신에게 벌어진 일에 대한 비난과 마주했을 때 그것에 대응하기가 무척 어렵다. 하지만, 반대로 범죄피해가 순전히 피해자의 잘못으로 빚어진 것이라면 주변 사람들의 비난은 적절하고 정당한 행동이라고 여겨질 수도 있다.

앞서 언급한 바와 같이 세계적으로 저명한 피해자학자들은 범죄발생의 원인으로 피해자를 포함하는 이론들을 제시했다. Mendelsohn, Von Hentig, Schafer, 그리고 Wolfgang은 모두 범죄발생의 한 원인으로서 피해자가 일정부분 갖고 있는 책임에 대해 언급하고 유형화했다.

Wolfgang은 1948년부터 1952년까지 필라델피아에서 발생한 살인사건의 기록을 토대로 연구했는데, 피해자 4명 중 한 명이 상대방(가해자)에게 먼저 물리력을 사용한 것을 발견했다. 또한 피해자의 상당수가 가해자와 잘 알고 있는 사이였다는 점에 주목하였다. Wolfgang은 필라델피아의 살인피해자 연구에서 "피해자 인식(Victim Perception)"

의 개념을 사용했다. 살인의 피해자가 가해자의 살인행위의 과정에 직접적으로 참여하는 상황을 이해하기 위한 개념이었다.

이후 Wolfgang의 제자였던 Amir는 강간피해자에 대한 연구를 수행하는 과정에서 Wolfgang이 제시한 피해자 인식의 개념을 응용하였다. Wolfgang이 Amir의 저서 「강간의 유형(Patterns in Forcible Rape)」의 도입부를 기술하기도 했다는 점에서 Amir가 강간의 원리를 분석할 때 그의 스승인 Wolfgang의 논리를 따른 것은 자연스러운 것인지도 모른다. 즉, Amir는 성적행위에 대한 피해자의 참여의사, 곧 피해자의 인식이 강간범죄 발생에 중요한 요인이라고 보았다. Wolfgang과 Amir의 연구는 피해자의 책임을 환기시키는 계기가 되었다.

한편, 심리학자인 William Ryan은 「피해자 비난하기(Blaming the Victim)」라는 제목의 저서에서 피해자 비난이 미국 중산층들 사이에서 등장한 개념이라고 주장했다. Ryan은 중산층은 자신들이 갖고 있는 기득권을 자각하고 있으며 다른 사람들과 이 기득권을 공유하는 것을 원치 않는다고 보았다. 미국 중산층은 기득권을 유지하면서도 사회 내 소외계층과 자신들이 조화를 이룰수 있는 방안을 궁리하기 시작했다. 이 때 폭력과 범죄에 있어서 그것을 유발시킨 피해자를 비난하는 것이 중산층의 기득권을 유지하는 한 방법이 될 수 있음을 인식했다. Ryan에 따르면 피해자 비난은 중산층을 직접적으로 위협하지 않으면서도 사회 내에서 발생하는 범죄피해를 설명하고 해결할 수 있도록 해준다. 예를 들어 빈곤은 피해자 비난의 측면으로 설명이 가능한데, 빈곤층은 수익배분의 불균등을 초래하는 사회구조의 결점이 아니라, 그들이 공유한 문화적 가치 때문에 스스로 가난할 수밖에 없다고 보는 것이다. Ryan은 빈곤의 해결책이 가난한 사람들을 교육함으로써 그들의 가치를 중산층의 기준에 좀 더 근접하도록 하는 것이라고 보았다(Ryan, 1976). 즉, 사회에서 발생한 범죄문제나 사회적 모순에 대해서 그 원인을 피해자 내지 사회적 약자에게 돌리는 것이다.

2. 피해자 비난의 근거

사람들이 범죄피해자를 비난하는 이유는 다양하다. 하지만, 대부분의 피해자 비난의 근거는 피해자, 가해자, 그리고 폭력행위의 본질에 대한 그릇된 이해에서 비롯된다. 많은 경우 피해자들은 종종 폭력에 순응적이거나 피해에 익숙한 수동적인 사람들로 인식되어왔다. 반면, 경우에 따라 가해자는 스스로 통제할 수 없는 상황으로 인해 폭력적인 행동을 할 수밖에 없는 존재였다고 여겨진다. 물론, 피해자 비난이 범죄의 양당사자(피해자와 가해자) 이외의 제3자가 합리적이고 이성적으로 범죄상황을 정확히 판단한 이후에 피해자의 유책성을 비난한다면 어느 정도 인정될 여지가 있다. 하지만, 현실에서는 비이성적인 피해자 비난을 흔히 발견할 수 있다. 이러한 비이성적 피해자 비난의 근거는 과연 무엇일까? 피해자 비난에 관한 여러 연구에서 언급된 피해자 비난의 논리로는 공정사회 가설(just world hypothesis), 귀인오류(attribution error), 불사신 이론(invulnerability theory) 등을 들 수 있다.

가. 공정사회 가설(Just World Hypothesis)

공정사회 가설은 우리사회는 안전하고 사람들이 살만한 곳, 즉 모든 것이 정의로운 원칙과 절차에 의해 사회구성원이 조화롭게 살아가는 곳이라는 신념에 기초한다. 이 가설에 따르면 개인에게 영향을 미치는 사회제도는 공정하고 적법하며 정당한 것이라고 본다(Kay, Jost, & Young, 2005). 그런데 이처럼 공정한 사회에서 범죄피해와 같은 불행한 일은 원천적으로 발생할 여지가 없어야 할 텐데 현실은 그렇지 못하다. 특히, 선한 사람에게는 좋은 일이, 악한 사람에게는 나쁜 일이 일어나야 하고 실제로 그렇다고 믿는 사람들에게 선량하다고 여겨지는 사람의 범죄피해는 공정사회라는 믿음에 정면으로 위배된다(Idisis, Ben-David, & Ben-David, 2007).

이 모순적인 상황을 설명하기 위해 공정사회 가설의 입장에서는 범죄피해를 피해자 개인의 문제에서 기인한 것이라고 믿는다(Johnson, Mullick, & Mulford, 2002). 즉, 선량하다고 보였던 피해자는 사실 알고 보면 그러한 피해를 당할만한 사정이 있었던 사람이고, 무고한 사람이 이유 없는 피해로 고통 받는 일은 절대로 없다고 주장하는 것이다. 공정사회 가설의 입장에 따르면 범죄피해를 포함한 모든 사회적 결과는 개인의 통제 하에 있기 때문에 범죄피해 역시 개인의 책임으로 보아야 한다는 신념을 갖고 있다

(Kay et. al., 2005). 이러한 신념은 심지어 공정사회 가설 신봉자 자신이 곤경에 처하게 되었을 때마저 이 사회는 안전하고 보호받는 곳이라고 주장한다(Idisis et. al., 2007).

결론적으로 공정사회 가설은 공정한 세상에 대한 막연한 믿음으로 세상일은 예측가능하고 이해할 수 있으며, 따라서 통제할 수 있다고 주장한다. 따라서 좋은 사람은 보답을 받고 나쁜 사람은 벌을 받는다는 이분법적 사고에 따라 어떠한 방법으로 이루었든 성공한 사람들에게서 긍정적인 미덕을 발견하려는 경향을 갖는다. 또 반대로 범죄피해를 입은 사람을 오히려 비난하는 방향으로 그러한 불행을 정당화시키려 한다.

[공정사회 가설 측정도구]

1. 나는 전반적으로 나에게 일어나는 일에 대해 수긍할만하다.
2. 나는 보통 공정하게 대우받는다.
3. 나는 받을만한 것을 받는다는 믿는다.
4. 전반적으로 내 인생에서의 사건들은 정당한 것들이다.
5. 내 인생에서 부당한 것은 일반적이기 보다 예외적이다.
6. 내 인생에서 일어난 거의 대부분의 일들이 공정하다고 믿는다.
7. 나에 관한 중요한 결정은 대개 정당하다고 생각한다.

출처: Dalbert, C. (1999). The world is more just for me than generally: About the Personal Belief in a Just World Scale' s validity. Social Justice Research, 12, 79-98.

나. 귀인오류(Attribution Error)

심리학에서 귀인이란 자신의 행동과 타인의 행동에 대한 원인을 다른 무엇에 돌리는 것을 말한다. 즉, 귀인은 자신의 행동과 타인의 행동에 대한 설명을 추론하고자 하는 과정을 설명하는 것이다. 따라서 귀인은 자신의 행동의 원인에 대한 개인적 신념일 뿐 그것이 반드시 실질적인 원인을 지칭하는 것은 아니다. Kelly와 Heider에 의하면 귀인은 내부귀인과 외부귀인으로 구분된다고 한다. 개인은 자신의 개인적 특성이 행위 또는 상황의 원인이 된다고 인식할 때 내부적 귀인이 형성된다. 반면 외부적 귀인은 개인의 행동의 원인으로 주변의 환경과 상황을 지목한다(Heider, 1958; Kelly, 1972). 여기서 귀인오류는 내부귀인이나 외부귀인 어느 한쪽을 지나치게 강조하거나, 정확한 원인을 파악하지 못하는데서 발생하는 오류를 말한다.

피해자 비난에서의 귀인오류는 누군가의 범죄피해를 판단할 때 개인의 특징을 지나치게 강조하고, 환경적 특징은 경시하는 까닭에 발생한다. 즉, 귀인오류는 피해자 개인에게 범죄피해의 책임이 있다고 보고 상황적 원인들은 무시하기 때문에 피해자 비난으로 귀착되는 것이다. 어떤 대상에 대한 판단에서 소위 내부적 실패(internal failings)가 상황적 요인들에 선행한다고 보는 것이다. 반면 이들은 "잘되면 내 탓, 못되면 조상 탓"이라는 우리 속담과 같이, 자신의 문제 내지 범죄피해는 주변의 환경적 특성 탓이고 자신의 성공은 개인적 특성에 따른 것이라고 생각하는 경향이 있다(Johnson, Mullick, & Mulford, 2002).

다. 불사신 이론(Invulnerability Theory)

불사신 이론에 따르면, 피해자 비난론자들은 그들 자신은 범죄피해를 당할 가능성이 적다는 느낌을 유지하고자 한다(Andrew, Brewin, & Rose, 2003). 즉, 불사신 이론의 주창자는 자신은 범죄로부터 안전하다는 느낌을 갖기 위해서 피해자를 비난한다는 것이다. 심지어 피해자의 친구나 가족구성원들 마저 스스로를 안심시키기 위해 피해자를 비난할 수 있다고 한다.

쉽게 말해 "엊그제 강간을 당한 옆집 처녀는 어두운 밤길을 혼자 귀가했기 때문에 그런 피해를 입은 거야. 나는 절대 밤길을 혼자 돌아다니는 짓 따위는 하지 않을 거니까 절대로 강간당할 일은 없을 거야!"라고 말하는 것이 바로 불사신 이론이다. 이 이론은 피해자는 우리가 갖고 있는 취약성을 상기시켜주는 존재라고 본다. 사람들은 피해자들 스스로 범죄피해를 야기했다고 생각함으로써 자신의 삶 또는 신체에 대한 통제 상실 가능성은 원치 않는다. 즉, 그들은 안전에 대한 그릇된 믿음을 갖는 것이다. 다시 말해 피해자가 범죄피해 당시 취했던 행동을 하지 않는 한 그 누구도 범죄로부터 취약하지는 않을 것이라고 본다.

3. 피해자 비난의 결과

가. 범죄신고 기피

피해자 비난은 피해자에게 수많은 부정적인 영향을 가져올 수 있다. 심지어 피해자가 범죄발생에 있어 전혀 책임이 없다고 여겨지는 상황에서도 그렇다. 피해자 비난의 부정적 효과는 범죄 신고와 관련이 있다. 즉, 최초의 범죄신고로 부정적인 반응과 비난을 받은 피해자는 극심한 스트레스를 경험하게 되고 차후 발생한 범죄피해에 대해서는 신고를 거부할 가능성이 높아진다(Coates, Richardson, & Wade, 2006). 주변 사람들로부터 비난을 받아본 피해자는 2차 피해자화를 회피하기 위하여 추가적인 범죄피해에 대해서는 보고하지 않는 것이다(George & Martinez, 2002).

이와 같이 피해자 비난으로 인한 범죄신고 기피는 사회와 피해자 양자 모두에게 가혹한 결과를 가져온다. 예를 들어 피해자가 피해자 비난을 예상하면 피해자는 범죄피해신고를 포기하는데, 피해자는 범죄피해신고의 "사회적 비용"이 지나치게 커서 감당할 수 없을 것이라고 믿기 때문이다. 또한 친인척 간의 성폭력을 포함한, 가정폭력, 배우자 학대, 노인 학대와 같은 범죄의 피해자는 가해자를 신고하는 것이 차후에 더 큰 피해를 불러올 것이라고 믿기도 한다. 범죄피해신고의 실패 내지 거부는 개인에게 국한되지 않는데, 회사나 기업들도 나쁜 평판 또는 주가 하락과 같은 손실을 피하기 위해 범죄 신고를 거부할 수 있다. 결국 우리사회는 범죄피해가 신고 되지 않고, 수사 및 기소되지 않음으로써 더욱 부정적인 결과를 초래할 수 있다.

피해자 비난은 ① 피해자의 범죄신고 여부, ② 피해자의 친구나 가족 등의 피해자 지지 여부, ③ 목격자의 증언의사 여부, ④ 사법당국의 가해자 기소 및 소송절차 진행 여부, ⑤ 법관(배심원)의 유죄인정 여부, ⑥ 검사의 구형, ⑦ 법관의 양형 판단 등 형사사법절차 전반에 영향을 미치게 된다(George & Martinez, 2002).

나. 피해자다움과 2차 피해

피해자 비난은 '피해자다움'에 관한 논의와 함께 다루어지고 있다. 피해자다움은 일반적인 사회의 통념상 피해자에게 기대되는 태도나 행동, 사고 등의 속성을 말한다(정대현, 2018; 임하연·박지선, 2023). 구체적으로, 어떠한 사건을 겪고 피해자가 슬픔을 겪거나 정서적으로 위축되어있을 것이라고 기대하는 것을 예로 들 수 있다.

오늘날 피해자에 대한 고정관념은 다양한 사건에서 흔하게 찾아볼 수 있다. 특히 피해자가 '피해자다운' 말과 행동을 보이지 않을 때 문제가 되기도 하는데, 2021년 모 국회의원을 상대로 발생한 강제추행 사건은 '피해자다움'의 역할에 문제를 제기하며 사회적으로 논란이 되었다.[31)]

피해자다움은 형사재판에서 피해자의 진술 신빙성을 평가하는 근거로 널리 활용되고 있다. 특히 성범죄 사건에서 문제가 되는 경우가 많은데, 이는 가해자와 피해자 간의 개인적인 관계 속에서 발생하는 성범죄의 특성상 피해자의 진술 외에는 사실을 입증할 객관적인 증거가 존재하지 않는 경우가 대부분이기 때문이다(최성호, 2019).

성범죄의 발생 전후에 걸쳐 나타나는 피해자의 말과 행동은 모두 피해자다움을 판단하는 근거가 된다. 다만, 피해자의 진술과 피고인의 진술이 상반되는 경우, 피해자다움은 주로 피해자의 진술 신빙성을 배척하는 근거로 작용하며 문제가 되기도 하였다(김종일, 2020). 이에 따라 최근 대법원을 중심으로 피해자다움의 적용에 대한 보수적인 움직임이 나타나고 있다.

31) "피해자는 어떤 모습으로나 존재할 수 있습니다. 저는 사건 발생 당시부터 지금까지 마치 '아무 일도 없는 사람'처럼 굴기 위해 최선을 다했습니다. 속으로 아무리 고통스럽더라도 정해진 일정을 소화하고, 토론회에 참석하고, 회의를 주재했습니다. 사람들은 저의 피해를 눈치채지 못했습니다. 피해자의 정해진 모습은 없습니다. 그저 수많은 '피해'가 있을 뿐입니다. 피해자는 여러분 곁에 평범하게 존재하는 모든 여성일 수 있습니다."(출처: 서울신문, 2021.01.25., "장혜영, 피해자다움, 가해자다움 존재하지 않아")

피해자다움에 관한 최근 대법원 판결

【판시사항】

성폭력 사건에서 피고인이 공소사실을 부인하고 있고 공소사실에 부합하는 직접증거로 사실상 피해자의 진술이 유일한 경우, 피해자의 진술이 합리적인 의심을 배제할 만한 신빙성이 있는지 판단하는 방법 / 성폭력 피해자의 진술 내용이 논리와 경험칙에 비추어 합리적인지 판단하는 방법 / 공소사실을 인정할 증거로 사실상 피해자의 진술이 유일한 경우, 피고인의 진술이 경험칙상 합리성이 없고 그 자체로 모순되어 믿을 수 없다는 사정이 피해자 진술의 신빙성을 뒷받침하거나 직접증거인 피해자 진술과 결합하여 공소사실을 뒷받침하는 간접정황이 될 수 있는지 여부

【판결요지】

성폭력 사건에서 피고인이 공소사실을 부인하고 있고 공소사실에 부합하는 직접증거로 사실상 피해자의 진술이 유일한 경우, 피해자의 진술이 합리적인 의심을 배제할 만한 신빙성이 있는지 여부는 그 진술 내용의 주요한 부분이 일관되고 구체적인지, 진술 내용이 논리와 경험칙에 비추어 합리적이고, 진술 자체로 모순되거나 객관적으로 확인된 사실이나 사정과 모순되지는 않는지, 또는 허위로 피고인에게 불리한 진술을 할 만한 동기나 이유가 있는지 등을 종합적으로 고려하여 신중하게 판단하여야 한다.

경험칙이란 각개의 경험으로부터 귀납적으로 얻어지는 사물의 성상이나 인과의 관계에 관한 사실판단의 법칙이므로 경험칙을 도출하기 위하여서는 그 기초되는 구체적인 경험적 사실의 존재가 전제되어야 한다. 성폭력 범죄는 성별에 따라 차별적으로 구조화된 성을 기반으로 지극히 사적인 영역에서 발생하므로, 피해자라도 본격적으로 문제를 제기하게 되기 전까지는 피해 사실이 알려지기를 원하지 아니하고 가해자와 종전의 관계를 계속 유지하는 경우도 적지 아니하며, 피해상황에서도 가해자에 대한 이중적인 감정을 느끼기도 한다. 한편 누구든지 일정 수준의 신체접촉을 용인하였더라도 자신이 예상하거나 동의한 범위를 넘어서는 신체접촉을 거부할 수 있고, 피해상황에서 명확한 판단이나 즉각적인 대응을 하는 데에 어려움을 겪을 수 있다. 이와 같이 성폭력 피해자의 대처 양상은 피해자의 나이, 성별, 지능이나 성정, 사회적 지위와 가해자와의 관계 등 구체적인 처지와 상황에 따라 다르게 나타날 수밖에 없다. 따라서 피해자의 진술 내용이 논리와 경험칙에 비추어 합리적인지 여부는 개별적, 구체적인 사건에서 성폭력 피해자가 처하여 있는 상황에 기초하여 판단하여야 하고, 그러한 사정을 충분히 고려하지 아니한 채 통상의 성폭력 피해자라면 마땅히 보여야 할 반응을 상정해 두고 이러한 통념에 어긋나는 행동을 하였다는 이유로 섣불리 경험칙에 어긋난다거나 합리성이 없다고 판단하는 것은 정의와 형평의 이념에 입각하여 논리와 경험의 법칙에 따른 증거판단이라고 볼 수 없다.

(출처 : 대법원 2022. 8. 19. 선고 2021도3451 판결)

4. 피해자 옹호론

가. 피해자 옹호론의 의의

피해자 비난론은 피해자의 역할을 지나치게 강조함으로써 가해자의 역할을 경시하고 있다. 피해자 옹호론은 지나친 피의자의 권리, 비효율적인 법집행, 관대한 처벌, 형사재판에 있어서 피해자 참여의 부재 등을 비난하고 강력한 법집행과 질서유지를 강조한다.

피해자 옹호론은 두 가지 유형, 즉 가해자 비난론(offender blaming)과 체제 비난론(system blaming)으로 분류할 수 있다. 우선, 가해자 비난론은 가해자가 피해자에게 책임을 전가하는 것을 용납하지 않는다. 따라서 가해자 비난론을 중심으로 한 피해자 옹호론은 범죄행위에 대한 개인의 책임을 강조하면서 가해자에게 일방적으로 범죄피해의 책임을 지우려 한다. 한편 체제 비난론은 범죄피해의 책임을 가해자보다는 제도 자체에 두고자 한다. 체제 비난론에 따르면 가해자 및 피해자는 진정한 의미의 비난대상이 될 수 없고, 오히려 그들을 공동의 피해자라고 본다. 즉, 범죄문제의 근본원인은 사회제도의 기본바탕을 이루는 단위조직체에서 찾아야하므로 그들에게 책임을 물을 수는 없다는 것이다.

나. 피해자 비난론에 대한 반박

피해자 비난론은 피해자가 경험한 범죄는 그럴만한 이유가 있다는 식으로 쉽게 이야기한다. 범죄는 폭력, 권력, 통제 등과 관련된 것이고 어느 누구도 그것을 원하지 않는다는 것을 분명히 할 필요가 있다. 가장 핵심적인 것은 피해자 비난론이 폭력 문제를 해결하는데 효과적이지도 않고, 폭력의 악순환으로부터 미래 세대를 보호하는데도 좋은 방법이 아니라는 것이다(Zur, 1994).

따라서 범죄를 저지른 범죄자가 책임을 질 수 있도록 비난의 대상을 피해자에서 가해자에게 전환시키는 것이 중요하다. 가해자에게 본인이 행한 행동의 책임을 확실히 묻기 위한 한 가지 방법은 지역사회의 대응이다. 즉, 경찰, 법원, 학교, 교회, 보건기구, 그리고 사회복지기관 등을 통해 피해자 비난의 문제를 극복할 수 있다는 것이다. 피해자가 범죄피해로부터 회복될 수 있도록 돕는 동시에 가해자의 책임성을 확보하기 위해 사법기관과 사회단체의 협력이 절실히 요청된다.

한편, 피해자 옹호론은 "피해자에게 어느 정도의 책임을 묻는 것이 공정한가?"에 대한 물음으로 피해자 비난론을 반박한다. 즉, 책임공유(shared responsibility)라는 개념의 설득력이 부족할뿐더러 피해자 비난론은 하나의 곡해된 이론에 불과한 것이라고 인식한다. 피해자 비난론에 대한 피해자 옹호론의 반박은 다음과 같이 정리될 수 있다.

첫째, 가해자의 범죄원인을 설명할 때 피해자 유인(facilitation), 촉진(precipitation), 촉발(provocation)의 개념을 지나치게 과대평가하고 있다. 피해자 옹호론은 피해자 비난론이 피해자의 책임은 과장하면서도 절대다수를 차지하고 있는 무고한 피해자에 대해서는 무관심하다는 점을 지적한다.

둘째, 피해자 비난론은 피해자 유인, 촉진, 촉발이 발생한 사건의 비율을 과대추정하고 있으며, 원칙과 예외를 혼동하고 있다고 비판한다. 여기서 원칙과 예외는 범죄피해의 책임을 누구에게 먼저 물어야 할 것인가를 의미한다. 즉, 범죄발생의 근본적 책임이 가해자에게 있으며, 예외적으로 피해자에게서 책임을 찾아야 할 것인데, 피해자 비난론은 반대로 피해자의 유책성을 우선적으로 고려한다는 것이다.

셋째, 잠재적 피해자로 볼 수 있는 사람들로 하여금 생활양식을 보다 조심스럽고 예방적인 형태로 바꾸는 것이 해결책이 될 수는 없다. 피해자 비난은 개인의 생활양식 형성에 문화적, 사회적 조건이 크게 영향을 미치는데도 그것을 간과하고 있는 것이다. 범죄예방에 도움이 되는 생활양식을 위해 야간활동을 자제해야 하겠지만, 야간에 노동을 해야 하는 대리운전기사나 유흥업소 종사자의 경우 생활양식을 변경하는 것이 쉽지는 않기 때문이다.

5. 피해자 비난과 피해자 옹호의 실천적 응용

아이디 도용에 의한 범죄피해자나 차량절도의 범죄피해자에 있어서 피해자의 역할에 대한 논의는 활발했다. 특히, 보험사의 경우 이러한 절도사건에 대한 보험금 청구를 감소 또는 부인하기 위하여 피해자 비난론에 큰 관심을 보였다. 하지만 피해자 비난론이 성폭력이나 강간사건에 적용될 때에는 매우 민감해진다. 이 경우 페미니즘 단체나 여성운동단체가 중심이 된 피해자 옹호론의 주장은 아주 완강해진다. 성폭력에 있어서 피해자 비난론과 피해자 옹호론이 각각 미치는 영향력은 중요한 의미를 갖는다.

예를 들어 피해자 비난론이 강간 및 성폭행 관련 법률 및 정책에 영향을 미치는데 성공한다면 다음과 같은 결과를 예상할 수 있게 된다. 첫째, 강간범의 유책성은 감소할 것이고, 결과적으로 처벌 수위도 낮아질 것이다. 둘째, 여성, 특히 젊은 여성은 매사에 좀 더 조심해야 할 것이고 의사표현에 있어서도 보다 분명한 태도를 보여야 할 것이다. 다시 말해 남성의 성욕을 통제해야할 책임이 여성의 몫으로 남게 된다는 것이다. 셋째, 강간에 대한 예방 노력의 책임은 온전히 여성에게 지워지고, 공격적인 남성이나 성적 약탈자의 책임은 상대적으로 줄어든다. 여성의 행동이 성적 암시 내지 성관계의 암묵적 동의로 받아들여지지 않도록 여성 스스로 방어해야 한다는 것이다(Schur 1984; Marciniak, 1999). 이러한 피해자 비난 관점의 확산은 일정수준 사회적으로도 이득이 될 수 있다. 즉, 경찰서비스를 강화하고 개선하는데 자원을 투입하기보다 성범죄에 대한 문화적 가치와 신념을 홍보함으로써 강간의 책임을 일반 여성 또는 특정 피해자에게 지우거나 비난할 수 있기 때문이다(Viano, 1989: 5-9). 하지만 그것이 과연 바람직한 것인가에 대해서는 여전히 논쟁이 진행 중이다.

피해자 비난론과 피해자 옹호론의 입장은 범죄 그 자체의 정의와 성격에도 영향을 미친다. 피해자 비난론은 성폭력이 격정범 내지 통제되지 않는 성적 욕구로 인한 범죄라고 강조한다. 즉, 피해자의 도발적이고 현혹시키는 행동에 기인하거나, 최소한 피해자와 가해자 간의 잘못된 의사전달 내지 오해로 인해 발생하는 범죄라는 것이다.

반면, 피해자 옹호론의 입장에서는 성폭력은 가해자의 여성에 대한 분노나 증오, 또는 지배, 정복, 통제의 욕구에서 동기화된 행동으로 이해한다. 피해자 옹호론은 결과적으로 여성에게 제안된 범죄예방 전략을 거부한다. 왜냐하면 성폭력 예방 전략이라는 것이 여성의 생활양식과 야간산책과 같은 개인의 소소한 즐거움에 대한 정당하지 못한 제재일 뿐 아니라 추후 여성이 그러한 범죄예방 권고를 받아들이지 않다가 범죄피해가 발생했을 때 피해자를 비난하기 위한 장치라고 보기 때문이다(Doerner and Lab, 2002:

10-13; Karmen, 2004: 110-114).

한편, 범죄피해와 관련하여 언론의 역할에 대해서도 피해자 비난론과 피해자 옹호론의 논쟁은 치열하다. 언론은 스스로가 일반 공중을 대표해야 함은 물론, 대중이 모든 사건에 대한 내막을 알 권리가 있다고 주장한다. 언론보도의 내용에는 성폭력을 비롯한 특정 범죄사건의 피해자 신원이 포함되는 경우가 있다. 피해자 옹호론자들은 성폭력 피해자의 신원노출은 재피해자화의 가능성을 높이는 결과를 초래한다고 우려한다. 일부 신문은 성폭력 피해자의 신원을 공개하지 않지만, 몇몇 언론은 피해자의 이름을 직접적으로 명시하거나, 피해자의 신원을 추적할 수 있는 정보를 공개하기도 한다. 결과적으로 언론의 범죄보도 역시 피해자 비난론의 입장보다는 피해자 옹호론의 입장을 충분히 고려해야 할 것이다. 언론의 파급력으로 인해 피해자에게는 직접적인 범죄피해보다 언론보도에 의한 2차 피해가 더 두려운 것이 될지도 모르기 때문이다.

요점정리

(1) 피해자의 유형분류는 범죄발생에서 피해자가 취하는 역할을 중심으로 분류되며, 따라서 피해자의 유형에 따라 가해자의 적정한 책임을 가늠할 수 있다. von Hentig, Mendelsohn, Shafer, 宮澤浩一, Curtis 등이 피해자 유형분류를 시도하였다. 이들 유형분류는 ① 범죄피해에 취약한 피해자의 범죄예방대책 수립, ② 범죄상황에 대한 입체적 판단 정보제공, ③ 형사재판 시 피해자와 범죄상황에 대한 복합적 시각 제공, ④ 피해자를 고려함으로써 가해자에 대한 양형판단의 근거 제시 등의 실익이 있다.

(2) 피해자의 책임공유 정도에 따라 피해자 유인, 피해자 촉진, 피해자 촉발로 구분할 수 있다. 먼저, 피해자 유인은 피해자가 주의의무를 다하지 않고 범죄자의 조력자 내지 방관자가 되어 범죄피해 책임의 일부를 공유하는 형태이다. 다음으로 피해자 촉진은 피해자 유인보다 적극적인 개념으로 범죄피해의 과정을 가속화시키는 개념이다. 끝으로 피해자 촉발은 가해자가 피해자에 비해 범죄의사가 소극적인 것으로, 적극적으로 범죄를 유발한 후 그 범죄의 피해자가 되는 경우를 의미한다.

(3) 피해자 비난론은 피해자, 가해자, 폭력행위의 본질에 대한 오해에서 비롯된 것이 많다. 여기에는 공정사회 가설, 귀인오류, 불사신 이론 등이 있다. 먼저 공정사회 가설은 우리사회는 정의로운 원칙과 절차에 의해 모든 구성원이 조화롭게 살아가는 곳이며, 범죄피해는 원칙적으로 발생할 여지가 없어야 하므로 그것은 피해자 개인의 문제에 기인한 것이라고 믿는 신념을 의미한다. 귀인오류는 피해자 개인에게 범죄피해의 책임이 있다고 보고 상황적 원인들을 무시하여 피해자를 비난하는 것을 의미하며, 불사신 이론은 범죄로부터 안전하다는 느낌을 갖기 위해 피해자를 비난하는 것을 뜻한다.

(4) 피해자 비난은 ① 피해자의 신고, ② 친구나 가족 등의 피해자지지, ③ 목격자의 증언, ④ 가해자 기소 및 소송진행, ⑤ 유죄인정, ⑥ 검사 구형, ⑦ 양형판단 등 사법절차 전반에 영향을 미친다.

(5) 피해자 옹호론은 가해자의 책임을 강조하는 '가해자 비난론'과 사회제도 자체의 문제에 범죄피해의 원인이 있다고 보는 '체제 비난론' 등이 있다. 이들 피해자 옹호론은 ① 피해자 유인, 촉진, 촉발 개념을 지나치게 과대평가하는 점, ② 피해자 유인, 촉진, 촉발에 의한 사건비율을 과대추정하여 원칙과 예외를 혼동하고 있는 점, ③ 잠재적 피해자의 조심스럽고 예방적 생활양식을 강조하는 것은 해결책이 될 수 없는 점 등을 이유로 피해자 비난론에 대해 반박한다.

복습문제

1. 다음 중 Schafer가 분류한 피해자 유형가운데 가장 유책한 피해자는 누구인가?

① 자극적 피해자
② 범죄촉발 피해자
③ 자기피해자
④ 정치적 피해자

2. Mendelsohn의 피해자 유형분류 가운데 "완전히 무책한 피해자"로 볼 수 없는 것은?

① 성적학대, 신체적 학대, 방임을 당한 아동
② 전혀 낯선 사람으로부터의 묻지마 칼부림의 피해자
③ 정신적으로 건강한 사람의 자살
④ 대구지하철 방화사건의 희생자

3. 피해자 유형분류의 실익이 아닌 것은?

① 피해자의 입장에서 범죄대책 수립
② 범죄상황에서 가해자의 역할을 확인
③ 형사재판에서 피해자의 존재감 부각
④ 양형의 조건으로 피해자 고려기회를 제공

4. 피해자 책임공유에 대한 설명으로 바른 것은?

① 피해자 유인은 피해자 촉진보다 적극적인 개념이다.
② 피해자 유인이란 피해자가 주의의무를 다하지 않아 자신도 모르는 사이 범죄자의 범행을 더 용이하게 하는 상황을 일컫는다.
③ 피해자 촉발은 능동적 피해자 촉발과 수동적 피해자 촉발로 구분할 수 있다.
④ 피해자 유인, 피해자 촉발, 피해자 촉진 가운데 피해자의 책임이 가장 큰 것은 피해자 촉진이다.

5. 피해자 비난론의 근거로 우리사회는 안전하고 사람들이 살만한 곳이라는 모든 것이 정의로운 원칙과 절차에 의해 사회구성원이 조화롭게 살아가는 곳이라는 신념에 기초하는 가설은 무엇인가?

6. 피해자 비난론에 대한 반박이 아닌 것은?

① 피해자 비난론은 범죄원인에 대한 설명에서 피해자 유인, 촉진, 촉발의 개념을 지나치게 과대평가하고 있다.
② 피해자 비난론은 범죄피해의 책임에 대한 원칙과 예외를 혼동하고 있다.
③ 피해자 비난론은 개인의 생활양식 형성에 영향을 미치는 사회적, 문화적 조건을 무시하고 있다.
④ 피해자 비난론은 범죄발생의 또 다른 상대방이자 원인제공자인 피해자에 대해 지나치게 무시하고 있다.

정답 1. ③, 2. ③, 3. ②, 4. ②, 5. 공정사회가설, 6. ④

제7장

범죄에 대한 두려움

학습목표

- ○ 범죄에 대한 두려움의 개념을 정리하고, 다양한 유형의 개념을 토대로 범죄두려움의 측정방법을 이해한다.
- ○ 개인수준의 범죄에 대한 두려움의 원인을 살펴본다.
- ○ 지역수준의 범죄에 대한 두려움의 원인을 살펴본다.
- ○ 범죄에 대한 두려움의 다양한 이론모형을 학습하고, 각각의 논리구조에 따른 범죄두려움의 발생원인을 이해한다.

핵심키워드

범죄에 대한 두려움, 위험인지, 일반적 두려움, 구체적 두려움, 범죄두려움의 측정, 범죄피해모형, 직접피해모형, 간접피해모형, 취약성모형, 사회통제모형, 무질서모형, 이웃통합모형, 공식적 사회통제모형, 위험해석모형

07 범죄에 대한 두려움

현대사회가 발달하면서 “삶의 질(Quality of Life)”에 대한 관심은 그 어느 때보다 높아졌고, 일상생활의 곳곳에 도사리고 있는 위험으로부터 안전을 확보하는 것이 중요한 문제로 대두하였다. 특히, 한 번의 피해로 심각한 결과를 초래할 수 있는 흉악 범죄로부터 자신과 가족을 보호하기 위한 노력은 갈수록 증가하고 있다. 언제 닥칠지 모르는 범죄에 대비하여 적정한 긴장감을 유지하는 것은 인류의 역사에서 인간이 본능적으로 체득한 생존전략이라고 할 수 있다. 범죄에 대한 두려움을 갖는 것은 인간으로서 합리적인 판단의 결과라고 볼 수 있는 것이다. 하지만, 합리적인 수준을 넘어서는 범죄에 대한 염려와 걱정은 일상생활에 많은 불편함을 준다. 불필요한 민간경비 비용을 지출한다거나 정상적인 사회생활이 불가능할 정도로 영향을 주기도 한다. 이 장에서는 피해자학에서 범죄에 대한 두려움(fear of crime)이 갖는 의미와 함께 그 원인을 중심으로 살펴보겠다.[32)]

제1절 범죄에 대한 두려움의 의의

1. 범죄에 대한 두려움의 정의

James Garofalo(1981)는 범죄에 대한 두려움을 ‘어떠한 범죄적 측면과 관련한 환경에서 인식되는 물리적 위험 또는 걱정에 대한 감정적 반응’이라고 정의하였다. 또 Kenneth Ferraro(1995)는 범죄에 대한 두려움을 “범죄나 이와 연관된 상징에 대해 행

32) 본 장의 내용은 김연수(2010), “범죄에 대한 두려움의 원인과 반응에 관한 연구”를 중심으로 기술하고 보완한 것이다.

위자가 결부 짓는 무서움 혹은 불안감의 정서적 반응"이라고 정의하면서, 두려움이 형성되기 위해서는 일정 수준의 인지, 즉 위험인지(perceived risk)가 선행되어야 함을 주장하였다. 이것은 Wesley G. Skogan(1984)이 범죄에 대한 두려움을 감정적 요소(emotional)와 평가적 측면(evaluative)으로 구분한 것과 유사하다. 즉, 두려움이라는 순수한 정서적 반응은 범죄피해를 입을 가능성에 대한 개인의 평가 내지 위험의 인지와는 구분된다고 본 것이다. 한편, 범죄에 대한 두려움을 정서적 반응(emotion)과 범죄위험의 인지(perception)로 구분하는 것 이외에, 무형의 두려움(formless fear)과 유형의 두려움(concrete fear)으로 구분하는 설명도 가능하다.

이와 같은 두려움의 구분은 범죄에 대한 두려움 연구가 본격적으로 시작된 1970년대부터 상당한 논쟁의 결과 나타난 것이다. 그 논쟁의 기원은 성별이나 연령과 같이 범죄에 대한 두려움에 영향을 미치는 것으로 명확하게 밝혀진 변수 이외에 사회경제적 지위나 주거환경의 무질서와 같은 변인들이 범죄의 두려움과의 관계가 일관되지 않은 이유를 탐색하는 과정으로 거슬러 올라간다. 즉, 유사한 주제의 연구들에서 상이한 결과가 나타났는데, 바로 범죄에 대한 두려움을 측정하는 방법의 차이가 그 원인으로 확인된 것이다. 예를 들어 야간에 자신의 주거지역에서 혼자 걸을 때 얼마나 안전하다고 느끼는가를 묻는 것과 본인이 특정 범죄의 피해자가 될 확률에 대해 묻는 것은 동일한 질문이 될 수 없다. 전자는 취약성에 대한 일반화된 느낌 또는 응답자가 거주하는 지역의 안전성에 대한 인식을 파악하기 위한 형태로서, 무형(無形)의 두려움(formless fear) 또는 일반적 두려움(generalized fear)이라고 한다. 반면 후자는 응답자가 특정한 범죄유형의 피해에 대한 두려움을 묻는 것이라는 점에서 보다 특정적이고 구체적 두려움이며, 그래서 이러한 형태의 두려움을 유형(有形)의 두려움(concrete fear) 또는 구체적 두려움(specific fear)이라고 한다(Keane, 1992).

이상과 같이 범죄에 대한 두려움은 다양한 형태로 측정되고 있다. 즉, 대부분의 경험적 연구에서 시민이 스스로 느끼는 "특정범죄의 피해자가 될 가능성의 추정"이나 "범죄나 기타 사고에 대한 막연한 두려움의 추정"으로 조작적 정의를 하고 있다(이윤호, 1993: 29). 하지만 범죄에 대한 두려움을 엄격하게 정의하고자 한다면, 특정 범죄행위의 피해에 대한 인지적 위협을 제외한 정서적 반응만을 이해하는 것이 타당할 것이다. 물론, 양자를 구분하기란 매우 어렵지만, 후술하는 범죄 두려움의 측정에 대한 논의는 양자의 구분이 불가능한 것만은 아님을 보여준다. 또한, 일반적 두려움과 구체적 두려움 역시 연구의 목적에 맞게 적절하게 사용할 수 있을 것으로 예상한다.

2. 범죄에 대한 두려움의 개념 분화

범죄에 대한 두려움의 개념정의와 조작화는 1970년대 이후 20년 이상 학계의 재미있는 연구주제였다. 초기의 정의는 단지 안전하지 못한 장소 또는 상황에 대한 근심과 걱정의 감정만을 강조했을 뿐 범죄피해자가 될 위험의 가능성은 적절하게 고려하지 못했다는 비판을 받기도 했다(Ferraro & LaGrange, 1987).

〈표 7-1〉에서는 1970년대 이후 범죄에 대한 두려움의 개념이 분화되는 과정을 정리한 것이다. 먼저, Furstenburg(1971)는 최초로 범죄에 대한 두려움(fear of crime)과 범죄에 대한 염려(concern with crime)의 개념을 구분하였다. 그는 "범죄에 대한 두려움"은 개인의 안전에 대한 걱정(worry)과 관련된 정서적 상태(affective state)를 의미하는 반면, "범죄에 대한 염려"는 범죄에 대한 일반적 걱정과 관련된 인지적 상태(cognitive state)를 의미한다고 주장했다.

Skogan(1981)은 범죄에 대한 두려움을 감정적 측면(emotional aspect)과 평가적 측면(evaluative aspect)으로 구분하여 범죄에 대한 두려움으로부터 범죄피해 위험의 가능성에 대한 인식을 구분하였다. 감정적 측면은 두려움의 감정 그 자체에 관심을 갖는 것이나 평가적 측면의 두려움은 범죄피해의 가능성을 염두에 둔 개념이다.

한편, Keane(1992)은 범죄에 대한 두려움을 범죄를 기준으로 구분하고자 하였다. 즉, 범죄자체를 막연한 것으로 볼 것인가, 구체적인 유형을 제시하는 범죄로 볼 것인가 구분한 것이다. 이 구분은 대다수의 범죄에 대한 두려움 연구에서 따르고 있는 형태라고 하겠다. 또, 구체적 두려움은 범죄의 구체적 행위태양을 제시하고 그것에 대한 두려움을 측정하는 것으로서 일반적 두려움과 차이가 있다. 또 이것은 차후 인지적 측면의 두려움 개념을 제시할 수 있는 교두보를 마련하였다. 막연한 범죄에 대한 발생가능성보다는 구체적 범죄를 제시할 때 그 피해가능성을 생각할 수 있기 때문이다.

Ferraro(1995)는 Skogan과 Keane의 논의를 바탕으로 두려움의 형태에 있어서 감정적 반응과 위험의 인지적 평가 사이에는 개념적인 차이가 있다는 것을 주장했다.

이상과 같은 두려움의 개념정의 과정에서 가장 최근 Sacco(2005)는 세 가지 측면의 범죄에 대한 두려움이 있음을 고려하여, 범죄두려움의 감정적 측면(emotional dimension), 인지적 측면(cognitive dimension), 행동적 측면(behavioral dimension)을 구분했다.

〈표 7-1〉 범죄에 대한 두려움의 개념 분화

학자	구분
Furstenburg(1971)	범죄에 대한 두려움(fear of crime) 범죄에 대한 염려(concern with crime)
Skogan(1984)	감정적 측면(emotional aspect) 평가적 측면(evaluative aspect)
Keane(1992)	일반적 두려움(generalized fear)/무형의 두려움(formless fear) 구체적 두려움(specific fear)/유형의 두려움(concrete fear)
Ferraro(1995)	정서적 두려움(affective fear) 인지된 위험(perceived risk)
Sacco(2005)	감정적 측면(emotional dimension) 인지적 측면(cognitive dimension) 행동적 측면(behavioral dimension)

이하에서는 Sacco(2005)의 세 가지 측면의 범죄에 대한 두려움을 보다 자세히 살펴보도록 하겠다.

가. 인지적 측면

위험의 인지적 평가와 두려움의 감정적 반응의 차이를 강조하는 측정은 연구결과에 매우 크게 영향을 미칠 수 있다. 예를 들어 LaGrange와 동료들은 범죄의 두려움에 있어서 무질서의 역할을 연구하는 과정에서 두려움의 인지적 측면(위험인식)과 감정적 측면(두려움의 느낌)을 비교하였다(LaGrange et al., 1992). 이 연구의 결과 감정적인 두려움에 대하여 인지된 위험이 매개하는 효과가 있음이 밝혀졌다. 무질서는 두려움의 원인이 되지만 어디까지나 인지된 범죄위험을 통해서 간접적으로만 나타날 뿐이었다. LaGrange와 동료들은 "만약 사회적·물리적 무질서가 범죄에 대한 두려움에 영향을 미친다면 그것은 아주 경미한 것이거나 거의 대부분 위험의 인지를 통해서 매개되는 것"이라고 주장하였다(LaGrange et al., 1992: 327).

이와 같이 범죄에 대한 두려움의 인지적 측면은 개인이 스스로 범죄피해의 가능성을 주관적으로 평가하는 것에 초점을 둔다. 이것은 Ferraro(1995)의 '범죄의 위험(risk of crime)' 개념과 유사하다. 위험에 대한 개인의 주관적인 평가는 공식 범죄율과 같은 객관적인 위험의 수준과 비교할 수 있다는 점에서 일정부분 옳은 판단인지 잘못된 판단인지 파악할 수 있다(Sacco, 2005: 125).

나. 감정적 측면

감정적 측면은 사람들이 범죄에 대해 어떻게 느끼는가와 같은 두려움의 정서적인 측면과 관련되어 있다. 인지적 측면과 달리 두려움의 감정적 측면은 그것이 단지 개인의 감정을 반영할 뿐이라는 점에서 옳고 그름을 판단할 수는 없다. 즉, 우리는 어떤 사람이 실제로 걱정해야 하는 것보다 더 많이 걱정하고 있다고 말할 수 없다는 것이다(Sacco, 2005: 127). 따라서 범죄에 대한 두려움을 측정하는데 있어서 감정적 반응으로서의 범죄의 두려움과 범죄피해 가능성에 대한 인식을 말하는 위험인지를 동일하게 보아서는 안된다(Ferguson & Mindel, 2007: 323). 즉, 범죄에 대한 두려움이 일종의 감정적 반응이라면, 범죄피해 위험인식은 범죄의 피해위험을 둘러싼 인지적 평가라는 것이다.

다. 행동적 측면

범죄에 대한 두려움의 행동적 측면은 사람들이 실제로 범죄에 대한 반응 또는 그들의 위험에 대한 주관적인 평가에 대해 실제로 어떠한 행동을 하는가를 보여준다. 예를 들어 사람들은 범죄에 대한 대응으로 침입경보장치를 설치하는 것과 같은 방어적 수단을 취할 수도 있고, 특정 장소를 피하거나 저녁시간에 집밖에 나가지 않는 것과 같은 예방적 행동을 취할 수도 있다. 행동적 반응에 대해 일부 학자들은 진정한 두려움의 결과를 반영하는 것이라고 인정한다. 범죄피해, 범죄에 대한 두려움, 그리고 방어적 행동 사이의 연결은 비록 일부 연구들(Ferraro, 1995; Bazargan, 1994)에서는 예방적 행동에 대해 확인하고는 있지만 기대하는 만큼 일관성이 있는 것은 아니다. Sacco는 응답자의 잘못된 기억이나 조사자를 만족시키고자 하는 바램과 같은 다양한 이유로 사람들이 응답한 행동들이 현실의 완벽하고 정확한 측정이 안 될 수 있다는 점을 지적하고 있다(Sacco, 2005: 128). 연구자들에게 조사 설문지는 각 개인의 개별적 위험 평가에 관한 응답을 유도해 낼 수 있지만 개인적 위험평가를 실제보다 높거나 낮게 응답한 경우 범죄피해의 두려움이 일상생활에 영향을 주고 제약하게 되는지에 관한 정보를 제공해 주지는 못한다. 이런 측면에서 질적 조사는 개인의 범죄피해 위험 인지에 대한 행동적 반응을 면밀히 조사하기에 적합한 방법이 된다. 범죄율이 높은 지역에서의 대응방식은 집안 생활의 비중이 높아지거나 특정 시간대에만 외출을 한다거나, 또는 특정 장소를 피하는 형태로 나타날 것이다. 이 모든 대응은 삶의 질에 대한 만족도와 충돌하게 된다(Kohm, 2009: 3-4).

3. 범죄에 대한 두려움의 측정

범죄에 대한 두려움을 측정하는 것 자체는 범죄에 대한 두려움을 이해하는데 있어서 중요한 부분이다. 이 분야의 연구가 발전하는 과정에서 많은 공헌을 한 것도 범죄에 대한 두려움을 어떻게 측정할 것인가에 대한 고민에서 출발하였기 때문이다.[33)]

일반적으로 전형적인 범죄는 야외에서 발생하고 낯선 사람에 의한 폭력적 행위를 수반한다. 물론 실제 범죄는 노상강도에 한정되는 것이 아니라 절도, 침입절도, 사기, 강간, 살인 등과 같은 일련의 불법적인 행위들을 포함하는 개념이다. 따라서 범죄에 대한 두려움이라는 것도 모든 사람에게 동일하게 적용되는 것이 아니고 다양한 위협들로 구성된다. 이 위협에는 신체적 손상과 경제적 손실은 물론 수치심 같은 심리적 범죄피해를 포함한다. 따라서 범죄에 대한 두려움은 규범적인 평가에 있어서는 동질적인 것일 수

33) 더구나 범죄의 두려움에 대한 연구에 있어서 대부분 종속변수가 되고 있는 '범죄에 대한 두려움'을 어떻게 측정하는가에 따라 연구결과에 큰 영향을 미친다는 점에서 이에 대한 고민은 연구의 핵심적인 사항이라고 할 수 있다.

있으나, 각 개인에 따라 범죄피해의 결과는 상대적이고 이질적일 수 있다. 또, 범죄에 대한 두려움을 유발하는 범죄가 동일한 것이라 할지라도 그것이 발생한 장소, 시간, 가해자와 피해자의 관계 등 여러 환경요소에 따라 달라질 수 있다. 이러한 요소를 기준으로 하여 두려움의 대상이 되는 범죄를 어떻게 범주화하는가에 따라 두려움의 정도는 차이가 발생한다(Gabriel & Greve, 2003: 606-607).

〈표 7-2〉 범죄에 대한 두려움 측정의 분류

	부분적 측면			전체적 측면
	정서적 (affective)	인지적 (cognitive)	행동적 (behaviour)	
특정 범죄 유형 (예: 폭력 범죄)	A-1: 폭력범죄 피해자가 되는 것에 대해 얼마나 자주 걱정하는가?	A-2: 당신은 (이후 1년 동안) 폭력범죄의 피해자가 될 가능성이 어느 정도라고 생각하는가?	A-3: 당신은 (폭력범죄에 대비하여) 방어할 만한 물건을 휴대하고 있는가?	A-4: 당신은 폭력범죄의 피해자가 되는 것을 두려워하는가?
일반 범죄 유형 (예: '집밖' 상황제시)	B-1: 당신의 아파트 밖에서 범죄피해자가 되는 것에 대해 얼마나 자주 걱정하는가?	B-2: 당신은 (이후 1년 동안) 집밖에서 범죄피해자가 될 가능성이 어느 정도라고 생각하는가?	B-3: 당신은 야간에 대중교통의 이용을 꺼리는가?	B-4: 당신은 집밖에서 범죄피해자가 되는 것에 대해 두려워하는가?
불특정 범죄 유형	C-1: 당신은 범죄피해자가 되는 것에 대해 얼마나 자주 걱정하는가?	C-2: 당신은 (이후 1년 동안) 범죄피해자가 될 가능성이 어느 정도라고 생각하는가?	C-3: 당신은 범죄로부터 스스로를 보호하기 위한 장치가 있는가?	C-4: 당신은 범죄피해자가 되는 것을 두려워하는가?

출처: Gabriel & Greve, 2003: 608.

범죄에 대한 두려움의 양태가 다양할 수 있는 만큼 그것을 측정하는 도구 역시 다양하게 나타날 수 있다. 〈표 7-2〉에서 제시된 바와 같이 범죄에 대한 두려움은 "범죄"의 유형과 "두려움"의 양태를 기준으로 다양하게 측정할 수 있다. 우선, "범죄"의 유형을 기준으로 살펴보면 범죄유형을 특정하여 폭력이나 절도 등을 직접적으로 언급하여 묻는 '특정 범죄유형'과 범죄가 발생하는 장소나 시간 등이 제시되는 '일반 범죄유형', 범죄유형에 대한 제약이 전혀 없는 '불특정 범죄유형'으로 나눌 수 있다. 다음으로 "두려움"의 형태를 기준으로 하는 네 번째 열을 보면 '두려움'이라는 표현을 직접 사용하는 '전체적 측면'의 측정이 있는가 하면 부분적으로 '정서적 · 인지적 · 행동적 측면'에서 각각 '범죄피해에 대해 얼마나 자주 걱정하는가', '범죄피해 가능성을 어느 정도라고 생각하는가', '범죄를 피하기 위해 어떠한 행동을 취하는가' 등을 기준으로 두려움을 측정할 수 있다.

범죄에 대한 두려움의 측정이 다양하게 나타나고 있는 것은 범죄에 대한 두려움의 개념을 보다 정확하게 계량적으로 표현하기 위한 노력의 결과이다. 또, 다양한 연구에서 범죄에 대한 두려움을 개념화하고 조사하는 가운데 기존의 연구와는 약간씩 차이가 있는 측정도구를 사용하면서 기존 개념과 확연히 구분되는 개념이 도출되었다. 〈표 7-2〉에서 설명하는 바와 같이 범죄에 대한 두려움을 측정하는 과정에서 인지적 측면이나 행동적 측면의 측정도구는 범죄에 대한 두려움과 영향을 주고받는 전혀 새로운 변수다.

이와 관련하여 국내외 연구 동향을 살펴보면, 최근 범죄 두려움의 측정은 일반화된 척도에서 벗어나 다양한 측면을 측정할 수 있는 척도를 활용하는 방향으로 변화하고 있다. 정서적 측면이나 인지적 측면에 대한 측정이 활발히 이루어지고 있으며, 일부 연구에서는 예방 행동, 스트레스 및 정서적 각성의 생리적 반응 등 범죄에 대한 두려움에 대한 행동 반응을 측정하기 위한 시도도 이어지고 있다(Hart et al., 2022). 한편, 2019년 초까지 발표된 국내 선행연구를 분석한 한민경(2019)의 연구에 따르면, 특정 범죄유형에 관한 '구체적 두려움'이 범죄 두려움을 측정하는 주요 도구로 사용되었다. 또한, 구체적 두려움 문항을 사용한 상당수의 연구에서 개별 범죄에 대한 두려움의 측정 결과를 합산하거나 그 평균값을 계산하는 방식으로 범죄 두려움을 '재측정'하는 것으로 나타났다.

제2절 개인수준의 범죄에 대한 두려움의 원인

범죄에 대한 두려움이란 개인적 상황과 특성에 따라 달리 나타나는 것이어서 그 절대적 원인을 결정짓는 것은 불가능하다. 또한 범죄에 대한 두려움은 다양한 요소의 영향에 따른 복합적인 감정적 반응이기 때문에 범죄에 대한 두려움의 원인이 무엇인가를 확정적으로 논하기보다 지금까지 범죄에 대한 두려움을 유발하는 것으로 밝혀진 주요 요인을 중심으로 살펴보는 것이 타당할 것이다(이윤호, 2007: 187-188).

1. 범죄피해경험

직접적인 것이든 간접적인 것이든 범죄피해의 경험은 범죄에 대한 두려움에 영향을 준다. 하지만 범죄의 두려움에 대한 범죄피해 경험의 영향력을 실험한 연구결과가 모두 일치하는 것은 아니다. 일부 연구에서는 직접적인 범죄피해 경험이 범죄에 대한 두려움에 중요한 영향요인이라고 밝히고 있으나(Wilcox et al., 2006; Schafer et al., 2006), 또 일부에서는 가족이나 친구, 이웃 등 주변 사람이 범죄피해를 당한 경우, 즉 간접적인 범죄피해경험이 있는 사람들이 범죄에 대한 두려움을 더 크게 느낀다고 주장한다(Mesch, 2000; Warr & Ellison, 2000).

범죄피해를 직접 경험한 사람이 범죄에 대한 두려움도 더 많이 느낄 것이라는 점은 어쩌면 당연한 논리인지도 모른다. 그러나 직접적인 범죄피해의 경험이 범죄에 대한 두려움에 미치는 영향에 대해서 이처럼 간단하게 결론을 내릴 수 있는 것은 아니다. 그것은 범죄의 피해정도와 피해자의 회복능력 같은 또 다른 변수들이 있기 때문이다. 그럼에도 불구하고 범죄에 대한 두려움에 있어서 범죄피해 경험만큼 확실한 요인으로 인정받는 것도 드물다. 여기서는 직접적 범죄피해와 간접적 범죄피해를 중심으로 논의한다.

가. 직접적 범죄피해

직접적인 범죄피해의 경험이 범죄에 대한 두려움의 원인이 된다는 주장은 일반적으로 받아들여지는 논리이다. 기존의 경험연구 결과에 따르면 이전의 피해경험과 범죄에 대한 두려움 간에는 상관관계가 강하다고 한다. 하지만 그 반대의 결과를 제시하는 연구들도 상당수 존재한다. 결국 직접적인 범죄피해경험과 범죄에 대한 두려움의 관계를 획일적으로 가정할 수는 없다.

특히, 최근의 경험연구에 따르면 이 주장에 대한 비판이 제기되고 있다. 즉, 직접적인 범죄피해경험이 없어도 범죄에 대한 두려움을 느끼는 사람들에 대한 설명을 제시하지 못한다는 한계가 발견된 것이다. 가장 대표적인 예로 여성과 노인의 경우 범죄피해경험이 낮음에도 불구하고 상당한 정도의 범죄에 대한 두려움을 느끼고 있다는 "범죄피해-두려움의 패러독스"를 근거로 제시한다. 즉, 일반적으로 여성이나 노인은 젊은 남성에 비하여 범죄피해율이 매우 낮지만 상대적으로 범죄에 대한 두려움은 더 높게 나타난다는 것이다(Ferraro, 1996; Warr, 1983). 이러한 내용은 국내의 연구에서도 일부 발견된다(구자숙 외, 2003; 성용은, 2007; 김연수·장석헌, 2010). 이는 범죄의 두려움을 설명함에 있어서 직접적인 범죄피해경험도 중요한 원인변수 중의 하나로 파악할 수 있지만, 반드시 범죄피해경험만이 범죄에 대한 두려움의 원인이 된다고 설명할 수는 없다는 것을 역설하는 것이기도 하다.

나. 간접적 범죄피해

직접적 범죄피해가 범죄에 대한 두려움에 영향을 미친다는 주장의 한계를 비판하면서 주목받게 된 것이 간접적 범죄피해이다. 간접적 범죄피해는 직접적인 범죄피해경험이 없어도 간접적으로 범죄피해에 대한 정보를 획득함으로써 범죄에 대한 두려움을 느끼게 된다고 주장한다. 이웃이나 가족 또는 친구 등으로부터 범죄피해 경험담을 듣거나 미디어 등을 통해 범죄뉴스를 접하는 빈도가 높은 사람이 그렇지 않은 사람보다 범죄에 대한 두려움을 더 많이 느낀다는 것이다.

간접적 범죄피해경험을 강조하는 입장에서는 직접적인 범죄피해는 물론 제3자의 피해경험을 통한 대리경험이 범죄의 두려움에 미치는 영향을 주목한다(최인섭·김지선, 1997: 33). 일반적으로 대부분의 사람들이 직접적으로 범죄피해경험을 하기보다는 간접적으로 범죄피해를 경험하게 된다는 점에서 간접피해경험이 범죄에 대한 두려움에 더욱 중요한 요인으로 작용한다.

국내의 연구에서 간접피해경험을 직접피해경험과 구분하여 변수로 사용한 노성호·김지선(1998)에 따르면 타인의 범죄피해경험이 가구범죄나 대인범죄 구별 없이 범죄에 대한 두려움에 영향을 미치는 것으로 나타났다. 다만 성별을 구분한 분석에서는 가구범죄의 경우 여성에는 유의미한 결과가 나타났지만 남성의 경우에는 간접경험이 가구범죄의 두려움에는 영향을 미치지 않고, 또한 대인범죄의 경우 남녀 모두 간접경험의 영향력이 없는 것으로 나타났다(노성호·김지선, 1998: 185-189). 한편 조은경(2003)은 간접적 범죄피해가 범죄에 대한 두려움에 유의미한 영향을 끼치지 못한 것으로 보고하고 있고, 차훈진(2007)의 연구에서도 여성의 간접적 범죄피해경험이 범죄에 대한 두려움에는 영향을 못 미치는 것으로 나타났다.

한편, 간접적 범죄피해 경험에 관한 흥미로운 연구 결과도 있다. Henson과 그의 동료들(2013)은 온라인 대인 범죄에 대한 두려움을 연구 대상으로 설정하고, 범죄 두려움에 영향을 미치는 요인을 분석하고자 하였다. 구체적으로, 온라인 대인 범죄를 가해자-피해자 관계에 따라 친밀한 파트너, 친구/지인, 낯선 사람에 의한 범죄로 구분하고, 각각의 관계에 따른 범죄 두려움에 영향을 미치는 요인을 살펴보았다. 연구 결과, 직접적 범죄피해 경험은 친밀한 파트너에 의한 온라인 범죄 두려움에 영향을 미쳤고, 피해 경험이 많을수록 두려움 수준이 높아졌다. 간접적 범죄피해 경험의 경우, 친밀한 파트너와 친구/지인에 의한 온라인 범죄 두려움에 영향을 미쳤으나, 영향력은 반대로 나타났다. 다시 말해, 온라인 범죄피해 사례를 많이 접한 사람일수록 친밀한 파트너 혹은 친구/지인에 의한 온라인 범죄 두려움이 낮아졌다는 것이다(Henson, Reyns & Fisher, 2013). 이 연구는 온라인 대인 범죄에 한정되어있다는 점에서 해석에 주의가 필요하나, 특히 온라인 범죄 두려움을 연구할 때 직접적 범죄피해 경험과 간접적 범죄피해 경험을 구분하는 것이 중요한 요인이 될 수 있음을 시사한다(Brands & Van Doorn, 2022),

다. 간접적 범죄피해경험으로서의 범죄보도

범죄보도는 일반인에게 범죄정보를 제공하여 범죄에 대한 인식을 환기시키고, 사회질서 유지에 기여하며, 범죄예방캠페인 등을 통해 형사사법기관의 기능을 보완함과 동시에 형사사법기관의 감시역할을 하는 순기능을 갖고 있다(김연수, 2006: 26-27). 하지만 지나친 범죄보도는 국민의 범죄에 대한 인식을 왜곡하고, 때로는 모방범죄의 원인이 되기도 하며, 형사사법기관에 대한 불신을 초래하는 등의 문제를 낳기도 한다(이윤호, 2008: 167, 174-186). 특히, 범죄보도는 시민들의 간접적 범죄피해경험을 유발하여 범죄에 대한 두려움의 주요 원인이 된다. 더구나 직접적인 범죄피해경험이 일반인의 경우 극히 드문 일일 뿐 아니라 범죄피해경험이 있는 주변사람을 통한 범죄정보 취득도 흔치 않기 때문에 TV나 신문 등 언론매체를 통한 범죄뉴스에 대한 노출은 간접적 범죄피해경험의 중요한 요소가 된다.

2. 범죄취약성

스스로를 약한 존재로 인식하는 사람은 범죄에 대한 두려움을 더 크게 느낀다. 즉, 신체적·사회적·경제적으로 자기 자신을 보호하지 못할 것으로 느끼는 사람은 그렇지 않은 사람에 비하여 범죄에 대한 두려움 수준이 더 높다는 것이다(Franklin, Franklin & Fearn, 2008: 206-207). 이와 같은 취약성의 개념은 Skogan과 Maxfield의 연구(1981)에서 처음 제시되었고, 이를 더 구체화 한 Warr와 Stafford(1983)는 위험에 대한 민감성과 결과의 심각성 사이의 상호관계로서 범죄에 대한 두려움의 개념을 설명했다. 이후 Killias(1990)는 개인적 특성과 결과의 심각성을 통제결여(lack of control)와 결합하여 취약성가설을 더욱 구체화시켰다.

가. 신체적 취약성

신체적 취약성(physical vulnerability)은 신체적 공격에 대한 위험의 인지와 관련이 있는 것으로, 특히 여성이나 노인이 약한 근력, 체력 등으로 공격에 대한 방어능력이 떨어지는데서 도출된 개념이다(Franklin & Franklin, 2009: 86). 신체적 취약성은 범죄 공격을 격퇴시키고 저항할 수 있는 신체적 근력이 없는 경우와 일단 범죄가 발생하게 되면 피해의 손상을 회복할 능력이 없는 경우, 이 두 가지 경우를 상정할 수 있다(이윤호, 2007: 188).

신체적 취약성과 범죄에 대한 두려움의 관계를 설명하는 대표적인 변수는 성별과 연령이다. 먼저, 성(性)은 범죄에 대한 두려움의 가장 강력한 예측요인으로, 여성의 경우 남성에 비해 일반적으로 신체 능력이 떨어지기 때문에 범죄로부터 방어할 수 있는 능력이 부족하다. 또, 성범죄의 경우 처녀성을 한번 잃게 되면 다시 회복하기 불가능하다는 점에서 여성이 남성보다 범죄에 대한 두려움을 더 크게 나타낸다는 연구도 있다(Ferraro, 1996; Fisher & Sloan III, 2003). 한편, 취약성 변수로서 고령자는 범죄피해 가능성이 낮지만 더욱 심각한 결과에 대한 인식과 낮은 상황통제력으로 인해 범죄에 대한 두려움이 높은 경향이 있다.

이밖에 신체적 변수에는 수많은 개인적 변수들이 취약성과 관련될 수 있다. 여기에는 Killias와 Clerici(2000)가 지적한 취약성의 측정도구로 몸무게, 신체적 장애, 신체유형, 자신감 등이 포함되기도 한다. 이상의 신체적 취약성은 객관적인 지표로 측정이 되는 것이 일반적이지만, 주관적인 측정도 가능하다. 즉, 본인 스스로의 신체적 취약성에 대한 인식은 성별, 연령, 몸무게, 신체장애의 여부와 같은 객관적 자료와는 구분되는 인지적 측면의 신체적 취약성 파악을 가능케 한다.

나. 사회적 취약성

사회적 취약성(social vulnerability)은 범죄에 대한 두려움이 경제수준, 교육수준, 혼인여부 등 일련의 물적 자원동원 능력과 관련한다고 본다(Franklin & Franklin, 2009: 87). 따라서 사회적 취약성은 범죄위험성에 대한 노출의 정도와 빈도, 그리고 피해회복에 필요한 자원의 정도라는 차원에서 설명이 가능하다(이윤호, 2007: 189). 즉, 범죄의 위험에 상대적으로 많이 노출되어 범죄피해 가능성이 높고, 범죄발생시 회복을 위한 자원이나 방범대책에 필요한 자원이 부족한 경우 사회적 취약성이 높고, 그것이 범죄에 대한 두려움에 영향을 미치게 된다. 결국 취약성 가설에 따르면 소득수준과 교육수준이 낮거나, 사회경제적 지위가 낮은 사람일수록 사회적 취약성이 크게 나타나고, 따라서 범죄피해의 가능성이 높아지며, 동시에 범죄에 대한 두려움도 높아진다.

사회적 취약성을 다루는 몇몇 실증연구를 살펴보면 다음과 같다. Pantazis(2000)는 빈곤이 범죄에 대한 주요한 원인은 아니지만, 실업, 재정적 부채, 질병과 같은 비범죄적 요인들과 복합적으로 작용하여 개인의 사회적 활동을 제약하는 기제로 작용함으로써 범죄에 대한 두려움에도 부정적인 영향을 미친다고 보았다. 또, Franklin과 Franklin(2009)은 소득이 증가할수록 여성은 범죄에 대한 두려움이 감소하나, 남성은 오히려 증가하는 결과를 도출하였다. 이처럼 사회적 취약성과 범죄에 대한 두려움의 관계는 일관된 형태로 나타나지는 않는다.

다. 심리적 취약성으로서의 매력성

Van der Wurff, Van Staalduinen과 Stringer(1989)는 범죄에 대한 두려움을 사회심리학적 변인으로 설명하였다. 사회심리학적 모형은 개인 차원의 두려움이 발생되는 과정에 주목하고 있는데 개인, 범죄자, 범죄발생 가능한 상황에 대한 불안감 등이 관련되어 있다(차훈진, 2007: 176). 이 사회심리학적 모형에 포함된 주요 변수는 매력성(attractivity), 악의적 의도(devil intent), 힘(power), 범죄화 가능 공간(criminalizable space) 등이 있는데, 이 가운데 매력성은 잠재적 피해자와 관련된 요소라고 할 수 있다.

매력성은 사람들이 자신이나 자신의 재물을 범죄활동의 매력적인 피해자나 표적으로 보는 정도에 관한 것이다. 다시 말해, 매력성은 자신과 자신의 재물에 대한 특성이 범죄피해에 대해 기여할 가능성을 판단하는 것을 말한다. 예를 들어 은행에서 현금 다발을 인출하여 길을 걷거나, 귀금속 등 고가의 재물을 소지하고 있을 때 느낄 수 있는 독특한 기분이 매력성에 해당한다. 또, 값비싼 물건을 집에 보관하고 있을 때 경험할 수 있는 침입절도나 강도에 대한 두려움도 매력성으로 볼 수 있다. 이러한 매력성의 요소는 잠재적 피해자에 관한 내용으로서 범죄피해에 대한 심리적 취약성과 동일한 수준에서 논의할 수 있는 내용이다.

제3절 지역수준의 범죄에 대한 두려움의 원인

1. 무질서

범죄에 대한 두려움을 예측하는 중요한 요인으로 지역사회 무질서(community disorder 또는 incivility)를 고려하기도 한다. 주거지역의 무질서 수준에 대한 인식이 범죄에 대한 두려움으로 이어진다고 가정하는 것이다.

가. 사회적 무질서와 물리적 무질서

지역사회 무질서를 범죄에 대한 두려움의 중요 원인으로 설명하는 입장에서는 주거지역의 무질서에 대한 인식이 범죄에 대한 두려움으로 이어진다고 본다. 무질서한 지역의 주민들은 그 지역의 실제 범죄건수보다 더 많은 범죄가 일어날 것이라고 믿고, 더 높은 수준의 범죄에 대한 두려움을 느끼게 된다. 이러한 무질서들은 해당지역의 행동규범과 사회적 통제가 해체된 것을 암시하는 역할을 하고, 사람들은 이러한 징후들을 범죄의 위험 증가와 관련지으며, 이것은 다시 범죄에 대한 두려움의 증가로 연결된다(McCrea, Shyy, Western & Simon, 2005: 10).

이와 같이 범죄에 대한 두려움 및 위험의 인식에 중요한 역할을 하는 무질서에는 사회적 무질서와 물리적 무질서로 대별할 수 있다(Kohm, 2009: 6). 우선, 사회적 무질서(social incivility)는 불량배집단, 노숙자, 주취자, 부랑자 등의 활동을 포함한다. 사회적 무질서는 지역사회 내의 일부 구성원들이 취하는 행동양식이 위험을 야기하는 것으로 인식되어 불안감을 가중시키고, 그 결과 범죄에 대한 두려움에 영향을 미친다고 본다. 반면 물리적 무질서(physical incivility)는 물리적 환경과 관련된 것으로 지역사회의 물적 상태가 양호한가 양호하지 못한가에 따라 범죄에 대한 두려움에 영향을 미칠 수 있다고 본다. 여기에는 반달리즘, 쓰레기, 빈집, 버려진 차량이나 건물, 청결치 못한 환경 등이 포함된다. 물리적 무질서와 사회적 무질서의 차이는 그 대상이 물리적인 환경에 의한 것인가 인간의 사회적 활동에 의한 것인가에 따라 구분되는데, 물리적 무질서와 사회적 무질서를 구분하지 않고 무질서라는 하나의 개념으로 통칭하여 사용하기도 한다.

나. 무질서 관련 선행연구

Kohm(2009)은 범죄율이 높은 지역일지라도 '범죄'보다는 '무질서'가 지역사회내의 두려움이 높은 지역을 구분하는 기준이 되는 것을 밝혔다. 즉, 범죄에 대한 두려움에 실질적인 범죄율보다는 해당 지역의 무질서가 더 큰 영향을 미친다는 것이다. 또한 McCrea와 동료들(2005)은 다양한 변수들 가운데 취약성과 무질서 변수가 범죄의 두려움에 가장 영향력이 큰 변수라고 설명하고 있다. 이러한 결과는 공공주택과 범죄 두려움의 관계를 검토한 DeLone의 연구(2008)에서도 나타나고 있는데, 사회해체수준이 증가함에 따라 범죄에 대한 두려움도 증가한다는 결과를 제시하였다. 여기서 사회해체를 측정하기 위한 도구는 약물사용관련 행위에 대한 인식, 주취자, 말썽꾼 등에 대한 인지, 매춘에 대한 인지, 비행청소년 집단의 활동 등으로 주로 사회적 무질서를 측정하는 항목과 유사하다.

무질서가 범죄에 대한 두려움에 일관되게 정(+)적인 관계를 나타내는 것만은 아니다. 국내 연구의 경우 특히 그 관계가 일관적이지 못한데, 수원시 영통구를 사례로 한 고준호의 연구(2007)나 여성을 대상으로 한 차훈진의 연구(2008)는 무질서 또는 물리적 무질서가 심할수록 범죄에 대한 두려움을 증가시킨다고 보고하고 있다. 반면, 지역의 특성과 경찰활동의 상호작용효과를 중심으로 범죄에 대한 두려움을 연구한 정승민(2007)의 경우, 무질서가 범죄에 대한 두려움에 영향을 미치는 요인으로 나타나긴 했으나 오히려 부(-)적 효과, 즉 거주지역의 무질서가 심각할수록 두려움의 수준이 낮은 것으로 보고하고 있다(정승민, 2007: 65-67). 이러한 상반된 결과가 나온 것은 측정도구로 사용된 변수가 거리의 쓰레기나 낙서, 불량배나 무례한 행동, 취객 등 개인마다 평가하는 수준이 달리 나타날 수 있는 것으로 오히려 어느 정도의 무질서는 용인이 가능하고, 심지어 두려움과는 별개의 차원으로 이해하는 것이라고도 볼 수 있다.

2. 범죄통제

범죄에 대한 두려움은 범죄피해경험이나 범죄취약성과 같은 개인적 차원의 원인 이외에 개인을 둘러싸고 있는 외적 요소가 중요한 영향을 미칠 수 있다. 앞서 살펴본 지역사회의 무질서 외에 또 다른 차원에서 범죄에 대한 두려움을 설명할 수 있는 요인이 있는데 바로 범죄통제와 관련된 것이다.

일반적으로 범죄통제의 주체는 경찰이 대표적이다. 즉, 공식적 범죄통제 형태로 경찰의 범죄예방 및 억제활동이 해당된다. 여기에 지역 주민 상호간의 신뢰감이나 상호부조를 바탕으로 한 비공식적 범죄통제도 생각해 볼 수 있다. 공식적 범죄통제기관인 경찰이 적절한 순찰활동이나 범인검거활동을 보여주지 못할 경우 시민들은 범죄에 대한 두려움을 느끼게 될 것이다. 또, 동네 주민 상호간에 불신이 팽배하고 결속력이 약할수록 범죄에 대한 두려움이 크게 나타날 것이다.

가. 공식적 범죄통제

1) 지역사회 경찰활동

지역사회 경찰활동은 1980년대 초반 전통적 경찰활동에 대한 비판의 대안으로 등장한 것으로, 이후 경찰서비스 전달의 주요한 수단으로 자리매김하게 되었다. 비록 지역사회 경찰활동에 대한 통일된 개념정의는 없지만, 그 근본 가정은 경찰과 지역사회의 파트너십, 혁신적 전략, 범죄와 무질서의 근원에 대한 해결 추구와 같은 내용을 수반한다. 지역사회 경찰활동의 철학에서 여전히 범죄통제가 경찰의 중요한 업무로 남아 있지만, 지역주민의 삶의 질 개선, 사회무질서 수준의 경감, 범죄에 대한 두려움의 감소 등이 경찰의 업무영역에 추가되었다(Roh & Oliver, 2005: 673). Dietzs(1997)가 언급한 것과 같이 "범죄의 두려움 감소는 지역사회 경찰활동 프로그램이 시작된 때부터 밀접한 관계를 갖게 된다"고 볼 수 있다.

지역사회 경찰활동이 범죄의 두려움을 감소시킬 것으로 예측하는 데는 몇 가지 이유가 있다(Roh & Oliver, 2005: 672-673). 우선, 경찰이 지역사회 내에 위치하게 됨으로써 시민들은 경찰과 자주 접촉하게 되고 결과적으로 범죄에 대한 두려움을 감소시킬 수 있다. 둘째, 경찰이 보다 적극적으로 시민관계에 개입하게 되면, 경찰에 대한 시민의 만족도는 높아지고, 결국 범죄에 대한 두려움의 감소로 이어질 것이다. 셋째, 경찰과 지역사회의 협력관계가 공고히 될수록 범죄에 대한 두려움은 감소하게 된다. 끝으로 지역사회 경찰활동이라는 철학 아래 경찰이 혁신적인 전략을 실시함에 따라 범죄와 무질서가 감소하게 되고 결과적으로 시민들은 범죄의 두려움을 적게 느끼게 된다.

실제 지역사회 경찰활동의 노력이 범죄에 대한 두려움의 감소에 긍정적인 영향을 미치는지에 대한 실험연구가 있다. 캘리포니아의 Garden Grove 시경찰국은 라틴계와 베트남계 이민자가 주로 살고 있는 아파트의 높은 범죄율 문제를 해결하기 위하여 아파트 단지 앞의 상점에 치안센터를 개소하는 지역사회 경찰활동 전략을 실시하였다(Torres & Vogel, 2001: 44-45). 상점 치안센터 개소 전과 후를 비교한 결과 라틴계 이민자나 베트남계 이민자 모두 범죄에 대한 두려움의 감소에 긍정적인 효과를 나타냈다. 주민의 근거리에서 서비스를 제공하고, 범죄예방 활동을 하는 경찰이 존재하고 있는 것만으로도 범죄의 두려움 감소에 큰 기여를 한 것이다. 국내의 경우로는 이성식의 연구(2000: 149-150)에서 지역사회 경찰활동이 활발한 지역의 주민은 지역의 무질서를 적게 인지하고, 경찰에 대한 친근감과 만족도가 높아진 결과 범죄에 대한 두려움을 적게 느끼게 된다고 보고하고 있다.

하지만 이상의 연구결과를 검토할 때 주의할 점은 지역사회 경찰활동이 주민과의 관계에만 집중하는 것이 아니라 범죄진압과 법집행이라는 전통적 경찰활동도 경찰의 중요한 임무로 인식해야 한다는 점이다. 범죄예방 및 진압과 서비스 제공이 함께 강조되는 지역사회 경찰활동의 전략에 따라 범죄율 감소, 주민의 치안만족도 제고 등이 나타나고 그 결과 범죄에 대한 두려움의 감소로 이어질 수 있다.

2) 경찰의 가시성

순찰 중인 경찰을 자주 보거나 경찰에 대한 긍정적인 인식을 가진 사람일수록 범죄에 대한 두려움이 적을 것이라는 추측이 가능하다. 하지만 반대로 경찰에 대한 기본적인 인식이 부정적이라면 단순한 경찰활동의 가시성 증대, 특히 사이렌을 울리며 출동하는 경찰차를 자주 목격하면 오히려 지역주민에게 범죄에 대한 두려움을 더 크게 느끼게 할 수도 있다(이윤호, 1990: 248-253). 즉 단순히 경찰이 눈에 보이는 것만으로 범죄에 대한 두려움이 감소한다는 가정은 항상 옳다고 할 수 없다.

그러나 지역사회 경찰활동과 범죄에 대한 두려움의 관계에 대해 50개의 문헌을 검토한 Zhao, Scheider, 그리고 Thurman의 연구(2002)에 따르면 무려 31개의 연구에서 경찰의 높은 가시성과 범죄에 대한 두려움 감소의 관계를 확인했다(Zhao et al., 2002). 비록 18개의 연구에서는 유의미한 관계를 찾아내지 못했지만, 경찰의 가시성은 범죄의 두려움 감소에 있어서 부정적인 영향보다는 긍정적인 영향이 더 크다고 보아야 할 것이다.

한편 핀란드에서 경찰활동의 가시성이 범죄에 대한 두려움에 미치는 영향에 대한 실험을 실시한 Salmi, Gr nroos, 그리고 Keskinen(2004)의 연구에 따르면 경찰의 순찰 방식에 따라 범죄의 두려움에 미치는 영향에 차이가 있음을 보고하고 있다. 도보순찰을 하는 것을 보게 될 경우 성인에게는 재산범죄 두려움의 감소효과를, 청소년에게는 대인범죄 두려움의 감소효과를 나타냈지만, 차량순찰의 경우에는 대인범죄나 재산범죄 모두 그 두려움이 증가하는 것으로 나타났다.

국내의 경우, 경찰의 가시성은 범죄 두려움 감소에 영향을 미치는 것으로 나타났다. 2000년부터 2022년까지 국내에 발표된 경찰 가시성에 관한 연구를 살펴본 결과, 경찰 가시성은 일반적 범죄 두려움에는 영향을 미치지 못했으나, 구체적 범죄 두려움의 감소에 작지만 유의미한 영향을 미쳤다(김승현·최응렬, 2020). 이와 관련하여 염윤호(2019)의 연구에 따르면, 순찰활동의 범죄예방 효과는 범죄유형에 따라 차이를 갖는 것으로 나타났다. 구체적으로, 순찰은 재산범죄보다 폭력범죄 감소에 더 큰 영향을 미쳤다. 이러한 연구는 경찰활동이 범죄유형에 따라 차별적인 효과를 가질 수 있음을 보여준다. 경찰의 인적, 물적 자원이 한정되어있는 만큼, 예방을 목표로 하는 특정 범죄의 특성과 시민들의 치안 수요를 기반으로 하는 구체적인 경찰 활동의 수립이 중요하게 작용할 수 있을 것이다.

나. 비공식적 범죄통제

범죄에 대한 두려움의 원인에 대해 일부 학자들은 사회적 통합의 정도를 중요한 변수로 보기도 한다. 즉, 경찰활동 등을 통한 공식적 범죄통제 이외에 지역사회 구성원간의 유대나 신뢰관계를 바탕으로 비공식적 범죄통제 기제가 작용할 수 있음에 주목한 것이다. 비공식적 범죄통제란 “지역사회 내에서 범죄 또는 비행행위를 예방하기 위한 목적의 행동들에 대해 지역주민이 적극적으로 참여하고자 하는 의도”라고 할 수 있다(Silver & Miller, 2004: 553). 따라서 비공식적 범죄통제는 지역사회 구성원 상호간의 일종의 책임이라고 볼 수 있으며, 공동선 추구를 위한 상호호혜와 개입의지라고 할 수 있다.

1) 사회통합

사회통합(social integration)이란 "특정 지역환경에 대한 소속감과 지역사회에 대한 애착"으로 정의할 수 있다. 사회적으로 이웃에 더욱 통합되는 사람일수록 그렇지 못한 사람들보다 낮은 수준의 범죄 두려움을 경험하게 된다(Franklin & Franklin, 2009: 89). 이러한 사회통합의 수준을 파악하는 방법에는 지역 내에서 외부인 구분여부, 지역 내의 이웃으로서의 소속감(Hunter & Baumer, 1982), 이웃 간의 유대감, 이웃의 영향력(Kanan & Pruitt, 2002) 등을 활용할 수 있다. 또, 공식조직에 대한 참여, 지역사회 활동 참여, 이웃간 정보공유, 거주자들 간의 동질성 인식, 이웃에 친구나 친척이 사는 정도 등 다양한 방법으로 사회통합을 측정하기도 한다. 하지만 측정방법과 무관하게 지역사회 내에서 이웃 간의 유대감을 느끼고 이웃을 알고 지내는 사람일수록 범죄의 두려움을 느낄 가능성은 낮아진다.

관련 선행연구로 Franklin과 Franklin(2009)은 사회통합이 여성의 경우에는 미미한 수준이나마 범죄에 대한 두려움을 감소시키는 것으로 나타났지만, 남성의 경우에는 큰 차이를 보이지 않는 것으로 보고하였다. 하지만 DeLone(2008)은 성별, 인종, 교육수준, 사회해체수준에 관계없이 사회통합이 범죄에 대한 두려움을 감소시키는 중요한 변수임을 확인했다. 한편, 중국인 사이의 "꽌시(關係: Quanxi)"를 사회유대의 일종으로 보고 범죄에 대한 두려움과의 관계를 탐색한 Zhang 등(2009)에 따르면 지역사회내의 "꽌시"가 강할수록 범죄에 대한 두려움은 감소하는 것으로 나타났다. 우리나라 역시 중국과 같은 동양문화권이라는 점에서 지역주민 사이의 유대관계가 범죄에 대한 두려움에 상당히 밀접한 관련이 있을 것으로 예상해 볼 수 있다.[34]

2) 사회자본과 집합효율

사회자본(social capital)이란 주민간의 신뢰관계가 형성될 때 만들어지는 것으로,

34) 그러나 사회통합을 강조하는 경우 간접피해 가설과 논리상 상충할 가능성이 있다. 즉 지역사회가 강한 통합력을 발휘하는 경우 범죄나 무질서와 같은 지역문제를 공동으로 대처할 것이라는 기대를 갖게 하기 때문에 범죄에 대한 두려움이 감소될 것이라는 입장이 있는가 하면, 지역주민들 간의 강한 유대는 오히려 지역사회의 문제들에 대한 정보공유의 폭을 넓힘으로써 오히려 범죄에 대한 두려움을 증가시킬 수 있다는 입장이 서로 대립된다는 것이다(김성언, 2003: 213).

이웃간의 안전을 강화하기 위해 동원될 수 있는 지역사회 수준의 잠재적 자원을 의미한다. 따라서 사회자본은 지역주민 상호간에 호혜적인 방향으로 협력을 도모하고 개인 간의 사회적 관계와 상호작용의 결과물로 이해할 수 있다. 결국 사회적 지지망, 지역 기관들, 상호신뢰에 대한 공감대, 지역사회 구성원간의 집합적 활동 등 사회자본은 공동선의 생산, 즉 범죄예방을 위한 자원으로 사용될 수 있다(Furguson & Mindel, 2007).

한편, 집합효율(collective efficacy)이란 지역의 문제해결을 위한 구성원들의 역량 결집과 함께 시민 상호관계 및 기대감의 공유 등을 의미한다(Ferguson & Mindel, 2007: 327). 이와 같은 집합효율이 높은 지역은 낮은 수준의 범죄에 대한 두려움을 기대할 수 있다. 집합효율의 원리에 근거한 지역사회 안전전략으로는 이웃감시(Neighborhood Watch) 프로그램이나 지역사회 내 문제해결을 위한 회합으로서 주민반상회 같은 것들이 이에 해당한다.

이상에서 설명한 사회자본과 범죄의 두려움을 토대로 한 Furguson과 Mindel의 연구(2007)에 따르면 높은 수준의 사회적 지지망은 높은 집합효율을 보이고, 결과적으로 범죄예방 및 방어적 행동을 증가시킨다고 보았다. 하지만 높은 수준의 사회적 연결망이 범죄의 두려움 감소에 영향을 미치지는 못한 것으로 나타났다. 반면, 높은 집합효율은 이웃에 대한 만족감을 높이고, 범죄예방 및 방어 전략에 긍정적이며, 범죄에 대한 두려움도 감소시키는 것으로 나타났다. 국내에서는 정승민의 연구(2007)가 대표적인데, 이에 따르면 비공식적 통제변수로 설정한 유대, 애착 및 신뢰, 감시 및 감독은 지역사회의 범죄 두려움과 직접적인 관계가 없는 것으로 나타났으나, 애착 및 신뢰가 경찰활동과 상호작용을 할 때는 범죄에 대한 두려움의 감소효과가 극대화된다고 보았다(정승민, 2007: 65-67).

제4절 범죄에 대한 두려움의 주요 이론모형

이상에서 일반적으로 범죄에 대한 두려움에 영향을 미치는 요인들을 개략적으로 살펴보았다. 이러한 범죄에 대한 두려움의 요인은 범죄피해모형(victimization model)과 사회통제모형(social control model)으로 나누기도 한다(김지선, 2004).

여기서 범죄피해모형이란 범죄에 대한 두려움이 범죄사건에 대한 직접적인 경험 및 간접적인 지식에 의해서 야기되는 것으로 보는 시각이다. 범죄피해의 형태에 따라 직접피해모형과 간접피해모형을 구분하기도 한다. 또, 취약성모형(vulnerability model)을 범죄피해모형의 하위모형으로 분류하기도 한다. 이것은 전체 인구집단을 설명하는 일반모델이라기보다는 주로 '범죄의 두려움'이 하위집단 간, 예를 들어 여성과 남성 또는 노인과 젊은이 등의 사이에서 차이를 보이는 현상을 설명하는 모델이다.

한편, 사회통제모형은 범죄에 대한 두려움을 지역사회 주민들이 그 지역의 사회적 무질서를 인식한 결과로 보는 시각이다. 여기에는 지역사회무질서 모형, 이웃통합모형, 공식적 사회통제모형 등이 포함된다. 지역사회 내의 무질서 수준, 이웃 간의 유대 내지 통합수준, 경찰활동에 대한 신뢰수준 등을 중심으로 각각의 모형이 구성된다.

끝으로, 범죄에 대한 두려움의 개념에서 정서적 두려움과 인지적 위험을 분리하여 모형을 구성한 위험해석모형이 있다. 이 모형은 개인수준의 요인과 지역사회수준의 요인을 통합한 것으로 범죄에 대한 두려움의 다양한 원인들을 통합적으로 설명하려는 시도이다.

범죄에 대한 두려움을 설명하기 위한 이상의 이론모형들은 범죄의 두려움에 영향을 미치는 중요한 원인이 무엇인가에 대한 설명과 범죄에 대한 두려움을 감소시키기 위한 대안제시에 있어서 뚜렷한 차이를 보이기 때문에 기존연구를 이러한 분류방식으로 나누어 보는 것은 범죄에 대한 두려움을 설명하는 연구들을 체계적으로 이해하는데 도움을 줄 수 있다(노성호 · 김지선, 1998).

1. 범죄피해모형

범죄피해모형(victimization model)은 범죄의 두려움에 대한 개인적 차원의 원인을 파악하는 연구모형으로 이는 다시 직접피해모형, 간접피해모형 그리고 취약성모형으로 나눌 수 있다.

가. 직접피해모형

직접피해모형(direct victimization model)이란 직접적인 범죄피해의 경험이 범죄에 대한 두려움의 원인이 된다는 주장이다. 기존 경험연구 결과에 의하면 범죄에 대한 두려움과 과거의 범죄피해경험 간에는 강한 상관관계가 있다는 결과를 보여주고 있다. 물론, 그렇지 않다는 연구결과들도 일부 있지만, 직접적인 피해경험은 범죄피해 가능성 인식, 즉 위험인지와 같은 매개변수를 통해 간접적으로 범죄에 대한 두려움에 영향을 미치는 것으로 나타났다(최인섭 · 김지선, 1997).

특히, Skogan(1987)은 피해경험이 범죄의 두려움을 설명하는 매우 중요한 요인이라고 보았는데, 범죄피해경험은 범죄의 두려움과 관련된 태도뿐만 아니라 행동에도 일관되게 영향을 미치며, 이것은 여러 사회인구학적인 하위집단들에서도 일관되게 나타나는 중요한 요인이라고 지적했다. 또 이와 관련한 최인섭과 김지선(2003)은 범죄피해를 경험한 경우에는 그렇지 않은 사람에 비하여 자신이 거주하는 동네의 범죄가 증가한 것으로 평가하는 비율이 높다는 결과를 제시하였다. 서울시민을 대상으로 한 노성호와 김지선(1998)의 연구에서도 직접적 범죄피해가 범죄에 대한 두려움으로 연결되었다.

그러나 최근의 경험연구에 따르면 피해모형에 대한 비판이 제기되고 있다. 직접적인 범죄피해경험이 없어도 범죄에 대한 두려움을 느끼는 사람들에 대한 설명을 제시하지 못한다는 한계가 발견된 것이다. 가장 대표적인 예로 여성과 노인의 경우 범죄피해경험이 낮음에도 불구하고 상당한 정도의 범죄에 대한 두려움을 느끼고 있다는 것을 들 수 있다. 이는 범죄의 두려움을 설명함에 있어서 직접적인 범죄피해경험도 중요한 원인변수 중에 하나로 파악할 수 있지만, 반드시 범죄피해경험만이 범죄에 대한 두려움의 원인이 된다고 설명할 수는 없다는 것이다.

나. 간접피해모형

이상의 직접피해모형의 한계를 비판하면서 제시된 주장이 간접피해모형(indirect victimization model)이다. 간접피해모형은 직접적인 범죄피해경험이 없어도 간접적으로 범죄피해에 대한 정보를 획득함으로써 범죄에 대한 두려움을 느끼게 된다는 주장이다. 주변의 친구나 가족 등으로부터 범죄피해 경험담을 듣거나 언론매체 등을 통해 범죄사건의 정보를 자주 접하는 사람일수록 범죄에 대한 두려움을 많이 느낀다는 것이다(Skogan & Maxfield, 1981). 간접피해모형은 직접적인 피해경험뿐 아니라 다른 사람들의 피해경험을 통한 대리경험과 매스미디어가 범죄의 두려움에 미치는 영향을 강조한다. 대부분의 사람들이 범죄정보를 언론매체를 통하여 획득한다는 점에서 직접피해경험보다는 간접피해경험이 범죄에 대한 두려움에 더욱 중요한 요인으로 작용한다고 설명한다.

한편, 간접피해모형은 노인이나 여성, 저소득층 등 범죄로부터 보다 취약한 사람은 범죄피해를 당하거나 범죄를 목격할 가능성이 높다고 전제한다(이윤호, 2007: 205). 범죄피해를 당하거나 범죄를 목격한 사람들은 지역의 사회망을 통해 이 정보를 전파할 것이며, 지역유대가 강한 사람일수록 범죄에 대한 두려움의 수준은 높아진다. 이러한 전제는 이웃통합모형과 상충되는 결과를 가져올 수 있음을 유의해야 한다.

다. 취약성모형

취약성모형(vulnerability model)은 범죄에 대한 두려움은 직접적·간접적 피해경험보다는 범죄피해를 당할 가능성과 그 피해로부터의 회복가능성 여부에 따라 범죄에 대한 두려움의 수준이 다르다고 가정한다. 스스로 범죄피해의 가능성이 높다고 인식하거나, 만약 범죄피해를 당했을 때 대항할 능력이 부족하다고 느끼거나, 범죄피해를 경험한 이후 피해이전의 상태로 원상회복이 불가능하다고 여겨질 경우 범죄에 대한 두려움이 높게 나타난다는 것이다. 예를 들어, 여성의 경우 남성에 비해 여러 측면에서 범죄피해의 가능성이 높을 것이고, 빈곤층의 경우 민간경비시설을 설치할 능력이 있는 중산층 이상의 사람보다 강·절도의 피해에 대한 가능성이 크다고 여길 것이며, 노인의 경우 경제력이 있는 청년이나 장년층에 비해 범죄피해로부터 회복할 경제적 능력이 부족하다고 인식한다면 범죄에 대한 두려움이 클 것이다.

그런데 범죄피해모형으로 분류되기도 하는 취약성모형은 과거의 범죄피해경험이 범죄에 대한 두려움에 미치는 영향을 모형에서 고려한다(Skogan & Maxfield, 1981). 직접피해모형을 보완한 것이라고 이해할 수 있는데, 직접피해모형이 범죄피해-두려움의 패러독스를 설명하지 못하는 것을 보완하여 직접적인 범죄피해 경험이 없더라도 범죄에 대한 두려움을 느낄 수 있음을 강조한 것이다. 범죄피해만으로 설명할 수 없었던 부분을 취약성의 개념으로 보완하였다는 점에서 의의가 있다.

한편, 취약성의 개념은 신체적 취약성(physical vulnerability)과 사회적 취약성(social vulnerability)으로 구분할 수 있다. 신체적 취약성이란 성별, 연령, 체격조건 등이 취약한 정도를 말하며 사회적 취약성이란 범죄피해를 입고도 회복할 수 있는 가능성 또는 그 능력의 정도를 말한다.

2. 사회통제모형

초기의 범죄에 대한 두려움 연구가 개인의 특성을 주목했다면 사회통제모형(social control model)은 개인의 특성보다는 거주하는 지역의 특성으로 지역사회 무질서나, 사회통합, 공식적 사회통제 등을 중시한다. 따라서 여기에 속하는 모형에는 사회적·물리적 무질서모형, 이웃통합모형, 공식적 사회통제모형 등이 있다.

가. 무질서모형

일찍이 Wilson과 Kelling(1982)은 깨진 창이론(broken window theory)를 통해 무질서가 지역의 부적절한 사회통제력을 반영하는 것이며 그러한 무질서 지역에서는 범죄가 통제되지 못해 범죄피해의 위험성을 느끼게 되고, 두려움을 야기할 수 있다고 보았다. 무질서모형(incivility or disorder model)은 개인이 거주하는 지역에서 사회적, 또는 물리적 무질서가 그 지역구성원들의 범죄에 대한 두려움에 영향을 끼칠 것이라고 본다.

먼저 사회적 무질서의 측면에서 보면 거주지역에 불량배들이 자주 눈에 띄거나 만취한 사람들, 그 밖에 노숙자들이 눈에 띄게 될 때 그 지역주민들은 범죄의 두려움을 크게 느끼게 된다. 또 물리적 무질서의 측면에서 보면 거리에 쓰레기가 널려 있거나, 거주지 주변 건물 벽의 무분별한 낙서, 버려진 폐차 등이 눈에 띄게 될 때 그러한 징후들은 범죄

두려움을 느끼게 하는 중요한 요소가 될 수 있다(이성식, 2000).

사회통제적 접근에서는 이러한 사회적 · 물리적 무질서의 징표들이 나타나는 것은 적절한 사회통제가 이루어지지 않았기 때문이라고 보고, 이러한 무질서의 징후들을 인식한 시민들이 범죄에 대한 두려움을 느끼게 된다. LaGrange와 동료들(1992)은 물리적 무질서와 사회적 무질서의 영향을 비교한 연구에서 물리적 무질서보다는 사회적 무질서가 더 중요한 요인임을 확인했다. 이러한 결과는 박정선 · 이성식(2010)의 연구에서도 확인할 수 있다.

나. 이웃통합모형

이웃통합모형(neighborhood integration model)이란 이웃과 잘 모르고 지내며, 오래 살지 않아서 지역의 일에 관여하는 일이 별로 없는 상태가 범죄의 두려움을 낳는다고 보는 관점이다. 이 모형은 범죄피해를 당할 위험에 처해 있을 경우 이웃 가운데 누군가가 신고해 주거나 도움을 줄 것이라는 희망과 지역의 생소함은 범죄의 두려움에 영향을 미칠 것이라고 본다. 그러나 이웃통합모형의 경우 간접피해모형과 논리상 상충할 가능성이 있다. 지역사회가 강한 통합력을 발휘하는 경우 범죄나 무질서와 같은 지역문제를 공동으로 대처할 것이라는 기대를 갖게 하기 때문에 범죄에 대한 두려움이 감소될 것이라는 입장이 있는가 하면, 지역주민들 간의 강한 유대는 지역사회의 문제들에 대한 정보공유의 폭을 넓힘으로써 오히려 범죄에 대한 두려움을 증가시킬 수 있다는 입장이 서로 대립된다는 것이다(이윤호, 2007).

다. 공식적 사회통제모형

이웃통합모형이 주로 지역사회의 비공식적 통제의 부재에 주목하여 그것이 범죄피해의 두려움을 만들어낸다고 본다면, 공식적 사회통제모형은 공식적 형사사법기관의 활동에 대한 신뢰도가 범죄의 두려움과 밀접한 관련이 있다고 본다. 공식적인 사회통제모형(formal social control model)은 경찰의 가시성과 범죄의 두려움의 관계를 설명할 수 있다. 순찰 중인 경찰을 자주 보거나 경찰에 대한 긍정적인 인식을 가진 사람일수록 범죄에 대한 두려움이 적을 것이라는 가정이 성립한다는 것이다. 하지만 반대로 경찰에 대한 기본적인 인식이 부정적이라면 단순한 경찰활동의 가시성 증대, 특히 사이렌을 울리며 출동하는 경찰차를 보는 것과 같은 경험은 오히려 지역주민에게 범죄에 대한 두려움을 더 크게 느끼게 할 수 있다는 점도 고려하여야 한다. 단순히 경찰이 눈에 보이는 것만으로 범죄에 대한 두려움이 감소한다는 가정은 항상 옳다고 할 수 없다는 것이다.

3. 통합론적 접근 – 위험해석모형

Ferraro의 위험해석모형(risk interpretation model)에서는 기존의 논의들을 통합하는 주장을 제기한다(이성식, 2000: 123-125). 그는 기존의 연구들에서 제시되었던 개인특성 및 거주지역특성 모두 범죄에 대한 두려움에 영향을 미친다는 통합모형을 제시하였다. 위험해석모형은 개인의 특성과 거주지역의 특성에 따른 각 개인이 인지하고 해석하는 범죄피해 위험의 가능성이 범죄의 두려움에 있어 매우 중요한 요인이 된다고 강조한다.

[그림 7-1] 위험해석접근에 기초한 범죄두려움의 일반모델

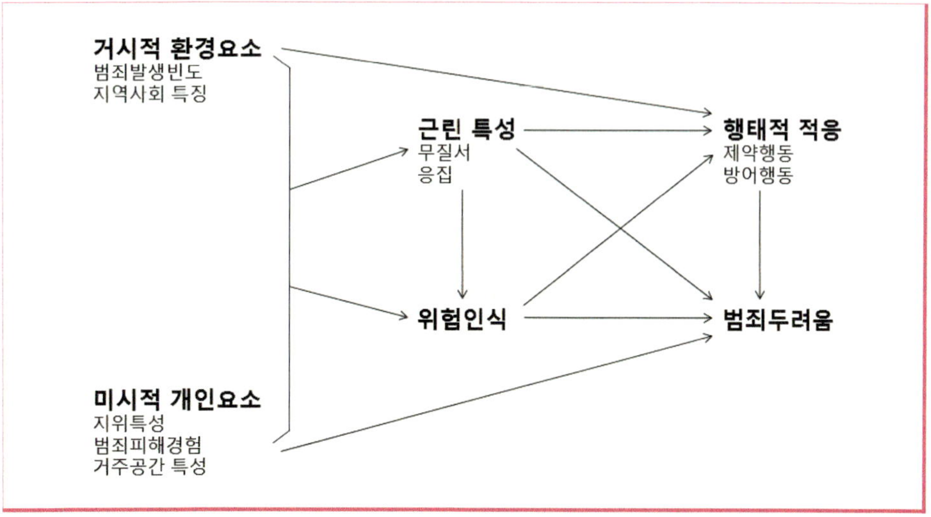

출처: Ferraro, K. F. (1995), Fear of Crime, Albany: State University of New York Press, p. 18.

이 접근모형의 인과구조를 보면 거시적 수준의 생태학적 요인들뿐 아니라 범죄 위험에 대한 개인의 판단도 고려되고 있음을 알 수 있다. 생태학적 요인들에는 대중매체・이웃・동료들과의 관계, 소속된 지역사회의 물리적・사회적 환경, 그리고 일상활동 유형 등이 포함된다. 범죄위험에 대한 판단에 영향을 미치는 개인적 요인에는 개인적 범죄피해경험, 잠재적 위협과 연관되는 요인(경제능력, 신체능력 등) 등이 포함된다. 생태학적・개인적 특성 모두 지역 무질서에 대한 지각에 영향을 미친다. 지역 무질서는 지역사회의 특성에 대한 지각에 따라 달라지며, 이러한 지역사회 특성에 대한 지각은 결국 위험의 지각에 영향을 준다. 생태학적・개인적 특성을 모두 고려하는 것은 범죄피해 위험을 판단하는데 매우 결정적이다. 여기서 특이할만한 점은 두려움뿐만 아니라 행동적 반응도 함께 고려한다는 것이다. 사람들은 심각한 위험을 지각할 때 자신의 행동에 제재를 가하거나 방어행동을 취하기도 한다(Ferraro, 1995: 18). 이러한 내용들이 위험해석모형의 주요 구성변수가 된다.

Ferraro의 위험해석모형은 범죄피해모형과 사회통제모형에 비하여 더욱 포괄적이면서 동시에 기타 일반모형에 비하여 더욱 섬세하다는 장점이 있다. 구체적으로 위험해석모형의 의의는 다음과 같다. 첫째, 무엇보다도 위험해석모형은 범죄의 두려움으로부터 위험의 인지를 구분했다. 둘째, 위험해석모형은 시민의 지역사회의 무질서에 대한 인식을 포함하는 동시에 범죄율이나 지역사회 특징과 같은 객관적 환경요인의 영향을 배제하지 않고 고려한다. 끝으로, 위험해석모형은 인지된 위험에 대한 대응의 행태적 적용의 효과에 대한 관심도 갖는다(Lee, 1998: 48-49).

이러한 특징으로 위험해석모형은 범죄에 대한 두려움과 범죄피해 위험에 대한 인식은 구분되어야 한다고 주장하면서 범죄피해의 인식과 해석이 오히려 범죄에 대한 두려움의 직접적이면서도 가장 중요한 원인이 된다고 본다. 따라서 범죄에 대한 두려움의 요인을 밝히는 연구에 있어서는 범죄피해의 위험인지에 영향을 줄 수 있는 요인들을 발견하는 것이 중요하다고 주장한다. 한편, 위험해석모형에서는 행동제약(constrained behavior)이 범죄에 대한 두려움의 원인이 되는 것으로 설정하고 있다. 위험인지(perceived risk: 범죄피해 가능성에 대한 인식)가 강해질수록 이를 회피하거나 방어하기 위한 행동을 취하게 되는데, 이러한 행동을 취할수록 범죄에 대한 두려움은 증가한다고 보는 것이다. 즉, 행동에 제약이 발생함에 따라 그 자체로 범죄를 연상하게 되고, 일종의 상징적 상호작용의 연속으로 범죄에 대한 두려움이 발생하는 것이다.

여기서 범죄피해의 위험인지(perceived risk)란 범죄피해자가 될 가능성에 대한 개인의 인식을 기초로 한 것이다. Ferraro(1995)는 범죄에 대한 두려움을 범죄 그 자체 또는 범죄관련 이미지가 유도하는 불안이나 근심에 대한 감정적 반응으로 정의하고 있다. 반면, 위험인식은 인지적 판단을 포함하는 것으로 범죄피해를 입을 가능성에 대해 합리적이고 이성적인 사고절차를 통해 형성되는 것이라고 보았다. 즉, 오늘날 위험인식은 범죄에 대한 두려움과 강한 상관성을 갖는 인지적 또는 합리적 개념이라고 논의되고 있다. 비록 일부 학자들은 두 개념을 별개라고 생각하지만, 많은 학자들이 이러한 현상을 이해하는데 두 개념을 모두 고려하여 연구해야 한다고 말한다(Ferraro & LaGrange, 1987; Ferraro, 1995; Mesch, 2000; Rader, 2004; Warr, 2000). 또, 일부에서는 위험의 판단이 두려움의 감정을 유발하는 것으로 가정하는 것이 개념적으로나 논리적으로 합당하다고 보기도 한다(이민식, 2000: 220).

요컨대, 위험해석모형에서는 거시적인 특성으로서 지역사회의 무질서가 개인의 취약성 등에 대한 인식과 복합되어 위험인지를 하게 되고, 동시에 범죄를 회피 또는 방어하기 위한 '제약된 행동'을 선택하게 되며, 이 과정에서 범죄에 대한 두려움이 증가하는 형태의 논리구조를 갖고 있다.

Ferraro(1995)의 위험인지와 범죄두려움의 개념구분과 측정

Ferraro(1995)의 위험해석모델이 갖는 학술적 가치는 위험인지(perceived risk)의 개념을 범죄두려움(fear of crime)과 분리한 것이라고 하겠다. Ferraro(1995)는 그의 저서 『Fear of Crime: Interpreting Victimization Risk』에서 범죄두려움을 "an emotional response of dread or anxiety to crime or symbols that a person associates with crime(p. xiii)"이라고 정의하고, 자신의 연구에서 범죄두려움을 "노숙인의 접근, 사기, 부재중 주거침입, 거주 중 주거침입, 성폭력/강간, 살인, 특수폭행, 차량절도, 노상강도, 재물손괴 등의 범죄에 대한 두려움의 정도(how afraid)를 전혀 걱정하지 않는다(not afraid at all, 1)부터 매우 걱정한다(very afraid, 10)"까지 10점 척도로 측정하고 있다.

한편, 위험인지(perceived risk of crime)와 관련하여 Ferraro(1995)는 "(위험해석모델은) 범죄나 범죄피해를 고려하는 생태학적 정보를 해석함으로써 특정 범죄피해의 위험을 판단하는 과정"이라고 보고(p. xiv), 그것을 측정하는 방법은 공식범죄통계를 통해 객관적인 위험평가를 하는 것과 소위 "인지된 범죄피해 위험(called perceived risk of victimization)"을 측정하는 것으로 응답자에게 스스로 범죄피해의 위험에 대한 평가를 하도록 하는 것이라고 설명했다. Ferraro(1995) 자신의 연구에서는 위험인지를 범죄두려움의 측정항목과 동일한 진술문(노숙인의 접근, 사기, 부재중 주거침입, 거주 중 주거침입, 성폭력/강간, 살인, 특수폭행, 차량절도, 노상강도, 재물손괴 등)을 나열하고, 그것이 자신에게 일어날 가능성(the chance that a specific thing will happen to you during the coming year)에 대해 전혀 가능성이 없다(not at all likely, 1)에서부터 매우 가능성이 높다(very likely, 10)까지 10점 척도로 측정하고 있다.

이상의 내용을 종합했을 때, 범죄두려움은 감정적 측면의 내용을 측정하는 개념이고, 위험인지는 인지적 지각에 해당하는 개념이라고 하겠다.

요점정리

(1) 범죄에 대한 두려움은 일반적으로 '범죄나 관련 환경을 통해 인식되는 물리적 위험 또는 걱정에 대한 감정적 반응(Garofalo, 1981)', '범죄 및 관련 상징에 대해 느끼는 무서움 혹은 불안감의 정서적 반응(ferraro, 1995)' 등으로 정의된다. 여기에는 감정적 · 정서적 측면과 평가적 · 인지적 측면이 구분되기도 한다. 더불어 방어 및 예방적 행동으로서 행동적 측면도 범죄두려움의 개념을 설명하는 한 측면이라고 본다.

(2) 범죄두려움은 개인수준과 지역수준에서 다양한 영향요인은 찾을 수 있다. 먼저, 개인수준에서는 직접적인 범죄피해경험은 물론 주변인의 피해경험과 같은 간접피해경험과 언론을 통한 범죄도보 등이 두려움의 원인으로 지목된다. 또한, 개인의 신체적, 사회경제적, 심리적 취약성 역시 범죄두려움의 원인으로 볼 수 있다.

(3) 지역수준의 범죄두려움 영향요인은 크게 무질서와 범죄통제 요소를 꼽을 수 있다. 무질서는 다시 사회적 무질서와 물리적 무질서로 구분할 수 있고, 범죄통제는 공식적 범죄통제와 비공식적 범죄통제로 나눌 수 있다. 공식적 범죄통제에는 지역사회 경찰활동이나 경찰의 가시성 등이 대표적이고, 비공식적 범죄통제로는 사회통합수준, 사회자본과 집합효율수준이 있다.

(4) 개인수준과 지역수준의 범죄두려움 원인을 중심으로 다양한 이론모형이 제안되고 있다. 범죄두려움 원인을 개인수준에서 찾는 모형에는 직접피해모형, 간접피해모형, 취약성모형 등이 있다. 한편, 보다 거시적인 관점에서 범죄피해 원인을 사회수준에 찾는 모형에는 무질서모형, 이웃통합모형, 공식적 사회통제모형 등이 있다. 끝으로 양자를 통합하는 모델로는 Ferraro(1995)의 위험해석모델이 있으며, 여기서는 범죄두려움의 정서적 측면, 인지적 측면, 행동적 측면을 분리하여 이론모델을 구성한 점에서 의미가 있으며, 동시에 통합모델을 제안한 점에서 가치가 있다.

복습문제

1. 범죄에 대한 두려움의 설명으로 옳지 않은 것은?

① 범죄두려움은 감정, 인지, 행동의 세가지 측면을 갖고 있다.
② 통상 일반적 범죄두려움과 구체적 범죄두려움으로 구분된다.
③ 위험인지(perceived risk)는 행동적 측면의 두려움을 의미한다.
④ 범죄두려움은 삶의 질에 대한 관심이 증대한 것과 관계있다.

2. 개인수준의 범죄두려움의 원인이라고 보기 어려운 것은?

① 직접적 범죄피해경험 ② 신체적 취약성
③ 경찰의 가시성 ④ 범죄보도를 통한 간접피해

3. 다음 중 지역수준의 범죄두려움 원인이라고 보기 어려운 것은?

① 사회적 무질서 ② 지역사회 경찰활동
③ 비공식적 범죄통제 ④ 사회적 취약성

4. 지역사회의 불량배집단, 노숙자, 주취자, 부랑자 등의 활동을 뜻하는 것으로 범죄에 대한 두려움의 지역사회 수준의 영향요인인 이것은 무엇인가?

5. 주민간의 신뢰관계가 형성될 때 만들어지는 것으로 이웃간의 안전을 강화하기 위해 동원될 수 있는 지역사회 수준의 잠재적 자원을 무엇이라고 하는가?

정답 1. ③, 2. ③, 3. ④, 4. 사회적 무질서, 5. 사회자본

제8장

가정폭력

학습목표

○ 가정폭력의 개념과 유형을 살펴보고, 가정폭력과 관련된 오해와 진실을 파헤쳐 본다.
○ 가정폭력을 설명하는 다양한 이론들을 학습한다.
○ 가정폭력 문제를 해결하기 위한 우리나라의 법과 제도에 대해서 살펴본다.

핵심키워드

가정폭력, 부부강간, 폭력의 순환이론, 매맞는 아내 증후군, 임시조치

08 가정폭력

가정폭력에 관한 잘못된 통념들

1. 부부싸움은 칼로 물베기?
2. 내 가정을 내 마음대로 하는데 무슨 상관이냐?
3. 맞을 짓을 했으니까 맞는다?
4. 남자는 남자답게, 여자는 여자답게 길러야 한다?
5. 가정폭력은 가정의 질서유지를 위해 필요하고, 흔히 있을 수 있는 일이다?
6. 창피하고 수치스러운 일인데 어떻게 남에게 알리나?
7. 가정폭력은 가정 내의 문제이므로 이웃이나 사회가 개입해서는 안된다?

이상의 내용은 가정폭력에 대해 일반적으로 우리가 잘못 알고 있는 통념들이다. 잘못된 통념이라는 것을 사전에 알고 이에 대한 생각을 묻는다면 누구나 상식적인 수준에서 적절한 답을 잘 제시할 것이다. 하지만 대부분의 사람들은 가정폭력이 정작 본인의 일이 되었을 때 생각보다 궁색한 답변을 할 수 밖에 없게 된다. 그것은 가정폭력에 대한 이해가 부족하기 때문일 수도 있고, 아직까지 올바른 부부관계 내지 가족관계에 대한 가치관 정립이 부족한 까닭일 수도 있다. 이 장에서는 가정폭력의 개념과 유형을 알아보고, 가정폭력에 대한 오해와 진실을 파헤쳐본다. 또한, 가정폭력을 설명하는 다양한 이론들을 학습하고, 가정폭력 문제를 해결하기 위한 우리나라의 법제도에 대해 살펴본다.

제1절 가정폭력의 정의와 유형

1. 가정폭력의 개념

전통적으로 사회는 가정폭력을 '개인사'로 치부해왔다. 하지만 심각한 가정폭력 문제에 대한 사회적 관심은 과연 가정이 안전한 보금자리인가에 대한 의문을 품게 하였다. 가정폭력 사건 중 전 세계적으로 가장 스포트라이트를 받았던 것은 O. J. Simpson 사건일 것이다. Simpson은 그의 전처에 대한 살인혐의로 체포・기소되었다. 비록 재판에서 무죄선고를 받았지만 전 세계가 가정폭력에 대해 다시 한 번 생각해보는 기회가 되었다. 가정폭력에 대한 통념들이 산산이 깨졌고, 가정폭력에 대한 사회인구학적 고정관념이 무너졌다. 즉, 가정폭력이 모든 소득 및 교육수준과는 무관하게 발생하며, 지역과 인종에 상관없이 발생한다는 사실이 Nicole Brown Simpson(O. J. Simpson의 전처)의 죽음을 통해 널리 알려진 것이다.

가정폭력(domestic violence)은 일반적으로 아내 폭력, 아동학대, 노인학대 등 가정 내에서 혹은 가족 구성원들 사이에서 일어나는 폭력으로 정의된다. 우리나라의 경우 「가정폭력범죄의 처벌 등에 관한 특례법(이하 가정폭력 처벌법)」에서 가정폭력을 "가정구성원 사이의 신체적, 정신적 또는 재산상 피해를 수반하는 행위"라고 정의하고 있다(가정폭력 처벌법 제2조 제1호). 여기서 가정폭력의 주체가 되는 '가정구성원'은 배우자(사실상 혼인관계에 있는 사람 포함) 또는 배우자였던 사람, 자기 또는 배우자의 직계존비속 관계(사실상의 양친자관계 포함)에 있거나 있었던 사람, 계부모와 자녀의 관계 또는 적모와 서자의 관계에 있거나 있었던 사람, 동거하는 친족으로 정의함으로써 가정구성원, 즉 가족의 범위를 상당히 포괄적으로 규정하고 있다(가정폭력 처벌법 제2조 제2호).[35)]

법률적 정의뿐 아니라 최근의 가정폭력에 대한 학문적 연구에서는 가해자 뿐만 아니

35) 한편, 최근 정부조사에서는 가족형태의 변화를 반영하기 위해 배우자에 의한 폭력을 친밀한 파트너 관계에서 발생하는 폭력으로 확대하고, 사실혼 및 법률혼 관계의 이성 배우자를 전제로 구성된 모든 문항을 배우자와 비혼동거 파트너를 포함하는 개념으로 수정하였다(여성가족부, 2022: 11). '비혼동거'는 애정관계에 있는 파트너와 함께 살고 있음를 의미하고, '파트너'는 결혼은 하지 않았으나 애정관계에 있으면서 함께 살고 있는 사람을 의미한다(여성가족부, 2022: 21).

라 피해자의 입장이 투영된 개념정의가 시도되고 있다. 즉, 과거에는 신체적 폭력 및 성적학대를 중심으로 한 협의의 개념이었으나, 최근에는 정서적 폭력이 정신적 고통을 유발하며 심지어 신체 건강을 위협하는 폭력유형이라는 주장(Street & Arias, 2001)에 따라서 신체적 폭력과 성적 학대 뿐 아니라 정서적 폭력과 경제적 폭력, 방임, 통제 등을 포함하는 광범위한 개념으로 합의가 모아지고 있다(Winstock, 2007).

2. 가정폭력의 유형

가. 가정폭력 행위유형

가정폭력의 유형은 일반적으로 폭력의 형태를 기준으로 유형을 구분한다. 신체적 폭력, 정서적 폭력, 경제적 폭력, 성적 폭력, 방임 등이 그것이다(구체적 내용은 〈표 8-1〉 참조). 하지만, 피해 대상을 기준으로 할 경우 아내에 대한 폭력, 남편에 대한 폭력, 자녀에 대한 폭력, 부모에 대한 폭력 등으로 구분할 수도 있다. 즉, 인간은 태어나서 죽기 직전까지 가족이라는 울타리 안에서 가장 친밀한 가족구성원으로부터 항상 폭력의 가능성에 노출되어 있는 것이다.

〈표 8-1〉 가정폭력의 유형

구분	내 용
신체적 폭력	물건을 집어던지는 행동, 밀치거나 어깨나 머리 등을 꽉 움켜잡는 행동, 손바닥으로 뺨이나 몸을 때리는 행동, 목을 조르거나 고의로 화상을 입히는 행동, 칼이나 흉기 등으로 위협하거나 다치게 하는 행동, 주먹으로 때리거나 맞으면 다칠 수 있는 물건으로 때리는 행동, 자녀를 잡고 던지거나 넘어뜨리는 행동, 노인 등을 방이나 제한된 공간에 강제로 가두거나 묶어두는 행위
정서적 폭력	모욕하거나 욕을 하는 행동, 때리려고 위협하는 행동, 욕하거나 나쁜 말을 퍼붓는 행동, 상대가 아끼는 물건을 부수는 행동, 상대가 아끼는 사람이나 반려동물을 해치거나 해치겠다고 위협하는 행동, 상대 앞에서 자해를 하거나 자살하겠다고 위협하는 행동, 잠을 못 자게 괴롭히는 행동
경제적 폭력	생활비를 주지 않는 행위, 동의 없이 재산을 임의로 처분하는 행동, 수입과 지출을 독점하는 행동, 재산을 빼앗거나 빚을 지게 하는 행동

성적 폭력	상대방이 원치 않음에도 성관계를 강요, 상대방이 원치 않는 형태의 성관계를 강요, 상대방이 원하지 않는 신체적 접촉(만지기, 키스, 포옹 등)을 하는 행위, 상대방의 신체 일부 또는 성행위를 동의 없이 촬영하는 행위, 상대방의 동의 없이 상대방의 신체 일부 또는 성행위 사진, 동영상, 성적 합성물 등을 온라인에 올리거나 올리겠다고 협박하는 행위
방 임	자녀의 식사를 제때에 잘 챙겨주지 않는 행동, 치료가 필요할 때 병원에 데리고 가지 않는 행동, 술이나 약물에 취해서 자녀를 돌보지 않는 행동, 어른과 함께 있어야 하는 상황임에도 불구하고 혼자 있게 하는 행동
통 제	친구들을 만나지 못하게 하는 행동, 항상 어디에 있는지 꼭 알려고 하는 행동, 무시하거나 냉담하게 대하는 행동, 이성과 이야기를 하면 화를 내는 행동, 바람을 피운다고 자꾸 의심하고 비난하는 행동, 사회 활동(직업 갖기, 교육 받기 등)을 못하게 하거나 허락을 받도록 하는 행동, 외출 시간, 귀가 시간 등을 간섭하거나 허락받도록 하는 행동 등

여성가족부. 2022년 가정폭력 실태조사, 22-29 내용을 바탕으로 재구성.

나. 가정폭력 가해자 유형

초기의 가정폭력 연구는 가해자의 유형을 분류하는 것에 관심이 많았다. 대표적 연구인 Elbow(1977)의 연구에서는 가정폭력 가해자를 통제형(controller), 방어형(defender), 승인추구형(approval seeker), 혼합형(incorporator)으로 구분하였다. 여기서 가해자의 공통된 성격으로 ① 방어기제의 투사(projection) 사용, ② 아내(배우자)의 자율성 불허, ③ 배우자의 인격 부정, ④ 자기중심적 결혼생활 고수, ⑤ 친밀성 부족, ⑥ 매력적 성격 등을 들고 있다.

Saunders(1992)는 가정폭력 가해자를 세 가지 범주로 나누어 설명하였다. 첫째, 가정에서만 공격적인 가해자(family only)로서 집 밖에서는 폭력적이지 않거나 폭력적인 행동을 적게 보이지만, 가족에 대해서만 폭력적인 성향을 드러내는 가해자를 말한다. 둘째, 일반적으로 폭력적인 가해자(generally violent)로, 이들은 대부분 집 밖에서도 폭력적인 유형이다. 끝으로 감정적 폭력성향 가해자(emotionally volatile)는 분노, 우울, 질투 등의 정서적 특징을 가지며, 약간의 신체적 폭력을 행사하며 대부분 심리적 학대를 가하기 쉽다.

다음으로 Dutton(1995)이 시도한 유형화에 따르면, 가정폭력의 가해자는 정신병리적 아내폭행자(psychopathic wife assaulters), 과도하게 통제된 아내폭행자(overcontrolled wife assaulters), 순환적/정서적으로 불안정한 아내학대자(cyclinical/emotionally volatile wife abusers)로 구분되며, Holtzworth-Munroe 등(1994)은 가정 내 구타자(family only batterer), 일반화된/반사회적 구타자(generally violent/antisocial batterer), 우울하고 경계선적인 구타자(dysphoric/boderline batterer)의 세 가지 유형으로 구분하였다.

이 밖에도 〈표 8-2〉에서 보는 바와 같이 다양한 연구들이 시도되었다. 각각의 유형들이 갖고 있는 특징이 매우 다양하지만 일반적으로 가정폭력 행위자의 성격(Faulk, 1974; Caesar, 1986; Hamberger & Hastings, 1986), 가정폭력의 목적(Elbow, 1977; Tweed & Dutton, 1998), 가정폭력의 양태(Gongolf, 1988; Hershron & Rosenbaum, 1991; Hamberger et al., 1996), 가정폭력의 대상(Shiulds et al., 1988; Saunders, 1992; Holtsworth-Munroe & Stuart, 1994) 등을 기준으로 가정폭력 가해자의 유형을 구분하고 있는 것으로 보인다.[36)]

〈표 8-2〉 가정폭력 가해자의 유형

Faulk(1974)	Elbow(1977)	Caesar(1986)	Hamberger & Hastings(1986)	Gongolf(1988)	Shields et al., (1988)
① 지속적/감정적 ② 의존적/수동적 ③ 의존적/의심많은 ④ 지배적 ⑤ 폭력적/괴롭힘	① 통제형 ② 방어형 ③ 승인추구형 ④ 혼합형	① 폭군형 ② 노출구조자형 ③ 이타주의형	① 수동-의존/강박적 ② 경계선/정신분열성 ③ 자기애/반사회성	① 사회병질적 ② 반사회적 ③ 전형적	① 가족에게만 폭력적 ② 타인에게만 폭력적 ③ 모두에게 폭력적
Hershron & Rosenbaum (1991)	**Saunders (1992)**	**Holtsworth-Munroe & Stuart (1994)**	**Hamberger et al. (1996)**	**Jacobson & Gottman(1998)**	**Tweed & Dutton(1998)**
① 과잉통제형 ② 낮은통제형	① 가족에게만 폭력성향 ② 감정적 폭력성향 ③ 일반적 폭력성향	① 가족에게만 폭력성향 ② 의존성 강한 경계선적 성향 ③ 일반적 폭력성향	① 비병리적 ② 수동-공격 의존적 ③ 반사회적	① 코브라형 ② 투견형	① 도구적 ② 충동적

※ 장희숙 · 김예성. 2004. "가정폭력 행위자의 유형: 이론에 따른 세 하위유형의 검증", 한국사회복지학, 제56권 제3호 pp. 305-308의 내용 재구성.

36) 가정폭력 가해자의 유형에 대한 연구는 활발했던 반면, 상대적으로 가정폭력 피해자의 유형을 탐색한 연구는 빈약한 것 같다. 이는 범죄학계는 물론 사회 전반적으로 가해자 또는 범죄자에 대한 관심은 높았던 반면, 그 상대방(counterpart)인 피해자에 대한 관심이 빈약했음을 반증하는 것이라고 본다. 추후 이 부분에 대한 연구가 활발해지기를 기대한다.

3. 가정폭력의 특별한 유형들

가. 배우자 구타(spousal battering)

배우자 학대(spousal abuse)는 종종 부부폭력(marital violence) 또는 아내폭력(wife violence)이라고 불린다. 그것이 어떻게 불리던 '학대자(보통 남성)가 가정 내 권력과 통제를 유지하기 위해 배우자(통상 여성)에 대해 가하는 학대'라는 개념을 내포한다(Gelles & Conte, 1990; Hampton & Coner-Edwards, 1993). 이 학대의 수단으로 가장 보편적으로 사용되는 것이 신체에 대한 구타이다.

배우자 구타의 심각성에 대한 인식이 오래 전부터 이루어진 것은 아니다. 미국의 초기 법률은 여성의 낮은 지위를 반영하고 있었는데, 아내는 남편의 소유물로 간주되고, 남편이 아내의 잘못된 행동을 개선하고 교정하기 위해 폭행을 사용하는 것이 인정되었다. 대표적으로 엄지의 법칙(rule of thumb)이라는 말이 있는데, 이것은 19세기 초 남편이 아내를 때릴 때 남편의 엄지손가락 두께보다 두꺼운 회초리를 사용해서는 안 된다고 규정한 법에서 유래한 것이다(Hampton & Coner-Edwards, 1993). 달리 말하면, 엄지손가락보다 얇은 막대기나 회초리를 사용한 구타는 충분히 사회적으로는 물론 법률적으로도 용납이 되었던 것이다.

이러한 태도는 여성인권운동이 탄력을 받아 힘이 생기기 전까지 지속되었다. 공식적으로 여성인권운동은 1973년에 시작되었는데, 이를 통해 배우자 학대에 대한 사회적 관심이 환기될 수 있었다. 그러고 보면 법정에서 배우자 폭행이 범죄로 인정받기 시작한 것이 불과 50년도 채 안되었다는 것이 그리 놀라운 일도 아니다. 여성운동의 결과 사회단체들은 가정폭력에 대해 보다 관심을 갖게 되었고, 의료단체도 여성환자의 의심스러운 골절상, 자상(刺傷), 열상(裂傷) 등에 대해 보다 적극적으로 조사하고 보고하는 태도를 보이게 되었다.

한편, 설문조사를 통해 가정폭력의 원인을 찾고자 한 Harris와 Dewdney(1994: 77)는 배우자 구타의 주요 요인을 다음의 서열로 나타냈다.

1. 남성의 과음
2. 남성의 성장환경
3. 재정적 문제
4. 남성의 낮은 자존감과 높은 불안정
5. 남성의 정서불안과 정신질환
6. 대화 내지 부부관계의 결핍
7. 남성의 질투
8. 욕구불만 통제불능
9. 스트레스
10. 여성에 대한 배려부족
11. 여성의 낮은 자존감
12. 문제해결 수단으로서 폭력 수용

여기서 보는 것과 같이 배우자 구타의 주요 요인은 가해자인 남편 개인의 문제가 대다수를 차지한다. 하지만 이 중에 피해자인 여성에게서 기인한 원인도 일부 발견된다. 즉, 부부 상호간의 관계가 원만하지 못한 경우 등의 이유로 배우자 구타가 발생할 수 있음을 보여주고 있다.

동거인에 의한 배우자 구타는 피해자에게 심대한 영향을 끼친다. 일부는 뼈가 부러지는 수준을 넘어서 가정이 깨지기도 하고 심한 경우 피해자가 사망에 이르기도 한다. 또한, 일부 피해자는 수면장애, 불안, 우울, 사회적 고립감, 낮은 자존감 등을 경험하기도 한다.

나. 배우자 살해(spousal homicide)

배우자 또는 친밀한 동거인에 의한 살인을 가족 살해(domestic homicide) 또는 배우자 살해(spousal homicide)라고 한다(Saunders & Browne, 1993: 379). 배우자 살해는 배우자 관계에서 일어날 수 있는 가장 극단적인 형태의 상호작용이라고 할 수 있다. 또한 배우자 관계에서의 살인이라는 점에서 사회적으로 비난의 정도가 가중되는 비윤리적인 범죄로 이해되기도 한다. 이 경우 살해범은 전혀 낯선 사람이 아니고 친밀한 관계에 있는 가정구성원이기 때문이다.

배우자 살해의 동기는 무엇일까? 우선, 남편이 아내와의 상호작용에서 극단적인 폭력의 수단을 선택하는 것은 양자의 자존심과 관련하여 생각해볼 필요가 있다. 즉, 남성성의 표출이나 권위의 유지 등을 위하여 공격적인 행동을 취하게 되는데, 남성의 경우 자신이 처한 궁색한 상황에서 체면을 지키거나 손상된 이미지를 지키기 위해 폭력을 행사한다는 것이다(Polk, 1994). 배우자 살해의 또 다른 동기로는 사랑과 증오를 꼽을 수 있다. 예를 들어 아내가 남편이 아닌 다른 남성과 관계를 형성하거나 남편을 벗어나기 위한 시도를 한다면 남편은 권력과 통제의 관점에서 아내를 구타하고 심한 경우 살해에 이르게 된다. 반면, 아내가 남편을 살해한 경우는 폭력적인 남편의 권력과 통제에서 벗어나려는 시도로서 이루어진 것으로 이해할 수 있다. 이러한 상호관계는 결국 부부사이의 사랑과 증오의 극단적인 표출로 나타난다는 것이다(Browne & Williams, 1993). 끝으로 매 맞는 아내 증후군(battered woman syndrome)을 통해서도 아내에 의한 남편 살해를 설명할 수 있다. 가정폭력의 반복이 최악의 상황에 이르렀을 때 배우자는 정당방위로서 살인을 수단으로 선택하게 된다는 것이다.

배우자 살해 연구는 다른 가정폭력 연구에 비하여 상대적으로 빈약한 편이다. 그 이유는 배우자 살해 사건 자체가 매우 드물게 발생하기 때문이다. 결과적으로 배우자 살해에 대한 정보도 한계가 있을 수밖에 없다. 그러나 Saunders와 Browne(1993)이 지적한 바와 같이 배우자 살해는 다른 형태의 가족 살해보다 압도적으로 많이 발생한다. 예를 들면 배우자 살해는 아동살해보다 약 4배 이상 많이 발생한다. 또, 아내가 배우자 살해의 피해자가 될 확률은 남편보다 1/3 이상 높다고 한다(Plass & Straus, 1987). 통상적으로 배우자 살해는 일련의 폭력과 위협을 수반하는 폭력패턴이 정점에 달했을 때 발생한다. 또한, 많은 경우 가족 구성원 사이의 살인이 화해나 중재를 위한 과정 없이 발생하는 것을 확인할 수 있다.

우리나라에서는 박순진(2006)이 1995년부터 1997년까지 3년간 종결 처분된 배우자 살인사건 가운데 법원에서 실형이 확정된 56개 사건의 수사 및 재판기록을 분석했다. 이 연구에 따르면 남편에 의한 아내살해와 아내에 의한 남편살해는 그 동기나 진행과정에서 차이가 발견되었다. 우선, 남편살해, 아내살해를 구분하지 않고 배우자 살해 이전에 지속적인 가정폭력이 선행되어왔고, 양자의 갈등이 살인이라는 결과로 끝난 경우가 많았다. 반면, 남편의 아내살해는 아내의 외도나 결별요구가 많았고, 아내의 남편살해는 남편의 의심이나 집착이 문제가 된 경우가 많았다. 물론, 이 연구의 사례가 매우 적은 점을 감안하면 일반화시키기는 무리가 있을 것이다.

한편, 이수정과 서진환(2005)은 2004년 남편살해로 청주여자교도소에 수감된 여성 133명을 대상으로 조사한 결과 남편을 살해한 여성의 82.9%는 피학대 경험이 있었고, 그 중 44.5%는 남편살해의 직접적인 동기가 피학대라고 응답했다. 더불어, 남편살해 여성들의 공격성은 일반인 수준으로 나타나 가해여성이 공격적인 성향을 갖고 있을 것이라는 일반적인 시각에 문제가 있음을 지적했다. 즉, 가정폭력으로 시달리는 모든 피해자들이 극단적인 경우에 배우자 살해의 가해자로 돌변할 수 있음을 반증하는 것이다.

다. 부부강간(marital rape)

성폭력과 부부강간을 포함하는 부부폭력은 가정폭력 연구에서 빈번하게 연구되는 주제이다. 하지만 대부분의 학자들은 부부강간이 과소평가되고 있음에 동의한다. 피해여성이 부부강간 사실의 신고를 기피하기 때문인데 그 이유는 다양하다. 즉, 피해여성이 가해자와 아는 사이이기 때문에, 객관적으로 강간으로 볼 수 있는 강제적인 성행위가 있음에도 그것을 강간이라고 규정하기 싫어하기 때문에, 강간 시 사용된 협박이 미미한 수준이기 때문에, 부부강간은 낯선 사람이나 친척간의 강간보다 심각한 것이 아니라고 생각하기 때문에 신고를 기피한다는 것이다.

과거 부부강간을 어떻게 인식하고 있었는지 명쾌하게 보여주는 법률이 있다. 17세기 초반 영국의 법관 Mattew Hale은 법을 해석함에 있어서 남편이 아내에 대한 강간의 주체가 될 수 없다고 보았다. 모든 강간에 관한 법규정에서 남편이라는 지위는 범행주체에서 예외가 된 것이다. 결국 혼인서약은 남편에게 아내가 그녀 자신을 온전히 바친다는 것을 의미하고, 그녀는 법적으로 남편의 성관계 요구를 거절할 수 없으며, 결과적으로 아내는 늘 남편의 요구에 순응하기 때문에 남편은 아내를 강간하는 주체가 될 수 없다는 것이다.

한편, 여성은 남편의 소유물 또는 동산(動産)이라는 법해석이 있다. 남성은 자신이 원할 때 그의 소유물에 대해 무엇이든 할 수 있고 심지어 손상시킬 수도 있다. 결과적으로 이 법률의 해석에 따르면 여성은 남편의 재산이기 때문에 남성이 아내와 성관계를 원할 때 그것은 강간이 성립되지 않는다고 본다. 또 다른 해석으로는 남성과 여성은 결혼을 통해 법률적으로 한 몸이 되기 때문에 몸의 한 부분에 의해 몸의 다른 일부가 절단되거나 파괴될 수는 없다는 주장이 있다. 이 논리에 따르면 남성은 스스로 자신을 강간하는 것은 불가능하기 때문에 부부강간은 성립되지 않는다고 주장한다(Jerin & Moriarty, 1998).

하지만 오늘날 부부강간에 대한 관념은 바뀌었다. 여성은 더 이상 남편의 소유물이나 재산이 아니라는 인식이 확산되었고, 남녀의 결혼은 보다 대등한 관계로 설정되었다. 법률 역시 부부강간의 문제를 새롭게 인식하게 되었다. 미국의 경우 1977년 Oregon 주는 부부강간을 인정한 최초의 주가 되었다(Pagelow, 1992). 1980년에는 New Jersey 주와 Nebraska 주가 여기에 동참하였고, 1990년에 이르러 48개의 주가 부부강간을 인정하였다(Peacock, 1995).

우리나라에서도 1970년 대법원에서 부부간 강간죄의 성립을 부정한 이래 2009년 1심재판(부산지법)에서 처음으로 인정되어, 2011년 2심재판(서울고법)과 2013년 3심재판(대법원)에서 부부강간죄를 인정한 판례가 나왔다. 이러한 부부강간죄의 인정은 세계적인 추세로 우리나라에서도 본격적으로 아내의 성적 자기결정권에 대해 인정하기 시작한 것으로 볼 수 있다. 한편, 2012년 1월 17일 개정된 가정폭력 처벌법에서는 가정폭력의 유형으로서 형법상 강간, 강제추행, 준강간, 준강제추행, 강간 등 상해·치상, 미성년자 등에 대한 간음·추행, 미수 및 상습범 등을 포함하고 있어 부부강간 등을 포함한 가족간의 성폭력에 대한 처벌의 법적 근거를 마련했다.

부부강간 인정 대법원 판결내용

【판시사항】

형법 제297조에서 규정한 강간죄의 객체인 '부녀'에 법률상 처(처)가 포함되는지 여부(적극) 및 혼인관계가 실질적으로 유지되고 있더라도 남편이 반항을 불가능하게 하거나 현저히 곤란하게 할 정도의 폭행이나 협박을 가하여 아내를 간음한 경우 강간죄가 성립하는지 여부(적극)와 남편의 아내에 대한 폭행 또는 협박이 피해자의 반항을 불가능하게 하거나 현저히 곤란하게 할 정도에 이른 것인지 판단하는 기준

【판결요지】

[다수의견] (가) 형법(2012. 12. 18. 법률 제11574호로 개정되기 전의 것, 이하 같다) 제297조는 부녀를 강간한 자를 처벌한다고 규정하고 있는데, 형법이 강간죄의 객체로 규정하고 있는 '부녀'란 성년이든 미성년이든, 기혼이든 미혼이든 불문하며 곧 여자를 가리킨다. 이와 같이 형법은 법률상 처를 강간죄의 객체에서 제외하는 명문의 규정을 두고 있지 않으므로, 문언 해석상으로도 법률상 처가 강간죄의 객체에 포함된다고 새기는 것에 아무런 제한이 없다. 한편 1953. 9. 18. 법률 제293호로 제정된 형법은 강간죄를 규정한 제297조를 담고 있는 제2편 제32장의 제목을 '정조에 관한 죄'라고 정하고 있었는데, 1995. 12. 29. 법률 제5057호로 형법이 개정되면서 그 제목이 '강간과 추행의 죄'로 바뀌게 되었다. 이러한 형법의 개정은 강간죄의 보호법익이 현재 또는 장래의 배우자인 남성을 전제로 한 관념으로 인식될 수 있는 '여성의 정조' 또는 '성적 순결'이 아니라, 자유롭고 독립된 개인으로서 여성이 가지는 성적 자기결정권이라는 사회 일반의 보편적 인식과 법감정을 반영한 것으로 볼 수 있다. 부부 사이에 민법상의 동거의무가 인정된다고 하더라도 거기에 폭행, 협박에 의하여 강요된 성관계를 감내할 의무가 내포되어 있다고 할 수 없다. 혼인이 개인의 성적 자기결정권에 대한 포기를 의미한다고 할 수 없고, 성적으로 억압된 삶을 인내하는 과정일 수도 없기 때문이다.

(나) 결론적으로 헌법이 보장하는 혼인과 가족생활의 내용, 가정에서의 성폭력에 대한 인식의 변화, 형법의 체계와 그 개정 경과, 강간죄의 보호법익과 부부의 동거의무의 내용 등에 비추어 보면, 형법 제297조가 정한 강간죄의 객체인 '부녀'에는 법률상 처가 포함되고, 혼인관계가 파탄된 경우뿐만 아니라 혼인관계가 실질적으로 유지되고 있는 경우에도 남편이 반항을 불가능하게 하거나 현저히 곤란하게 할 정도의 폭행이나 협박을 가하여 아내를 간음한 경우에는 강간죄가 성립한다고 보아야 한다. 다만 남편의 아내에 대한 폭행 또는 협박이 피해자의 반항을 불가능하게 하거나 현저히 곤란하게 할 정도에 이른 것인지 여부는, 부부 사이의 성생활에 대한 국가의 개입은 가정의 유지라는 관점에서 최대한 자제하여야 한다는 전제에서, 그 폭행 또는 협박의 내용과 정도가 아내의 성적 자기결정권을 본질적으로 침해하는 정도에 이른 것인지 여부, 남편이 유형력을 행사하게 된 경위, 혼인생활의 형태와 부부의 평소 성행, 성교 당시와 그 후의 상황 등 모든 사정을 종합하여 신중하게 판단하여야 한다. (이하생략)

(출처 : 대법원 2013. 5. 16. 선고 2012도14788,2012전도252 전원합의체 판결)

라. 사이버 폭력과 통제

과학기술의 발전과 함께 가정폭력 역시 대면하여 발생하는 범죄와는 별도로 온라인상에서 발생하는 폭력과 통제의 형태로도 나타나고 있다. 온라인에서 발생하는 가정폭력은 시간적・장소적 구애없이 발생하기 때문에 가정에서 뿐만 아니라 직장을 포함한 사회생활에도 영향을 미쳐 사회적 고립은 물론 경제적인 불이익까지 가중시키는 결과를 초래할 수 있다(Hopkins & Ostini, 2016). 가정폭력 종사자들 역시 사이버 상에서의 연락이 피해자들에게 해로움을 준다고 생각하고 있는데, 물리적인 폭력적인 상황에서는 벗어날 수 있지만 심리적으로 벗어나는 것은 매우 어렵기 때문이다(Woodlock, 2017).

온라인을 통해 발생할 수 있는 대표적인 가정폭력의 행위는 다음의 3가지 유형이 있다(Al-Alosi, 2017). 먼저, 피해자의 행방을 실시간으로 추적하는 유형이다. 구체적으로, GPS 기능이 있는 기기 등을 통해 피해자의 위치를 실시간으로 파악하거나, 스파이웨어(Spyware) 프로그램을 기반으로 피해자의 컴퓨터 등에 접속하여 개인정보를 수집하는 키 로깅(Key-Logging) 행위를 하는 것이 있다. 특히 스파이웨어 소프트웨어는 첨부파일을 통해 설치되는 형태로 피해자의 컴퓨터에 설치가 가능하므로, 피해자가 모르는 사이 모든 온라인 활동, 심지어 가해자로부터 탈출하려고 하는 활동 역시 감시할 수 있다.

다음으로, SNS를 통해 피해자를 감시하거나 통제하는 등 지속적으로 괴롭히는 유형이다. 가해자는 게시물의 위치 정보를 통해 피해자의 위치를 파악하거나, 소셜 미디어에서의 대화 기능을 이용해 피해자에게 접근할 수 있다. 또한, 피해자의 계정을 해킹하여 악의적인 게시물을 올리는 등의 방식으로 지속적인 괴롭힘을 줄 수 있다.

마지막으로, 피해자에 대한 보복의 목적으로 성적인 콘텐츠를 공유하는 유형이다. 일반적으로 이별, 이혼, 혹은 별거 후 배우자/파트너의 성적인 사진, 동영상 등을 상대방의 동의 없이 유포하거나 유포할 것을 협박하는 형태로 나타난다(Lageson et al., 2019). 실제로 우리나라에서도 사회적 문제가 되고 있는 딥페이크 범죄와 관련하여 2022년 가정폭력 실태조사부터 성적 합성물의 유포 및 유포 협박 유형을 추가하여 조사하고 있다(여성가족부, 2022: 11).

제2절 가정폭력의 실태: 오해와 진실

가정폭력 실태를 확인하는 것은 쉽지 않다. 특히, 가정폭력이 가정이라는 사적인 공간을 중심으로 발생하는 범죄라는 점에서 그것을 정확하게 측정하는 것은 참으로 어렵다. 하지만 여러 가지 방법을 통해 가정폭력의 실태를 확인하기 위한 노력이 시도되고 있다. 대표적으로 임상치료 자료, 공식통계, 사회조사 등의 방법이 사용된다. 각각의 자료가 가지고 있는 장단점을 살펴보면 다음과 같다.

먼저, 의료기관을 통해 수집된 임상치료 자료는 개별사례마다 방대한 정보를 제공하지만, 그것을 사회전체에 일반화시켜 적용시키는 데는 한계가 있다. 다음으로 공식통계는 배우자 살해나 심각한 가정폭력의 추세나 현황 등을 확인할 수 있지만 그것이 경찰에 신고·접수된 사건만을 다루고 있다는 점에서 한계가 있다. 또한, 가정폭력의 암수율이 높다는 특징을 감안한다면 정확한 실태를 알려주지 못한다. 한편, 우리나라의 경우 한국형사·법무정책연구원을 통해 주기적으로 실시되는 전국범죄피해자조사의 경우 범죄피해수준을 직접 가늠해볼 수 있는 자료가 되지만, 다양한 형태의 범죄피해를 동시에 조사하기 때문에 가정폭력을 중심으로 한 측정도구가 사용되지는 않는다는 점에서 한계가 있다. 따라서 가정폭력을 중심으로 한 실태조사를 통해 가정폭력의 현황을 파악하는 것이 보다 정확한 이해를 가져다 줄 것이다. 이 절에서는 가정폭력과 관련된 잘못된 통념 내지 가정폭력의 신화(Myth of Domestic Violence)를 살펴보고, 국내외 연구결과를 바탕으로 그것이 갖고 있는 오류를 비판하고자 한다.[37)]

1. 가정폭력의 심각성에 대한 오해

가정폭력이 그다지 심각한 사회문제는 아니다? 가정폭력의 실체를 정확히 알기 어려운 이유가 있다. 가정폭력은 많은 경우 감춰진다는 점, 공식범죄로 신고되지 않는다는 점, 가정폭력을 범죄로 잘 인정하지 않는다는 점 등이다. 미국의 경우 연간 약 3~4만

37) 가정폭력의 신화와 관련된 내용은 주로 Wilson(2009:81-82)의 내용을 소개하고, 2022년 여성가족부에서 실시한 가정폭력에 대한 대규모 실태조사(여성가족부, 2022) 결과를 반영하여 살펴보았다.

명의 여성이 가정폭력을 당하는 것으로 추산되고 있다. 세계 각국의 48개 연구조사에 따르면, 10~69%의 여성이 생애동안 남편으로부터 신체적 학대를 받는다는 결과를 제시하고 있다. 미국에서는 여성 살인피해자 가운데 30%가 남편 또는 헤어진 남편으로부터 살해당한 것으로 나타났다.

우리나라의 경우 지난 1년간 배우자/파트너에 의한 폭력 피해 경험률은 7.6%로 나타났으며(신체적 폭력 1.2%, 성적 폭력 2.3%, 경제적 폭력 0.4%, 정서적 폭력 5.7%), 배우자/파트너에 대한 통제행위까지 포함하면 27.5%에 이르렀다. 성별에 따라 나누어 살펴보면, 여성이 1년간 경험한 배우자/파트너로부터의 폭력 피해율은 28.7%, 남성의 피해율은 26.3% 수준으로, 여성의 피해율이 더 높은 것을 알 수 있다. 또한 두 성별 모두 통제를 제외하고는 정서적 폭력이 가장 높은 경험률을 나타내고 있다.[38] 최근 1년간 4개 유형(신체적, 성적, 정서적, 경제적) 폭력 피해 경험이 있는 피해자들의 최초 피해 시기를 살펴보면 여성의 경우 결혼/동거 후 5년 이후(37.4%)가 가장 많았고, 남성의 경우 역시 결혼/동거 후 5년 이후(57.3%)가 가장 높게 나타났다.

지속적으로 반복되면서 심화되는 가정폭력은 가족해체 등을 가져오는 심각한 사회문제이며, 가정에서 폭력을 목격한 자녀에게 대대로 전승되는 악순환과정으로 연결된다는 점에서 사회적으로 관심을 가져야 할 과제임에 틀림없다.

2. 가정폭력의 원인에 대한 오해

매 맞는 아내가 이유 없이 맞는 것이 아니다? 많은 사람들이 여성의 잔소리나 비합리성이 남성들로 하여금 통제력을 상실하게끔 만든다고 여긴다. 물론 가해자의 입장에서는 피해자의 촉발(provocation)이 범죄의 진짜 이유라고 주장하겠지만, 폭력은 갈등해결 수단으로 절대 받아들여질 수 없다.

우리나라의 실태조사 결과에 따르면 남성이 가해자인 경우 배우자/파트너에 대한 폭력의 원인으로 '자신을 무시해서 또는 무시할까봐' 폭력을 행사하는 경우가 54.9%로 가

38) 여성의 경우 통제 25.1%, 정서적 폭력 6.6%, 성적 폭력 3.7%, 신체적 폭력 1.3%, 경제적 폭력 0.7%로 나타났으며, 남성은 통제 24.3%, 정서적 폭력 4.7%, 신체적 폭력 1.0%, 성적 폭력, 0.8%, 경제적 폭력 0.2%로 나타났다.

장 높게 나타났으며, '특별한 이유 없이'(28.4%), '배우자/파트너로서의 의무와 도리를 제대로 하지 않아서'(22.7%), '배우자/파트너를 내 마음대로 하고 싶어서'(20.4%) 등의 이유가 뒤를 이었다. 여성이 가해자인 경우 역시 '자신을 무시해서 또는 무시할까봐' 폭력을 행사하는 경우가 48.2%로 가장 높게 나타났지만, 다음으로는 '배우자/파트너로서의 의무와 도리를 제대로 하지 않아서'(29.3%), '배우자/파트너를 내 마음대로 하고 싶어서'(19.4%), '특별한 이유 없이'(18.2%) 등의 순으로 나타났다.

이렇듯 가정폭력은 특정 성별이 원인제공자가 아니라 성별과 관계없이 상호과정 속에서 상대의 의도나 행동을 오해하거나 상대가 본인의 욕구를 충족시키지 못한다고 생각하는 상황, 본인의 감정을 컨트롤하지 못하는 상황에서 발생하는 것이다.

3. 가정폭력 피해자에 대한 오해

매 맞는 아내는 종종 학대를 즐기고, 그 때문에 가해자를 떠나지 않는다? 많은 사람들은 폭력관계로부터 벗어나기를 원하는 여성들이 직면하는 어려움에 대해 이해하지 못한다. 대신 피해여성이 폭력적인 환경에 머무르는 이유가 배우자로부터 다른 방식으로 보상을 받기 때문이라고 생각한다. 하지만 이것은 잘못된 생각이다. 피해여성이 폭력적 남편을 떠나지 못하는 이유는 보복의 두려움, 경제적 대체수단의 결여, 남편이 개선될 것이라는 희망, 이혼녀 또는 독신녀라는 주변의 따가운 시선 등 수없이 많다.

2022년 여성가족부의 실태조사 결과 가정폭력 시 여성의 대응 방법으로 별다른 대응을 하지 않는 경우가 55.4%로 가장 많았고, 상대방에게 맞대응한 경우 34.0%, 자리를 피하거나, 집밖으로 도망가는 경우가 12.1%, 주위에 도움을 요청하는 경우 0.5%로 나타났다.[39] 한편, 별다른 대응을 하지 않은 이유를 묻는 질문에 대하여 '폭력이 심하지 않다고 생각해서'라는 응답이 21.1%로 가장 많았고, '그 순간만 넘기면 될 것이라고 생각해서' 16.4%, '배우자/파트너이기 때문에' 15.4%, '대응해도 달라질 게 없을 것 같아서' 11.3%, '대응하면 폭력이 심해질 것 같아서' 10.2% 등의 순으로 나타났다. 이 내용을 검토해보면 매 맞는 아내가 학대를 즐기는 경우는 거의 없다는 것을 보여준다. 과연 그

39) 남성피해자의 경우도 대응 방법의 우선순위는 동일하게 나타났다.

누가 맞는 것을 좋아하고 기뻐할 것인가를 반문할만한 잘못된 통념이다.

4. 가정폭력 가해자에 대한 오해

가해 남성의 후회와 뉘우침은 그가 변하고 있다는 것을 의미한다? 비록 폭력적 남성이 폭력의 효과를 즐기는 것처럼 보일지 모르나, 종종 자신의 행동에 양심의 가책을 느낀다. 그러나 후회나 뉘우침이 변화를 의미하는 것은 아니며, 부부간의 관계에서 갖고 있는 권력을 단념하는 것은 더더구나 아니다.

이 부분은 폭력의 순환이론(cycle theory of violence)을 통해 보다 명확하게 이해가 가능할 것이다. 폭력의 순환이론에 따르면 평소 가정폭력을 반복하는 가해자는 긴장의 고조로 통제력을 상실하고 격렬한 폭력을 행사한 후 감정이 가라앉으면서 사과를 하고 다시는 그러지 않겠다는 약속을 한다. 하지만, 이것은 근본적인 갈등해결이 아니기 때문에 다시 긴장의 고조와 폭력의 과정을 거치게 된다. 따라서 이러한 폭력의 악순환에서 나타나는 가해 남성의 후회와 뉘우침은 일시적인 것일 뿐이라는 것이다. 이 경우 가해 남성이 반성을 하고 애정을 표현하더라도 피해자는 반복되는 폭력에 공포를 느끼는 경우도 있다. 따라서 가정폭력의 악순환의 고리를 끊기 위해서는 근본적인 대책이 마련되어야 한다.

제3절 가정폭력에 대한 이론적 설명

1960~70년대 이후 세계 각국의 인권운동이 활발해지면서, 특히 여성과 아동의 인권신장에 대한 관심도 높아지기 시작했다. 더불어 가정폭력에 대한 학문적 관심도 제고되었는데, 가정폭력의 원인에 대한 이론적 접근이 활발해지고 이 문제의 해결이 시도되는 과정에서 자연스럽게 가정폭력의 발생을 설명하기 위한 이론들이 정리되었다.

초기 가정폭력을 이해하기 위해 제시된 이론은 대부분 학대자 및 피학대자의 개인적 차원의 특징에 관심을 가졌다. 즉, 개인의 생물학적(기질적) 요소, 정신병리학적 요소,

알코올 사용들을 중요한 요소로 보았다. 초기의 가정폭력 연구에서는 환경적 요인보다는 개인적 요인을 중시했는데, 특히, 정신의학적 이론이 주를 이루었다. 이후 본격적으로 사회적·환경적 요인을 강조하면서 이론적 논의가 심화되었다.

1. 사회심리학적 이론

사회심리학적 이론은 개인적 특질보다는 사회와의 상호작용과 같은 개인의 사회적 경험에서 그 원인을 찾는 이론이다. 다음과 같은 이론들이 대표적이다.

첫째, 일반체계이론(General System Theory)은 시스템을 개인적 병리의 결과라기보다 원인으로 이해해야 한다고 본다. 즉, 다른 모든 시스템과 마찬가지로 가족이라는 시스템도 투입(input), 처리과정(process), 산출(output), 환류(feedback)의 과정을 갖는데, 이 과정에서 폭력수준의 유지, 증가, 또는 감소가 결정된다고 주장한다(Gelles 1993).[40] 특히, 일반체계이론은 폭력주기를 안정과 항상성의 개념으로 보고 개인이 폭력관계에 머무르거나 벗어나게 되는 흐름을 동태적으로 파악한다.

둘째, 폭력의 하위문화이론(Subculture of Violence Theory)은 특정 하위문화의 가치체계 내지 문화적 규칙은 폭력을 정당화하고 심지어 요구하기도 한다고 주장한다(Wolfgang & Ferracuti, 1967). 사회 내에서 발견되는 폭력의 수준차이는 하위문화의 가치체계와 문화규범의 차이에서 기인한다고 본다.

셋째, 사회학습이론(Social Learning Theory)은 폭력행동을 주위를 통해 관찰하고 배운 학습의 산물로 보는 관점이다(Bandura, 1973). 폭력의 세대 간 전승은 사회학습이론에서 관심을 끌어온 것인데 많은 경험연구들로부터 지지를 받고 있다.

넷째, 자원이론(Resource Theory)은 폭력을 하나의 자원으로 이해하고 자원이 부족하거나 바람직한 반응을 얻는데 실패한 개인이 이를 충족시키기 위한 자원으로서 폭력

40) Straus(1973)는 가정폭력을 일반체계이론으로 설명하기 위해 다음의 8가지의 전제를 제시했다. 1. 가족구성원간의 폭력은 규범적 구조, 개인의 자질, 좌절, 갈등 등 다양한 원인이 있다. 2. 가정폭력은 신고된 것보다 훨씬 많이 발생한다. 3. 대다수의 가정폭력이 무시되거나 부인된다. 4. 전형적인 가정폭력의 이미지는 아동기에 부모, 형제 등으로부터 학습된 것이다. 5. 가정폭력관념은 성인과 아동의 일상의 관계나 미디어를 통해 지속적으로 재확인된다. 6. 폭력적인 사람의 폭력 행위는 본인에게 긍정적 환류, 즉 만족스러운 결과를 줄 수 있다. 7. 가족의 규범에 반하는 폭력사용은 일상적인 폭력을 뛰어넘는 또 다른 갈등을 양산한다. 8. 폭력적인 사람으로 낙인이 찍힌 사람은 타인의 기대 내지 스스로 자기관념을 충족시키기 위해 폭력을 사용하게 된다.

을 사용하게 된다고 본다(Mignon et al., 2002). 즉, 충분한 자원이 없는 가장이 가족을 통제하고 지배하기 위한 방법으로 폭력을 사용하게 된다는 것이다.

다섯째, 갈등이론(Conflict Theory)은 지배와 복종, 경쟁적 목적으로 인해 모든 집단과 조직에서 갈등이 불가피하다고 본다(Straus, 2005). 가족 구성원간의 갈등을 관리할만한 다른 방안이 실패했을 때 폭력적인 방법을 사용하는 것을 가정폭력이라고 이해한다.

여섯째, 교환/사회통제이론(Exchange/Social Control Theory)은 대인관계에서의 보상과 손실에 초점을 두고 폭력이 발생하게 되는 이유를 설명한다(Mignon et al., 2002). Gelles(1993)는 교환/사회통제이론에서 상호관계적 보상의 교환과 중단의 개념을 통해 폭력이 지속되고 중단되는 이유를 설명하였다. 폭력의 보상이 비용보다 클 경우 폭력을 사용하고 지속할 것이고, 사회 내에서 사회적 통제기관이 가정폭력을 무시하거나 개입을 거부할 경우 가해자의 입장에서 폭력의 비용은 감소하게 된다는 것이다.

끝으로, 학습된 무기력이론(Learned Helplessness Theory)은 가정폭력 피해여성들의 소극적 대응을 설명하기 위해 고안되었다(Walker, 1979). Walker는 피해여성들이 적극적으로 가정폭력에서 벗어나지 못하는 이유로 여성의 경제적 무능력 내지 어려움을 제시하고, 이를 극복하지 못하고 반복적인 폭력에 노출됨으로써 무기력한 상태에 익숙해진다고 설명하였다. 하지만, 이 이론은 여성의 경제적 지위가 낮았던 1970년대 후반에 발전되었다는 점에서 현대에는 적합하지 않다는 비판을 받고 있다(Henning & Klesges, 2002).

2. 사회구조적 이론

구조적 이론은 스트레스, 좌절, 그리고 박탈과 같은 폭력 유발요인의 차별적 분포에 초점을 두고 있다. 빈곤층, 인구밀집지역 등 특정 사회에서 폭력이 보다 빈번하게 발생하는데 이는 열악한 사회환경의 구조 아래 있는 개인이 상대적으로 더 큰 좌절을 경험하면서 좌절이나 박탈에 대한 반응으로 폭력을 자주 행사하게 된다고 본다. 먼저, 문화적 이론(Cultural Theory)은 가정폭력이 사회구조 내에 고르게 분포되어 있지 않고 가족의 사회경제적 위치에 따라 차별적 분포를 보이는 것은 폭력에 관련된 문화적 규범 및 가치의 기능 때문이라고 본다.

다음으로, 페미니스트 이론(Feminist Theory)은 성(gender)과 힘(power)에 초점을 두고 가정폭력을 설명한다(Yllo, 1993). 가족 내에서 발생하는 폭력을 가부장적 사회구조와 이데올로기 내에서 남성이 여성을 통제하고 지배하기 위한 수단으로 이해하는 것이다. 페미니스트 이론의 대표적인 하위이론에 이른바 "권력과 통제의 바퀴(power and control wheel)이론"이라는 것이 있다. 이 이론은 가정폭력에서 나타나는 강제적 통제의 형태를 페미니스트적 시각으로 설명하고 있다. 이 이론은 Pence와 Paymer(1993)가 미국 미네소타 주의 Duluth Domestic Abuse Intervention Project 수행과정에서 최초로 개발한 것으로 신체적·성적 폭력이 권력과 통제의 바퀴로 연결되어 있는 모양으로 형상화되어 있다.

[그림 8-1]에서 나타난 것과 같이 가정폭력에서 가해자인 남성이 피해자인 여성을 통제하고 억압하는 8가지의 전략을 제시하였다. 여기서 남성이 아내에게 권력을 행사하고 아내를 통제하기 위해 사용하는 다양한 전략에는 ① 위협 이용, ② 정서적 학대 이용, ③ 고립 이용, ④ 축소, 부정 및 비난 이용, ⑤ 자녀 이용, ⑥ 남성특권 이용, ⑦ 경제적 학대 이용, ⑧ 강요와 협박 이용 등이 있다.

[그림 8-1] 권력과 통제의 바퀴

권력통제 이용수단

① **위협 이용**: 표정, 몸짓, 행동으로 겁주기, 물건 집어던지기, 아내 물건부수기, 애완동물 학대하기, 무기 꺼내놓기

② **정서적 학대 이용**: 모욕하기, 죄책감 갖게 하기, 스스로 미쳤다고 생각하게 하기

③ **고립 이용**: 행동제한, 아내의 외부활동 통제, 질투심을 활용한 자기행동 정당화

④ **축소·부정·비난 이용**: 자신의 학대를 대수롭지 않게 여기기, 자신의 학대를 없었던 것으로 하기, 학대행위에 대한 책임전가, 아내의 잘못 비난

⑤ **자녀 이용**: 아내가 자녀에게 죄책감 갖도록 하기, 자녀를 이용하여 메시지 전달, 자녀를 데리고 가겠다고 협박

⑥ **남성특권 이용**: 하인취급, 중요한 결정 독단, 군주처럼 행동, 남녀역할 규정

⑦ **경제적 학대 이용**: 아내취업방해, 생활비 제약, 금전강취, 가족수입구조 모르게 하기

⑧ **강요와 협박 이용**: 위해행위 협박, 아내와의 이별 내지 자살로 협박, 고소취하종용, 불법행위 강요

※ Louisiana주 Belle Chasse, Plaquemines군 지방검찰청 홈페이지
(http://25thda.org/wp-content/uploads/2009/05/power-and-control-wheel.pdf)

3. 폭력의 대물림이론(cycle of violence theory)

폭력의 대물림(cycle of violence)은 폭력의 세대 간 전이를 의미한다. 따라서 가장 보편적으로 알려지고 사용되는 용어는 "폭력의 순환"이라는 용어지만, "폭력의 세대간 전이(intergenerational transmission of violence)"라는 용어가 더 정확할 것이다. 이 이론에 따르면, 폭력적 행위는 가족 내에서 학습되며, 한 세대에서 다음 세대로 전해진다. 다시 말해, 아동기의 피학대경험이 성인기의 폭력 성향을 갖게 한다는 것이다.

Joan Kaufman과 Edward Zigler(1987)는 아동학대를 경험한 사람의 30%가 나중에 자신의 자녀를 학대하는 반면, 아동학대경험이 없는 사람 가운데 2% 정도만이 자녀학대를 한다고 추정하였다. 이것은 결과적으로 아동학대 경험이 있는 사람이 그렇지 않은 사람보다 아동학대를 할 확률이 15배나 많다는 것을 의미한다. 보다 최근에 Richard Heyman과 Amy Slep(2002)은 아동기의 피학대 경험과 성인기의 학대 사이의 분명한 상관관계를 밝혀냈다.

한편, 아동기의 피학대 경험은 다양한 형태의 폭력성으로 연결되기도 한다. 아동기에 학대적인 부모에게서 자란 남성은 이성친구에게 폭력적인 성향을 보이며(Simons et al., 1998), 여성에 대한 성적 강제는 물론 동거파트너를 폭행하는 경향마저 있다고 한다(Simons, et al., 2008). 종단연구를 한 Widom 등(2001)에 따르면 아동기에 피학대 경험이 있는 사람은 성인기에 폭력범죄로 체포될 확률이 30%나 된다고 한다.

반대로 부모의 학대를 경험한 여성은 이성친구로부터 폭력피해를 입는 경우가 많다. 39개의 연구를 메타분석한 Stith 등(2000)은 부모의 부부싸움을 목격한 것보다 학대적인 부모의 양육을 받은 여성이 배우자 폭력의 피해자가 될 가능성이 더 높다고 한다. 물론 모든 학대받는 여성이 아동기 학대경험이 있다는 것을 의미하지는 않는다. 사실 피학대여성의 절반이상은 부모에 의한 학대경험이 없다. 그럼에도 아동기 부모로부터 학대를 받은 경험이 있는 여성은 성인이 되어서도 폭력적인 배우자를 만나게 될 가능성이 높다는 것이다. 이러한 패턴을 여성의 "이중 위기(double jeopardy)"라고 한다. 여성들은 가족의 폭력으로부터 탈출하여 결국 다시 더 폭력적인 배우자를 만나게 되는 것이다. Simons 등(2004)은 이중 위기는 가학적인 부모 밑에서 자란 것이 비행이나 반사회적 행동으로 연결되기도 한다고 주장했다. 사람들은 보통 자신과 비슷한 부류의 사람과 친해지는데, 이 여성들도 주변 사람과 사랑에 빠져 결국 반사회적 성향의 남성과 결혼을 하게 된다. 불행히도 반사회적 성향의 남성은 자신의 사랑스런 아내에게도 폭력적일 가능성이 높은 사람이다.

중요한 것은 대다수의 피학대 아동이 폭력적인 성인으로 자라는 것은 아니라는 점이다. 비록 피학대 아동이 가학적인 부모가 될 위험성을 내포하고 있지만, 피학대 경험이 있는 부모의 70%는 그들의 자녀를 학대하지 않는다. 피학대 경험이 있으면서 자신의 아이를 학대하지 않는 여성은 비학대적인 성향의 남성과 만나 안정적인 관계를 유지한다. 이것이 바로 폭력의 대물림을 끊을 수 있는 단초다.

4. 폭력의 순환이론(cycle theory of violence)

폭력의 순환이론(cycle theory of violence)은 폭력의 대물림이론(cycle of violence theory)과 어순만 다른 용어를 사용하지만, 그 내용은 상당한 차이가 있다. 폭력의 대물림 이론이 세대 간 폭력의 전이에 관심을 갖는다면, 폭력의 순환이론은 가정 내에서 폭력이 중단되지 않고 반복되는 현상을 설명하기 위한 이론이라고 할 수 있다. 또, 폭력의 순환이론은 폭력적인 부부관계 속에서 피해자가 계속하여 가정에 머무르는 이유는 무엇인가에 대해 답을 제시하고자 한다.

배우자 폭력연구 분야의 권위자인 Lenore E. Walker는 폭력의 순환이론을 제시했다. 폭력의 순환이론은 가정폭력의 과정을 긴장 형성단계, 감정폭발 격심한 구타단계, 평온한 사랑의 휴지단계로 구분하고 있다(Wallace, 2007: 162).

가. 긴장 형성단계(Tension-Building Phase)

긴장 형성단계는 남편이 아내에게 가벼운 폭력을 행사하는 단계로서 부부관계에서 긴장이 증가한다. 아내는 남편의 요구를 받아주거나, 남편의 행동방식에 상관하지 않는 방식으로 남편의 화가 풀리기를 기다린다. 이 때 아내는 자신이 정말로 잘못이 있어서 욕을 먹을 만하다고 생각하며 남편의 잘못된 논리를 자신의 것으로 수용함으로써 자기

합리화를 시도한다. 장기간 남편의 학대에 시달려온 아내는 시간이 갈수록 남편의 폭력 수위가 높아질 것을 잘 알고 있다. 아내는 갈등이 더 심해지는 것을 피하기 위해 남편으로부터 멀어지려고 노력하지만 남편이 분노의 절정에 이르러 폭발하기 전까지 부부관계의 긴장은 계속해서 증가할 것이다.

나. 감정폭발/격심한 구타단계(Explosion or Acute Bettering Phase)

감정이 폭발하여 격렬한 구타에 이르는 이 단계에 접어들면 가해자는 자제력을 잃고 폭력적인 행동에 몰두하게 된다. 격렬한 폭력은 긴장 형성단계에서 나타났던 가벼운 폭력과는 차원이 다른 것이다. 부부관계에서 처음 경험한 극심한 폭력행위가 끝나면 가해자와 피해자 모두 충격과 불신, 거부감을 느끼게 될 것이다. 그런데 격심한 구타를 당한 피해자가 왜 가해자를 떠나지 못하는 것일까? Walker는 그 이유에 대해 '가해자와 함께 사는 것이 덜 불안하고 그를 통제할 수 있을지 모른다는 희망을 품기 때문'이라고 설명하였다. 심지어 가정폭력에 개입하여 중재를 시도하는 경찰을 피해자가 오히려 공격하는 것은 더 학대받는 것을 두려워하기 때문이라고 한다(Celani, 1994).

다. 평온한 사랑의 휴지단계(Calm, Loving Respite Phase)

이 단계에서는 가해자가 자신의 행동을 매우 후회하며 피해자에게 애정 어린 행동을 취하게 된다. 남편은 이전 단계에서 취했던 자신의 행동이 너무 과했음을 깨달을 것이다. 또 용서를 구하고 다시는 그런 일이 없을 것이라고 맹세할 것이다. 아내는 남편이 새 사람이 될 것이라는 그의 약속을 믿고 싶을 것이고, 그의 사랑스런 행동은 그녀를 이러한 부부관계를 지속하도록 유인할 것이다.

이상의 가정폭력의 반복적인 순환에 대해 Walker는 '학습된 무기력(learning helplessness)'이라는 말로 표현했다. 즉, 피해여성의 의욕은 반복적으로 가해진 폭력으로 상실되고, 자신의 반응여부에 따라 결과가 변화될 것이라는 사실을 믿지 못하게 된다는 것이다.

[그림 8-2] 폭력의 순환이론

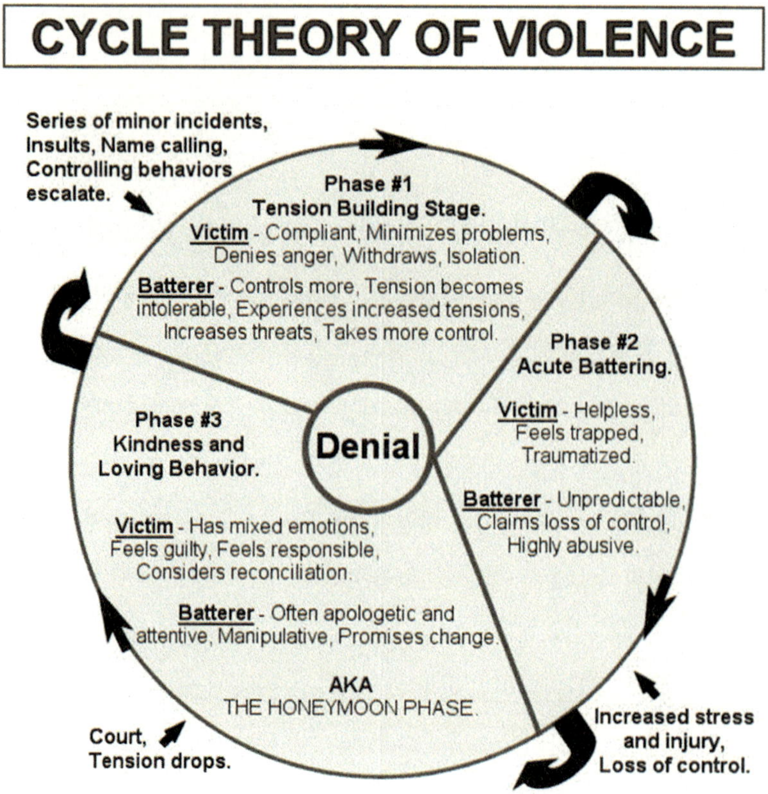

긴장 형성단계(가벼운 폭력, 모욕, 욕설, 피해자에 대한 통제행위 증가)

- 피해자: 순응, 문제최소화, 분노억제, 회피, 고립
- 가해자: 긴장의 억제약화, 긴장증대 경험, 피해자에 대한 통제강화

감정폭발 격심한 구타단계(스트레스 상승, 신체손상, 통제상실)

- 피해자: 무력감, 사면초가의 느낌, 심리적 외상
- 가해자: 예측불허, 통제력 상실, 고도의 가학성

평온한 사랑의 휴지단계(구애, 긴장완화)

- 피해자: 복잡한 감정, 죄책감, 책임감, 화해 고려
- 가해자: 사과, 친절한 태도, 기만적인 변화의 약속

※ Louisiana주 Belle Chasse, Plaquemines군 지방검찰청 홈페이지
(http://25thda.org/wp-content/uploads/2009/05/cycle-theory-of-violence.pdf)

5. 매 맞는 아내 증후군(Battered Woman Syndrome: BWS)

이상에서 설명한 폭력의 순환이론은 매 맞는 아내 증후군(battered woman syndrome)과 연결된다. 폭력의 순환과정에서 학대남편으로부터 벗어나지 못하고 폭력으로 인한 피해의 외상적 효과, 학습된 무기력의 상태, 폭력에 대한 자기파괴적 대응 등을 하게 되는데, 이것이 바로 매 맞는 아내 증후군이라는 것이다.

매 맞는 아내 증후군은 1970년대에 가정폭력에 시달리던 여성이 남편을 살해한 사건에서 사용되었는데, 이 여성의 변호사가 법정에서 피학대 여성이 남편을 살해할 수밖에 없었던 이유를 설명하기 위해 사용된 개념이었다. 당시 "정당방위"는 일반인의 상식에 비추어 '그녀(그 남자)'가 절체절명의 위험한 상황에서 자신의 신체나 생명을 보호하기 위하여 다른 수단이 없을 때 물리력을 사용하는 것이 정당화될 수 있다는 법률적 개념이었다. 그런데, 이 정당방위 개념은 성차별적 시각이 있을 수밖에 없는 매 맞는 아내의 남편살해 사건에 적용하기에 매우 조심스러운 것이었다. 즉, 매 맞는 아내가 남편을 살해한 시점은 남편의 학대가 끝난 이후 또는 남편이 잠든 상황에서 인데, 과연 정당방위의 개념으로 포함할 수 있을 것인가가 문제였다. 이에 대해 배심원단은 매 맞는 아내가 즉각적인 위험(사안의 급박성) 또는 신체적 상해와 생명의 위협을 중단시켜야 할 만큼 과도한 폭력상태(수단의 비례성)가 있다고 볼 수는 없다는 점에서 정당방위를 인정할 수 없었다. 하지만 몇 년이 흐른 뒤 성 중립적인 관점에서 성별에 관계없이 폭력에 시달리는 개인이 폭력피해의 반복을 끊기 위해 정당방위에 호소하는 것이 인정되었다. 이처럼 법적으로 매 맞는 사람의 성별에 대한 관념이 중립적으로 이동한 것이다. 하지만 학술적으로는 여전히 매 맞는 여성 증후군 또는 매 맞는 아내 증후군이라는 용어가 일반적으로 사용되고 있다.

매 맞는 아내 증후군은 가정폭력의 가해자와 피해자의 역동적인 학대관계를 설명한다. 여기서 피해자인 매 맞는 아내에게는 중단되지 않고 갈수록 심해지는 배우자의 폭력으로 인해 우울증, 수면장애, 신경쇠약과 같은 외상후 스트레스성 장애 증상이 종종 나타난다. 이러한 PTSD와 계속되는 폭력의 조합은 피해자에게 벗어날 길이 없다는 절망과 무기력을 안겨준다. 폭력의 정도가 계속해서 강해지다가 피해자가 죽을 수도 있겠다고 느끼는 순간까지 가게 되면 피해자는 자기방어를 위해 폭력적인 행동을 선택할 수 있다. 이러한 총체적 상황들은 피해여성의 극단적 선택이 정당방위의 법률적 개념에 합치된다는 것을 설명해준다.

하지만, 논란의 여지는 여전히 남아있다. 즉, 매 맞는 아내 증후군(BWS)은 심리학적 개념일 뿐 미국정신병리학회의 DSM(Diagonstic and Statistical Manual of Mental Disorders)이나 세계보건기구의 ICD(International Classification of Diseases)의 진단분류로 인정받고 있지 못하기 때문이다. 비록 법정에서 매 맞는 아내 증후군이 인정되고는 있으나 아직 전문가들 사이에서는 살인을 용납하기에 충분한 수준의 정신상태에 대한 합의가 이루어지지 못했다.

'매 맞는 아이 · 아내 증후군' 인정

법원 남편·아버지 살해한 母子에 '만성학대' 인정

아들이 어머니와 짜고 친부를 살해한 사건에 대해 법원이 가해자가 피해자로부터 극도의 학대를 받은 사실을 인정해 이례적으로 형량을 감경해 선처했다. 서울고법 형사7부는 아버지를 살해해 1심에서 징역 15년이 선고된 K모(28)씨에게 징역 12년을, 남편을 살해해 1심에서 징역 10년이 선고된 S모(52, 여)씨에게 징역 6년을 각각 선고했다고 27일 밝혔다.

재판부는 "피고인들은 사전 공모한 후 피해자를 살해하고 사체를 유기해 죄질이 매우 불량해 엄중한 처벌이 요구된다. 하지만 평소 상습적 폭력과 폭언을 당해 피해자를 죽이는 일만이 살 길이라는 점에 의견이 일치된 점이 인정된다"고 밝혔다. 재판부는 K씨의 어린 시절부터 숨진 부친이 방앗간 기계에 피고인의 머리를 밀어 넣고 장롱 앞에 서게 한 뒤 칼을 던지고 목을 조르는 등 생명을 위협할 정도의 폭력을 가해 범행 당시 만성화된 '매 맞는 아이 증후군'을 앓게 됐다고 인정했다. 재판부는 또 피해자의 아내인 S씨도 의처증을 갖고 있던 피해자로부터 맞아 다리를 절게 됐고 잠자리에서 목을 졸려 기절하기도 했으며 짐을 제대로 못 든다고 발길질을 당하는 등 범행 당시 '매 맞는 아내 증후군'을 앓고 있었다고 인정했다. 재판부는 "숨진 피해자는 가정에서는 자기중심적으로 가족을 억압하면서도 밖에서는 예의바르고 따뜻한 사람으로 처신하는 등 이중적 모습을 보여 피고인들의 불만이 극도로 쌓였고 이혼을 요구하자 가족을 몰살하겠다고 말하기도 했다"고 밝혔다. 재판부는 "생명은 어떤 가치보다도 소중한 것으로서 피해자의 생전 행위에 대한 평가 여하를 불문하고 절대 보호돼야 할 가치"라면서도 "피고인들이 자신의 손으로 남편이자 친부인 피해자를 살해했다는 정신적 멍에를 평생 짊어지고 살아갈 것인 점, 우발적 범행인 점, 범행을 깊이 뉘우치는 점 등을 감안해 감경한다"고

덧붙였다.

국내에서는 가정폭력이 갈수록 사회 문제화하는 가운데 '외상후 스트레스 장애'로 인한 '매 맞는 여성 증후군'을 감안해 피고인의 정당방위 주장이나 심신미약 상태를 인정한 판례는 극히 드문 상태다. 이번 재판부는 피고인들이 지속적인 폭력을 경험해 범행 당시 외상후 스트레스 장애에 따른 '매 맞는 아이 · 아내 증후군'을 앓았다는 점을 인정해 형량을 감경했다. K씨는 모친 S씨와 함께 2004년 12월 초 자신의 집에서 부친을 둔기로 살해하고 사체를 버렸다가 경찰에 적발돼 '패륜 모자'로 지탄을 받았으며 이들은 1심에서 살인죄 등으로 각각 징역 15년, 징역 10년의 중형을 선고받았다.

서울경제(2005.12.27.), http://economy.hankooki.com/ 2012.1.15. 검색

제4절 우리나라의 가정폭력 피해자 보호

1. 가정폭력 피해자 보호 법제도 연혁

우리나라가 본격적으로 가정폭력에 대한 정책적 대응을 한 계기는 1997년 12월 가정폭력특별법 즉, 「가정폭력범죄의 처벌 등에 관한 특례법(가정폭력 처벌법)」과 「가정폭력방지 및 피해자보호 등에 관한 법률(가정폭력 피해자보호법)」이 제정되면서부터이다. 즉, 이 두 법률을 계기로 가정폭력에 대한 국가적 개입의 근거가 마련된 것이다. 1998년 1월 가정폭력특별법의 시행으로 정부차원의 가정폭력에 대한 제지와 피해자에 대한 실질적인 보호를 위한 가정폭력 종합대책이 수립될 수 있었다.

2000년 이후부터는 가정폭력범죄의 처벌 및 피해자 보호를 위한 다양한 인프라가 구축되기 시작했다. 또한, 2001년 여성부의 신설로 가정폭력 관련 업무를 기존 보건복지부에서 여성부로 이관하여 치료 및 법률지원, 장애인과 외국이민여성 등 다양한 유형의 피해자 지원, 쉼터 지원 등 다양한 사업들이 추진될 수 있었다. 2002년에는 가정폭력 관련 법제도를 정비하기 위한 종합대책이 수립되는 한편, '여성긴급전화 1366'의 운영이 시작되었고, 2003년 가정폭력 행위자 교정 · 치료 프로그램의 개발과 보급, 2005년 전국지방공사의료연합회와 여성부의 MOU체결로 one-stop 지원센터 등 가정폭력 피해

자의 의료지원 확대를 위한 인프라 구축 등으로 연결되었다. 2006년에는 가정폭력방지 및 피해자보호 등에 관한 법률의 개정에서 법의 목적을 '가정폭력예방 및 피해자 보호와 지원'으로 변경함으로써 피해자 보호정책이 본격적으로 추진될 수 있는 제도적 기반이 마련되었다. 또, 가정폭력 피해자들에 대한 일시적 보호뿐만 아니라 자립자활이라는 피해자들의 욕구를 반영하는 방향으로 개선되었다는 점에서 의의가 있다(김재엽 외, 2010a: 33).

최근까지도 가정폭력을 예방하고 피해자를 보호하기 위한 법제도적 개선이 계속 이어지고 있다. 먼저 가정폭력 피해자보호법의 내용을 살펴보면 다음과 같다. 2009년 9월 긴급전화센터의 설치 및 운영(가정폭력 피해자보호법 제4조의6), 보호시설의 입소대상 등(제7조의3), 보호시설의 퇴소(제7조의4)와 관련된 조항을 신설하여 시행하도록 했다.

또, 2011년 2월에는 보호시설에 대한 보호비용 지원(제7조의5)을 새로 추가하였고, 2012년 2월에는 가정폭력 현장에 출동한 경찰관의 '현장출입 및 조사권(제9조의4)'을 도입하여 가정폭력 피해자보호와 사건 초기대응을 강화하였다. 특히, 그동안 가정폭력을 가정 내 문제로 인식하는 경향이 높고 현장에 출동한 경찰이 적극적으로 개입할 수 있는 법제도적 뒷받침이 부족하여 피해자 보호가 미흡했다는 지적이 많았는데 이를 해소할 수 있는 계기가 될 것으로 기대된다. 한편, 가정폭력 처벌법은 2011년 7월 법률개정을 통해 경찰의 '긴급임시조치권(가정폭력 처벌법 제8조의2, 제8조의3)'과 법원의 '피해자보호명령제(제55조부터 제55조의9)'를 신설하였다.

또한 2013년 11월에는 가정폭력 보호시설에 입소한 피해자 등에 대해 건강검진을 실시하도록 하여 피해자의 건강관리를 도모하는 한편, 가정폭력의 위해성 및 피해자 지원 등에 대한 홍보영상을 제작하여 공익광고로 송출할 수 있게 함으로써 가정폭력에 대한 관심을 제고시킴은 물론 피해자들이 지원에 대한 정보를 쉽게 얻을 수 있도록 하였다(제9조의3제2항 및 제3항).

2014년 1월에는 사법경찰관리는 가정폭력범죄의 신고가 접수된 때 지체 없이 현장에 출동하도록 하고, 피해자와 신고자 등이 자유롭게 진술할 수 있도록 가정폭력 행위자로부터 분리된 곳에서 조사하도록 하였고, 가정폭력 행위자가 경찰의 현장조사 거부 등

업무수행을 방해하는 경우 과태료를 부과할 수 있는 근거를 마련하는 등 가정폭력범죄에 경찰이 보다 적극적으로 대응할 수 있도록 하였다(제9조의4 제3항 내지 제5항, 제22조 제1항).

더불어 2015년 12월에는 피해자 신변노출 방지 및 보호・지원 체계 구축을 국가의 책무에 포함시키고, 긴급전화센터의 업무에 경찰관서 등으로부터 인도받은 피해자 및 피해자가 동반한 가정구성원의 임시 보호 기능을 추가함으로서 피해자 보호에 대한 정부 및 관련기관의 역할을 강화시켰다(제4조 제1항 제7호, 제4조의6 제1항 제4호). 또한 가정폭력 피해자는 피해 상황에서 신속하게 벗어나 인간으로서의 존엄성과 안전을 보장받을 권리가 있다는 기본이념(제1조의2)을 추가함과 동시에 피해자 보호에 대한 국가 등의 책무에 피해자를 보호・지원하기 위한 시설의 설치・운영, 임대주택의 우선 입주권 부여, 직업훈련 등 자립・자활을 위한 지원서비스 제공, 법률구조 및 그 밖에 피해자에 대한 지원서비스 제공을 추가하여 2018년 6월부터 가정폭력 피해자에 대한 보호를 더욱 강화할 수 있도록 하였다. 또한 2020년에는 가정폭력을 목격하거나 피해를 당한 아동의 신체적・정신적인 회복을 위하여 필요한 상담과 치료프로그램 제공을 국가와 지방자치단체의 책무에 포함시켜 가족폭력으로 인한 아동의 피해가 조기에 회복될 수 있도록 체제를 구축하였으며(제4조 제1항 제10호), 그 동안 배우자가 대한민국 국민인 외국인 피해자에 대해서만 가정폭력피해자 보호시설에 입소할 수 있도록 하였는데, 이를 외국인 피해자로 개정하여 보호 대상을 확대하였다(제7조의2 제1항 제3호).

2. 가정폭력 가해자 처벌 및 피해자 보호 법제도의 주요 내용

우리나라의 가정폭력과 관련한 대표적인 법률로는 피해자 보호에 관한 「가정폭력방지 및 피해자보호 등에 관한 법률」과 가해자 처벌에 관한 「가정폭력범죄의 처벌 등에 관한 특례법」이 있다. 이 두 법 모두 1998년 7월 1일부터 시행되었으며 가정폭력 예방과 피해자보호, 가정폭력 가해자에 대한 환경의 조정과 성행의 교정을 위한 보호처분 등을 규정하여 가정폭력의 피해자를 보호・지원하고 가정폭력 범죄로부터 파괴된 가정의 평화와 안정을 회복하고 건강한 가정을 육성함을 목적으로 하고 있다.

가. 가정폭력의 신고

가정폭력은 통상 집안일이라는 인식이 팽배하여 그 신고를 극히 꺼리는 경향이 있다. 하지만 가정 내 폭력문제는 신체적 손상뿐 아니라 정신적 황폐화를 야기하고 극단적인 결과로 사망에 이르는 등 심각한 가정해체의 원인이 된다. 따라서 국가에서는 가정폭력을 더 이상 가정의 문제가 아닌 범죄행위로 인식하여 법으로 그 신고를 규정하고 있다.

가정폭력 처벌법 제4조는 가정폭력의 신고 주체를 '가정폭력을 알게 된 사람'으로서 누구나 신고할 수 있다고 규정하고 있다. 또, ① 아동의 교육과 보호를 담당하는 기관의 종사자와 그 기관장, ② 아동, 60세 이상 노인, 그 밖에 정상적인 판단능력이 결여된 자의 치료 등을 담당하는 의료인 및 의료기관의 장, ③ 노인복지시설, 아동복지시설, 장애인복지시설의 종사자와 그 기관장, ④ 다문화가족지원센터의 전문인력과 그 장, ⑤ 국제결혼중개업자와 그 종사자, ⑥ 소방구조대 및 구급대 대원, ⑦ 사회복지 전담공무원, ⑧ 건강가정지원센터 및 가족센터의 종사자와 그 센터의 장은 가정폭력 사실을 알게 된 경우 의무적으로 신고를 해야 한다고 규정하고 있으며, 아동상담소・가정폭력상담소 및 보호시설・성폭력피해상담소 및 보호시설에 근무하는 상담원 및 기관장에 대해서는 상담을 통해 가정폭력 범죄를 알게 된 경우 피해자의 명시적 반대의견이 없으면 즉시 신고해야 한다고 규정하고 있다(가정폭력 처벌법 제4조). 가정폭력 신고는 112로 신고하거나 가까운 지구대나 파출소, 경찰서 등 수사기관으로 전화 또는 방문하여 신고할 수 있다.

나. 임시조치

가정폭력이 재발할 우려가 있다고 인정될 경우 검사는 직권 또는 사법경찰관의 신청에 의해 법원에 임시조치를 청구할 수 있다(가정폭력 처벌법 제8조). 임시조치로는 가해자를 피해자 또는 가정구성원의 주거나 점유하는 방실로부터의 퇴거 등 격리, 피해자 또는 가정구성원이나 그 주거, 직장 등에서 100m 이내의 접근금지, 피해자 또는 가정구성원에 대한 전기통신을 이용한 접근금지가 있다. 또한 임시조치를 위반하여 가정폭력 범죄가 재발될 우려가 있다고 인정하는 경우에는 검사가 직권으로 또는 사법경찰관의 신청에 의하여 국가경찰관서의 유치장 또는 구치소에의 유치에 해당하는 임시조치를 청구할 수 있다. 판사는 가정보호사건의 원활한 조사·심리 또는 피해자 보호를 위하여 필요하다고 인정하는 경우에는 결정으로 가정폭력행위자에게 임시조치를 할 수 있다(가정폭력 처벌법 제29조).

한편, 경찰은 응급조치에도 불구하고 가정폭력범죄의 재발우려가 있고 긴급을 요하여 법원의 임시조치결정을 받을 수 없다고 판단될 때 긴급임시조치를 취할 수 있다. 긴급임시조치는 가정폭력 행위자에 대해 피해자의 주거로부터 퇴거 등 격리, 100m 이내의 접근 및 전기통신에 의한 접근을 금지하는 것을 의미한다(가정폭력 처벌법 제8조의2).

다. 보호처분

법원은 가정보호사건을 심리한 결과 보호처분이 필요하다고 인정하는 경우, 접근제한, 전기통신을 이용하여 접근하는 행위의 제한, 친권행사의 제한, 사회봉사, 수강명령, 보호관찰, 보호시설에의 감호위탁, 의료기관에의 치료위탁, 상담소 등의 상담위탁 등의 보호처분 결정을 할 수 있으며, 병과할 수 있다(가정폭력 처벌법 제40조). 보호처분의 기간은 6개월 이내의 범위에서 이루어지고 사회봉사명령이나 수강명령의 시간은 각각 200시간을 초과할 수 없다(가정폭력 처벌법 제41조). 또한 보호처분이 확정된 경우에는 보호처분이 취소된 경우를 제외하고는 그 가정폭력 행위자에 대하여 같은 범죄사실로 다시 공소를 제기할 수 없다(가정폭력 처벌법 제16조).

라. 피해자보호명령

법원의 피해자보호명령은 가정폭력 피해자 보호를 위하여 필요하다고 인정되는 때 피해자, 그 법정대리인 또는 검사의 청구에 따라 결정으로 이루어진다. 보호명령의 내용은 ① 피해자 또는 가정구성원의 주거 또는 점유 방실로부터의 퇴거 등 격리, ② 피해자 또는 가정구성원이나 그 주거·직장 등에서 100미터 이내 접근금지, ③ 피해자 또는 가정구성원에 대한 전기통신을 이용한 접근금지, ④ 친권자인 가정폭력행위자의 피해자에 대한 친권행사의 제한, ⑤ 가정폭력행위자의 피해자에 대한 면접교섭권행사의 제한으로 병과가능하다(가정폭력 처벌법 제55조의2). 법원은 피해자의 보호를 위하여 필요하다고 인정하는 경우에는 피해자 또는 그 법정대리인의 청구 또는 직권으로 일정기간 동안 검사에게 피해자에 대하여 신변안전조치를 하도록 요청할 수 있도록 함으로써 피해자의 신변에 대한 위협으로부터의 안전을 담보할 수 있도록 하였다. 피해자보호명령 기간은 1년을 초과할 수 없으나 피해자 보호를 위해 그 기간의 연장이 필요하다고 인정하는 경우 결정으로 2개월 단위로 연장할 수 있다. 하지만 연장을 하더라도 총 3년을 초과할 수는 없다(가정폭력 처벌법 제55조의3). 또 법원의 명령을 위반한 가정폭력 가해자에게는 2년 이하의 징역 또는 2천만원 이하의 벌금 또는 구류에 처하는 규정을 두고 있어 법원의 피해자보호명령이 실효성을 확보할 수 있는 근거를 마련했다(가정폭력 처벌법 제63조 제1항 제2호).

마. 보호시설의 설치운영

피해자가 폭력을 피해 집을 나오면 대부분 친정이나 가까운 친구, 아니면 찜질방 등을 가기 마련인데 만약에 동반 자녀라도 있다면 서로 불편한 상황이 될 수도 있고, 필요한 전문적인 서비스를 받을 수 없기 때문에 보호시설을 이용하는 것이 바람직하다. 보호시설은 피해자에게 숙식을 제공하고, 심리적 안정과 사회적응을 위한 상담 및 치료, 의료지원, 수사·재판과정에서 필요한 지원 및 서비스 연계, 법률구조기관 등에 필요한 협조와 지원요청, 자립자활교육의 실시와 취업정보의 제공 등의 업무를 수행한다.

가정폭력 피해자등(피해자 및 피해자가 동반한 가정구성원)이 본인 스스로 입소를 희망하거나 입소에 동의하는 경우, 지적장애 등을 겪고 있는 경우에는 가정폭력행위자가 아닌 보호자가 입소에 동의하거나 상담원의 상담결과 입소가 필요하나 보호자의 입소 동의를 받는 것이 적절하지 못하다고 인정되는 경우 보호시설에의 입소가 가능하다.

입소 가능한 보호시설의 종류는 총 4가지로, 6개월 범위에서 피해자등을 보호하는 단기보호시설, 피해자등에 2년의 범위에서 자립을 위한 주거편의 등을 제공하는 장기보호시설, 2년의 범위에서 외국인 피해자등을 보호하는 외국인보호시설, 장애인 피해자등을 2년의 범위에서 보호하는 장애인보호시설로 구분된다(가정폭력방지법 제7조의2).

요점정리

(1) 가정폭력(Domestic violence)은 일반적으로 아내 폭력, 아동학대, 노인학대 등 가정 내에서 혹은 가족 구성원들 사이에서 일어나는 폭력으로 정의되며, 우리나라에서는 가정폭력을 "가정구성원 사이의 신체적, 정신적 또는 재산상의 피해를 수반하는 행위"라고 정의하고 있다.

(2) 가정폭력의 유형으로는 신체적 폭력, 정서적 폭력, 경제적 폭력, 성적폭력, 방임, 통제 등이 있다.

(3) 가정폭력은 가족해체 등을 가져오는 심각한 사회문제이며, 자녀에게 대대로 전승되는 악순환과정으로 연결된다는 점에서 사회적으로 관심이 필요하다.

(4) 가정폭력의 원인에 대해서는 사회심리학적 이론, 사회구조적 이론, 폭력의 대물림이론, 폭력의 순환이론 등 사회적·환경적 요인을 강조하는 논의가 심화되고 있다.

(5) 우리나라에서는 가정폭력 피해자를 보호하기 위해 임시조치, 보호처분, 피해자 보호명령 등의 보호장치를 법률에 규정하고 있으며, 보호시설을 설치·운영하고 있다.

복습문제

1. 우리나라「가정폭력범죄의 처벌 등에 관한 특례법」상 가정폭력의 주체가 되는 '가정구성원'의 범위에 해당하지 않는 사람은?
   ① 배우자 관계에 있었던 사람
   ② 배우자의 직계존비속
   ③ 적모와 서자의 관계에 있거나 있었던 사람
   ④ 동거하지 않는 친족

2. 우리나라의 가정폭력 실태조사 결과, 아내가 피해자인 경우 배우자/파트너 폭력 발생원인으로 가장 높게 나타나는 원인은?

3. 폭력적 행위는 가족 내에서 학습되며, 한 세대에서 다음 세대로 전해진다고 주장하는 이론은?

4. 폭력의 순환과정에서 학대남편으로부터 벗어나지 못하고 폭력으로 인한 피해의 외상적 효과, 학습된 무기력, 폭력에 대한 자기파괴적 대응 등을 하게 되는 것을 무엇이라고 하는가?

5. 「가정폭력범죄의 처벌 등에 관한 특례법」상 검사가 가정폭력범죄가 재발될 우려가 있다고 인정하는 경우 청구할 수 있는 임시조치의 종류는?

정답 1. ④, 2. 자신을 무시해서 또는 무시할까봐, 3 폭력의 대물림이론, 4. 매맞는 아내 증후군
5. 퇴거 등 격리, 100m 이내의 접근금지, 전기통신을 이용한 접근금지

제9장

성폭력

학습목표

○ 성폭력의 개념과 유형에 대해 살펴보고, 성폭력과 관련된 오해와 진실을 파헤쳐 본다.
○ 성폭력을 설명하는 다양한 이론들을 학습한다.
○ 우리나라의 성폭력 실태를 살펴보고, 성폭력 문제를 해결하기 위한 법과 제도에 대해서 살펴본다.

핵심키워드

성폭력, 강간신화, 미투(Me too)운동, 성폭력 실태조사, 1366,

09 성폭력

강간에 대한 잘못된 통념들

1. 강간은 그냥 섹스일 뿐이다.
2. 여성이 남성을 강간하도록 유혹한다.
3. 여성이 강간범죄 상황에 대처하는 정도(正道)가 있다.
4. 피해자가 적극적으로 저항하지 않았다면 강간당한 것이 아니다.
5. 강간의 트라우마 증상은 일시적일 뿐, 대부분은 1년 이내에 정상으로 되돌아온다.
6. 강간범은 전형적인 범죄자이며 낮은 계층의 사람들이다.
7. 남성은 강간을 당하지 않는다. 여성이나 게이 남성만이 강간을 당한다.
8. 근친강간은 매우 드문 일이다.
9. 피해자의 옷차림이나 행동에서 이미 강간을 예견할 수 있다.
10. 여성들은 다양한 이유에서 강간당했다고 거짓 신고를 한다.
11. 여성은 강간을 당하는 것에 대한 환상을 갖고 있다.
12. 부부간의 강간은 성립될 수 없다.
13. 오직 행실이 나쁜 여성만이 강간을 당한다.
14. 강간은 단지 원치 않는 섹스일 뿐 폭력범죄가 절대 아니다.
15. 강간은 주로 야외에서 야간에만 발생한다.
16. 성폭력은 충동적이고 무의식적인 행동이다.
17. 성폭력은 서로 모르는 사람 사이에서 주로 발생한다.
18. 강간은 젊고 매력적인 여성만을 대상으로 한다.
19. 피해자의 의사에 반하여 강간이 발생할 수는 없다.
20. 강간은 어두운 골목길에서 낯선 사람에 의해 즉흥적으로 벌어진다.
21. 대부분의 강간범은 일회성 범죄자이다.
22. 특정 부류의 사람들만 강간을 당할 뿐 나는 해당사항이 없다.
23. 만약 가해자와 피해자가 술에 취한 상태였다면 가해자에게만 책임을 물을 수 없다.

24. 강간범은 비정상적인 성도착자이고, 정신이상자이다.
25. 강간은 일부 여성에게만 영향을 미치는 경미한 범죄이다.

"List of Rape Myth", http://www.d.umn.edu/cla/faculty/jhamlin/3925/myths.html 2012.1.15. 검색.

박스에서 제시한 리스트는 일반적으로 강간신화(rape myths)라고 알려진 내용들이다. 사실 일부 남성 뿐 아니라 여성도 이 내용에 대해 크게 어색한 점을 느끼지 못하는 경우가 있다. 그 만큼 우리 사회가 남성 중심의 가부장사회를 오랜 역사를 통해 경험했음을 반증하는 것이라고 볼 수 있고, 특정 집단에서 강간신화가 사실인 것처럼 받아들여지고 있기 때문이다. 하지만 강간 내지 성폭력을 이해하는 것은 생각하는 것처럼 간단하지 않다. 특히, 성폭력이 피해자에게 미치는 영향이 막대하다는 점에서 피해자학에서는 오랜 연구주제로 이 문제를 연구해왔다. 물론, 가해자 측면에서 그 원인을 탐색하고 대책을 제시하고자 하는 연구가 상대적으로 많은 것도 사실이다. 그러나 여성의 권리가 신장되기 시작하면서 성폭력의 피해자로서 여성에 대한 사회적 관심의 제고와 더불어 강간에 대한 인식 변화가 있었다. 이것이 피해자학적 관점을 반영한 성폭력 연구들로 이어졌다고 본다.

이 장의 학습목표는 이상에서 제시된 강간에 대한 잘못된 통념을 깨뜨리는 것에 있다. 강간 및 성폭력의 개념이 어떻게 변천해왔는지, 그리고 그 개념이 정확하게 무엇인지를 파악하고, 강간신화와 다른 현실 속의 성폭력 실태를 파악할 것이다. 더불어 성폭력을 설명하는 이론들을 탐색하고 우리나라에서 시행하고 있는 성폭력에 대한 대책들을 검토해볼 것이다.

제1절 성폭력의 정의와 유형

1. 성폭력의 정의

강간(rape)과 성폭력(sexual assault)은 상호 교환이 가능한 용어로 사용된다. 다만 차이가 있다면, 강간은 성폭력에 비해 상대적으로 좁은 의미로 사용되며, 성폭력은 포괄적인 개념으로 사용되고 있다는 점이다. 즉, 강간은 보통 엄격한 법률적 정의로 이해되지만, 성폭력은 피해자의 의사에 반하는 모든 성적 행위를 포함하는 것으로 이해한다. 따라서 강간은 성폭력의 한 유형으로 볼 수 있을 것이다(Jerin & Mariarty, 1998: 121).

우리 형법은 강간의 정의를 '폭행 또는 협박으로 사람을 강간한 것'이라고 한다. 여기서 강간과 성폭력의 개념을 구분할 때 고려할 만한 것은 ① 폭행이나 협박을 수단으로 사용하는 점, ② 행위태양으로서 '강간'을 명시하고 있다는 점을 들 수 있다. 즉, 행위태양의 측면에서 강간과 성폭력에 차이가 있다고 볼 수 있다.

과거에는 강간죄의 행위주체로서 여성이 포함될 수 있는가에 대한 논란이 있었다. 개정 전 형법에서는 강간의 정의를 '폭행 또는 협박으로 부녀를 강간한 것'이라고 규정하고 있었는데, 이 때에도 형법상 여성이 공범의 형태로 강간에 참여하는 경우 공동정범의 지위를 갖게 되어 여성은 행위주체가 될 수 있다는 견해가 있었다(이재상, 2010: 160-161). 또한 남편이 아내와 강제로 성관계를 맺은 경우 강간죄가 성립한다고 볼 수 있는가에 대한 의문도 있었으나, 우리나라에서는 2013년 대법원에서 부부 강간 또는 배우자 강간을 인정하였다. 또한 강간의 수단으로 폭행과 협박을 사용하여 강간을 하는 것을 강간죄의 구성요건에 해당한다고 이해한다. 따라서 강간을 목적으로 폭행과 협박을 사용한 경우 성기의 삽입이 없더라도 폭행죄나 협박죄를 적용하지 않고 강간미수로 이해한다.

미국의 경우에서는 형법에서도 강간의 개념을 확장하는 추세를 보이고 있다. Koss와 Harvey(1991)는 강간의 정의에 대한 연구를 통해 미국 대부분의 주에서 강간의 개념이 개정되었음을 발견했다. 즉, 미국의 주(州) 형법에서 강간의 정의에 대해 '질내 삽입의 개념을 성교를 포함한 구강성교, 항문성교, 기타 성기를 제외한 다른 물체나 손가락의 삽입도 포함'하는 개념으로 확장한 것이다(Koss & Harvey, 1991: 5). 뿐만 아니라 강간(rape)이라는 용어를 성폭행(sexual battery), 일탈적 성행위(deviant sexual conduct), 성폭력(sexual assault)이라는 표현으로 대체한 주들도 발견하였다.

성폭력(sexual assault)은 성적 폭력(sexual violence)이라는 용어로 사용되기도 한다. Wallace(2007)는 성적 폭력(sexual violence)을 법률적 관점, 의학적 관점, 심리학적 관점, 경제적 관점 등이 통합된 개념으로 이해해야 할 필요성을 언급했다. 즉, 법률적 관점은 엄격하게 정의되어 금지되는 특정 행동유형에 초점을 맞추는 반면, 의학적 관점은 신체에 대한 손상에, 심리학적 관점은 피해자의 심리와 정서에 영향을 미치는 것으로 성폭력을 평가하고자 하는데, 이것을 모두 아우를 수 있어야 한다는 것이다. 종합하면 성적 폭력이란 피해자에게 신체적, 정서적, 또는 재정적 손상을 가져오는 의도적인 작위 또는 부작위를 의미한다고 보았다. 결국 성폭력(sexual assault)과 성적 폭력(sexual violence)을 유사한 의미로 사용하는데 굳이 구분하자면 전자보다 후자를 더 포괄적인 개념으로 이해하고 있다.

[그림 9-1] 강간 및 성폭력의 개념

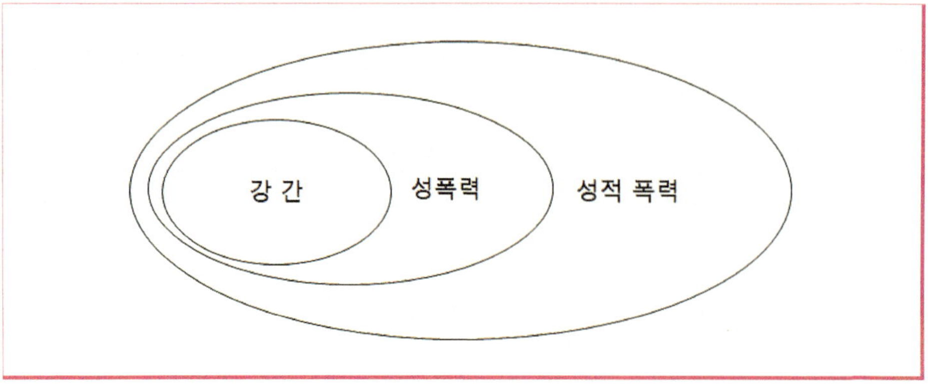

한편, 미국에서 집계되는 주요 범죄통계 및 피해자조사 등 범죄보고서에서는 성폭력의 개념을 다양하게 구분하고 있다. 여기서는 강간 및 강간 이외의 성폭력 피해자에 대해서 여성뿐만 아니라 남성이나 아동 등의 인정여부에 약간의 차이가 나타나고 있다(〈표 9-1〉 참조). 강간 내지 성폭력에 대한 범위인정에 있어서 UCR이 가장 소극적으로 이해하는 반면, NCVS, NIBRS 순으로 그 개념이 확장되는 것을 알 수 있다. 즉, UCR은 미성년자와의 합의된 성관계나 피해자에게 폭력을 사용하지 않는 성관계는 강간에서 배제하고 있으나, NCVS에서는 이를 모두 인정하고 있고, NIBRS는 NCVS의 내용을 보다 구체화된 유형으로 구분하고 있는 것이 특징적이다.

〈표 9-1〉 미국의 주요 범죄통계 및 범죄보고서의 성폭력 개념

<table>
<tr><td rowspan="2">UCR</td><td>폭력적 강간
(forcible rape)</td><td>• 여성의 의지에 반(反)하는 폭력적이고, 강제적인 성교(미수도 포함)
• 피해자: 미성년자는 제외, 폭력 없는 강간 제외, 여성으로 한정</td></tr>
<tr><td>성범죄
(sex offense)</td><td>• 정조나 체면, 도덕성 등에 반(反)하는 법적인 강간과 남색</td></tr>
<tr><td rowspan="2">NCVS</td><td>강간
(rape)</td><td>• 폭력적 성교 또는 성교 시도
• 피해자: 12세 이상 남녀 모두 피해자로 인정하고, 피해자-가해자를 동성간/이성간 모두 인정</td></tr>
<tr><td>성폭력
(sexual assault)</td><td>• 강간 또는 강간시도 이외의 성범죄지칭
• 피해자가 원치 않는 모든 성적 접촉 포함
• 피해자: 강간보다 넓은 범위로 성범죄피해 인정</td></tr>
<tr><td rowspan="6">NIBRS</td><td>폭력적 강간
(forcible rape)</td><td>• 폭력적 성교
• 상대방의 의지에 반(反)하는 성교
• 폭력적이고 상대방의 의지에 반(反)하는 성교
• 폭력적이지 않지만 상대의 의지에 반(反)하는 성교
• 폭력적이지도 않고 상대방의 의지에 반(反)하는 성교가 아니라도, 상대방이 미성년자이거나 심신미약자인 경우 범죄로 인정(미성년이나 심신미약자의 경우 성관계의사 표시능력에 제약이 있다는 점 감안)
• 피해자: 남성과 여성 모두 포함, 미수도 인정</td></tr>
<tr><td>법적 강간
(statutory rape)</td><td>• 성교시 위협이나 폭력은 없지만 상대방이 미성년인 경우</td></tr>
<tr><td>폭력적 남색
(forcible sodomy)

피해자가 남성으로 한정</td><td>• 폭력적인 구강성교, 항문성교
• 상대방의 의지에 반(反)하여 행하는 구강성교, 항문성교
• 폭력적이고 상대방의 의지에 반(反)하는 구강성교, 항문성교
• 폭력적이지 않지만 상대방의 의지에 반(反)하는 구강성교, 항문성교
• 구강성교, 항문성교를 하기위한 폭력이나 위협이 없고, 상대방의 의지에 반(反)하지 않더라도 상대방이 미성년자이거 심신미약자인 경우</td></tr>
<tr><td>도구사용 성폭행
(sexual assault with an object)</td><td>• 상대방의 의지에 반(反)하여 강제적으로 자신의 성기를 상대방의 성기나 항문 또는 기타 개구에 삽입하기 위해 도구를 사용하는 행위</td></tr>
<tr><td>강제적 애무
(forcible fondling)</td><td>• 성적 욕구충족을 위해 상대방의 의지에 반(反)하여 강제적으로 상대방의 몸을 더듬는 행위
• 음탕한 행동과 아동치한도 포함</td></tr>
<tr><td>근친상간
(incest)</td><td>• 금혼촌수의 관계에 있는 사람들 사이의 폭력성이 없는 성교</td></tr>
</table>

※ Riedel, M. & Welsh, W. 2002. Criminal Violence. Los Angeles: Roxbury Publishing Company. pp. 207-235.
UCR: FBI's Uniform Crime Reports(FBI의 범죄보고서)
NCVS: National Crime Victimization Suvey(전미 범죄피해조사)
NIBRS: National Incident-Based Reporting System(수사기관 기록에 근거한 범죄사건조사)

우리나라도 1994년 「성폭력범죄의 처벌 및 피해자보호 등에 관한 법률」이 제정된 이후 2010년 4월 15일 「성폭력범죄의 처벌 등에 관한 특례법(이하 성폭력범죄처벌법)」과 「성폭력방지 및 피해자보호 등에 관한 법률(이하 성폭력피해자보호법)」로 분리되었는데, 이 과정을 통해 성폭력에 대한 사회적 인식전환이 법체계에 반영되었다. 즉, 성폭력 내지 강간에 대한 인식이 '성풍속범죄'에서 '성폭력범죄'로 전환된 것이다(김태명, 2011: 8). 이와 같이 우리나라에서도 성폭력에 대한 개념이 강간이라는 개념을 포함하여 보다 포괄적인 의미를 갖는 학술용어이자 법률용어로 사용되기 시작했다.

2. 성폭력의 유형

성폭력의 유형구분은 그 기준을 무엇으로 할 것인가에 따라 다양한 분류가 가능하다. 대표적으로 법률상 유형구분, 피해자 연령별 유형구분, 사회관계별 유형구분 등이 있다.

가. 법률상 성폭력 유형구분

우리나라의 형법과 성폭력범죄처벌법에서는 성폭력 유형에 강간, 유사강간, 강제추행, 준강간, 준강제추행, 성적 목적을 위한 다중이용장소 침입행위, 통신매체를 이용한 음란행위, 카메라 등을 이용한 촬영 등을 포함하고 있다. 또, 피해자가 13세 미만의 미성년자인 경우와 신체적·정신적 장애가 있는 장애인인 경우 그에 대한 강간과 강제추행을 별도로 규정하고 있고, 성폭력의 가해자와 피해자의 관계를 중심으로 친족관계와 업무나 고용관계에서 발생한 강간에 대해서는 별도로 규정하고 있다(김재엽 외, 2010b: 15-16). <표 9-2>는 형법 및 성폭력범죄처벌법 상의 성폭력 유형을 정리한 것이다.

나. 피해자의 연령별 성폭력 유형구분

성폭력에 대한 규정 가운데 피해자의 연령을 기준으로 아동 성폭력, 청소년 성폭력, 성인 성폭력 등으로 성폭력을 구분해 볼 수 있다. 그런데 아동과 청소년, 그리고 성인의 구분을 어떻게 할 것인가가 의문이다.

아동복지법(제3조 제1호)에 따르면 아동을 18세 미만으로 규정하고 있고, 아동·청소년 성보호에 관한 법률(제2조 제1호)에서는 19세 미만의 자로 구분하여 일반 성인보다 성폭력으로부터 더 보호해야 할 대상으로 인정하고 있다. 또한, 청소년기본법(제3조 제1호)에 의하면 9세 이상 24세 이하를 청소년으로 인정하고 있고, 청소년보호법(제2조 제1호)에서는 19세 미만의 자를 청소년으로 규정하고 있다. 형법(제9조)에서는 14세 미만에 대해서는 형사미성년자로 규정하여 형법의 처벌대상에서 제외하고 있고, 민법(제4조)에서는 19세 이상을 성년으로 규정하고 있다. 이와 같이 각 개별 법률에 따라 아동, 청소년, 미성년자 등 다양한 용어만큼이나 그 연령구분도 제각각이라는 것을 알 수 있다.

〈표 9-2〉 형법 및 성폭력범죄처벌법 상의 성폭력 유형

유 형	정 의
강 간	폭행 또는 협박으로 사람을 강간(형법 제297조)
유사강간	폭행 또는 협박으로 사람에 대하여 구강, 항문 등 신체(성기는 제외한다)의 내부에 성기를 넣거나 성기, 항문에 손가락 등 신체(성기는 제외한다)의 일부 또는 도구를 넣는 행위(형법 제297조의2)
강제추행	폭행, 협박으로 사람을 추행(형법 제298조)
준강간/준강제추행	사람의 심신상실 또는 항거불능의 상태를 이용하여 간음 또는 추행(형법 제299조)
미수범	강간, 유사강간, 강제추행, 준강간, 준강제추행에 대해서는 미수도 처벌함
특수강간 등	흉기나 그 밖의 물건을 지닌 채 또는 2명 이상이 합동하여 강간, 강제추행, 준강간, 준강제추행의 죄를 범한 경우(성폭력범죄의 처벌 등에 관한 특례법 제4조)
성적 목적을 위한 다중이용장소 침입행위	자기의 성적 욕망을 만족시킬 목적으로 화장실, 목욕장·목욕실 또는 발한실(發汗室), 모유수유시설, 탈의실 등 불특정 다수가 이용하는 다중이용장소에 침입하거나 같은 장소에서 퇴거의 요구를 받고 응하지 않은 경우(성폭력범죄의 처벌 등에 관한 특례법 제12조)
통신매체를 이용한 음란행위	자기 또는 다른 사람의 욕망을 유발하거나 만족시킬 목적으로 전화, 우편, 컴퓨터, 그 밖의 통신매체를 통하여 성적 수치심이나 혐오감을 일으키는 말, 음향, 글, 그림, 영상 또는 물건을 상대방에게 도달하게 하는 행위를 한 경우(성폭력범죄의 처벌 등에 관한 특례법 제13조)

카메라 등을 이용한 촬영	카메라나 그밖에 이와 유사한 기능을 갖춘 기계장치를 이용하여 성적 욕망 또는 수치심을 유발할 수 있는 다른 사람의 신체를 그 의사에 반하여 촬영하거나, 그 촬영물을 반포·판매·임대 또는 공공연하게 전시 상영한 경우와 촬영물 또는 복제물을 소지·구입·저장 또는 시청하는 행위를 한 경우(성폭력범죄의 처벌 등에 관한 특례법 제14조)
허위영상물 등의 반포	사람의 얼굴·신체 또는 음성을 대상으로 한 촬영물·영상물 또는 음성물(영상물등)을 영상물등의 대상자의 의사에 반하여 성적 욕망 또는 수치심을 유발할 수 있는 형태로 편집·합성 또는 가공·반포하는 행위, 이를 소지·구입·저장 또는 시청하는 행위를 한 경우(성폭력범죄의 처벌 등에 관한 특례법 제14조의2)
13세 미만의 미성년자에 대한 강간, 강제추행 등	13세 미만의 여자를 강간, 강제추행, 준강간, 준강제추행 한 경우. 또한 유사성교 행위를 범한 경우(성폭력범죄의 처벌 등에 관한 특례법 제7조)
친족관계에 의한 강간	4촌 이내의 혈족 및 인척과 동거하는 친족 또는 사실상의 관계에 의한 친족이 강간, 강제추행, 준강간, 준강제추행의 죄를 범한 경우(성폭력범죄의 처벌 등에 관한 특례법 제5조)
장애인에 대한 강간 등	신체적 또는 정신적 장애가 있는 사람을 강간, 강제추행하거나, 신체적 또는 정신적 장애로 항거불능인 상태에 있음을 이용하여 사람을 간음하거나 추행한 경우(성폭력범죄의 처벌 등에 관한 특례법 제6조)

하지만, 이상의 법제도를 종합적으로 살펴보고 사회통념을 고려하면, 아동의 연령은 13세 미만으로 보는 것이 일반적이고 청소년은 13세 이상 19세 미만으로 이해하는 것이 바람직할 것으로 보인다. 일반적인 학령으로 보더라도 초등학생까지를 아동으로, 중고등학생을 청소년으로 이해하는 것이 타당하기 때문이다.

성폭력을 이해하는데 있어서 연령구분이 갖는 의미는 여러 가지가 있다. 아동성폭력의 경우 아동이 성폭력 사건을 인식하고 보호자 등에게 고지, 신고, 사후 진술 등에 어려움이 있기 때문에 아동 성폭력에 대해서는 보다 각별한 관심이 필요하다. 특히, 아동에 대한 성폭력이 조기에 발견되지 않으면 반복적인 피해를 경험할 가능성이 높고, 아동기의 성폭력 피해경험은 성인이 되어서도 심각한 후유증이 지속되기 때문에 아동에 대한 보호가 더욱 필요한 것이다. 청소년은 최근 신체적, 성적 성숙이 빨라지고 무분별한 성문화의 범람으로 성폭력 위험에 노출되는 정도가 증가되고 있다는 점에서 청소년을 별도의 성폭력 피해집단으로 구분한다.

다. 사회관계별 성폭력 유형구분

사회관계별 유형구분은 성폭력 피해자와 가해자의 관계를 고려한 유형구분이다. 통상적으로 강간은 낯선 사람에 의한 강간(stranger rape)과 아는 사람에 의한 강간(acquaintance rape)으로 크게 나뉘는데, 아는 사람에 의한 강간은 사회관계에 따라 세부적으로 분류할 수 있다. 아는 사람에 의한 성폭력은 친족 성폭력, 부부 강간, 교제 성폭력, 직장 내 성폭력, 대학 내 성폭력 등으로 분류할 수 있을 것이다. 물론 이러한 관계 이외에도 이웃에 의한 강간이나 학교나 학원 선생님에 의한 강간, 사교모임 등으로 알게 된 사람에 의한 강간이나 성폭력도 포함된다. 여기에서는 대표적인 유형 몇 가지만 살펴보겠다.

첫째, 친족 성폭력은 친족에 의해 일어나는 강제적인 성적 행동으로 정의된다. 성폭력범죄처벌법 상 '친족관계에 의한 강간' 규정에서 친족의 범위는 4촌 이내의 혈족・인척과 동거하는 친족으로 한정하고 있는 것처럼 보이지만, 사실상 관계에 의한 친족을 포함한다고 하여 친족의 의미를 넓게 해석하고 있다(성폭력범죄처벌법 제5조 제4항 및 제5항). 친족 성폭력의 피해자는 대부분 미성년자이고 여성이며, 가해자는 대부분 가정에서 중요한 위치를 차지하고 있는 남자라는 점에서 친족 성폭력을 가족 내 힘과 권위를 이용한 통제수단으로 보기도 한다(전영주, 2004). 이러한 친족 성폭력의 특징은 피해자와 가해자가 공동으로 거주하거나 일상적으로 대면하게 되어있어 피해가 일회적이지 않고 지속적이라는 점이다.[41)]

둘째, 교제 성폭력은 통상 14세 이상 남녀쌍방이 이성에 대한 애정의 감정이 있거나 그 가능성을 인정하고 만나는 관계에서 일어나는 성폭력을 말한다. 주로 10~20대에 집중되어 일어나며 의사소통에 있어서의 문제나 가해자의 유인이 크게 작용한다. 피해 당사자조차 강간으로 인식하기 어렵고 가해자와의 사적인 관계 때문에 법적 처벌에 어려움이 많다는 특징이 있다. 또한 최근에는 '리벤지 포르노' 등 카메라 등을 이용해 촬영한 촬영물을 배포하거나 이를 대상으로 협박해 이별 후에도 성폭력을 자행하는 등 새로운

41) 한편, 친족의 범위 내에 부부관계를 포함하여 이해하기도 한다. 부부 강간에 관한 내용은 제8장에서 가정폭력의 일부로 부부 강간 내지 배우자 강간의 내용을 자세히 설명하였다.

유형의 교제 성폭력 문제가 나타나고 있다.

셋째, 직장 내 성희롱은 사업주·상급자 또는 근로자가 직장 내의 지위를 이용하거나 업무와 관련하여 다른 근로자에게 성적 언동 등으로 성적 굴욕감 또는 혐오감을 느끼게 하거나 성적 언동 또는 그 밖의 요구 등에 따르지 아니하였다는 이유로 근로조건 및 고용에서 불이익을 주는 것을 말한다(남녀고용평등과 일·가정 양립지원에 관한 법률 제2조 제2호). 일반적으로 직장 내 성희롱(sexual harassment)이라는 용어를 더 많이 사용하기도 하는 직장 내 성폭력은 일반 성폭력과 달리 가해자가 직장 내의 지위와 신뢰관계를 이용한다는 점, 피해자에게 성폭력 피해뿐 아니라 고용상의 불이익이나 보복적인 인사조치 등을 가할 수 있다는 점에서 특징이 있다.[42] 2017년 미국에서 시작된 미투(Me Too)운동은 직장 상사 또는 고용관계에서 나타나는 직장 내 성희롱의 심각성을 알리게 된 계기가 되었으며, 우리나라에서도 2018년 초 현직 검사가 검찰 내부의 성희롱 문제를 공론화 시키면서 이를 시작으로 문화계, 종교계 등 각계에서 미투운동이 확산되었다.

○○○ 검사 성추행 피해 폭로에…국내서도 '미투 운동' 확산 조짐

○○○ ○○지검 ○○지청 검사가 법무부 간부로부터 강제추행을 당한 후 인사상 불이익까지 받았다고 주장하면서 '미투(#MeToo·나도 당했다) 운동'이 확산할 조짐을 보이고 있다. ○○○ 검사는 29일 방송한 JTBC '뉴스룸'에서 2010년 10월 경 법무부 간부로부터 성추행을 당했다고 주장하며 "(방송 출연) 고민을 많이 했다. 그런데 주위에서 피해자가 직접 나가서 이야기를 해야만 너의 진실성에 무게를 줄 수 있다고 이야기를 하더라. 그 이야기에 용기를 얻어서 이렇게 나오게 됐다. 또 제가 사실은 꼭 하고 싶은 말이 있어서 나왔다"고 밝혔다.

이어 "제가 성폭력의 피해를 입었음에도 내가 무엇을 잘못했기 때문에 이런 일을 당한 것은 아닌가, '굉장히 내가 불명예스러운 일을 당했구나'라는 자책감에 굉장히 괴로움이 컸다. 그래서 이 자리에 나와서 범죄 피해자분들께 그리고 성폭력 피해자분들께 '결코 당신의 잘못이 아니다'라는 것을 얘기해 주고 싶어서 나왔다"면서 "제가 그것을 깨닫는 데 8년이 걸렸다"고

42) 구체적으로 음란한 농담이나 불쾌감을 느끼게 하는 행위, 성적으로 비꼬는 말을 하여 모욕하는 행위, 상대방의 의사에 관계없이 성생활이나 사생활에 대해 자세히 캐묻는 행위, 거절에도 불구하고 데이트를 강요하는 행위, 작업장에 음란한 그림이나 출판물을 진열하거나 붙이는 행위, 성적 언어를 쓴 쪽지를 보내거나, 외설적인 글, 책 등을 보게 하는 행위, 성관계를 연상시키는 음란한 손짓이나 몸짓을 하는 행위, 성적 행위나 성관계가 명백하게 혹은 묵시적으로 여성을 채용하는 데 조건이 되는 경우, 일자리를 제공하거나 현 위치를 보장해주는 조건으로 성적 요구를 하는 행위 등이 포함된다.

덧붙였다. ○○○ 검사의 용기에 온라인에선 폭로자들이 늘어날 조짐을 보이고 있다. 이들은 '미투'라는 해시태그와 함께 자신의 사례를 밝히고 있다. 미투 운동은 지난해 미국을 휩쓸었던 할리우드발 성범죄 피해 고발 운동이다. 거물 영화제작자 하비 와인스틴에게 피해를 입은 여배우들의 잇따른 폭로로 촉발됐다.

아이디 spac****을 사용하는 누리꾼은 이날 자신의 인스타그램에 "○○○ 검사 님 너무 응원합니다. 보면서 나도 울컥. 어릴 때 직장생활하면 정말 저런 성추행 한 두 번은 있을 듯"이라면서 "딸 아이가 자라서 보는 세상은 좀 덜할까"라고 적었다.

더불어민주당 이재정 의원은 30일 자신의 페이스북에 "○○○ 검사 옆에 서려고 몇 번을 썼다가 지우고 여전히 망설이고 있다. 페북창 열어 가득 메우고도 핸드폰 노트페이지에 다시 옮겨다 놓고 아직도 망설인다. 사실은 #MeToo 변호사였을 때도 못했던 일. 국회의원이면서도 망설이는 일. 그러나 #MeToo 그리고 #WithYou"라고 적었다. 민주당 표창원 의원은 같은 날 페이스북에 "○○○ 검사의 용기, 더 많은 숨은 피해자에게 용기를 줄 것"이라면서 "어떤 조직이든 자유롭지 못하다. 권력으로 약자를 유린한 범죄, 부끄러운 것은 가해자 당당해야 할 사람은 피해자. #metoo 동참하시는 분들을 응원한다"고 밝혔다.

동아일보(2018.1.30.). http://news.donga.com/3/all/20180130/88424728/2 2018.1.31. 검색

넷째, 대학 내 성폭력은 직장 내 성폭력의 가해자–피해자 관계와 유사한 성격을 갖는 경우가 있다. 즉, 교수와 학생 간, 선배와 후배 간 성폭력이 주를 이루는데, 이들의 관계는 경우에 따라 억압적이고 강제적이며 일방적인 경우가 많다는 점에서 직장 내 성폭력의 가해자–피해자 관계와 유사하다는 것이다. 다만, 직장 내 성폭력의 경우 고용에 대한 불이익을 성폭력의 수단으로 사용한다면, 대학 내 성폭력은 피해자에 대한 학습권이 중대한 수단으로 사용되는 측면이 있다. 최근에는 SNS 등을 통한 외모평가 등의 성폭력 문제가 많은 대학에서 발생하고 있으며, 이를 제보하는 활동 역시 대나무숲 등의 학교별 온라인 커뮤니티를 통해 확산되고 있다. 이것은 대학이라는 공간에서 발생한 모든 성폭력을 아우르기보다 대학이라는 공간에서 맺어진 사회적 관계에 초점을 맞춘 설명이라고 하겠다.

또 터졌다 대학생 단톡방 도넘은 성희롱… "빻았다" "XX물리고 싶다" 가해자들 제대로 된 처벌 받을까

남학생들만 모인 단체 카카오톡방(단톡방)에서 여학우들을 상대로 심각한 수준의 성희롱 발언을 주고 받은 것이 익명의 제보로 알려져 학교 당국이 진상조사에 나섰다. 14일 오전 'H대학교 대나무숲' 페이스북 계정에 H대 A단과대학 16학번 남학생 8명이 단톡방에서 같은 학과 여학생에 대한 성희롱 발언을 일삼은 것을 고발하는 글이 올라왔다. 익명의 제보자는 학과 소모임을 함께 하는 남학생 중 일부가 특정 여학생들에 대한 성희롱 발언, 외모 품평, 외모 순위 매기기, 뒷담화 등을 단톡방에서 일상적으로 주고받았다고 주장했다. 극우 성향 사이트인 일베(일간 베스트) 용어도 사용했다고 전했다. 이날 대나무숲 제보자와 동일인으로 추정되는 글쓴이는 "인원이 더 많고 더욱 심각한 내용이 난무하는 카톡방의 캡처본"이라며 11개의 이미지 파일을 'H대학교 대신 전해드립니다'(H대전) 페이스북 계정에 제보했다.

사진 속 남학생들은 여학생들의 이름을 언급하며 "빻았다(못생겼다)" "남친랑 여행갔으니 지금 XX중이다" "(여학생이름)랑 XX X나 하겠네" "XX물리고싶다" 등의 입에 올리기 힘든 발언을 일삼았다. 성매매 가격표 사진을 올리기도 했다.

제보자는 "문제의 단톡방은 올해 2월쯤부터 존재했기 때문에, 발각된 건 저 정도지만 저런 발언들이나 그 이상의 발언들이 분명 존재했을 것"이라며 "모든 남학우들이 이 대화에 참여한 것은 아니다. 하지만 같이 웃거나 방관할 뿐 아무도 문제를 제기하지 않았다"고 밝혔다.

또 "이러한 문제(성희롱 발언)를 염려하여 남/녀 성별로 단톡방을 나누지 말자고 했었다. 당시 문제의 단톡방에 속해있던 한 남학우가 '너희를 가지고 성적인 발언을 하지 않는다. 동기인데 어찌 그러겠느냐. 남자들끼리 할 말이 있고, 또 너희에게 차마 못 보여줄 엽사가 있어 그렇다'고 했다"고 전했다. 제보자는 "여학우들은 그들을 진짜 친구라고 생각했다. 지금은 군대에 가 있는 몇몇에게 입대 선물을 하고 인터넷 편지도 꼬박꼬박 썼는데 그들은 저희를 XX, 성희롱 상대, 노리개, 안줏거리 등으로만 생각한 것"이라고 분통을 터트렸다.

15일 '대나무숲'과 'H대전'의 글은 제보자의 요청으로 삭제됐다. 법적 절차를 밟고 있다고 밝히며 가해자에 대한 무분별한 인격모독과 신상정보유출을 자제를 부탁했다. 해당 단과대학 학생회장은 "이 사건을 학과에 전달했으며 학장님과 학생처에서도 이 사실에 대해 인지, 확인했다"며 "성평등상담센터에서 해당 사건과 관련해 면담했다"고 밝혔다. 이어 "긴급단학대회를 소집할 예정"이라며 "학우님들에게 면목이 없다"고 입장을 전했다. 학과 측은 "사건 조사와 관련된 모든 절차에 적극 임할 것이며, 사실 관계 파악 후 엄중한 처벌을 요구하는 동시에 재발 방지를 위해 최선의 노력을 할 것"이라고 밝혔다.

국민일보(2017.11.15.), http://news.kmib.co.kr/article/view.asp?arcid=0011905500&code=61121111&cp=nv 2018.1.31. 검색

제2절 성폭력의 실태: 오해와 진실

1. 성폭력에 대한 잘못된 통념

일반적으로 강간신화(rape myth) 또는 강간통념이란 주로 강간의 발생과 관련하여 일반인들이 알고 있는 잘못된 생각들을 말한다. 강간신화는 성적 공격이 자연스럽고 정상적이며, 경우에 따라 정당한 것으로 이해하는 잘못된 신념이다. 강간신화는 피해자가 강간당하기를 원했거나, 강간당할 만한 사람이거나, 심지어 스스로 화를 자초한 것이라는 신념을 포함한다. 여기서는 대표적인 강간신화를 소개하고자 한다(Jerin & Moriarty, 1998: 129-130).

첫째, 예를 들어 사람들은 "예쁜 여자만 강간을 당한다"고 믿는다. 이러한 잘못된 통념은 강간을 성적인 행위로 가정하는데서 기인한다. 하지만 여성주의 입장에서 강간은 권력과 통제에 관한 행위일 뿐이다. 결과적으로 매력성의 정도에 상관없이 모든 여성이 잠재적인 강간의 피해자라고 할 수 있다.

둘째, 또 다른 성폭력에 대한 잘못된 통념에는 "여자들이 '노(no)'라고 말하지만 실은 '예스(yes)'를 외치고 있는 것"이라는 생각이 있다. 남자는 일반적으로 여자가 처음에는 성적인 행동을 시도하는 것에 대해 거절하지만, 남자가 계속해서 시도하면 여자의 마음을 바꿀 수 있을 것으로 믿는다. 이것은 일종의 성역할 사회화의 부정적인 측면으로 이해할 수도 있다. 여기에는 여성이 정말 마음에 들면서도 도도한 척 연기를 하거나 관심이 없는 척하는 것이라는 오해가 바탕이 된다. 그러나 이것은 단지 신화에 불과할 뿐 여자가 싫다고 말하면 정말 싫은 것이다.

셋째, '피해자의 책임'에 대한 잘못된 통념이 있다. 강간에 대해 여성이 비난을 받는 경우를 쉽게 볼 수 있다. '걔는 몸을 못 가눌 정도로 술에 취한 것부터가 문제였어', '어제 밤 본인이 원해서 그 남자와 함께 바에 남은 거 아냐?', 또는 '걔는 자기 발로 그 남자 방에 들어간 거나 마찬가지야'라는 식의 이야기는 성폭력에 대한 책임을 피해자에게 돌리려는 말들이다. 이처럼 피해자가 몸을 못 가눌 정도로 술에 취해 함께 남겨진 남자에 의해 업혀가서 강간을 당했다면, 엄격하게 이야기해서 피해자에게는 전혀 책임이 없고, 전적으로 가해자인 남성에게 책임을 물어야 한다. 그 남자가 여성에게 성관계에 대한 동의의 의사표현을 들었는가? 우리는 유독 성폭력에 있어서만 피해자를 비난하는 경향이 있다. 다시 말하지만 상대방의 동의를 구하지 못한 성관계는 로맨틱한 사랑이 아닌 성폭력이자 강간이다.

이와 관련해서 해외는 물론 국내에서도 사회적 반향을 일으킨 사례가 있다. 일명 '슬럿워크(Slut Walk)'라는 시위인데, 여성의 야한 복장이 강간의 원인이 된다고 보는, 성폭력 가해자보다 피해자를 비난하는 남성 중심적 사고방식을 비판하는 시위가 전세계적으로 확산되었다. 결국, 강간의 책임을 피해자에게 전가해서는 안 된다는 것을 다시 한 번 강조하는 사례라고 볼 수 있다.

넷째, "여성은 언제나 싫다는 의사표시를 할 수 있고, 강압적인 성관계를 거절할 수 있다"는 잘못된 통념이 있다. 이 통념은 여성이 강간의 상황에서 벗어날 수 있는 힘과 통제력이 있음을 암시한다. 하지만 사실은 절대 그렇지 않다. 강간을 당하는 많은 여성들은 단 몇 초 안에 앞으로 어떤 일이 일어나게 될 것인지를 판단해야 한다. 때로는 아무런 행동도 취하지 않는 것이 최선의 선택이 될 수 있다. 만약 가해자가 피해자의 목에 칼을 겨누고 있는 상황이라면, 아마도 여성은 저항하여 격투를 벌이는 것보다 아무것도 하지 않는 것이 최고의 전략일 것이다. 여자는 강간이 일어나는 상황에서 어떻게 대처해야 할 것인지 매우 급박하게 판단해야 한다. 여기서 핵심은 강간을 당하는 여성은 대체로 강압적인 공격에 싫다는 말을 하거나 저항하지 못하는 상황이라는 것이다.

다섯째, "일단 성욕이 차오른 남성은 성관계를 피할 수 없다"는 잘못된 통념이 있다. 비록 모든 남성이 동의하는 선택사항은 아니지만, 남자는 성관계가 아닌 냉수마찰이나 달리기, 때로는 자위 등으로 그 성욕을 해결할 수 있다. 단지 남자의 성욕이 불타올랐다고 성관계가 불가피한 것은 아니라는 것이다.

2. 우리나라의 성폭력 실태

성폭력은 암수율이 높은 대표적인 범죄유형이다. 따라서 공식범죄통계와 자기보고식 조사 내지 피해자조사는 상당한 차이가 있을 것으로 예상된다. 여기서는 2022년 발생한 강간 및 성폭력사건을 기준으로 대검찰청의 '2023 범죄분석'과 여성가족부의 '2022년 성폭력 안전실태조사'를 비교해보겠다.[43)]

가. 성폭력범죄피해율

성폭력은 매우 흔치 않은 범죄다? 먼저, 2022년 1년간 발생한 성폭력은 41,433건으로 인구 10만 명당 80.5명이 강간 등 성폭력 피해를 입는 것으로 나타났다. 그러나 성폭력 안전실태조사에 따르면 조사대상 10,020명 중 6.7%가 성폭력을 경험한 것으로 나타나, 인구 10만 명당 추정 피해율로 계산해보면 약 6,700명으로 나타났다. 중복응답자가 있음을 고려하더라도 공식통계와 실태조사 사이에 상당한 차이가 나고 있음을 알 수 있다. 이러한 차이는 경찰 등 사법기관에서 인지한 성폭력 발생보다 실제로 훨씬 더 많은 성폭력이 발생하고 있으며, 성폭력 신고율이 극히 저조함을 의미한다고 하겠다. 그만큼 우리 주변에서 성폭력은 흔히 발생하는 범죄라는 점이다.

성폭력범죄의 유형별로 발생현황을 살펴보면, 공식통계에서는 강제추행이 14,908건(36.0%)로 전체 발생건수의 1/3 이상으로 나타났으며, 통신매체이용음란이 10,605건(25.6%), 강간[44)]이 6,177건(14.9%), 카메라등 이용촬영 6,082건(14.7%), 공중밀집 장소추행 1,150건(2.8%), 촬영물 등 이용 협박・강요 844건(2.0%) 등의 순으로 높게 나타났다.

반면 실태조사에 따르면 PC, 휴대전화 등 통신매체를 이용한 피해가 6.1%로 가장 높게 나타났으며, 불법촬영 피해 0.2%, 성추행 피해 0.2%, 촬영물이나 허위 영상물 등

43) 이 비교는 엄밀하게 말하면 정확한 비교가 되기에는 한계가 있다. 즉, 여성가족부의 성폭력 실태조사는 "지난 1년간(2021년 8월 1일부터 2022년 7월 31일까지)의 피해경험"을 2022년 8월 1일부터 10월 30일까지 조사하였기 때문에, 2021년과 2022년의 일부가 포함되어 특정 한 연도내에 발생한 피해를 지정해서 한 조사가 아니다. 따라서 2022년 경찰 등 형사사법기관에 신고된 성폭력피해인 공식통계와 실태조사결과가 동일한 기간에 발생한 성폭력사건을 제시한 것이라고 보기 힘든 것이다.

44) 강간, 강간 등 상해, 강간 등 치상, 강간 등 치사, 강간 등 살인을 포함한 수치임

의 유포 피해 0.1%, 성기노출 피해 0.1% 순으로 높게 나타났다. 이처럼 범죄유형에서도 차이가 발생하고 있다. 이런 차이는 과거와는 달리 최근 SNS 등의 활발한 사용으로 공식통계보다 현실에서 더 많은 통신매체이용음란 범죄가 발생하고 있음을 보여주며, 피해자의 상당수가 기존의 성폭력범죄에 대한 대응과 유사하게 이를 공식적인 사법절차를 통해서 해결하려고 하지는 않고 있음을 알 수 있다.

나. 피해자의 성별과 연령

강간은 젊고 매력적인 여성만을 대상으로 한다? 먼저, 공식범죄통계를 살펴보면 2022년 발생한 성폭력 중 피해자의 성별이 여성인 사건의 수는 31,639건으로 이는 전체 성폭력 사건 중 약 76.4%에 해당하는 것으로 나타났다. 연령분포는 여성의 경우 21~30세 41.7%, 16~20세 16.4%, 31~40세 14.0%, 41~50세 8.2%, 12~15세 6.8% 등의 순으로 나타났고, 남성의 경우 21~30세 55.9%, 31~40세 15.8%, 16~20세 15.4%, 41~50세 4.1%, 12~15세 2.5% 등의 순으로 나타났다.

한편, 성폭력 안전실태조사에 따르면 불법촬영(여성 0.3%, 남성 0.1%), 성기노출(여성 0.2%, 남성 0%), 성추행(여성 0.3%, 남성 0.1%)에서는 여성의 피해 응답율이 높은 반면, PC, 휴대전화 등 통신 매체를 이용한 피해(여성 5.6%, 남성 6.6%)에서는 남성의 피해 응답율이 여성보다 높게 나타났으며, 촬영물이나 허위 영상물 등의 유포로 인한 피해는 남성과 여성 모두 동일한 비율을 보였다(여성 0.1%, 남성 0.1%). 연령별 피해 응답율을 살펴보면 여성의 경우 19세 이상 35세 미만의 연령대에서 성기노출 피해(0.1%)[45]를 제외한 모든 영역(PC 휴대전화 등 통신매체를 이용한 피해 9.2%, 불법촬영 피해 0.6%, 촬영물이나 허위 영상물 등의 유포 피해 0.1%, 성추행 피해 0.4%, 강간 피해 0.1%)에서 가장 높은 피해율을 보였으며, 35세 이상 50세 미만의 경우 (5.0%, 0.2%, 0.1%, 0.2%, -)로 나타났으며, 50~65세 미만 여성의 경우(3.3%, 0.1%, 0.1%, 0.2%, 0.1%)로 나타났다.[46]

이상의 내용을 종합해보면, 성폭력은 대다수가 여성을 대상으로 하지만 남성이 피해

45) 성기노출 피해는 35세 이상 50세 미만과 50세 이상 65세 미만이 0.2%로 높게 상대적으로 높게 나타났다.
46) 19세 이상 35세 미만과 동일한 순서의 피해항목에 해당하는 비율임

자가 되는 경우도 상당 수 있음을 알 수 있다. 또한 연령별 분포를 보면 20대 여성이 많은 비중을 차지하고 있지만, 다양한 연령대에서 성폭력 피해가 발생하고 있음을 알 수 있다. 이러한 결과는 성폭력이 젊고 매력적인 여성만을 대상으로 할 것이라는 고정관념은 잘못된 것이라는 것을 보여준다.

다. 가해자와 피해자의 관계

강간은 낯선 사람에 의해서만 일어난다? 성폭력 가해자와 피해자의 관계를 공식범죄통계에서 살펴보면, 전혀 모르는 낯선 사람은 64.7%로 나타났고, 친구나 지인 15.1%, 직장관계 5.2%, 애인 4.7%, 친족 2.4%등의 순으로 나타났다. 낯선 사람에 의한 성폭력이 전체 성폭력의 약 65%를 차지하고는 있지만, 나머지 35% 가량은 기존에 알고 지내던 사람이 가해자가 된 경우로 볼 수 있다.

성폭력 안전실태조사에 따르면 성폭력의 유형에 따라 가해자와 피해자의 관계는 차이가 있는 것으로 나타난다. 먼저 PC, 휴대전화 등 통신매체를 이용한 피해 경험 유형을 살펴보면, 39.4%는 모르는 사람에 의해서 발생하는 것으로 나타났고 친구가 27.8%로 다음으로 높게 나타났다. 불법촬영에 대해서는 전혀 모르는 사람이 46.0%로 가장 높게 나타났으며, 행위자가 누군지 파악하지 못함이 30.0%로 높게 나타났고, 촬영물이나 허위영상물 등의 유포는 가해자가 전혀 모르는 사람인 경우는 37.3%로 나타났으며, 행위자가 누구인지 파악하지 못한 경우가 25.2%로 확인되었다. 성추행 역시 전혀 모르는 사람에 의해 피해를 입은 경우가 절반 이상인 56.8%였으며, 직장 상사, 동료, 거래처 사람이 21.0%로 다음으로 높게 나타났다. 마지막으로 강간(미수 포함)의 경우는 다른 범죄유형과 달리 학교 선후배 등 학교나 학원을 통해서 알고 있는 지인의 범죄가 19.3%로 가장 높게 나타났으며, 친구(18.8%), 전혀 모르는 사람(16.1%) 순으로 높게 나타났다.

설문결과를 종합해보면 강간의 경우는 면식범에 의한 범죄발생이 5배 이상에 이르며, 성추행을 제외하고는 가해자가 아는 사람인 경우가 모두 많았다. 이는 범죄유형별 차이가 존재하지만, 성폭력 범죄는 낯선 사람에 의해 발생할 것이라는 강간통념은 잘못된 것이며, 가까운 사이에서도 상당수의 성폭력 범죄가 발생하고 있음을 알 수 있다.

〈표 9-3〉 성폭력 피해 유형별 가해자-피해자 관계 [단위 : %]

가해 유형	모르는 사람	아는 사람	파악불가	기타
PC, 휴대전화 등 통신매체를 이용한 피해	39.4	77.8	25.4	0.2
불법촬영	46.0	55.9	30.0	-
촬영물이나 허위영상물 등의 유포	37.3	52.8	25.2	-
성추행	56.8	52.5	9.5	4.8
강간(미수 포함)	16.1	85.7	8.9	5.5

※ 한국여성정책연구원(2022), "2022 성폭력 안전실태조사 연구" pp. 70-89.의 내용 재구성.

라. 성폭력 피해 상황

강간은 어두운 밤에 야외에서만 일어난다? 우리는 일반적으로 강간이 야간에 낯선 야외에서 발생하는 것으로 생각한다. 범죄분석을 살펴보면 성폭력범죄가 가장 빈발하는 시간대는 21:00~23:59로 22.5%이며, 18:00~21:00(16.7%), 15:00~17:59(14.0%), 12:00~14:59(11.1%), 00:00~02:59(10.5%) 등의 순으로 나타났다. 21시부터 오전 6시까지의 야간 시간에 49.1%가 발생하며, 그 이외의 시간에 50.9%의 성폭력 범죄가 발생하고 있음을 알 수 있다. 또한 성폭력 범죄 발생장소는 기타를 제외하고는 주거지가 25.1%로 가장 높게 나타났으며, 노상 10.0%, 숙박업소·목욕탕 7.9%, 유흥접객업소 7.8%, 교통수단 6.4% 순으로 나타났다.

한편, 성폭력 피해경험이 있는 사람을 대상으로 한 피해자조사에서는 〈표 9-4〉와 같이 범죄유형별로 발생장소가 다르게 나타나는 것을 확인할 수 있다. 불법촬영과 강간의 경우 가해자나 피해자 등의 주거지에서 가장 많이 발생하는 것을 알 수 있으며, 성추행은 교통시설 내부에서, 성기노출은 학교 및 주변에서 가장 많이 발생하는 것을 확인할 수 있다.

〈표 9-4〉 성폭력 피해 유형별 발생장소 [단위 : %]

구 분	범죄 발생 장소
불법촬영	주거지 38.1%, 교통시설 내부 19.8%, 유흥업소 및 주변 15.2%, 상업건물 및 주변 13.3%, 학교 및 학교주변 12.2%, 숙박업소 및 주변 12.1%
성기노출	학교 및 주변 50.6%, 아파트 등 주택가 및 주변 32.9%, 유원지, 공원, 등산로, 공터, 외부 체육시설 및 주변 17.2%
성추행	교통시설 내부 41.7%, 유흥업소 및 주변 20.5%, 직장 및 주변 16.5%, 학교 및 주변 10.5%, 아파트 등 주택가나 그 주변 10.4%
강간	주거지 50.7%, 유흥업소 및 주변 21.3%, 숙박업소 및 주변 19.8%, 아파트 등 주택가 및 주변 14.7%, 직장 및 주변 13.9%, 학교 및 주변 10.2%

※ 한국여성정책연구원(2022). "2022년 성폭력 안전실태조사 연구", pp. 70-89.의 내용 재구성.

이상의 내용을 종합하면, 성폭력이 저녁시간대에 발생하는 빈도가 높은 것은 사실이나, 꼭 야심한 밤에 한정되어서 발생하는 것은 아니고, 장소 역시 낯선 환경이 아닌 가해자나 피해자의 주거공간, 학교, 직장 등에서 발생하는 빈도 역시 높은 것을 확인할 수 있다. 강간이 꼭 야간에 어둡고 낯선 공간에서 발생하는 범죄가 아니라는 점을 보여준다.

마. 가해자와 피해자 음주여부

강간은 술 때문에 일어나는 경우가 태반이다? 일반적으로 강간을 술과 연계하여 생각하는 경우가 많다. 술에 취한 나머지 이성을 잃고 성관계를 갖게 되었다는 주장이다. 하지만 공식통계를 살펴보면, 성폭력 범죄자가 주취상태인 경우는 19.7%에 불과했으며 정상인 경우가 54.5%로 가장 많은 것으로 나타났다. 피해자의 상황 역시 절반이 넘는 기타 상황(51.6%)을 제외하고는 담화 중(16.3%)이 가장 많게 나타났으며, 취침 중(5.0%), 보행 중(4.2%), 일하는 중(3.6%), 혼잡 중(3.4%), 딴 데 정신을 잃어서(1.8%)등의 순으로 높게 나타났다.

또한 성폭력 범죄 관련 판결문조사를 분석한 연구결과에 따르면, 강간/간음 범죄의 경우 가해자가 음주한 경우는 55.3%로 나타났으며, 강제추행의 경우 범행 당시 가해자와 피해자 모두 음주상태가 아닌 경우가 많았다. 가해자가 약간 취한 경우는 28.1%였고, 피해자는 15.7%였으며, 만취한 경우를 살펴보면 가해자는 2.0%, 피해자는 5.5%로 나타났다. 디지털 성범죄 또한 가해자의 5.7%는 약간 취한 정도였으며, 피해자의 6.6%가 약간 취한 상태로 나타났으며, 대부분의 디지털 성범죄는 가해자가 음주나 약물을 전혀 복용하지 않은 상태에서 발생하는 것으로 나타났다. 강도강간 범죄의 경우 가해자의 30%가 범행 당시 술에 약간 취해있었으며, 피해자의 22.5%는 약간 취한 정도이며, 7.5%는 만취상태인 것으로 나타났다(강은영 외, 2022).

성폭력 안전 실태조사 결과 역시 강간범죄 피해당시 피해자가 정신을 잃거나 자고 있는 상태인 경우는 28.5%에 불과했으며, 정상적인 상태가 63.0%인 것으로 나타났으며, 성추행 역시 피해자가 주취상태인 경우는 4.6%에 불과했다.

즉, 대부분의 성폭력이 피해자는 물론 가해자도 멀쩡한 상태에서 일어난다는 것을 알 수 있다. 따라서 술을 이유로 피해자를 비난하는 주장은 논리적이지 못하며, 가해자 역시 술을 핑계로 책임을 회피할 수 없음을 말해준다.

제3절 성폭력에 대한 이론적 설명

1. 성폭력의 배경이론

어떤 요인이 성폭력을 하도록 만드는 것일까? 이에 대한 설명은 범죄학자의 수만큼이나 다양하다. 하지만 대부분의 설명들은 몇 개의 범주로 묶일 수 있을 것이다. 여기에서는 범죄학적 관점을 비롯하여 사회학적 관점, 심리학적 관점, 진화생물학적 관점 등으로 범주화하여 소개하고자 한다.

가. 범죄학적 관점

범죄학적 관점에서는 폭력의 하위문화, 사회학습, 상대적 박탈 등을 성폭력의 주요 원인으로 볼 수 있다.

먼저, 폭력적인 하위문화(subculture of violence)를 가진 하류계층의 흑인이 다른 집단에 비하여 강간범죄율이 높다는 것을 근거로 한다. Amir(1971)에 의하면 하류계층의 흑인하위문화는 폭력이나 성폭력 등을 통한 쾌감을 추구하고 강제적인 성관계는 남성다움을 보여주는 것이라고 믿는다. 하지만, 성폭력을 행사하는 가해자에 대한 비난보다는 가해자가 속한 사회의 저변에 퍼져있는 문화만을 그 원인으로 부각시킨다는 점에서 비판을 받는다. 사실 공식범죄통계나 실태조사 등을 보더라도 강간이 특정 집단에서만 발견되는 것이 아니라는 점을 쉽게 확인할 수 있다.

다음으로 사회학습(social learning)의 관점에서는 성적 행위를 대부분 성인이 되어가는 과정에서 학습한 결과로 전제하고 공격적 성행위도 그러한 과정을 거친 것으로 이해한다. 즉, 성폭력이나 강간은 가해자가 성지식을 습득하는 과정에서 부적절한 경로로부터 학습하였기 때문에 발생한다는 것이다. 대표적인 것이 바로 포르노그래피와 강간의 관계이다. 많은 청소년들이 가학적이고 폭력적인 성관계를 내용으로 하는 포르노그래피를 시청함으로써 잘못된 성지식을 쌓아간다. 이것은 실제 이성 관계에서 부적절한 태도를 보일 가능성을 내포하게 된다. 한편, 성폭력은 성장기의 성학대 경험으로부터 학습되기도 한다. Nicholas Groth는 강간범의 40%가 어린 시절 성적으로 피해를 입은 경험이 있음을 발견하였다(Groth & Birnbaum, 1979). 신체가 성장하면서 어린 시절 성적 트라우마는 타인에게 동일한 성적 고통을 주고 싶은 욕구와 연결된다는 것이다.

끝으로 범죄이론 가운데 긴장이론(strain theory)도 성폭력을 설명할 수 있다. 긴장이론은 성폭력 가해자가 느끼는 긴장, 즉 상대적 박탈(relative deprivation)이 성폭력을 조장한다고 주장한다. 성적으로 개방적인 사회와 폐쇄적인 사회에서의 강간범죄율을 비교한 결과 개방적인 사회가 더 높은 강간범죄율을 보이는데, 상대적 박탈의 개념으로 그 이유를 설명할 수 있다. 성적으로 폐쇄된 사회는 모든 남성의 성관계가 쉽지 않기 때문에 자신의 매력성 부족을 탓하기보다 폐쇄적 사회구조 때문이라고 핑계를 댈 수 있지만, 개방적인 사회에서는 매력적인 남성과 그렇지 못한 남성의 성관계 기회에 차이가 발생하여 상대적 박탈감을 느끼기 때문에 이를 극복하기 위해 강간과 같은 폭력적 성관계를 시도한다고 설명한다(이윤호, 2007: 103). 하지만, 폐쇄적 성문화의 사회에서도 강간이 일어나고 있고, 성적 좌절감보다 비성적 좌절감이 강간과 더 많은 관련성을 갖고 있다는 비판을 받고 있다.

나. 사회학적 관점

뒤에 언급될 진화생물학적 관점과 달리 강간을 현대 남성의 사회화와 관련된 것으로 주장하는 학자들도 있다. 이들은 일부 남성들이 이성으로부터 성적 관계의 진전을 거절당한다면 여성에 대해 공격적인 태도를 갖도록 사회화되었고, 폭력이나 물리력의 사용이 합당한 것이라고 믿도록 사회화되었다고 본다. 남성의 사회화에는 "여자는 원래 마음에 있어도 일부러 튕겨보는 거야", "혹시 속으로는 강제적인 성관계를 기대하고 있는지도 몰라"와 같은 잘못된 통념이 포함된다. 따라서 이렇게 여성이 말하는 '노(No)'를 '예스(Oh Yes! Yes!!)'라고 잘못 이해하도록 사회화된 남성들은 성적으로 폭력적인 성향을 갖게 된다(Osman, 2003). 만약 이러한 성적 가치관이 유사한 동료집단에 의해 성 사회화가 강화되었다면 남성의 성적 폭력수단의 사용은 증대될 것이다(Schwarts, et al., 2001).

성폭력 연구 분야의 저명한 학자인 Diana Russell(1975)은 미국 사회에서 강간은 비행행위가 아닌 남성적인 특징을 가진 행위로 간주된다고 주장했다. Russell은 남자는 아동기 때부터 공격적이고, 강압적이며, 거칠고, 지배적인 행동을 하도록 교육받는다고 보았다. 동시에 남자는 지배하는 존재, 여자는 지배받기를 원하는 존재라고 학습된다고 생각했다. 또, Russell은 남자는 성적 감정과 사랑, 존경, 애정의 감정이 별개라는 믿음을 의미하는 '남자다움의 신비(virility mystique)'라는 용어를 제안하기도 했다. 이 남자다움의 신비에 따르면 남성은 수많은 여성과 성관계를 맺는 것이 바람직하다고 교육받기 때문에 남자가 동정을 갖고 있거나 성적 경험이 없는 것은 부끄러운 것이라고 믿게 한다. 마찬가지로 성적으로 공격적인 여성은 남자를 겁먹게 하여 그 남자로 하여금 본인의 남성성에 의심을 품게 한다. 이 경우 성적 확신이 없는 남성은 강간을 함으로써 자신의 남성적 정체성을 확인하고자 하는 경우도 있다(Russell & Bolen, 2000).

페미니스트들은 범국가적 양성평등은 남자의 남성성 내지 지배구조에 위협을 증가시킬 수 있기 때문에 즉각적인 강간범죄율의 증가로 이어질 수 있다고 보았다. 그러나 오랜 기간 동안 양성평등 정책은 여성에 대한 사회적 분위기를 개선시킬 것이기 때문에 강간범죄율은 감소할 것이라고 보았다(Whaley, 2001).

다. 심리학적 관점

많은 경우 성폭력은 성욕을 억제하지 못한 까닭에 발생하는 것으로 이해한다. 이것은 바로 심리학적 관점 가운데서도 성충동의 관점이다. 성충동에 대한 조절능력에 문제가 있기 때문에 성폭력이 발생한다고 보는 것이다. 한편, 성폭력 가해자 내지 강간범은 일반인과 구분되는 정신 건강상의 문제를 지적받기도 한다. 심리학적 관점은 성폭력의 원인을 이상과 같이 성충동의 문제와 정신 건강상의 문제로 구분하여 설명할 수 있다.

먼저, 성충동의 측면을 살펴보면 다음과 같다. 대다수의 범죄학자들은 강간이 성적 충동에 의한 행위가 아닌 폭력행위라고 믿는다. 하지만 모든 강간에서 성적 충동을 제외하고 설명하는 것은 아직은 시기상조인 듯하다. 공식범죄통계와 범죄피해자조사를 통해서도 확인할 수 있다시피 강간 피해자는 젊은 여성집단에서 더 많이 분포되어 있고, 강간범도 젊고 매력적인 여성을 선택하는 것으로 보인다. 특히, 강간범과 피해자의 연령에 있어서 상당한 연관관계가 확인되는데 이것은 강간범이 성관계의 대상으로 자신과 유사한 연령대의 여성을 선호하기 때문이라고 보기도 한다. 그리고 비록 나이 어린 강간범이 보통 가장 폭력적인 범죄자로 간주되지만, 나이 많은 강간범이 나이 어린 강간범보다 피해자에게 손상을 입히는 경우가 많다고 한다. 이것은 나이가 많은 강간범은 권력과 통제의 동기에서 강간을 하는 반면, 어린 강간범은 성욕해소를 목표로 하기 때문에 피해자에게 덜 해를 끼친다는 설명이 가능하다.

한편, 성폭력에 대한 이론으로서 또 하나의 관점은 강간범을 일종의 인성장애나 정신병으로 고통 받고 있는 존재로 보는 것이다. 수많은 연구들에서 시설에 구금되어 있는 강간범들은 정신병적 경향, 즉 여성에게 적개심을 갖거나 가학적 감정을 갖는 것으로 나타났다. 연쇄강간범이나 성폭력 재범자의 많은 경우에서 정신병질 인격구조가 나타났다(Poter, 2000). 또 자기애적 성격장애(Narcissistic personality disorder)[47]와 성

---

47) 자기애성 인격장애 환자는 무한한 성공욕구로 가득 차 있고 주위 사람들로부터 존경과 관심을 끌려고 애쓴다. 지위나 성공을 위하여 대인관계에서의 착취, 공감 결여, 사기성 같은 행동 양식을 보인다. 특히 형제 없이 자란 사람에게 많이 생기며 연극

폭력 성향은 밀접한 관련이 있는 것으로 나타났다(Bushman, et al., 2003). 이러한 성격장애는 성적 본능의 통제를 어렵게 만든다고 보는 것이 이들의 주장이다. 따라서 이러한 관점을 갖고 있는 사법부 내지 사회복지기관 종사자들은 이들 성범죄자에게 처벌보다는 정신과적 치료가 더욱 절실히 필요한 것으로 여긴다.

라. 진화생물학적 관점

진화생물학의 측면에서 이해하는 남성의 성행위에 대한 개념은 성폭력에 대한 설명이 될 수 있다. 진화론은 강간이 오랜 기간 유전되어온 인간의 본능으로서 종의 번식 수단의 일종으로 본다. 과거 원시시대에 강제적 성관계는 자손을 널리 퍼뜨리고 유전자를 전달하는 중요한 수단으로 사용되었다. 일부 학자는 여기서 강간의 형태가 아직 인간 유전자에 남아있다고 보는 것이다. 또, 진화생물학은 가능한 한 많은 여성과 성관계를 맺고 싶어 하는 남성의 욕망을 자연스러운 것이라고 주장한다(Symons, 1979). 성욕은 남성이 자신의 자손을 번창시키고자 하는 무의식적 욕구라는 것이다. 성폭력에 대한 법제도적 내지 사회적 규제가 없다고 가정한다면 성적으로 공격적인 성향의 남성은 다른 소극적인 동료들보다 자손의 개체수가 많을 가능성이 높다. 반대로 여성은 장기적으로 자신과 자녀들을 돌봐주고 양육해줄 수 있는 배우자를 찾기 위해 매우 신중한 자세를 취한다. 양자의 이러한 입장차이 때문에 성적 긴장이 유발되고, 이것은 남성이 기회가 주어진다면 강제적인 방법을 사용해서라도 성관계를 갖도록 유도하게 된다. 생물사회학자인 Lee Ellis(1991)에 의하면 강간은 성적 행위이자 폭력적 행위라고 한다. 그 이유는 강간행위는 성적으로 매력적인 누군가를 소유하고 통제하고자 하는 욕구와 관련이 있기 때문이다.

2. 성폭력피해의 결과

많은 연구에서 성폭력피해는 개인에게는 격심한 고통이자 신체적, 심리적, 정서적

등 예술분야, 운동, 학문연구를 하는 전문인들에게 발생하는 경향이 있다. 스스로 천재라고 생각하는 사람이 많다(http://health.naver.com/2012.1.15. 검색).

측면에서 부정적인 영향을 미칠 수 있음이 밝혀졌다. 특히 아동 성폭력의 경우는 성인이 되어서까지 심리적 영향을 미칠 만큼 정신적 상처가 깊다. 먼저 성폭력으로 피해자가 직접적으로 겪게 되는 고통에는 강간 등으로 인한 외과적 손상, 원하지 않는 임신, 성병의 전염 등을 꼽을 수 있다. 하지만 이것보다 더 심각한 것은 신체적 손상이 공포나 불안 등 심리적 영향을 유도한다는 것이다. 여기서는 성폭력 피해자가 겪게 되는 성폭력의 악영향을 심리 및 정서적 측면, 대인관계 및 행동적 측면으로 구분하여 살펴보겠다.

가. 심리 및 정서적 측면

성폭력피해의 심리적·정서적 결과는 크게 성폭력에 대한 공포 및 불안의 문제, 외상후 스트레스장애의 문제, 우울증의 문제로 나누어 살펴볼 수 있다. 각각의 성폭력피해 결과는 개별적으로 나타기도 하지만 경우에 따라 복합적인 증상으로 나타나는 경우도 있다.

먼저, 심리학적 측면에서 성폭력에 대한 두려움 내지 공포로 인한 문제를 생각해볼 수 있다. 성폭력 피해자들이 느끼는 두려움은 종종 신경과민이나 장차 발생할지 모르는 성폭력에 대한 불안장애 등으로 이어지기도 한다. 아동기에 성학대 내지 성폭력을 경험한 많은 성인들이 각종 불안장애(공포증, 공황장애, 강박장애, 섭식장애 또는 수면장애 등)를 겪는 것을 볼 수 있다(Lundberg-Love, 1999).

둘째, 외상후 스트레스장애(post traumatic stress disorder)와의 관련성을 생각해 볼 수 있다. 일부 연구에서는 아동기의 지속적인 성학대 피해가 외상후 스트레스장애와 유사한 증상을 가져온다는 사실을 발견했다. 특히, 이러한 성학대는 초기에 발견되지 않는 경우 그 증상을 악화시킨다는 것이다. 그러나 일각에서는 아동기 성학대의 부정적인 영향은 학대적 관계의 과정에서 나타난 결과인 반면, PTSD는 강간과 같은 별개의 사건으로 인해 나타날 가능성이 높다고 주장한다. 즉, 아동기 성학대의 유형과 고통이 트라우마 증상의 강화에 영향을 미치지는 않는다는 것이다(Ullman, 2007).

셋째, 성폭력의 또 다른 심리적 결과는 우울증이다. 우울증은 성폭력이 지속되고 있거나 가해자가 피해자와 친밀한 사람인 경우 발생할 가능성이 높다. 성폭력으로 우울증에 시달리는 피해자는 낮은 자아존중감이나 자책감을 느낄 가능성이 높으며, 경우에 따라 사회적 관계로부터 스스로를 고립시키기도 한다. 이러한 고립은 피해자에게 절실한 사회적 지지와 지원을 스스로 회피하게 하기 때문에 우울증을 악화시킨다. 비록 피해자 가운데 일부는 시간이 지나면서 차차 이러한 심리적 문제로부터 벗어나지만, 많은 피해자들은 장기적인 우울증 내지 해리장애(dissociative disorder) 등을 겪게 된다(Calhoun & Atkeson, 1991).

나. 대인관계 및 행동적 측면

성폭력이나 강간을 당한 피해자는 정상적인 사회활동 내지 생활에 문제를 경험하기도 한다. 특히, 성관계 자체에 심각한 거부감을 갖게 됨으로써 성생활에 장애를 겪기도 하고, 성폭력피해에 대한 충격을 건강하게 이겨내지 못하고 스스로를 자책하거나 타인에 대한 공격적 성향으로 해결하는 경우도 있다. 스스로를 자책하는 유형의 내성적인 피해자는 간혹 심각한 성정체성의 혼란을 겪는가 하면, 외부적으로 자신의 내적 상처를 표출하는 경우에는 비행이나 범죄 등의 일탈적 활동으로 빠지기도 한다. 구체적인 내용은 다음과 같다.

첫째, 성폭력은 피해자의 "성적 경로(sexual trajectories)"에도 영향을 미친다. 성적 경로란 연령단계에 따라 나타나는 성적 특징들을 말한다. 일부 성폭력 피해자는 성적 기능장애를 경험하기도 한다. 특히, 성폭력 피해에 대해 장기간 불안에 시달린 경험이 있는 사람일수록 이런 경향이 강하게 나타난다. 실제 신체상으로는 아무런 문제가 없지만 성생활에 변화를 경험하게 되는 것이다. 이 변화는 천편일률적이지 않고 사람마다 다양하게 나타나는데, 일부 피해자는 성욕 감퇴나 성관계 회피를 보이는가 하면, 또 일부는 보다 왕성한 성적 활동의 형태로 나타나기도 한다(Browning & Laumann, 1997).

둘째, 남성의 경우 성폭력 피해는 스스로에 대한 낙인이나 성적 정체성에 대한 혼동을 야기하기도 한다. Watkins와 Ventovim(1992)은 성학대나 성폭력을 경험한 소년이 그렇지 않은 아이들보다 동성애적 기질을 갖게 될 가능성이 4배나 더 높다고 보고하였다. 성학대를 경험한 아이들은 종종 자신의 성정체성을 피학대 경험과 연결한다는 것이다. 성폭력 피해를 입은 남자는 자신이 경험했던 방식과 동일한 행동을 함으로써 자신의 남성성을 드러내는 것이다.

셋째, 일부 연구에서는 아동기의 성학대 내지 성폭력 피해경험을 비행, 성범죄, 기타 일탈적 성행위 등과 연결하여 설명한다. 아동기의 성폭력 피해에 대처하기 위한 전략으로 알코올이나 기타 약물을 남용하기도 하고(Terry, 2006), 아동성폭력 피해자가 성인이 되었을 때 유독 남성에게만 폭력적인 행동성향을 보이기도 한다(Widom, Schuck, and White, 2006).

제4절 우리나라의 성폭력처벌 및 성폭력 피해자 보호제도

1. 성폭력관련 법률의 개관

우리나라 법률에서 성폭력이라는 용어는 1994년 제정된 「성폭력범죄의 처벌 및 피해자 보호 등에 관한 법률(이하 성폭력특별법)」에서 처음 등장하였다. 이 법은 「형법」에서 제한적으로 열거했던 성폭력범죄규정의 문제점과 친고죄 규정의 한계 등을 지적하면서, 우리 사회에서 은폐되어 왔던 성폭력범죄에 대한 사회적 인식을 새롭게 하는 계기를 마련했다는 평가를 받고 있다(김재엽 외, 2010b: 52). 하지만, 2000년 이후 우리 사회에 큰 충격을 준 밀양여중생 집단성폭행 사건(2004년), 용산초등학생 성폭행살해 사건(2006년), 안양초등학생 납치살해 사건(2007년), 제주초등학생 성추행살해 사건(2007년), 일산초등학생 납치미수 사건(2008년), 조두순 사건(2008년), 김길태 사건(2010년), 김수철 사건(2010년) 등은 법제도의 한계를 인식하게 했다. 더불어 우리 사회는 아동 성폭력범죄를 비롯한 성폭력 전반에 대한 엄벌과 피해자 보호에 관한 국민적 공감대가 형성되었다. 특히, 조두순 사건의 경우 국민의식의 성장 등으로 피해자가 입은 심각한 피해에 비해 가해자에 대한 처벌은 미약하여 국민의 법 감정에 맞지 않고 피해자 보호를 소홀히 한 정부를 비판하는 목소리도 높아졌다.

1994년 제정된 성폭력특별법은 성폭력범죄 처벌(법무부 소관)과 피해자보호에 관한 사항(여성부 소관)이 혼재되어 있고, 법률(법무부 소관)과 시행령 및 시행규칙(여성부 소관)의 집행부처 이원화로 일관된 법집행이 곤란하며, 피해자보호관련 조항을 독자적으로 개정하는데 어려움이 있었다. 이러한 문제에 대해 여성가족부는 2006년 4월 법무부에 분리입법 의견조회를 시작한 이후 지속적인 법안 분리를 추진하여 2010년 4월 15일 기존 성폭력특별법을 「성폭력범죄의 처벌 등에 관한 특례법(성폭력범죄처벌법)」과 「성폭력방지 및 피해자보호 등에 관한 법률(성폭력피해자보호법)」으로 분리하였다(여성가족부 홈페이지, 2012.1.15. 검색).

2. 성폭력 처벌법규 입법동향

성폭력범죄에 대한 사회적 관심의 제고로 성폭력에 대한 처벌규정은 강화되는 추세를 보이고 있다. 여기에서는 대표적인 성폭력 처벌법규인 형법과 성폭력범죄처벌법을 중심으로 살펴보겠다.

먼저, 2010년 4월 15일 개정된 형법 305조의2는 성폭력범죄의 상습범에 대해 법정형의 50%까지 가중처벌하는 규정을 신설하였다. 또, 형법 제42조 징역 또는 금고의 기간과 관련해서 유기징역 상한을 15년에서 30년으로 높이고, 가중시 상한도 기존 25년에서 50년으로 개정하였다. 또 법률상 감경규정에 대해서도 사형을 감경할 때는 '10년 이상 유기형 감경'을 '20년 이상 50년 이하 유기형'으로 상향하고, 무기형을 감경할 때는 종전 '7년 이상 유기형'을 '10년 이상 50년 이하 유기형'으로 상향하였다(법무연수원, 2011: 480). 이와 같은 형법개정은 직접적인 성폭력범죄에 대한 처벌강화는 물론 간접적으로 성폭력범죄에 대한 처벌을 강화할 수 있는 여건을 만들었다는 것을 알 수 있다.

2013년 12월 18일 개정된 형법은 변화된 시대상황에 발맞추어 성폭력범죄에 효과적으로 대응할 수 있도록 했다. 그 동안 성폭력범죄의 객체를 "부녀"로 한정하던 것에서 벗어나 "사람"으로 개정함으로써 규정의 미비로 인해 처벌되지 않았던 성폭력범죄에 대해서 처벌할 수 있게 되었다. 다음으로 친고죄로 규정되어 있던 강간 등의 성폭력범죄에 대해서 친고죄 규정을 삭제함으로써 고소가 없이도 사건에 대해서 수사·처벌할 수 있게 되었다. 또한 유사강간 죄를 신설하여 폭행 또는 협박으로 사람에 대하여 구강, 항문 등 신체(성기는 제외한다)의 내부에 성기를 넣거나 성기, 항문에 손가락 등 신체(성기는 제외한다)의 일부 또는 도구를 넣는 행위를 한 사람에게 2년 이상의 유기징역에 처할 수 있도록 함으로써 그 동안 추행죄로 밖에 처벌할 수 없었던 문제점을 해결하였다.

2020년 5월 19일에는 형법 개정을 통해 미성년자 의제강간에 대한 기준을 강화하였다. 그 동안 13세 이상 16세 미만의 사람을 대상으로 한 성인의 강간 등의 행위에 대한 처벌이 어려웠으나, 개정을 통해 19세 이상인 자가 13세 이상 16세 미만의 사람에 대하여 간음 또는 추행을 한 때에는 13세 미만의 사람에 대한 범죄와 동일하게 처벌하는 규정을 신설하였다(제305조 제2항). 또한 강간죄, 유사강간죄, 준강간죄, 강간 등 상해죄, 미성년자에 대한 간음·추행죄에 대한 예비·음모의 죄도 처벌할 수 있게 되었다(제305조의3).

다음으로, 성폭력범죄처벌법에 관한 내용이다. 성폭력특별법이 성폭력범죄처벌법과 성폭력피해자보호법으로 분리되는 과정에서 성범죄자에 대한 처벌규정이 대폭 강화되고 재범방지를 위한 내용들이 포함되었다. 특징적인 내용들을 살펴보면 다음과 같다(최석림, 2010). 첫째, 종전 성폭력특별법에서는 13세 미만 대상 성범죄자에 대해 강간의 경우 '7년 이상 유기징역'으로 처벌토록 하고 있으나, 성폭력범죄처벌법에서는 '10년 이상 유기징역'으로, 이 규정은 다시 2011년 11월 17일 개정으로 '무기 또는 10년 이상 유기징역'으로 처벌을 강화하고 있다(제7조 제1항). 둘째, 13세 미만자를 대상으로 한 유사강간의 경우 성폭력특별법은 '5년 이상 유기징역'으로 처벌하였으나, 성폭력범죄처벌법은 '7년 이상 유기징역'으로 법정형을 상향하였다(제7조 제2항). 셋째, 음주 또는 약물로 인한 성폭력범죄에 대하여 형법상 심신미약 및 농아자 감경규정을 배제할 수 있는 특례를 규정하였다(제20조). 넷째, 공소시효 기산에 관한 특례를 규정하여 미성년자에 대한 성폭력범죄 공소시효는 피해자가 성년에 달한 날부터 진행하고, DNA 증거 등 과학적 증거가 있는 경우 공소시효가 10년 연장되도록 했다(제21조). 다섯째, 친족관계에 있는 자의 성폭력범죄의 친족범위를 종전 2촌 이내에서 4촌 이내의 인척으로 확대했다(제5조 제4항). 끝으로 장애인에 대한 강간·강제추행 등에 관해 기존 형법을 적용하던 것을 강간은 '무기 또는 7년 이상 유기징역', 유사강간은 '5년 이상 유기징역', 강제추행은 '3년 이상 유기징역 또는 3천만 원 이상 5천만 원 이하 벌금' 등의 규정을 명시하여 처벌을 강화하였다(제6조).

이 이외에도 재범방지를 위한 규정으로 유죄판결을 선고하거나 약식명령을 고지하는 경우 수강명령 또는 성폭력 치료프로그램의 이수명령을 병과하도록 하였으며(제16조), 성범죄자 신상정보 인터넷 공개 및 관할구역에 출생신고·입양신고·전입신고가 된 아동·청소년의 친권자에 대한 고지(제42조 내지 제49조의2) 등의 규정을 두었다. 또한 성폭력처벌법 이외에 「특정 범죄자에 대한 위치추적 전자장치 부착 등에 관한 법률(2007.4.27.제정)」이나 「성폭력범죄자의 성충동 약물치료에 관한 법률(2010.7.23.제정)」 등의 제정으로 성폭력범죄자에 대한 처벌 및 재범방지를 위한 규정이 과거와 달리 매우 엄격해졌고, 계속해서 엄벌주의 정책이 추진되었다.

하지만 이런 노력에도 불구하고 입법적 미비사항은 발견되며, 이에 대한 개정 움직임 역시 이어지고 있다. 실례로 2013년 성폭력범죄처벌법을 개정하면서 화장실 등에 침입하여 피해자가 용변을 보는 모습을 엿보는 등의 행위를 처벌하기 위해 성적 목적을 위한 공공장소 침입행위죄(제12조)를 추가하였다. 하지만 명확성의 원칙을 준수하기 위해 다른 법률의 조문을 인용한 것이 문제가 되어 무죄판결을 받는 사례가 나타나게 되었다. 이에 2017년 성적 목적을 위한 기존 공공장소 침입행위죄를 성적 목적을 위한 다중이용장소 침입행위로 개정함으로써 입법적인 공백을 방지하기 위해 노력하였다.

2018년과 2020년에는 카메라 등을 이용한 촬영죄에 대한 개정이 이루어졌다. 2018년에는 기존의 법 조항이 자의에 의해 자신의 신체를 촬영한 촬영물이 촬영당사자의 의사에 반하여 유포된 경우에는 다른 사람의 신체를 촬영한 촬영물이 아니라는 이유로 동 조항으로 처벌하지 못하고 음화반포죄로 처벌해야 하는 문제점이 있어 이를 해결하기 위해 기존의 '다른 사람의 신체'를 이라는 '사람의 신체'로 개정하여 처벌할 수 있도록 하였으며, 유포의 객체에 촬영물 외에 복제물을 추가하였고, 촬영 대상자의 의사에 반하여 유포된 이상 촬영에 대한 동의 유무가 그 피해에 본질적인 차이를 가져온다고 볼 수 없어 촬영 당시에는 촬영대상자의 의사에 반하지 아니하여도 사후에 그 의사에 반하여 유포되는 경우 촬영 당시 촬영대상자의 의사에 반하여 촬영된 촬영물을 유포하는 경우와 동일하게 처벌하도록 하였다(최준혁, 2021). 또한 2020년에는 촬영물 또는 복제물을 소지·구입·저장 또는 시청한 자에 대한 처벌규정을 신설하여(제14조 제4항) 기존의 공급자 위주의 처벌을 뛰어넘어 수요자에 대한 처벌 규정을 마련하였다.

또한 2020년에는 AI 기술의 발달로 인해 딥페이크 기술을 이용한 새로운 유형의 성범죄가 발생해 이를 처벌하기 위한 조항이 신설되었으며, 2024년에는 신설 조항의 미비한 부분을 보완하여 단순 소지·시청을 한 사람에 대한 처벌규정을 마련하였으며, 반포를 목적으로 하지 않아도 영상물등을 편집·가공 또는 합성한 경우 이를 처벌할 수 있도록 규정을 개정하였다(제14조의2).

이 이외에도 2020년과 2024년 성폭력처벌법 개정을 통해 촬영물과 편집물 등을 이용한 협박과 강요에 대한 처벌규정을 신설하였으며(제14조의3), 13세 미만의 미성년자에 대한 강간, 강제추행 등의 범죄에 대한 예비, 음모에 대한 처벌규정을 신설하였다(제15조의2).

"가해자 22만명, 이 정도면 국가 재난 상황"…딥페이크 성범죄에 학교도 군대도 '발칵'

텔레그램서 지인 얼굴에 음란물 합성·유포
대화방마다 수천명 참여…피해 학교명단도
공포심 확산에 국가 재난상황 선포 촉구

"혹시 내 사진은 없을까?"
"우리 딸 아이 사진은?"
"SNS에서 셀카 사진은 다 내려야 하나?"

여성들 얼굴에 음란물을 합성한 '딥페이크(인공지능 기반 이미지 합성)' 영상물이 제작·유포되는 범죄에 대한 공포심이 확산하고 있다. 서울대, 인하대 등에서 여대생 얼굴을 나체 사진에 합성한 영상이 유포된 것 뿐 아니라 10대 사이에서도 딥페이크 범죄가 깊게 파고 들어 충격이 크다. 여성에 대한 삐뚤어진 시각과 딥페이크 기술이 만나 심각한 성범죄로 비화하는 모습이다. '국가적 재난 상황'을 선포해야 한다는 목소리까지 나오고 있다.

26일 텔레그램 등 사회관계망서비스(SNS) 상에서는 여성의 얼굴에 음란물을 합성한 허위 영상물을 생성하고 또 유포하는 것으로 의심되는 단체 대화방이 대규모로 발견되고 있다. 앞서 인하대 재학생과 졸업생이 타깃이 된 단체 대화방 운영자 등이 검거됐는데, 그 외에도 전국의 각 지역·학교별로 세분된 텔레그램 대화방이 다수 만들어져 대화방마다 수천 명이 참여 중인 것으로 드러났다. 이들은 이른바 '겹지인방'이란 이름으로 참가자들이 서로 같이 아는 특정 여성의 정보를 공유하고 딥페이크 영상물을 제작·유포하는 등의 방식으로 성희롱했다. 실제로 이같은 대화방에서 특정 캐릭터 얼굴 사진을 보내면 수초도 걸리지 않아 얼굴에 나체 사진이 합성돼 제작됐다.
(중략)

경찰청에 따르면 올해 1~7월 딥페이크 성착취 범죄(성폭력처벌법상 허위영상물 등의 반포 등) 신고는 전국에서 총 297건 접수됐다. 입건된 피의자 178명 중 10대는 131명으로 무려 73.6%를 차지한다. 20대 피의자는 36명(20.2%)으로 1020을 합하면 93.8%에 달한다. 학부모들 사이에서 '혹시 내 아이도 피해자, 혹은 가해자로 포함된 것은 아닌지' 우려하는 목소리가 나오는 이유다. 최근 3년간 전국 경찰에 신고된 딥페이크 성착취 범죄는 2021년 156건, 2022년 160건, 2023년 180건으로 증가세를 보였는데 올해 들어 더욱 빠른 속도로 범죄가 확산하는 셈이다.
지난 2020년 'N번방' 사건을 처음 공론화한 더불어민주당 박지현 전 비상대책위원장은 이날 딥페이크 범죄 우려가 커지는 것과 관련 자신의 SNS에 "국가적 재난 상황임을 선포해야 한다"고 촉구했다. (후략)

매일경제(2024.08.26.), https://www.mk.co.kr/news/society/11102064
2024.10.18. 검색

3. 성폭력 피해자보호 및 지원에 관한 제도

가. 성폭력방지 및 피해자보호 등에 관한 법률 개관

성폭력범죄처벌법과 함께 성폭력방지 및 피해자보호 등에 관한 법률(이하 "성폭력방지법") 역시 성폭력특별법으로부터 2010년 4월 17일 분리되었다. 이 법에서 국가와 지방자치단체는 성폭력피해자를 보호·지원하기 위해 성폭력 신고체계의 구축·운영, 피해자를 보호하기 위한 시설의 설치·운영, 피해자에 대한 주거지원, 직업훈련 및 법률구조 등

사회복귀 지원, 원활한 보호·지원을 위한 관련 기관간 협력체계의 구축·운영, 피해자 보호·지원을 위한 관계 법령의 정비와 각종 정책의 수립·시행 및 평가를 실시하고, 이러한 책무를 다하기 위하여 예산상의 조치를 해야 한다고 명시하고 있다(성폭력피해자보호법 제3조). 또한 피해자의 피해가 심각하고 지속적으로 확산되는 점을 고려해서 불법촬영물등·신상정보의 삭제지원 및 피해자에 대한 일상회복 지원 역시 2024년 10월 법 개정을 통해 국가 등의 책무에 포함되었다.

또한 성폭력 예방교육과 피해자 보호, 피해예방을 위한 지침마련, 사건발생 시 재발방지대책 수립을 국가와 지방자치단체의 의무로 규정하고 있으며(제5조), 또한 성폭력 피해자에 대해서는 취학 및 취업지원(제7조), 법률상담(제7조의2), 성폭력피해자를 위한 상담소·보호시설·통합지원센터의 설치·운영 등(제10조 내지 제26조), 성폭력 전담의료기관의 지정 및 의료비지원(제27조 내지 제28조) 등의 내용을 규정하고 있다.

더불어 여성가족부는 성폭력 실태를 파악하고 성폭력 방지에 관한 정책 수립을 위해 3년마다 성폭력 실태조사를 실시하고(제4조) 그 결과를 발표하도록 하고 있으며, 국가기관등의 장은 해당 기관에서 성폭력 사건이 발생할 경우 피해자의 명시적 반대의견이 없으면 지체 없이 그 사실을 여성가족부장관에게 통보하고, 관련 재발대책을 3개월 이내에 제출하도록 하고 있다(제5조의4).

나. 여성가족부의 성폭력 피해자 보호 지원서비스

여성가족부는 성폭력 피해자를 보호하고 재범방지를 위하여 다양한 사업들을 시행하고 있다. 대표적으로 여성긴급전화 1366센터, ONE-STOP센터, 성폭력상담소 및 보호시설, 성폭력 피해자 치료보호, 무료법률구조서비스 등을 중심으로 살펴보겠다.

먼저, 여성긴급전화 1366센터는 긴급한 구조·보호 또는 상담을 필요로 하는 여성들이 언제라도 전화를 통해 피해 상담을 받을 수 있도록 광역자치단체(시·도)단위로 1개소씩 전국 17개 시·도에 설치되어 있다.[48] 주요 임무는 피해자에 대한 신고접수 및 긴급상담, 서비스연계(의료기관, 상담기관, 법률구조기관, 보호시설 등) 등 위기개입 서

48) 서울·경기의 경우는 인구 및 지역적 특성을 고려하여 1개소를 추가로 설치하고 있다(한국여성인권진흥원, 2024. 10. 21 검색).

비스를 제공하는 것이다. 1366센터는 24시간 Hot-Line으로 운영되고, 필요한 경우 피해자를 근거리 상담소, 보호시설, 112, 119 등으로 긴급보호조치를 취할 수 있다.

둘째, 해바라기센터는 성폭력은 물론 가정폭력, 성매매 피해자 등에 대하여 365일 24시간 상담, 의료지원, 법률, 수사지원을 원스톱으로 제공하여 피해자가 폭력피해로 인한 위기상황에 대처할 수 있도록 지원하고 2차 피해를 방지하는 것을 목표로 한다(여성가족부, 2018: 8). 해바라기센터는 2025년 기준 전국에 40개소(위기지원 17개소, 아동・청소년 7개소, 통합 16개소)가 설치되어 있고, 여성가족부, 지방자치단체, 경찰청, 위탁병원(의료기관)의 협약으로 운영되고 있다.

셋째, 성폭력방지법 제10조와 제12조에 근거하여 국가 또는 지방단체는 성폭력 상담소와 성폭력 피해자 보호시설을 설치・운영할 수 있고, 경비를 보조하는 등 육성・지원의 책무가 있다. 성폭력 상담소는 2025년 1월 기준 전국 173개소가 설립되어 있는데, ① 성폭력신고접수 및 상담, ② 성폭력 피해자와 성폭력 피해자 보호시설의 연계, ③ 피해자에 대한 의료지원 연계, ④ 피해자의 수사기관 조사 및 법원 증인신문 등에 동행, ⑤ 법률구조공단 등 관계 기관에 협조 및 지원요청, ⑥ 성폭력 예방 홍보 및 교육, ⑦ 성폭력 및 성폭력 피해관련 조사연구 등을 주요업무로 하고 있다. 한편, 성폭력 피해자 보호시설은 2023년말 기준 전국 35개소가 설치되어 있고, ① 피해자 보호 및 숙식제공, ② 피해자 상담 및 치료, ③ 자립・자활교육과 취업정보 제공, ④ 의료 및 법률지원, ⑤ 기타 보호시설 위탁업무 등을 수행하고 있다.

넷째, 성폭력피해자보호법 제27조에는 성폭력피해자의 치료를 위한 전담의료기관의 지정을 명시하고 있다. 전담의료기관 지정대상은 국・공립병원, 보건소 또는 민간의료시설 등이고, 산부인과, 정신건강의학과, 응급의학과, 외과 등 전담 의료진이 무료진료, 응급키트를 활용한 증거물 채취 등의 역할을 한다(여성가족부, 2016a: 9). 이러한 성폭력피해자 전담의료기관은 2025년 1월 기준 전국 257개소가 설치되어 있다.

끝으로, (사)한국성폭력위기센터가 사업주체가 되어 무료법률구조사업을 실시하고 있다. 이 서비스는 성폭력피해자에 대한 무료법률상담은 물론 필요시 소속변호사의 무료 변호까지 제공하고 있다.

요점정리

(1) 강간은 보통 엄격한 법률적 정의로 이해되지만, 성폭력은 피해자의 의사에 반하는 모든 성적 행위를 포함하는 것으로 이해된다.

(2) 우리나라의 형법과 성폭력범죄처벌법에서는 성폭력 유형으로 강간, 유사강간, 강제추행, 준강간, 준강제추행, 성적 목적을 위한 다중이용장소 침입행위, 통신매체를 이용한 음란행위, 카메라 등을 이용한 촬영 등을 포함하고 있다.

(3) 강간신화란 주로 강간의 발생과 관련하여 일반인들이 알고 있는 잘못된 생각들로, 성적 공격이 자연스럽고 정상적이며, 경우에 따라 정당한 것으로 이해하는 잘못된 신념이다.

(4) 성폭력의 원인에 대해서는 범죄학적 관점을 비롯하여 사회학적 관점, 심리학적 관점, 진화생물학적 관점 등 다양한 관점에서 논의가 이루어지고 있다.

(5) 우리나라에서는 형량강화, 신상정보 공개, 약물치료 등 성폭력범죄자의 처벌을 강화하고 재범을 방지하기 위한 조치들을 취하고 있으며, 피해자 보호를 위해 해바라기센터, 성폭력 상담소, 보호시설, 피해자 전담의료기관 등을 설치·운영하고 있다.

복습문제

1. 카메라 등을 이용해 촬영한 촬영물을 배포하거나 이를 대상으로 협박해 이별 후에도 성폭력을 자행하는 등의 새로운 유형의 데이트 성폭력 문제를 무엇이라고 하는가?

2. 미국에서 발생한 성폭력 문제를 비난하기 위해 소셜 미디어 등을 이용해 자신의 피해 사실을 알리는 운동으로, 우리나라에서도 2018년 검찰을 시작으로 다양한 분야에서 피해 사실을 알려 공론화시키는 운동은?

3. 우리나라의 성폭력범죄 중 그 발생빈도가 가장 높은 범죄유형은?

4. 성적으로 개방적인 사회와 폐쇄적인 사회에서의 강간범죄율을 비교한 결과 개방적인 사회가 더 높은 강간범죄율을 보이는 이유를 상대적 박탈의 개념으로 설명한 이론은?

5. 성폭력은 물론 가정폭력, 성매매 피해자 등에 대하여 365일 24시간 상담, 의료지원, 법률, 수사지원을 원스톱으로 제공하여 피해자가 폭력피해로 인한 위기상황에 대처할 수 있도록 지원하고 2차 피해를 방지하는 것을 목표로 설치된 기관은?

정답 1. 리벤지 포르노, 2. 미투운동, 3. 강제추행, 4. 긴장이론, 5. 해바라기 센터

제10장

아동학대

학습목표

○ 아동학대의 개념과 유형을 살펴보고, 실태를 확인한다.
○ 아동학대를 설명하는 다양한 이론들을 학습한다.
○ 아동학대 문제와 관련된 우리나라의 법과 제도에 대해서 살펴본다.

핵심키워드

아동학대, 방임, 흔들린 아이 증후군, 뮌하우젠 증후군, 아동학대범죄의 처벌 등에 관한 특례법, 아동보호전문기관

10 아동학대

제1절 아동학대의 정의와 유형

1. 아동학대의 정의

아동복지법은 아동학대를 "보호자를 포함한 성인이 아동의 건강 또는 복지를 해치거나 정상적 발달을 저해할 수 있는 신체적 · 정신적 · 성적 폭력이나 가혹행위를 하는 것과 아동의 보호자에 의해 이루어지는 유기와 방임"이라고 정의하고 있다(아동복지법 제3조 제7호). 여기서 '아동'은 18세 미만의 사람을 의미하고(아동복지법 제3조 제1호), '보호자'는 부모만을 의미하지 않으며 친권자, 후견인, 아동을 보호 · 양육 · 교육하거나 그 의무가 있는 자 또는 업무 · 고용 등의 관계로 사실상 아동을 보호 · 감독하는 자를 의미한다(아동복지법 제3조 제3호). 더불어 2014년 제정된 아동학대범죄의 처벌 등에 관한 특례법(이후 아동학대처벌법)에서는 보호자에 의한 아동학대로 발생한 형법상 상해 등의 범죄를 "아동학대범죄"로 규정하고 있다(아동학대처벌법 제2조 제4호). 아동학대의 정의에는 이처럼 적극적인 가해행위뿐 아니라 소극적 의미의 방임행위까지 포함되어 있으며, 가혹행위가 야기한 범죄행위에 대해서는 이를 엄격하게 처벌하기 위해 별도의 아동학대범죄라는 개념을 두고 있음을 알 수 있다.

한편, 미국은 1974년에 제정된 '아동학대예방 및 조치법(The Child Abuse Prevention and Treatment Act: CAPTA)'에서 아동학대를 "아동을 보호할 책임이 있는 자가 18세 미만의 아동에게 신체적 · 정신적, 혹은 성적으로 위해를 가하거나 제공해 주어야 할 것을 해주지 않는 것"이라고 정의하고 있다.

2. 아동학대의 유형

학대는 그 대상을 구분하지 않고 크게 능동적 학대와 수동적 학대로 나눌 수 있다(Wilson, 2009). 아동에 대한 능동적 학대(active abuse)는 폭력이 수반된 신체적, 성적, 정서적 측면의 학대를 말한다. 능동적 학대는 신체적 손상이나 자유의 박탈을 수반한다. 신체적 학대는 보통 아동의 정서적 안녕이나 사회적 행복, 지적 능력 등에 영향을 미친다. 한편, 방임과 같은 수동적 학대(passive abuse)는 물리력을 포함하고 있지는 않지만, 성장부전 증후군(Failure to Thrive Syndrome: FTT syndrome)과 같은 신체적, 정서적 손상이 유발될 수 있다(Browne, 1988). 이 증후군은 어머니와 유아 사이의 감정적 유대의 결핍 결과로 나타나는데, 유아는 기아로 고통받거나 심지어 사망에 이르기도 한다.

학문적으로는 아동에 대한 체벌을 가정폭력의 한 형태로 연결 짓고 있다. 하지만, 일반적으로 사회에서는 아이의 볼기짝을 때리거나 손바닥을 때리는 정도는 정상적인 훈육의 과정으로 간주한다. 또 미국의 각 주마다 아동 성학대에 대한 법률적 정의는 제각각이지만, 공통적으로 모든 주에서 아동성학대를 법으로 금지하고 있다(Barnett et al., 2005). 수동적 학대의 경우도 과연 어떤 행위가 수동적 학대를 구성하는가에 대한 논란이 있었다. 예를 들어 종교적 신념을 이유로 치명적인 병에 걸린 아이의 치료를 거부하는 경우 이것을 방임으로 볼 것인가 아닌가는 논란이 있다. 즉, 부모가 치유되리라는 신념이 있다면 그것은 학대가 아니라는 주장과 기도를 열심히 한다고 살인죄의 예외가 될 수는 없다는 주장이 충돌하고 있다. 부모는 그러한 법률이 종교의 자유권을 심각하게 침해하고, 무엇이 잘못인가에 대한 적절한 고지를 받지 못했다는 점에서 적법절차 원칙에도 위배된다고 주장한다. 실제로 미국의 많은 주(州)에서 부모의 종교적 신념을 이유로 한 아이의 치료거부와 체벌을 허용한다. 또 많은 주의 형법은 아동방임이 경제적 부담에서 기인한 것이라면 처벌할 수 없다고 규정하고 있다(Myers, 1998).

한편, 아동학대는 그 형태에 따라 신체적 학대, 정서적 학대, 성적 학대, 방임 및 유기 등으로 구분하기도 한다. 신체적 학대(physical abuse)는 아이에 대한 권한을 가지고 있는 누군가에 의해 가해진 신체적 부상을 그 내용으로 한다. 정서적 학대

(emotional abuse)는 아동의 정서발달이나 자아존중감을 손상시키는 일련의 행동들이다. 다른 유형의 학대가 발생하면 정서적 학대는 거의 동시에 나타나게 된다. 성적 학대(sexual abuse)는 아이의 생식기 애무, 삽입, 근친상간, 강간, 남색, 성기노출, 성매매를 통한 성착취 등이 부모나 보호자에 의해 저질러진 것을 말한다. 유기(abandonment)는 부모의 소재가 불분명한 경우, 아이가 고통스러운 환경에 혼자 남겨진 경우, 부모가 적절한 양육을 제공하지 않는 경우 등이 포함된다. 방임(neglect)은 부모나 보호자가 아이들의 신체적, 의료적, 교육적, 정서적 욕구를 충족시켜주지 않거나 충족시켜주지 못하는 경우를 말한다(Doerner & Lab, 2011: 290-291).

〈표 10-1〉 아동학대와 방임의 유형과 개별행위

유 형	정 의	개별행위
신체적 학대	정당한 이유 없이 또는 이유가 분명하다고 하여도 보호자를 포함한 성인이 아동에게 우발적인 사고가 아닌 상황에서 신체적 손상을 입히거나 또는 입도록 한 모든 행위	칼이나 흉기로 아이를 위협하는 행위, 아이를 쥐어박는 행위, 아이를 세게 밀치는 행위, 회초리로 아이의 손바닥이나 엉덩이를 때리는 행위, 손바닥으로 아이의 뺨을 때리는 행위, 회초리 이외의 물건(벨트, 막대기, 빗자루)으로 엉덩이 이외의 부분을 때리는 행위, 아이를 사정없이 마구 때리는 행위, 고의로 아이에게 화상을 입히는 행위
정서적 학대	보호자나 양육자가 아동에게 언어적·정서적 위협, 감금이나 억제, 기타 가학적인 행위를 하는 것(cf. 언어적·정신적·심리적 학대라고도 함)	아이에게 욕설 등 심한 말을 하는 행위, 아이에게 큰 소리를 지르는 행위, 아이에게 멀리 보내겠다고 혹은 집밖으로 나가라고 위협하는 행위
방임 및 유기	방임: 자신의 보호나 감독을 받는 아동에 대한 양육이나 보호를 고의적·반복적으로 소홀히 함으로써 아동의 건강과 복지를 해치거나 정상적 발달을 저해할 수 있는 모든 행위 유기: 성인이 보호가 필요한 아동을 버리는 행위, 즉 부모나 보호책임이 있는 자가 아동의 양육을 거부함으로써 사회적 고아가 되는 것(방임의 극단적 형태)	아이가 어른과 함께 있어야 함에도 불구하고 아이를 집에 혼자 두는 행위, 아이에게 필요한 음식을 제공하지 않는 행위, 아이가 이유 없이 학교(유치원, 어린이집 포함)에 결석해도 아무 말하지 않는 행위, 아이가 병원에서 치료를 받아야 할 상황임에도 병원에 데려가지 않는 행위
성적 학대	성인의 성적 만족을 위해 아동의 신체에 접촉하는 행위를 말하며, 아동과 성인 사이의 부적절한 모든 성적인 행동을 포함	어른이 아이에게 자신의 몸을 강제로 만져달라고 하는 행위, 싫은데도 아이 옷을 억지로 벗게 하여 몸을 보려고 하는 행위, 싫은데도 아이의 몸을 만지는 행위, 아이의 성기를 만지는 행위, 아이에게 억지로 입을 맞추려고 하는 행위

※ 박주영, 2008. "피학대아동에 대한 법적 보호", 고려대학교 대학원 박사학위논문, pp. 16-19.; 김승권 외, 2008. "2007년 전국 가정폭력실태조사", 여성가족부. pp. 314-315. 재구성.

제2절 아동학대 실태

아동학대는 새로운 유형의 범죄피해가 아니다. 인류의 오랜 역사만큼 오래전부터 존재해온 범죄이다. 그럼에도 아동학대 실태를 정확히 파악하는 것은 현실적으로 불가능하다. 그것은 아동학대를 바라보는 관점이 국가와 시대마다 다르기 때문이다. 또한 아동학대가 대부분 가정 내에서 은밀히 발생하고 있고, 아동의 경우 성인과 달리 본인의 의사표현을 정확하게 하지 못한다는 점에서 그 실태를 파악하는 것이 더욱 어렵다.[49] 그럼에도 불구하고 다양한 방법으로 아동학대 실태를 확인하고자 하는 노력들이 계속되고 있다. 여기서는 보건복지부에서 매년 집계하고 있는 아동학대 현황에 관한 자료인 「2023년 아동학대 주요통계」(보건복지부, 2024)를 바탕으로 살펴보겠다.

1. 공식통계 분석결과

공식적으로 신고가 접수된 현황을 살펴보면 다음과 같다.

첫째, 2023년 전체 현황은 다음과 같다. 아동보호전문기관을 통해 2023년 한 해 동안 접수된 상담신고 건수는 총 48,522건이었고, 이 중 아동학대 의심사례는 45,771건(94.3%)으로 나타났다. 이 외에 동일신고[50]는 753건(1.6%)이었고, 일반상담 신고 건수는 1,997건(4.1%)이었다. 신고된 아동학대 의심사례 중 실제 아동학대사례로 판단된 사례는 25,739건(56.2%)이었으며, 그 외에는 일반사례(19,530건, 42.7%)이거나, 조사가 진행 중인 사례(502건, 1.1%)인 것으로 나타났다. 지역별로는 경기도(7,612건)가 사례 숫자는 가장 많으나 인구 천 명당 피해아동 발견율은 울산(8.06명), 전남(5.34명), 강원(4.75명), 제주(4.54명)의 순으로 높게 나타났다.

둘째, 피학대아동의 개인적 특징은 다음과 같다. 피해아동의 성별분포는 여아 50.0%, 남아 50.0%로 차이가 없었으며. 피해아동의 연령별 분포를 살펴보면 만 13~15

49) 아동학대를 발견하기 어려운 이유에 대해 Pfohl(1971)은 ① 응급실 근무 의사들의 무관심, ② 응급실 의사의 부모의 의도적 자녀구타에 대한 사실인지의 어려움, ③ 의사의 의료정보 공개에 대한 거부감, ④ 법정 내 진술에 대한 의사의 거부감 등을 지적했다(Doerner & Lab, 2011: 288에서 재인용).

50) 최초 신고접수 이후에 동일한 학대내용(동일시점 및 동일행위)에 대한 신고가 다른 신고자를 통해 접수된 사례

세(일반적으로 중학생에 해당)의 아동이 전체의 26.3%로 가장 높게 나타났으며, 만 10~12세(24.2%), 만 7~9세(17.7%), 만 16~17세(12.0%), 만 4~6세(10.9%), 만 1세 미만~3세(7.5%) 순으로 나타났다.

셋째, 피학대아동의 가족환경적 특징은 다음과 같다. 피해아동의 가족유형은 친부모 가족이 66.9%로 가장 높게 나타났고, 다음으로 한부모 가족 20.7%, 재혼가정 5.0% 등의 순이었다. 이중 한부모 가족을 나누어 살펴보면, 모자가정이 12.3%이고, 부자가정이 8.4%이었다. 전체가구 중 한부모 가족의 비율이 6.6%(1,493,000가구)인 것을 볼 때(지표누리 홈페이지, 2024. 10. 29검색), 한부모 가족의 아동학대 발생률은 상대적으로 높은 것을 알 수 있다.

넷째, 학대행위자와 피해아동관의 관계를 살펴보면 다음과 같다. 학대자의 성별분포는 남성이 58.7%, 여성이 41.3%로 남성이 여성보다 약 17% 많은 것으로 파악되었다. 또 학대행위자가 부모인 경우는 85.9%였고 부모 다음으로는 대리양육자[51] 7.3%, 타인 3.3%, 친인척 3.0%, 기타 0.6%의 순이었다. 구체적으로 살펴보면 친부 48.2%, 친모 34.7%로 나타나서 아동학대가 주로 친부모에 의해 발생하는 것으로 보인다. 실제로 고준희 양 사건을 비롯하여 친부모에 의해 발생하는 아동학대 범죄들이 다수 발생함으로써 이는 사회의 큰 문제가 되고 있다. 친부모이외에 가장 많은 학대행위자는 초・중・고교 직원(3.1%), 계부(2.0%), 보육교직원(1.4%) 순으로 나타났다. 또한, 학대행위자의 연령은 40대가 48.9%로 가장 많았고, 다음으로 30대 25.5%, 50대 15.3%, 20대 6.5%, 60대 2.7%, 70대 이상 0.9%, 20대 미만 0.2%의 순으로 나타났다.

끝으로 아동학대 유형별 특징을 살펴보았다. 정서적 학대가 43.1%로 가장 많았고, 중복학대 28.7%, 신체적 학대 18.3%, 방임 7.7%, 성적 학대 2.3%의 순으로 나타났다. 이중 중복학대를 자세히 살펴보면, 신체적 학대·정서적 학대가 24.6%로 가장 많았고, 정서적 학대·방임 1.8%, 신체적 학대·정서적 학대·방임 1.0%의 순으로 높았다. 유형별 학대행위자와 피해자의 관계를 살펴보면, 모든 학대행위자 유형에서 정서적 학대가 가장 많고 신체적 학대가 두 번째로 많게 나타났지만, 기타 유형에서만 성학대가 두 번째로 많은 것으로 나타났다.

51) 대리양육자는 어떤 형태로든 다른 사람의 자녀를 하루의 일정시간 동안 대신 양육해주는 사람을 의미한다.

'7kg' 4세 딸 "밥 주세요" 말하자 학대 살해…친모 2심 징역 35년

4세 딸을 방치, 학대해 숨지게 한 이른바 '가을이 사건'의 20대 친모가 2심에서도 중형을 선고받았다. 부산고법 형사2-1부는 지난 11일 아동학대처벌법 위반과 아동복지법 위반, 성매매 방지 특별법 위반 등 혐의로 기소된 친모 A씨와 검찰의 항소를 기각하고 징역 35년을 선고한 1심 형을 유지했다.

재판부는 "검사와 A씨가 각각 주장하는 양형 부당에 관한 사유는 이미 충분히 원심에서 고려된 사정들로 항소심 양형에 반영할 새로운 사정은 없다"며 "재판 진행 과정 중 그리고 변론 종결 이후에 A씨가 여러 차례 제출한 반성문도 확인했지만, 양형 변경 사유는 없다고 판단했다"고 했다.

이어 "집 안에 갇혀 햇빛조차 마음대로 보지 못하는 상태에서, 그것도 친모인 A씨로부터 굶김과 폭행을 당하다 죽어간 피해자가 느꼈을 육체적·정신적 고통과 범행의 잔혹성, 결과의 중대성 등을 고려하면 중형이 불가피하다"고 판시했다.

앞서 검찰은 지난 8월 30일 열린 결심공판에서 1심과 마찬가지로 A씨에게 무기징역을 구형했었다. 1심 재판부는 지난 6월 30일 A씨에게 징역 35년과 벌금 500만원을 선고했다.
1심이 인정한 범죄사실에 따르면 A씨는 2020년 9월부터 지난해 12월 14일까지 부산 금정구 B씨 부부 집에서 함께 거주하며 자신의 4살 딸 가을이(가명)를 상습적으로 폭행한 혐의로 기소됐다.

A씨는 지난해 12월 14일 가을이가 침대 위에서 과자를 먹고 있는 것을 보고 때렸고 이후 "배고파요. 밥 주세요"라고 말했다는 이유로 폭행했다. 이 과정에서 가을이는 넘어져 침대 틀에 머리를 부딪혔다. 이어 A씨는 가을이를 바닥에 눕히고 오른쪽 손목으로 가을이의 눈 부위를 여러 차례 때렸다.

이후 가을이는 침대 위에서 거품을 물고 발작을 일으켰지만, A씨는 마사지 외에는 아무런 조처를 하지 않다가 병원에 뒤늦게 데려가 가을이를 숨지게 한 것으로 드러났다. 사망 당시 가을이의 키와 몸무게는 각각 87㎝, 7kg에 불과했다. 이는 생후 4~7개월 사이 여아의 몸무게와 같은 수준으로 사망 당시 가을이는 미라처럼 보였다.

B씨 부부는 A씨가 가을이에게 행하는 아동학대·방임 사실을 충분히 인식했음에도 이를 말리지 않았으며, 특히 B씨는 A씨에게 성매매를 강요해 대금을 받아 챙기는 등 성매매를 알선한 혐의 등으로 재판에 넘겨져 1심에서 징역 20년을 선고받았다. 또 B씨의 남편 C씨는 징역 3년에 집행유예 4년을 선고받았다.

머니투데이(2023.10.12.), https://news.mt.co.kr/mtview.php?no=2023101208514694779, 2024.05.28. 검색

2. 신고 기피이유

현행 아동학대처벌법 제10조는 아동학대범죄 신고자의 유형을 신고의무자와 비신고의무자로 구분하고 있다. 먼저 제1항에서는 누구든지 아동학대범죄를 알게 된 경우나 그 의심이 있는 경우에는 특별시·광역시·특별자치시·도·특별자치도(이하 "시·도"라 한다), 시·군·구(자치구를 말한다. 이하 같다) 또는 수사기관에 신고할 수 있도록 규정하여 비신고의무자의 신고를 규정하고 있다. 다음으로 제2항에서는 직무특성상 아동학대범죄를 발견하기 쉬운 사람들을 신고의무자로 규정하여 아동학대범죄를 알게 된 경우나 그 의심이 있는 경우에는 시·도, 시·군·구 또는 수사기관에 즉시 신고하도록 명시하고 있다. 아동학대처벌법에서 규정하고 있는 신고의무자는 아동과 직·간접적으로 접촉할 기회가 많고 보다 전문적이고 객관적인 입장에서 아동학대범죄를 파악할 수 있는 사람들이다.[52)]

그런데 「2023년 아동학대 주요통계」 에 따르면 신고의무자에 의한 신고는 36.3%에 불과한 반면, 비신고의무자의 신고가 63.7%로 나타났다. 이 같은 비율은 비신고의무자에 비하여 아동과 접촉할 수 있는 기회가 압도적으로 많은 신고의무자의 신고율이 예상

52) 아동학대범죄 신고의무자는 「아동복지법」 제10조의2에 따른 아동권리보장원 및 가정위탁지원센터의 장과 그 종사자, 아동복지시설의 장과 그 종사자, 「아동복지법」 에 따른 아동복지전담공무원, 「가정폭력방지 및 피해자보호 등에 관한 법률」 에 따른 가정폭력 관련 상담소 및 가정폭력피해자 보호시설의 장과 그 종사자, 「건강가정기본법」 에 따른 건강가정지원센터의 장과 그 종사자, 「다문화가족지원법」 에 따른, 다문화가족지원센터의 장과 그 종사자, 「사회보장급여법」 에 따른 사회복지전담공무원 및 사회복지시설의 장과 그 종사자, 「성매매방지 및 피해자보호 등에 관한 법률」 에 따른 지원시설 및 성매매피해상담소의 장과 그 종사자, 「성폭력방지 및 피해자보호 등에 관한 법률」 에 따른 성폭력피해상담소, 성폭력피해자보호시설, 성폭력피해자통합지원센터의 장과 그 종사자, 「119구조·구급에 관한 법률」 에 따른 119구급대의 대원, 「응급의료법」 에 따른 응급의료기관 등에 종사하는 응급구조사, 「영유아보육법」 에 따른 육아종합지원센터의 장과 그 종사자 및 어린이집의 원장 등 보육교직원, 「유아교육법」 에 따른 유치원의 장과 그 종사자, 아동보호전문기관의 장과 그 종사자, 「의료법」 에 따른 의료기관의 장과 그 의료기관에 종사하는 의료인 및 의료기사, 「장애인복지법」 에 따른 장애인복지시설의 장과 그 종사자로서 시설에서 장애아동에 대한 상담·치료·훈련 또는 요양 업무를 수행하는 사람, 「정신건강증진 및 정신질환자 복지서비스 지원에 관한 법률」 에 따른 정신건강복지센터, 정신의료기관, 정신요양시설 및 정신재활시설의 장과 그 종사자, 「청소년기본법」 에 따른 청소년시설 및 청소년단체의 장과 그 종사자, 「청소년 보호법」 에 따른 청소년 보호·재활센터의 장과 그 종사자, 「초·중등교육법」 에 학교의 장과 그 종사자, 「한부모가족지원법」 에 따른 한부모가족복지시설의 장과 그 종사자, 「학원의 설립·운영 및 과외교습에 관한 법률」 에 따른 학원의 운영자·강사·직원 및 교습소의 교습자·직원, 「아이돌봄 지원법」 에 따른 아이돌보미, 「아동복지법」 에 따른 취약계층 아동에 대한 통합서비스지원 수행인력, 「국내입양에 관한 특례법」 및 「국제입양에 관한 법률」 에 따라 업무를 위탁받은 사회복지법인 및 단체의 장과 그 종사자, 「영유아보육법」 에 따른 한국보육진흥원의 장과 그 종사자로서 어린이집 평가 업무를 수행하는 사람, 「대안교육기관에 관한 법률」 에 따른 대안교육기관과 「초·중등교육법 시행령」 에 따라 학교의 장으로부터 학업에 어려움을 겪는 학생들에 대한 교육을 위탁받은 교육기관 등의 장과 그 종사자가 해당된다.

보다 낮다는 것을 보여준다. 아동학대의 신고를 기피하게 하는 원인은 무엇일까?

신고의무자의 신고율을 떨어뜨리는 요인들은 신고의무자의 지식과 정보의 부족, 심리적 두려움과 부담감, 아동학대에 대한 가치관 설립의 문제점 등이다(정의태 · 최장섭, 2011). 먼저, 지식과 정보가 부족하다는 것은 아동학대에 대한 정확한 개념이 무엇인지 알지 못하거나, 아동학대를 심각하게 느끼지 못하는 경우, 그리고 아동학대가 의심된다고 하더라도 신고방법과 절차를 모르는 경우에 해당한다. 둘째, 심리적 두려움과 부담감을 느끼는 것은 자신의 신변이 노출됨으로써 불이익이 발생하지 않을까 하는 우려, 신고한 후 부가될 책임감과 조사과정에 대한 부담감, 부모와 아동에게 불이익을 끼치지 않을까 하는 우려, 신고해도 도움이 되지 않을 것이라는 신고기관에 대한 불신 등이 포함된다. 셋째, 가치관에는 아동체벌은 부모의 훈육방식일 뿐 개입할 수 없는 것이라는 생각, 신고의무자로서의 책임감 또는 의무감의 결여, 아동학대에 대한 사회의 전반적인 인식의 부족 등을 들 수 있다.

제3절 아동학대에 관한 이론적 설명

1. 아동학대의 설명이론

가. 신체적 학대 관련 이론

Milner와 Crouch(1993)는 아동의 신체적 학대에 대한 이론적 설명을 개관하였다. 범죄학이론이 다양한 관점으로부터 도출된 것과 마찬가지로 아동학대에 대한 이론도 다양한 시각을 가지고 있다. 아동학대에 대한 설명을 시도한 초기 이론은 아동학대 가해자가 정신병질을 가지고 있는 사람이라고 보았다. 정신의학 모델(psychiatric model)에 따르면 가해자의 비정상적 심리상태가 학대를 유발시킨다고 보았다. Kempe 등(1962)은 아동학대 가해자의 공통된 정신의학적 특징을 열거하는 최초의 연구를 수행하기도 했다.

이후 정신의학적 모델에서 사회학적 모델(sociological model)로 관심이 이동했다. 1970년 Gil은 아동학대를 유발시키는 사회학적 조건들을 주목했다. 그는 사회 내에서 발견되는 경제적 여건, 사회적 가치, 그리고 사회시스템 등이 아동학대를 유발시킨다고 보았다.

이상의 두 모델은 여러 가지 점에서 비판을 받았다. 먼저, 두 모델 중 어느 모델도 피해자와 가해자의 상호작용을 설명하지 못했다. 또, 두 모델 모두 개인이나 사회의 한쪽 측면만을 강조할 뿐이었다. 이런 한계를 극복하기 위해 '다각적이면서 다양한 요인의 상호작용을 고려'한 모델이 나타났다(Milner & Crouch, 1993: 26). 이러한 상호작용모델은 조직적 모델(organizational model)이다. 이들은 아동학대와 관련된 요인들에 초점을 맞추었다. 이 모델의 대표적 예는 Belsky(1980)가 고안한 생태학적 모델(ecological model)이다. 이 모델에서 아동학대와 관련된 요인은 4개의 범주로 구분되는데 개인요인, 가족요인, 지역사회요인, 문화적 요인이 그것이다.

최근 신체적 아동학대에 대한 설명으로 전이모델(transitional model)과 인지행동모델(cognitive-behavioral model)이 소개되었다. 전이모델은 아동학대 가해자의 스트레스와 스트레스 관리기술 결여에 초점을 둔 설명이다. 인지행동모델은 부모의 자녀에 대한 비현실적인 기대에 초점을 둔다. 이 이론은 아동학대가 네 가지 단계를 거쳐 발생한다고 설명한다. 1단계, 부모가 아동에 대한 비현실적 기대를 품는다. 2단계, 아동이 부모의 기대에 불일치하는 행동을 한다. 3단계, 부모는 아동의 행동에 부정한 의도가 있는 것으로 오해한다. 예를 들어 아이가 부모를 미워하기 때문에 불손한 태도를 보인다고 생각하는 것이다. 4단계, 일련의 과정에 대해 부모가 과잉반응을 보이고 '과도하고 극심한 처벌'로 아이를 다스리려 한다(Milner and Crouch, 1993: 30).

나. 아동 성학대 관련 이론

수많은 연구를 통해 아동학대의 여러 유형을 통일적으로 하나의 이론으로 설명한다는 것은 불가능하다는 것을 확인할 수 있다. 특히, 아동학대의 여러 유형 가운데 성적 학대는 별도로 다루어져야 할 필요가 있다. 이러한 필요성에 따라 Finkelhor(1984)는 아동에 대한 성적 학대의 4가지 요인을 제시했다. 그는 이를 '아동성학대의 4가지 전제조건 모델(four preconditions model of sexual abuse)'이라고 명명하고, 아동 성학대를 설명하는 개인적·사회적 맥락을 형성하는 전제조건으로 다음의 내용을 제시했다(Wallace, 2007: 195).

① **성학대의 동기**(motivation to abuse sexually): 아동 성학대는 정서적 일치, 성적 흥분, 반응억제를 포함한다. 먼저, 정서적 일치(emotional congruence)는 아동과 관련된 성적인 욕구 충족을 수반한다. 또, 성적 흥분(sexual arousal)은 아동이 성적 만족의 대상이 될 때 발생하며, 반응억제(blockage)는 성적 만족을 위한 대체제가 없거나 만족스럽지 못한 경우 발생한다.[53)]

② **내부억제의 극복**(overcoming internal inhibitors): 아동 성학대가 발생하기 위해서는 가해자 스스로 자신을 억제시키는 내적 통제를 극복해야 한다. 이러한 내적 통제는 알코올이나 약물, 정신병, 약화된 죄의식, 피해자의 욕구에 대한 이해능력 결여 등을 통해 극복할 수 있게 된다.

③ **외부억제의 극복유인**(factors predisposing to overcome external inhibitors): 이것은 가해자의 외적 통제 조건이다. 여기에는 아동에 대한 감독의 형태와 정도, 아동의 옆에서 아동을 보호하는 부모의 부재, 비정상적인 주거상황 등이 포함된다. 더불어 어머니에 대한 사회적 지지의 부족, 평등에 대한 장벽, 가족의 사회연결망 약화 등도 가해자의 아동 성학대에 대한 외부억제를 약화시킨다.

④ **아동저항의 극복유인**(factors predisposing to overcome child's resistance): 이 요인은 피해자의 성폭력 저항능력을 중심으로 한다. 피해아동은 정서적으로 불안하고, 성관계 경험은 물론 지식도 부족할 것이다. 아동의 저항은 피해아동이 무력감을 느끼거나 피해아동과 가해자 사이의 신뢰가 형성되어 있을 때 극복할 수 있게 된다.

53) 이러한 아동 성학대의 동기는 가해자의 개인적 차원(권력과 통제의 추구, 아동기 트라우마의 무의식적 재연, 생물학적 비정상성 등)과 사회적 차원(남성 중심의 사회문화, 즉 남성 지배문화, 아동포르노그래피, 미디어의 아동에 대한 성적 묘사 등)으로 설명될 수 있다.

한편, Tower(1993)는 아동성학대가 발생하는 상황 가운데 면식관계에 의한 성학대를 5단계로 구분하여 설명하고 있다(Wallace, 2007: 196-197).

① **계약단계(engagement phase)**: 가해자가 피해자에 대한 접근을 확보하는 단계이다. 이 단계는 피해아동에 대한 적절한 감독이나 보호가 없는 상태에서 가해자가 아동에게 성행위를 정당화시키거나 납득시키는 과정이다. 또 가해자는 아동에게 성인의 누드사진 내지 포르노 영상을 보여주거나 함께 목욕을 하는 등의 방법으로 아동의 반응을 살펴보며 성행위를 시도할 것인지 판단한다.

② **성적 상호작용 단계(sexual interaction phase)**: 실제 성적 접촉이 이루어지는 단계이다. 여기에서는 아이의 알몸을 보거나 자신의 알몸을 아이에게 보여주는 것에서부터 직접적인 성관계에 이르기까지 다양한 형태로 이루어진다.

③ **비밀단계(secrecy phase)**: 가해자가 아이에게 성관계에 대한 침묵을 납득시키는 단계이다. 이것은 가해자와 피해아동의 성관계가 장기간 지속되도록 한다. 이 경우 가해자는 협박, 위협을 하거나 금품을 주어 아동을 침묵하게 한다.

④ **발견단계(disclosure phase)**: 성관계 직후에 이루어지기도 하고 아동이 성인이 된 이후 이루어지기도 한다. 이것은 제3자가 성학대 장면을 목격하거나 피해아동이 병원 진료를 받는 과정에서 우연히 발견된다. 의도적인 경우는 아동이 누군가에게 사실을 알릴 때 나타나지만, 대부분 피해아동이 성인이 되거나 가해자로부터 벗어날 수 있는 능력을 갖기 전까지 밝혀지지 않는다.

⑤ **은폐단계(suppression phase)**: 성학대가 밝혀진 후에 나타나며, 부모 등 보호자가 아동에게 성학대에 대한 고소 철회를 강요한다. 특히, 가해자가 친부이거나 가정 내에서 유일하게 경제를 책임지고 있는 상황이라면 피해아동의 침묵을 강요하는 정도는 강해진다. 또, 아이에게 계속해서 그 일에 대해 이야기한다면 가족 중 사랑하는 누군가가 감옥에 가야할 것이라고 협박하는 방법을 사용하기도 한다. 이러한 행동의 목적은 아이의 발설을 막음으로써 사법당국이 개입하는 일을 막도록 하고자 하는 것이다.

다. 아동방임 관련 이론

일반적으로 방임되는 아이들은 대부분 가난한 가정환경에 있는 아동일 것이라고 여겨진다. 물론 가난이 방임의 중요한 설명요인이지만 방임의 원인은 매우 다양하고 광범위하기 때문에 가난이 꼭 방임과 연결되는 것은 아니다.

Polansky와 그 동료들(1981)은 그들의 저서 "피해당한 부모들: 아동방임에 대한 해부(Damaged Parents: An Anatomy of Child Neglect)"에서 아동방임의 주요 원인으로 경제적 원인, 생태학적 원인, 인격적 원인을 꼽았다.

먼저, 경제적 이론(economic theory)은 빈곤한 가정생활로 인한 부모의 스트레스가 아동방임의 원인이라고 주장한다. 수많은 연구결과를 통해 빈곤이 부모의 자녀에 대한 양육능력에 영향을 미치는 요인임이 보고되었다. 하지만, '빈곤이 방임의 원인인지, 부모의 무능력이 빈곤의 원인인지'는 따져볼 문제이다.

다음으로 생태학적 이론(ecological theory)은 가족의 행동과 방임을 사회적 인과관계에 따른 것으로 이해한다. 즉, 아동을 학대하는 가정은 가족구성원 간 애정이 없고 무기력한 환경에서 살고 있다는 것이다. 앞서 지적한 것처럼 환경이 아동방임의 원인인지, 아니면 환경자체가 부모의 무능력으로 인한 것인지를 구분할 필요가 있다.

끝으로 인성적 이론(personalistic theory)은 아동학대는 보호자 개인의 인성적 특징에 따른 것이라고 주장한다. 이 입장은 아동방임이 부모-자녀간의 부적절한 상호작용이나 필수적인 양육의 결여, 부모의 자녀양육기술이나 양육지식의 결핍, 기타 스트레스 요인이 복합적으로 작용한다고 본다(Hansen & MacMilian, 1990).

2. 아동학대의 원인

아동학대의 원인은 크게 부모요인, 아동요인, 환경요인으로 나누어 살펴볼 수 있다(이현기, 2005: 81-86; 중앙아동보호전문기관, http://korea1391.go.kr/ 2018. 2. 28. 검색).

가. 부모요인

아동학대의 부모요인으로는 부모의 알코올 남용, 부부관계 및 결혼 스트레스, 부부폭력, 아동학대 피해경험, 양육태도, 어머니의 취업 등을 꼽을 수 있다. 첫째, 부모의 알코올 및 약물남용 전력이 있는 경우 그렇지 않은 부모보다 아동학대 잠재성이 강하고(Ammerman et al., 1999), 자녀에 대한 폭력적인 처벌경향이 더 강하다(Miller et al., 1997). 우리나라의 경우도 아동에 대한 신체학대, 정서학대, 방임에 있어서 특히 어머니의 음주문제가 중요한 위험요인으로 밝혀졌다(노충래, 2002; 이현기, 2005). 둘째, 부모의 부부관계 및 결혼스트레스는 아동학대의 위험요인이 될 수 있다. 즉, 배우자와의 결혼 갈등 또는 어려운 생활조건 등으로 스트레스를 받게 된 부모가 아동을 학대한다는 것이다(Fleming et al., 1997). 아동학대의 원인이 되는 부모 스트레스에는 경제적 어려움으로 인한 부부갈등(이현주・박소영, 2000)과 자녀양육스트레스(박명숙, 2002)가 포함된다. 셋째, 부부폭력은 많은 연구에서 아동학대의 원인으로 지목되고 있다. 특히, 부부폭력의 가해자로부터 피해자를 보호하기 위해 자녀들이 개입하는 과정에서 폭력피해를 입거나(Hazel, 1995), 가해자가 배우자에게 공포심을 유발하기 위하여 자녀에게 해를 입히는 경우가 발견된다(김재엽, 2001). 넷째, 아동기 학대경험이 있는 부모일수록 자녀를 학대할 가능성이 높다(Widom, 1989). 이와 같은 세대 간 학대 전이율이 약 30%에 이른다고 하는데(Kaufman & Zigler, 1987), 아동기의 학대로 인한 정신적 충격이 성인이 된 이후 자녀와의 관계에 부적응하게 하고, 부정적 반응을 보이게 한다는 것이다. 다섯째, 부모의 양육태도 역시 아동학대에 중요한 역할을 한다. 즉 자녀에 대한 애정과 지지보다는 체벌에 대한 확신을 갖는 부모의 경우 양육 스트레스를 아동학대와 연결짓는다는 것이다(Crouch & Behl, 2001; 김혜영・장화정, 2002). 끝으로 어머니의 취업과 아동학대는 밀접한 관계가 있다. 물론 전업주부가 아동학대 가능성이 더 높다거나(Korbin, 1978), 어머니의 취업이 학대에 직접적인 영향이 없다는 주장도 있지만(Prasad, 2001), 맞벌이 부부의 경우 신체적 학대와 방임의 위험성이 높고, 어머니만 취업한 가정의 경우 성적 학대의 위험성이 매우 높다는 연구결과가 있다(이현기, 2005).

이밖에도 부모요인 중 부모의 미성숙, 아동양육에 대한 지식부족, 자녀에 대한 지나친 기대, 부모의 정서적 욕구불만, 사회적 고립, 그릇된 자녀관 및 양육관 등이 아동학대의 위험요인으로 간주된다(중앙아동보호전문기관, http://korea1391.go.kr/2018.2.28. 검색).

나. 아동요인

아동요인은 학대의 유발요인인지 학대로 인한 결과인지 확실하지 않다. 그러나 아동이 갖고 있는 특성으로 부모나 양육자의 신체적·심리적 부담감이 부모를 지치게 하고 아동학대 가능성을 높이기도 한다. 아동요인은 아동의 신체적 위험요인과 심리학적 요인으로 구분하여 살펴볼 수 있다. 먼저 신체적 위험요인으로 조산, 선천성 신체장애 및 발달장애를 들 수 있다(박명숙, 2002). 특히 신체적 특징으로 인한 아동학대는 3세 이하 영아들에게서 많이 발견되는데, 연령이 어릴수록 여아보다는 남아가 학대 가능성이 높다(이시연·박은미, 2004). 또 아동의 인지발달, 언어발달, 그리고 문제행동 역시 아동학대의 위험요인으로 보고되고 있다(노충래, 2002). 성적 학대를 제외한 신체적 학대, 정서적 학대, 방임의 경우 남자 아이의 학대 위험성이 높고(이현기, 2005), 성적 학대의 경우 여아가 남아보다 2.5~3배의 위험이 더 높다고 한다. 이 밖에도 중앙아동보호전문기관에서는 아동의 신체적 요인으로 미숙아, 기형아, 만성 혹은 급성질환아, 심하게 보채거나 밤에 잘 자지 않는 아동 등의 특징을 지적하고 있다.

한편 심리학적 요인으로는 아동의 낮은 자존감, 낮은 자기효능감, 자신감 결여, 지나친 경계, 무반응 등이 아동학대 위험을 높이는 요인으로 보고되고 있다. 또한 아이의 고집이 센 경우, 아동이 폭력적·충동적·적대적 행동을 보이는 것도 아동학대를 유발하는 요인에 포함된다.

다. 환경요인

환경요인은 가족관계 및 구조적 문제, 사회전반의 분위기 등이 포함되며 다른 요인들과 상호 복합적으로 작용하여 아동학대를 유발한다. 먼저, 가족구조의 문제로 미성년가족, 한부모 가족, 이혼가족, 재혼가족 등 가족구조의 특성이 아동학대의 원인이 될 수 있다. 이는 양육에 대한 지식부족, 높은 스트레스, 가족 간의 긴밀한 상호작용 결여 등으로 이어질 수 있기 때문이다. 실제 이현기(2005)의 연구에 따르면 계부모 가족구조가 신체적 학대와 정서적 학대에 유의미한 영향을 미치는 것으로 나타났고, 부모와 방을 함께 쓰는 경우 성적 학대의 가능성이 높은 것으로 나타났다.

한편, 지역사회의 요인으로는 사회적 지지체제의 결여, 아동에 대한 신체적 폭력을 일종의 훈육으로 인정하는 사회 분위기나 아동을 존중하지 않는 문화, 자녀에 대한 소유의식이 강한 사회문화 등이 아동학대를 유발하는 원인이 된다(중앙아동보호전문기관, http://korea1391.go.kr/2018.2.28. 검색).

3. 아동학대의 특별한 형태

가. 매 맞는 아이 증후군(Battered Child Syndrome)

1962년 Kempe 등에 의해 명명된 매 맞는 아이 증후군[54]은 영유아나 소아가 부모 등의 보육자나 형제자매로부터 반복해서 신체적인 학대를 받아 발생하는 각종 증상의 총칭이다. 상처를 받은 시기가 서로 차이가 있는 외상이 몸 전체 여러 곳에서 관찰되는 것이 특징이다. 피부의 손상과 얼룩출혈, 경질막하 혈종, 골절 등이 많이 발견되고, 극단적인 경우 영구적 뇌손상과 죽음에 이르는 경우도 있다. 피해자 측면의 학대원인은 신체적·정신적 발육부전, 쌍둥이, 기형, 밤중에 우는 것, 야뇨증, 장난, 반항적 태도 등이 있다. 가해자 측면으로는 아이에 대한 애정결핍, 과잉기대, 육아에 대한 무지, 형제자매에 대한 시샘, 정신병, 신경증, 지능저하, 알코올 중독 등이 있다. 또한 생활환경의 측면에는 빈곤, 부부불화, 핵가족이면서 사회적으로 고립된 가정 등을 들 수 있다(의학검색엔진, www.kmle.co.kr/2012.1.15. 검색).

Toffel(1996)은 매 맞는 아내 증후군과 매 맞는 아동의 심리적 고통을 비교 연구했는데, 매 맞는 아내와 마찬가지로 매 맞는 아이들도 외상후 스트레스성 장애(PTSD)로 고통 받고 있는 사실을 밝혀냈다. 즉, 매 맞는 아이들은 특정 자극에 대해 일반인과 다른

54) Battered child syndrome은 매맞는 아이 증후군 이외에 피학대아동증후군으로 번역·사용되기도 한다.

반응을 보였다. 법원은 보호자의 아동학대를 입증하기 위해 매 맞는 아이 증후군을 인정하고 있으면서도, 반대로 학대당하는 아이가 그 보호자를 살해한 경우 이것을 인정한 사례는 드물다.

아동학대를 예방하기 위해 의료기관과 사회단체는 초기단계에 매 맞는 아이 증후군을 구분하기 위한 교육을 충분히 받아야 할 것이다. 또한 중재프로그램은 문제가 있다고 판단된 가정에 사회적 지원 상담을 제공하고, 육아정보와 교육을 제공해야 할 것이다. 이러한 프로그램은 적절한 가족경영 기술을 제공함으로써 가정 내 학대 수준의 악화를 예방한다. 한편, 학대받고 버려지는 아이들에게 새로운 가정을 찾아주는 단체인 CASA(Court Appointed Special Advocates)나 미국 아동을 위한 법률가 단체(Lawyers for Children America) 등을 통해 아동과 학대부모를 분리시키는 것도 한 방법이 될 것이다.

나. 흔들린 아이 증후군(Shaken Baby Syndrome: SBS)

미국 흔들린 아이 증후군 국립센터(National Center for Shaken Baby Syndrome: NCSBS)는 흔들린 아이 증후군을 "유아나 아동을 폭력적으로 심하게 흔들거나, 머리에 충격을 주어 발생한 증상들을 설명하기 위한 용어"라고 설명한다(NCSBS, www.dontshake.org/2012.1.15.검색). 흔들린 아이 증후군은 1972년 소아방사선의사였던 John Caffey에 의해 '얻어맞고 흔들린 아이 증후군(whiplash shaken baby syndrome)'이라는 용어로 처음 알려졌다(Lazoritz & Bier, 2001).

흔들린 아이 증후군의 가해자는 대부분이 남성인데, 이들은 약물중독이나 사회적 고립, 사회적 지지가 결여된 환경에 처한 사람들이다. 한편 흔들린 아이 증후군을 보이는 피해아동은 몇 가지 특징이 있다. 첫째, James Peinkofer는 남자아이가 흔들린 아이 증후군의 피해를 입을 가능성이 여자아이보다 60%나 높다고 보고하고 있다. 둘째, 피해아동은 4~5세의 경우도 발견되지만 대부분 1세 미만의 영유아들이 여기에 해당한다. 흔들린 아이 증후군이 발생하는 가장 큰 이유는 아이의 울음이다. 가해자는 아이를 해칠 의도로 아이를 흔들기보다 아이의 행동을 통제하여 순응하도록 만들고 훈육을 하고자 한 목적으로 아이를 흔들거나 머리를 때린다. NCSBS에 따르면 미국에서 연간

1,200~1,400명의 아동이 흔들린 아동 증후군으로 사망하거나 뇌손상을 입는다고 한다. 하지만 많은 경우 잘 발견되지 않기 때문에 이 수치도 정확한 것은 아니다.

8개월된 아이 '비행기 놀이' 하다 사망…아동학대치사 유죄

우는 아이를 들었다 내렸다 하는 '비행기 놀이'로 달래려다 떨어뜨려 숨지게 한 친아버지에게 대법원이 아동학대치사 혐의를 유죄로 판단하고 징역 3년 6월 형을 확정했다. 대법원 3부(주심 조희대 대법관)는 지난 13일 아동학대치사 혐의로 기소된 김모(45)씨의 상고심에서 징역 3년 6월을 선고한 원심판결을 확정했다고 26일 밝혔다.

김씨는 지난해 9월 동거녀의 아파트에서 동거녀와 사이에 낳은 8개월 된 아들 A군이 잠에서 깨 울자 '비행기 놀이'를 하며 달래던 중 A군을 머리 뒤로 넘긴 상태에서 떨어뜨려 숨지게 한 혐의로 기소됐다. 김씨는 비행기 놀이를 하기 전에도 울음을 그치지 않는 A군이 누워있는 유모차를 앞뒤로 수차례 강하게 흔들었던 것으로 조사됐다.

A군을 진료한 의료진은 두개골에 골절이 없음에도 심각한 뇌 손상이 발생한 점, 반복적인 외상 등에 의해 주로 나타나는 망막출혈이 동반된 점 등에 미뤄 '흔들린 아이 증후군'일 가능성이 있다는 소견을 냈다. '흔들린 아이 증후군'은 2살 이하 유아를 심하게 흔들어서 생기는 질환으로 뇌출혈과 망막출혈 등의 특징이 있고 장골이나 늑골의 골절 등 복합적 손상이 뒤따른다.

김씨는 재판에서 "비행기 놀이를 하다가 떨어뜨린 것은 아이와 놀아주던 중 발생한 일로 학대로 볼 수 없고 유모차를 과하게 흔든 행위 때문에 사망하리라고는 도저히 예견할 수 없었다"라며 무죄를 주장했다. 하지만 법원은 비행기 놀이 자체가 학대에 해당한다며 아동학대치사 유죄를 인정했다.

1·2심은 "피고인처럼 아기를 안고 자신의 무릎에서부터 머리 뒤까지 수차례 격하게 흔드는 행위는 일반적인 놀이가 아닌 학대의 범주에 해당하는 행위"라며 징역 3년6월을 선고하고, 120시간 아동학대 치료프로그램 이수를 명령했다.

다만 의료진이 언급한 '흔들린 아이 증후군'에 대해서는 "아기를 안고 흔든 행위가 이미 유죄로 판단된 이상 아기의 죽음과 이 증후군의 연관성에 대해 살펴보는 것은 의미 없다"며 별다른 판단을 하지 않았다.

대법원도 하급심 판단이 옳다고 봤다. (후략)

http://www.yonhapnews.co.kr/bulletin/2018/02/26/0200000000AKR20180226021700004.HTML?input=1195m
2018. 2. 27 검색

한편, 흔들린 아이 증후군은 치사율이 매우 높다. 이 증후군의 25%가 사망하고, 평생

실명, 간질, 발달장애, 발육장애 등의 장애를 겪게 되기도 한다. 따라서 흔들린 아이 증후군의 가해자는 아이가 사망했을 경우 고의살인 또는 과실치사로, 뇌손상을 입은 경우에는 중상해, 과실치상, 아동학대 등의 죄목으로 처벌을 받게 된다.

우리나라에서도 2018년 2월 흔들린 아이 증후군 논란으로 8개월 된 아들을 사망에 이르게 한 아버지에게 아동학대치사 혐의로 징역 3년 6개월의 형이 확정된 바 있다.

다. 뮌하우젠 증후군(Munchausen Syndrome by Proxy: MSBP)

아동학대의 심각한 유형 중 하나로 뮌하우젠 증후군(Munchausen Syndrome by Proxy)이 있다. 이 용어는 영국의 소아과의사 Roy Meadow가 1977년 처음 사용한 것이다. 이것은 아동학대의 일종으로서 부모(주로 어머니)가 자녀의 증상을 속이거나 자신의 손으로 직접 증상을 만들어 의료기관에 지속적, 상습적으로 데려오는 것을 의미한다(Murray, 1997). 뮌하우젠 증후군의 피해사례는 모든 계층의 가정에서 발견할 수 있는데, 피해자는 유년기부터 8세 사이의 아동인 경우가 가장 많고, 성별의 차이는 없다. 대부분 어머니가 범인이며, 아버지는 어떤 일이 일어나는지 모르는 경우가 많다(Pearl, 1995; J.G. Jones et al., 1986).

뮌하우젠 증후군의 특징은 치료가 그다지 효과가 없으며, 증상이 계속해서 재발한다는 점이다. 또 의료적인 신체검사 결과 모순적이거나 비정상적인 경우가 많고 신체적·임상적으로 불가능한 경우가 많다. 이것은 부모의 지속적인 학대에서 그 원인을 찾을 수 있다. 뮌하우젠 증후군 아동의 어머니가 학대를 하는 이유는 의사와 같은 전문가로부터 이상적(理想的) 부모라는 평을 듣고 싶은 욕망, 자녀에게 병이 있다는 망상적 신념, 주변으로부터 동정이나 주목받길 원하는 강박적 욕구 등이 동기로 꼽힌다(Bartol & Bartol, 2008: 308).

멀쩡한 아이 암환자 만들고 수술만 13회…엄마의 엽기행각 美 발칵

멀쩡한 아이가 암에 걸렸다며 생살을 찢고 수술하게 만든 엄마의 이야기가 미국 사회를 충격에 빠뜨렸다. 폭스뉴스 등 외신들은 최근 미국 텍사스 경찰에 붙잡힌 34세 여성 케이린 보웰의 어처구니없는 행각을 소개했다. 이에 따르면, 보웬은 멀쩡한 아들 크리스토퍼(8)가 아프다며 병원을 찾아가 무려 13회나 수술대에 올렸다.

보웬의 이상행동은 크리스토퍼가 태어난 직후부터 시작됐다. 아무 데도 아프지 않은 아들이 우유를 잘 먹지 못한다고 하소연하더니, 나중엔 아이가 걷지 못할 거라고 벌벌 떨었다. 남편이 보기에 아들은 아무 이상이 없었다.

하지만 보웬의 허언증은 점점 심해졌다. 급기야 크리스토퍼의 몸 곳곳에 영양주사 튜브를 꽂고 크라우드펀딩을 통해 후원금 모금에 나섰다. 심지어 아이 머리를 밀고 말기암에 걸렸다고 주변을 속이기까지 했다. 물론 아이를 돕겠다는 후원금은 꼬박꼬박 챙겼다.

이 때문에 크리스토퍼는 건강한 아이임에도 몸에 수 없이 칼을 대야 했다. 어쩌면 엄마 때문에 계속 수술을 받아야 했을 크리스토퍼는 한 의사의 끈질긴 조사 덕에 기나긴 고문에서 벗어났다.

전문가들은 보웬의 엄마가 뮌하우젠 증후군(Münchausen syndrome)을 갖고 있다고 지적했다. 뮌하우젠 증후군은 주위의 동정이나 관심을 얻기 위해 없는 사실도 만들어내는 사람들에게서 관찰된다. 허언증이 대표적이다.

경찰은 건강한 아이를 중환자로 만들고 사람들의 관심과 돈을 챙긴 보웬이 뮌하우젠 증후군 환자인지, 혹은 모든 것이 철저하게 계산된 행위였는지 조사할 방침이다.

http://www.newspim.com/news/view/20171221000162 2018. 2. 27 검색

라. 형제학대(Sibling Abuse)

형제학대는 아동학대의 한 유형으로 신체적 폭력을 중심으로 하는 형제폭력(sibling violence)보다는 방임이나 성폭력과 같은 다른 유형의 학대를 포함한다는 점에서 구분된다. 또 이것은 형제간에 발생하는 것이라는 점에서 부부폭력이나 자녀폭력과도 구분된다. 여기서 형제는 “공통의 부모를 갖는 친형제, 이복형제, 의붓형제, 입양형제를 포함하는 2인 이상의 형제”를 의미한다(Johnstone & Marcinak, 1997).

형제학대는 사람들이 아는 것보다 훨씬 보편화된 피해의 한 유형이다. Barnett 등(2004)의 연구에 의하면 미국 내 가정의 절반이상에서 형제학대가 발생한다. 이 유형의 학대는 많은 경우 가족구성원에게 학대로 인식되지 않기 때문에 일반적으로 가족구성원 사이의 폭력이나 범죄피해를 쉽게 알아차릴 것이라는 기대와 달리 형제간의 학대에 대해서는 잘 인식하지 못한다.

우리는 형제간 학대의 문제를 '단지 형제간의 경쟁일 뿐이다', '애들은 병원놀이를 했을 뿐이다', '애들은 애들이다', '그 아이가 여동생을 해칠 생각은 없었다. 그 아이는 동생을 정말로 사랑한다', '어린 시절 호기심에 충분히 그럴 수 있다', '애들은 항상 남 탓을 한다', '나는 그 아이에게 동생을 다시는 때리지 말라고 타일렀다', '애들은 자라면서 폭력 문제에서 벗어날 것이다' 등과 같은 말로 문제의 심각성을 가볍게 생각한다(Wallace, 2007: 198). 한편 Kiselica와 Morrill-Richards(2007)는 형제간 학대가 잘 알려지지 않는 여러 이유를 다음과 같이 제시하고 있다. 첫째, 대부분 부모는 자녀간의 싸움이나 폭력은 성장기에 일반적으로 나타나는 것으로 간주하는 경향이 있다. 둘째, 부모가 자녀들 사이에 발생한 폭력적 행동을 갈등해결의 도구로 이해한다. 셋째, 부모가 자녀들이 성인이 된 후 사회에서 겪게 될 폭력성에 미리 대비하도록 하기 위해 형제간의 학대 내지 폭력을 용인한다.

형제간 학대에는 신체적, 정서적, 성적 학대를 포함한 다양한 형태가 있다. 신체적 학대에는 형제간의 발차기, 주먹으로 때리기, 깨물기, 무언가로 내려치기 등이 포함되고, 정서적 학대에는 욕설이나 모욕, 지속적인 괴롭힘, 피학대자의 애완동물을 괴롭히거나 죽이는 것까지 포함된다. 또 성적 학대에는 동의능력이 없는 아동에 대한 모든 성적 행위가 포함된다. 그러나 성적 학대는 그것을 식별하기가 매우 어려운데, 그 이유는 성적 학대가 단순한 성적 호기심에 의한 실험에서부터 착취적 학대로 발생한 결과에 이르기까지 매우 다양하기 때문이다(Wilson, 2009: 255).

제4절 아동학대 관련 대책

1. 아동학대 예방 및 처벌 관련 법률

우리나라에서는 2000년대 초반에 이르러서야 아동학대에 대해 관심을 가지기 시작하였다. 2000년 아동복지법의 전부개정을 통해 아동학대라는 개념이 법률에 명확하게 규정되었으며, 긴급전화 및 아동보호전문기관에 대한 설치근거가 마련되었고, 아동학대에 대한 신고 의무 등이 규정되었다. 이후 수차례의 아동복지법 개정을 거쳐 아동학대 신고의무자의 범위가 확대되는 등 아동학대를 예방하고 조기 발견하기 위한 노력들이 이루어져왔다. 이후 2014년 아동학대에 대한 강력한 대처와 예방을 위해서 아동학대처벌법이 제정됨으로써 기존 아동복지법에서 규정하고 있던 신고의무제도 등에 대한 사항 및 행위자 처벌 및 피해아동 보호 등에 대한 사항이 특례법으로 이관되었다.

가. 아동학대 예방을 위한 장치

아동복지법에서는 아동학대의 예방과 방지를 위해서 국가와 지방자치단체로 하여금 관련된 각종 정책의 수립 및 시행, 연구・교육・홍보 및 아동학대 실태조사 등을 하도록 규정하고 있다(제22조). 또한 매년 11월 19일을 아동학대예방의 날로 지정하고, 아동학대예방의 날부터 1주일을 아동학대예방주간으로 하여 범국민적으로 아동학대의 예방과 방지에 관한 관심을 높일 수 있도록 하고 있으며(제23조), 국가기관 등에서 아동학대의 예방과 방지를 위하여 필요한 교육을 연 1회 이상 의무적으로 실시하도록 하고 있다(제26조의2).

더불어 교육부장관으로 하여금 아동학대를 조기에 발견하고 이들에 대해 신속한 보호조치가 이루어질 수 있도록 하기 위해 장기결석 학생 등의 정보 등을 보건복지부장관과 공유하도록 하였으며(제22조의2), 보건복지부장관은 아동학대 관련 정보를 공유하고 아동학대를 예방하기 위하여 피해아동, 그 가족 및 아동학대행위자에 관한 정보와 아동학대예방사업에 관한 정보를 아동정보시스템에 입력・관리하도록 하고 있다(제28조의2 제2항).

나. 가해자에 대한 처벌

아동학대처벌법에서는 아동학대 범죄자에 대한 확실한 처벌을 위해 형사소송법 제252조(시효의 기산점)에도 불구하고 아동학대범의 공소시효를 해당 아동학대범죄의 피해아동이 성년에 달한 날부터 진행하도록 하고 있다(제34조). 또한 아동학대 범죄에 대한 엄격한 처벌을 위해 아동학대살해(사형, 무기 또는 7년 이상의 징역), 아동학대치사

(무기 또는 5년 이상의 징역), 아동학대중상해(3년 이상의 징역)에 대해 형법보다 중한 처벌규정을 두고 있다(제4조, 제5조). 더불어 아동학대 신고의무자가 보호하고 있는 아동에 대해서 아동학대범죄를 범할 때에는 형의 2분의 1까지 가중하도록 하고 있다(제7조). 이와 함께 재발을 막기 위해 법원은 아동학대행위자에 대하여 유죄판결을 선고하거나 약식명령을 고지하면서 200시간의 범위에서 재범예방에 필요한 수강명령 또는 아동학대 치료프로그램의 이수명령을 병과할 수 있도록 하고 있다(제8조).

또한 아동복지법에서는 아동학대관련범죄로 형 또는 치료감호를 선고하는 경우 판결로 그 형 또는 치료감호의 전부 또는 일부의 집행을 종료하거나 집행이 유예 · 면제된 날부터 최장 10년까지의 기간 동안 아동관련기관을 운영하거나 아동관련기관에 취업 또는 사실상 노무를 제공할 수 없도록 하고 있다(제29조의 3).

다. 피해아동에 대한 보호

아동복지법에서는 학대받은 아동의 치료, 아동학대의 재발방지 등 사례관리 및 아동학대예방을 담당하는 아동보호전문기관을 시·도 및 시·군·구에 1개소 이상 두도록 규정하고 있다(제45조). 이 기관에서는 피해아동, 피해아동의 가족 및 아동학대행위자를 위한 상담 · 치료 및 교육과 함께 아동학대예방 교육 및 홍보, 피해아동 가정의 사후관리 등의 업무를 수행한다(제46조). 또한 피해아동을 위한 법률상담과 소송대리(訴訟代理) 등의 지원을 국가부담으로 수행할 수 있도록 하고 있음은 물론이고(제29조의6), 피해아동의 치료를 위한 전담의료기관을 지정하여 아동학대 피해에 대한 상담, 신체적 · 정신적 치료 등의 조치를 할 수 있도록 하고 있다(제29조의7).

〈표 10-2〉 아동학대행위자에 대한 임시조치

- 피해아동 또는 가정구성원의 주거로부터 퇴거 등 격리
- 피해아동 또는 가정구성원의 주거, 학교 또는 보호시설 등에서 100미터 이내의 접근 금지
- 피해아동 또는 가정구성원에 대한 「전기통신기본법」 상 전기통신을 이용한 접근 금지
- 친권 또는 후견인 권한 행사의 제한 또는 정지
- 아동보호전문기관 등에의 상담 및 교육 위탁

· 의료기관이나 그 밖의 요양시설에의 위탁
· 경찰관서의 유치장 또는 구치소에의 유치

아동학대처벌법에서는 현장에서의 피해아동에 대한 보호 내용을 상세하게 규정하고 있는데, 먼저 현장에 출동하거나 아동학대범죄 현장을 발견한 경우 또는 학대현장 이외의 장소에서 학대피해가 확인되고 재학대의 위험이 급박・현저한 경우, 사법경찰관리 또는 아동학대전담공무원은 행위의 제지, 아동학대행위자격리, 피해아동의 보호시설 인도, 의료기관으로 인도 등의 응급조치를 하도록 규정하고 있다(제12조). 또한 원활한 조사・심리 또는 피해아동 등의 보호를 위해 필요하다고 인정할 경우 판사로 하여금 〈표 10-2〉와 같은 임시조치를 2개월을 초과하지 않은 범위 내에서 할 수 있도록 하고 있으며(제19조),[55] 또한 1년의 기간 내에서 〈표 10-3〉과 같이 피해아동에 대한 보호명령을 할 수 있도록 하고 있다(제47조).[56]

〈표 10-3〉 피해아동에 대한 보호명령

· 아동학대행위자를 피해아동의 주거지 또는 점유하는 방실(房室)로부터의 퇴거 등 격리
· 아동학대행위자가 피해아동 또는 가정구성원에게 접근하는 행위의 제한
· 아동학대행위자가 피해아동 또는 가정구성원에게 「전기통신기본법」 상 전기통신을 이용하여 접근하는 행위의 제한
· 피해아동을 아동복지시설 또는 장애인복지시설로의 보호위탁
· 피해아동을 의료기관으로의 치료위탁
· 피해아동을 아동보호전문기관, 상담소 등으로의 상담 · 치료위탁
· 피해아동을 연고자 등에게 가정위탁
· 친권자인 아동학대행위자의 피해아동에 대한 친권 행사의 제한 또는 정지
· 후견인인 아동학대행위자의 피해아동에 대한 후견인 권한의 제한 또는 정지
· 친권자 또는 후견인의 의사표시를 갈음하는 결정

55) 다만 연장이 필요하다고 인정되는 경우 격리와 접근금지, 전기통신을 이용한 접근금지는 2회, 나머지 임시조치에 대해서는 1회에 한해 각 기간의 범위 내에서 연장할 수 있다.
56) 친권자 또는 후견인의 의사표시를 갈음하는 결정은 1년의 기간 제한이 없으며, 다른 사항의 경우에는 연장이 필요하다고 인정되는 경우 피해아동이 성년에 도달하는 때까지 6개월 단위로 그 기간을 연장할 수 있다.

2. 아동학대 개입 절차

아동학대가 의심되어 신고가 이루어진 상황에서 보호조치가 필요한 아동에 대한 주요 처리절차는 다음과 같다.[57)]

가. 현장출동 및 조사, 응급조치

시·군·구 아동학대전담공무원은 아동학대 긴급전화를 통해 아동학대의심사례가 신고되거나 경찰로부터 아동학대 의심 신고 건을 통보받은 경우 지체 없이 현장에 출동하고 조사를 실시하여야 한다. 이후 앞서 설명한 응급조치를 실시하고 경찰의 경우 법원의 임시조치 결정을 받을 수 없을 때에는 긴급임시조치를 실시할 수 있다.[58)]

나. 즉각분리, 일시보호조치

아동학대전담공무원은 재학대 우려 등으로 피해(의심)아동을 보호조치 시까지 필요한 경우 아동일시보호시설, 학대피해아동쉼터 등에 아동을 입소시키거나 적합한 위탁가정 또는 적당하다고 인정하는 자에게 일시 위탁하여 보호할 수 있다. 또한 아동학대전담공무원은 즉각 분리(일시보호조치) 된 보호대상아동의 건강검진, 심리검사를 실시하고, 필요시 아동보호전담요원, 지자체 인력, 보호시설, 학대피해아동쉼터 내 상주 임상심리 치료인력, 외부 치료기관, 아동보호전문기관 등에 협조요청을 할 수 있다.

다. 피해아동 보호계획 수립

아동학대전담공무원은 피해아동 및 아동학대행위자에 대한 적극적 보호 및 지원이 이루어질 수 있도록 아동학대 조사내용 등을 통해 피해아동 및 아동학대행위자, 가정상황 등을 면밀히 검토하여 피해아동 보호계획을 수립해야 한다.

아동학대전담공무원은 피해아동 보호계획을 수립 후 아동보호전문기관에 사례연계

57) 이 내용은 보건복지부·아동권리보장원이 발간한 「2024 아동보호서비스 업무매뉴얼」을 바탕으로 작성하였다.

58) 긴급임시조치는 앞서 살펴본 임시조치 중 위의 3가지에 해당되며, 사법경찰관은 긴급임시조치를 한 경우 지체없이 검사에게 임시조치의 청구를 신청해야 한다.

를 실시하여야 하며, 보호조치가 필요한 경우 아동보호전담요원에게 피해아동보호계획서를 공유하여야 한다. 아동보호전담요원은 공유 받은 피해아동 보호계획을 바탕으로 아동 상황 점검표를 작성하고, 사례결정위원회에 안건 상정하여 보호조치 여부를 결정하게 된다.

라. 사례관리

아동보호전문기관은 초기면접 및 사정 등 통해 피해아동 및 아동학대행위자, 가족구성원 등에 대한 사례관리계획을 수립 후 아동학대전담공무원에게 공유하고 아동학대전담공무원은 아동보호전담요원에 공유, 원가정 외 보호기관은 개별보호・관리계획을 바탕으로 아동에 대한 서비스 제공계획을 수립 후 아동보호전담요원에게 공유한다.

이후 아동보호전문기관은 분리보호 된 아동에 대하여 사례관리 서비스를 제공하고, 아동보호전담요원은 아동보호전문기관과 협조하여 보호조치된 아동의 양육상황 및 원가정에 대해서 점검한다.

마. 보호종결

아동보호전문기관은 사례관리 중 가정복귀 가능성 여부를 검토, 가정복귀가 필요한 경우 시・군・구 아동학대전담공무원에 공유한다. 아동보호전문기관의 사례관리가 종결된 경우에는 아동보호전담요원이 아동・보호자의 가정복귀 의사를 확인하고 아동학대전담공무원에게 공유한다. 아동보호전문기관은 양육환경 점검 내용, 가정복귀 프로그램 결과, 공공연계 사례회의 결과 등을 종합하여 가정환경조사서 작성 후 아동학대전담공무원에게 제출, 아동학대전담공무원은 이를 확인하여 아동보호전담요원에게 사례결정위원회 안건 상정을 요청한다. 가정복귀 승인결정이 이루어진 경우 아동학대전담공무원은 결정 내용을 보호자에게 통보하고 아동을 보호자에게 인계한다.

요점정리

(1) 우리나라에서는 아동학대를 "보호자를 포함한 성인이 아동의 건강 또는 복지를 해치거나 정상적 발달을 저해할 수 있는 신체적·정신적·성적 폭력이나 가혹행위를 하는 것과 아동의 보호자에 의해 이루어지는 유기와 방임"이라고 정의하고 있다.

(2) 아동학대의 경우 주로 친부모에 의해서 가장 많이 이루어지며, 아동학대의 유형 중에서는 정서적 학대가 가장 많이 발생한다.

(3) 아동학대의 원인은 크게 부모요인, 아동요인, 환경요인으로 파악할 수 있다.

(4) 아동학대의 특별한 형태로는 매 맞는 아이 증후군, 흔들린 아이 증후군, 뮌하우젠 증후군 등이 있다.

(5) 아동학대처벌법에서는 아동학대 범죄자에 대한 확실하고 엄격한 처벌과 재발방지를 위해 공소시효의 정지와 효력, 형법보다 엄중한 처벌규정, 수강명령 및 치료프로그램의 이수명령 병과 등의 규정을 두고 있다.

복습문제

1. 아동학대의 유형은 어떤 것이 있는가?

2. Tower가 구분한 면식관계에 의한 아동성학대 5단계는 무엇인가?

3. 아동학대의 심각한 유형 중 하나로 부모가 자녀의 증상을 속이거나 자신의 손으로 직접 증상을 만들어 의료기관에 지속적, 상습적으로 데려오는 것을 무엇이라고 하는가?

4. 아동복지법에서는 아동학대관련범죄로 형 또는 치료감호를 선고받아 확정된 사람에 대해 그 확정된 때부터 형 또는 치료감호의 전부 또는 일부의 집행이 종료되거나 집행을 받지 아니하기로 확정된 후 최장 (　　)년까지의 기간 동안 아동관련기관을 운영하거나 아동관련기관에 취업 또는 사실상 노무를 제공할 수 없도록 하고 있다

5. 아동학대 현장에 출동하거나 아동학대범죄 현장을 발견한 경우 또는 학대현장 이외의 장소에서 학대피해가 확인되고 재학대의 위험이 급박 · 현저한 경우, 사법경찰관리 또는 아동학대전담공무원은 (　　　), (　　　), (　　　), (　　　) 등의 응급조치를 하도록 규정하고 있다.

정답 1 신체적 학대, 정서적 학대, 성적학대, 방임 및 유기, 2 계약단계, 성적 상호작용단계, 비밀단계, 발견단계, 은폐단계, 3 뮌하우젠 증후군, 4 10년, 5. 행위의 제지, 아동학대행위자격리, 피해아동의 보호시설 인도, 의료기관으로 인도

제11장

노인학대

학습목표

○ 노인학대의 개념과 유형, 특성을 살펴보고, 실태를 확인한다.

○ 노인학대를 설명하는 다양한 이론들을 학습한다.

○ 노인학대 문제와 관련된 우리나라의 법과 제도에 대해서 살펴본다.

핵심키워드

노인학대, 방임, 유기, 은폐성, 노인복지법, 노인보호전문기관

11 노인학대

통계청의 「2024 고령자통계」에 따르면 우리나라 전체 인구 가운데 65세 이상 인구는 약 994만명으로 이는 전체 인구의 19.2%로 이미 고령화사회(aging society)로 접어들었으며, 2025년에는 65세 이상 고령인구가 20.3%로 초고령사회(super-aged society)로 접어들 것으로 예측하고 있다(통계청, 2024).[59] 우리 사회가 초고령사회로 진입해 감에 따라 노인인구의 증가와 함께 노인의 범죄피해문제도 사회의 큰 문제 중 하나로 대두되고 있다. 이 장에서는 노인의 범죄피해 유형 중 대표적 형태인 노인학대를 중심으로 알아보겠다.

제1절 노인학대의 정의와 유형

1. 노인학대의 정의

노인학대를 설명하기 위해서는 노인에 대한 이해가 선행되어야 한다. 노인은 일반적으로 '나이가 많이 들어 늙은 사람'을 지칭한다. 여기에서 나이에 대한 기준은 50세, 60세, 65세 등 학자마다 다양하게 기준을 정한다. 또한 노인도 연령을 기준으로 초기노령(early old age; 64~74세), 고령(advanced old age; 75세 이상), 초고령(old-old age; 85세 이상)으로 구분하기도 한다(Fattah & Sacco, 1989). 따라서 노인학대란 이렇게 정의되는 노인을 대상으로 한 학대를 의미하게 된다.

불과 얼마 전까지만 해도 노인학대는 사회적으로 금기시된 행위로 노인학대 자체가

59) 노인 인구와 관련한 사회구분은 크게 3가지가 있다(통계청, 2017a). 고령화사회(aging society)는 전체 인구 중 65세 이상 인구비율이 7%이상 14% 미만의 사회를, 고령사회(aged society)는 65세 이상 인구 비율이 14%이상 20% 미만의 사회를, 초고령사회(super-aged society)는 65세 이상 인구비율이 20% 이상인 사회를 각각 의미한다.

이례적인 사건이었기 때문에 다른 일탈 및 범죄행위에 비하여 대중의 관심이 늦게 시작되었다(Penhale, 2008). 더구나 노인학대는 그 개념이 다차원적이고 사회문화적 차이로 인해 국가와 학자에 따라 다양하게 정의되고 있다. 즉 노르웨이에서는 '가족갈등(family disharmony)'을 노인학대에 포함시키는가 하면, 홍콩에서는 '노인유기', 인도에서는 '며느리의 불경(disrespect)'을 노인학대의 한 유형으로 포함하기도 한다. 심지어 효의식이 강한 극동지역에서는 노인시설에 노인을 입소시키는 것만으로도 노인학대에 해당하는 것으로 보는 경우도 있다(Kosberg et al., 2003).

한편, 노인에 대한 범죄피해를 설명할 때 가장 많이 사용되는 용어는 학대(abuse), 폭력(violence), 유기(abandonment), 방임(neglect), 부적절한 처우(maltreatment or mistreatment), 착취(exploitation) 등이 있다. 초기의 노인학대(elder abuse) 개념은 신체적, 성적, 심리적, 재정적 학대를 포괄하는 개념으로 사용되었으며, 여기에 방임을 별개의 개념으로 이해하기도 하였으나 최근에는 방임을 노인학대의 하위유형으로 이해하는 것이 일반적이다. 이처럼 노인학대의 개념은 점차 확대되어 가는 추세에 있는데, 영국의 보건부(DoH, 2000)에서는 노인학대를 '타인에 의한 노인의 시민권 또는 인권 침해행위'라고 정의함으로써 노인의 권리침해행위 전체로 그 개념을 확장하였다.

우리나라에서는 노인학대에 대해서 노인복지법에 규정하고 있는데, 법률에서는 노인학대를 "노인에 대한 신체적·정신적·정서적·성적 폭력 및 경제적 착취 또는 가혹행위, 유기(遺棄) 또는 방임(放任)"이라고 정의하고 있다(노인복지법 제1조의2 제4호).

2. 노인학대의 유형

노인학대는 아동학대와 마찬가지로 능동적 학대와 수동적 학대로 구분된다(Stiegel, 2003). 능동적 학대는 노인에 대한 위해, 기만, 강요, 통제 등을 목적으로 한 의도적인 학대 또는 방임행위를 말한다. 여기에는 신체적 학대, 성적 학대, 경제적 학대, 그리고 방임이 포함된다. 신체적 학대의 징후로는 팔다리에 골절상, 담배화상, 찰과상 또는 타박상이 있는 반면, 행태적으로는 예상외의 부상, 과거의 유사한 부상, 의심스러운 병원치료 또는 때가 늦은 병원치료 등을 꼽을 수 있다. 반면 노인에 대한 수동적 학대로는 심리적, 사회적, 경제적 학대나 방임과 같은 의도적이지 않은 행동들이 포함된다. 수동적 방임은 노인요양사가 개인적 사정 등으로 노인요양의 책무를 다하지 못함으로써 발생하게 된다. 많은 국가들에서는 노인에 대한 부양책임이 누구에게 있는지 법으로 명확하게 명시하고 있다. 하지만 미국은 그러한 법규가 없기 때문에 미국 법원은 피해자와 보호자 사이에 '보호의무(duty of care)' 기준을 제시하고 있다(Brammer & Biggs, 1998).

미국 국립노인학대예방위원회(NCPEA: National Committee for the Prevention Elder Abuse)에서는 노인학대의 유형을 신체적 학대(physical abuse), 성적 학대(sexual abuse), 가정폭력(domestic violence), 심리적 학대(psychological abuse), 재정적 학대(financial abuse), 방임(neglect), 자기방임(self-neglect) 등으로 분류하고 있다(NCPEA, http://www.preventelderabuse.org/2012.1.15. 검색). 또한 미국의 국립노인학대센터(National Center on Elder Abuse)에서는 노인학대의 유형을 신체적 학대(physical abuse), 성적 학대(sexual abuse), 정서적 학대(emotional or psychological abuse), 방임(neglect), 유기(abandonment), 경제적 착취(financial or material exploitation), 자기방임(self-neglect) 등으로 분류하고 있다(http://www.ncea.aoa.gov/2012.1.15. 검색).

우리나라의 중앙노인보호전문기관에서는 노인학대의 발생공간을 기준으로 가정학대와 시설학대 및 그 외의 공간 및 기타 학대행위자에 의해 발생하는 학대로 구분하고, 행태적으로는 신체적 학대, 정서적 학대, 성적 학대, 경제적 학대, 방임, 자기방임, 유기로 세부유형을 분류하고 있다(중앙노인보호전문기관 홈페이지, 2024. 10. 31. 검색).

구체적으로 노인복지법에서는 노인학대의 유형으로 ① 노인의 신체에 폭행을 가하거나 상해를 입히는 행위, ② 노인에게 성적 수치심을 주는 성폭행·성희롱 등의 행위, ③ 자신의 보호·감독을 받는 노인을 유기하거나 의식주를 포함한 기본적 보호 및 치료를 소홀히 하는 방임행위, ④ 노인에게 구걸을 하게 하거나 노인을 이용하여 구걸하는 행위, ⑤ 노인을 위해 증여 또는 급여된 금품을 그 목적 외의 용도에 사용하는 행위, ⑥ 폭언, 협박, 위협 등으로 노인의 정신건강에 해를 끼치는 정서적 학대행위 등을 규정하고 있다(노인복지법 제39조의9). 이들 유형을 구체적으로 정의하면 〈표 11-1〉과 같다.

〈표 11-1〉 노인학대의 유형과 판정지표 및 징후

유 형	판정지표	징 후
신체적 학대	· 노인을 폭행한다. · 노인을 제한된 공간에 강제로 가두거나 노인의 거주지 출입을 통제한다. · 노인의 신체를 강제로 억압한다. · 신체적 해를 가져올 위험성이 큰 행위로 노인을 협박하거나 위협한다. · 노인의 신체적 생존을 위협할 수 있는 행위를 한다. · 약물을 사용하여 노인의 신체를 통제하거나 생명을 저해한다. · 노인이 원하지 않거나 수행하기 어려운 노동을 하게 한다.	· 설명할 수 없거나 설명과 일치하지 않는 상처 및 부상 · 치료받지 못한 상처 및 부상 · 머리카락이 뽑힌 흔적 또는 머리 부분에 출혈한 흔적 · 영양부족 상태 또는 질병과 관련 없는 탈수상태 · 이상한 체중감소 · 노인이 바깥출입 거의 없거나 집 주위에서 배회함 · 묶인 흔적 또는 상처 · 위축감, 두려움 및 불안 증세가 심함
정서적 학대	· 노인과의 접촉을 기피한다. · 노인의 사회관계 유지를 방해한다. · 노인을 위협·협박하는 언어적 표현이나 감정을 상하게 하는 행동을 한다. · 노인과 관련된 결정사항에 대해서 의사결정 과정에서 소외시킨다.	· 흥분 또는 화가 난 분노의 모습 · 눈물을 머금거나 우는 모습 · 잠을 잘 못자거나 안절부절 못하는 불안한 모습 · 무반응 또는 무표정한 모습 · 극단적인 행동 또는 히스테리를 보임 · 걱정과 근심이 가득한 모습 · 말하기를 꺼려하거나 주저함 · 가족 또는 보호자 등과 대화가 거의 없거나 눈치를 봄
성적 학대	· 노인에게 성폭력을 행한다. · 노인에게 성적 수치심을 주는 표현이나 행동을 한다.	· 걸을 때 또는 앉을 때의 어려움 · 속옷이 찢어짐 · 외부 성기부분이나 항문부위의 타박상이나 하혈 · 성병 · 신체의 주요부분을 노출시킴
경제적 학대	· 노인의 소득 및 재산, 임금을 가로채거나 임의로 사용한다. · 노인의 재산에 관한 법률적 권리를 침해하는 행위를 한다. · 노인의 재산 사용 또는 관리에 대한 결정을 통제한다.	· 노인의 재산이 타인의 명의로 갑자기 전환됨 · 은행계좌의 현저한 또는 비적절한 거래가 있음 · 체납된 공과금 및 고지서가 발견됨 · 노인의 임금이 체불됨 · 자신의 돈을 마음대로 사용하지 못함 · 개인 귀중품이 없어짐

방 임	· 거동이 불편한 노인의 의식주 등 일상생활 관련 보호를 제공하지 않는다. · 경제적 능력이 없는 노인의 생존을 위한 경제적인 보호를 제공하지 않는다. · 의료 관련 욕구가 있는 노인에게 의료적 보호를 제공하지 않는다.	· 대소변 냄새, 악취, 땀띠, 염증, 욕창 등이 방치된 상태 · 의복 및 이불 등의 빨래가 제대로 되어있지 않는 주거환경 · 식사를 거르는 등의 영양실조나 탈수상태 · 노인에게 필요한 의료적 처치를 받지 않음 · 생명에 위협이 될 의식주 거부를 노인 스스로 함
유 기	· 의존적인 노인을 유기한다.	· 노인이 낯선 장소에서 배회하고 있음 · 노인이 자신의 주거지 및 연락처를 알지 못하는 데 버려져 있음 · 노인을 시설, 병원 등에 입소시킨 후 연락두절

출처: 보건복지부 · 중앙노인보호전문기관, 2023b: 7-24 바탕으로 구성

3. 노인학대의 특성

노인학대의 특성으로는 크게 지속성, 복합성, 반복성, 은폐성 등을 들 수 있다(보건복지부 · 노인복지전문기관, 2023a). 먼저 지속성이란 오랜 기간 동안 학대행위가 계속되는 것을 의미한다. 실제로 2023년 노인학대 현황보고서의 내용을 살펴보면, 전체 학대사례 7,025건 중 학대 기간이 1년 이상 5년 미만인 경우가 2,132건(30.3%)으로 가장 많았으며, 5년 이상 2,071건(29.5%), 1개월 이상 1년 미만 1,095건(15.6%) 등의 순으로 나타났다. 즉 학대를 겪는 노인들의 약 60%가 1년 이상의 기간 동안 학대에 놓여있는 것으로 볼 수 있다.

두 번째는 복합성으로 가족 및 관계 내 복합적이고 상호적인 원인이 존재한다는 것이다. 노인학대의 경우 부모의 어린 시절 학대, 부모에 대한 부양에서 오는 의무감, 경제적 어려움, 학대가해자의 정신적 문제, 가족구성원간의 갈등 등 다양한 원인에서 비롯될 수 있다.

세 번째는 반복성으로 노인학대는 일회성으로 그치지 않고 반복하여 발생한다는 것이다. 즉, 노인학대는 충동적인 감정에 의해 일회성으로 그치는 것이 아니라 습관적 또는 의도적으로 반복하여 나타난다는 것이다. 2023년 노인학대 현황보고서의 노인학대의 발생빈도 분석결과에 따르면 1개월에 한 번 이상이 1,741건(24.8%), 1주일에 한 번

이상 1,394건(19.8%), 6개월에 한 번 이상 845건(12.0%) 순으로 나타났으며, 일회성 1,533(21.8%)을 제외하면 약 80% 정도 노인 학대가 반복적으로 발생하는 것으로 알 수 있다.

마지막으로 은폐성은 학대 사실을 드러내기 보다는 남에게 알리고 싶어 하지 않고 공개하기를 꺼려함을 의미한다. 이는 본인의 피해사실을 숨기고 싶어 하는 심리와 함께 상당 수의 가해자가 자녀인 점을 감안하여 자녀를 보호하고자 하는 부모의 심리가 작용한 결과 나타나는 특성이다.

제2절 노인학대의 실태

1. 노인학대의 실태

여기에서는 보건복지부 주관으로 2023년 노인보호전문기관으로 접수된 신고 및 상담 목적의 모든 사례를 분석한 「2023 노인학대현황보고서(보건복지부 · 중앙노인보호전문기관, 2024)」를 바탕으로 노인학대 실태를 살펴보겠다.

먼저, 피해노인의 성별을 살펴보면, 신고 접수된 노인학대 사례는 7,025건으로 나타났다. 이 중 여성은 5,333명으로 전체 학대피해노인 중 75.9%에 해당하며, 남성의 경우 1,692명으로 24.1%에 해당하는 것으로 확인되었다. 이러한 결과는 65세 이상 인구구성상 여성노인이 남성노인에 비해 비교적 많은 수를 차지한다는 점에서[60)]피해비율의 차이에서 고려해야할 점이 있지만, 일반적으로 여성이 남성에 비해 신체적 · 경제적으로 약자라는 점을 보여준다.

둘째, 피해노인의 학대 유형을 살펴보면, 여성의 경우 정서적 학대(43.9%), 신체적 학대(43.6%), 방임(5.9%) 순으로 높게 나탔으며, 남성의 경우 신체적 학대(39.6%), 정서적 학대(38.3%), 방임(11.1%) 순으로 높게 나타났다. 성별 구분 없이 이 세 가지 유형이 전체 학대의 약 90%를 차지하고 있는 것을 알 수 있다.

60) 2023년 말 기준 우리나라의 65세 이상 인구 비율은 남성이 44.2%, 여성이 55.8%를 나타내고 있다.

셋째, 피해노인의 연령별 현황을 살펴보면, 성별을 기준으로 볼 때 여성의 경우 65세 이상 70세 미만이 24.4%로 가장 높게 기록되었다. 다음으로 70세 이상 75세 미만 22.4%, 75세 이상 80세 미만 19.1%, 80세 이상 85세 미만 17.4%, 85세 이상 90세 미만 10.6% 순으로 나타났다. 여성의 경우 피해 인원수만을 기준으로 보았을 때 나이가 어릴수록 더 많은 학대 피해 건수가 기록되고 있음을 확인할 수 있다. 남성의 경우, 70세 이상 75세 미만이 22.7%로 가장 높게 나타났으며, 65세 이상 70세 미만 20.9%, 75세 이상 80세 미만 19.9%, 80세 이상 85세 미만 18.8%, 85세 이상 90세 미만 13.0% 순으로 나타났다.

다음으로 연령대별 학대유형에 대해서 살펴보면, 65세 이상 90세 미만의 경우 신체적 학대와 정서적 학대가 비슷하게 높은 분포를 보이고 있는데, 70세 이상 80세 미만에서는 정서적 학대가 조금 높게 나타나며, 다른 연령대에서는 신체적 학대가 조금 높게 나타나는 것을 확인할 수 있다. 다만 예외적으로 낮은 빈도이기는 하지만 100세 이상에서는 성적학대가 40%로 가장 높게 나타났으며, 90세 이상 100세 미만에서는 방임이 25%이상으로 신체적 학대와 정서적 학대와 함께 높은 수치를 보이고 있었다. 이렇게 방임의 비율이 높아지는 이유는 오랜 기간의 부양으로 인해 노인에 대한 관심이 줄어들고, 질병 치료에 대한 비용 등 부양 부담이 커지기 때문인 것으로 보인다.

넷째, 피해노인과 학대행위자 사이의 관계를 살펴보면, 학대노인의 배우자(35.8%), 아들(26.3%), 딸(7.7%), 손자녀(2.1%), 며느리(1.1%) 등 친족에 의한 학대가 73.0%로 나타났다. 노인학대의 경우 며느리나 사위 등 자녀의 혼인관계로 인해 새롭게 구성원이 된 가족보다는 배우자나 직접적인 혈연관계에 있는 자녀에게서 학대행위가 더 많이 이루어지는 것을 알 수 있다. 이 이외에 기타로는 노인복지 시설 종사자에 의한 학대가 17.0%로 높게 나타났다.

이상의 내용을 살펴보면 우리나라에서 발생하는 노인학대의 정도가 심각함을 알 수 있다. 하지만 더욱 문제인 것은 노인학대의 신고율이 매우 낮다는 점이다. 2022년 한 해 동안 접수된 노인 학대사례 건수는 7,025건에 불과했다. 하지만 여성가족부에서 실시한 2022년 가정폭력실태조사 연구에 따르면 노인학대 피해율은 약 4.1%인 것으로 나타났는데, 2023년 기준 65세 이상 인구수가 9,730,411명이라는 점을 감안하면 학대받은 노인은 약 40만 명에 이를 것으로 추정된다. 이는 접수된 사례건수와 상당한 차이를 보이는데, 이런 차이가 발생하는 원인은 노인들이 자신의 피해에 대해 학대라고 인지하지 못하거나, 학대를 받고 있음에도 가족이라는 이유 등으로 신고를 하지 못하고 있기 때문인 것으로 보인다.

2. 낮은 신고율의 원인

이상에서 보는 것처럼 노인학대는 많이 발생하고 있으나, 철저하게 신고 되지 않는 것이 현실이다. 미국의 국립노인학대센터(NCEA)의 추정에 따르면 전체 노인학대의 1/5 내지 1/14 수준만 신고된다고 한다. 이처럼 노인학대 신고율이 낮은 이유가 무엇일까? 이에 대해 2000년 10월 미국 법무부장관 Janet Reno의 주재로 열린 27인의 전문가회의는 다음과 같은 이유를 제시했다(Pyane, 2009: 587)

첫째, 노인학대 및 방임을 확인할 수 있는 증거가 부족하다. 즉, 잠재적으로 학대노인에게서 발견될 수 있는 타박상, 골절상, 욕창, 영양실조, 탈수증상 등에 대해 그것이 노인학대나 방임으로 인한 것인지가 과학적인 연구로 확인된 바가 없다. 따라서 수사관들도 노인에게서 나타난 여러 가지 신체적 징후들을 학대로 인한 것인지 확신하지 못한다.

둘째, 노인학대를 위한 표준화되고 타당성 있는 검진도구가 없다. 적절한 진단도구는 노인학대의 탐지에 도움이 되며, 사안에 따라 의심스러운 경우 추가조사를 통해 학대사실을 발견하여 성인보호기관이나 법집행기관에 보고할 수 있도록 해준다.

셋째, 학대 및 방임의 증상과 다른 문제로 인한 증상을 구분하기가 어렵다. 즉, 노인은 다양한 만성질병에 시달리고 있는데, 그것이 학대로 인한 것인지 아니면 다른 원인에 따른 것인지 확인하기가 쉽지 않다. 학대 징후와 질병 징후가 매우 흡사하기 때문이다. 노인학대는 매우 복합적인 증상을 나타내므로 의료기관은 가정, 보호기관, 기타 제도적 환경의 맥락에서 사안을 바라봐야 한다.

넷째, 노인차별과 신고기피도 중요한 원인이다. 노인차별은 노인의 가치와 역량을 저평가하고, 청장년에 비해 노인의 의심스러운 질병과 사망에 대해 관대한 평가를 하게 한다. 따라서 노인차별의식을 갖고 있는 의사들은 학대노인에 대한 정확한 진단과 조사를 하지 못하고, 결과적으로 사법기관에 보고하지 않게 된다.

다섯째, 법노인병학(forensic geriatrics)에 밝은 의료 및 수사전문가가 드물다. 아동학대의 경우 학대가 의심되는 환자를 진료한 의사는 법소아과 전문의의 추가적인 진찰을 하도록 하고 필요시 사법기관에 신고를 하는 절차를 거친다. 이 같은 과정은 사법절차에 참여해야 하는 초진의사의 부담을 덜어준다. 1차 진료기관의 의사들에게 아동학대 전문가가 뒤를 받쳐주고 있다는 느낌을 주는 것만으로 신고율은 높아진다. 법노인병학의 전문의에게 법소아과 전문의와 유사한 역할을 부여하면 노인학대의 추적, 진단, 신고 등이 제고될 것이다.

이외에도 전통적인 유교사상이 확산된 동양문화권의 경우를 생각해 볼 수 있다. 즉, 부모가 자녀로부터 학대를 받는다는 사실을 외부에 알리게 될 경우 효(孝)사상을 강조하는 사회문화적 환경에서 자녀가 심각한 비난을 받을 수 있다는 점에서 피해노인 스스로 학대신고를 거부하기도 한다. 또 피해노인 스스로 자식이나 가족으로부터 학대받는 사실 자체를 수치스럽게 생각한다는 점도 그 원인이 될 수 있다.

제3절 노인학대에 관한 이론적 설명

1. 노인학대 관련이론

노인의 범죄피해연구는 피해자-가해자 개인의 측면, 피해자와 가해자의 의존관계, 보호자의 스트레스, 폭력의 대물림(circle of violence) 등을 중심으로 논의되었다. 최근에 범죄학에서는 억제이론, 긴장이론, 사회통제이론, 갈등이론, 학습이론, 중화이론, 자아통제이론, 일상활동이론 등을 응용하여 노인대상 범죄를 설명하는 시도가 있었다(Payne, 2009).

가. 노인학대의 초기이론

노인학대의 초기이론은 피해자나 가해자를 중심으로 논의가 전개되어 왔다.

첫째, 개인 간의 관계를 중심으로 한 설명(intraindividual explanation)에서는 노인과 가해자 모두가 노인학대의 원인으로 고려된다. 예를 들어 가해자는 약물이나 정신질환 등의 문제가 있는 무직자인 경우가 많고, 반면 피해자에는 치매 등 건강에 문제가 있는 노인이 상대적으로 많다고 한다.

둘째, 피해자와 가해자의 의존관계를 중심으로 한 설명(dependency explanation)은 보호자에 대한 피보호자의 의존이 노인학대의 위험을 낳는다고 본다. 이에 대해서는 Steinmetz(1988)가 제안한 '세대간 역전(generational inversion)'이라는 용어가 의존관계로 인한 노인학대를 잘 설명하고 있다. 부모는 어린 아이에게 의식주와 정서적 욕구 등을 제공하지만, 부모가 늙으면 반대로 자녀에게 의탁하게 된다. 물론 이 설명이 타당한 부분도 있지만 모든 사람이 동의하는 것은 아니다. 재정적 학대와 관련해서는 설명이 가능하지만 신체적 학대에 대해서는 그 설명이 충분하지 않다는 것이다.

셋째, 보호자의 스트레스를 중심으로 한 설명(caregiver stress explanation)은 노인요양 과정에서 발생된 스트레스를 보호자가 적절히 해소하지 못하여 발생하는 것으로 본다. 부모의 도움을 받고 자라던 자식들이 부모의 보호자가 되는 것에 큰 부담을 느끼게 된다. 이때 보호자가 되는 부담감에 잘 대처하지 못하면 공격적인 반응으로 이어진다. 부모를 부양하는 것에 부담을 느끼고 스트레스를 받는 점은 모두가 동의하지만 그것이 학대의 이유라는 주장을 지지하는 사람은 일부에 지나지 않는다는 비판도 있다.

넷째, 폭력의 대물림을 중심으로 한 설명(Cycle-of-violence explanation)은 폭력적 가정환경에서 생활하는 것만으로 노인학대가 발생될 수 있다고 설명한다. 보통 노부모를 학대하는 사람은 어려서 부모로부터 더 극심한 학대를 당한 피해자였다는 주장이다. 그러나 이 주장을 뒷받침하는 연구는 매우 드물다는 점을 주목해야 한다. 사실 아동학대 경험이 있는 사람이 자신을 학대했던 늙은 부모의 보호자가 되는 경우는 이례적이기 때문이다.

나. 범죄학 이론의 응용

범죄학자들이 노인학대 현상을 연구하기 시작하면서 다양한 범죄이론이 적용되었다. 예를 들어 억제이론(deterrence theory)은 노인학대가 지속되는 이유를 처벌 가능성이나 처벌수준이 낮기 때문이라고 본다. 범죄학자인 Brian Payne(2006)은 긴장이론(strain theory)은 보호자 스트레스 관점을 이해하는데 유용하고, 자아통제이론(self-control theory)은 개인을 중심으로 한 설명과 상통한다고 주장했다. 또한 폭력의 대물림에 대해서 사회학습이론(social learning theory)을 활용한 노인학대의 설명도 시도된다. 뿐만 아니라 일상활동이론(routine activity theory)은 노인요양원에서의 노인학대를 적절히 설명하는데, 요양보호사가 동기화된 범죄자로, 피해자는 취약한 목표물로, 형사사법 당국의 무관심은 적절한 감시의 부재로 이해할 수 있다고 본다.

이러한 범죄이론 가운데 중화이론(neutralization theory)을 중심으로 노인학대를 설명해보겠다. 중화이론은 본래 Sykes와 Matza(1978)가 청소년비행을 설명하기 위해 개발시킨 이론이다. 중화이론은 비행행위를 기성사회의 가치관을 부인하는 젊은이의 문화라기보다 거대한 사회시스템의 가치와 규범에 의해 영향을 받는 것으로 이해한다. 즉, 비행청소년이 반사회적 행동을 할 때 이들은 죄책감과 수치심을 느낀다고 전제한다. 따라서 Sykes와 Matza는 청소년들이 범죄를 저지르거나 비행행위를 할 때 죄책감이나 수치심을 해제시킬 수 있는 중화기법을 개발한다고 보았다. 이 기술은 비행청소년의 행동을 정당화시키고 합리화시키는 기제가 된다. Sykes와 Matza는 개인이 자신의 행동을 정당화시키는 다섯 가지의 기술을 제시했다. 책임의 부인(denial of responsibility), 손상의 부인(denial of injury), 피해자의 부인(denial of victim), 비난자에 대한 비난(condemnation of the condemners), 더 높은 가치에의 호소(appeal to higher loyalty)가 그것이다.[61)]

61) ① 책임의 부인: 알코올과 같은 다른 무엇 때문에 범죄를 저지르게 되었다고 책임을 회피하는 것을 말한다. ② 손상의 부인: 자신이 법을 위반했어도 실제 손해를 본 사람은 없다고 믿는 것을 말한다. 예를 들어 비행소년이 자동차를 절도해 놓고도 보험사에서 신차를 새로 보상해줄 것이므로 상관없다고 주장한다. ③ 피해자의 부인: 비행소년은 범죄결과는 피해자의 자업자득일 뿐이고, 그 상황에서 자신의 행동은 합당한 것이라고 주장한다. ④ 비난자에 대한 비난: 청소년은 자신에게 쏟아지는 비난을 타인에게 돌리고 비난하는 사람이 비난자격이 없다고 말한다. ⑤ 더 높은 가치에의 호소: 일부 비행소년은 자신이 법을 위반한 것은 더 높은 가치나 목표를 위한 것이라고 핑계를 댄다.

Tomita(1990)는 중화이론을 노인학대에 적용했다. 물론 이것이 노인학대의 직접적인 원인을 설명할 수는 없지만 학대자들이 자신의 행동을 정당화시키는 과정을 보여준다. Tomita는 각각의 중화기법들이 어떻게 노인학대에 적용될 수 있는지 설명했다.

① **책임의 부인:** 자신의 학대행위는 가난이나 나쁜 부모와 같이 자신이 통제할 수 없는 원인으로 인한 것이라고 주장한다.

② **손상의 부인:** 학대노인이 응급실에 가야할 필요가 없었기 때문에 상처가 정말로 심각한 것은 아니라고 합리화한다. 자식이 부모의 재산을 탕진하는 상황에서는 부모가 충분히 재산을 물려줄 여력이 된다고 말하며 자신의 행위를 정당화한다.

③ **피해자의 부인:** 피해자는 주목을 끌려고 했을 뿐 도움이 필요한 것은 아니라고 말한다. 예를 들어 피해자가 스스로 치료할 수 없는 상황에도 가해자는 피해자가 관심받기를 원하기 때문에 거짓으로 아픈 척 하고 있는 것이라고 주장한다.

④ **비난자에 대한 비난:** 노인학대 가해자는 보호기관이나 기타 시설에서 자신의 가정사에 참견을 한다고 비난한다.

⑤ **더 높은 가치에의 호소:** 학대자는 배우자를 만족시키기 위해서 특정한 방식으로 행동해야 한다고 생각할 수도 있다.

이상에서 설명하고 있듯이 왜 노인학대가 발생하는지에 대한 이론적 설명의 시도는 많았지만, 가정폭력의 많은 이론들처럼 모든 학자들이 수긍할만한 이론은 없다. 바로 이것이 이 분야에 대한 지속적인 연구가 필요한 이유이기도 하다.

2. 노인학대 발생요인

노인학대가 발생하는 요인은 매우 다양하다. 노인학대의 발생요인은 크게 피해노인 관련요인, 부양자 관련요인, 가족상황적 요인, 사회적 요인 등 4가지 영역으로 살펴볼 수 있다.

먼저, 피해노인 관련요인으로 피해자의 성별, 연령, 성격, 신체적 특성, 정신건강,

과거 경험, 세대 간 관계, 의존성, 고립성, 음주여부 등이 중요한 요인으로 꼽힌다. 일부 연구에 따르면 노인학대의 경우 남성보다는 여성노인이, 연령이 높을수록 피해위험이 높아진다(김미혜, 2001). 또 참을성이 많고 체념을 잘하는 성격의 노인이 학대가능성이 더 높으며, 신체적·정신적으로 건강하지 못한 경우(배진희·정미순, 2007), 과거의 가족관계가 좋지 않은 경우, 타인에게 자신의 부양을 의존하는 경우(김한곤·김지아, 2006), 제3자로부터 고립되어 도움이나 중재를 요청하지 못하는 경우, 알코올 중독의 노인인 경우 그렇지 않은 노인들에 비하여 노인학대 피해가능성이 더 높아진다.

다음으로, 부양자 관련요인으로 부양자의 신체적·정신적 장애, 성격, 과거경험, 스트레스, 부양경험의 부족, 음주, 약물남용 등이 노인학대에 영향을 미친다. 신체적·정서적 문제를 가진 부양자는 건강이 좋지 못하거나 의존적인 노인을 부양할 때 학대위험이 높다. 또 타인을 비난, 비판하거나 냉담한 성격의 부양자가 참을성 많고 체념을 잘하는 노인을 부양할 경우 학대가능성은 높아지며, 부양자가 아동기 부모로부터 학대경험이 있는 경우, 다양한 스트레스를 받고 있는 경우, 부양경험이 없거나 자기중심적 사고를 가진 경우(송인욱, 2009), 문제적 음주를 하는 경우, 과다한 약물복용이나 남용으로 부양에 대해 제대로 인식을 하지 못하는 경우 등은 피부양자 즉 노인의 학대위험을 증대시킨다(이성희·한은주, 1999).

한편, 가족상황적 요인으로 어려운 생활주기, 의료비용의 과중한 부담, 내키지 않는 부양, 부족한 가족지원, 부부간 갈등이 있는 경우 노인학대 위험을 증대시킨다. 노인을 부양해야 하는 시기가 생활주기에 있어 어려운 단계이거나 노인의 의료비용에 대한 경제적 부담을 느끼는 경우 부양자의 스트레스를 가중시켜 노인학대로 이어지기도 한다(권중돈, 2002). 또 마지못해 노인을 부양하는 상황이거나 부부간의 문제로 인한 스트레스는 노인학대를 유발하는 원인이 될 수도 있다(이연호, 2003; 송인욱·박영준, 2008).

끝으로, 사회적 요인으로 노인차별주의, 가족 내 구조적 변화, 가치관의 변화, 노인복지시설의 부족 등이 노인학대의 발생을 유발한다. 단지 노인이라는 이유로 무능력할 것이라는 사회적 편견은 노인이 정상적인 사회활동을 하는 것으로부터 도태시킨다. 또한 핵가족화 현상으로 부양자 역할을 수행할 자녀의 수가 줄어들어 노인이 외부와 고립되는 문제가 발생한다. 부모에 대한 효(孝)의식에도 변화가 있어 노인인 부모를 방치하거나 적극적으로 유기하는 사례가 발생하게 되며(송인욱·박영준, 2008), 가족을 대신하여 노인을 보호할 수 있는 노인복지시설이 턱없이 부족한 것도 노인학대로 연결될 수 있다.

제4절 노인학대 관련 대책

1. 노인학대 예방 및 처벌을 위한 장치

가. 노인학대 예방 및 조기발견을 위한 대책

노인복지법에서는 범국민적으로 노인학대에 대한 인식을 높이고 관심을 유도하기 위해서 매년 6월 15일을 노인학대예방의 날로 지정하고, 국가와 지방자치단체에서는 노인학대예방의 날 취지에 맞는 행사와 홍보를 실시 노력할 것을 규정하고 있다(제6조 제4항). 또한 보건복지부 장관으로 하여금 노인학대의 예방과 방지, 노인학대의 위해성, 신고방법 등에 관한 홍보영상을 제작하여 방송편성 책임자에게 배포하도록 하는 등(제6조의2) 노인학대의 문제점과 심각성을 알리고 이에 대한 예방과 신속한 조치를 위해 노력하고 있다.

더불어 학대받는 노인의 발견·보호·치료 등을 신속히 처리하고 노인학대를 예방하기 위해 시·도에 지역노인보호전문기관을 두고 〈표 11-2〉와 같은 업무를 수행하도록 하고 있으며, 지역 간 연계체계 구축을 위해 중앙노인보호전문기관을 설치·운영하고 있다(제39조의5).

〈표 11-2〉 지역노인보호전문기관의 업무

- 노인학대 신고전화의 운영 및 사례접수
- 노인학대 의심사례에 대한 현장조사
- 피해노인 및 노인학대자에 대한 상담
- 피해노인에 대한 법률 지원의 요청
- 피해노인가족 관련자와 관련 기관에 대한 상담
- 상담 및 서비스제공에 따른 기록과 보관
- 일반인을 대상으로 한 노인학대 예방교육
- 노인학대행위자를 대상으로 한 재발방지 교육
- 노인학대사례 판정을 위한 지역노인학대사례판정위원회 운영 및 자체사례회의 운영

또한 노인학대에 대한 신고가 잘 이루어질 수 있도록 하기 위해 누구든지 노인학대를 알게 된 때에는 노인보호전문기관 또는 수사기관에 신고할 수 있도록 규정하고 있다. 또한 직무상 65세 이상의 사람에 대한 노인학대를 알게 된 때에는 노인보호전문기관 또는 수사기관에 의무적으로 신고해야 하는 사람들을 규정하여,[62] 이들로 하여금 노인학대에 대해 보다 관심을 기울일 수 있도록 하고 있다(제39조의6). 이런 의무사항을 위반하고 노인학대에 대해 신고를 하지 않을 경우 500만 원이하의 과태료를 부과하도록 하여 불이익을 주고 있다.[63]

62) 「의료법」 상 의료기관에서 의료업을 행하는 의료인 및 의료기관의 장, 「의료법」 상 의료기관에 종사하는 자 중 환자의 간호 및 진료를 보조하거나 환자와 직접 접촉하는 「간호법」 에 따른 간호조무사 및 「사회복지사업법」 에 따른 사회복지사, 방문요양과 돌봄이나 안전확인 등의 서비스 종사자, 노인복지시설의 장과 그 종사자 및 노인복지상담원, 「장애인복지법」 상 장애인복지시설에서 장애노인에 대한 상담・치료・훈련 또는 요양업무를 수행하는 사람, 「가정폭력방지 및 피해자보호 등에 관한 법률」 상 가정폭력 관련 상담소 및 가정폭력피해자 보호시설의 장과 그 종사자, 「사회보장급여법」 상 사회복지전담공무원 및 「사회복지사업법」 상 사회복지시설의 장과 그 종사자, 「노인장기요양보험법」 상 장기요양기관의 장과 그 종사자, 「119구조・구급에 관한 법률」 상 119구급대의 구급대원, 「건강가정기본법」 상 건강가정지원센터의 장과 그 종사자, 「다문화가족지원법」 상 다문화가족지원센터의 장과 그 종사자, 「성폭력방지 및 피해자보호 등에 관한 법률」 상 성폭력피해상담소 및 성폭력피해자보호시설의 장과 그 종사자, 「응급의료에 관한 법률」 상 응급구조사, 「의료기사 등에 관한 법률」 상 의료기사, 「국민건강보험법」 상 국민건강보험공단 소속 요양직 직원, 「지역보건법」 상 지역보건의료기관의 장과 그 종사자, 동법 제31조에 따른 노인복지시설 설치 및 관리 담당 공무원, 「병역법」 상 사회복지시설에서 복무하는 사회복무요원(노인을 직접 대면하는 업무에 복무하는 사람으로 한정)

63) 단, 병역법」 상 사회복지시설에서 복무하는 사회복무요원(노인을 직접 대면하는 업무에 복무하는 사람으로 한정)은 신고하지 않은 경우에도 과태료가 부과되지 않는다(제61조의2 제2항 단서).

나. 노인학대자 처벌규정

노인복지법에서는 노인의 신체에 대한 상해를 입힌 경우 7년 이하의 징역 또는 7천만 원 이하의 벌금에 처하도록 하고 있으며, 폭행 및 성폭행·성희롱 등의 행위, 유기 및 방임행위, 노인에게 구걸하게 하거나 노인을 이용하여 구걸하는 행위, 정서적 학대행위에 대해서는 5년 이하의 징역 또는 5천만 원 이하의 벌금에 처하도록 하고 있다. 또한 노인을 위하여 증여 또는 급여된 금품을 그 목적 외의 용도에 사용하는 행위에 대해서는 3년 이하의 징역 또는 3천만 원 이하의 벌금에 처하도록 하고 있다.

하지만 이런 처벌정도는 아동학대처벌법을 별도로 제정하여 강력한 처벌 및 보호처분을 하고 있는 아동학대와 비교해 볼 때 현저히 낮은 것으로 보인다. 아동학대범죄에서는 상습적으로 아동학대범죄를 범한 자는 그 죄에 정한 형의 2분의 1까지 가중하고 있지만, 노인학대와 관련해서는 노인복지 시설종사자에 한해서만 가중처벌 규정을 두고 있다. 또한 아동학대에 대해서는 아동학대 치사를 적용해 무기 또는 5년 이상의 징역에 처하도록 하고 있으나, 노인학대에 대해서는 별도의 규정이 없어 형법 제259조의 직계존속에 대한 상해치사의 경우만 무기 또는 5년 이상의 징역에 처하도록 하고 있고, 다른 대상에 대해서는 3년 이상의 유기징역에 처해지게 된다. 이 이외에도 아동학대에 대해서는 판사가 필요하다고 인정할 경우 보호처분을 할 수 있도록 하고 있으나, 노인학대 범죄에 대해서는 이러한 조치가 규정되어 있지 않다. 이런 사항들은 향후 입법을 통해서 보완이 이루어져야 할 것으로 보인다.

2. 노인학대사건 처리 시스템

노인학대 사건에 대한 처리과정은 크게 신고접수 및 접수판정, 현장조사, 사정, 사례판정, 서비스 제공, 사례평가, 사례종결, 사후관리의 순서로 이루어진다([그림 11-1] 참조).[64)]

64) 이 절은 보건복지부·중앙노인보호전문기관. 2023c. 「2023년 노인보호전문기관 업무수행지침 : 사례개입」의 내용을 재구성

[그림 11-1] 노인학대사례 업무진행도

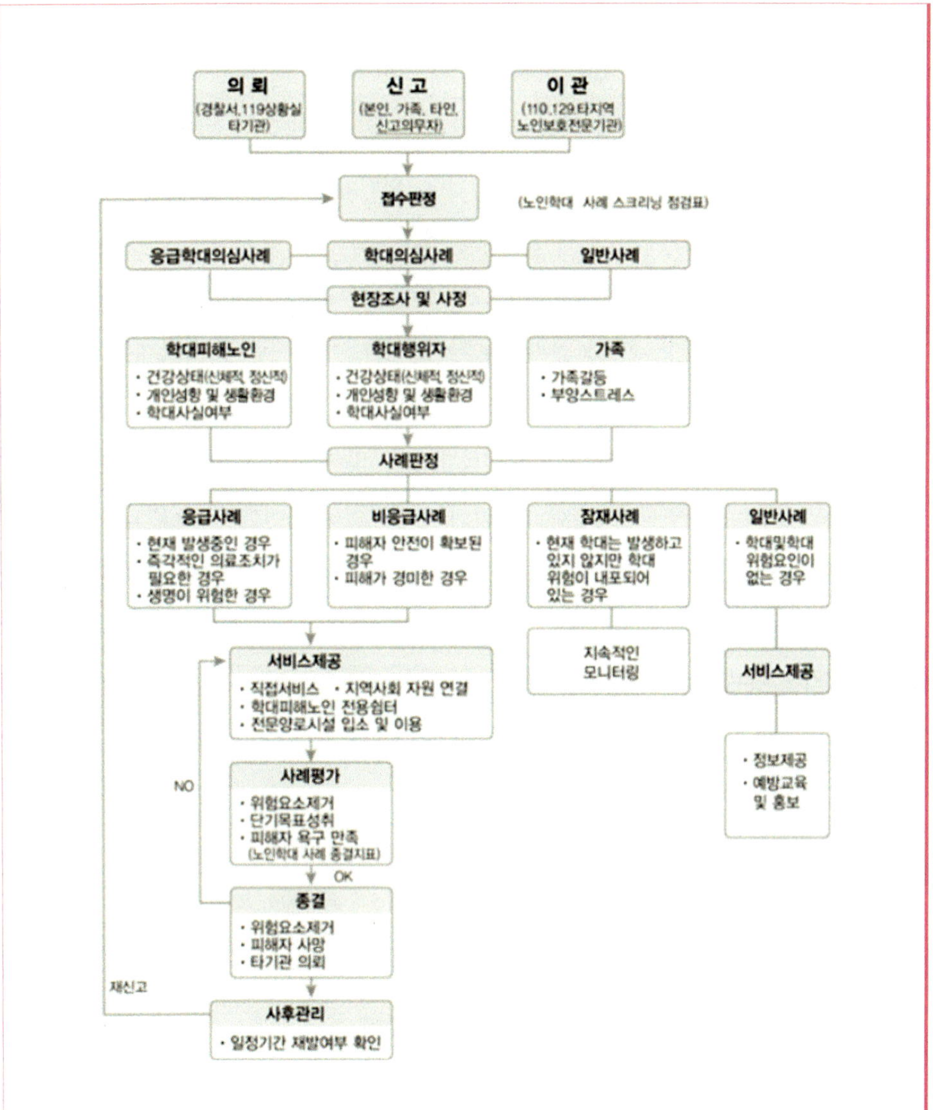

출처: 보건복지부 · 중앙노인보호전문기관, 2023c. 5

가. 신고접수 및 접수판정

노인학대신고는 전화(110, 1577-1389) 접수, 온라인 접수, 대면 접수, 서신에 의한 접수, 보건복지상담센터 '129'를 통한 접수, 112・119 신고에 의한 접수, 노인학대 신고앱을 통한 접수 등 다양한 방법으로 이루어진다. 상담원은 신고 접수 시 신고자 관련정보(인적사항, 학대피해노인관의 관계, 학대사실을 알게 된 경위 등), 학대피해노인에 대한 정보(학대노인 인적사항, 학대노인 현재상황, 학대내용 등), 학대 행위자에 대한 정보(학대행위자 인적사항, 학대노인과의 동거여부 등), 학대 관련 정보(학대유형, 학대정도, 학대발생일시 등), 유관기관 협조필요 정보(학대 의심 사례 긴급임시조치 요청-필요시)를 파악해야 한다. 접수과정에서는 노인학대 유무 및 심각성의 정도를 파악하기 위해 [그림 11-2]와 같은 노인학대 사례 스크리닝 점검표를 사용한다. 점검결과 지표 점수 결과에 따라 응급(17점 이상), 비응급(8~16점), 잠재적(4~7점), 일반(3점 이하)으로 구분하고, 학대 심각성은 주관적으로 판단하여 결정한다. 이렇게 접수된 사례는 〈표 11-3〉과 같이 응급학대 의심사례, 학대 의심사례, 일반사례로 구분한다.

〈표 11-3〉 노인학대 신고접수 유형

구 분	정 의
응급학대 의심사례	신고접수 당시 응급한 노인학대 상황으로 의심되며, 노인의 안전을 위하여 12시간 이내에 현장조사를 실시해야 한다고 판단되는 사례
학대 의심사례	신고접수 당시 노인학대로 의심되어 현장조사가 필요하다고 판단되는 사례 가운데, 응급학대 의심사례를 제외한 모든 사례, 신고접수를 받은 후 72시간 이내에 현장조사 실시
일반사례	신고접수 된 사례 중 학대 의심사례로 보기 어려운 경우

출처: 보건복지부・중앙노인보호전문기관, 2023c, 19-20 재구성

신고접수 시 유의사항으로는 사례접수 및 기록은 항상 학대피해노인을 중심으로 이루어져야 한다는 것과 신고대상 노인의 안전 확보에 최선을 다할 수 있도록 노력해야 한다는 점 등이 있다. 또한, 신고를 접수받은 상담원은 노인학대 의심사례로서의 적합 여부를 고려하고, 노인학대 의심 사례의 응급성, 중복 의뢰 여부를 파악해야 한다.

[그림 11-2] 노인학대 사례 스크리닝 점검표

영역	지표	없음	있음	비고
학대피해 노인 특성	즉각적인 의료조치 또는 분리보호가 필요하다.	0	3	
	학대로 판정할 가능성이 크다.	0	1	
	학대로부터 피신 중이다.	0	1	
	노인이 신체적으로 취약하다.	0	1	
	노인이 정신적으로 취약하다.	0	1	
	노인인 학대 상황을 벗어나려는 의지가 없다.	0	1	
	노인의 모습이나 생활환경이 불결하다.	0	1	
학대행위자 특성	행위자를 두려워한다.	0	1	
	행위자가 정신적으로 취약하다.	0	1	
	행위자가 폭력 성향을 가지고 있다.	0	2	
가족 특성	가족 갈등이 지속되어 왔다.	0	1	
	가족과 단절되어 있다.	0	1	
노인학대 실태	노인에게 정서적 고통을 준다.	0	1	
	노인에게 위협을 한다.	0	1	
	노인에게 폭력을 가한다.	0	2	
	노인에게 성적 수치심을 갖게 하거나 성폭력을 행사한다.	0	1	
	노인에게 경제적 손해를 입힌다.	0	1	
	노인이 버려져 있다.	0	2	
	노인이 방치되어 있다.	0	2	
합계			점	

사정결과	□응급(17점 이상)	□비응급(8–16점)	□잠재적(4–7점)	□일반(3점 이하)	
학대 심각성	매우 심각하다	대체로 심각한 편이다	보통이다	별로 심각하지 않은 편이다	전혀 심각하지 않다
	□5	□4	□3	□2	□1
특이사항					
접수판정	□응급사례	□비응급사례	□잠재적사례	□일반사례	
담당자 소견	※사정결과와 조치결과의 불일치 사유를 작성함				

담당자			작성일자	20 년 월 일
학대피해노인성별	□남	□여	학대피해노인 연령	세

출처: 보건복지부 · 중앙노인보호전문기관, 2023c, 16

나. 현장조사

현장조사는 피해노인의 안전을 확인하고 응급성 여부를 파악하는 등 피해노인에 대한 신변보장과 안전조치 확인을 목적으로 한다. 또한 사정에 필요한 충분한 자료와 정보를 수집하기 위해 실시하며, 이런 과정을 통해 학대피해노인에게 필요한 지원내용을 확인한다.

현장조사는 신고자, 학대피해노인과 학대행위자, 기타 관련자로부터 정보를 수집하는 것은 물론, 가족관계 등의 확인을 위해 관계기관으로부터의 문서를 수집하는 것 역시 포함된다. 현장조사 시에는 상담원은 반드시 2인 이상 동행하여야 하며, 가능한 한 학대피해노인과 학대행위자는 직접 만나서 상담을 진행하되, 분리상담이 이루어질 수 있도록 해야 한다. 또한 노인학대의 정황적 증거 및 증인 확보를 위해 최대한 노력을 해야 하며, 영상 및 사진 촬영 시에는 학대피해노인에게 동의를 구하는 절차를 거쳐야 한다. 또한 학대행위자로 의심되는 자가 진술하는 학대 상황과 노인의 상처 및 정황 등이 일치하지 않는 경우, 징후가 심각하지 않을지라도 학대 발생의 가능성이 충분하게 있으므로 주의하여 살펴야 한다.

현장조사 시에는 현장조사서, 기관안내문 등 필요한 서류 이외에 증거수집을 위한 카메라와 녹취기, 상담원의 신변안전을 위한 호신용 장비(삼단봉, 방검 조끼 등) 등을 구비해야 한다. 현장조사 과정에서 학대피해노인을 시설에 보호해야 할 필요성이 있다고 판단되는 경우에는 반드시 학대피해노인 일시보호동의서를 받도록 해야 한다.

다. 사정

신고접수와 현장조사를 통해 수집된 정보를 바탕으로 학대피해노인의 특성에 맞는 서비스를 제공할 수 있도록 주요 사항을 확인하는 단계이다. 이 단계에서는 다음의 〈표 11-4〉와 같은 사항들을 중점적으로 확인해야 한다.

〈표 11-4〉 사정 시 주요 확인사항

구 분	내 용
노인학대 관련 상황	노인의 안전여부, 사례의 응급성, 노인학대 적합성
학대피해노인과 학대행위자 또는 가족의 욕구 및 특성	학대피해노인의 상황, 학대피해노인 및 가족이 직면하고 있는 시급한 욕구, 학대행위자에 대한 학대피해노인과 가족들의 인식, 감정, 태도 등
학대피해노인 보호 및 서비스 제공 관련 정보	지역사회 자원여부와 활용가능성, 조치 및 서비스 제공에 대한 학대피해노인, 보호자의 의향, 노인보호서비스 대응조치와 가족기능 회복과의 역학관계 등

출처: 보건복지부 · 중앙노인보호전문기관. 2023c. 38-40 재구성

라. 사례판정

현장조사와 사정 결과를 바탕으로 학대여부를 판정하고, 학대의 심각성 정도, 응급성 여부를 결정하는 단계이다. 또한 사례에 맞는 적절한 조치 및 개입방법, 필요한 서비스 제공 등을 결정한다.

사례판정은 기관 내 상급자, 동료 상담원과 자체사례회의를 통해서 판정하며, 판정하기 어려운 사례일 경우에는 사례판정위원회[65]를 개최하거나 전문가의 자문을 받아 판정한다.

사례판정 시에는 일반/학대 사례 구분, 상황의 응급성, 학대피해노인의 상황, 학대행위자의 상황, 가족의 상황 등을 종합적으로 고려해야 하며, 〈표 11-5〉와 같은 기준에 따라 응급사례, 비응급사례, 잠재적 사례, 일반사례로 판정한다.

65) 노인보호전문기관 2인(관장, 상담원 1인), 법률 · 의료 · 경제 · 관계공무원 및 공공기관 임직원 · 노인(사회)복지분야 각 1인 이상을 위촉하여 6인 이상으로 구성하고 임기는 2년, 연임 가능하도록 하고 있다(보건복지부 · 중앙노인보호전문기관. 2023c: 42).

〈표 11-5〉 사례판정 기준

구 분	판 정 기 준
응급사례	· 노인학대가 현재 발생하고 있거나, 학대로 인해 즉각적인 의료조치가 필요한 경우 · 학대행위자로부터 즉시 격리가 요구되며, 노인의 생명 혹은 안전이 매우 위험하다고 판단되는 경우 · 유기, 장기간 방임으로 인한 학대피해노인의 영양상태 불량 등으로 생명이 위급한 경우 · 학대행위자로부터 신체적 학대가 지속적으로 이루어지고 있다고 의심되며, 학대피해노인의 상처가 심각한 경우
비응급사례	· 노인학대가 발생하였으나, 학대피해노인의 안전이 확보되어 응급사례가 아닌 경우 · 노인의 신체적, 경제적, 정서적 피해가 경미한 경우
잠재적 사례	· 노인부양문제, 노인과 가족 간의 의사소통 기술부족이나 갈등 등 학대위험요인이 잠재되어 있다고 판단되는 경우
일반사례	· 신고 접수 시 노인학대가 의심되었으나 이후 상담, 사실관계 확인 및 현장조사 등을 통해 노인학대 및 위험요인이 드러나지 않은 경우 · 신고 접수 시 노인학대가 의심되었으나, 신고자 및 학대피해노인의 연락두절로 개입이 불가능한 경우 · 노인학대와는 관계없는 노인문제로서 다른 기관에서 처리하는 것이 더 효과적이라고 판단되는 경우

출처: 보건복지부 · 중앙노인보호전문기관. 2023c. 43-48 재구성

마. 서비스 제공

이 단계는 학대피해노인이 처한 위험성을 제거하고 안전을 확보하기 위해 공식적, 비공식적인 자원을 사용하여 서비스를 제공하는 단계이다. 이를 통해 학대피해노인의 욕구를 충족시켜주고 문제를 해결해 나갈 수 있도록 한다.

서비스 제공에 앞서 사례개입 계획서를 작성하여 서비스 제공 계획을 수립해야 한다. 이때, 합리적 목표를 설정하고, 학대피해노인의 심리상태를 반영한 서비스 제공 계획를 수립하며, 누가, 무엇을, 언제, 어떻게 제공할 것인지 구체적으로 계획을 세우는 것이 중요하다. 다음으로, 서비스 제공 단계에서는 서비스 이용에 대한 동의를 구하고, 학대피해노인 위기 개입 및 학대피해노인 강점관점 활용 서비스[66]를 활용하도록 한다. 또한, 노인보호전문기관에서 제공하지 않는 서비스이거나 물리적 거리 등의 이용자 사정

66) '학대피해노인 위기 개입'은 학대위기로 인해 불안, 긴장, 스트레스가 최고조인 불균형 상태를 회복하기 위한 시간제한적 단기개입 기술을 의미하며, '학대피해노인 강점관점 활용 서비스'는 학대피해노인의 임파워먼트 강화를 통해 학대상황의 대처능력 향상을 위한 전문 사례개입 기술을 의미한다(보건복지부·.중앙노인보호전문기관. 2023c: 51-52). 모두 개별 매뉴얼(학대피해노인 위기개입 매뉴얼, 2021; 학대피해노인 강점관점 개입 매뉴얼)을 통해 확인이 가능하다.

으로 인해 다른 기관의 서비스를 의뢰하는 경우에는 연계의뢰 서비스를 제공하고, 형사 사법절차가 필요한 사안일 때에는 수사의뢰서 혹은 고발장을 작성하여 경찰에 의뢰한하거나 접수한다.

바. 사례평가

사례평가란 서비스 제공 이전 단계를 거쳐서 수립된 목표, 즉 학대피해노인의 욕구와 문제 해결을 위한 방향이 실제로 제공된 서비스로 인해 효과적으로 해결되었는지, 학대피해노인이 제공된 서비스를 만족하였는지 등 학대 사례 개입의 효과성을 평가하는 단계이다. 이 단계에서는 학대의 위험성과 재발여부를 확인해야 하며, 학대피해노인 및 가족의 욕구충족 정도와 학대피해노인의 호소 문제와 증상의 감소 및 제거여부를 파악하고, 가족 또는 학대행위자가 보이는 변화 등을 확인해야 한다. 이런 사례평가 후 그 결과에 따라서 사례를 지속할 것인지 종결할 것인지를 판단하게 된다.

또한 필요에 따라 사례관리 과정 중 재사정이 이루어질 수도 있는데, 재사정이란 학대피해노인의 욕구를 해결하기 위해 수립한 서비스 계획을 수정하는 것으로, 재사정은 새로운 욕구가 발생하거나, 학대피해노인이나 그 가족들에게 예상치 못한 새로운 위기나 손상 등의 긴급한 상황이 발생하거나, 학대피해노인의 상황이 예상치 못한 상태에서 개선되는 경우에 수행하게 된다. 재사정 시, 고려해야 하는 요인은 〈표 11-6〉과 같다.

〈표 11-6〉 재사정 요인

유 형	예 시
학대피해노인	· 학대피해노인의 약속 불이행 및 비협조, 욕구변화, 학대피해노인의 서비스개입 거절, 학대피해노인의 능력 또는 상황의 변화 등
지역노인보호전문기관	· 노인보호전문기관의 개입에 대한 부담이나 기대, 상담원 교체에 따른 학대피해노인과의 부적응 상황, 지역노인보호전문기관의 여건이 학대피해노인의 상황과 맞지 않는 경우, 제공 프로그램 및 서비스의 중단 등
자원 및 환경	· 연계된 자원이나 기관의 정책 변화, 학대피해노인의 주거지 변화로 개입 불가한 상황, 학대피해노인의 사고나 가족구성원의 상황변화 등

출처: 보건복지부 · 중앙노인보호전문기관, 2023c, 56

사. 종결

이 단계에서는 학대행위 소멸, 위험요인의 제거 등 학대피해노인의 측면과 학대행위자가 상담·치료에 적극적으로 임하는 지 여부 등 학대행위자 및 환경 측면을 종합적으로 고려하여 결정한다. 이 단계에서는 노인학대 사례 종결지표를 활용하여 종결여부의 적절성을 판단한다.

[그림 11-3] 노인학대 사례 종결지표

<table>
<tr><td>접수번호</td><td></td><td>담당자</td><td></td></tr>
<tr><td>사례 접수일</td><td></td><td>사례종결일
(종결시에만)</td><td></td></tr>
<tr><td>지표 적용일</td><td></td><td>지표 적용횟수</td><td></td></tr>
</table>

<table>
<tr><td colspan="3" rowspan="2">항목</td><td colspan="4">점수</td></tr>
<tr><td>0점</td><td>1점</td><td>2점</td><td>적용
불가</td></tr>
<tr><td rowspan="4">노인
요인</td><td>[1-1]</td><td>노인이 학대피해로 생명이 위협을 받거나 신체적 건강이 손상되어 있다.</td><td></td><td></td><td></td><td></td></tr>
<tr><td>[1-2]</td><td>노인이 학대피해로 우울, 불안, 공포, 분노, 대인기피, 불면 등의 정서, 심리적인 문제를 가지고 있다.</td><td></td><td></td><td></td><td></td></tr>
<tr><td>[1-3]</td><td>노인이 자해 또는 자살충동을 느낀다.</td><td></td><td></td><td></td><td></td></tr>
<tr><td>[1-4]</td><td>노인이 학대행위자를 해치고 싶은 충동을 느낀다.</td><td></td><td></td><td></td><td></td></tr>
<tr><td rowspan="6">보호
요인
및
가족
환경
요인</td><td>[2-1]</td><td>노인이 학대피해로 경제적 어려움이 있거나 주거할 곳이 없다.</td><td></td><td></td><td></td><td></td></tr>
<tr><td>[2-2]</td><td>노인이 가족, 친척, 이웃 등으로부터 적절한 보호를 받고 있지 못하다.</td><td></td><td></td><td></td><td></td></tr>
<tr><td>[2-3]</td><td>노인의 주거환경이 안전하지 못하거나 위생적이지 못한 상태로 있다.</td><td></td><td></td><td></td><td></td></tr>
<tr><td>[2-4]</td><td>노인이 응급한 학대상황에 대해 최소한의 대응능력을 갖고 있지 않다.</td><td></td><td></td><td></td><td></td></tr>
<tr><td>[2-5]</td><td>가족이 학대에 대응할 수 있는 능력이 없다.</td><td></td><td></td><td></td><td></td></tr>
<tr><td>[2-6]</td><td>학대행위자를 제외한 가족, 친구, 이웃, 지역사회가 학대에 대해 허용적인 인식 및 태도를 가지고 있다.</td><td></td><td></td><td></td><td></td></tr>
<tr><td rowspan="7">학대
위협
요인
및
서비스
개입
요인</td><td>[3-1]</td><td>학대행위자가 학대행위를 지속적으로 하고 있다.</td><td></td><td></td><td></td><td></td></tr>
<tr><td>[3-2]</td><td>학대행위자의 학대에 대한 인식 및 태도에 문제가 있다.</td><td></td><td></td><td></td><td></td></tr>
<tr><td>[3-3]</td><td>학대행위자가 노인에게 접근할 가능성이 있다.</td><td></td><td></td><td></td><td></td></tr>
<tr><td>[3-4]</td><td>학대행위가 재발될 가능성이 있다.</td><td></td><td></td><td></td><td></td></tr>
<tr><td>[3-5]</td><td>노인학대 발견 및 신고를 위한 모니터링의 자원이 부족하다</td><td></td><td></td><td></td><td></td></tr>
<tr><td>[3-6]</td><td>학대위험요인을 제거하기 위해 필요한 서비스 제공 및 연계가 부족하다.</td><td></td><td></td><td></td><td></td></tr>
<tr><td>[3-7]</td><td>노인에게 노인보호전문기관의 개입(지속적인 서비스)이 필요한 것으로 판단된다.</td><td></td><td></td><td></td><td></td></tr>
</table>

출처: 보건복지부 · 중앙노인보호전문기관, 2023c, 103

아. 사후관리

노인의 안전 유지 및 학대재발 가능성 방지를 위하여 종결된 사례에 대해서 일정기간 정기적으로 관리하여 노인학대문제의 재발 여부를 확인한다. 확인 방법으로는 노인학대사례 종결지표에 따른 점수를 참고하여 직접방문 또는 전화 등을 활용하고, 노인이 장기요양시설에 보호조치 될 경우는 시설 측과 협의를 통해 사후관리를 실시한다. 또한, 기타 사후관리가 어려운 사례의 경우, 기관 자체의 사례회의를 통해 사후관리 여부를 결정하게 된다.

사례관리 종료 후 학대피해노인 가정에 사후관리 상담원을 파견하여 재학대 요인을 감소시키기 위한 지원 사업 또한 진행된다. 대표적으로 이루어지는 정서안정 프로그램은 사후관리 상담원이 학대피해노인의 가정 혹은 유관기관에 파견되어 〈표 11-7〉과 같은 재학대 예방 모듈을 제공하는 사업이다.

〈표 11-7〉 재학대 예방 모듈

대 상	예 시
학대피해노인	· 대처능력 향상, 학대유발요인 감소, 학대행위자와 관계회복, 가족의 특성 이해, 의사소통능력 향상 등
학대행위자	· 피해노인과 관계회복, 노인의 특성 이해, 의사소통방식, 가족원간의 갈등 대처, 가족관계회복, 성격적 문제, 부양 스트레스 해소, 분노조절 등
학대피해가족	· 의사소통방식, 가족 구성원간의 갈등대처, 부양 스트레스 해소, 가족관계 회복 등

출처: 보건복지부 · 중앙노인보호전문기관, 2023c, 62

또한 학대피해노인 가정의 특성과 문제요인, 욕구 등에 따라 정서안정 프로그램 이외의 전문적인 개입이 요구되는 경우에는 보건의료, 요양, 복지, 주거, 취업, 재정관리, 노무, 법률 등 다양한 분야의 지역사회 맞춤 서비스와 연계될 수 있도록 도움을 주고 있다.

자. 학대행위자 상담·교육 및 사후관리 거부 시 절차

노인학대행위자에 대한 상담, 교육 등 제공과 보호자/가족에 대한 사후관리가 철저히 이루어질 수 있도록 위반 시 과태료를 부과하도록 하고 있다. 구체적으로, 학대행위자가 정당한 사유 없이 노인보호전문기관이 제공하는 상담, 교육 및 심리적 치료 등을 받지 않는 경우와 노인학대가 종료된 후 피해노인의 보호자 또는 가족이 정당한 사유 없이 노인보호전문기관의 업무수행(가정방문, 시설방문, 전화상담 등)을 거부하거나 방해하는 경우에는 300만 원 이하의 과태료를 부과하도록 하고 있다(노인복지법 제61조의2 제3항).

요점정리

(1) 노인학대는 일반적으로 노인을 대상으로 한 학대를 의미하며, 우리나라에서는 노인학대를 "노인에 대한 신체적·정신적·정서적·성적 폭력 및 경제적 착취 또는 가혹행위, 유기(遺棄) 또는 방임(放任)"이라고 정의하고 있다.

(2) 노인학대의 특성으로는 지속성, 복합성, 반복성, 은폐성이 있다.

(3) 노인학대의 경우 친족에 의한 학대가 가장 많이 이루어진다.

(4) 노인학대의 원인은 피해노인 관련요인, 부양자 관련요인, 가족상황적 요인, 사회적 요인 등 다양한 면에서 살펴볼 수 있다.

(5) 우리나라 노인보호전문기관에서는 노인학대 사건에 대해 신고접수, 현장조사, 사정, 사례판정, 서비스 제공, 사례평가, 사례종결, 사후관리의 순서로 처리한다.

복습문제

1. 우리나라「노인복지법」상 노인학대의 유형에 해당하지 않는 것은?

① 노인을 매매하는 행위
② 노인에게 성적 수치심을 주는 성폭행·성희롱 등의 행위
③ 노인에게 구걸을 하게 하거나 노인을 이용하여 구걸하는 행위
④ 노인을 위해 증여 또는 급여된 금품을 그 목적 외의 용도에 사용하는 행위

2. 우리나라의 노인학대 실태조사 결과, 가장 높은 비율을 차지하는 학대행위자 유형은?

3. 가족 및 관계 내 복합적이고 상호적인 원인이 존재한다는 노인학대의 특성은 무엇인가?

4. 노인학대를 중화이론에 적용한 Tomita에 따르면, 자신의 학대행위는 가난이나 나쁜 부모와 같은 자신이 통제할 수 없는 원인으로 인한 것이라고 주장하는 중화의 기술은 무엇인가?

5. 우리나라의 노인학대예방의 날은 언제인가?

정답 1. ①, 2. 배우자, 3. 복합성, 4. 책임의 부인 5. 6월 15일

제12장

회복적 사법 이론과 프로그램

학습목표

○ 회복적 사법의 기본적인 원리에 대해서 학습한다.
○ 회복적 사법의 원리를 적용한 구체적인 회복적 사법 프로그램의 종류와 내용에 대해서 학습한다.
○ 회복적 사법과 그 프로그램에 대한 평가 결과와 비판에 대해서 학습한다.

핵심키워드

회복적 사법, 응보적 사법, 회복적 사법의 기본원리, 조정모델, 피해자-가해자 조정, 회합모델, 가족회합, 서클모델, 화해중재서클, 양형서클, 치유서클

12 회복적 사법 이론과 프로그램

최근 우리나라를 비롯하여 세계 각국에서 회복적 사법에 대한 관심이 늘어나면서 소년사법을 비롯하여 형사사법 분야에서 다양한 형태로 회복적 사법을 받아들이고 있다. 회복적 사법을 도입한다는 것은 회복적 사법의 원리가 적용될 수 있도록 프로그램을 시행하거나, 형사사법제도를 개혁한다는 것을 의미한다. 이러한 회복적 사법의 도입은 범죄피해자의 입장에서도 긍정적인 변화로 볼 수 있으며, 환영할만한 것이다. 이 책에서 논의된 범죄피해자와 관련된 다양한 논의는 현행 형사사법체계 안에서 그동안 소홀하게 여겨졌던 범죄피해자에게 좀 더 많은 관심을 가지고 그들을 지원하는 방안에 대해서 논의하는 것이다. 반면 회복적 사법의 원리를 도입하는 것은 범죄피해자를 형사사법에서 하나의 축으로 자리매김하는 것과 같이 피해자의 위상을 재정립한다고 할 수 있을 정도로 중요한 의미를 가지는 변화라고 할 수 있다. 본 장에서는 회복적 사법의 원리나 이론의 내용이 무엇인지를 살펴보고, 이를 적용한 프로그램에 대해서 살펴본다. 그 과정에서 피해자와 관련된 내용이나 변화를 좀 더 집중적으로 살펴볼 것이다.

제1절 회복적 사법의 원리

1. 배경

세계의 역사를 살펴보면 범죄를 바라보는 시각에서 큰 변화가 있었음을 알 수 있다. 고대의 전통적인 문화에서는 범죄를 전적으로 가해자와 피해자의 관계 속에서 조명하였다. 즉, 가해자가 범죄행동으로 손상을 입힌 대상을 피해자라고 보았고, 이에 가해자의 처벌에 있어서 피해자에 대한 보상이 중요한 부분을 차지하였다. 이러한 시각은 우리나라 고조선의 8조법이나 외국의 고대 법체계에도 나타나고 있다. 그렇지만 중앙집권적인 국가가 형성되기 시작하면서 크게 변화하였는데, 가해자와 피해자의 관계에 초점을 맞춘 사법에서 국가중심의 사법으로 중심이 옮겨졌다. 국가 그 자체가 고통을 받고 상처를 받은 편의 역할을 담당한다는 것으로 가정되었고, 범죄란 국가의 질서를 위반하는 행위로 인식하게 되었다. 따라서 범죄자에게 정확한 징벌과 처벌을 부과하는 것이 국가의 임무가 되었다. 과거 범죄자와 피해자로 구성되었던 형사사법에 있어서 중요한 두 축은 범죄자와 국가로 바뀌었고, 범죄피해자는 그 과정에서 의미 있는 참여가 배제되었다. 공동체를 중심으로 피해자의 손실을 회복하는 것보다 국가권력을 사용함으로써 공동체의 평화를 지킨다는 명분이 강조되었으며, 이로 인해서 처벌의 목적에 대한 재정립이 이루어졌다. 여기서 처벌의 새로운 목표는 억제(예방), 무능력화, 궁극적으로는 사회복귀(갱생)를 통해서 미래의 범죄가능성을 감소시키는 것으로 바뀌었다(Van Ness, 1990).

이렇게 형성된 현재의 형사사법제도는 응보적인 접근을 기반으로 범죄를 법위반으로 간주하고 형사사법기관의 모든 노력은 범죄자에게 초점을 맞추어 범죄자를 처벌하는데 기본적인 가치를 두고 있다. 그렇지만 범죄와 싸우고 있는 형사사법제도의 노력은 때로 비효율적으로 보이며, 여러 곳에서 문제점이 드러나고 있다. 이러한 문제가 나타나는 이유는 다양하겠지만, 그 중의 하나로 범죄를 바라보는 시각이 적절치 못하다는 것을 들 수 있다. 범죄를 단지 법위반행위로 정의하고 국가와 범죄자 간의 부정적인 관계에만 집중하기 때문에 범죄가 가질 수 있는 다른 요소들을 간과하게 되고, 새로운 차원에서 범죄를 바라보는데 실패하고 있다는 것이다(Van Ness and Strong, 1997). 회복적 사법은 현행 사법제도가 가지는 이러한 문제점으로부터 싹트기 시작하였다.

형사사법 개혁가들은 현재의 문제점을 극복하는데 대안을 제시할 수 있는 새로운 사법모델로 회복적 사법에 관심을 가지기 시작하였다. 회복적 사법에 대한 논의는 소년사법, 즉, 소년범죄자에 대한 처우에서 시작되었다. 소년사법에 대한 논쟁에서 주요한 관심 중의 하나가 피해자의 요구와 권리이다. 이러한 피해자에 대한 논의가 단순히 국가중심의 사법이라는 기존의 사법체계 내에서 피해자의 요구를 접목하는 데 그치는 것이 아니라, 범죄에 대한 기본적인 인식의 변화가 필요하다는 요구에까지 이르게 된 것이다. 즉, 범죄가 국가에 대한 것이 아니라 피해자에 대한 행위라는 인식을 기반으로 하는 형사사법의 대안적인 패러다임의 필요성까지 요구되었으며, 그것을 회복적 사법이라고 보았다(Zehr, 1985). 이는 치료과정, 즉, 공동체의 평화를 회복한다는 개념을 수반한다. 범죄에 의해 야기되는 손상은 '직접적인 피해자뿐만 아니라 피해자 및 가해자의 가족, 그들의 공동체와 경우에 따라서 가해자 자신도' 포함한다는 점을 인정한다(Van Ness, 1990: 9). 회복적 사법은 이러한 관계적인 손상이 주목받아야 하며, 의사결정과정에 고통 받는 당사자 모두가 참여함으로써 화해(조정)가 이루어져야 한다고 본다.

2. 회복적 사법의 개념

회복적 사법에 관심을 가진 많은 학자들이 회복적 사법에 대해서 정의하였다. 이들의 정의는 약간씩 다른 표현으로 나타나고 있지만 기본적인 원리에 있어서는 동일하다고 볼 수 있다. 대표적인 회복적 사법 이론가인 Zehr(1990: 181)는 회복적 사법을 정의함에 있어서 "범죄는 인간간의 관계의 위반이다. 이것은 사건을 원상회복시켜야 하는 의무를 창출한다. 사법은 보상, 화해를 증진시키기 위한 해결책을 찾음에 있어서 피해자, 가해자, 지역사회를 포함한다."라고 하였다. 회복적 사법의 원리를 공유하고 있지만 다른 용어를 사용해서 표현하는 경우도 있다. 회복적 사법이란 표현 대신에 변형적 사법(R. Morris)[67], 관계적 사법(J. Burnside & N. Baker)[68], 회복적 지역사회 사법(M. Young)[69]을 사용하기도 하는데, 이는 회복적 사법 중에서 특정 어느 한 부분을 강조하기 위해서 사용하는 것으로 볼 수 있다.

회복적 사법에 대한 다양한 개념정의가 있지만 Marshall(1996: 37)의 정의가 많이 통용된다. 그에 따르면 회복적 사법이란 "특정범죄에 이해관계가 있는 당사자들이 함께 모여서 범죄의 결과와 그것이 장래에 대하여 가지는 의미를 어떻게 다룰 것인지를 해결

67) 범죄의 원인을 다룸에 있어서 지역사회의 안전을 증가시킬 수 있는 인간관계의 변형을 위한 기회의 제공을 강조한다.
68) 범죄의 관계적 차원에 대한 고려의 중요성을 강조한다.
69) 사법절차에서 지역사회의 참여의 중요성과 범죄예방에 있어서 지역사회의 활동의 가치와 잠재성을 강조한다.

하는 과정"이다. 여기에서 특정범죄에 이해관계가 있는 당사자들이란 범죄자와 피해자를 포함하는 것은 물론이며, 그들의 가족과 지역사회의 구성원들까지 포함한다. 그런 의미에서 회복적 사법은 범죄자와 피해자뿐만 아니라 사회공동체, 즉, 지역사회를 범죄문제 해결의 능동적 주체로 상정한다. 그리고 이 개념정의의 특징은 범죄자와 피해자 사이의 화해를 위한 절차적 과정을 중시한다는 데에서 잘 드러난다. 즉, 회복적 사법의 고유한 특징은 범죄자와 피해자(필요한 경우 다른 이해관계자를 포함)가 서로 얼굴을 마주하고 범죄피해 회복을 위하여 합의가능한 방안을 도출해 내는 절차를 활용한다는 점이다. 이렇게 함으로써 회복적 사법의 궁극의 목적은 범죄로 인하여 파괴된 범죄자와 피해자 및 사회공동체 사이의 관계를 복원하는 것이다.

이러한 정의에 대해서 회복적 사법의 절차적인 측면에 지나치게 치중하여 있다고 보고 그 개념의 폭을 더 확대시킬 필요가 있다고 보는 학자들도 있다(Basemore & Walgrave, 1999). 이들은 회복적 사법의 중요한 특징이 형사사법의 절차적 측면보다는 범죄로 인한 피해를 회복하려는 노력에 있다고 보고, 회복적 사법을 "범죄로 인하여 야기된 피해를 회복함으로써 정의를 실현하기 위한 모든 행위"라고 정의한다. 물론 회복적 사법의 이념과 목표는 범죄자와 피해자가 자발적으로 참여하는 비공식적인 조정절차를 통해서 가장 잘 달성될 수 있지만, 더 나아가서 기존의 공식적인 형사사법체계를 회복적 이념에 적합한 방식으로 개혁해 나가는 것도 충분히 가능하다고 본다.

3. 회복적 사법과 응보적 사법의 비교

회복적 사법을 이해하기 위해서 응보적 사법과 비교해서 그 차이를 보는 것이 도움이 된다. Zehr(1990)에 따르면, 범죄문제를 보는 시각에는 두 개의 서로 다른 렌즈가 있는데, 하나가 응보적 사법이고, 다른 하나가 회복적 사법이다. 회복적 사법은 범죄로 인한 피해(해악) 대응에 있어서 기존 응보적 사법(형사사법)과는 전혀 다른 새로운 관점을 제시한다.

〈표 12-1〉 응보적 사법과 회복적 사법의 기본 가정의 차이

응보적 사법	회복적 사법
범죄는 국가에 대한 침해행위이고 법위반 행위	범죄는 특정인 또는 지역사회에 대한 침해행위
형사사법체계는 범죄를 통제	범죄통제는 일차적으로 지역사회에 달려있음
범죄는 개인적 책임을 수반한 개별적 행위	범죄는 개인과 사회 모두에 책임이 있음
범죄자의 의무는 처벌을 받는 것	범죄자는 책임지고 손해를 보상하는 활동을 취해야 함
처벌은 효과적임 : 처벌위협이 범죄를 억제하고, 처벌이 행동을 변화시킴	처벌만으로는 행동을 변화시킬 수 없으며, 지역사회의 조화와 좋은 관계들을 파괴시킬 수 있음
피해자는 사법과정의 주변에 존재함	피해자는 범죄 해결과정의 중심임
범죄자는 결함(장애)이 있는 존재로 간주됨	위반자는 손해를 회복할 능력이 있는 존재
비난, 죄, 과거(행해진 것)에 초점	문제해결, 책무/준수, 행해져야 하는 것에 초점
대립적 관계 강조	대화와 타협을 강조
처벌과 예방을 위한 고통부과	양 당사자를 회복하기 위한 수단으로서 손해배상: 화해/회복 목표
지역사회는 방관자, 국가에 의해 추상적으로만 재현	지역사회는 원상회복 과정의 촉진자
범죄자 과거행위에 초점을 둔 대응	가해행위로 의한 손해결과 및 향후영향에 초점
전문적 대리인에 대한 의존성	참여자들에 의한 직접 관여

* 김은경 외(2006: 175)의 표 인용

〈표 12-1〉에서 볼 수 있는 바와 같이 응보적 사법과 회복적 사법은 다양한 측면에서 서로 다른 시각에서 범죄를 조망한다. 범죄의 개념규정에 있어서 응보적 사법모델은 범죄를 국가에 대한 침해이며 법을 위반하는 행위라는 전제에서 출발하는 반면, 회복적 사법은 범죄를 사람들에 대한 그리고 사람들 간의 관계에 대한 침해라고 본다. 따라서 응보적 사법모델에서 사법과정은 개인의 책임을 위반한 범죄자에 대해서 국가가 처벌하는 과정을 의미한다. 이때 피해자는 그 과정에 적극적으로 참여하지 못하고 소외된 존재일 뿐이다. 처벌은 단지 처벌의 위협을 통해서 범죄를 저지르지 못하게 만드는 것과 처벌을 통해서 범죄자를 갱생시킴으로써 범죄를 다시 저지르지 않도록 하는 것에 초점을 맞춘다. 이에 비해 회복적 사법모델에서는 범죄를 통제하는 것은 지역사회이기 때문에 범죄에 대한 책임도 범죄자 개인뿐만 아니라 사회에도 있다고 보고 있다. 범죄가 발생했을 때 가장 큰 목표는 범죄자에 대한 처벌이 아니라 범죄가 발생하기 이전으로 회복하는

것에 있으므로 범죄자의 의무는 피해자가 받은 손해를 배상하는 것이며, 관계를 회복하는 것이다. 회복적 사법과정은 피해회복, 화해, 안심을 증진하는 해결책을 찾는 과정이며 여기에 피해자, 범죄자 및 지역사회가 적극적으로 참여한다.

두 패러다임의 핵심적 차이는 범죄통제의 이념에 있다. 사법과정에서 지역사회와 범죄자가 주체가 되어 피해자를 위해 무언가를 하는 과정인가, 아니면 국가가 주체가 되어 범죄자에게 무언가를 하는 과정인가에 차이가 있다. 응보적 사법은 국가와 범죄자의 대립적 과정을 통한 '공공의 복수', '제재', '처벌'에 초점을 두는 반면, 회복적 사법은 범죄자, 피해자, 지역사회 간의 '타협', '조정', '피해자 권한강화', '피해회복'을 통한 피해자 및 지역사회에 행해진 해악(손해)을 회복하고 개선하는 데 관심을 둔다. 따라서 일반적으로 회복적 사법모델은 전통적인 소송중심의 형사사법모델과는 다른 세 가지 주요한 특징을 가지고 있다. ① 피해자의 역할과 경험을 강조한다(피해자 중심성). ② 그 과정에 법률가가 아닌 비전문적 사람들이 의사결정 권한을 가지고 참여한다. ③ 참여한 모든 당사자 사이에 많은 상호작용과 토론이 존재한다.

4. 회복적 사법의 원리

회복적 사법에 대한 학자들의 주장이나 실제로 운영되는 회복적 사법프로그램은 국가마다 다양한 내용과 형태를 지니지만, 회복적 사법에서 나타나는 다양성은 세 가지의 근본적인 명제라는 토대 위에 나타나는 것으로 볼 수 있다(Van Ness & Strong, 1997). 첫째, 회복적 사법은 범죄를 단순한 법위반행동 또는 정부의 권위에 대항하는 행위가 아니라 피해자와 지역사회, 그리고 가해자 자신에게까지 다양한 손해 또는 손상을 야기하는 행동으로 본다. 둘째, 사법과정은 범죄로 인해서 발생한 다양한 손상을 복구하고 회복하는데 도움이 되어야 한다. 셋째, 범죄에 대한 대응을 정부가 독점하는 것에 저항한다. 초기 단계부터 피해자, 가해자, 그리고 지역사회 모두가 개입해야 하며, 가능한 한 전적으로 개입되어야 한다. 이는 사회의 질서를 유지할 책임이 있는 정부와 지역사회의 평화와 조화를 회복할 책임이 있는 주체 간에 서로 협력을 위해 노력해야 할 필요가 있음을 보여준다. 범죄에 대응하려는 정부의 노력은 지역사회의 구축이 강화되는 방향으로 되어야 하거나, 적어도 방해하지는 않아야 한다.

Van Ness와 Strong(1997)은 회복적 사법을 이해시키기 위해서 회복적 사법의 다양한 논의들을 다음의 핵심적인 4개의 질문에 대한 답변의 형태로 정리하였는데, 이는 회복적 사법의 기본원리를 잘 나타내 준다. 4개의 질문은 다음과 같다. ① 회복적 사법이란 무엇인가? ② 회복적 사법이 현행 제도와 다른 점은 무엇인가? ③ 회복적 사법은 범죄에 어떻게 대응하는가? ④ 회복적 사법은 어떤 방식으로 범죄를 예방하는가?

〈표 12-2〉 회복적 사법의 기본원리

회복적 사법이란 무엇인가?	1) 범죄 및 범죄에 대한 대응에 관한 새로운 사고방식이다. 2) 범죄에 의해서 야기된 손상에 초점을 맞춘다. 피해자에게 가해진 손상을 복구하고, 범죄를 예방함으로써 미래의 손상을 감소시킨다. 3) 범죄자로 하여금 자신의 범죄행동과 그로 인한 손상에 대하여 책임을 지도록 한다. 4) 피해자에 대한 원상회복, 범죄자에 의한 보상, 지역사회 내에서 양자간의 재통합을 추구한다. 5) 지역사회와 정부의 협조적인 노력을 통해서 이러한 것들을 성취한다.
회복적 사법이 현행 제도와 다른 점은 무엇인가?	1) 범죄행동을 더 넓은 관점에서 바라본다. 범죄행동은 법위반행위일 뿐만 아니라 피해자, 지역사회, 심지어는 범죄자 자신들에게까지 손상을 입히는 것으로 인식한다. 2) 회복적 사법에서는 더 많은 당사자들이 참여한다. 정부와 범죄자뿐만 아니라 피해자와 지역사회도 포함된다. 3) 형사사법에 있어서의 성공을 평가하는 기준이 다르다. 적합한 처벌이 가해진 정도로 측정하는 대신에 손상이 복구되거나 예방된 정도로 측정한다. 4) 범죄에 대응하고 범죄를 감소시키는 임무를 정부에만 맡기지 않고, 지역사회가 참여하고 주도권을 쥐는 것이 중요하다고 본다.
회복적 사법은 범죄에 어떻게 대응하는가?	1) 회복적 사법은 원상회복, 사죄 및 정당화, 치유를 통한 피해 회복을 강조한다. 2) 배상, 공정한 처우, 사회복귀를 통한 범죄자에 의한 보상을 강조한다. 3) 참여한 각 당사자가 범죄사건과 그 결과로 인한 손상의 실체를 알게 하고, 잘못된 것들을 지적하고, 손상을 복구하기 위해서 필요한 앞으로의 행동을 모색하고 그에 동의하는 과정을 취한다. 4) 지역사회와 정부가 범죄를 예방하기 위해 새로운 전략이 필요하다고 생각하는 경우에 사용할 수 있는 여러 가지 평가과정을 구축한다.
회복적 사법은 어떤 방식으로 범죄를 예방하는가?	1) 회복적 사법은 지역사회와 정부가 가진 각각의 강점에 의존한다. 지역사회는 포괄적이며, 올바른 관계를 통하여 평화를 구축할 수 있고, 정부는 공정하고, 효율적이며, 최소한의 힘의 사용을 통해서 질서를 세울 수 있다. 2) 미래를 준비하기 위해서 과거의 손상을 복구해야할 필요성을 강조한다. 3) 손상을 입은 사람들과 범죄자가 화해하도록 한다. 4) 지역사회가 피해자와 범죄자를 재통합시키는에 도움을 준다.

출처: Van Ness and Strong, 1997

가. 회복적 사법이란 무엇인가?

회복적 사법은 기본적으로 범죄로 인해 야기된 손상을 복구하고 미래에 발생할 수 있는 손상의 가능성을 감소시키는데 초점을 맞추고 있다. 가해자에게 자신의 범죄행동과 그로 인해서 야기된 손상에 대한 책임감을 가지게 하고, 피해자에게 보상하고, 가해자와 피해자를 지역사회에 재통합시키게 한다. 이 과정에서 지역사회와 정부의 협동적인 노력이 반드시 필요하다.

회복적 사법은 범죄에 대해서 이전과는 전혀 다른 틀을 가지고 대응한다. 범죄란 기본적으로 개인 간의 갈등으로 보여지고, 주요 피해대상자는 국가가 아니라 피해를 당한 개인이다. 즉, 범죄란 국가의 질서를 위반하고 법을 위반하는 행동이 아니라 개인 간의 관계에서 손상을 입히는 행위이다. 범죄자의 역할도 달라진다. 사법과정에서 처벌을 기다리는 수동적인 참여자에서 자신의 범죄행동의 결과를 이해하고, 행동의 결과에 대한 책임을 인정하고, 손상의 복구에 필요한 행동을 취하는 적극적인 역할로 바뀐다 (Strang, 1997a).

나. 회복적 사법이 현행 제도와 다른 점은 무엇인가?

먼저 회복적 사법에서는 범죄행동을 좀 더 포괄적으로 규정한다. 범죄를 법위반행위로 규정하는 것에서 벗어나 가해자의 범죄행동이 피해자, 지역사회, 그리고 심지어 자신들에게 손상을 입히는 것으로 인식한다. 따라서 회복적 사법에서는 더 많은 당사자들이 범죄 이후의 과정에 참여하게 된다. 현재 형사사법제도에서는 정부와 범죄자만 중요한 역할을 하지만 추가적으로 피해자와 지역사회도 참여한다. 또한 형사사법에서의 성공에 대한 평가기준도 다르다. 어느 정도의 처벌을 가했는가를 측정하는 대신에 어느 정도의 손상이 복구되거나 예방되었는가를 측정함으로서 성공을 평가한다. 마지막으로 범죄의 문제를 정부에게만 맡겨놓는 것이 아니라 범죄에 대응하고 범죄를 감소시키는데 지역사회가 참여하고 주도권을 쥐는 것의 중요성을 인식한다.

회복적 사법은 처벌을 바라보는 시각에 있어서도 기존의 형사사법과 차이가 있다. 회복적 사법에서 범죄자를 처벌하는 것은 본질적으로 범죄로 인한 손상의 크기를 늘리는 것일 뿐이라고 본다. 범죄란 피해자뿐만 아니라 지역사회와 가해자 자신에게도 손상을 주는 것으로 보기 때문에 가해자를 처벌하는 것은 전체적인 손상을 더 크게 하는 것이다. 따라서 범죄로 인한 손상에 비례하여 국가의 처벌을 강화함으로써 피해에 대한 균형을 맞추는 개념을 부정한다. 비례성의 원칙은 형사사법체계가 발전함에 따라 범죄 행동에 부과할 수 있는 형벌과 범죄의 경중 사이에 어떤 합리적인 균형을 확보할 필요에서 나온 것이다. 회복적 사법에 있어서 비례성 내지 공정성 개념은 전통적인 응보적 사법과는 다른 의미를 가진다. 회복적 사법에서는 이웃 간의 평화와 화해가 처벌보다 더 중요한 의미를 갖는다. 따라서 만족감이 공정성 내지 비례성 개념을 대체하게 된다.

다. 회복적 사법은 범죄에 어떻게 대응하는가?

회복적 사법은 이미 발생한 범죄사건에 대해서 원상회복, 사죄 및 정당화, 치유를 통한 피해자의 회복과 배상, 공정한 처우, 사회복귀를 통해 범죄자로 하여금 피해를 배상하도록 함으로써 범죄에 대응한다. 사법과정을 통해서 참여한 각 당사자가 범죄사건과 그로 인해 손상의 모습을 그대로 알게 하고, 잘못된 것이 무엇인지 찾아내고, 손상을 복구하기 위해서 가해자와 지역사회가 해야 할 행동목록들을 찾아내고 그것에 합의하는 과정을 취한다. 이러한 과정을 통해서 가해자는 자신의 잘못을 분명하게 알고 깨닫고 뉘우침으로 그런 행동을 반복하지 않게 되고, 피해자는 범죄로 인해서 받은 물질적, 정신적, 감정적 손상을 최대한 회복하고, 지역사회는 평화를 회복하고, 잠재적인 범죄를 억제할 수 있는 힘을 가지게 된다.

이처럼 회복적 사법은 피해자, 범죄자, 그리고 지역사회 일원 등의 중요 당사자를 직접 절차에 참여시킨다는 데 강점이 있다. 회복적 사법 개념은 사법절차에 있어서 범죄피해자의 지위와 역할을 향상시켜, 피해자 본인과 피해를 받은 지역사회에 대하여 직접 해명할 책임을 범죄자에게 부과하는 것에 초점을 맞추며, 피해자와 범죄자의 직접적 대화, 범죄자에 의한 피해자에 대한 피해배상, 범죄예방, 범죄자와의 협력, 피해자지원, 안전한 지역사회 구축 등 지역사회의 적극적 참가의 중요성을 강조한다. 이를 위해서 회복적 형사사법절차에서는 갈등에 대한 해결을 위해, 피해자, 범죄자 그리고 그들의 지역사회가 능동적으로 참여할 수 있는 여건의 조성이 필요하다. 지역사회가 참여한다는 것은 형사절차의 비전문화를 의미한다. 지역사회를 포함시킴으로써 회복적 사법절차는 탈중앙집권화되고 절차가 개방적이고 공공적인 절차가 될 수 있게 된다.

라. 회복적 사법은 어떤 방식으로 범죄를 예방하는가?

범죄의 예방에 있어서 회복적 사법은 지역사회와 정부가 가지고 있는 각각의 강점을 활용한다. 범죄문제를 국가에게만 맡겨두기 보다는 범죄예방과 범죄감소를 위한 공동의 협조와 주도권의 중요성을 강조하는 특징을 갖는다. 범죄예방은 더 이상 일방적으로 국가가 해결해야하는 문제가 아니라, 지역사회가 가진 장점을 활용하여 함께 참여하여 해결하는 것이 필요하다. 지역사회가 가진 범죄의 발생을 억제할 수 있는 비공식적인 통제력에 초점을 맞추고 범죄예방을 위해서 이를 최대한 활용하는 것이다. 지역사회가 가지고 있는 다양한 공동체의 특성들은 구성원들 간에 정의롭고 평화로운 관계를 가지게 하며, 정부는 공정하고, 효율적이며, 힘의 최소한의 사용을 통해서 질서를 세우는 역할을 담당한다. 즉, 정부 혹은 형사사법기관이 법질서유지의 책임을 담당하며, 지역사회가 평화수복, 유지의 책임을 담당함으로써, 국가와 지역사회가 협동·보완하는 역할을 하도록 한다.

회복적 사법은 미래의 범죄예방을 위해서 과거의 손상을 회복하고 복구하는 것이 중요하다는 것을 강조한다. 이러한 회복과 복구는 가해자의 재범 가능성을 제거한다. 또한 손상을 입은 피해자와 가해자가 화해하도록 한다. 이렇게 함으로써 피해자가 가지는 두려움을 제거하여 일상생활로 복귀하는 것을 돕고, 피해자가 가질 수 있는 분노에 의해서 발생할 수 있는 범죄를 예방할 수 있다. 최종적으로 지역사회가 피해자와 가해자를 재통합시킴으로써 조화롭고 화합이 이루어지는 공동체를 회복하게 된다. 이로써 지역사회는 범죄나 사회문제의 발생을 억제할 수 있는 비공식적 통제력을 유지할 수 있다.

회복적 사법은 정의사회를 구현하는 것이 범죄에 대한 응보적 대응이 아니라 문제해결과 치료를 통해서 가능하며, 이로써 보다 인간중심적이고 책임 있는 사법, 지역사회의 개입확대, 생산적인 양형을 가능하게 한다는 믿음에서 출발하고 있다. 회복적 사법은 관련 당사자의 참여와 합의를 유도하여 이미 발생한 갈등상황에 대한 상호이해와 치료를 통해 완전하고 직접적으로 책임을 추구하고, 이를 통해 서로 대립된 당사자를 재통합함으로써 평화와 인도주의를 실현하고, 결국에는 지역사회 강화를 통해 향후의 범죄를 예방하는 것에 그 목적을 두고 있다.

이상에서 살펴본 바와 같이 회복적 사법이 무엇인가에 대해서 Van Ness와 Strong(1997)은 다음과 같이 다섯 가지로 정리하였다.

① 범죄 및 범죄에 대한 반응에 대한 새로운 사고방식이다.

② 범죄에 의해서 야기된 손상에 초점을 맞춘다. 피해자에게 가해진 손상을 복구하고, 범죄를 예방함으로써 미래의 손상을 감소시킨다.

③ 범죄자로 하여금 자신의 행위와 그가 야기한 손상에 대하여 책임감을 가질 것을 요구한다.

④ 피해자에 대한 원상회복, 범죄자에 의한 보상, 지역사회 내에서 양자 간의 재통합을 추구한다.

⑤ 지역사회와 정부의 협조적인 노력을 통해서 이러한 것들을 성취한다.

제2절 각국의 회복적 프로그램

세계의 각 지역에서는 서로 다른 뿌리에서 출발하여 다양한 형태로 운영되는 회복적 사법프로그램들이 존재하고 있다. 이들은 서로 간에 유사한 점과 다른 점들을 가지고 있지만 앞서 논의한 회복적 사법의 기본 원리를 공유한다는 점에서 공통점을 지니고 있다. 즉, 회복적 사법 프로그램이란 회복적 사법의 원리로 특징지워지는 분쟁 및 갈등 해소방법을 말한다. 회복적 사법 프로그램들은 매우 다양한 형태를 지니고 있지만 이 모든 것들은 근본적으로 직접적으로 피해자와 가해자가 참여한다는 원리에 기반을 두고 있다. 피해자에게 범죄가 어떻게 해결되기를 원하는가에 대해서 이야기할 기회를 부여하고, 범죄자에게 자신의 행위로 인해서 나타난 결과와 그것이 야기한 손상을 이해하도록 한다. 또한 범죄가 발생하는 맥락도 중요하게 고려한다. 범죄자와 피해자가 필요로 하는 것뿐만 아니라 지역사회에서 필요한 것들도 균형을 이루도록 한다. 지역공동체란 일반적으로 피해자와 가해자가 관심을 가지는 공동체로서, 피해자와 가해자의 삶이 이루어지는 곳이며, 그들을 가장 사랑하는 사람들이 있는 곳이다.

회복적 사법 프로그램은 세 가지의 주요 모형을 가지고 있다. 세 가지의 모형은 피해자-가해자 조정, 뉴질랜드와 호주의 가족회합(family conferencing), 북미의 양형서클이다. 먼저 회복적 사법프로그램의 목표와 전제조건에 대해서 살펴보고, 다음으로 각각의 대표적인 모델을 살펴본다.

1. 회복적 사법 프로그램의 목표와 전제조건

회복적 사법의 원리에 의해서 운영되는 다양한 회복적 사법프로그램들은 다음의 네 가지 목표를 지향한다. 첫째, 범죄사건에 의해서 가장 큰 영향을 받은 사람에게 중요한 부분에 대한 결정권을 부여한다. 이러한 목표는 해결과정에서 피해자에게 더 많은 권한을 부여하는 것이며, 피해자의 회복에 기여한다. 둘째, 형사사법과정을 처벌의 결정보다는 치유의 과정, 변화를 이끄는 과정으로 만든다. 셋째, 향후 범죄자의 재범가능성을 제거하는데 초점을 맞춘다. 넷째, 피해자와 가해자 모두 사건이 적절하게 마무리되었다고 느끼고 그 후에 당사자 모두를 지역사회로 재통합시킨다.

각국에서 시행되고 있는 회복적 사법프로그램들은 프로그램별로 주요 초점, 입법적 위치와 성격에 있어서 각기 다른 기준을 가지고 있다. 그렇지만 회복적 사법프로그램이 실제 작동되기 위해서는 최소한 다음의 세 가지 기준을 충족해야 한다(Sharp, 1998).

첫째, 확인할 수 있는 피해자가 존재해야 한다. 회복적 사법은 기관에 대한 것이 아니라 사람에 대한 것이다. 따라서 범죄에 의해서 영향을 받은 구체적인 피해자가 존재할 때에만 회복적 사법 프로그램이 운영될 수 있다. 예를 들어 상점절도 사건이 발생해서 회복적 사법 프로그램을 실시할 때 편의점이나 슈퍼마켓은 상점절도범과의 대화테이블에 나올 수 없지만, 절도로 인해서 직접적인 영향을 받은 상점의 관리자 및 직원에 초점을 맞추면 효과적으로 프로그램을 진행할 수 있다. 그들은 상점절도로 인해 자신들의 작업환경, 책임성, 고객과의 관계 등에서 받는 부정적 영향에 대해서 이야기할 수 있다.

둘째, 피해자의 참여는 자발적이어야 한다. 피해자가 회복적 사법과정에 참여하겠다는 결정은 전적으로 자발적으로 이루어져야 한다. 피해자를 회복적 사법프로그램에 참여하도록 강요하는 것은 범죄행위에서 받은 손상을 더 악화시킬 수 있다. 가해자와 직면하는 것을 원하지 않는 범죄피해자를 고통스러울 수 있는 상황에 처하도록 강제하는 것은 피해자 치유를 도와야 한다는 회복적 사법의 원칙에 위배된다. 범죄에 의해 피해를 입은 사람이 자신에게 피해를 준 사람에게 자유롭게 말할 수 있도록 하기 위해서는 그들이 가해자에게 아무 말도 하지 않을 수 있는 자유와 심지어 언제든 그 자리를 떠날 수 있는 자유도 허용되어야 하고, 피해자가 그것을 느낄 수 있게 해야 한다.

셋째, 가해자는 자신이 저지른 범죄행동에 대한 책임을 인정해야 한다. 회복적 사법과정은 피해자와 가해자간의 손상된 관계를 회복시키는 것이다. 이 작업은 가해자가 자신의 죄를 시인하고 그 역할을 인정할 때 비로소 시작된다. 형사기소에 직면한 사람은 공식적인 재판을 받을 권리가 있으며, 개인이 자발적으로 그것을 보류하지 않는 한 유지되어야 한다. 범죄사건에 대한 책임을 인정하지 않는 것은 해당 사건이 회복적 사법과정이 아니라 재판과정으로 진행되는 것을 의미한다. 회복적 사법과정이 개시되기에 앞서, 가해자의 책임수용을 요구하는 것은 피해자를 위하여 중요하다. 피해자는 자신에게 해를 입힌 사람들과 직면하고, 개선을 위한 노력에 필요한 것들을 분명하게 알리기 위해 참여한다. 만일 가해자가 책임을 부정한다면, 이러한 목표는 달성할 수 없다.

2. 조정모델

조정모델도 지역에 따라서 다양한 형태와 명칭을 가지고 있는데, '지역사회 조정(community mediation)', '피해자-가해자 화해프로그램(victim offender reconciliation program)', '피해자-가해자 조정(victim offender mediation)', '피해자-가해자 회합(victim offender conferencing)' 등이 있다. 이 모두는 기본적으로 동일한 과정을 추구하지만, 프로그램 작동의 주체, 사건의 회부방식, 조정자의 자격, 예비조정상담의 관련 정도, 과정의 기본목표에서 차이가 존재한다.

조정모델은 핵심적인 회복과정을 촉진시키는데 조정(mediation) 방법을 사용한다. 중립적 제3자(보통 훈련받은 지역사회 자원봉사자 또는 사회사업전문가)가 피해자와 가해자 사이의 대화를 조정한다. 이 프로그램에서 범죄자와 피해자는 형식에서 탈피한 분위기에서 갈등해결의 능동적 주체가 된다. ① 범죄가 어떻게 그들에게 영향을 미쳤는지 이야기하고, ② 정보를 공유하며, ③ 모두가 만족할 수 있는 문서화된 배상합의문을 작성하고, ④ 향후 계획을 발전시킴으로써, 피해자와 가해자가 핵심적 과정을 마치도록 한다. 일반적으로 피해자, 가해자, 조정자만이 참석하지만, 다수의 피해자가 있을 수 있다. 때로는 청소년범죄자의 부모가 조정에 참관할 수 있다. 형사사건조정자는 대체로 배상액만을 결정할 뿐, 사건의 처분(case disposition)에는 직접 관여하지는 않는다. 배상합의는 법원에 의해 강제집행될 수 있다. 법원은 가해자에 대한 재판권을 보유함으로써, 과정에 간접적으로 영향을 미친다(McCold, 2003).

조정과정은 일반적으로 다음과 같은 단계로 진행된다.

① 조정자가 기본 규칙(착석유지, 중단하지 않기, 공격적 용어사용 금지, 합의를 향한 노력 등)을 정한다.

② 조정자는 비공개의 원칙을 고지한다.

③ 조정자는 조정이 실패할 경우에 형사재판에 회부된다는 점을 설명한다.

④ 당사자들은 논쟁에 대한 자신의 견해와 설명을 제시한다.

⑤ 당사자들은 사건에 대한 일반적 논의에 참여한다. 이러한 조정절차 과정은 다음의 세 가지 단계를 거친다. 우선은 무엇이 행해졌는가를 확인하는 작업이다. 이것은 갈등해결방안을 모색하기 위한 필수적인 전단계로서 범죄사건의 발생사실과 그로 인한 당사자의 경험을 이야기하는 것이다. 다음은 어떻게 피해를 회복할 것인가에 대해 합의를 도출하는 단계이다. 피해자의 피해 내용을 확정하고 그것을 어떠한 방법을 통하여 회복할 것인가가 논의된다. 이에 관하여 합의에 이르면 다음으로는 장래에 그 합의사항의 이행을 어떻게 담보할 것인가에 대한 논의가 뒤따르게 된다. 예를 들면 배상을 해야 한다면 구체적인 배상스케줄, 이를 감독할 수

있는 미팅일정 등이 논의된다.

⑥ 조정자는 당사자들이 상호 합의를 만들어낼 수 있도록 돕는다. 그렇지만 조정자는 협상이 교착상태가 빠지기 전에는 어떤 제안도 해서는 안된다. 또한 필요하다면 당사자들을 별도로 분리시켜 토의를 처리할 수 있다. 당사자의 의견을 듣고 중재자가 중재안을 판단하는 방식의 중재제도와는 달리, 조정절차는 어떠한 합의 내지 결과물이 반드시 요구되지 않는다. 여기에서는 조정자의 역할이 중요한데, 그의 역할은 단지 참여자의 대화과정을 적절히 조절함으로써 당사자들이 문제해결에 다가갈 수 있게 하는 것이다.

조정모델은 처음 피해자–가해자 화해 프로그램이라는 이름으로 1970년대 초반에 캐나다의 온타리오에서 처음 선보였다. 당시 그것은 피해자와 범죄자의 화해가 피해자에게 범죄피해의 회복에 도움을 줄뿐만 아니라 범죄자에게 범죄로 인한 피해와 고통을 체험할 수 있는 기회를 제공함으로써 범죄자의 교정에도 도움이 된다는 인식 하에 주로 보호관찰과 결부되어 보호관찰의 조건으로 시행되었다.

3. 회합모델

앞서 소개한 조정모델이 형사사법 분야에서만 사용되는 것인데 반해 회합모델은 소년사법 뿐만 아니라 사회복지 분야에서도 활용되고 있으며 형사사법 분야까지 그 적용이 확대되고 있다. 회합모델은 뉴질랜드와 호주를 중심으로 많이 운영되고 있는 회복적 사법 프로그램인데, 회합모델도 다양한 명칭과 형태로 운영되고 있다. 회복적 사법은 뉴질랜드의 사회복지 회합(social welfare family group conferences) 모델, 수정된 뉴질랜드 소년사법회의(JFGC), 호주의 Wagga Wagga 경찰회합과 발전된 지역사회 사법회의모델 등이 운영되고 있다.

가족회합은 뉴질랜드에서 시작한 가족집단회합에서 출발하였다. 뉴질랜드는 소년범죄자의 처우에서 회복적 사법의 적용을 시도하였다. 1989년 "아동, 청소년과 그 가족에 관한 법(Children, Young Persons and their Families Act)"에 의해서 뉴질랜드의 소년사법제도에는 가족집단회합을 기반으로 한 새롭고 혁신적이며 독특한 체계가 도입되었다(Morris and Maxwell, 1993). 이 법에 따르면 경찰이 소년범을 검거하였을 경우 소년범을 처리하기 위해서 세 가지 경로중의 하나를 선택할 수 있게 하고 있다. 이는 소년범에게 경고를 하거나, 가족집단회합에 회부하거나, 소년법원으로 보내서 재판을 받도록 하는 것이다. 세 가지 중에서 소년사법에서 가장 핵심적인 부분을 차지하는 것이 가족집단회합이다. 가족집단회합은 마오리족의 전통적인 사법개념에 기반을 두고 운영되는 것으로써 회복적 사법모델의 기본원리와 일치한다. 뉴질랜드에서 시행된 가족집단회합은 호주를 비롯하여 세계 각 지역으로 확산되어 시행되는 가족회합 프로그램의 모델이 되었다.

가족집단회합의 기본적인 개념은 범죄로 인한 갈등은 반드시 가해자, 피해자, 그들의 가족과 지역공동체에서 해결하도록 하되, 갈등해소과정에서 국가대리인이 중재자로 참여한다는 것이다. 그 명칭이 암시해 주듯이 가족집단회합은 비공식적이고 느슨하게 구조화된 회합으로서 참여자는 가해자와 가족(및 가능하다면 변호사), 피해자와 그의 지지자, 그리고 기타 피해자와 가해자 측에 의해서 추천된 사람들이며 이들이 함께 만나서 범죄사건에 대해서 논의하고 적절한 대응책을 협의하는 것이다. 각 회의는 독립적인 진행자에 의해서 소집되며, 참석할 수 있는 인원수에 대한 제한이 없고, 합의에 이르는데 요구되는 시간의 제약도 없다.

이러한 회합과정에서 기존의 형사사법절차와 차이를 보이는 점은 당사자의 가족과 친척이 의사결정과정에서 중심적인 역할을 하게 함으로써(예를 들어 피해자와 협의할 행동계획을 수립해야하는 것도 바로 가해자의 가족이다) 가족에게 권한을 부여한다는 점이다. 또한 가해자도 수동적인 관망자로 있는 것이 아니라 토론에 능동적으로 참여하도록 한다. 유사하게 피해자들도 그 과정에서 핵심적인 역할을 담당하는데 가해자와 직접적으로 만나서 자기의 분노와 좌절을 표현할 수 있고 그들의 요구사항을 제시할 수 있다. 또한 피해자가 참석하여 이야기함으로써 가해자는 자기가 저지른 가해행동의 결과를 직접적으로 알 수 있게 된다. 집단적인 합의과정에서 회의의 궁극적인 목표는 처벌을 강요하는 것이 아니라 피해자와 소년범죄자 간에 화해를 유도하는 것이다(Naffine and Wundersitz, 1994).

이처럼 가족회합은 과거행동에 의해 영향을 받은 개인들이 발생된 문제를 토론하기 위해 가족과 관련자들이 함께 모이는 그룹과정을 의미한다. 회합은 핵심 당사자인 가해자와 피해자가 참여하고 법률전문가의 도움이 없는 상태에서 갈등을 해결한다는 점에서 조정모델과 분명히 공유하는 부분이 있다. 그렇지만 가족회합의 주창자들은 조정모델에 대해 비판적 입장을 지니고, 조정과 회합의 차별성을 강조한다. 그 근거로 기본적으로 조정모델은 민사법적인 과정, 즉, '도덕적으로 동등한(morally equivalent)' 분쟁 당사자를 가정하여 갈등을 조정하는데, 이러한 절차는 범죄자와 피해자가 존재하는 형사사건에 적절하지 않다는 점을 제시한다. 이러한 비판은 범죄사건에 있어서는 도덕적 불균형성을 회복시키는 별도의 절차나 과정이 필요하며 그런 점들을 조정모델에서는 적절히 다루지 못한다는 것을 의미한다.

조정모델에서는 양 당사자들 사이에 대화가 권장되기 때문에, 조정과정은 당사자들 사이의 상호작용을 규율하는 조정자에 의존해야 한다. 이에 비해, 회합모델은 행위규율을 위하여 집단적 과정의 규범적 영향력을 활용한다. 집단이 집중해야할 초점을 설정하는 진행자(facilitator)는 규칙의 목적을 이야기하고, 각 참여자들이 좀 더 존중받을 수 있도록 배려한다. 회합의 강점은 가족이나 지역사회의 인사 등 필요한 부가적인 서포터들을 회합에 포함시킴으로써, 피해자와 가해자간의 권력불균형 문제를 다룰 수 있다는 점이다. 따라서 회합은 가정폭력과 같은 문제를 다룸에 있어서 조정보다는 보다 강력하고 효과적인 수단으로 인정되고 있다(Braithwaite, 1997).

호주와 뉴질랜드에서 시행되고 있는 가족회합은 지역에 따라서 가족회합이 운영되는 방식은 차이가 있다. 회합모델의 세부 유형들은 참석자들의 범위, 과정의 진행자의 자격, 회합의 최종결과를 산출하는 방식, 합의를 승인하는 사람이 누구인가에 따라 달라진다. 회합의 진행자는 일반적으로 전문가(흔히 경찰/학교 담당관, 학교상담자 혹은 사회복지사)들이 상임으로 또는 상담자문역으로 회합을 진행한다.

이처럼 다양한 형태를 지니고 있지만, 내용 면에서는 상당한 공통점을 가지고 있다.

프로그램의 목적은 범죄자들이 법원에서 재판을 받는 대신에 가족회합에 참여해서 범죄에 대해서 논의하고 해명하도록 함으로써, 범죄자를 형사사법절차로부터 전환시키는 것이다. 보통 1-2시간 지속되는 가족회합에는 피해자와 그의 가족, 가해자와 그의 가족 그리고 다른 적절한 사람들이 참석한다. 가족회합의 진행자는 행위자의 성격을 비난하는 것이 아니라 범죄행위에 대한 비난에 논의를 집중시킨다. 범죄자는 자신이 어떤 짓을 했는가, 범죄에 대해서 어떤 느낌을 가지는가, 어떻게 했어야 한다고 생각하는가 등에 관해서 설명하도록 요구받는다. 피해자와 다른 사람들은 범죄로 인한 신체적, 재정적, 정서적 결과에 대해서 설명하도록 요청받는다. 이러한 모든 것들은 범죄자, 그의 가족들, 친구들에게 범죄행동에 대해서 수치심을 느끼도록 하며, 피해자에게 사과하도록 부추긴다. 그 이후 행동계획을 정하고, 기록하며, 주요 참석자들이 서명한다. 행동계획에는 피해자에 대한 물질적 보상, 봉사활동, 고용을 위한 도움, 약물이나 알코올문제에 대한 보조 또는 그밖에 참석자들이 동의한 정당한 예방적인 활동을 포함한다. 피해자와 범죄자에게 가장 적합한 결과를 결정하는 것이 가족회합에 참석한 사람들의 의무이다. 성공적인 회합은 범죄자를 지역사회로 재통합시키는 것으로 마무리된다.

호주에서의 회복적 사법프로그램은 주로 뉴질랜드의 원리에 의존하고 있다. 이는 대부분 뉴질랜드에서 발전된 회합모델에 기초하였기 때문이다. 보통 성인보다는 청소년들을 다루는데 가장 적합한 것으로 보여진다. 그렇지만 가족회합의 대상은 소년에서 성인으로 확대되는 경향을 보이고 있다. 예를 들어 뉴질랜드의 경우 청소년들을 대상으로 10년 이상 경험을 쌓은 후에 프로그램이 성인으로 확대되고 있다. 호주의 세 개 주에서도 성인들을 대상으로 한 회합이 시행되고 있지만(Queensland, Western Australia, ACT), 대부분은 청소년범죄자들을 대상으로 하고 있다(Strang, 2001).

회복적 경찰활동

회복적 경찰활동이란 지역사회에서 갈등 혹은 범죄가 발생하였을 때, 경찰은 범인을 검거하는데 국한되는 것이 아닌 가해자와 피해자가 함께하는 회복적 대화모임을 통해 피해회복 및 재발방지 등에 대한 근본적인 해결방안을 모색하도록 지원하는 경찰활동이다. 회복적 경찰활동의 일환으로 진행된 대화모임의 결과는 수사서류에 반영되어 경찰단계 종결 및 검찰 및 법원 단계에서 양형을 판단하는데 참고자료로 활용될 수 있으며, 가벼운 사안에 대해서는 피해자의 의사를 반영하여 즉결심판 청구 및 훈방등의 조치가 시행될 수 있다. 2023년 기준 회복적 경찰활동은 258개의 모든 경찰서에서 시행되고 있다.

회복적 경찰활동은 사건발생 초기에 이해관계자들의 갈등이 심화되기 전 피해회복과 재발방지 방안을 함께 모색함으로 신속한 피해회복 및 가해자의 선도에 효과적이며, 형사사법 절차에 따라 발생할 수 있는 사건지연, 낙인효과 등의 2차 피해를 최소화하는데 그 의의가 있다.

회복적 경찰활동은 학교폭력, 가정폭력, 층간소음, 공동체 내의 갈등과 같은 단순한 처벌만으로 근본적인 문제가 해결되지 않는 모든 사건에 대해 활용할 수 있으며, 형사사법의 제재보다 이해관계자 간의 대화로 회복이 가능한 사건에 적합하다.

회복적 대화모임은 전문적인 교육을 받은 경찰관과 민간전문가의 주관으로 진행되며, 가해자와 피해자를 따로 만나 사전모임을 갖고 난 후 함께 모여 본모임을 진행하는 절차로 진행된다. 대회모임에는 가해자와 피해자, 대화전문가, 경찰관뿐 아니라, 가족 및 이웃에 해당하는 이해관계자가 참여할 수 있다.

회복적 경찰활동의 회복적 대화 프로그램은 철저하게 관계회복과 상처치유에 초점을 두고 있고, 경험이 풍부한 외부 전문기관에서 대화모임을 진행하고 있으먀, 각 단계별 치밀한 모니터링을 실시하고 있는 바, 현재 형사사법체계에서 실행하고 있는 형사조정이나 화해권고 등 어떠한 제도나 프로그램보다 회복적 정의의 목적을 충실히 반영하고 있는 프로그램으로 평가받고 있다(김문귀, 임형진, 2020).

〈회복적 대화 흐름도〉

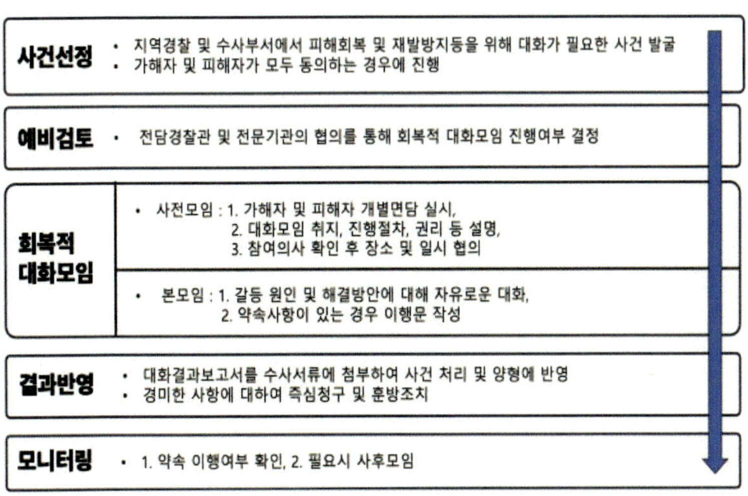

https://www.police.go.kr/www/security/support/support0102.jsp 2024. 6. 20 검색

4. 서클모델

서클모델은 캐나다와 미국 등 북미지역에서 운영되고 있는데, 그 지역의 원주민의 전통을 기반으로 발전한 것이다. 원주민 문화에서는 비행이나 범죄를 처리하는 다양한 과정들이 발전되었는데, 범죄 및 비행을 다루기 위한 서클 과정은 원주민들의 자유와 개별성의 전통적 관념, 즉, 어떤 사람이 다른 사람에게 결정을 강제할 수 없으며, 자신들의 문제에 대한 결정은 스스로 해야한다는 관념에서 기원하였다. 서클(Circles)은 전통적인 원주민 문화 및 사회적 과정의 핵심(중심)을 이루고 있다. 회복적 사법 서클모델은 두 개의 일반적인 경로로 발전되었는데, ① 하나는 범죄상황을 정리하는 치유서클이고, ② 다른 하나는 가해자의 처벌과 관련하여 사법당국에 적절한 양형을 권고하는데 초점을 맞춘 양형서클이다. 서클모델이 재판 이전에 재판의 대안으로서 사용되거나 혹은 재판이후 처분을 결정하기 위한 것이거나 관계없이 서클모델은 비슷한 구조적 과정을 따른다.

원주민부족에서는 항상 지역사회를 회복하기 위한 다양한 제도들이 존재하여 왔다. 명칭에 관계없이 회복적사법의 원리는 사실상 국가가 형성되기 이전의 사법형태를 띠고 있다. 서클의 목적, 참여자, 참여자의 역할 등에서는 차이가 있지만 많은 서클과정이 존재한다. 치유와 토론서클은 모든 참여당사자들이 공통적으로 관심을 가진 사안에 초점을 맞추고, 이러한 서클에서 전문가가 참여하는 것은 드물지만, 전문적 상담자가 가담할 수는 있다.

주요한 세 가지 서클모델은 ① 미국 Arizona Navajo의 화해중재서클, ② 캐나다 Yukon지역의 양형서클, ③ 캐나다 Manitoba의 Hollow Water 원주민지역에서 발전된 정교화된 치유서클 모델 등을 들 수 있다(McCold, 2003).

가. 화해중재서클(Peacemaking Circle)

전통적인 나바조 부족은 갈등의 해결에 있어서 "올바른 관계(right relationship)"를 강조한다. 다른 사람의 잘못된 행동으로 인해 피해를 받은 사람이 있다면 화해중재과정을 조직하고 진행하도록 지역사회 리더(화해중재자)에게 요청할 수 있다.

화해중재자는 당사자들의 대화과정에서 가치를 명확하게 하고, 현실적 치유책을 제시할 수 있다. 대화는 문제의 본질에 초점을 두며, 결정을 이끌기 위해서 전통적인 선례를 활용한다. 화해중재자는 설득적 권위를 가지며, 실천적 방안을 제공하는 문화적 전통과 선례를 소개한다. 당사자들은 문제의 해결을 위해 해야할 것이 무엇인지에 대한 토론을 진행하며, 실천 활동은 배상(restitution)이나 피해회복(reparation)의 형태를 띠기도 한다. 그렇지만 초점은 적절한 보상에 있는 것이 아니라, 총체적인 치유에 있다. 당사자의 감정과 관계가 가장 중요한 것이다. 서클과정은 문제해결을 위한 활동계획으로 끝난다. 배상에 동의한 사람이 개인적으로 활동계획을 완수할 능력이 없을 경우에 그 가족과 친족이 배상을 돕는 것이 전통이다. 이러한 전통은 단순히 친척이 도울 의무를 가지고 있다는 것을 의미하는 것이 아니라, 개인이 타인에게 잘못을 했을 때, 그것은 그 친척을 부끄럽게 하는 것이라는 점에서 기인한다. 가족들은 향후 재발하지 않도록 가해자를 감독하게 된다.

나. 양형서클(Sentencing Circle)

양형서클은 형사사법체계와의 파트너쉽을 형성하여 적절한 양형계획에 합의를 도출한다. 양형서클은 모든 이해당사자들, 즉, 지역사회 성원, 피해자, 피해자의 지지자, 가해자, 가해자의 지지자, 판사, 검사, 변호인단, 경찰 및 법원관계자 등이 사건에 대한 공유된 이해를 나누고, 이해당사자들의 치유를 돕고 향후 재발을 예방하기 위한 조치들을 확인하기 위하여, 각자의 발언공간을 만드는 전통적인 서클 의식 및 구조를 사용한다. 이러한 서클은 하나의 커다란 서클을 이루거나 혹은 내부서클과 외부서클로 나누어 운영되기도 한다. 내부서클은 통상 재판에 참여하는 사람들로 구성되며, 외부서클은 지역사회에서 관심 있는 사람들과 특별한 정보를 위해 요청된 전문가들이 포함된다. 양형서클에는 지역사회의 모든 사람이 참여할 수 있으며, 양형서클의 가치는 가해자 혹은 피해자에게 미치는 영향보다는 지역사회에 미치는 영향력에 있다. 즉, 양형서클의 바탕에는 공동체 의식이 존재하고 있다.

다. 치유서클(Healing Circle)

캐나다에서 발전된 것으로 서클모델 중 중요한 모델의 하나이다. 치유프로그램은 근친강간과 성폭력에 대응하기 위한 프로그램으로서 시작되었다. 이것은 파괴된 친밀성과 인간존엄을 치유할 뿐만 아니라, 이러한 폭력을 배태하는 사회적 상황을 처리하기 위한 것이다. 가정폭력 피해자들은 법원의 제한명령보다는 이러한 서클에 의해서 보다 현실적인 보호를 받고 있다. 가해자의 접근을 제한하는 종이 한 장을 가지고 나오는 대신에, 테이블에서 자신의 문제와 감정을 표출할 수 있는 기회를 가지게 되며, 그들의 가족(및 친족)들이 그들을 도울 수 있도록 이해시키고, 헌신할 수 있는 자세를 가지게 한다.

치유서클의 과정은 몇가지 단계를 거치게 되는데, 첫 번째 단계에서 가해자가 자신의 행동을 시인하고 책임을 인정하며, 자신의 행동을 변화시키기 위해서 지지해줄 사람을 찾는다. 동시에 피해자의 안전을 확보하기 위한 노력이 이루어진다. 두 번째 단계는 가해자가 자신의 배우자 및 자녀들을 서클로 데리고 나와서 자신이 행한 일을 가족에게 이야기한다. 세 번째 단계에서 가해자의 부모 및 형제자매가 참여해서 가해자의 행동에 대해서 이야기한다. 이와 동시에 평가팀은 피해자와 함께하는 "피해자 서클"을 시작하며, 점진적으로 피해자 가족을 동참시킨다. 충분히 논의가 된 후에 두 개의 치유서클이 합쳐지게 되고, 이 때 가해자는 아무 말을 하지 않고, 피해자가 가해자에게 "자신에게 행해진 것이 무엇이며, 어떤 영향을 받았는지"를 이야기하고, 가해자는 침묵으로 듣기만 한다. 네 번째 단계에서 가해자가 지역사회에 대한 자신의 책임과 지금까지의 자신의 행동에 대해서 이야기한다. 지역사회는 결정에 대해서 권고를 할 수 있고, 판사가 양형에 대한 결정을 선고한다. 다섯 번째 단계로 가해자가 선고 6개월 후에 다시 서클로 소환되는데, 이때는 판사는 관여하지 않고 지역사회만이 참석한다. 지역사회서클에서 전체 지역사회에 가해자 및 피해자의 발전과정(지난 6개월간의 치유작업)에 대해서 보고한다. 여섯 번째 단계는 유대서클이라고 부르는데, 피해자와 가해자가 일주일에 한 번씩 만난다. 일곱 번째 단계가 종결서클이라고 하는데, 피해자, 가해자 그리고 양자의 가족들이 함께 모여서 모든 것을 종결하는 과정을 거친다. 이는 새로운 평화의 시작이자 모두의 성장을 축하하는 일종의 지역사회 이벤트의 의미를 지닌다.

제3절 회복적 사법에 대한 평가

1. 회복적 사법프로그램의 평가연구

현재의 형사사법제도를 보완하거나 대안을 제시할 수 있는 것으로 관심을 받는 회복적 사법프로그램의 효과에 대한 다양한 평가연구들이 수행되었는데, 이러한 연구결과들은 회복적 사법프로그램의 효과에 대해 대체로 긍정적인 결과들을 보여주고 있다. McCold(2003)는 회복적 사법에 대한 초기평가연구부터 최근까지의 평가연구들에 대해서 메타분석을 실시하고 그 결과를 종합적으로 정리·제시하였는데, 회복적 사법 프로그램의 성과와 관련하여 다음과 같은 일관된 사실들이 발견되었다.

1) 현재 실무현장에서 회복적 프로그램은 대체로 간접적인 조정의 형태로 진행되고 있다. 그렇지만 프로그램에 대한 경험적 분석결과들은 회복적 사법의 실천에서 사건당사자들이 직접 함께 모이는 경우가 간접조정방식보다 성공률이 높다는 것을 보여준다.
2) 회복적 사법실천과 관련하여 피해자와 가해자(범죄자)가 직접 만날 기회를 가져야 하며, 가해자도 반성과 재활의 기회를 가져야 한다는 점에 대해 직접 참여한 범죄피해자뿐만 아니라 일반인들도 높은 지지를 보였다. 연구결과들은 일반인들이 범죄대응 방안으로 항상 "엄한 처벌(tough punishment)"을 원한다는 것은 신화적 통념에 불과하다는 점을 보여준다.
3) 사건당사자들이 회복적 사법프로그램에 참여하는 비율은 프로그램마다 차이가 있지만, 일반적으로 피해자와 가해자들은 기회가 주어진다면 대부분 참여하는 것을 선택하는 경향이 있다. 가해자가 피해자보다 참여하려는 경향이 더 낮았고, 참여율은 위반유형(범죄유형), 가해자연령, 피해자유형 및 피해자–가해자 관계에 따라 달랐다.

4) 일반적으로 피해자는 간접조정이나 법원에 의한 조정방식보다는 직접적으로 만나서 대화를 통해 조정하는 것을 더 긍정적으로 평가하며, 직접 가해자와 대면할 때에 그렇지 않을 때보다 상대방에 대한 두려움을 덜 느끼는 것으로 나타났다.
5) 뉴질랜드의 가족집단회합과 같이, 회복적 사법프로그램에 참여하는 것이 자발성에 의하기보다 법에 의해 의무적으로 시행될 경우, 피해자 참여와 만족도는 대부분의 다른 회복적 프로그램보다 낮게 나타난다.
6) 피해자와 가해자가 프로그램에 모두 참여할 때, 결과에 대한 합의율 및 그에 대한 이행율이 높다. 그러나 프로그램에 대한 참여율과 합의 또는 이행율간의 관계는 뚜렷한 일관성이 나타나지 않는다. 이는 참여율이 높다고 해서 합의 또는 이행율이 높다는 것을 의미하는 것은 아니라는 점을 보여준다.
7) 회복적 사법 프로그램에서 배상이 성공적으로 이루어질 수 있는 사건유형에는 아무 제한이 없으며, 평가연구에서도 아무런 경험적 한계가 없는 것으로 보고된다. 즉, 조정이나 회합프로그램 모두 폭력범죄뿐만 아니라 재산범죄, 성인 중범죄와 초범소년범죄자, 그리고 낯선 관계나 가족관계 모두에서 성공적인 해결이라는 결과가 나타났다. 더 나아가 범죄나 비행뿐만 아니라 소비자분쟁에서 가정폭력에 이르기까지 갈등상황에 해당하는 많은 영역에서 회복적 사법프로그램은 긍정적 결과를 보여주고 있다.
8) 조사결과에 의하면 범죄피해자와 가해자 모두 공식사법보다는 회복적 사법에 대해 보다 공정하고 만족한다고 평가하고 있다. 피해자의 경우 지역공동체의 관심과 배려를 직접 경험할 수 있는 프로그램에서 공정성과 만족감을 더 높이 평가하였다.
9) 공식사법절차과정을 거치는 경우보다 회복적 사법프로그램을 거친 경우에 가해자의 재범률이 더 높다는 아무런 증거가 없다. 재범에 대한 회복적 사법프로그램 효과는 범죄유형 및 참여율과 직접적으로 연관된다. 자발적 프로그램이라는 성격상 매우 강력한 자기선택효과(즉, 재범경향성이 덜한 위반자들일수록 참여하는 경향이 있기 때문)가 있음에도 불구하고, 회복적 사법 프로그램의 경험 이후 재범

률은 재산범죄나 피해자 없는 범죄에 비해서 대인범죄에서 좀 더 감소효과를 보여준다.

김지선(2006)은 회복적 사법프로그램을 평가한 외국의 연구 중 3개를 검토한 후에 회복적 사법 프로그램 평가에 관련된 지적을 하고 있다. 전반적으로 회복적 사법 프로그램에 대한 평가가 긍정적으로 나타나고 있지만 그러한 평가연구가 가지는 한계나 문제점이 있기 때문에 평가의 신뢰도를 떨어뜨린다고 보았다. 프로그램의 효과를 정확하고 적절하게 평가하는 것은 좀 더 나은 프로그램의 기획과 운영을 위해서 필요한 작업이라고 보고, 기존 평가연구의 한계와 개선방안을 지적하였다.

일반적으로 평가연구는 현실상황에서 일어나고 있는 사회적 개입의 효과를 엄밀히 측정하기 어렵다는 어려움을 가지고 있는데, 회복적 사법프로그램에 대한 평가연구는 회복적 사법의 철학과 가치들이 표방하는 개념들의 추상성과 다의성, 그리고 피해자, 가해자, 지역사회 등 프로그램으로 인해 영향을 받는 대상의 다양성과 목표의 복합성 등으로 인해 평가연구 활동자체가 매우 복잡하고 어렵다는 것을 지적하였다. 이를 극복하기 위해서 첫째, 회복적 사법의 과정에 대한 핵심적 구성요소와 회복적 사법의 목표 등에 대한 학자들 간의 합의와 명확한 개념규정을 통해서 과정과 결과를 평가하기 위한 통일된 평가기준과 측정도구를 마련하는 것이 필요하다. 둘째로 앞으로 평가연구들은 결과평가뿐만 아니라 과정평가에 더욱 초점을 맞추어야 할 필요가 있다. 프로그램의 실질적인 실행이 프로그램의 원칙에 따라 제대로 이루어졌는가를 평가할 수 있어야만 프로그램 시행에 따른 결과가 바로 프로그램 그 자체로 인한 효과라고 확신할 수 있기 때문이다. 셋째로 앞으로의 평가연구들은 평가결과의 신뢰도와 타당도를 높이기 위해 좀 더 엄격한 실험설계에 근거한 연구설계가 요구된다. 좀 더 엄격한 실험설계에 근거한 연구방법의 채택은 선택오차를 줄여줌으로써 회복적 사법 프로그램의 성과를 부풀림 없이 그대로 보여줄 수 있을 것이다. 마지막으로 가장 중요한 것은 프로그램의 과정과 결과에 영향을 미치는 요인들에 대한 좀 더 체계적인 검토가 필요하다는 점이다. 최상의 프로그램은 어떤 특정 조건하에서 특정 참여자들에게 적용되었을 때 가장 잘 작동한다는 기존의 교정프로그램에 대한 연구결과들을 고려해볼 때, 프로그램유형, 개입시점,

범죄자의 특성, 범죄유형, 가해자와 피해자와의 관계, 사건의 성격, 개입이 일어나는 형사사법적 맥락 등과 같은 조건변수들에 대한 탐구는 최적의 효과성을 갖는 회복적 사법 프로그램을 기획하기 위한 기초를 제공해줄 수 있을 것이다.

우리나라의 경우 회복적 사법 프로그램이 이제 막 도입되는 시기에 있기 때문에 이에 대한 본격적인 평가연구는 좀 더 시간이 필요할 것으로 보인다. 그렇지만 형사정책연구원에서는 회복적 사법의 도입을 위해서 실험연구를 수행하였고 그 결과는 회복적 사법의 효과적인 도입에 시사점을 제공해준다(김은경, 2009).

이 실험연구는 가족회합모델을 기본으로 해서 소년범에 대해서 실험연구를 수행하였고, 실험연구가 가지는 몇 가지의 한계에도 불구하고 회복적 사법 실천에 관련해서 몇 가지 의미 있는 결과를 보여주었다.

첫째, 범죄사건이 발생하면 가해자와 피해자 모두 심리적인 충격과 영향을 받는데, 이러한 현상을 트라우마(심리적 상처)라고 한다. 그런데 범죄피해자들이 범죄소년보다 훨씬 더 심리적 상처를 느끼는 정도가 심한 것으로 나타났다. 이는 가해자를 위한 교정 프로그램만큼이나 피해자들에 대한 정책적 관심과 배려가 긴요하다는 점을 보여준다.

둘째, 일반적인 생각과는 달리 피해자들이 반드시 가해자에 대한 엄벌이나 사법적 처벌만을 원하는 것은 아니며, 오히려 그들은 가해자와의 소통을 통하여 피해자의 상처와 고통을 알게 하고, 그럼으로써 진정성 있는 사과와 배상을 원하고 있는 것으로 나타났다.

셋째, 대화모임 참여의사를 조사한 결과, 피해자 있는 가해자들의 70%이상이 문제해결을 위하여 피해자와 직접적인 소통욕구를 느끼고 있으며, 피해자들의 주된 관심 역시, 피해배상과 화해를 통하여 사건에 대한 종결감을 얻고 싶어 하는 것으로 나타났다. 즉, 피해자와 가해자 모두 사건 처리절차에서의 직접 참여욕구가 전반적으로 높았으며 이러한 욕구는 기존의 사법체계보다 회복적 사법 실천에서 더 잘 다루어질 것으로 보인다.

넷째, 공식사법절차 집단과 대화모임경험집단간의 처우경험 및 영향력에 대한 비교분석 결과를 종합적으로 정리해보면, 사법과정에 대한 공정성, 만족도, 피해배상 및 정서적 치유경험, 가해자 책임인지와 재범가능성 등에 있어서 회복적 사법실천이 공식적 사법절차보다 훨씬 더 효과적이며 긍정적인 것으로 평가된다. 이는 문제해결보다는 인본주의적 조정원칙에 입각한 실천모델이 학교폭력을 비롯한 소년사건의 당사자들의 사법욕구에 실질적으로 부응하는 훌륭한 대안이 될 수 있음을 보여준다. 특히 피해자–가해자간의 이전 교류가 있는 폭력사건을 다루는데 실제적 유용성이 크다.

교정시설 내 회복적 교정활동 – Sycamore Tree Project

Sycamore Tree Project는 재소자들의 '잘못된 행동'에 대한 책임을 인지하고, 스스로 지닌 갈등과 문제를 해결하기 위하여 집단의 역동성을 활용함으로 재소자들을 재사회화하는데 프로젝트의 목적이 있다.

특히 Sycamore Tree Project는 재소자들에게 자신의 행위에 대한 책임을 인식하도록 하고, 자신의 범죄행위를 되돌아보고 반성할 기회를 제공한다. 교정시설에서 진행되는 회복적 교정활동의 경우 재소자의 위치가 교정시설이라는 한계로 인해 직접적인 피해자와 교류가 있는 대신 다른 범죄 피해자와 교류를 통해 상징적이고 간접적인 피해보상활동을 하게 함으로써 자신과 피해자에 대한 인식의 변화를 목적으로 하고 있다.

이 프로젝트의 또 다른 목적은 참여한 피해자의 인식 변화이다. 피해자들은 프로젝트에 참여한 가해자들이 변화되는 모습을 통해 자신의 고통을 해소하고 그들이 좀 더 편안하게 지낼 수 있도록 조력한다. Sycamore Tree Project에 참여한 가해자와 피해자는 범죄행위에 대한 가해자와 피해자이지만, 서로 관련없는 범죄행위에 대한 가해자와 피해자라고 할 수 있다.

Sycamore Tree Project는 총 7회기로 운영되며 가해자와 피해자의 의사소통을 통해 진행이 된다. 효율적인 의사소통을 위해 중재자의 개입이 필요하다.

실제로 2001년 초 (사)아시아청소년교정연구원에서 국내 교정시설에서 남성 재소자 7명과 피해자 5명(남성3명/여성2명)을 대상으로 Sycamore Tree Project가 실시하였다. 그 결과 가해자의 인식변화를 위해 피해자와 함께하는 갈등중재 프로그램이 효과가 있었으며, 피해자의 회복에도 도움이 되는 것으로 나타났다. 더 나아가 향후 가해자의 재범방지에도 효과가 있는 것으로 나타났다.

출처: 배임호, 박일연(2018), "회복적 사법정의에 근거한 교정복지 실천으로서 갈등중재 사례연구 : Sycamore Tree Project를 중심으로"

보호관찰 내 회복적 교정활동 – 회복적 이음모임

회복적 이음모임은 보호관찰 선도조건부 기소유예 대상자들과 사건의 피해자, 지역사회 구성원을 대상으로 조정자가 개입하여 사건에 대한 피해를 복구할 수 있도록 하기 위한 모임이다. 이 모임을 통해 가해자들에게 회복적 사법의 개념을 교육시키고 피해자와 대면 접촉을 시도한다. 이 과정에서 가해자는 가해행위에 대한 수치심을 느끼고, 피해자의 입장과 손해에 대해 인지하고 공감함으로써 피해자에게 용서를 구하고 피해에 대한 회복을 노력하는 과정을 거친다.

회복적 이음모임은 보호관찰 담당관이 모임참여에 대한 의사를 확인하고, 모임참여에 동의하였다면 조정자가 가해자와 접촉한다. 조정자는 가해자와 접촉을 통해 회복적 이음모임에 대해 설명해주고, 피해회복, 수치심, 책임의식, 공동체의식에 대한 교육을 실시한다. 진정한 회복적 사법이 실현되기 위해 피해자와 가해자가 대면해야하지만 상황상 어려움으로 인해 피해자 대신 지역사회대표나 보호관찰 상담 전문가들이 피해자를 대변함으로 피해자의 입장을 인지할 수 있도록 한다.

회복적 이음모임의 효과를 분석한 박은영, 박미랑(2022)의 연구에 따르면 회복적 이음모임에 참여한 이후 자기이해, 피해자 공감, 수치심, 책임감 및 공동체 의식이 증가하는 것으로 나타났다. 참여자를 대상으로 심층면접 하였을 때, 초기에는 자신의 억울함과 분노의 감정이 주를 이뤘으나, 시간이 흐를수록 피해자의 입장과 피해에 대한 이해가 증가하였으며, 잘못된 행위를 통해 주변사람들의 고통까지 인식할 수 있게 되는 변화가 관찰되었다.

출처: 박은영, 박미랑(2022), "소년 선도위탁 대상자를 위한 회복적 이음모임의 효과분석"

2. 회복적 사법에 대한 비판

앞에서 살펴본 바와 같이 회복적 사법에 대해서 대체로 긍정적인 입장을 보이는 학자들이 많지만 여전히 회복적 사법의 한계와 문제점에 대해서 비판적인 시각을 가지고 있는 경우도 적지 않다. 이들에 지적을 살펴보는 것도 균형적인 시각을 위해서 필요할 것이다.

첫째, 형법의 폐지론 내지 민사적 분쟁화를 주장하는 것은 지극히 유토피아적이다. 이는 회복적 사법을 현행 형사사법의 대안으로 주장하는 의견에 대한 반론이다. 현재의 형사사법의 틀을 깬다는 것이 사실상 불가능한 일이며 이상적인 주장에 불과하다는 비판이다.

둘째, 회복적 사법프로그램에서 사건이 여러 인종에 걸쳐 있을 경우에 인종적 편견이 피해자와 범죄자 간에 발생할 수도 있다.

셋째, 1-2시간의 회합을 통해서 오랜 시간동안 가정이나 지역에 축적되어 범죄사건의 원인이 된 문제점을 해소하기에는 무리다. 범죄를 사람들 간의 관계의 손상으로 보고 이러한 관계의 손상을 회복시키고자 하는 회복적 사법 프로그램인데, 과연 짧은 시간의 프로그램으로 관계 손상의 원인이 된 근본적인 문제점의 해결이 가능할 것인가에 대한 비관적 입장이다.

넷째, 피해자와 직접적으로 만나서 토론하는 것은 좋지만 이를 위해서 동일한 죄를 저지른 사건에 대해서 다른 처분결과가 내려질 수 있는 것은 공정성에 문제가 있다. 기본적으로 범죄자에 대한 처분의 결정이 프로그램의 참여자에 의해서 이루어지기 때문에 동일한 범죄행위에 대해 서로 다른 처분이 내려질 가능성이 높고 이에 대한 문제점을 제기하는 것이다.

다섯째, 회복적 사법의 무대가 지역사회(공동체)인데 실제로 서구사회에서 지역사회는 점차 피폐하고, 무력화되고 있다. 이런 상황에서 지역사회의 참여를 기본으로 하는 회복적 사법 프로그램이 어느 정도 효과가 있을까에 대해서 의문을 제기한다. 회복적 사법보다는 지역사회를 다시 살리는 것이 우선해야 한다고 본다.

여섯째, 회복적 사법 프로그램에 다수의 지역사회 관계자의 출석하는 것은 범죄소년에게 과도한 긴장감, 불안감을 줄 수 있다. 프로그램에 참여한 소년이 위협을 받거나 자칫 어른들이 모든 토의과정을 지배할 가능성이 우려된다.

일곱째, 회합프로그램은 학교폭력의 초기개입프로그램과 밀접한 관련을 갖기 때문에 망의 확장(net widening)의 우려가 있다. 즉, 원래 학교 측이 관여하지 않을 정도의 사안이 회합프로그램이 생김으로 인해서 회합에 회부됨으로써 소년의 부담이 증가할 수 있다.

여덟째, 회복적 사법 프로그램에 참여한 경찰관이나 학교관계자가 권위주의적 태도를 보임으로써 모임의 분위기를 해칠 가능성이 있고, 이런 분위기는 오히려 참석한 청소년에게 부정적인 영향을 미칠 수 있다.

아홉째, 본격적인 프로그램의 시행에 앞서 양 당사자 간의 면담이 꼭 필요한데, 만약 이러한 준비가 불충분한 채로 프로그램이 시작된다면 참여한 사람들 간의 솔직한 대화에 지장이 발생할 수 있다.

3. 소결

'형사사법'이란 용어는 영어의 criminal justice를 번역한 것으로, 의미 그대로 하자면 '범죄 또는 범죄자와 관련한 사법'으로 볼 수 있다. 즉, 형사사법에는 처음부터 '피해자와 관련한 사법(victim justice)'은 포함되어 있지 않다고 볼 수 있다. 이 책에서 논의한 범죄피해자에 관련된 다양한 논의, 즉, 피해자의 보호, 형사사법절차에의 역할과 권리주체성 등 피해자학의 주요 내용은 바로 형사사법절차에서 피해자가 중심적 지위를 가지도록 해야한다는 주장을 의미한다.

최근 세계적인 추세에 동참해서 우리나라에서도 범죄피해자에 대한 관심이 매우 높아지고, 피해자를 지원하고 보호하기 위한 많은 대책들이 수립되고 있다. 이러한 맥락에서 현재 우리나라의 학자들이나 형사사법 실무가들에게 회복적 사법이 많은 관심을 받고 있다. 그렇지만 회복적 사법에 관한 이해나 현행 형사사법제도에 회복적 사법의 도입하는 방법에 있어서 학자들 간에는 많은 온도의 차이가 존재하는 것이 현실이다.

회복적 사법의 원리를 중심으로 현재의 형사사법체계를 대폭 개편해야 한다고 주장하는 사람이 있는가 하면, 현재의 형사사법체계의 범위 내에서 회복적 사법의 요소를 수용할 수 있도록 조정해야한다는 주장도 있다. 즉, 일부 학자들은 현행 형사사법체계에서 피해자가 당하는 물질적 손해에 초점을 맞추어 가해자가 피해자에게 배상하는 제도를 도입하는 수준에서 회복적 사법을 도입하고자 한다. 반면 다른 학자들은 회복적 사법에서 이야기하는 관계회복이란 재정적 의미의 손해배상만이 아니라, 범죄자, 피해자, 지역사회 간의 관계를 범죄사건 이전의 원상태로 돌려놓는 것을 의미한다고 보고, 좀 더 근본적인 프로그램의 운영이 필요하다고 주장한다.

회복적 사법은 형사사법제도의 새로운 목표로서 '치유 또는 회복'을 제시하고 있으며, 이는 처벌 위주가 아니라 가해자와 피해자 나아가 지역사회 간의 관계회복을 지향한다는 점에서 현행 형사사법제도의 어느 정도 갈등관계에 있을 수밖에 없다. 새로운 프로그램을 서둘러 도입하는 것도 필요하겠지만, 우리나라의 현실에 비추어 가장 적절하고 효과적인 것이 무엇인지에 대한 고민과 검토, 그리고 평가과정을 거쳐 바람직한 제도를 수립하는 노력이 필요할 것이다.

요점정리

(1) 회복적 사법은 "특정범죄에 이해관계가 있는 당사자들이 함께 모여서 범죄의 결과와 그것이 장래에 대하여 가지는 의미를 어떻게 다룰 것인지를 해결하는 과정"이다.

(2) 응보적 사법은 국가와 범죄자의 대립적 과정을 통한 '공공의 복수', '제재', '처벌'에 초점을 두는 반면, 회복적 사법은 범죄자, 피해자, 지역사회 간의 '타협', '조정', '피해자 권한강화', '피해회복'을 통한 피해자 및 지역사회에 행해진 해악(손해)을 회복하고 개선하는 데 관심을 둔다.

(3) 회복적 사법의 기본원리 : ① 범죄는 피해자와 지역사회, 가해자 자신에게 다양한 손해 또는 손상을 야기하는 행동이다. ② 사법과정은 범죄로 인해서 발생한 다양한 손상을 복구하고 회복하는데 도움이 되어야 한다. ③ 범죄에 대한 대응에서 초기 단계부터 피해자, 가해자, 지역사회 모두가 개입해야 하며, 가능한 한 전적으로 개입되어야 한다.

(4) 회복적 사법프로그램의 기본 목표 : ① 범죄사건에 의해서 가장 큰 영향을 받은 사람에게 중요한 결정권을 부여한다. 해결과정에서 피해자에게 더 많은 권한을 부여하며, 피해자의 회복에 기여한다. ② 형사사법과정을 처벌의 결정보다는 치유적인 과정, 변화를 이끄는 과정으로 만든다. ③ 범죄자의 재범가능성을 제거하는데 초점을 맞춘다. ④ 피해자와 가해자 모두 사건이 적절하게 마무리되었다고 느끼고 그 후에 당사자 모두를 지역사회로 재통합시킨다.

(5) 조정모델 : 중립적 제3자(보통 훈련받은 지역사회 자원봉사자 또는 사회사업전문가)가 피해자와 가해자 사이의 대화를 조정한다. 이 프로그램에서 범죄자와 피해

자는 형식에서 탈피한 분위기에서 갈등해결의 능동적 주체가 된다. 범죄가 미친 영향에 대한 논의, 정보 공유, 모두가 만족할 수 있는 문서화된 배상합의문을 작성, 향후 계획의 작성 등이 이루어진다.

(6) 가족회합 : 범죄로 인한 갈등은 반드시 가해자, 피해자, 그들의 가족과 지역공동체에서 해결하도록 한다. 비공식적이고 느슨하게 구조화된 회합으로서 참여자는 가해자와 가족(및 변호사), 피해자와 그의 지지자, 기타 피해자와 가해자 측에 의해서 추천된 사람들이며, 함께 만나서 범죄사건에 대해서 논의하고 적절한 대응책을 협의한다. 각 회의는 독립적인 진행자에 의해서 소집되며, 참석할 수 있는 인원수에 대한 제한이 없고, 합의에 이르는데 요구되는 시간의 제약도 없다.

(7) 서클모델 : 캐나다와 미국 등 북미지역에서 운영되고 있는데, 그 지역의 원주민의 전통을 기반으로 발전하였다. 서클(Circles)은 전통적인 원주민 문화 및 사회적 과정의 핵심(중심)을 이루고 있다. 서클모델은 두 개의 일반적인 경로로 발전되었는데, ① 하나는 범죄상황을 정리하는 치유서클이고, ② 다른 하나는 가해자의 처벌과 관련하여 사법당국에 적절한 양형을 권고하는데 초점을 맞춘 양형서클이다. 주요한 세 가지 서클모델은 화해중재서클, 양형서클, 치유서클 모델이다.

복습문제

1. 빈칸에 적절한 단어를 기입하시오.

> (   )은 국가와 범죄자의 대립적 과정을 통한 '공공의 복수', '제재', '처벌'에 초점을 두는 반면, (   )은 범죄자, 피해자, 지역사회 간의 '타협', '조정', '피해자 권한강화', '피해회복'을 통한 피해자 및 지역사회에 행해진 해악(손해)을 회복하고 개선하는 데 관심을 둔다.

2. 다음 중 회복적 사법 프로그램이 실제 작동되기 위해서 최소한으로 충족되어야 하는 요건에 해당하지 않는 것은?

① 확인할 수 있는 피해자가 존재해야 한다.
② 피해자의 참여는 자발적이어야 한다.
③ 가해자는 자신의 저지른 범죄행동에 대한 책임을 인정해야 한다.
④ 가해자는 참여는 전적으로 자발적이어야 한다.

3. 중립적 제3자(보통 훈련받은 지역사회 자원봉사자 또는 사회사업전문가)가 피해자와 가해자 사이의 대화를 이끈다. 이 프로그램에서 범죄자와 피해자는 형식에서 탈피한 분위기에서 갈등해결의 능동적 주체가 되며, 문서화된 배상합의문을 작성하는 회복적 사법 프로그램의 명칭은?

4. 호주와 뉴질랜드에서 시작되었으며, 범죄로 인한 갈등은 반드시 가해자, 피해자, 그들의 가족과 지역공동체에서 해결하는 것을 기본 개념으로 한다. 비공식적이고 느슨하게 구조화된 회합으로서 참여자는 가해자와 가족(및 가능하다면 변호사), 피해자와 그의 지지자, 그리고 기타 피해자와 가해자 측에 의해서 추천된 사람들이며 이들이 함께 만나서 범죄사건에 대해서 논의하고 적절한 대응책을 협의하는 회복적 사법 프로그램의 모델은?

5. 나바조 부족의 갈등해결에 사용되며, 다른 사람의 잘못된 행동으로 인해 피해를 받은 사람이 있다면 이를 해결하기 위해서 이것을 조직하고 진행하도록 지역사회 리더에게 요청할 수 있다. 이것에 해당하는 회복적 사법프로그램의 명칭은?

6. 형사사법체계와의 파트너쉽을 형성하여 적절한 양형계획에 합의를 도출하기 위하여 운영되며, 모든 이해당사자들, 즉, 지역사회 성원, 피해자, 피해자의 지지자, 가해자, 가해자의 지지자, 판사, 검사, 변호인단, 경찰 및 법원관계자 등이 사건에 대한 공유된 이해를 나누고, 이해당사자들의 치유를 돕고 향후 재발을 예방하기 위한 조치들을 확인하는 회복적 사법프로그램은?

정답 1. 응보적 사법, 회복적 사법, 2. ④, 3. 조정모델, 4. 가족회합
5. 화해중재서클, 6. 양형서클

제13장

범죄피해자에 대한 보호와 지원

학습목표

○ 형사사법절차 내외, 민간영역에 있어서 피해자보호 및 지원제도를 개관한다.
○ 범죄피해자 국가구조청구권의 의의와 성격을 이해한다.
○ 배상명령 및 형사조정제도의 의의와 기능을 살펴본다.

핵심키워드

범죄피해자 국가구조청구권, 피해자보호 및 참여, 배상명령, 형사조정

13 범죄피해자에 대한 보호와 지원

제1절 형사사법절차와 범죄피해자

형사사법절차에서 범죄피해자는 범죄사실의 해명을 위한 중요 증거방법으로 기능한다는 것이 전형적인 이해였다. 물론, 국가형벌권의 실현 즉, 범인의 처벌을 목적으로 하는 형사사법절차의 기능을 고려하면, 피해자 및 피해사실은 범죄사실의 핵심적 부분으로 증거방법으로서 피해자의 역할을 완전히 부정할 수는 없다. 그러나 S. Schafer가 지적한 것처럼, 최근에는 단순히 범죄사실의 해명만이 아니라 보호의 대상으로 더 나아가 적극적인 권리주체로까지 이해되고 있고, 입법 등 형사사법실무에도 반영되고 있다. 이러한 변화는 기존 형사사법절차가 가해자의 지위와 권리보호에 보다 집중됨으로써 피해자의 지위를 등한시한 점, 범죄로 인한 직접적 침해를 경험한 피해자에 대한 보호의 필요성, 형사사법절차에 가해지는 과중한 업무량과 형사사법절차에 내재된 범죄문제 해결능력에 대한 의문 등을 배경으로 한다(이윤호, 2007: 268).

다만, 아직까지 형사사법절차와 관련하여 피해자를 범죄의 당사자는 물론, 피의자 또는 피고인과 더불어 형사사법절차의 당사자로까지 피해자의 지위를 확장시킬 수 있는 것인지에 대하여 견해가 대립하고 관련 입법례도 극히 다양하다. 통상 형사사법절차에 있어서 피해자의 권리로 사회적 지원을 받을 권리, 2차 또는 3차 피해로부터 보호받을 권리, 피해자로서 형사사법정보에 접근할 수 있는 권리, 형사절차에 참여할 권리가 고려될 수 있는데(白取祐司, 2009: 63), 1987년에 개정된 현행 헌법을 통해 범죄피해자 국가구조청구권을 인정하게 된 것을 계기로, 이후 2011년 새롭게 제정된 범죄피해자보호법, 2007년 대폭의 개정을 거친 형사소송법, 성폭력범죄의 처벌 등에 관한 특례법, 2024년에 시행된 스토킹범죄의 처벌 등에 관한 법률 등 형사특별법을 통해 점차 피해자의 보호와 형사사법절차에서의 지위를 강화해 가고 있다.

보충학습 1. 피해자 없는 범죄와 범죄자 없는 피해

피해자의 문제는 범죄학이나 피해자학만이 아니고, 법정책에서도 고찰되어 왔다. 1970년대 미국 등에서 범죄에는 직접적인 피해자가 없는 경우도 있다는 지적이 이루어지면서, 이른바 '피해자 없는 범죄'가 논의되었다. 이는 극히 다양한 유형의 범죄행위가 형법법규에 포함되면서, 국가형벌권이 시민생활에 과도하게 개입하는 것은 아닌가 라는 문제제기와 함께 등장하였다. 가령, 도박, 마약사범, 매춘 등의 풍속사범은 본래 관여한 당해인들의 문제로, 국가가 형벌권을 통해 개입할 문제는 아니라고 지적이 가능하고, 형법의 최후수단성(ultima ratio)과 범죄문제에 대한 국가독점에 대한 비판, 국가권력 및 정부에 대한 시민의 불신을 토대로 한다(과잉범죄화(over-criminalization)에 대한 비범죄화(de-criminalization)의 주장).

한편, '범죄자 없는 피해'라는 논제도 지적되는데, 이는 현실적 피해가 발생하더라도, 관련 행위자가 범죄자가 되지 않는 사례를 지칭한다. 피해가 과도한 권리의식에서 유래한 경우, 가해자에게 책임을 물을 수 없는 경우, 법률 등 제도적 정비가 불비한 경우 등이 지적되고, 가해자가 형사책임연령 이하의 미성년, 권력남용(인종 등 사회적 편견, 종교적 대립, 가정이나 학교 등에서의 학대피해자 등), 또는 정당방위 등의 사례를 예로 들 수 있다.

형법과 범죄학에서 의미하는 피해는 다소의 차이가 있음에 유의할 필요가 있다. 주거침입절도의 사례를 예로 든다면, 형법에서는 보호법익으로서 재산권의 침해, 즉, 재물이 도난 되었다는 점이 중요한 요소가 되지만, 범죄학에서는 재산권에 대한 침해 외의, 프라이버시 등의 침해는 물론, 피해자의 불안감 등도 함께 중요한 피해요소가 된다. 종래 범죄피해는 범죄행위의 이면으로 범죄와 피해는 상호 일치하는 것으로 가정하였다. 그러나 범죄학은 형법적 의미의 범죄를 넘어 사회적으로 유해한 행위를 문제로 하는 점에서, 굳이 '범죄자 없는 피해'개념이 필요하지 않다는 지적도 있다. 즉, 실제로 범죄가 성립하지 않고, 형사처벌대상이 되지 않는 행위에 의한 피해도 당연히 논의대상이 될 수 있다. 형법은 죄형법정주의 등에 근거하여 범죄를 극히 제한적으로 정의하며, 당해 범죄자를 처벌하여야 하는가의 여부만을 검토하기 때문이다. 반면, 피해자는 범죄자의 처벌과는 별개로, 법적 또는 법사회학적, 심리학적으로는 물론, 경우에 따라서는 피해자 자신의 주관적 판단에 근거하여 정의될 수 있음에 유의할 필요가 있다(守山正・西村春夫, 2000: 162-163).

1. 지원 및 보호대상으로서의 범죄피해자

가. 범죄피해자의 국가구조청구권

피해자학의 발전과정에서, 권리주체로서의 범죄피해자가 인식되고 본격적인 피해자

보호와 지원이 시작된 것은 1951년 Margery Fry가 자신의 저서인 'In the Arms of the Law'및 1957년 observer지에 기고한 'justice for victims'라는 글을 통해 범죄피해자에 대한 공적 지원과 보호가 주장되면서 부터이다. 하지만, 이에 앞서 1895년 제5회 국제교도소 회의 이후, 범죄피해자에 대한 민사구제의 강화가 논의되면서 민사책임과 형사책임이 분화되었던 법 제도 하에서 부대사소(附帶私訴, 또는 배상명령)나 교정시설 내에서의 작업임금에 의한 배상강제 등 손해배상 등이 논의되었으나, 가해자가 배상능력이 없는 때는 이러한 방법은 근본적인 해결방법이 될 수 없음이 지적되어 국가나 공동단체가 가해자의 손해배상의무를 일정부분 전보, 부담하여야 할 필요성이 언급되었다(오경식, 2001: 76).

범죄피해자에 대한 공적 지원 내지 보상(범죄피해자에 대한 국가구조)의 필요성을 지지하는 논거로, ① 원칙적으로 개인의 자력구제를 허용하지 않고, 범죄문제의 해결을 국가가 전적으로 독점하는 점에서 그 책임 역시 국가가 부담하여야 한다는 점, ② 범죄자를 대상으로 민사상 불법행위를 이유로 한 손해배상청구 등을 통해 피해자의 손해가 일정부분 해소될 수 있는 여지가 있지만, 가해자인 대부분의 범죄자가 무자력으로서 실질적으로 범죄피해를 배상할 만한 능력이 없음에서 민사상 피해자의 권리구제는 실효성이 없다는 점, ③ 형벌에 의한 가해자의 처벌 역시 범죄피해의 회복과는 실질적으로 거리가 멀다는 점, ④ 사회문제로서 범죄문제의 해결은 단순히 가해자인 범죄자의 처벌에 그치는 것이 아니라, 피해자가 입은 범죄피해의 회복 역시 포함되며, 이는 국가가 책임을 부담하여야 할 부분이라는 점, ⑤ 현대국가가 지향하는 복지사회, 사회적 연대감 또는 결속력의 강화를 위한 범죄피해의 회복이 갖는 의미의 중요성과 국가형벌권의 남용을 경계한다는 당위성은 충분히 공감할 수 있지만, 기존 형사사법절차는 가해자 중심으로 구조화되어, 범죄피해자가 소외되어 왔던 점에 대한 일종의 반성적 고려 등을 들 수 있다. 아울러, ⑥ 1970년대 이후 각국에서 이루어진 범죄피해자조사 결과, 암수범죄의 지적과 함께 상당수 시민들이 범죄피해를 경험하였음에도 범죄신고 등 공식적 보고를 하지 않은 이유로, 형사사법절차를 통해 피해자가 경험하게 되는 정보제공의 부족 등 불편함은 물론 2차 피해로 볼 수 있는 모멸감, 보복 등에 대한 불안 등이 지적되면서,

형사사법절차에서 피해자의 보호가 피해자학의 중요한 테마로 부각된 배경도 함께 지적할 수 있다(이윤호, 2007: 221).

범죄피해자에 대한 국가구조제도가 최초로 입법화 된 것은 1963년 뉴질랜드에서 '피해자보상법(The Criminal Injury Compensation Act, 1963)'이 제정되어 1964년 1월부터 폭력범죄에 의한 피해자에 대한 국가보상이 실시된 것이 최초로, 우리의 경우 1987년 개정된 현행 헌법 제30조에서 범죄피해자의 국가구조청구권을 기본권으로 명시하면서 이를 근거로 제정된 범죄피해자구조법을 통해 사람의 생명 또는 신체를 해하는 범죄행위로 인해 사망한 자의 유족이나 중장해를 당한 피해자가 가해자가 불명이거나 무자력으로 피해의 전부 또는 일부를 배상받지 못하고, 생계유지가 곤란한 사정이 있는 경우에 한정하여 피해자나 그 유족에게도 범죄피해구조금을 지급함으로써 범죄피해자에 대한 공적 지원을 제도화하였다. 동법은 2005년 새롭게 제정된 범죄피해자보호법에 흡수되어 시행되고 있다.

한편 이러한 제도의 성격을 놓고 범죄방지에 관한 국가의 책임을 전제로 국가에 의한 손해배상제도로 이해하는 견해와 현대의 사회에는 일정량의 범죄가 발생하는 것을 피할 수 없기 때문에 이러한 위험을 분산하기 위하여 국자재정을 재원으로 운영하는 일종의 공적 보험제도로 이해하는 견해(일종의 사회보장적 제도로 이해하는 견해)가 있다(법무부, 1987: 146-155).

나. 범죄피해자보호법 상의 범죄피해자구조제도

범죄피해자보호법 제16조 이하에서 국가구조제도를 규정하고 있는데, 대강의 내용을 살펴보면 다음과 같다. 먼저 구조대상 범죄피해 및 피해자는 사람의 생명 또는 신체를 해 하는 죄에 해당하는 행위(다만, 책임능력의 조각 등을 이유로 처벌되지 않는 경우 등을 포함하지만, 정당행위나 정당방위 등 위법성조각사유에 해당하거나 과실범에 해당하는 때는 제외된다)로 인하여 피해자가 사망하거나 장해 또는 중상해를 입은 경우로, 피해자가 가해자로부터 피해의 전부 또는 일부를 배상받지 못하거나, 자기 또는 타인의 형사사건의 수사절차에서 고소, 고발 등 수사단서를 제공하거나 진술한 경우 내지 공판절차에서 증언이나 자료제출로 인하여 피해를 입게 된 자로 규정하고 있다(동법 제3조 및 제16조).

지급되는 구조금은 피해자의 사망 시, 유족에게 지급되는 유족구조금, 피해자에게 장해나 중상해 발생 시 지급하는 장해 및 중상해구조금이 있고, 일시금으로 지급된다(동법 제17조). 다만, 범죄행위 당시 피해자와 가해자 사이에 친족관계가 있거나, 해당 범죄행위를 피해자가 교사, 방조 또는 폭행 등에 의해 이를 유발하거나, 이와 관련하여 현저하게 부정하거나 해당 범죄행위를 용인하는 행위를 한 때, 아니면 피해자가 범죄조직 등에 관련되거나 피해자 자신이 보복행위를 한 때는 구조금 지급이 전부 또는 일부 제한된다. 한편, 피해자가 폭행, 협박이나 모욕 등 해당 범죄행위를 유발하거나 범죄피해의 발생이나 증대에 가공한 부주의 또는 부적절한 행위를 한 경우는 구조금의 일부를 지급하지 않고, 기타 구조금의 지급이 사회통념에 위배된다고 인정되는 경우라면 구조금의 전부 또는 일부 지급이 제한될 수 있다(동법 제19조).

범죄피해자보호법 상의 구조금은 해당 범죄행위와 관련하여, 피해자가 가해자에게 갖는 민사상 손해배상청구권 및 국가배상법 등 기타 법령에 의한 급여를 받을 권리에 대하여 보충적 성격을 갖는다. 따라서 피해자가 가해자로부터 손해배상금을 받는 등의 경우에는 구조금이 지급되지 않을 수도 있고, 지급된 구조금과 관련하여 국가가 피해자가 갖고 있는 손해배상청구권을 대위할 수도 있다(동법 제20조 및 제21조).

구조금 지급절차를 살펴보면, 구조금 지급대상인 피해자나 유족은 구조대상 범죄피해발생을 안 날로부터 3년 이내 또는 범죄피해발생이 있는 날로부터 10년 이내에 범죄주소지, 거주지 또는 범죄 발생지를 관할하는 각 지방검찰청에 설치된 범죄피해구조심의회(지구심의회)에 신청할 수 있다(동법 제25조). 각 지구심의회는 피해자 등의 구조금 지급신청시 신속하게 이에 관한 결정을 하고, 만일 지구심의회가 기각 또는 각하결정을 하는 경우, 피해자 등 구조금 지급신청자는 기각결정 등의 정본이 송달된 날부터 2주 이내에 당해 지구심의회를 거쳐 법무부에 설치된 범죄피해구조본부심의회(본부심의회)에 재심을 신청할 수 있다(동법 제27조). 아울러, 지구심의회는 구조피해자의 장해 또는 중상해 정도가 명확하지 아니하거나 그 밖의 사유로 인하여 신속하게 결정을 할 수 없는 사정이 있으면 신청 또는 직권으로 긴급구조금의 지급을 결정할 수도 있다. 물론, 긴급구조금을 지급 받은 경우로 구조금 지급결정이 있는 때는 앞서 지급된 긴급구조금의 금액 내에서 구조금 지급책임이 면제된다(동법 제28조).

구조금을 지급받을 권리는 지급결정이 신청인에게 송달된 때로부터 2년간 행사하지 않으면 소멸된다(동법 제31조). 또한 구조금을 지급받을 권리는 양도, 담보제공, 압류가 제한된다(동법 제32조).

〈표 13-1〉 범죄피해자 구조금 지급신청 및 처리 현황(2018-2023)

구분	신청		처리				미제(건)
	건수	금액(천원)	계	지급결정		부지급결정	
				건수	금액		
2019년	338	14,906,491	331	305	11,516,297	26	7
2020년	226	9,920,512	220	206	9,567,057	14	6
2021년	204	9,831,996	202	191	9,792,147	11	2
2022년	205	9,823,071	200	189	9,502,935	11	5
2023년	167	9,490,588	162	149	8,989,709	13	5
계	1,140	53,972,658	1,115	1,040	49,368,145	75	25

출처: 2024 범죄백서, 법무연수원 참조

다. 배상명령제도(賠償命令制度)

범죄피해자보호법에 근거한 범죄피해구조금 지급 외에, 피해자가 가해자를 대상으로 민사상 불법행위책임에 따른 손해배상을 청구할 수 있음은 당연하다. 다만, 민사책임과 형사책임을 엄격히 구별하는 시각에서 손해배상청구는 민사소송을 통해 이루어지는 것이 원칙이다. 그러나 전제된 사실관계나 증거 등이 동일한 점을 고려할 때, 민사 및 형사재판 간의 모순을 방지하고, 신속한 절차진행에 의한 소송경제의 확보는 물론, 피해자의 입장에서도 피고인의 유죄판결 확정과 동시에 손해배상의무 역시 확정될 수 있다면 조속한 피해자의 권리구제에 도움이 될 수 있기 때문에 형사재판에 부수하여 가해자인 피고인의 범죄행위로 인한 피해자의 손해배상을 명하는 절차인 배상명령(賠償命令, Adh sionsprozeß) 또는 부대사소(附帶私訴, zilvilrechtlicher Annex) 제도가 고안되었다.

형사절차에서 피해자의 재산상 손해를 배상함으로써 피해를 보전하는 방법(원상회복, Wiedergutmachung)으로 형법 등 실체법적 제재수단으로서 원상회복을 하는 방법과 절차법적 측면에서 형사소송에서 손해배상을 위한 민사소송을 동시에 진행하게 하는 방법이 있는데, 배상명령제도는 후자에 속한다(이재상·조균석, 2015: 864).

소송촉진 등에 관한 특례법 제25조 이하에 규정된 배상명령을 간단히 살펴보면 다음과 같다. 형법 상 상해죄, 중상해죄, 상해치사, 폭행치사상(존속폭행치사상죄는 제외), 과실치사상의 죄, 강간 및 추행의 죄, 절도 및 강도의 죄, 사기 및 공갈의 죄, 횡령과 배임의 죄, 손괴의 죄 및 성폭력범죄의 처벌 등에 관한 특례법위반이나 아동·청소년의 성보호에 관한 법률위반죄의 일부에 해당하는 범죄사실(이를 가중처벌하거나 미수범을 처벌하는 때는 미수죄도 포함)로, 제1심 또는 항소심 공판절차에서 피고인에게 유죄판결을 선고하는 경우, 직권 또는 피해자나 그 상속인의 신청에 의해 법원이 피고사건의 범죄행위로 인하여 발생한 직접적 물적 피해, 치료비 손해 및 위자료 배상을 명할 수 있다(동법 제25조 제1항). 배상명령은 유죄판결의 선고와 동시에 하는데 일정액의 금전지급을 명함으로써 하고 배상의 대상과 금액을 판결주문에 표시하여 한다. 또한 가집행을 할 수 있음을 선고할 수도 있다(동법 제31조). 다만, 배상신청이 적법하지 아니한 경우, 배상신청이 이유 없다고 인정되는 경우, 배상명령을 하는 것이 타당하지 아니하다고 인정되는 경우에는 배상신청을 각하할 수 있다(동법 제32조).

〈표 13-2〉 배상명령 신청 및 처리현황(2014-2023)

구분 / 연도	신청	처리					직권	배상명령액
		계	인용	기각	취하, 기타	인용률(%)		
2014	6,054	6,171	1,899	3,775	497	30.8	–	146,991,095
2015	6,894	6,275	1,839	4,036	400	29.3	–	98,360,078
2016	9,447	8,975	2,298	6,270	407	25.6	–	64,969,253
2017	8,961	8,567	2,771	5,391	405	32.3	–	60,800,267
2018	10,046	9,189	3,775	5,009	405	41.1	–	66,968,409
2019	15,229	13,861	6,274	7,191	396	45.2	–	72,629,881
2020	26,754	18,478	9,195	8,513	770	49.8	–	102,120,441
2021	43,588	36,372	14,979	20,279	1,114	41.2	–	108,943,264
2022	50,271	44,366	15,929	27,148	1,289	35.9	–	140,169,759
2023	51,538	50,881	18,072	31,642	1,167	35.5	–	203,697,443

출처: 2024 범죄백서, 법무연수원 참조

그러나 유죄판결에 대한 상소가 제기된 경우에는 배상명령은 피고사건과 함께 상소심으로 이심되고, 상소심에서 원심의 유죄판결을 파기하고 피고사건에 대하여 무죄, 면소 또는 공소기각의 재판을 할 때에는 원심의 배상명령을 취소하여야 한다(만일 상소심이 배상명령을 취소하지 않더라도 배상명령을 취소한 것으로 본다). 또한 상소심에서 원심판결을 유지하는 경우에도 원심의 배상명령을 취소하거나 변경할 수 있다. 피고인은 유죄판결에 대하여 상소를 제기하지 아니하고 배상명령에 대하여만 상소제기기간에 형사소송법에 따른 즉시항고 할 수 있다(동법 제33조). 확정된 배상명령 또는 가집행이 선고된 배상명령이 기재된 유죄판결문의 정본은 민사집행법에 따른 강제집행에 관하여 집행력 있는 민사판결 정본과 동일한 효력이 인정된다. 배상명령이 확정된 경우, 피해자는 그 인용된 금액의 범위에서 다른 절차에 따른 손해배상을 청구할 수 없음은 물론이다(동법 제34조). 한편, 배상명령 외에 형사소송절차에서의 화해도 규정하고 있다(동법 제36조 이하).

보충학습 2. 형사제재로서 피해배상(원상회복, Victim Restitution; Schadenswiede- rgutmachung)

형사제재로서 범죄피해에 대한 가해자의 배상이 고려되는 배경으로, 피해자의 권리회복에 수반하여 피해자의 구제를 고려한 형사제재의 필요성이 등장한 점, 시설 내 처우를 중심으로 하는 현재의 범죄자처우방식에 대한 회의와 과잉구금의 문제, 일종의 다이버전으로 형사사법제도에 대한 부담경감과 효율화 등을 들 수 있다.

형사제제로서 피해배상은 크게 2가지 형태로 구분할 수 있다. 첫 번째로 피해배상은 법원에 의해 선고되는 형사제재로 종래 응보나 일반 또는 특별예방이란 형벌의 목적과 형사사법제도의 합리화라는 틀에서 논의되는 유형이 있다. 이러한 시각에서 피해배상은 피해자의 피해회복에 주안을 두면서도 배상을 명령함으로써 범죄에 의해 상실된 균형을 회복하고(응보적 측면) 동시에 가해자인 범죄자에게 자기책임을 각성시켜 보다 효과적으로 사회복귀가 가능하도록 한다. 나아가 제도적으로 타 제재수단에 부가하여 구금형을 회피하면서 제재로서의 엄중성을 확보할 수 있고(억지효과), 다이버전 프로그램이나 보호관찰조건, 구금과의 병과 또는 단독적 제재수단으로 형사사법절차의 각 단계에서 탄력적 운용이 가능하다. 그러나 이러한 시각에 대해서는 상당수 범죄가 미해결 상태이고 다수의 가해자가 무자력으로 현실적 피해변상이 가능한 경우는 극히 소수인 점, 가해자가 무자력인 경우 상징적 배상으로 사회봉사명령을 활용하는 예(상징적 원상회복)에서 알 수 있듯이 이러한 피해배상 프로그램은 피해자의 피해회복 보다는 가해자인 범죄자의 책임자각과 자유형의 회피에 의한 사회복귀 촉진, 엄격한 처벌에 의한 형사사법절차에 대한 시민의 신뢰확보에 보다 의미를 두고 운영이 이루어지게 된다.

두 번째는 피해자의 실질적 손해와 감정회복을 중시하는 형태가 있다. 일종의 형사화해(刑事和解) 내지 형사조정(刑事調停)제도로 볼 수 있는데, 가해자와 피해자의 동의를 조건으로 양 당사자가 조정절차를 진행하고 피해배상 등의 조건에 대한 합의가 이루어지면 사건을 종결시키는 방식이다. 첫 번째 유형과 달리, 가해자와 피해자 간의 합의를 전제로 하여 피해배상이 현실적으로 실현될 가능성이 높고, 양 당사자의 면담 등을 통해 감정표명이 이루어질 기회를 갖게 되어 피해자의 감정회복이 가능하고, 이를 통해 피해자와 가해자 간의 관계회복이나 지역사회와의 재통합이 용이한 점에서 보다 피해자 지향적이고 지역사회 지향적인 유형으로 평가될 수 있다. 그러나 성격 상 대상범죄가 극히 경미한 유형에 한정될 수밖에 없고 범죄자의 자력에 의존하는 한 피해배상은 역시 한계를 갖게 되어 공적 재원에 의한 피해자구조가 보다 확실하다는 문제점이 제기될 수 있다. 이러한 점에서 피해자의 피해회복을 가해자인 범죄자의 개인 책임만 근거하는 것은 분명히 한계가 있음을 알 수 있다(이호중, 1999: 310-314; 藤本哲也, 2001: 170-171).

보충학습 3. 영미의 배상명령

영국 등에서 볼 수 있는 형사제재로서 손해배상명령(compensation order)은 Margery Fry가 1959년에 발표한 '변천하는 사회의 형벌실무(1959)'에서 그 이론적 기초를 찾아볼 수 있는데, '초기 법의 기초는 범죄자가 직접 피해자에게 개인적 배상을 하는 것이었다. 이 개념을 근대형법은 완전히 상실하고 있다. 만일 피해자에 대하여 개인적 배상이라는 사고를 형벌에 의한 억제나 훈련에 의한 개선에 추가하는 것이 가능하다고 한다면, 우리들의 형벌제도는 범죄에 대해 보다 효과적인 억지력을 제공하는 것만이 아니고 보다 위대한 도덕적 가치도 보일 수 있다고 하겠다.'라고 하였다. 범죄자에게 금전배상을 강제함으로써 죄의식의 각성이라는 규범적 요소를 가져올 수 있다는 논리이다.

영국의 경우, 1966년 형사제재로서 손해배상명령의 도입이 왕립형벌제도위원회에서 논의되고, 이어서 1970년 형벌제도자문위원회의 보고서 '범죄자에 의한 배상'을 거쳐, 1972년 형사사법법 제71조 제1항에 손해배상명령제도로 결실을 맺었다. 이에 의하여 법원이 양형에 있어서 고려하는 당해 범죄 내지 기타 범죄로부터 발생한 신체적 상해, 손실이나 손해에 대하여 배상을 지불할 것을 법원은 범죄자에게 명할 수 있게 되었다.

사실 영국에서는 1972년 이전에도 1870년의 몰수법, 1914년의 형사사법행정법, 1948년 형사사법법 등 이미 많은 배상청구조항이 존재하였다. 따라서 1972년법은 이러한 제 법률을 정리한 포괄법의 기능을 갖는다. 그러나 신체의 상해에 대한 배상액은 산정하기 어렵고 또한 일반인인 치안판사는 그러한 산정훈련을 받지 않은 점, 배상능력이 있는 범죄자가 적다는 점, 많은 피해자는 배상청구권을 알지 못한다는 점에서 실제 재판에서는 배상명령은 거의 활용되지 않고 있다.

미국에서도 양형단계에서 선택되는 경우, 가해자인 피고인에게 지불을 명하는 배상명령이 있고 이는 피해자에게 직접 지불하는 경우와 공익기금에 지불하는 경우가 있다. 1984년 연방포괄범죄통제법(The Federal Comprehensive Crime Control Act)에서는 특히 이러한 목적에 도움이 되도록 보호관찰(probation)을 언도하는 경우, 벌금이나 배상금의 지불을 명하거나, 또는 지역사회에서 작업할 것을 명하는 것이 가능하다. 텍사스 주의 예에서는 구금형의 대체수단으로서 배상명령이 언도될 수 있다. 주가 운영하는 지역센터에 선정된 비폭력적 중죄범을 거주시키고 지역사회에서 정기적인 작업을 부과한다. 그 수입으로 피해자에의 배상을 한다. 버몬트 주에서는 배상적 보호관찰에 기초하여 5~6인의 시민으로 구성된 '지역배상위원회'를 설치하고 동 위원회의 대표와 범죄사 상호 간의 동의하에 회합을 개최하고 범죄자에게 피해자나 지역사회에 배상을 구하고 있다(守山正・西村春夫, 2000: 170-171).

보충학습 4. 형사조정제도

2004년 8월 정부가 마련한 '범죄피해자 보호, 지원 종합대책'에 따라, 전국의 지방검찰청 및 지청의 관할구역 단위 별로 범죄피해자지원센터가 설립되었고, 2005년부터 대전지방검찰청부터 시작하여 2007년 8월 이후 전국의 지방검찰청 및 지청별로 일정범위의 형사사건을 당해 지역 범죄피해자지원센터에 의뢰하는 '화해중재'를 자율적으로 시행하기 시작한 것이 형사조정제도의 출발이다. 이후 2010년 개정된 범죄피해자보호법 제41조 이하에 형사조정제도의 법적 근거를 두고 현재까지 시행되고 있다. 형사조정 의뢰건수는 2020년 77,514건, 2021년 60,217건, 2012년 70,878건 그리고 2023년 69,528건으로 대략 연간 7만건 내외에 달하고 있다. 형사조정은 민사 분쟁의 성격이 강한 형사사건을 형사조정위원회에 회부하고, 기소 전에 피해자(고소인)와 피의자(피고소인)가 화해에 합의하면 피해자(고소인)가 고소를 취하하고 검찰은 각하 처분을 내리게 되는데, 범죄 피해자의 실질적 피해 보전과 사건의 종국적 해결을 목적으로 한 제도다.

형사조정의 대상이 되는 범죄는 원칙적으로 고소사건으로 개인 간 금전거래로 인하여 발생한 분쟁으로서 사기, 횡령, 배임 등으로 고소된 재산범죄 사건이나 개인 간의 명예훼손, 모욕, 경계침범, 지식재산권 침해, 임금체불 등 사적 분쟁에 관한 고소사건, 기타 사건으로 형사조정에 회부하는 것이 분쟁해결에 적합하다고 판단되는 사건에 한정되는데, 비 고소사건이라도 위에 준하는 성격을 갖는 때는 형사조정대상이 될 수 있다(범죄피해자보호법 시행령 제46조). 다만, 피의자에게 도주, 증거인멸의 우려가 있거나 공소시효의 완성이 임박한 경우, 기소유예를 제외한 불기소처분사유에 해당함이 명백한 사건은 제외된다(동법 제41조). 형사조정은 당사자인 고소인(피해자)과 피고소인(가해자로서 피의자)의 신청 또는 검사의 직권에 의하는데(단, 직권에 의한 형사조정회부도 당사자의 동의가 필요하다. 동법 시행령 제52조), 각 지방검찰청 및 지청별로 설치된 형사조정위원회의 결정을 통해 이루어진다. 조정위원회는 조정에 회부된 사건에 대하여 당사자 사이에 합의가 성립되지 않거나, 성립된 합의 내용이 위법한 경우 또는 선량한 풍속, 그 밖의 사회질서에 위반된다고 인정되는 경우에는 조정 불성립 결정을 하고 담당 검사에게 사건을 회송한다(동법 시행령 제54조).

범죄피해자보호법 상의 형사조정제도는 회복적 사법의 일환으로 피해자, 가해자의 화해프로그램으로서 독일의 '가해자-피해자-조정(Tater-Opfer-Ausgleich)', 오스트리아의 '법원외적 범행조정(außergerichtlicher Tatausgleich)', 프랑스의 '형사조정(mediation penale)'과 같이 일반적으로 피해자와 가해자 및 제3자(조정자 : mediation)로 구성 되며 가해자와 피해자의 직접적인 대면을 원칙으로 하는 '가해자-피해자-조정(Victim-Offender Mediation)' 모델(조정모델)이나 가해자와 피해자뿐만 아니라 그들의 가족이나 형제·자매 등 관련집단 및 프로그램에 따라서는 범죄자의 변호사나 그를 체포한 경찰관 등 형사사법 조정자들도 협의체에 참가하는 협의체모델과 달리(김성진, 2009: 225-227), 1960년대 후반 미국에서 시작되었던 '대체적 분쟁해결(ADR : Alternative Dispute Resolution)'로서의 '근린사법적 형사조정(Neighborhood & Community Mediation)'을 모델로 한 것으로 추정되는데, 분쟁 다발성 사회인 우리나라에서 당사자 간의 분쟁이 자율적으로 원만하게 해결되지 않고, 고소와 소송을 통하여 사법문제화 되는 일원적, 폐쇄적 분쟁해결 구조를 갖는 우리사회의 현실이 형사조정이 미국에서 시도된 초기 상황과 유사하다는 점에서 논거를 찾는다(김용욱, 2008: 213-215).

형사조정에 대한 과거 실증연구 사례에 의하면(김지선, 2011), 형사조정 합의 결과에 대한 만족도의 경우, 피해자의 59.3%, 가해자의 65.9%가 만족하는 것으로 나타났고, '그저 그렇다'는 비율은 피해자 31.2%, 가해자 27.0%로 피해자가 더 높은 것으로 파악된 바 있다. 아울러, 조정성립율은 가해자가 가해 사실을 전부 부정한 때는 25.0%, 부분적으로 인정한 때는 58.3%, 전부 인정한 때는 73.9%로 나타났고, 범죄유형별 조정성립율은 폭력범죄의 경우, 과실치사상사건 66.7%, 성폭력사건 66.4%, 폭행 또는 상해사건 63.1%, 기타 폭력범죄 44.4% 등의 순으로 성립율이 높았고, 명예훼손과 모욕사건은 성립비율이 50%로 가장 낮게 나타났다. 재산범죄의 경우, 재산범죄의 경우에는 절도사건의 성립률이 84.6%로 가장 높았다. 이어 사기(62.1%), 손괴(54.5%), 횡령·배임사건(52.9%) 순으로 확인되었다. 고소사건의 성립비율은 61.7%, 일반 형사사건은 57.9%로 파악되었다.

한편, 조정이 성립된 사건의 합의 결과를 보면, 금전적 손해배상이 79.0%, 나머지 19.5%는 금전적인 손해배상이 아닌 피해자에 대한 가해자의 진심어린 사과만으로도 조정이 성립한 것으로 나타났다. 특이한 것은 폭력범죄의 경우, 다른 범죄보다 금전적인 손해배상이 차지하는 비율이 낮고, 진심어린 사과의 비율이 33.4%로 확인되었다.

〈표 13-3〉 형사조정위원회 형사조정실적(2023)

구분	의뢰건수	성립	불성립	소환불능	진행중	성립률(%)
2023년	69,528	36,935	21,078	1,230	10,270	62.3

출처 : 2024 범죄백서, 법무연수원 참조

2. 형사사법절차에서 피해자의 보호와 참여

범죄피해자보호법 제8조 및 동법 시행령 제10조는 범죄피해자가 당해 사건의 수사기관과 상담하거나 재판절차에 참여하여 진술하는 등 형사절차 상의 제 권리를 행사할 수 있도록 보장할 것을 국가의 책무로 규정하고, 범죄피해자에 요청에 따라 가해자에 대한 수사기관의 공소 제기, 불기소, 기소중지, 참고인 중지, 이송 등 처분 결과 등 수사와 관련한 사항이나 공판기일, 공소 제기된 법원, 판결 주문, 선고일, 재판의 확정 및 상소 여부 등 공판과 관련한 사항, 가석방, 석방, 이송, 사망 및 도주 등 형 집행 상황이나 관할 보호관찰소, 보호관찰, 사회봉사, 수강명령의 개시일 및 종료일, 보호관찰의 정지일 및 정지 해제일 등 보호관찰 집행 상황을 범죄피해자에게 제공하도록 규정하고 있다.

아울러, 동법 제9조에서 국가 및 지방자치단체가 피해자의 명예나 사생활의 보호는 물론, 형사소송절차에서 증언 등 권리행사로 인하여 보복을 당하지 않도록 적절한 보호를 제공하도록 의무화하고 있다.

가. 수사 및 공소제기단계

통상 수사단계에서 피해자는 범죄신고, 고소제기 등에 의해 수사단서를 제공하거나 중요 참고인으로 참고인조사과정에서 피의자의 범죄사실에 관한 진술증거를 제공하거나 증거물을 제출하는 등 일종의 증거방법으로 기능하게 된다.

수사단계에서 피고인의 보호와 관련하여 주로 문제되는 것은 성폭력범죄 사건 등에서 흔히 관찰될 수 있는 것처럼 수사기관 또는 피의자와 그 변호인의 방어활동(가령, 친고죄 사건에서 피해자의 고소취소나 유리한 양형을 목적으로 피의자 측에 의해 주도되는 합의종용 등)에 의하여 유발되는 2차적 피해를 들 수 있다.

현행 형사소송법은 피해자에 대한 수사단계에서의 2차 피해를 최소화하기 위하여 먼저 범죄피해자에 대한 참고인 조사과정에서 참고인의 연령, 심신의 상태, 그 밖의 사정을 고려하여 참고인이 현저하게 불안 또는 긴장을 느낄 우려가 있다고 인정하는 때에는 수사기관의 직권 또는 피해자, 법정대리인의 신청에 따라 피해자와 신뢰관계에 있는 자의 동석을 허용할 수 있고, 피해자가 13세 미만이거나 신체적 또는 정신적 장애로 사물을 변별하거나 의사를 결정할 능력이 미약한 경우에는 수사에 지장을 초래할 우려가 있는 등 부득이한 경우가 아닌 한 피해자와 신뢰관계에 있는 자를 필요적으로 동석하도록 규정하고 있다(동법 제163조의2).

또한 성폭력범죄에 제한된 것이기는 하지만 수사과정에서 확인된 피해자의 신원이나 사생활에 관한 정보의 노출을 금지하고(성폭력범죄의 처벌 등에 관한 특례법 제22조 및 아동청소년의 성보호에 관한 법률 제25조 및 제31조), 각 지방검찰청 및 경찰서별로 전담 검사, 전담 사법경찰관을 지정하여 수사를 하도록 하고, 이들에 대한 성폭력범죄의 수사에 필요한 전문지식과 피해자보호를 위한 수사방법 등에 관한 교육을 실시하도록 의무화하고 있다(성폭력범죄의 처벌 등에 관한 특례법 제26조). 아울러, 성폭력 피해자에 대한 참고인조사는 피해자가 편안한 상태에서 진술할 수 있는 조사 환경을 조성하여야 하며 조사 횟수는 필요한 범위에서 최소한으로 제한하도록 함은 물론, 참고인 조사 시 신뢰관계 있는 자의 동석을 의무화하고 있다(성폭력범죄의 처벌 등에 관한 특례법 제34조 및 아동청소년의 성 보호에 관한 법률 제28조). 또한 피해자가 19세 미만이거나 신체적인 또는 정신적인 장애로 사물을 변별하거나 의사를 결정할 능력이 미약한 경우에는 피해자나 그 법정대리인의 동의를 전제로 피해자의 진술 내용과 조사 과정을 영상녹화장치로 녹화하여, 보존하도록 하고 있다. 이러한 영상녹화물은 적법한 절차에 따라 녹화된 것으로 피의자, 피고인 또는 변호인이 증거보전기일, 공판준비 및 공판기일에 피해자를 신문할 수 있었던 경우 등으로 그 반대신문권이 충분히 보장되거나 피해자의 사망 등을 이유로 공판준비 또는 공판기일에 출석할 수 없었지만, 녹화된 진술이 특별히 신빙할 수 있는 상태에서 이루어졌음이 증명된 때는 증거로 할 수 있다. 특히 법원이 영상 녹화된 피해자의 진술을 유죄의 증거로 할지 결정할 때는 피해자의 심리상태 등을 고려하여야 하고, 이 경우 전문심리위원 또는 정신건강의학과의사, 심리학자 등 전문가의 의견을 들어야 한다 (성폭력범죄의 처벌 등에 관한 특례법 제30조의2 및 아동청소년의 성 보호에 관한 법률 제26조). 이외에 실무적으로도 대부분 여성인 성폭력범죄의 피해자에 대하여 여성인 사법경찰관 등에 의한 조사가 이루어지도록 배려하는 등의 조치가 이루어지고 있다.

한편, 형사소송법은 검사의 자의적 공소권행사로부터 가해자의 처벌확보와 피해자의 처벌의사로서 고소권을 보호 및 수사결과 등에 대한 정보제공을 통해, 수사 및 공소제기 단계에서 피해자의 참여와 권리를 강화하였다. 즉, 검사가 수사결과를 고소인에게 통지하고, 불기소처분이 있는 경우로 고소인 등의 청구가 있는 때는 불기소의 이유를 서면으로 설명하도록 함(동법 제258조, 제259조)은 물론, 피해자나 그 법정대리인의 청구가 있는 때는 당해 사건의 공소제기여부, 공판의 일시·장소, 재판결과, 피의자·피고인의 구속·석방 등 구금에 관한 사실 등을 신속하게 통지하도록 규정하고(동법 제259조의2), 과거 형법 상 직권남용죄 등(동법 제123조~제126조)에 한정되었던 재정신청(기소강제절차)의 허용범위를 모든 범죄행위로 확대하였다(동법 제260조). 또한 과거 성폭력범죄사건의 대부분이 친고죄로 규정되어 직계존속에 대한 고소금지, 고소기간의 제한, 피의자 측의 집요한 요구에 의해 고소취소가 이루어지는 등으로 인하여 가해자에 대한 적절한 처벌이 확보되지 못하고 피해자의 피해회복에도 부정적 영향을 미치는 점을 고려하여, 2012년 형법개정에 의하여 성범죄를 비친고죄화 하는 것은 물론, 성폭력범죄와 관련하여 형사소송법 상 직계존속에 대한 고소제한에 대한 예외(성폭력범죄의 처벌 등에 관한 특례법 제18조)와 함께 고소기간과 관련한 제한을 삭제, 폐지하였다. 아울러, 미성년자에 대한 성폭력범죄의 경우 공소시효의 기산시점을 해당 성폭력범죄로 피해를 당한 미성년자가 성년에 달한 날로부터 기산하도록 하였으며, 일부 범죄유형에 대해서는 디엔에이(DNA) 등 그 죄를 증명할 수 있는 과학적인 증거가 있는 때에는 공소시효가 10년 연장되며, 13세 미만의 자나 신체적, 정신적 장애가 있는 사람에 대한 성범죄에 있어서는 공소시효를 적용하지 않도록 하고 있다(동법 제21조).

나. 공판단계

공판단계의 경우, 사실심리 과정에서 피해자는 증인으로서 범죄사실을 입증하기 위한 중요한 증거방법으로 기능하고, 양형판단에 있어서는 가해자인 피고인과의 합의 여부 등을 법원이 고려하는 등의 실무적 예에서 확인할 수 있듯이 양형요소로 기능하기도 한다(가령, 형사처벌을 위한 양형의 경우는 아니지만 소년법 제25조의3에 의해 소년부 판사는 소년의 품행을 교정하고 피해자를 보호하기 위하여 필요하다고 인정하면 소년에게 피해변상 등 피해자와의 화해를 권고할 수 있다).

먼저, 피해자의 2차 피해경험은 공판단계에서도 문제가 될 수 있는데 이를 억제하기 위하여 형사소송법은 앞서 참고인 조사과정과 동일하게 범죄로 인한 피해자를 증인으로 신문하는 경우 증인의 연령, 심신의 상태, 그 밖의 사정을 고려하여 증인이 현저하게 불안 또는 긴장을 느낄 우려가 있다고 인정하는 때에는 직권 또는 피해자, 법정대리인, 검사의 신청에 따라 피해자와 신뢰관계에 있는 자를 동석하게 할 수 있도록 하고, 특히 피해자가 13세 미만이거나 신체적 또는 정신적 장애로 사물을 변별하거나 의사를 결정할 능력이 미약하다면, 재판에 지장을 초래할 우려가 있는 등 부득이한 경우가 아닌 한 피해자와 신뢰관계에 있는 자의 동석을 필요적으로 규정하고 있다(동법 제163조의2). 아울러, 기존에 피고인의 면전에서 증인이 충분히 진술할 수 없을 때는 피고인에게 퇴정을 명하고, 피고인이 공판정에 부재한 상태에서 진술할 수 있도록 하는 외에(동법 제297조), 아동복지법위반 또는 아동청소년의 성 보호에 관한 법률위반죄의 피해자, 범죄의 성질, 증인의 연령, 심신의 상태, 피고인과의 관계, 그 밖의 사정으로 인하여 피고인 등과 대면하여 진술하는 경우 심리적인 부담으로 정신의 평온을 현저하게 잃을 우려가 있다고 인정되는 자에 대해서는 비디오 등 중계장치에 의하거나, 피고인과의 차폐시설 하에 증인을 신문할 수 있도록 규정하고 있다(동법 제165조의2). 이는 피고인이나 그 변호인의 반대신문권에 피해자가 노출된 경우, 발생할 수 있는 2차 피해의 방지를 고려한 것으로, 피고인의 반대신문권에 대한 제한으로 볼 수 있다. 기타 공판정 외(동법 제165조) 또는 공판기일 외에 증인신문(동법 제273조) 등도 유사한 맥락에서 피해자보호와 관련하여 일정한 의미를 갖는다.

특히 성폭력범죄의 경우, 앞서 수사단계와 유사하게 피해자의 신원이나 사생활에 관한 정보노출을 금지함은 물론, 지방법원 및 고등법원에 전담재판부의 지정(성폭력범죄의 처벌 등에 관한 특례법 제28조) 및 운용, 심리의 비공개(동법 제31조), 정신건강의학과의사, 심리학자, 사회복지학자, 그 밖의 관련 전문가로부터 피해자의 정신, 심리 상태에 대한 진단 소견 및 피해자의 진술 내용에 관한 의견을 조회할 수 있도록 하고 있다(동법 제33조). 이외에 피해자나 그 법정대리인은 피해자가 공판기일에 출석하여 증언하는 것에 현저히 곤란한 사정이 있을 때에는 그 사유를 소명하여 해당 성폭력범죄를 수사하는 검사에게 형사소송법 제184조의 증거보전을 청구하도록 요청할 수 있도록 하고, 피해자가 19세 미만이거나 신체적인 또는 정신적인 장애로 사물을 변별하거나 의사를 결정할 능력이 미약한 경우에는 공판기일에 출석하여 증언하는 것에 현저히 곤란한 사정이 있는 것으로 보도록 한다(성폭력범죄의 처벌 등에 관한 특례법 제41조 및 아동청소년의 성보호에 관한 법률 제27조).

한편, 피해자의 참여 및 권리와 관련하여 소송계속 중인 사건의 피해자 내지 그 법정대리인 또는 이들로부터 위임을 받은 피해자 본인의 배우자, 직계친족, 형제자매, 변호사는 소송기록의 열람 또는 등사를 재판장에게 신청할 수 있도록 하여, 피해자 자신과 관련한 정보에 대한 접근권을 보장하고 있다(형사소송법 제294조의4 및 아동청소년의 성보호에 관한 법률 제29조). 또한 범죄로 인한 피해자 또는 그 법정대리인(피해자 사망 시, 그 배우자, 직계친족, 형제자매를 포함)의 신청이 있다면, 이미 피해자 등이 충분히 진술하여 다시 진술할 필요성이 없거나 공판절차가 현저히 지연될 우려가 없는 한 법원은 그 피해자 등을 증인으로 신문하여야 한다(헌법 제27조 제5항 및 형사소송법 제294조의2, 소년법 제25조의2). 이 경우, 여타 증인과 달리, 피해자 등에게는 피해의 정도 및 결과, 피고인의 처벌에 관한 의견, 그밖에 당해 사건에 관한 의견을 진술할 기회가 부여되며, 피해자, 법정대리인, 검사의 신청에 따라 피해자의 사생활의 비밀이나 신변보호를 위하여 필요하다고 인정하는 때는 결정으로 심리를 공개하지 않을 수 있다.

아울러 성폭력범죄의 피해자 및 그 법정대리인에게 형사절차에서 야기될 수 있는 피해의 방어와 법률적 조력을 보장하기 위하여 변호사를 선임할 수 있도록 하고, 만일 피해자에게 변호사가 없는 경우 검사가 국선변호사를 선정할 수 있도록 하여 성폭력범죄에 제한되기는 하지만 가해자의 입장인 피고인의 변호인 선임권에 대응하여, 범죄피해자에게 변호사의 조력을 받을 권리를 명시하고 있다(성폭력범죄의 처벌 등에 관한 특례법 제27조 및 아동청소년의 성보호에 관한 법률 제30조).

다. 교정단계

앞서 언급한 것처럼 범죄피해자보호법 제8조 및 동 시행령 제10조는 형 집행 및 보호관찰 등의 사항에 관한 정보도 범죄피해자에게 제공할 수 있다고 규정한다. 그러나 단순히 정보제공 외에, 교정단계에서 가해자의 처우와 관련하여 피해자가 보다 적극적으로 처우내용에 의견을 제시하는 등으로 교정단계에서 피해자가 참여할 기회를 명시적으로 규정하고 있지 않다. 다만, 가석방적격심사신청 시, 사전조사과정에서 범죄행위에 따른 피해회복 여부 및 범죄에 대한 사회의 감정 등을 조사하도록 규정함으로써 범죄피해자의 의견 등이 일정 부분 반영될 여지를 개방하고 있다(형의 집행 및 수형자의 처우에 관한 법률 시행규칙 제246조).

제2절 형사사법절차 외 또는 민간영역에서의 범죄피해자 보호

1. 형사사법절차 외에서의 범죄피해자 보호

범죄피해자에 대한 보호 내지 지원은 형사사법절차 만으로 해소될 수 있는 문제는 아니다. 이에 따라 법무부 인권구조과에서는 국가의 범죄피해자 보호지원업무를 총괄하며 범죄피해자 보호지원의 기본시책을 정하고 있다. 또한 대검찰청 피해자인권과도 피해자 지원업무를 담당하고 있고, 각 검찰청 별로 피해자 지원을 위해 피해자지원실을 설치하고 범죄피해자보호 전담검사와 지원담당관이 배치되어 있으며, 각급 경찰서에도 피해자전담부서를 설치 운영함과 동시에 각 지방경찰청 및 경찰서 단위로 피해자심리전문요원(CARE) 및 피해자 전담 경찰관을 지정하여 범죄피해자 지원업무를 담당 하고 있다(경찰청, https://www.police.go.kr/www/security/support/support01/suppor

t06.jsp, 2025. 5. 22 검색)

아울러, 형사사법기관 외의 국가기관이 지방자치단체 등 공적 영역에서도 피해자에 대한 보호나 지원이 이루어지고 있으며, 관련한 법적 근거가 정비되고 있다. 대표적 예로 성폭력방지 및 피해자보호 등에 관한 법률, 성매매방지 및 피해자보호 등에 관한 법률, 가정폭력방지 및 피해자보호 등에 관한 법률, 아동청소년의 성보호에 관한 법률 등을 들 수 있다. 각 법률의 관련 내용을 간략히 살펴보면 이하와 같다.

가. 성폭력방지 및 피해자보호 등에 관한 법률

성폭력범죄의 피해자에 대한 보호와 관련하여, 먼저, 국가와 지방자치단체에 성폭력범죄의 신고체계 구축은 물론, 피해자를 보호, 지원하기 위한 시설의 설치나 운영, 피해자에 대한 주거지원, 직업훈련 및 법률구조 등 사회복귀 지원, 피해자에 대한 보호, 지원을 원활히 하기 위한 관련 기관 간 협력체계의 구축 및 운영에 관한 책임을 명시하고 있다(동법 제3조). 이를 기초로, 19세 미만의 미성년자를 보호하거나 교육 또는 치료하는 시설의 장 및 관련 종사자는 자기의 보호를 받는 미성년자가 성폭력범죄 피해자임을 알게 된 때는 즉시 수사기관에 신고하도록 의무화하고 있다(동법 제9조). 이는 아동·청소년의 성보호에 관한 법률 제34조 ②항과 유사하게 성폭력범죄의 피해자인 미성년자가 적시에 피해신고나 고소를 하기 어렵다는 점을 고려한 규정으로 볼 수 있다. 또한 국가는 피해자에 대하여 법률구조공단 등을 통하여 법률상담 및 소송대리 등의 지원을 제공할 수 있고(동법 제7조의2), 국가 및 지방자치단체는 피해자 등이 초중등교육법 상의 학생인 때는 타 학교로의 전입학 등에 불편이 없도록 취학지원을 하거나, 직업훈련이나 취업알선 등 취업지원을 할 수도 있다(동법 제7조). 또한 피고용자인 피해자에 대하여 성폭력범죄와 관련하여, 해고 등 불이익한 조치를 가하지 못하도록 규정하고 있다(동법 제8조).

이 외에 국가 및 지방자치단체는 성폭력피해상담소(동법 제10조), 성폭력피해자보호시설(동법 제12조), 성폭력 피해상담, 치료, 그 밖에 피해구제를 위한 지원업무를 종합적으로 수행하기 위하여 성폭력피해자통합지원센터(동법 제18조)를 설치・운영할 수 있고, 여성가족부장관 등은 국립·공립병원, 보건소 또는 민간의료시설을 성폭력 피해자 등의 치료를 위한 전담의료기관으로 지정할 수 있도록 규정하고 있다(동법 제27조).

나. 성매매방지 및 피해자보호 등에 관한 법률

성매매와 관련한 범죄행위의 경우, 보호 및 지원대상으로서 피해자의 범위를 확대하는 점에 특징이 있다. 즉, 위계나 위력 등으로 성매매를 강요당하거나, 업무, 고용관계, 그 밖의 관계로 보호 또는 감독하는 사람에 의하여 마약에 중독되어 성매매 행위를 하는 경우 또는 청소년이나 심신상실이나 미약자, 중증 장애자로 성매매를 하도록 알선, 유인된 경우, 성매매 목적으로 인신매매 당한 자를 성매매 피해자로 정의하면서도(성매매 알선 등 행위의 처벌에 관한 법률 제2조 제1항 4호 참조), 이 외에도 성을 파는 행위를 한 사람도 보호 및 지원대상으로 확대하고 있다.

국가 및 지방자치단체는 성매매피해자의 보호와 자립을 위하여 법적·제도적 장치를 마련하고 필요한 행정적, 재정적 조치를 취하도록 의무화하고 있다(동법 제3조). 이를 기초로 국가 및 지방자치단체는 피해자를 지원하기 위하여 일반 지원시설(성매매피해자 등을 대상으로 1년 이내의 범위에서 숙식을 제공하고 자립을 지원하는 시설), 청소년 지원시설(청소년인 성매매피해자 등을 대상으로 1년 이내의 범위에서 숙식을 제공하고, 취학·교육 등을 통하여 자립을 지원하는 시설), 외국인여성 지원시설(외국인여성인 성매매피해자등을 대상으로 3개월 이내의 범위에서 숙식을 제공하고 귀국을 지원하는 시설), 자활지원센터(성매매피해자 등을 대상으로 자활에 필요한 지원을 제공하는 이용시설)를 설치·운영할 수 있다(동법 제9조 및 제10조). 이 외에도 성매매피해상담소(동법 제17조), 성매매방지활동 및 성매매피해자 등에 대한 지원서비스 전달체계의 효율적인 연계, 조정 등을 위한 성매매방지중앙지원센터(동법 제19조)를 설치할 수 있고 전담의료기관의 지정 및 의료비지원 등에 관한 근거규정도 두고 있다(동법 제23조 및 제24조).

다. 아동청소년의 성보호에 관한 법률

성폭력범죄 특히 아동이나 청소년에 대한 성폭력범죄의 경우, 수사기관에 대한 피해자의 신고나 고소가 적시에 이루어지기 어려운 점을 고려하여 학교나 유치원 등 아동이나 청소년 관련 시설 등의 운영 및 관리자에게 신고의무를 부과하고 있다(동법 제34조). 또한 피해아동 등의 가족구성원이 가해자인 경우로 피해신고를 받은 사법경찰관리는 가해자와 피해자를 분리하거나, 상담소 또는 보호시설, 필요한 경우에는 의료기관에 피해자를 인도하는 등의 응급조치를 취하거나, 가해자에 대한 퇴거 및 피해자로부터의 격리조치, 의료기관이나 요양소에의 위탁 또는 경찰서 유치장이나 구치소에의 유치 등 임시조치를 취할 수도 있다(동법 제36조 및 가정폭력범죄의 처벌 등에 관한 특례법 제5조, 제8조, 제29조 및 제49조부터 제53조).

또한 성매매방지 및 피해자보호 등에 관한 법률 제17조 이하에 규정된 성매매피해상담소, 성폭력방지 및 피해자보호 등에 관한 법률 제27조의 성폭력 전담의료기관, 청소년복지 지원법 제29조의 청소년상담복지센터 등을 통하여 피해아동이나 청소년에게 상담이나 치료프로그램을 제공할 수 있도록 규정하고 있다(동법 37조).

라. 가정폭력방지 및 피해자보호 등에 관한 법률

가정폭력범죄와 관련하여서도, 성폭력범죄 등의 예와 유사하게 국가 및 지방자치단체에게 가정폭력 신고체계의 구축 및 운영은 물론, 피해자를 위한 보호시설의 설치・운영, 임대주택의 우선 입주권 부여와 그밖에 피해자에 대한 지원 서비스의 제공, 피해자의 보호와 지원을 원활히 하기 위한 관련 기관 간의 협력 체계 구축 및 운영, 이에 필요한 예산상 조치와 함께 가정폭력의 예방, 방지 및 피해자의 보호, 지원을 담당할 기구와 공무원을 두도록 의무화하고 있다(동법 제4조).

이에 따라 국가나 지방자치단체는 피해자나 피해자가 동반한 가정구성원이 아동인 경우, 전입학 등의 취학지원을 할 수 있고(동법 제4조의4), 가정폭력 관련 상담소(동법 제5조)와 단기보호시설(피해자등을 6개월의 범위에서 보호하는 시설), 장기보호시설(피해자 등에 대하여 2년의 범위에서 자립을 위한 주거편의 등을 제공하는 시설), 외국인보호시설(배우자가 대한민국 국민인 외국인 피해자 등을 2년의 범위에서 보호하는 시설), 장애인보호시설(장애인복지법의 적용을 받는 장애인인 피해자등을 2년의 범위에서 보호하는 시설)을 설치 · 운영할 수 있다(동법 제7조 및 제7조의2). 이 외에, 여성가족부장관 및 각 광역자치단체장은 가정폭력범죄 피해자의 신고접수 및 상담, 관련 기관이나 시설과의 연계, 피해자에 대한 긴급한 구조의 지원을 위한 긴급전화센터를 설치 · 운영하도록 의무화하고 있다(동법 제4조의6). 또한 의료기관의 경우 피해자 본인, 가족, 친지나 긴급전화센터, 상담소 또는 보호시설의 장 등이 요청에 따라 피해자에 대하여 보건에 관한 상담 및 지도, 신체적 · 정신적 피해에 대한 치료, 임산부의 심리적 안정을 위한 각종 치료프로그램의 실시 등 정신치료, 임산부와 태아를 보호하기 위한 검사나 치료, 가정폭력피해자 가정의 신생아에 대한 의료를 내용으로 하는 치료보호를 실시하도록 의무화하고 있다. 치료보호에 필요한 비용은 가정폭력범죄의 가해자가 부담하도록 하되 피해자가 치료보호비를 신청하는 경우에는 국가나 지방자치단체는 가정폭력행위자를 대신하여 비용을 우선 부담하고 가해자에 대하여 구상권을 행사할 수 있도록 규정하고 있다(동법 제18조).

2. 민간영역에서의 범죄피해자 보호

가. 민간에 의한 피해자 보호의 의의

최근 범죄피해자 지원을 위한 민간단체 등 민간영역에서의 활동비중이 높아져가고 있는데 견해에 따라서는 형사사법의 국가 독점에 대한 수정으로까지 이해되고 있다(김용세 · 김종덕, 2003: 263-264; 이윤호, 2007: 331). 그 이유를 다음과 같이 설명한다. 먼저, 형사사법기관을 포함하여 국가나 지방자치단체와 같은 공적 영역에 의한 피해자 보호와 지원에는 한계가 있다는 점이 지적된다. 형사사법기관의 경우 아무리 피해자에 대한 보호와 지원이 강조되더라도 일차적 관심사는 범죄자의 검거 및 처벌에 둘 수밖에 없어 2차 피해 등의 완전한 방지는 사실상 불가능하다. 또한 공적 영역에서의 피해자 보호는 실정법적 한계 내에서만 이루어질 수 있기 때문이다. 이 외에 범죄피해자와 형사사법기관 간의 정서적 간극이나 예산상 한계도 지적될 수 있다. 또한 기존 형사사법제도에 대한 대안으로써 회복적 사법이 강조되면서 가해자와 피해자 간의 화해와 관계회복을 주도・진행하기 위한 중립적 기구의 필요성이 지적되고, 여기서 공식적 형사사법기관 외에 민간영역이 중요한 역할을 수행할 수 있지 않을까 라는 기대가 가능한 점도 민간에 의한 피해자보호가 점차 부각되는 중요한 요인으로 고려할 수 있을 것이다.

범죄피해자에 대한 보호와 지원을 위한 민간 조직, 기구는 그 성격에 따라 범죄피해자에 대한 정신, 심리상담, 법률구조, 피난처 제공과 같은 피해자 지원을 주된 임무로 하는 피해자지원조직, 피해회복 및 형사화해를 위한 가해자와 피해자 사이의 중재를 주된 임무로 하는 형사화해 중재조직(가해자-피해자 조정기관)과 이 두 가지 기능을 모두 수행하는 통합적 조직의 3가지 유형으로 구분할 수 있다(김용세・김종덕, 2003: 265-268).

미국의 경우, 1975년 피해자 및 증인보호 관련 단체 또는 형사사법기관 종사자와 관계전문가, 변호사를 비롯한 범죄피해자 보호자들(victim advocates)과 실제로 범죄피해를 당한 경험이 있는 사람들(victims and survivors)에 의해 결성된 비영리민간단체인 범죄피해자보호협회(National Organization of Victim Assistance, NOVA)나 1985년에 설립된 비영리민간단체로 범죄피해를 당한 개인, 가족과 공동체에 대한 지원을 통해 피해자의 재활을 돕는 것을 목적으로 하는 범죄피해자보호센터(National Center for Victims of Crime, NCVC) 등을 예로 들 수 있고, 일본의 경우, 1998년에 결성된 전국피해자지원네트워크, 1999년에 설립된 피해자지원연락협의회, 기존 동경의과치과대학 범죄피해자상담실의 기능을 확대한 피해자지원도민센터 등을 예로 들 수 있다.

나. 범죄피해자지원연합회 및 범죄피해자지원센터

한국의 경우, 1990년대를 기점으로 범죄피해자의 보호와 지원을 위한 민간단체나 기구 등이 등장하기 시작한 것으로 지적되는데 대표적으로 1991년에 설립된 한국성폭력상담소를 들 수 있다. 이후 주로 여성, 청소년보호단체, 종교단체, 법조단체 등을 중심으로 확산되어 갔는데 2004년에는 '범죄피해자 보호 및 지원에 관한 지침'에 근거하여 각 지방검찰청 별로 민간인에 운영되는 범죄피해자지원센터를 설치하고, 이를 다시 통합하기 위하여 2008년 전국범죄피해자지원연합회를 설립, 운영하고 있다(한국범죄피해자지원중앙센터 http://kcvc.or.kr, 전국범죄피해자지원연합회 http://www.kcva.or.kr 2025. 5. 22 검색).

전국범죄피해자지원연합회는 각 지역별 범죄피해자지원센터의 통합업무, 피해자 등의 지원에 관한 공공정책 및 입법운동, 전문상담원의 양성을 위한 연수 및 교육, 피해자 보호·지원에 관한 조사·연구 활동, 피해자를 위한 대피시설 또는 보호소 등 운영, 피해자지원 및 범죄예방을 위한 홍보 활동, 성폭력·가정폭력 등으로 인한 피해자 보호관련 단체와의 연계 및 지원활동, 피해자 등의 자조조직에 대한 지원 활동, 기타 피해자 등의 지원에 관련된 사항, 사회적 기업의 설립 및 운영 등의 사업을 수행하고 있다. 특히, 2011년 6월에는 범죄피해자들을 지원하기 위한 사회적 기업인 '스마일화원'이 설립되고, 이를 통해 피해자 가족들에게는 취업기회를 제공하고 수익금은 피해자 지원에 사용하고 있다. 한편, 각 지역별 범죄피해자지원센터는 센터는 전화상담, 면접상담, 경제적 지원, 의료지원, 법률지원, 도우미, 홍보 사업을 진행함으로써 범죄피해자들을 지원하고 있다. 아울러 2008년부터 한국범죄피해자 인권대회를 개최함으로써, 범죄피해자 권리에 대한 사회의 이해와 관심을 높이는 계기가 되고 있다.

〈표 13-4〉 범죄피해자지원센터 활동실적(2019-2023) [단위 : 건(%)]

구분	계	상담	경제, 의료지원	신변보호	기타
2019년	117,896 (100)	82,569 (70.0)	17,313 (14.7)	485 (0.4)	17,529 (14.9)
2020년	122,121 (100)	85,464 (70.0)	18,416 (15.1)	526 (0.4)	17,715 (14.5)
2021년	123,330 (100)	85,712 (70.2)	18,760 (14.8)	604 (0.5)	18,254 (14.5)
2022년	120,335 (100)	86,322 (72.3)	16,467 (13.2)	435 (0.4)	17,111 (14.1)
2023년	117,142 (100)	85,243 (72.8)	16,050 (13.7)	418 (0.3)	15,431 (13.2)

출처: 2024 범죄백서, 법무연수원 참조

다. 해바라기센터(성폭력피해자통합지원센터)

해바라기센터(https://www.sunflowercenter.or.kr/index.php, 2025. 5. 22. 검색)는 성폭력·가정폭력·성매매 피해자 대상 365일 24시간 상담지원, 의료지원, 법률·수사지원, 심리치료지원 등의 서비스를 통합적으로 제공함으로써 피해자가 폭력피해로 인한 위기상황에 대처하고 2차 피해를 방지할 수 있도록 지원하는 기관이다. 「성폭력 방지 및 피해자 보호 등에 관한 법률」 제18조 1항[70]을 법적 근거로 하여 2005년 8월 경찰청에서 경찰병원 내 여성·학교폭력 피해자 원스톱 지원센터로 개소하였다. 이후 성폭력 피해자에 대한 체계적인 지원을 위해 경찰청·여성가족부·지방자치단체·지역 병원 등의 협약 하에 '해바라기센터'라는 명칭으로 각 지역별 협약 병원에 설치 및 위탁운영되고 있다. 현재 전국적으로 위기지원형 17개, 아동형 7개, 통합형 16개 등 총 40개의 센터가 운영되고 있다(여성가족부, 2024).

〈표 13-5〉 해바라기센터 피해 유형별 분포(2020-2023) [단위 : 명, (%)]

	계	성폭력	가정폭력	성매매	스토킹	교제폭력	기타
2020	23,806 (100.0)	17,207 (72.3)	3,782 (15.9)	203 (0.9)	-	-	2,614 (11.0)
2021	27,434 (100.0)	17,999 (65.6)	5,184 (18.9)	172 (0.6)	-	-	4,079 (14.9)
2022	24,909 (100.0)	17,178 (69.0)	4,036 (16.2)	154 (0.6)	111 (0.4)	131 (0.5)	3,299 (13.2)
2023	23,419 (100.0)	16,221 (69.3%)	4,524 (19.3)	147 (0.6)	76 (0.3)	117 (0.5)	2,334 (10.0)

출처: 2020~2023 해바라기센터 연감, 한국여성인권진흥원

해바라기센터는 위기지원형, 아동형, 그리고 통합형의 3개의 유형으로 구분되며, 각각의 유형별로 지원하는 대상과 이용시간이 구분된다. 먼저 위기지원형은 성폭력·가정

70) 「성폭력 방지 및 피해자 보호 등에 관한 법률」 제18조(피해자를 위한 통합지원센터 설치·운영) ① 국가와 지방자치단체는 성폭력 피해상담, 치료, 제7조의2제2항에 따른 기관에 법률상담등 연계, 수사지원 그 밖에 피해구제를 위한 지원업무를 종합적으로 수행하기 위하여 성폭력피해자통합지원센터(이하 "통합지원센터"라 한다)를 설치·운영할 수 있다.

폭력·성매매 피해자를 대상으로 하며, 365일 24시간 운영된다. 주요 지원 내용으로는 상담지원, 의료지원, 수사 및 법률지원 등이 있다. 다음으로 아동형은 19세 미만의 아동·청소년 및 지적장애인 성폭력 피해자를 대상으로 하는 유형으로, 평일 9시부터 18시까지 운영된다. 주요 지원 내용으로는 상담지원, 의료지원, 법률지원, 심리지원 및 출장수사지원, 그리고 지속지원(장기상담과 치료지원)이 제공된다. 마지막으로 통합형은 위기지원형과 아동형이 통합된 형태로, 위기지원의 경우 365일 24시간 운영되며, 지속지원은 평일 9시부터 18시까지 구분하여 운영된다. 해바라기센터 중 위기지원형과 통합형의 경우 전문 조사기법을 훈련한 여성 경찰관이 상주하여 수사상담 및 피해자 조사를 진행하는 것이 특징이다. 또한 아동이나 장애가 있는 피해자들이 수사기관에 재차 방문하여 불편을 겪는 일을 최소화할 수 있도록 진술녹화실을 운영한다.

〈표 13-6〉 해바라기센터 전체 피해자 지원 건수(2020-2023) [단위 : 건, (%)]

	계	상담지원	의료지원	수사법률 지원	심리지원	사회적 지원	동행 서비스	정보제공 및 기타
2020	380,141 (100.0)	116,758 (30.7)	101,193 (26.6)	57,734 (15.2)	32,712 (8.6)	9,848 (2.6)	4,557 (1.2)	57,339 (15.1)
2021	418,032 (100.0)	129,199 (30.9)	106,742 (25.5)	70,429 (16.8)	33,029 (7.9)	9,781 (2.3)	5,359 (1.3)	63,493 (15.2)
2022	398,980 (100.0)	126,734 (31.8)	103,585 (26.0)	60,185 (15.1)	32,249 (8.1)	9,625 (2.4)	4,795 (1.2)	61,807 (15.4)
2023	401,167 (100.0)	126,683 (31.6)	101,081 (25.2)	61,912 (15.4)	32,086 (8.0)	9,291 (2.3)	5,033 (1.3)	65,081 (16.2)

출처: 2020~2023 해바라기센터 연감, 한국여성인권진흥원

요점정리

(1) 일반적으로 형사사법절차에 있어서 피해자의 권리는 사회적 지원을 받을 권리, 2차 또는 3차 피해로부터 보호받을 권리, 피해자로서 형사사법정보에 접근할 수 있는 권리, 형사사법절차에 참여할 수 있는 권리로 구분해볼 수 있다.

(2) 형사법학에 있어서 범죄피해는 보호법익에 대한 침해를 의미하지만, 범죄학이나 피해자학에 있어서 범죄피해는 보호법익에 대한 침해 외에 피해자의 불안감 등도 포함하는 포괄적 의미를 갖는다.

(3) 범죄피해자에 대한 공적 지원(국가구조)의 근거로, 원칙적으로 형벌권이 국가에 의하여 독점되는 점, 대부분의 범죄자가 무자력으로 실질적인 범죄피해의 배상능력을 갖지 못한 점, 형사처벌 역시 피해회복과는 거리 간 멀고, 사회문제로서의 범죄문제의 해결은 단순히 가해자를 처벌하는 것만이 아니라 범죄피해의 실질적 회복을 포함하여야 하고 이는 국가의 책임이라는 점, 복지사회나 사회적 연대감과 결속력의 강화를 지향하는 현대적 국가관 등을 들 수 있다.

(4) 범죄피해자 국가구조 청구권의 성격에 대하여 범죄방지에 관한 국가의 책임을 전제로 국가에 의한 손해배상제도로 이해하는 견해, 현대사회에서 일정량의 범죄발생은 피할 수 없는 현실적 위험이라는 점에서 이를 분산하기 위하여 국가재정을 재원으로 운영하는 일종의 공적 보험제도로 이해하는 견해 등이 다투어진다.

복습문제

1. 범죄피해자에 대한 공적 지원의 근거로 보기 어려운 것은?

① 국가에 의한 형벌권의 독점
② 대부분의 범죄자가 무자력으로 실질적인 배상능력을 갖지 못하는 점
③ 현대사회에서도 사회적 연대감과 결속력의 강화가 여전히 필요한 점
④ 피해회복을 통해 형사처벌이 실질화될 수 있다는 점

2. 범죄피해자보호법 상 범죄피해자 구조제도에 대한 설명으로 옳지 않은 것은?

① 피해자가 폭행, 협박이나 모욕 등 해당 범죄행위를 유발한 경우에는 구조금을 전부 지급하지 않는다.
② 피해자와 가해자가 친족관계가 있는 때는 구조금 지급이 전부 또는 일부 제한된다.
③ 동 제도는 피해자의 민사 상 손해배상청구권이나 국가배상법, 기타 다른 법령에 의한 급여를 받을 권리에 대한 보충적 성격을 갖는다.
④ 피해자 등은 구조대상 범죄피해발생은 안 날로부터 3년, 피해발생이 있는 날로부터 10년 이내에 구조금 지급을 신청할 수 있다.

3. 소송촉진 등에 관한 특례법 상 배상명령제도에 대한 설명으로 옳지 않은 것은?

① 형사소송절차에서 피해자의 민사 상 손해배상청구권과 관련한 민사소송을 동시에 진행하는 방식이다.
② 피고사건의 범죄행위로 인하여 발생한 직접적 물적 피해, 치료비 손해, 위자료 배상을 명할 수 있다.
③ 유죄판결과 동시에 선고하고 배상대상과 금액을 판결주문에 표시한다.
④ 피고인은 유죄판결에 대하여 상소와 분리하여 배상명령 만을 들어 다툴 수 없다.

4. 형사조정제도에 대한 설명으로 옳지 않은 것은?

① 피의자와 범죄피해자 외에 검사의 직권으로 수사 중인 사건을 형사조정에 회부할 수 있다.

② 공소시효의 완성이 임박한 사건은 형사조종에 회부할 수 없다.

③ 형사조정을 담당하기 위한 형사조정위원회는 각급 지방검찰청 및 지청에 설치한다.

④ 비고소사건은 민사분쟁적 성격의 사건이라도 조정대상이 될 수 없다.

정답 1. ④, 2. ①, 3. ④, 4. ④

참고문헌

1. 국내문헌

가. 단행본

김용세, 2003, 「피해자학」, 서울: 형설출판사.

대검찰청, 「범죄분석」, 2013-2023.

배종대, 2011, 「형사정책」, 홍문사.

법무연수원, 「범죄백서」, 2021-2023.

보건복지부 · 중앙아동보호전문기관, 2008, 「아동보호전문기관 업무수행지침」.

이윤호, 2007, 「범죄학」, 서울: 박영사.

_____, 2007, 「피해자학」, 서울: 박영사.

_____, 2008, 「현대사회와 범죄」(제2판), 서울: 다해.

이재상, 2009, 「형사소송법(제2판)」, 서울: 박영사.

_____, 2010, 「형법각론」, 서울: 박영사.

Brown, S.E., Esbensen, F. & Geis, G., 2010, Criminology: Explaining Crime and Its Context, 「범죄학: 범죄원인론, 형사정책, 범죄발생의 최근경향」, 황의갑 외 공역, 2011, 서울: 그린출판사.

Doerner, W.G. & Lab, S.P., 2011, Victimology 6th Edition. 조윤오 외(공역), 「피해자학」, 서울: 도서출판 그린.

宮澤浩一(장규원 역), 1999, 「피해자학입문」, 서울: 길안사.

나. 연구논문

강은영 · 박형민, 2008, "살인범죄의 실태와 유형별 특성: 연쇄살인, 존속살인 및 여성살인범죄자를 중심으로", 「연구보고서 08-11」, 한국형사정책연구원.

강은영 외, 2022, "주요 범죄의 실태 및 동향 자료 구축(Ⅰ): 성폭력 범죄", 「연구총서 21-B-13」, 한국형사·법무정책연구원.

고준호, 2007, "근린에서의 범죄의 두려움에 대한 고찰: 수원 영통을 사례로", 「대한지리학회지」, 42(2): 243-257.

구자숙 · 이현희 · 원영희 · 전영실, 2003, "노인의 범죄피해와 범죄에 대한 두려움", 「형사정책연구」, 14(3): 141-173.

국회입법조사처, 2011, "성범죄 처벌법규의 체계적 정비방안", 정책보고서 제8호.

권중돈, 2002, “치매가족의 부양부담과 갈등해결을 위한 개입방안”, 「연세사회복지연구」, 8: 221-238.

기광도, 2004, “범죄 및 피해의 중첩성에 대한 분석,” 「피해자학연구」, 12(2): 269-304.

김문귀 · 임형진., 2020, “회복적 경찰활동의 법제화 방안에 관한 연구”, 「법학연구」, 20(2): 237-274.

김미혜, 2001, “노인학대의 이해와 해결을 위한 첫걸음” 「까리따스방배종합사회복지관, 노인학대 세미나 자료집: 노인학대 실태 및 방향성 모색」, 3-12.

김민영 · 한민경 · 박희정, 2019, “전국범죄피해조사 2018”, 「연구총서 19-B-01」, 한국형사법무정책연구원.

김성돈, 1999, “우리나라 피해자학의 연구동향”, 「피해자학연구」, 7: 87-104.

김성언, 2003, “경찰의 역할변화에 대한 조사연구”, 「연구보고서 2003-14」, 한국형사정책연구원.

김성진, 2009, “회복적 사법에서 형사조정의 의미”, 「중앙법학」, 11(3): 213-239.

김승권 외, 2008, “2007년 전국 가정폭력실태조사”, 「연구보고 2008-02」, 여성가족부.

김승현 · 최응렬, 2020, “경찰가시성과 범죄두려움의 관계에 대한 메타분석”, 「한국공안행정학회보」, 29(3): 53-74.

김연수, 2006, “범죄보도와 범죄인식의 관계에 관한 연구: 범죄에 대한 두려움을 중심으로”, 「석사학위논문」, 동국대학교 대학원.

_____, 2010, “범죄에 대한 두려움의 원인과 반응에 관한 연구”, 「박사학위논문」, 동국대학교 대학원.

김연수 · 장석헌, 2010, “범죄피해-두려움의 패러독스에 관한 진화심리학적 분석”, 「한국공안행정학회보」, 41: 51-98.

김용세, 1999, “일본에서의 피해자학 연구동향”, 「피해자학연구」, 7: 45-70.

김용세 · 김종덕, 2004, “민간단체에 의한 범죄피해자 지원의 현황과 전망”, 「피해자학연구」, 11(2): 261-292.

김용욱, 2008, “한국의 형사조정: 회복적사법 프로그램인가?”, 「형사정책연구」, 19(2): 205-229.

김은경, 2004, “각국의 회복적 소년사법 정책동향”, 「연구보고서」, 한국형사정책연구원.

_____, 2008, “새로운 다이버전으로서 회복적 사법의 실제와 그 효과: 경찰단계 가족회합 실험연구 결과를 중심으로”, 「형사정책연구」, 19(2): 93-145.

_____, 2009, “회복적 사법 실천모델의 효과성 연구”, 「형사정책연구」, 20(3): 239-272.

김은경 · 평화여성회 갈등해결센터, 2008, “21세기 소년사법개혁의 방향과 과제(II): 회복적 소년사법 실천모델의 효과성 연구”, 「연구총서 08-03」, 한국형사정책연구원.

김은경 · 김지선 · 이승현 · 김성언 · 원혜욱 · 이호중, 평화여성회 갈등해결센터, 2007, “21세기 소년사법 개혁의 방향과 과제(I)”, 「연구총서 07-13」, 한국형사정책연구원.

김은경 · 이호중, 2006, “학교폭력 대응방안으로서 회복적 소년사법 실험연구(I)”, 「연구총서 06-36」, 한국형사정책연구원.

김은경・최수형・박정선, 2009, "2008년 한국의 범죄피해에 관한 조사연구(VI)", 「연구총서 09-01」, 한국형사정책연구원.

김은경・황지태・황의갑・노성훈, 2014, "전국범죄피해조사 2012", 「연구총서 13-B-12」, 한국형사정책연구원.

김재엽 외, 2010a, "2010년 가정폭력 실태조사", 「연구보고 2010-55」, 여성가족부.

_____, 2010b, "2010년 성폭력 실태조사", 「연구보고 2010-54」, 여성가족부.

김재엽, 2001, "부부폭력과 아동학대", 「연세사회복지연구」, 6・7: 1-32.

김재희, 2010, "양형에서 범죄피해자에 대한 연구", 「박사학위논문」, 성균관대학교 대학원.

김종일, 2020, "성폭력 범죄 재판에서의 '성인지 감수성'과 '피해자다움'에 관한 검토—2018 고합 75 판결과 2018 노 2354 판결을 중심으로—", 「법학논총」, 37(4): 139-160.

김준호・노성호・오수정・장은숙, 1990, "청소년 범죄피해에 대한 연구", 「연구총서 90-09」, 한국형사정책연구원.

김준호・박정선・김은경, 1997, "학교주변 폭력의 실태와 대책", 「연구총서 96-12」, 한국형사정책연구원.

김준호・박현수・박성훈, 2010, "한국의 범죄피해에 영향을 미치는 요인에 관한 연구", 「형사정책연구」, 21(3): 135-172.

김준호・이동원, 1990, "범죄통계의 문제점 및 개선방안에 관한 연구", 「연구보고서 90-05」, 한국형사정책연구원.

김준호·황지태, 2002, "학교폭력 피해자 조사의 문제점과 개선방향", 「피해자학연구」, 10(2): 81-100.

김지선 외, 2009, "한국의 범죄현상과 형사정책(2009)", 「연구총서 09-27」, 한국형사정책연구원.

김지선, "형사조정사건의 성립률 제고방안 연구", 「연구총서 11-18」, 한국형사정책연구원.

_____, 2004, "여성의 '범죄에 대한 두려움': 사회적 구성과 결과", 「박사학위논문」, 이화여자대학교 대학원.

_____, 2006, "회복적 사법 프로그램의 효과에 대한 평가연구 결과와 쟁점들", 「피해자학연구」, 14(2): 5-38.

_____, 2011, "2010년 한국의 범죄피해에 관한 조사연구(VII)", 「연구총서 11-26」, 한국형사정책연구원.

김지선・김지영・홍영오・박미숙, 2006, "한국의 범죄피해에 대한 조사연구(V)", 「연구총서 06-01」, 한국형사정책연구원.

김지영・박형민, 2009, "강력범죄 피해자와 피해자 가족의 피해실태 사례연구", 법무부 인권국.

김태명, 2011, "성폭력범죄의 실태와 대책에 대한 비판적 고찰", 「한국형사정책연구」, 22(3): 5-44.

김한곤・김지아, 2006, "대구지역 노인학대 실태 및 피해자의 특성", 「보건과 사회과학」, 19: 179-198.

김혜영・장화정, 2002, "아동학대유형별 영향을 미치는 부모위험요인에 관한 연구", 「아동권리연구」, 6(2): 269-286.
노성호, 2000, "호주의 피해자학 동향," 「피해자학연구」, 8: 5-27.
_____, 2002a, "가족회합과 범죄피해자," 「피해자학연구」, 10: 105-135.
_____, 2002b, "소년범처우에 있어 가족회합제도의 도입방안," 「한국공안행정학회보」, 13: 65-97.
_____, 2004, "호주와 뉴질랜드의 회복적 사법프로그램," 「사회과학논총」, 19(2): 279-302.
_____, 2007, "일탈적 생활양식과 청소년 범죄피해: 청소년패널자료의 분석," 「피해자학연구」, 15(2): 257-284.
_____, 2011, "청소년비행에 있어서 가해와 피해의 유사성에 대한 검토," 「사회과학논총」, 26(2): 미발간.
_____, 2023, "피해자학 연구동향과 과제", 「형사정책」, 35(2): 53-78.
노성호・김성언・이동원・김지선, 1999, "청소년 범죄피해에 대한 조사연구(II)", 「연구보고서」, 한국형사정책연구원.
노성호・김지선, 1998, "범죄의 두려움에 대한 경험적 연구", 「피해자학연구」, 6: 169-205.
노성호・이성식, 2003, "청소년의 폭력범죄피해요인에 관한 일 연구," 「피해자학연구」, 11(2): 27-52.
노충래, 2002, "아동 및 가해자의 특성에 따른 아동학대의 심각성 예측요인에 관한 연구", 「한국아동복지학」, 13: 123-154.
문영희, 2010, "학대피해아동 보호를 위한 시스템의 효율화 방안", 「피해자학연구」, 18(2): 83-104.
박광배・김성돈, "각국의 회복적 사법 실무운용 자료집", 「연구총서 06-42」, 한국형사정책연구원.
박명숙, 2002, "아동학대 유발유인으로서 장애아동부모의 스트레스에 관한 연구", 「한국사회복지학」, 51: 311-327.
박미숙, 2000, "회복적 사법과 피해자보호," 「피해자학연구」, 8: 201-225.
박성훈, 2011, "한국의 도시지역 범죄피해의 지역적 맥락에 관한 연구", 「박사학위논문」, 고려대학교 대학원.
박성훈・윤경숙・성유리・박영옥, 2023, "전국범죄피해조사(XII): 아동・청소년 범죄 피해조사 2021", 「연구총서 22-B-06」, 한국형사법무정책연구원.
박순진, 1998, "범죄자와 피해자의 상호작용에 관한 연구", 「연구총서 98-11」, 한국형사정책연구원.
_____, 2000, "폭력범죄의 상호작용 과정에 대한 연구", 「박사학위논문」, 서울대학교 대학원.
_____, 2004, "청소년비행에 있어서 가해-피해의 중첩," 한국청소년패널조사 데이터활용 논문집.
_____, 2005, "청소년 폭력비행에 있어서 가해-피해의 연계," 「피해자학연구」, 13(2): 241-269.
_____, 2006, "배우자 살해의 유형과 특징", 「한국공안행정학회보」, 22: 191-227.
박순진・최영신, 1999, "한국의 범죄피해에 대한 조사연구(III)", 「연구보고서 99-07」, 한국형사정책연구원.

박은영・박미랑, 2022, "소년 선도위탁 대상자를 위한회복적 이음모임의 효과 분석", 「교정상담학연구」, 7(1), 5-37.

박정선・이성식, 2010, "범죄두려움에 관한 다수준적 접근", 「형사정책연구」, 21(3): 173-203.

박주영, 2008, "피학대아동에 대한 법적 보호", 「박사학위논문」, 고려대학교 대학원.

박철현, 2004, "범죄의 발생에 있어서 피해자의 역할: 국내 경험적 연구의 리뷰," 「피해자학연구」, 12(4): 297-320.

박형민, 2003, "살인범죄의 실태에 관한 연구(II)", 「연구총서 03-21」, 한국형사정책연구원.

박형민・황정인・탁종연, 2010, "폭력범죄의 유형과 특성에 관한 연구", 「연구총서 10-10」, 한국형사정책연구원.

박형민・최수형・김낭희・이선형・조제성, 2021, "전국범죄피해조사 2020 분석보고서", 「연구총서 21-B-10-1」, 한국형사법무정책연구원.

배진희・정미순, 2007, "노인학대 영향 요인의 성별비교 연구", 「노인복지연구」, 36: 35-62.

배임호・박일연, 2018, "회복적 사법정의(Restorative Justice)에 근거한 교정복지 실천으로서 갈등중재 사례연구: Sycamore Tree Project 를 중심으로", 「교정연구」, 28(1): 3-25.

법무부, 1987, "범죄피해자 보상제도", 법무자료 89.

성용은, 2007, "치안환경 인식과 범죄두려움의 관계 연구: 서울지역을 중심으로", 「박사학위논문」, 동국대학교 대학원.

송병호, 2009, "마약류범죄의 암수실태", 「한국범죄심리연구」, 5(2): 55-80.

송인욱, 2009, "주부양자의 노인학대에 영향을 미치는 요인에 관한 연구", 「박사학위논문」, 대구대학교 대학원.

송인욱・박영준, 2008, "노인 부양가족의 가족갈등, 부양부담 및 사회적 지지간의 인과관계 연구", 「노인복지연구」, 39: 53-78.

심영희・김준호・최인섭・전우홍・조정희, 1990, "범죄피해조사란 무엇인가", 「연구총서 90-23」, 한국형사정책연구원.

심영희・김준호・최인섭・조정희・박정선, 1991, "서울의 범죄피해에 대한 조사연구", 「연구총서 91-01」, 한국형사정책연구원.

염윤호, 2019, "경찰 순찰활동의 범죄예방 효과에 대한 메타분석", 「경찰학연구」, 19(2): 83-115.

오경식, 2001, "범죄피해자구조제도에 대한 연구", 「경기법학논총」, 창간호: 73-89.

오윤성, 1994, "범죄에 있어서 피해자 유발요인에 관한 연구", 「한국공안행정학회보」, 3: 345-365.

이민식, 2000, "범죄에 대한 반응: 일반모델의 검증", 「형사정책연구」, 11(4): 215-254.

_____, 2003, "범죄의 기회와 사이버성폭력 피해," 「형사정책연구」, 14(1): 51-87.

이성식, 1998a, "거주지역의 특성과 개인의 범죄피해," 「피해자학연구」, 6 :113-44.

_____, 1998b, "범죄피해에 있어 개인수준 요인들의 지역 조건적 효과," 「한국공안행정학회보」, 7: 85-109.

_____, 2000, "지역사회 경찰활동과 범죄두려움", 「한국공안행정학회보」, 10: 133-159.

_____, 2003, “지역무질서, 지역유대와 범죄피해의 관계,” 「피해자학연구」, 11(1): 87-106.
_____, 2003, “청소년폭력의 원인으로서 대인갈등상황에서의 권위보존동기,” 「한국사회학」, 37(2): 179-200.
이성희 · 한은주, 1998, “부양자의 노인학대 경험과 관련요인” 「한국노년학」, 18(1): 123-141.
이수정 · 서진환, 2005, “배우자 살인으로 수감 중인 가정폭력피해 여성의 면책사유와 관련될 심리특성에 관한 연구”, 「여성연구」, 2: 93-138.
이순래, 1994, “소년범죄자의 재통합에 관한 연구,” 「형사정책연구」, 5(3): 157-190.
이순래, 2002, “범죄피해조사 개선방안에 관한 연구 : 조사표문항구성을 중심으로,” 「피해자학연구」, 10(2): 39-63.
이시연 · 박은미, 2004, “아동학대 인터넷상담 사례에 대한 내용분석 연구”, 「한국사회복지학」, 56(4): 291-316.
이연호, 2003, “노인학대 위험요인 및 특성이 학대로 인한 피해영역에 미치는 영향”, 「한국노년학」, 23(2): 105-123.
이윤호, 1990, “시민이 느끼는 범죄에 대한 공포와 경찰: 그 상관관계의 분석”, 「행정논집」, 19: 239-257.
_____, 1993, “범죄에 대한 공포: 그 원인과 반응”, 「형사정책연구」, 4(1): 27-44.
이진국 · 도중진 · 오영근 · 김성돈 · 김용세 · 박광섭 · 원혜욱, 2006, “형사사법분야에서의 갈등현상과 해소 전략: 갈등해소의 수단으로서 회복적 사법”, 「연구총서 06-35」, 한국형사정책연구원.
이재상, 조균석, 형사소송법 제10판(서울 : 박영사, 2015)
이현기, 2005, “아동학대 유형별 위험요인에 관한 연구”, 「사회복지정책」, 23: 77-108.
이현주 · 박소영, 2000, “경제위기가 저소득가구의 아동학대에 미치는 영향분석”, 「보건사회연구」, 20(1): 64-85.
이호중, 1999, “형법 상의 원상회복”, 「형사법연구」, 12: 307-329.
_____, 2000, “회복적 사법: 이론과 법이론적 쟁점들”, 국제형사학 심포지움 발표논문.
임하연·박지선, 2023, “데이트 폭력 사건 판단에서 ‘피해자다움’의 영향”, 「한국심리학회지: 문화 및 사회문제」, 29(3): 305-320.
장석헌, 2003, “깨어진 창이론(Broken Window Theory)을 통한 경찰의 대응방안,” 「한국공안행정학회보」, 16: 177-202.
장준오, 2000, “세계범죄피해조사”, 「연구총서 00-27」, 한국형사정책연구원.
장희숙 · 김예성, 2004, “가정폭력 행위자의 유형: 이론에 따른 세 하위유형의 검증”, 「한국사회복지학」, 56(3): 303-325.
전영실·유진·노성훈, 2019, “전국범죄피해조사(VIII) : 아동 · 청소년 범죄피해조사 2017”, 「연구총서 18-B-01」, 한국형사법무정책연구원.
전영주, 2004, “가족 내 성폭력 발생의 취약성 요인 및 후유증에 대한 탐색연구: 근친성폭력 생존자를 중심으로”, 「한국가족복지학」, 9(1): 159-177.
정대현, 2018, “피해자다움을 왜곡한 안희정 1심 무죄 판결의 부당성”, 「여성학논집」, 35(2):

87-112.
정승민, 2007, “범죄두려움에서 지역특성과 경찰활동의 상호작용효과에 관한 연구”, 「사회연구」, 14: 43-73.
정의태・최장섭, 2011, “신고의무자를 대상으로 하는 아동학대 방지를 위한 공익광고 전략 연구”, 「디지털디자인학연구」, 11(2): 63-72.
조병인, 1993, “피해자비난론 대 피해자옹호론”, 「피해자학연구」, 2: 83-102.
조은경, 2003, “범죄에 대한 두려움에 있어서 남성과 여성의 차이”, 「한국심리학회지: 사회문제」, 9(1): 1-21.
조제성・전영실・임하늘, 2023, “전국범죄피해조사 2022 본보고서”, 「연구총서 23-B-04」, 한국형사법무정책연구원.
차훈진, 2007, “여성의 범죄 두려움의 사회심리학적 요인에 관한 연구”, 「한국범죄심리연구」, 3(1): 169-197.
_____, 2008, “지역사회환경요인이 범죄에 대한 두려움에 미치는 영향 연구”, 구미시, 대한지방자치학회, 환경정책학회, 대한국토도시계획학회 대구·경북지회 2008년 춘계학술대회 자료집 「지방자치 발전방안과 첨단산업도시 구미시의 비전」: 187-208.
최성호, 2019, “피해자다움을 위한 변론: 왜 우리는 성범죄 재판에서 고소인의 피해자다움을 물어야 하는가?”, 「법철학연구」, 22(1): 381-456.
최수형・조영오, 2017, “전국범죄피해자조사 2016”, 「연구총서 17-B-04」, 한국형사정책연구원.
최석림, 2010, “성폭력범죄의 처벌 등에 관한 특례법 제정의 의의 및 과제”, 「의정연구」, 16(2): 157-165.
최석윤, 1999, “미국에서의 피해자학 연구동향”, 「피해자학연구」, 7: 27-44.
최수형・김지영・황지태・박희정, 2015, “전국범죄피해조사 2014”, 「연구총서 15-B-17」, 한국형사정책연구원.
최인섭・기광도, 1997, “한국의 범죄피해에 대한 조사연구(II)”, 「연구총서 97-06」, 한국형사정책연구원.
최인섭・황지태, 2004, “범죄피해율 감소 원인에 대한 검토-2002년도 범죄 피해조사를 중심으로”. 「피해자학연구」, 12(1): 5-23.
최수형・조영오, 2017, “전국범죄피해자조사 2016”, 「연구총서 17-B-04」, 한국형사정책연구원.
최인섭・김지선, 1997, “범죄의 두려움에 관한 연구”, 「연구보고서 96-09」, 한국형사정책연구원.
최인섭・김지선・황지태, 2003, “한국의 범죄피해에 대한 조사연구(IV)”, 「연구총서 03-19」, 한국형사정책연구원.
최인섭・박순진, 1993, “한국의 범죄피해에 대한 조사연구”, 「연구총서 93-26」, 한국형사정책연구원.
최인섭・박순진・기광도, 2002, “한국의 범죄피해조사: 추세분석”, 「연구총서 02-29」, 한국형사정책연구원.
최인섭・이순래・조균석, 2006, “범죄피해자 실태 조사연구”, 「연구총서 06-03」, 한국형사정책연구원.

최준혁, 2021, "성폭력범죄에 대한 최근 법률과 판결의 변화", 「인권과 정의」, 500: 28-48.

탁종연, 2009, "범죄피해자의 자기방어행위의 효과: 성추행과 성희롱 사건을 중심으로", 「형사정책」, 21(1): 37-65.

한민경, 2019, "범죄두려움 연구에 정석이 존재하는가? : 범죄두려움 관련 국내 연구동향 분석." 「한국범죄학」, 13(2): 33-56.

홍영오, 2009, "2008년 청소년 대상 범죄피해 조사연구", 「연구총서 08-02」, 한국형사정책연구원.

홍영오・연성진, 2014, "청소년 대상 범죄피해조사", 「연구총서 14-AA-08」, 형사정책연구원.

황지태, 2009, "공식통계와 범죄피해조사의 상반된 결과에 대한 설명: 범죄 감소의 직접적 요인 설명을 중심으로", 「형사정책연구」, 20(1): 279-303.

_____, 2010, "범죄피해율과 공식범죄발생률간의 비교분석: 2008년도 주요범죄 암수추정", 「형사정책연구」, 21(3): 7-51.

황지태, 노성호, 2006, "회복적 소년사법 조정실무가 실행지침", 「연구총서 06-38」, 한국형사정책연구원.

__________, 2010, "범죄피해자들의 피해실태 및 피해지원욕구조사", 「연구총서 10-05」, 한국형사정책연구원.

2. 국외문헌

가. 저서

Amir, M., 1971, *Patterns of Forcible Rape*, Chicago: University of Chicago Press.

Bandura, A., 1973, *Aggression: A Social Learning Perspective*, Englewood Cliffs, NJ: Prentice Hall.

Barnett, O., Miller Perrin, C.L. & Perrin, R.D., 2005, *Family Violence Across the Lifespan: An Introduction,* Thousand Oaks, CA: Sage.

Bartol, C.R. & Bartol, A.M., 2008, *Criminal Behavior: A Psychosocial Approach(8th ed.),* Upper Saddle River, New Jersey: Pearson Education.

Bazemore G. & L. Walgrave, 1999, *Restorative Juvenile Justice: Repairing the Harm of Youth Crime,* New York: Criminal Justice Press.

Bazemore, G. and M. Umbreit, 1999, *Guide for Implementation the Balanced and Restorative Justice Model,* OJJDP Report.

Braithwaite, J. 1989, *Crime, Shame and Reintegration.* Cambridge: Cambridge University Press.

Bursik, R.J. and H.G. Grasmick. 1993, *Neighborhoods and Crime.* New York: Lexington Books.

Calhoun, K.S. & Atkeson, B.M. 1991, *Treatment of Rape Victims: Facilitating*

Psychosocial Adjustment, Elmsford, NY: Pergamon.

Celani, D.P. 1994, *The Illusion of Love: Why the Battered Woman Returns to Her Abuser*, New York: Columbia University Press.

Coates, L., Richardson, C., & Wade, A., 2006, *Reshaping Responses to Victims of Violent Crime*, Presented at Cowichan Bay, B.C., Canada.

Consedine, J., 1995, *Restorative Justice: Healing the Effects of Crime*, Lyttelton, N.Z.: Ploughshares Publications.

Curtis, L.A., 1974, *Criminal Violence: National Patterns and Behavior*, Lexington, MA: Lexington Books.

albert, C. 1999. "The world is more just for me than generally: About the Personal Belief in a Just World Scale's validity", *Social Justice Research*, 12: 79-98.

Davis, R.C., Lurigio, A.J., & Skogan, W.G., 1997, (Eds.), *Victims of Crime 2nd ed.*, Sage, Thousand Oaks, Calif.

Department of Health(DoH), 2000, *No Secrets: Guidance on Developing and Implementing Multi-agency Policies and Procedures to Protect Vulnerable Adults from Abuse*, DoH Circular HSC 2000/007.

Dutton K.G., 1995, *The Batterer: A Psychological Profile*, New York: Basic Books.

Fattah, E.A., & Sacco, V.F., 1989, *Crime and Victimization of the Elderly*, New York: Springer-Verlag.

FBI, 1998, *Crime in the United States 1997*, Washington D.C.: U.S. Government Printing Office.

Felson, M., 1998, *Crime and Everyday Life*, Thousand Oaks, CA: Pine Forge Press.

Ferraro, K.F., 1995, *Fear of Crime*, Albany: State University of New York Press.

Finkelhor, D., 1984, *Child Sexual Abuse: New Theories and Research*, New York, Free Press.

Galaway, B. and J. Hudson, 1996, *Restorative Justice: International Perspective*, New York: Criminal Justice Press.

Gelles, R.J., 1993, *Trough a Sociological Lens: Social Structure and Family Violence*, Newsburt Park, CA: Sage Publication.

Gil, D.G., 1970, *Violence against children*, Cambridge, MA: Harvard University Press.

Groth, A.N. & Birnbaum, H.J., 1979, *Men Who Rape: The Psychology of the Offender*, New York, Plenum Press.

Harris, R.M., & Dewdney, R., 1994, *Barriers to Information: Haw Formal Help Systems Fail Battered Women*, Westport, CT: Greenwood Press.

Hindelang, M., M. Gottfredson, and J. Garofalo, 1978, *Victims of Personal Crime: An Empirical Foundation for a Theory of Personal Victimization*, Cambridge: Ballinger.

Hudson, J., A. Morris, G. Maxwell and B. Galaway(ed)., 1996, *Family Group Conferences*, Leichhardt: The Federation Press.

Jerin, R.A. & Moriatry, L.J., 1998, *Victims of Crime*, Chicago, Illinois: Nelson-Hall

Publishers.

Karmen, A., 1984, Crime Victims: An Introduction to Victimology(2nd edt.), Pacific Grove, C.A.: Brooks/Cole Publishing Company.

_______, 2000, *Crime Victims: An Introduction to Victimology(*4th edt.), Belmont, CA: Wadsworth Publishing.

_______, 2007, *Crime Victims: An Introduction to Victimology(6th edt.),* Belmont, CA: Wadsworth Publishing.

Kennedy, L.W. and V.F. Sacco, 1998, *Crime Victims in Context,* New York: Oxford University Press.

Koss, M.P. & M.R. Harvey, 1991, *The Rape Victim,* Newbury Park, CA: SAGE.

Lempp, R., 1977, Jugendliche moerder, Bern: Huber.

Mignon, S., Larson, C.J., & W.M. Holmes, 2002, *Family Abuse: Consequences, Theories, and Responses*, Boston, MA: Allen and Bacon.

Myers, J.E., 1998, *Legal Issues in Child Abuse and Neglect Practice,* Thousand Oaks, CA: Sage.

Payne, B.K., 2006, *Crime and Elder Abuse: An Integrated Perspective(2nd ed.),* Springfield, IL: Charles C Thomas.

Pence, E., & Paymar, M., 1993, *Education Groups for Men Who Batter: The Duluth Model*, New York, NY: Springer.

Polansky, N., Chambers, M., Buttenwiser, E., & Williams, D., 1981, *Damaged Parents: An Anatomy of Child Neglect,* Chicago, University of Chicago Press.

Polk, K., 1994, *When Men Kill: Scenarios Masculine Violence,* Cambridge, UK: Cambridge University Press.

Riedel, M. & Welsh, W., 2002, *Criminal Violence,* Los Angeles: Roxbury Publishing Company.

Russell, D. & Bolen, R.M., 2000, *The Epidemic of Rape and Child Sexual Abuse in the United States*, Thousand Oaks, CA: Sage.

Russell, D., 1975, *The Politics of Rape*, New York: Stein and Day.

Ryan, W., 1976, *Blaming the Victim,* Vintage Books, New York.

Sacco, V., 2005, *When Crime Waves,* Thousand Oaks, CA: Sage.

Sharpe, S., 1998, *Restorative Justice: A Vision for Healing and Change*, Edmonton, Alberta, Canada: Mediation and Restorative Justice Centre.

Siegel, L.J. 2000, *Criminology: theory, patterns and typologies*, Bermont, C.A.: Wadworth/Thomson Learning.

Simons, R.L., L.G. Simons, & L.E. Wallace, 2004, *Families, Delinquency, and Crime: Linking Society's Most Basic Institution to Antisocial Behavior*, New York, NY: Oxford University Press.

Skogan, W., 1990, *Disorder and Decline: Crime and the Spiral of Decay in American*

Cities, Berkeley: University of California Press.

Symons, D., 1979, *The Evolution of Human Sexuality*, Oxford: Oxford University Press.

Ted R. Miller, Mark A. *Cohen and Brian Wiersema, Victim Costs and Consequences* : A New Look, National Institue of Justice Research Report, U.S. DOJ, 1996. 2.

Terry, K.J., 2006, *Sexual Offenses and Offenders: Theory, Practice, and Policy.* Belmont, CA: Wadsworth.

Tower, C.C., 1993, *Understanding Child Abuse and Neglect, 2nd ed.* Boston, Allyn and Bacon.

Umbreit, Cotes, and Vos, 2002, *The Impact of Restorative Justice Conferencing: A Review of 63 Empirical Studies in 5 Countries*, Center for Restorative Justice and Peacemaking, Univ. of Minnesota.

Van Ness, D. and K.H. Strong, 1997, *Restoring Justice,* Cincinnati: Anderson Publishing Co.

Von Hentig, H. 1948, *The Criminal and his Victim: Studies in the Sociobiology of Crime,* New Haven, CT: Yale University Press.

Walgrave, L.(ed), 1998, *Restorative Justice for Juveniles: Potentialities, Risks and Problems for Research,* Leuven: Leuven University Press.

Walker, L., 1979, *The Battered Woman,* New York: Harper and Row.

Walklate, S., 1989, *Victimology: The Victim and The Criminal Justice Process,* Broadwick Street, U.K.: Unwin Hyman Ltd.

Wallace, 2007, *Victimology: Legal, Psychological, and Social Perspectives.* 2nd Edition. Boston, MA: Pearson Education.

Widom, C.S. & M.G. Maxfield, 2001, *An Update on the Cycle of Violence Research in Brief,* Washington DC: U.S. Department of Justice, National Institute of Justice.

Wilson, J. K.(Ed.), 2009, *The Praeger Handbook of Victimology*, Santa Barbara, CA: ABC CLIO.

Wolfgang, M. & F. Ferracuti, 1967, *The Subculture of Violence: Toward an Integrated Theory of Criminology,* London: Travistock.

Wolfgang, M., 1958, *Patterns in Criminal Homicide*, Philadelphia: University of Pennsylvania Press.

Wright, J.D. and P.H. Rossi, 1986, *Armed and Considered Dangerous: A Survey of Felons and Their Firearms.* Aldine.

Wright, J.D., P.H. Rossi and K. Daly, 1983, *Under The Gun: Weapons, Crime and Violence in America*, New York: Aldine de Gruyter.

Wright, M., 1991, *Justice for Victims and Offenders: A Restorative Response to Crime,* Milton Keynes: Open University Press.

Yllo, K., 1993. *Trough a Feminist Lens: Gender, Power, and Violence,* Newsbury park, CA: Sage publication.

Zehr, H., 1990, *Changing Lenses; A New Focus for Crime and Justice*, Scotadale, PA; Herald Press.

藤本哲也, 2001, 「演習ノート 刑事政策」, 東京: 法學書院.

白取祐司, 2009, 「刑事訴訟法(第5版)」, 東京: 日本評論社.

守山正・西村春夫, 2000, 「犯罪學への招待」, 東京: 日本評論社.

나. 논문

Ammerman, R.T., D.J. Kolko, L. Kirisci, T.C. Blackson, and M.A. Dawes, 1999, "Child Abuse Potential in Parents with Histories of Substance Use Disorder", Child Abuse & Neglect 23(12): 1225-1239,

Al-Alosi, H., 2017, "Cyber-violence: Digital abuse in the context of domestic violence", University of New South Wales Law Journal, 40(4): 1573-1603.

Balkin, S., 1979, "Victimization rates, safety and fear of crime," Social Problems 26: 343-358.

Bazargan, M., 1994, "The Effects of Health, Environmental and Socio-psychological Variables on Fear of Crime and its Consequences among Urban Black Elderly Individuals", International Journal of Aging and Development 38: 99-115.

Belsky, J. 1980, "Child Maltreatment: An ecological integration", American Psychologist, 35: 320-335.

Berg, M. T., & Felson, R. B., 2016, "Why are offenders victimized so often?", The Wiley handbook on the psychology of violence, 49-65.

Berg, M. T., & Mulford, C. F., 2020, "Reappraising and Redirecting Research on the Victim-Offender Overlap", Trauma, Violence, & Abuse, 21(1): 16-30.

Black, D., 1983, "Crime as social control," American Sociological Review 48: 34-45.

Braithwaite, J., and S. Mugford, 1994, "Conditions of Successful Reintegration Ceremonies: Dealing with Juvenile Offenders," British Journal of Criminology 34: 139-171.

Brands, J., & Van Doorn, J, 2022, "The measurement, intensity and determinants of fear of cybercrime: A systematic review", Computers in Human Behavior, 127, 107082.

Brammer A. & S. Biggs, 1998. "Defining Elder Abuse," Journal of Social Welfare and Family Law 20: 285-304.

Browne, A. & K.R. Williams, 1993, "Gender, Intimacy, and Lethal Violence: Trends from 1976 through 1987", Gender and Society 7: 78-93.

Browne, K. 1988. "The Nature of Child Abuse and Neglect: An Overview," in Early Prediction and Prevention of Child Abuse, eds. Kevin Browne, Cliff Davies, and Peter Stratton (New York: John Wiley & Sons), pp. 15-30.

Browning, C.R. & E.O. Laumann, 1997, "Sexual Contact Between Children and Adults: A

Life Course Perspective", American Sociological Review 62: 540–560.

Bryant, S.L. & L.M. Range, 1995, "Suicidality in College Women who were Sexually and Physically Punished by Parents", Violence and Victims 10(3): 195–201.

Cohen, L., & M. Felson, 1979, "Social change and crime rate trends: a routine activities approach," American Sociological Review 44: 588–607.

Cohen, L.E., J.R. Kluegel, K.I. Land. 1981, "Social inequality and Predatory Criminal Victimization: An Exposition and Test of a Formal Theory," American Sociological Review 46: 505–24.

Cook, P.J., 1991, "The technology of personal violence," Crime and Justice: A Review of Research 14: 1–71.

Daly, K., 2000, "Restorative Justice in Australia and New Zealand", Criminal Justice Matters 39: 27–28.

DeLone, G.J. 2008, "Public Housing and the Fear of Crime", Journal of Criminal Justice 36(2): 115–125.

Dhanani, L. Y., Main, A. M., & Pueschel, A, 2020, "Do you only have yourself to blame? A meta-analytic test of the victim precipitation model", Journal of Organizational Behavior, 41(8): 706–721.

Elbow, M. 1977, "Theoretical Considerations of Violent Marriages", Social Casework, 58(9): 515–526.

Ellis, L. 1991, "A Synthesized (Biosocial) Theory of Rape", Journal of Consulting and Clinical Psychology, 39: 631–642.

Felson, R.B. and S.F. Messner, 1996, "To kill or not to kill?: lethal outcomes in injurious attacks", Criminology 34: 519–545.

Felson, R.B. and H.J. Steadman, 1983, "Situational factors in disputes leading to criminal violence," Criminology 21(1): 59–74.

Felson, R.B. and J.T. Tedeschi, 1993, "Social interactionist perspectives on aggression and violence: an introduction." 1–10 in Felson and Tedeschi (eds.) Aggression and Violence: social interactionist perspectives. Washington: American Psychological Association.

Ferguson, K.M. & C.H. Mindel, 2007, "Modeling Fear of Crime in Dallas Neighborhoods: A Test of Social Capital Theory", Crime and Delinquency 53(2): 322–349.

Ferraro, K.F. 1996, "Women's Fear of Victimization: Shadow of Sexual Assault?", Social Forces 75(2): 667–690.

Ferraro, K.F. and R.L. LaGrange. 1987, "The Measurement of Fear of Fear of Crime", Sociological Inquiry 57(1): 70–101.

Fleming, J., P. Mullen, and G.A. Bammer, 1997, "A Study of Potential Risk Factors for Sexual Abuse in Childhood", Child Abuse & Neglect 21(1): 49–58.

Franklin, C.A. & T.W. Franklin. 2009, "Predicting Fear of Crime: Considering Difference Across Gender", Feminist Criminology 4(1): 83-106.

Franklin, T.W., C.A. Franklin, and N.E. Fearn. 2008, "A Multi-level Analysis of the Vulnerability, Disorder, and Social Integration Models of Fear of Crime", Social Justice Research 21: 204-228.

Furstenburg Jr., Frank F. 1971, "Public Reactions to Crime in the Streets", The American Scholar 40: 601-610.

Gabriel, U. and W. Greve, 2003, "The Psychology of Fear of Crime", British Journal of Criminology 43(3): 600-614.

Garofalo, J., 1981, "The fear of crime: Causes and consequences", The Journal of Criminal Law and Criminology, 72(2): 839-857.

______, 1987, "Reassessing the lifestyle model of criminal victimization," In: M. Gottfredson, & T. Hirschi (Eds.), Positive Criminology, Newbury Park, CA: Sage Publishing: 23-42.

Gelles, R.J. & J. Conte, 1990, "Domestic Violence and Sexual Abuse of Children", Journal of Marriage and the Family, 52: 1045-1058.

Gottfredson, M.R., 1984, "Victims of Crime: The Dimensions of Risk", Home Office Research Study No. 81, Her Majesty's Stationery Office, London.

Groenhuijsen, Marc S., 2012, "Major developments in state of the art victimology", 「세계 속의 한국 피해자학」, 한국피해자학회·한국형사정책연구원 공동국제학술회의 발표논문.

Hampton, R.K. & Coner-Edwards, A.F.W. 1993, "Physical and Sexual Violence in Marriage", In R.L. Hampton, T.P. Gullotta, G.R. Adams, E.H. Potter, & R.P. Weissberg (Eds.), Family Violence: Prevention and Treatment(vol. 1), Newbury Park, CA: SAGE.

Hansen, D.J. & V.M. MacMilian, 1990, "Behavioral Assessment of Child Abuse and Neglectful Families: Resent development and Current Issues", Behavior Modification 14: 225-278.

Hayes, B. E., & Maher, C. A., 2024, "A Systematic Review of Lifestyle-Routine Activity Theory in the Context of Direct-Contact Sexual Victimization", Trauma, Violence, & Abuse, 25(1): 369-392.

Hart, T. C., Chataway, M., & Mellberg, J, 2022, "Measuring fear of crime during the past 25 years: A systematic quantitative literature review", Journal of Criminal Justice, 82, 101988.

Henning, K.R., & L.M. Klesges, 2002, "Utilization of Counseling and Supportive Services by Female Victims of Domestic Abuse", Violence and Victims, 17(5): 623-636.

Henson, B., Reyns, B. W., & Fisher, B. S., 2013, "Fear of Crime Online? Examining the

Effect of Risk, Previous Victimization, and Exposure on Fear of Online Interpersonal Victimization", Journal of Contemporary Criminal Justice, 29(4): 475–497.

Heyman, R.E. & A.M. Slep, 2002, "Do Child Abuse and Interparental Violence Lead to Adulthood Family Violence?" Journal of Marriage and Family 64(4): 864-870.

Holtzworth–Munroe, A., G. Stuart, 1994, "Typologies of Male Batterers: Three Subtypes and Differences Among Them", Psychology Bulletin, 116: 476–497.

Hopkins, S., & Ostini, J., 2016. "Addressing technology enabled violence against women and girls in the digital age", Redress, 25(1): 2–7.

Hunter, A., T.L. Baumer. 1982, "Street Traffic, Social Integration, and Fear of Crime", Sociological Inquiry 52(2): 123–131.

Ikeyi, J. O., 2023, "Critical assessment of the strengths and limitations of victimological theoretical perspectives", IMT International journal of the arts and sciences, 5(1).

Jaishankar, K., 2020, "Cyber victimology: A new sub–discipline of the twenty–first century victimology", An international perspective on contemporary developments in victimology: A festschrift in honor of Marc Groenhuijsen, 3–19.

Jensen, G. and D. Brownfield, 1986, "Gender, lifestyles, and victimization: Beyond routine activity theory," Violence and Victims 1: 85–99.

Johnstone, H.A., & J.F. Marcinak, 1997, "Sibling abuse: Another component of domestic violence." Journal of Pediatric Nursing 12(1): 51–54.

Jones, J.G., H.L. Butler, B. Hamilton, J.D. Perdue, H.P. Stern, & R.C. Woody, 1986, "Munchausen syndrome by proxy", Child Abuse and Neglect 10: 33–40.

Kanan, J.W. and M.V. Pruitt. 2002, "Modeling Fear of Crime and Perceived Victimization Risk: The (In)significance of Neighbourhood Integration", Sociological Inquiry 72(4): 527–548.

Kaufman, J. & E. Zigler, 1987, "Do Abused Children Become Abusive Parents?", American Journal of Orthopsychiatry 57(2): 186–192.

Keane, C. 1992, "Fear of Crime in Canada: An Examination of Concrete and Formless Fear of Victimization", Canadian Journal of Criminology 34: 215–224.

Kempe, C.H. et al. 1962, "The Battered–Child Syndrome," Journal of the American Medical Association 181: 17-24.

Kennedy, L.W. and D.R. Forde. 1990, "Routine Activities and Crime: An Analysis of Victimization in Canada," Criminology 28: 137–52.

Killias, M. 1990, "Vulnerability: Towards a Better Understanding of a Key Variable in the Genesis of Fear of Crime", Violence and Victims 5(2): 97–108.

Kiselica, M., & M. Morrill–Richards, 2007, "Sibling maltreatment: The forgotten abuse." Journal of Counseling and Development 85: 148–160.

Kleck, G. and K. McElrath, 1991, "The effect of weaponry on human violence," Social Forces 69(3): 669–692.

Kohm, S.A. 2009, "Spatial Dimensions of Fear in a High–Crime Community: Fear of Crime or Fear of Disorder?", Canadian Journal of Criminology and Criminal Justice 51(1): 1–30.

Korvin, J. 1998, "Impoverishment and Child Maltreatment in African American and European American", Developmental Psychopathology 10(2): 215–233.

Lageson, S. E., McElrath, S., & Palmer, K. E., 2019, "Gendered Public Support for Criminalizing "Revenge Porn"", Feminist Criminology, 14(5): 560–583.

LaGrange, R.L., K.F. Ferraro, and M. Supanic, 1992, "Perceived Risk and Fear of Crime: Role of Social and Physical Incivilities", Journal of Research in Crime and Delinquency 29: 311–334.

Latimer, Dowden and Muise, 2001, The Effectiveness of Restorative Practices: A Meta–Analysis, Department of Justice, Canada: Research and Statistics Division Methodological Series.

Lauritsen, J.L., R.J. Sampson, and J.H. Laub, 1991, "Addressing the link between offending and victimization among adolescents," Criminology 29: 265–292

Lazoritz, S. & A. Bier, 2001, "Historical Perspectives," in The Shaken Baby Syndrome: A Multidisciplinary Approach, ed. Stephen Lazoritz and Vincent J. Palusci, (Binghamton, NY: Haworth Press), pp. 9–18.

Lee, Min–Sik, 1998, "Fear of Crime among Korean American in the Chicago Area: A Multilevel Analysis", Purdue University Dept. of Sociology and Anthropology, Ph. D. Dissertation.

Lee, Y., Eck, J. E., O, S., & Martinez, N. N., 2017, "How concentrated is crime at places? A systematic review from 1970 to 2015", Crime Science, 6: 1–16.

Luckenbill, D.F., 1977, "Criminal homicide as a situated transaction," Social Problems 25: 176–186.

Lunderburg–Love, P.K., 1999, "The Resilience of the Human Psyche: Recognition and Treatment of the Adult Survivor of Incest", In M.A. Paludi(Ed.), The Psychology of Sexual Victimization: A Handbook(pp. 3–30). Westport, CT: Greenwood.

Lynch, J.P., 1987, "Routine activity and Victimization at work," Journal of Quantitative Criminology 3(4): 283–300.

Marshall, T., 1996, "The Evolution of Restorative Justice in Britain", European Journal of Criminal Policy and Research, 4(4).

McCold, P., 2003, "Restorative Justice Practice: The state of the field 1999," International Institute for Restorative Practices's 4th "Building a Global Alliance' Conference held August 2003, in Veldhoven, Netherlands.

McCrea, R., Tung-Kae Shyy, John Western, & Robert J. Stimson. 2005, "Fear of Crime in Brisbane: Individual, Social and Neighbourhood Factors in Perspective", Journal of Sociology 41(1): 7-27.

Meier, B.D., 1998, "Restorative Justice: A New Paradigm in Criminal Law?" European Journal of Crime, Criminal Law and Criminal Justice 6:

Meier, R.F. and T.D. Miethe, 1993, "Understanding Theories of Criminal Victimization," in Crime and Justice, Vol 15, edited by A.J. Reiss and M. Tonry. Chicago: University of Chicago Press.

Mesch, G.S., 2000, "Perceptions of Risk, Lifestyle Activities, and Fear of Crime", Deviant Behavior 21: 47-62.

Miethe, T.D. and D. McDowell, 1993, "Contextual Effects in Models of Criminal Victimization", Social Forces 71:741-59.

Miethe, T.D., M.C. Stafford, and J.S. Long, 1987, "Social Differentiation in Criminal Victimization: A Test of Routine Activities/Lifestyle Theories," American Sociological Review 52:184-94.

Miles, J., 1995, "The Role of Victim in the Criminal Process: Fairness to the Victim and Fairness to the Accused," Criminal Law Journal 19(4): 193-208.

Miller, B.A., E. Maguin, & W.R. Downs, 1997, "Alcohol, Drugs, and Violence in Children's Lives", pp. 357-385. in Galanter, M.(ed.). Recent Developments in Alcoholism(13): Alcoholism and Violence. New york: Plenum Press.

Milner, J.S. & J.L. Crouch, 1993, "Physical Child Abuse", in R.L. Hampton, T.P. Gullotta, G.R. Adams, E.H. Potter, & R.P. Weissberg, Family violence: Prevention and treatment (vol. 1, pp. 25-55). Newbury Park, CA: SAGE.

Moore, D., and T. O'Connell, 1994, "Family Conferencing in Wagga Wagga: a Communitarian Model of Justice", in Alder and Wundersitz(ed) Family Conferencing and Juvenile Justice, Canberra: Australian Institute of Criminology.

Moore, D.B., 1993 "Shame, Forgiveness, and Juvenile Justice", Criminal Justice Ethics 12(1): 3-25.

_____, 1994 "Evaluating Family Group Conferencing", in D. Biles and S. McKillop(ed), Criminal Justice Planning and Coordination, Canberra: Australian Institute of Criminology.

Morris, A. and G. Maxwell, 1993, "Juvenile Justice in New Zealand: A New Paradigm", Australian and New Zealand Journal of Criminology 26: 72-90.

_______________________, 1998 "Restorative Justice in New Zealand: Family Group Conferences as a Case Study," Western Criminology Review 1(1). [Online] Available: http://wcr.sonoma.edu/v1n1/morris.html.

Murray, J.B., 1997, "Munchausen syndrome/Munchausen syndrome by proxy", The Journal of Psychology, 131: 343-350.

Osgood, D.W., J.K. Wilson, P.M. O'Malley, J.G. Bachman, and L.D. Johnston, 1996, "Routine Activities and Individual Deviant Behavior," American Sociological Review 61: 635-655.

Osman, S., 2003, "Predicting Mens's Rape Perceptions Based on the Belief that 'No' Really Means 'Yes'", Journal of Applied Social Psychology, 33: 683-692.

Pagelow, M.D., 1992, "Adult Victims of Domestic Violence: Battered Women", Journal of Interpersonal Violence, 7: 87-120.

Pantazis, C., 2000, "'Fear of Crime', Vulnerability and Poverty: Evidence from the British Crime Survey", British Journal of Criminology 40: 414-436.

Payne, B.K., 2009, "Elder Abuse", in 21st Century Criminology: A Reference Handbook vol2. J. Mitchell Miller(ed.), Thousand Oaks, CA: SAGE Publications Ltd. pp. 581-589.

Peacock, P.L., 1995, "Marital Rape", In V.R. Wiehe & A.L. Richards, Intimate Betrayal: Understanding and Responding to the Trauma of Acquaintance Rape. Thousand Oaks, CA: SAGE.

Pearl, P.T., 1995, "Identifying and responding to Munchausen syndrome by proxy", Early Child Development and Care 106: 177-185.

Penhale, B., 2008, "Elder Abuse in the United Kingdom", Journal of Elder Abuse & Neglect, 20(2): 151-168.

Plass, P.S., & M.A. Straus, 1987, "Intra-family Homicide in the United States: Incidence, Trends, and Differences by Region, Race and Gender", Paper Presented at the Third National Family Violence Conference, University of New Hampshire, Durham, July.

Porter, S., D. Fairweather, J. Drugge, H. Herve, A. Birt, & D. Boer, "Profiles of Psychopathy in Incarcerated Sexual Offenders", Criminal Justice and Behavior, 27: 216-233.

Prasad, B.D., 2001, "Maternal Employment and Child Abuse", The Indian Journal of Social Work 62(3): 328-346.

Rader, N.E., 2004, "The Threat of Victimization: A Theoretical Reconceptualization of Fear of Crime", Sociological Spectrum 24: 689-704.

Roh, Sunghoon, W.M. Oliver, 2005, "Effects of Community Policing upon Fear of Crime: Understanding the Causal Linkage", Policing: An International Journal of Police Strategies & Management 28(4): 670-683.

Rountree, P.W., 1998, "A reexamination of the Crime-Fear Linkage", Journal of Research in Crime and Delinquency 35(3): 341-372.

Rountree, P.W., K.C. Land, and T.D. Miethe, 1994, "Macro-Micro Integration in the Study of Victimization", Criminology 32: 387-413.

Salmi, S., M. Gr nroos, and E. Keskinen, 2004, "The Role of Police Visibility in Fear of Crime in Finland", Policing: An International Journal of Police Strategies & Management 27(4): 573-591.

Sampson, R.J. & J.L. Lauritsen, 1990, "Deviant lifestyles, proximity to crime, and the offender-victim link in personal violence", Journal of Research in Crime and Delinquency 27: 110-139.

Sampson, R.J., 1985, "Neighborhood and crime: The structural determinants of personal victimization", Journal of Research in Crime and Delinquency 22: 7-40.

__________, 1986, "The effects of formal and informal social control", pp.271-311. in Albert J. Reiss, Jr. and Michael Tonry(eds.). Crime and Justice, Volume 8: Communities and Crime. Chicago: University of Chicago Press.

__________, 1987, "Communities and crime", pp. 91-114. in M.R. Gottfredson and T. Hirschi(eds.), Positive Criminology, Beverly Hills, CA: Sage Publication.

__________, 1991, "Linking the micro- and macro-level dimensions of community social organization", Social Forces 70: 43-64.

__________, 2004, "Neighbourhood and community: Collective efficacy and community safety", New Economy 106-113.

__________, 2006, "Collective efficacy theory: Lessons learned and directions for future inquiry", pp. 149-167. in F.T. Cullen, J.P. Wright and K.R. Blevis(eds.), Taking stock: The status of criminological theory. New Brunswick, NJ: Transaction Publishers.

Sampson, R.J., and J.D. Wooldredge, 1987, "Linking the Micro and Macro-level Dimensions of Lifestyle-Routine Activity and Opportunity Models of Predatory Victimization", Journal of Quantitative Criminology 3: 371-93.

Sampson, R.J., and W.B. Groves, 1989, "Community Structure and Crime: Testing Social-Disorganization Theory," American Journal of Sociology 94: 774-802.

Sampson, R.J., S. Raudenbush, and F. Earls, 1997, "Neighborhoods and Violent Crime: A Multi-level Study of Collective Efficacy," Science 277: 918-24.

Saunder, D., 1992, "A Typology of Men Who Batter: Three Types Derived from Cluster-Analysis", American Journal of Orthopsychiatry, 62(2): 264-275.

Saunders, D.G., & A. Browne, 1993, "Domestic Homicide", In R.T. Ammerman and M. Hersen (Eds.), Case Studies in Family Violence. New York: Plenum Press.

Schafer, J.A., B.M. Huebner, T.S. AAynum. 2006, "Fear of Crime and Criminal Victimization: Gender-based Contrasts", Journal of Criminal Justice 34: 285-301.

Schafer, S., 1968, The Victim and his Criminal: A Study in Functional Responsibility, New York: Random House.

Schreck, C.J., E.A. Stewart, and B.S. Fisher, 2006, "Self-control, victimization, and their influence on risky lifestyles: A longitudinal analysis using panel data", Journal of Quantitative Criminology 22: 319-340.

Schwartz, M., W. DeKeseredy, D. Tait, & S. Alvi, 2001, "Male Peer Support and a Feminist Routine Activity Theory: Understanding Sexual Assault on the College Campus", Justice Quarterly, 18: 623-650.

Sellin, T., 1953, "The measurement of criminality in geographical areas", Proceedings of the American Philosophical Society 97.

Sengstock, M.C., and J. Liang, 1982, "Elderly victims of crime: a refinement of theory in victimology," in H.J. Schneider (eds), The Victim in International Perspective, Berlin: de Gruyter, pp 115-127.

Silver, E., & L.L. Miller, 2004, "Source of Informal Social Control in Chicago Neighborhoods", Criminology 42(3): 551-583.

Simcha-Fagan, O., and J.E. Schwartz, 1986, "Neighborhood and delinquency: An assessment of contextual effects", Criminology 24(4): 667-703.

Simons, L.G., C.H. Burt, and R.L. Simons, 2008, "A Test of Explanations for the Effect of Harsh Parenting on the Perpetration of Dating Violence and Sexual Coercion among College Males", Violence and Victims 23: 66-82.

Simons, R.L., K.H. Lin, & L.C. Gordon, 1998, "Socialization in the Family of Origin and Male Dating Violence: A Prospective Study," Journal of Marriage and Family 60(2): 467-478.

Singer, S., 1981, "Homogeneous victim-offender populations: A review and some research implication," Journal of Criminal Law and Criminology 72: 779-788.

Skogan, W.G, 1986, "Fear of crime and neighborhood change", pp. 203-229 in A.J. Reiss, Jr. and M. Tonry(eds.), Crime and Justice, Volume 8: Communities and Crime. Chicago: University of Chicago Press.

__________, 1987, "The Impact of Victimization on Fear", Crime & Delinquency 33(1): 135-154.

Skogan, W.G., and M.G. Maxfield, 1981, Coping with Crime: Individual and Neighborhood Reactions, Beverly Hills, CA: Sage.

Smith, D.A. and G.R. Jarjoura, 1989, "Household Characteristics, Neighborhood Composition and Victimization Risk," Social Forces 68: 621-40.

Stark, R., 1987, "Deviant places: a theory of the ecology of crime," Criminology 25: 893-911.

Stiegel, L.A., 2003, "Washington Report", Victimization of the Elderly and Disabled 6: 19-

20.

Stith, S.M, et al., 2000, "The Intergenerational Transmission of Spouse Abuse: A Meta-Analysis," Journal of Marriage and Family 62(3): 640-654.

Strang, H. and L. Sherman, 1997, "The Victim's Perspective", RISE Working Papers No.1, http://www.aic.gov.au/rjustice/working/risepap2.html.

Strang, H., 1997a, "Reintegrative Shaming and Victims of Crime", Paper presented at the 9th International Symposium on Victimology.

________, 1997b, "Community Conferencing: Does it Work?", Paper presented at an Office for Public Management Conference with Thames Valley Police.

Straus, M.A., 2005, "Reflections on 'Measuring Intrafamily Conflict and Violence'", pp. 195-197. in Violence Against Women: Classic Papers, edited by R. K. Bergen, J.L. Edleson, and C. M. Renzetti. Boston: Pearson Education INC.

__________, 1973, "A General Systems Approach to a Theory of Violence Between Family Members", Social Science Information, 12: 105-125.

Street, A.E., & I. Arias, 2001, "Psychological Abuse and Posttraumatic Stress Disorder in Battered Women: Examining the Roles of Shame and Guilt", Violence and victims, 16(1): 65-78.

Sweeney, S., & L.J. Key, 1982, "Psychological Issues in Counseling Batterers", Theology, News and Notes: 12-16.

Sykes, G.M. & D. Matza, 1978, "Techniques of Neutralization: A Theory of Delinquency", American Sociological Review, 22: 664-670.

Tark, J., & Kleck, G, 2014, "Resisting Rape: The Effects of Victim Self-Protection on Rape Completion and Injury", Violence Against Women, 20(3): 270-292.

Toffel, H., 1996, "Crazy Women, Unharmed Men, and Evil Children: Confronting the Myths About Battered People Who Kill Their Abusers, and the Argument for Extending Battering Syndrome Self-Defenses to All Victims of Domestic Violence," Southern California Law Review 70: 350.

Tomita, S.K., 1990, "The Denial of Elder Mistreatment by Victims and Abusers: The Application of Neutralization Theory", Violence and Victims, 5(3): 171-184.

Torres, S. & R.E. Vogel, 2001, "Pre and Post-test Differences Between Vietnamese and Latino Residents Involved in a Community Policing Experiment: Reducing Fear of Crime and Improving Attitudes towards the Police", Policing: An International Journal of Police Strategies & Management 24(1): 40-55.

Ullman, S.E., 2007, "Relationship to Perpetrator, Disclosure, Social Reactions and PTSD Symptoms in Child Sexual Abuse Survivors", Journal of Child Sexual Abuse 16: 19-36.

Van der Wurff, A., L. Van Staalduinen and P. Stringer, 1989, "Fear of Crime in Residential

Environments: Testing a Social Psychological Model", Journal of Social Psychology 129(2): 141–160.

Viano, E.C., 1989, "Victimology Today: Major Issues in Research and Public Policy", in E.C. Viano(Ed.), Crime and Its Victims: International Research and Public Policy Issues, pp. 3–14, Hemisphere, New York.

Von Hentig, H., 1940, "Remarks on the Interaction of perpetrator and Victim", Journal of Criminal Law, Criminology and Police Sciences 31: 303–309.

Vushman, B., A. Vonacci, M. van Dijk, & R. Baumeister, 2003, "Narcissism, Sexual Refusal, and Aggression: Testing a Narcissistic Reactance Model of Sexual Coercion", Journal of Personality and Social Psychology 84: 1027–1040.

Warr, M. and C. Ellison, 2000, "Rethinking Social Reactions to Crime: Personal and Altruistic Fear in Family Households", American Journal of Sociology 106(3): 551–578.

Warr, M. and M. Stafford, 1983, "Fear of Victimization: A Look at the Proximate Causes", Social Forces 61(4): 1033–1043.

Warr, M. 2000, "Fear of Crime in the United States: Avenues for Research and Policy", Measurement and Analysis of Crime and Justice 4: 451–489.

Watkins, B., & A. Bentovim, 1992, "The Sexual Abuse of Male Children and Adolescents: A Review of Current Research", Journal of Clinical Psychology & Psychiatry 33: 197–248.

Weisburd, D., 2015, "The law of crime concentration and the criminology of place", Criminology, 53(2): 133-157.

Whaley, R.B., 2001, "The Paradoxical Relationship between Gender Inequality and Rape: Toward a Refined Theory", Gender and Society 15: 531–555.

Widom, C.S., 1989, "The Cycles of Violence", Science 244: 160–166.

Widom, C.S., A.M. Schuck, & H.R. White, 2006, "An Examination of Pathways from Childhood Victimization to Violence: The Role of Early Aggression and Problematic Alcohol Use", Violence and Victims 21: 675–690.

Wiederman, M.W., R.A. Sansone, & L.A. Sansone, 1998, "History of Trauma and temted Suicide Among Women in a Primary Care Setting", Violence and Victims 13(1): 3–9.

Wilcox, P., & Cullen, F. T., 2018, "Situational opportunity theories of crime", Annual Review of Criminology, 1: 123–148.

Wilcox, R.P., D.C. May, and S.D. Roberts, 2006, "Student Weapon Possession and the 'Fear of Victimization Hypothesis'; Unraveling the Temporal Order", Justice Quarterly 23: 502–529.

Wilcox, R.P., K.C. Land and T.D. Miethe, 1994, "Macro–micro integration in the study of victimization: Hierarchical logistic model analysis across Seattle neighborhoods", Criminology 32(3): 387–414.

Wilson, J.Q., & G. Kelling, 1982, "Broken windows", Atlantic Monthly 211.

Winstok, Z., 2007, "Toward an Interactional Perspective on Intimate Partner Violence", Aggression and Violent Behavior 12: 348–363.

Woodlock, D., 2017, "The abuse of technology in domestic violence and stalking", Violence against women, 23(5): 584–602.

Zhang, L., J.W. Welte, and W.F. Wieczorek, 2001, "Deviant lifestyle and crime victimization," Journal of Criminal Justice 29: 133–143.

Zhang, L., S.F. Messner, J. Liu, and Y.A. Zhuo. 2009, "Guanxi and Fear of Crime in Contemporary Urban China", British Journal of Criminology 49(4): 472–490.

Zhao, J.S., M.C. Scheider, and Q. Thurman. 2002, "The Effect of Police Presence on Public Fear Reduction and Satisfaction: A Review of the Literature", The Justice Professional 15(3): 273–299.

Zimring, F.E., 1968, "Is gun control likely to reduce violent killings?", University of Chicago Law Review 35: 721–737.

___________, 1972, "The medium is the message: firearm caliber as a determinant of death from assault", Journal of Legal Studies 1: 97–123.

Zur, O., 1994, "Rethinking "Don't Blame the Victim": Psychology of Victimhood", Journal of Couple Therapy 4(3/4): 15–36.

3. 기타

경찰청, 회복적 경찰활동 및 범죄피해자 지원, (https://www.police.go.kr/www/security/support/support0102.jsp) 2024. 6. 20 검색

경찰청, 전국경찰관서별 피해자전담부서 (https://www.police.go.kr/www/security/support/support01/support06.jsp), 2024. 7. 26 검색

국가통계포털 홈페이지(http://kosis.kr/index/index.do), 2018. 2. 26검색

대검찰청, www.spo.go.kr/spo/major/victim/act/victim02.jsp

미국 국립노인학대센터, NCPA, www.ncea.aoa.gov

미국 국립노인학대예방위원회, NCPEA, www.preventelderabuse.org

미 법무부 홈페이지, (Federal Bureau of Investigation(www.ucr.fbi.gov/) 2024.1.23. 검색

미 법무부 범죄 측정, (https://bjs.ojp.gov/library/publications/nations-two-crime-measures-2011-2020), 2024.2.5. 검색

보건복지부, www.mw.go.kr
보건복지부, 2024, 「2023년 아동학대 주요통계」
보건복지부 · 중앙노인보호전문기관, 2023a. 「2022 노인학대 현황보고서」
보건복지부 · 중앙노인보호전문기관. 2023b. 「2023년 노인보호전문기관 업무수행지침 : 기관운운영」
보건복지부 · 중앙노인보호전문기관. 2023c. 「2023년 노인보호전문기관 업무수행지침 : 사례개입」
여성가족부, 2022, 「2022년 가정폭력실태조사 연구」
여성가족부. 2024. 「2024년 해바라기센터 사업안내」
의학검색엔진, www.kmle.co.kr/ebook_terminology
지표누리(https://www.index.go.kr/unity/potal/main/EachDtlPageDetail.do?idx_cd=1578), 2024.10.29. 검색
전국범죄피해자지원연합회, www.kcva.or.kr/main/main.asp
중앙노인보호전문기관 홈페이지 (https://noinboho1389.or.kr/child/sub/about/definition.php), 2024.10.31. 검색
통계청. 2024, 「2024 고령자통계」
통계청, 2017a. 「2015 인구주택총조사 강원지역 전수집계결과 : 인구부문」
한국범죄피해자지원중앙센터, www.kcvc.net
한국여성인권진흥원 (https://www.stop.or.kr/home/kor/M522235698/support/network/index.do?), 2024.10.21. 검색
한국여성인권진흥원, 「해바라기센터 연감」, 2020-2023
한국여성정책연구원, 2023, 「2022년 성폭력 안전실태조사 연구」

국민일보, 2017.11.15. "또 터졌다 대학생 단톡방 도넘은 성희롱…"빻았다" "XX물리고 싶다" 가해자들 제대로 된 처벌 받을까"
뉴스핌, 2017.12.21. "멀쩡한 아이 암환자 만들고 수술만 13회…엄마의 엽기행각 美 발칵"
대법원 2022. 8. 19. 선고 2021도3451 판결
동아일보, 2018.01.30. "○○○검사 성추행 피해 폭로에…국내서도 '미투 운동' 확산 조짐"
매일경제, 2024.08.26. "가해자 22만명, 이 정도면 국가 재난 상황"... 딥페이크 성범죄에 학교도 군대도 '발칵'"
머니투데이, 2023.10.12. "'7kg' 4세 딸 "밥 주세요" 말하자 학대 살해…친모 2심 징역 35년,"
서울신문, 2021.01.26. "장혜영 "피해자다움·가해자다움은 없다… 누구나 성폭력 피해자 될 수 있어""
선고 2015도14788, 2012전도252 전원합의체 판결
연합뉴스, 2018.2.26. "8개월 된 아이 '비행기 놀이'하다 사망…아동학대치사 유죄"

INDEX

(한글)

(영문)

(숫자)

저자 약력

노성호 교수

1985. 2. 고려대학교 사회학과 졸업
1993. 2. 고려대학교 대학원 사회학 박사
1989. 7. ~ 2000. 8. 한국형사정책연구원 청소년범죄연구실장
2000. 9. ~ 현재 전주대학교 경찰학과 교수

주요연구

한국의 청소년비행화에 관한 연구(박사논문), 1993
사회과학 연구방법론(공저), 박영사, 2020
청소년비행론(공저), 박영사, 2025
사회과학을 위한 통계와 분석: SPSS와 R을 중심으로(공저), 도서출판 그린, 2012
R을 사용한 사회과학 통계분석(공저), 박영사, 2016
형사사법 입문 - 범죄와 형벌(공저), 박영사, 2023

피해자학 연구동향과 과제(2023)
범죄대처 행동에 대한 범죄두려움과 성별의 상호작용효과에 대한 고찰(2023)
범죄두려움의 성별 차이에 대한 고찰(2021)
자기통제력과 범죄기회를 통한 사이버불링의 분석(2015)

권창국 교수

1993. 2. 동국대학교 경찰행정학과 졸업
2005. 8. 동 대학원 법학박사(형사법 전공)
2001. 9. ~ 2005. 8. 서남대학교 경찰행정학과 전임강사
2005. 9. ~ 현재 전주대학교 경찰학과 교수

주요연구

자연과학적 증거에 의한 개인식별에 관한 연구, 박사논문, 2005
기본강의 형사소송법, 청목출판사, 2012
기본강의 형법총론, 청목출판사, 2014
과학수사론, 박영사, 2015
형사사법입문 -범죄와 형벌-, 박영사, 2023

공소취소의 이유와 재기소 제한 - 대법원 2024. 8. 29. 선고 2020도16827 판결 -(2024)
형법의 시간적 적용 범위와 '법률의 변경'- 대법원 2022. 12. 22. 선고 2020도16420 전원합의체 판결에서 제시된 판례의 해석론을 중심으로-(2023)
임의제출에 의한 수사기관의 전자정보 압수와 관련한 제 문제의 검토 -대상판례: 대법원 2021. 11. 18. 선고 2016도348 전원합의체 판결 및 대법원 2022. 1. 27. 선고 2021도11170 판결-(2022)
수사기법으로서 사진촬영 등 영상감시(video surveillance)에 대한 유형적 검토(2021)
계약당사자 자격에 관한 기망이 있는 경우 대금편취 사기죄의 성립여부(2020)
강간에 의한 피해여성의 임신(rape related pregnancy)을 상해로 볼 수 있는가?(2020)

김연수 교수

2004. 8. 동국대학교 경찰행정학과 졸업
2010. 2. 동 대학원 경찰학 박사(범죄학 전공)
2011. 3. ~ 2017. 2. 전주대학교 경찰행정학과 조교수
2017. 3. ~ 현재 동국대학교 융합보안학과 부교수/교수

주요연구

범죄에 대한 두려움의 원인과 반응에 관한 연구(박사논문), 2010
크리미널 퓨처스: 예측 치안과 일상의 경찰업무(공역), 윤성사, 2024
형사사법 입문 - 범죄와 형벌(공저), 박영사, 2023

Gender Differences in Fear of Crime(2025)
스토킹 피해 위험성 자가진단과 피해자 보호 서비스 연계방안(2023)
사이버 수사경찰의 피해자다움 고정관념과 영향요인(2022)
피해자를 비난하는 여성에 관한 연구(2022)
범죄두려움의 해석수준과 심리적 거리 연구(2022)
쌍방향 범죄피해자 보호서비스에 대한 기술수용모델 적용(2020)
직장인의 미투운동 인식에 대한 탐색적 연구(2018)

박종승 교수

2008. 8. 동국대학교 경찰행정학과 졸업
2014. 8. 동 대학원 경찰학 박사(경찰학 전공)
2015. 3. ~ 현재 전주대학교 경찰학과 부교수

주요연구

형사사법 입문 - 범죄와 형벌(공저), 박영사, 2023
경찰행정학, 박영사, 2021

화장실 불법촬영 범죄 실태 및 대응방안에 관한 연구(2024)
군 병사의 부대 대응 척도 타당화 연구(2024)
경찰 효과성과 정당성이 시민의 신고 의사에 미치는 영향(2024)
해양경찰의 내부비리 신고 활성화 방안에 관한 연구(2023)
경찰공무원의 감사품질 인식이 감사수용성에 미치는 영향 (2023)
시설경비 운영 및 감독의 문제점 및 개선방안에 관한 연구(2023)
군 내 성범죄 예방 및 대응방안에 관한 연구(2018)
경찰 피해자화 연구 필요성에 대한 논의 (2017)

도서출판
그린

피해자학 제3판

제3판 인쇄일 ▶ 2025년 07월 10일
제3판 발행일 ▶ 2025년 07월 15일
저 자 ▶ 노성호 · 권창국 · 김연수 · 박종승
발행처 ▶ 도서출판 그린
발행인 ▶ 윤 덕 우
출판등록 ▶ 제8-161호(1995. 5. 3.)
주소 ▶ 경기 파주시 가람로116번길 107 운정한강듀클래스 411호 (우) 10896
전화 ▶ 02)333-2574, 2575
Fax ▶ 02)333-2561
E-mail ▶ greenpress@greenpress.co.kr
Homepage ▶ http://www.greenpress.co.kr

정가 : 25,000원
ISBN : 978-89-5727-372-2 (93350)